SQL Server로 배우는

데이터베이스 개론과 실습 2판

박우창, 남송휘, 이현룡 지음

지은이 **박우창** ucpark01@gmail.com

서울대학교 계산통계학과를 졸업하고 동 대학원에서 박사 학위를 취득했습니다. 1988년부터 현재까지 덕성여자대학교 컴퓨터공학과 교수로 재직 중이며, 데이터베이스와 자료구조 등을 강의하고 있습니다. 저서로 『IT CookBook, 오라클로 배우는 데이터베이스 개론과 실습』(2판)(한빛아카데미, 2020), 『IT CookBook, MySQL로 배우는 데이터베이스 개론과 실습』(한빛아카데미, 2019), 『알기쉬운 자료구조-C언어』(21세기사, 2019) 등이 있습니다.

지은이 **남송휘** laonsol@gmail.com

부경대학교에서 컴퓨터공학을 전공하였으며 한국기술교육대학교에서 기술경영(MOT) 석사, 강릉대학교에서 경제학 박사과정을 수료했습니다. 현재 기업 내 ERP 운영 및 데이터베이스 관리, 모델링 등의 업무를 하고 있으며, 데이터베이스 연구 및 스터디 사이트인 bysql.net을 운영하고 있습니다.

지은이 **이현룡** hyunyong.lee@ocmkorea.com

성균관대학교 정보통신대학 컴퓨터공학 박사과정을 수료했습니다. 현재 실무자 대상 관리자 교육 및 SQL Tuning, Exadata 등의 오라클 데이터베이스 관련 강의와 빅데이터 분석 관련 강의를 하고 있으며, 오라클 전문 사이트인 ocmkorea.com을 운영하고 있습니다.

SQL Server로 배우는 데이터베이스 개론과 실습 2판

초판발행 2021년 2월 10일
2쇄발행 2024년 1월 20일

지은이 박우창, 남송휘, 이현룡 / **펴낸이** 전태호
펴낸곳 한빛아카데미(주) / **주소** 서울시 서대문구 연희로2길 62 한빛아카데미(주) 2층
전화 02-336-7112 / **팩스** 02-336-7199
등록 2013년 1월 14일 제2017-000063호 / **ISBN** 979-11-5664-529-0 93000

총괄 박현진 / **책임편집** 유경희 / **기획** 강은희 / **편집** 김성남 / **진행** 정지윤
디자인 표지 이아란, 내지 박정화 / **전산편집** 다람쥐 생활 / **제작** 박성우, 김정우
영업 김태진, 김성삼, 이정훈, 임현기, 이성훈, 김주성 / **마케팅** 길진철, 김호철, 심지연

이 책에 대한 의견이나 오탈자 및 잘못된 내용에 대한 수정 정보는 아래 이메일로 알려주십시오.
잘못된 책은 구입하신 서점에서 교환해 드립니다. 책값은 뒤표지에 표시되어 있습니다.
홈페이지 www.hanbit.co.kr / 이메일 question@hanbit.co.kr

SQL Server로 배우는

데이터베이스 개론과 실습 2판

박우창, 남송휘, 이현룡 지음

한빛아카데미
Hanbit Academy, Inc.

데이터베이스
이론과 실습을 한 번에!

저자는 대학에서 데이터베이스를 강의하면서 수많은 교재를 접했습니다. 그중에서 외국 서적은 내용도 충실하고 분량도 방대하여 모든 내용을 배울 수 있지만, 우리나라 대학의 실정에 맞지 않게 분량이 너무 많고 이론 위주의 내용이라 늘 안타까웠습니다. 학생들이 정해진 학기 내에 쉽게 이해하면서 배울 수 있는 데이터베이스 교재의 필요성을 느끼게 되었습니다.

데이터베이스는 건물의 지반과 같습니다. 데이터베이스 소프트웨어 DBMS는 운영체제 다음으로 중요합니다. 여러분이 앞으로 컴퓨터 관련 분야에서 어떤 일을 하게 될지 모르지만, 데이터베이스는 충분히 학습해 두어야 할 중요한 과목입니다. 이 책은 데이터베이스 시스템의 기본 개념에서부터 SQL, DB 프로그래밍, 데이터 모델링, 정규화, 트랜잭션 등의 개념을 두루 다룹니다. 대부분 저자의 강의 경험을 바탕으로 실제 사례를 들어 설명했고, 배운 내용은 실습으로 연결시켜 바로 확인할 수 있도록 했습니다. 또 DBMS를 처음 배우는 사람이 편리하게 실습할 수 있도록 설명했습니다.

이 책의 특징은 다음과 같습니다.

❶ 이론과 실습의 조화

데이터베이스 이론과 실습을 '마당서점'이라는 가상의 서점을 예로 들어 실제 업무에 맞게 설명했습니다. 본문 전체를 이끄는 마당서점 예제를 통해 실습의 재미를 느끼는 것은 물론 하나의 흐름으로 전체를 이해할 수 있습니다.

❷ 친절한 실습 안내

모든 실습은 직접 따라 할 수 있도록 필요한 소프트웨어 설치와 사용 방법을 꼼꼼히 설명했습니다. PDF로 제공되는 부록을 이용하여 프로그램을 설치하고 본문에서 직접 실습해 보기 바랍니다.

❸ 풍부한 연습문제

배운 내용을 단계별로 확인하고 응용할 수 있도록 연습문제를 다양하게 준비했습니다.

❹ 실무를 간접 경험하는 워크북 제공

실무 전문가가 추천하는 문제로 실습할 수 있도록 워크북을 제공합니다. SQL 응용, 데이터 모델링, 데이터베이스 구축 등을 연습할 수 있습니다.

집필을 시작한 후로도 기술이 변하여 SQL Server의 새로운 버전이 계속 출시되었고, erwin Data Modeler도 academic 버전 제공과 함께 꾸준히 업데이트되었습니다. 앞으로도 데이터베이스, 데이터웨어하우스, 대용량 데이터베이스, 그래프 데이터베이스, 메모리 데이터베이스, 빅데이터, 모바일데이터 등의 기술 발달에 따라 많은 변화가 예상됩니다. 아무쪼록 이 책에서 배운 데이터베이스 기술을 토대로 이러한 기술 변화를 즐기며 받아들일 수 있는 여러분이 되기를 바랍니다.

이 책을 쓰는 동안 함께 고민하고 고생해 준 남송휘, 이현룡 저자에게 감사드립니다.

저자 대표 **박우창**

■ 강의 보조 자료 한빛아카데미 홈페이지에서 '교수회원'으로 가입하신 분은 인증 후 교수용 강의 보조 자료를 제공받으실 수 있습니다. 한빛아카데미 홈페이지 상단의 〈교수전용공간〉 메뉴를 클릭해 주세요.
http://www.hanbit.co.kr/academy

■ 예제소스 실습에 필요한 자료는 아래 주소에서 내려받을 수 있습니다. 자료는 본문 예제소스, 부록 PDF(실습 소프트웨어 설치), 워크북 해답으로 구성되어 있습니다.
http://www.hanbit.co.kr/src/4529

■ 연습문제 해답 본 도서는 대학 강의용 교재로 개발되었으며 스스로 문제를 해결하는 능력을 기르도록 연습문제 해답은 제공하지 않습니다.

■ 본문 구성 데이터베이스 시스템을 이해하기 위해 필요한 이론을 네 개의 부로 나누어 설명합니다. 마지막에는 워크북으로 배운 내용을 총정리할 수 있습니다.

1부. 데이터베이스 시스템의 개념(1~2장) 데이터베이스의 개념 및 데이터베이스 시스템의 발전 과정과 구성요소에 대해 알아봅니다. 데이터 모델 중 가장 많이 사용되는 관계 데이터 모델의 기본 이론과 무결성 제약조건, 관계대수 등을 배워 2부 이후의 내용을 이해하는 데 필요한 기본기를 다집니다.

2부. 데이터베이스 프로그래머(3~5장) 데이터베이스 프로그래머 관점에서 전개합니다. SQL 기본 문법인 DDL, DML과 SQL 고급 문법인 내장 함수, 부속질의, 뷰, 인덱스에 대해 배우고 데이터베이스 응용 분야인 데이터베이스 프로그래밍을 실습해 봅니다.

3부. 데이터베이스 설계자(6~7장) 데이터베이스 설계자 관점에서 전개합니다. 현실 세계를 어떻게 데이터베이스로 만드는지에 관한 내용입니다. 데이터베이스 생명주기에 따른 모델링 방법을 배운 후 erwin 프로그램을 이용하여 직접 실습해 봅니다. 잘못 설계된 테이블을 수정하여 정상으로 만드는 정규화에 대해서도 알아봅니다.

4부. 데이터베이스 관리자(8~9장) 데이터베이스 관리자 관점에서 전개합니다. 만들어진 데이터베이스를 유지하기 위한 방법에 관한 내용입니다. 데이터베이스의 논리적 작업 단위인 트랜잭션의 개념과 성질, 트랜잭션이 동시에 실행되었을 때 오류 없이 실행하는 제어 기법과 데이터베이스를 안전하게 관리하기 위한 보안, 백업, 복원 등을 알아봅니다.

워크북. 실무 실습 SQL의 기본 흐름을 이해하기 위한 문법별 예제와 실무에서 다루어질 수 있는 모델링 예제, 그리고 erwin과 SQL Server를 이용하여 실제 데이터베이스를 구축해 보는 프로젝트로 구성했습니다.

■ 구성요소

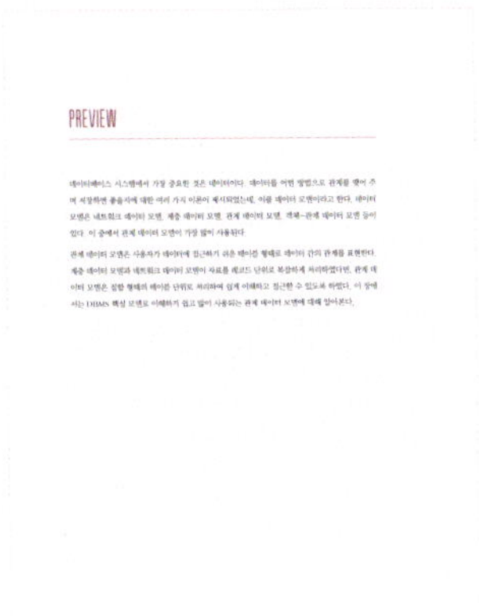

| Preview |

해당 장에서 배울 내용을 개괄하여 설명합니다.

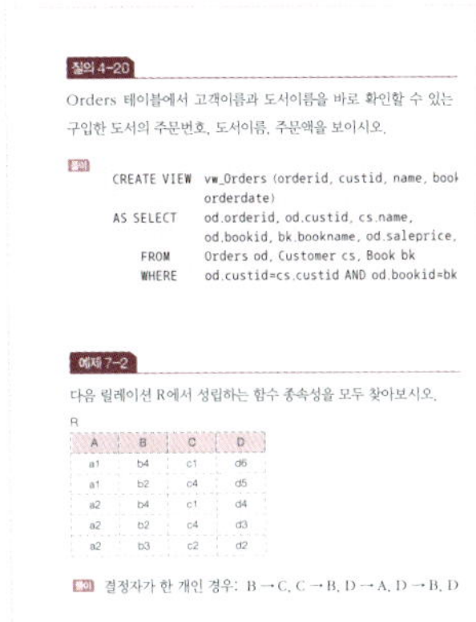

| 질의/예제 |

질의를 통해 3장과 4장의 SQL 문을 연습해 볼 수 있습니다. 7장의 정규화에서도 예제를 통해 이상현상과 정규화를 연습해 볼 수 있습니다.

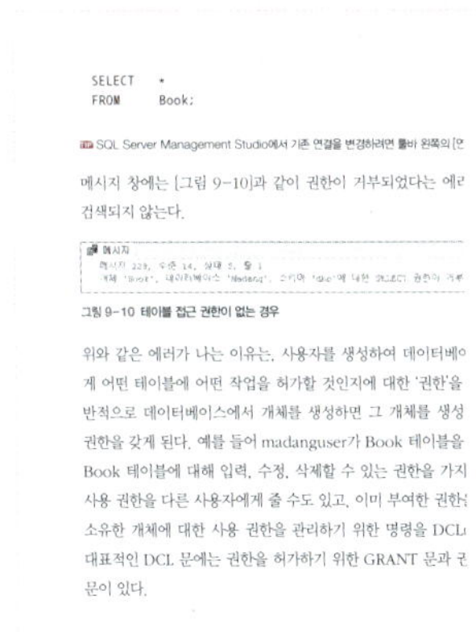

| TIP |

본문에 대한 보충 설명, 참고 사이트, 용어 등을 정리했습니다.

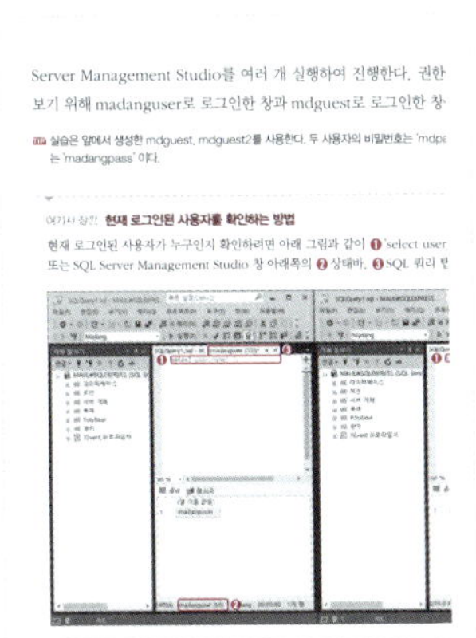

| 여기서 잠깐 |

참고로 알아 두면 좋을 내용, 실습할 때 주의할 사항 등을 정리했습니다. 본문 학습 중에 참고하면 많은 도움이 됩니다.

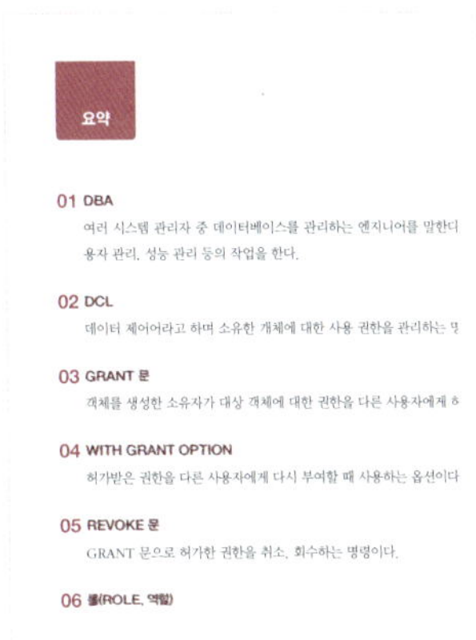

| 요약 |

해당 장이 끝날 때마다 핵심 내용을 요약 · 정리합니다. 배운 내용을 복습하면서 전체적인 맥락을 파악할 수 있습니다.

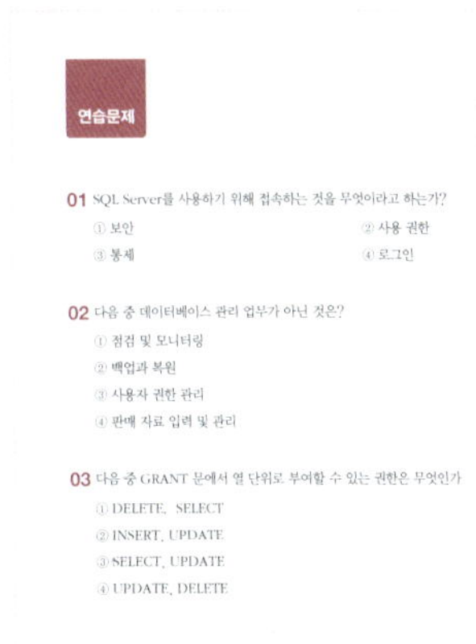

| 연습문제 |

해당 장이 끝날 때마다 본문에서 익힌 내용을 문제로 풀어 봅니다.

이 책은 데이터베이스의 이론과 실습을 병행하면서 공부할 수 있도록 구성되었습니다. 설명을 위해 '마당서점'이라는 가상의 서점을 이용합니다. 각 부별로 전개되는 내용은 아래와 같습니다.

마당서점 데이터베이스 구축 개요(1부)

마당서점은 1970년대 초 개업했습니다. 처음에는 도서가 많지 않아 종업원이 계산기로 업무를 보았습니다. 그러나 다루는 도서가 늘고 손님이 많아지자 데이터베이스 시스템을 업무에 도입하게 됩니다. '마당 데이터베이스'는 관계 데이터 모델을 기반으로 고객, 도서, 주문 등의 정보를 저장합니다.

마당서점 데이터베이스에서 원하는 정보를 얻는 방법(2부)

마당서점의 고객, 운영자, 경영자는 저마다 원하는 정보가 다릅니다. 데이터베이스 프로그래머는 이들이 원하는 정보를 얻기 위해 SQL 문으로 질의를 작성합니다. SQL은 관계형 데이터베이스 언어로 DBMS에 직접 입력해 사용할 수 있고, 자바나 C로 작성된 프로그램에 삽입하여 사용할 수 있습니다.

마당서점 데이터베이스 구축을 위한 모델링(3부)

데이터베이스를 구축할 때 설계가 잘못되면 필요한 정보를 제공하기는커녕 혼란만 줍니다. 마당서점 데이터베이스 역시 초기 설계 과정을 거쳐 구축되었습니다. 설계에 사용된 프로그램은 erwin입니다.

마당서점 데이터베이스의 관리(4부)

데이터베이스를 잘 활용하는 것만큼 안전하게 관리하는 것도 중요합니다. 이를 위해 마당서점 데이터베이스에는 관리자가 있습니다. 이 사람을 DBA라고 합니다. DBA는 데이터베이스 보안을 유지하며 장애에 대비하여 데이터를 백업하고 복원합니다.

다음은 실습을 진행할 때 필요한 프로그램입니다. 설치와 사용 방법에 관한 자세한 내용은 부록 PDF를 참고하시기 바랍니다.

❶ DBMS 관련(전체 장)

SQL Server 2019 익스프레스: 마이크로소프트사에서 제공하는 RDBMS(Relational Database Management System)로 윈도우 64비트 버전을 제공합니다.

https://www.microsoft.com/

❷ 데이터베이스 프로그래밍 관련(5장)

JDK: Java Development Kit의 약자로 자바 언어를 사용하기 위한 개발 도구입니다.

https://www.oracle.com(https://www.oracle.com/java/, https://java.com/ko/)

이클립스: 이클립스 재단에서 개발 배포하는 범용 IDE(통합개발환경)로 자바 프로그래밍을 할 때 사용합니다.

http://www.eclipse.org

JDBC: 자바에서 DBMS의 종류에 상관없이 일관된 방법으로 SQL을 수행할 수 있도록 해 주는 자바 API입니다. SQL Server의 경우 mssql-jdbc-8.4.1.jre14.jar 파일을 https://www.microsoft.com/에서 내려받아 사용합니다.

톰캣: 아파치 재단에서 제공하는 자바 기반의 JSP/서블릿 컨테이너 중 하나로 사용자에게 JSP 요청을 받으면 서블릿으로 바꾸어 이를 실행합니다.

https://tomcat.apache.org

❸ 데이터 모델링 관련(6장)

erwin: 데이터 모델링을 위한 Case Tool(프로그래밍 자동화 도구)로, 이 책에서는 무료로 제공되는 아카데믹 에디션이나 Trial을 사용하여 실습을 진행합니다.

https://erwin.com/(https://go.erwin.com/erwin-academic-edition-free-trial)

PART 01 데이터베이스 시스템의 개념

Chapter 02 관계 데이터 모델

PART 02 데이터베이스 프로그래머

Chapter 03 SQL 기초

PART 03 데이터베이스 설계자

Chapter 06 데이터 모델링

워크북 실무 실습

부록 실습 소프트웨어 설치

* http://www.hanbit.co.kr/src/4529에서 PDF로 제공합니다.

A MSSQL

1 다운로드
2 설치
3 인증모드
4 mssql 구성관리자

B 실습 데이터베이스

1 MADANG DB
2 HR DB

C JDK, 이클립스, 톰캣

1 소개
2 java
3 jdbc
4 이클립스
5 톰캣

D erwin

1 소개
2 다운로드
3 설치

PART 01

데이터베이스 시스템의 개념

데이터는 끊임없이 만들어진다.
데이터가 모이면 정보가 되고 정보가 모이면 지식이 된다.
데이터, 정보, 지식은 사람이 모두 기억할 수 없어 컴퓨터에 저장하여 관리하는데,
이를 데이터베이스 시스템이라고 한다.
1부에서는 데이터베이스 시스템에서 어떻게 데이터를 저장하고
어떻게 원하는 데이터만 찾아내는지 알아본다.

PART 01 데이터베이스 시스템의 개념

CHAPTER 01

데이터베이스 시스템

학습목표

- 데이터베이스의 유형을 알아보고 개념 및 특징을 이해한다.
- 데이터베이스 시스템을 중심으로 한 정보 시스템의 발전 과정을 알아본다.
- 프로그램과 데이터가 컴퓨터에 어떻게 저장되는지 이해한다.
- 데이터베이스 시스템의 구성 요소를 알아본다.

PREVIEW

데이터베이스 시스템은 각 조직에서 사용하던 데이터를 모아서 통합하고 서로 공유하여 생기는 장점을 이용하는 시스템이다. 데이터베이스 시스템은 많은 발전 과정을 거쳐 정보 시스템을 구축하는 토대가 되었다. 데이터베이스 시스템을 이해하려면 데이터베이스, 데이터 모델, DBMS, SQL, 데이터베이스 사용자 등의 개념을 알아야 한다. 이 장에서는 데이터베이스 시스템을 중심으로 한 정보 시스템의 발전 과정과 데이터베이스 시스템의 주요 구성 요소에 대해 알아본다.

01 데이터베이스와 데이터베이스 시스템

데이터베이스database는 조직에 필요한 정보를 얻기 위해 논리적으로 연관된 데이터를 모아 구조적으로 통합해 놓은 것이다. 따라서 데이터와 정보라는 개념을 먼저 이해해야 한다.

1 데이터, 정보, 지식

데이터가 모이면 정보가 되고, 정보가 모이면 지식이 된다. 데이터data는 관찰의 결과로 나타난 정량적 혹은 정성적인 실제 값을 말하고, 정보information는 데이터에 의미meaning를 부여한 것을 말하며, 지식knowledge은 사물이나 현상에 대한 이해를 말한다. 예를 들어 에베레스트산의 높이는 데이터에, 에베레스트산의 지리적인 특성을 설명한 것은 정보에, 에베레스트산에 올라가는 가장 좋은 방법을 소개하는 (정보를 포함한) 보고서는 지식에 해당된다.

그림 1-1 데이터, 정보, 지식

2 데이터베이스의 활용

데이터베이스는 [그림 1-2]와 같이 일상생활의 거의 모든 곳에서 생성된다.

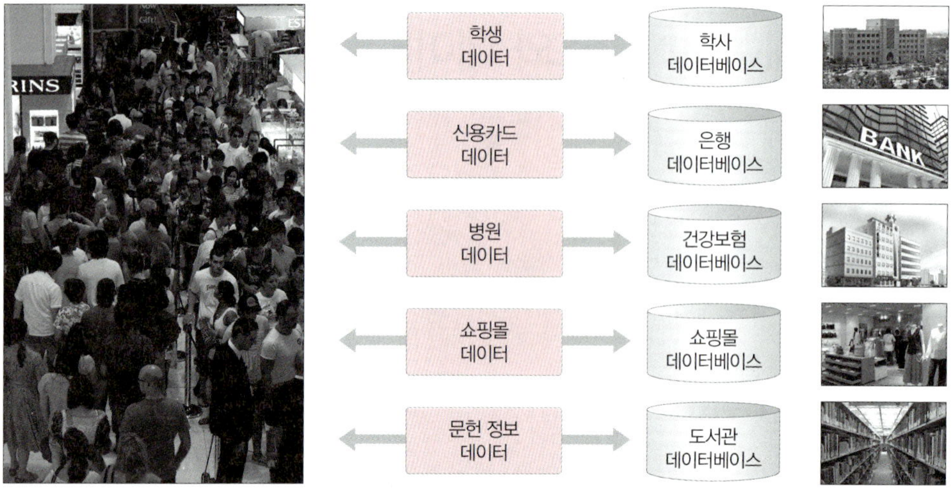

그림 1-2 일상생활에서 생성되는 데이터베이스

구체적인 예를 하나 살펴보자. 패스트푸드 체인점에서 500원짜리 소프트아이스크림을 살 경우 체인점의 판매 데이터베이스에는 체인점 이름, 판매대 번호, 판매자, 판매 시간, 금액, 결제 방법 등의 데이터가 실시간으로 저장된다. 저장된 데이터는 체인점의 매출 분석뿐만 아니라 향후 상품 개발을 위한 의사결정 데이터로 사용될 것이다.

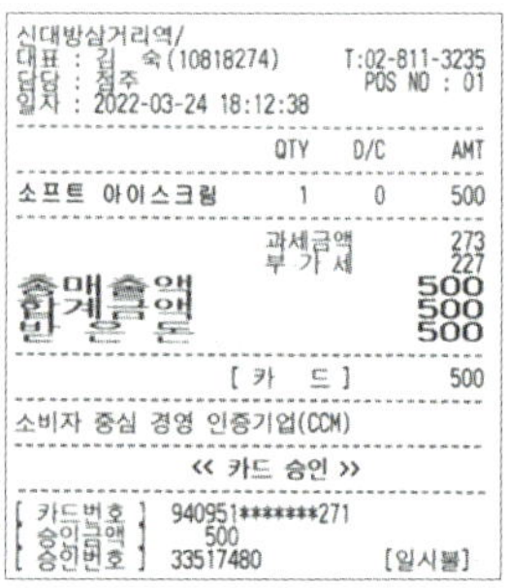

신대방삼거리역/
대표 : 김 숙(10818274) T:02-811-3235
담당 : 점주 POS NO : 01
일자 : 2022-03-24 18:12:38

QTY D/C AMT

소프트 아이스크림 1 0 500

과세금액 273
부 가 세 227
총매출액 500
합계금액 500
받은돈 500

[카 드] 500

소비자 중심 경영 인증기업(CCM)

« 카드 승인 »

[카드번호] 940951*******271
[승인금액] 500
[승인번호] 33517480 [일시불]

그림 1-3 패스트푸드 체인점 데이터베이스

데이터베이스 시스템은 데이터의 검색search과 변경modification 작업을 주로 수행한다. 여기서 변경이란 시간에 따라 변하는 데이터 값을 데이터베이스에 반영하기 위해 수행하는 삽입insert, 삭제delete, 수정update 등의 작업을 말한다. 데이터베이스는 이러한 검색과 변경의 빈도에 따라 시스템 구축의 난이도가 결정된다. 검색과 변경 빈도에 따른 데이터베이스 유형을 살펴보면 [표 1-1]과 같다. 유형은 크게 네 가지로 나뉘며, 유형 1의 데이터베이스 구축이 가장 쉽고, 유형 4가 가장 어렵다.

표 1-1 검색과 변경 빈도에 따른 데이터베이스 유형

유형	검색 빈도	변경 빈도	특징
유형 1	적다	적다	• 검색이 많지 않아 데이터베이스를 구축할 필요 없음 • 보존가치가 있는 경우에 구축 예 공룡 데이터베이스
유형 2	많다	적다	• 사용자 수 보통 • 검색은 많지만, 데이터에 대한 변경은 적음 예 도서 데이터베이스
유형 3	적다	많다	• 예약 변경/취소 등 데이터 변경은 많지만, 검색은 적음 • 실시간 검색 및 변경이 중요함 예 비행기 예약 데이터베이스
유형 4	많다	많다	• 사용자 수 많음 • 검색도 많고, 거래로 인한 변경도 많음 예 증권 데이터베이스

TIP 데이터베이스는 저장된 데이터의 양이 많고, 실시간 검색이 많은 분야일수록 활용도가 높다.

3 데이터베이스의 개념 및 특징

데이터베이스는 각 조직에서 사용하던 데이터를 모아서 통합하고 서로 공유할 목적으로 구축한다. 데이터베이스의 개념은 다음과 같이 네 가지로 설명할 수 있다.

❶ 통합된 데이터integrated data

여러 곳에서 사용하던 데이터를 통합하여 하나로 저장한 데이터를 의미한다. 통합 시 중요한 점은 각자 사용하던 데이터의 중복을 최소화함으로써 중복 저장으로 인한 데이터 불일치 현상을 없애는 것이다.

❷ 저장된 데이터stored data

문서로 보관된 데이터가 아니라 디스크, 테이프 같은 컴퓨터 저장 장치에 저장된 데이터를 의미한다. 사람의 눈으로 직접 볼 수는 없지만, 컴퓨터 프로그램을 이용하여 디스플레이하거나 인쇄물로 출력할 수 있다.

❸ 운영 데이터operational data

조직의 목적을 위해 사용되는 데이터를 의미한다. 업무를 위해 검색을 할 목적으로 저장된 데이터이다. 조직의 목적과 관계없이 저장된 데이터나 단순 입출력 데이터같이 임시로 저장된 데이터는 운영 데이터에 속하지 않는다.

❹ 공용 데이터shared data

한 사람 또는 한 업무를 위해 사용되는 데이터가 아니라 공동으로 사용되는 데이터를 의미한다. 데이터는 어느 순간이라도 둘 이상의 프로그램 또는 여러 사람이 동시에 사용할 수 있다.

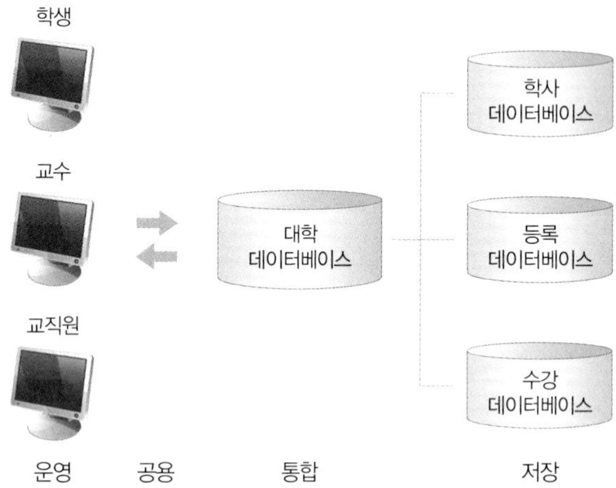

그림 1-4 데이터베이스의 개념

이러한 데이터베이스의 특징은 다음과 같이 네 가지로 설명할 수 있다.

❶ 실시간 접근성real time accessibility

데이터베이스는 실시간으로 서비스된다. 사용자가 데이터를 요청하면 몇 시간이나 며칠 뒤에 결과를 전송하는 것이 아니라 수 초 내에 결과를 서비스한다. 실시간이란 사용자가 요청하는 순간의 실제 데이터를 서비스하는 것을 말한다.

❷ 계속적인 변화continuous change

데이터베이스에 저장된 내용은 어느 한순간의 상태를 나타내지만, 데이터 값은 시간에 따라 항상 바뀐다. 데이터베이스는 삽입insert, 삭제delete, 수정update 등의 작업으로 바뀐 데이터 값을 저장한다.

❸ 동시 공유concurrent sharing

데이터베이스는 서로 다른 업무 또는 여러 사용자에게 동시에 공유된다. 동시concurrent는 병행이라고도 하며, 데이터베이스에 접근하는 사용자 데이터 요청 프로그램이 동시에 여러 개 있다는 의미이다.

④ 내용에 따른 참조reference by content

데이터베이스에 저장된 데이터는 데이터의 물리적인 위치가 아니라 데이터 값에 따라 참조된다. 사용자가 원하는 데이터를 얻기 위해 데이터 값을 사용하여 조건을 제시하면 데이터베이스는 이에 해당하는 데이터를 검색해 준다.

4 데이터베이스 시스템의 구성

데이터베이스 시스템database system은 각 조직에서 사용하던 데이터를 모아서 통합하고 서로 공유하여 생기는 장점을 이용하는 시스템이다. 데이터베이스 시스템은 [그림 1-5]와 같이 데이터베이스 관리 시스템DataBase Management System, 이하 DBMS, 데이터베이스database, 데이터 모델data model의 세 가지로 구성된다.

❶ **DBMS**: 데이터를 관리하는 소프트웨어 시스템으로 주기억장치에 상주하면서 사용자와 데이터베이스를 연결시켜 준다.

❷ **데이터베이스**: 데이터베이스에서 베이스base는 물건의 밑부분이나 개념의 토대를 의미하는 것으로 데이터를 모아 둔 토대를 말한다. 물리적으로는 컴퓨터 내부의 하드디스크에 저장된다.

❸ **데이터 모델**: 데이터가 저장되는 기법에 관한 내용으로, 눈에 보이지 않는 논리적인 개념이다. 가전제품에 붙여진 모델 번호가 가전제품의 특성을 나타내듯이 데이터 모델은 데이터가 저장되는 스타일을 나타낸다.

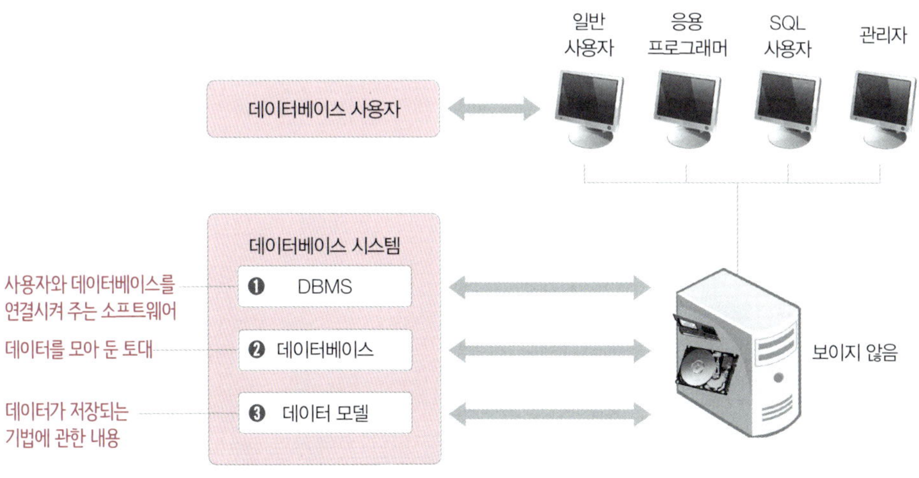

그림 1-5 데이터베이스 시스템의 구성 요소와 물리적인 위치

02 데이터베이스 시스템의 발전

데이터베이스 시스템은 컴퓨터 기술과 함께 발전해 왔다. 초기에는 적은 양의 데이터를 저장하고 검색하는 수준이었으나, 지금은 데이터 발생량이 증가하고 하드웨어와 반도체 기술이 발전하여 많은 양의 데이터를 저장할 수 있게 되었다. 이에 따라 인터넷과 소셜 네트워크, 전자 상거래 등 대량의 데이터가 발생하는 서비스를 제공할 수 있게 되었다.

1 정보기술과 데이터베이스 시스템의 발전

많은 양의 책을 관리해야 하는 서점의 데이터 관리 예를 보면서 정보기술의 발전에 따라 데이터베이스 시스템이 어떻게 발전해 왔는지 살펴보자.

[1단계] 마당서점의 시작(동네 서점)

1970년대 초 책을 좋아하는 박마당이라는 사업가가 작은 서점을 열었다. 크기는 10평, 판매하는 도서는 약 100권 정도로 작은 규모이다. 고객은 근처 학교의 학생들, 독서를 좋아하는 20대, 문학을 좋아하는 주부들이다. 당시에는 지금처럼 인터넷이 없었기 때문에 고객이 직접 서점을 방문하여 도서를 구입하였다. 사장 박마당은 서점에 있는 모든 도서의 제목과 가격을 기억했으며, 고객이 문의를 해 오면 비교적 틀리지 않고 답해 주었다. 하루에 판매되는 도서도 10권 내외로 많지 않아 사장이 판매된 도서와 매출액을 모두 기억하였다. 도서는 출판사에서 직접 공급받았다.

- 도서: 100권
- 고객: 근처 학교의 학생, 지역 주민
- 고객 서비스: 사장이 직접 도서 안내
- 업무: 회계 업무(계산기 사용), 장부에 기록

[2단계] 초기 전산화(+컴퓨터)

1980년대에 들어서면서 마당서점은 매출이 늘어 판매하는 도서가 1,000권이 되었다. 사장은 모든 도서의 제목을 기억하기 힘들었고, 도서의 입출고 관리도 어려워졌다. 직원을 뽑았지만 이직이 잦았고, 고객 서비스에도 많은 문제가 생겼다. 사장은 당시 컴퓨터를 이용한 업무에 대하여 좋은 얘기를 많이 들어 왔기 때문에 서점에 컴퓨터를 도입하기로 하였다. 컴퓨터와 프로그램을 구입하는 데 초기 비용은 많이 들었지만, 업무가 전산화되면서 고객 서비스 및 내부 매출 관리 등 회계 업무가 많이 개선되었다.

- 도서: 1,000권
- 고객: 근처 학교의 학생, 지역 주민
- 고객 서비스: 컴퓨터를 이용하여 도서 검색, 직원 고용
- 업무: 회계 업무(컴퓨터 사용), 파일 시스템 도입

[3단계] 데이터베이스 시스템 도입(+원격통신)

마당서점은 친절한 서비스와 효율적인 도서 관리로 고객들 사이에서 인지도가 늘어 지점을 다섯 군데로 늘렸다. 지점은 서울의 본점 외에 강남점, 강서점, 강북점, 강동점이 생겼으며 본점과는 이미 구축된 전산 시스템을 전용선으로 연결하였다. 본점은 각 지점에서 일어나는 매출과 재고를 관리하였다. 본점과 지점을 연결하는 전용선 사용료로 매월 일정액을 통신사에 지불하였으며, 지점 컴퓨터에 있는 데이터를 읽어 와 본점에서 관리하는 새로운 프로그램도 개발하였다. 데이터베이스 관리 시스템DBMS을 도입하여 서점 데이터베이스를 구축하고 응용 프로그램을 연동시킨 것이다.

- 도서: 10,000권
- 고객: 서울 지역 고객
- 고객 서비스: 클라이언트-서버 시스템으로 지점을 연결하여 도서 검색 서비스 제공
- 업무: 회계 업무(컴퓨터 사용), 데이터베이스 시스템 도입

[4단계] 홈페이지 구축(+인터넷)

인터넷이 보급되면서 고객은 서점을 방문하지 않고 온라인으로 도서를 검색하고 구매할 수 있게 되었다. 이에 따라 마당서점은 홈페이지를 구축하고 고객 서비스를 인터넷으로 제공하기 시작하였다. 본점은 지점과 거래처를 인터넷으로 연결하여 서점 외부에서도 업무를 볼 수 있게 되었다.

- 도서: 100,000권
- 고객: 국민(전국으로 배송)
- 고객 서비스: 인터넷으로 도서 검색 및 주문
- 업무: 회계/인사 업무(컴퓨터와 인터넷 사용), 웹 DB 시스템으로 지점 간 연계

[5단계] 인터넷 쇼핑몰로 확장

인터넷이 활성화되면서 매출의 50% 이상이 인터넷을 통한 구매로 발생하였다. 인터넷 공간에서 고객은 도서뿐만 아니라 다른 상품도 구매하기 원하였고, 마당서점은 이러한 요구에 따라 음반, 액세서리, 문구, 공연 티켓까지 판매하는 인터넷 쇼핑몰로 사업의 범위를 확장하였다. 이에 따라 마당서점 매출에서 도서의 비중이 낮아지고 다른 상품의 비중이 늘어나게 되었다.

- 도서: 1,000,000권
- 고객: 국민(전국으로 배송)
- 고객 서비스: 인터넷 종합 쇼핑 서비스 제공
- 업무: 회계/인사 업무(컴퓨터와 인터넷 사용), DB 서버 여러 개 구축

마당서점은 많은 우여곡절을 겪었지만, 고객에 대한 신용과 한결같은 서비스로 성장을 거듭하였다. 또 정보기술의 발전에 따라 상품 판매와 관리, 고객 서비스에 많은 변화를 이루었다. 마당서점의 성장 모습을 정보통신기술의 발전과 함께 정리하면 [표 1-2]와 같다.

표 1-2 정보통신기술의 발전과 마당서점의 성장

단계	시기 정보통신기술	주요 특징
1단계 마당서점	1970년대 없음	• 사장이 모든 도서의 제목과 가격을 기억 • 매출과 판매를 컴퓨터 없이 관리 • 매출에 대한 내용이 정확하지 않음
2단계 초기 전산화	1980년대 컴퓨터	• 컴퓨터를 이용한 초기 응용 프로그램으로 업무 처리 • 파일 시스템 사용 • 한 대의 컴퓨터에서만 판매 및 매출 관리
3단계 데이터베이스 구축	1990년대 컴퓨터+원격통신	• 지점 간 클라이언트-서버 시스템을 도입하여 업무 처리 • 데이터베이스 관리 시스템(DBMS) 도입
4단계 홈페이지 구축	2000년대 컴퓨터+인터넷	• 인터넷을 이용하여 도서 검색 및 주문 • 웹 DB 시스템으로 불특정 다수 고객 유치 • 고객이 지리적으로 넓게 분산됨
5단계 인터넷 쇼핑몰	2010년대 컴퓨터+인터넷 +스마트폰	• 도서뿐만 아니라 음반, 액세서리, 문구, 공연 티켓까지 판매하는 인터넷 쇼핑몰로 확대 • 도서 외 상품의 매출 비중이 50% 이상으로 늘어남

2 정보 시스템의 발전

마당서점의 예처럼 기업의 비즈니스 모델은 정보기술과 함께 발전해 왔다. 데이터베이스 관리 시스템DBMS과 인터넷의 등장은 기업의 업무 환경을 바꾸는 획기적인 계기가 되었다. 데이터 처리 관점에서 바라본 기업 정보 시스템의 발전 과정을 살펴보면 다음과 같다.

❶ 파일 시스템

파일 시스템은 데이터를 파일 단위로 파일 서버에 저장한다. 각각의 컴퓨터는 LANLocal Area Network을 통하여 파일 서버에 연결되어 있고, 파일 서버에 저장된 데이터를 사용하기 위해 각 컴퓨터의 응용 프로그램에서 열기/닫기open/close를 요청한다. 파일 시스템은 각 응용 프로그램이 독립적으로 파일을 다루기 때문에 데이터가 중복 저장될 가능성이 있고, 동시에 파일을 다루기 때문에 데이터의 일관성이 훼손될 수 있다.

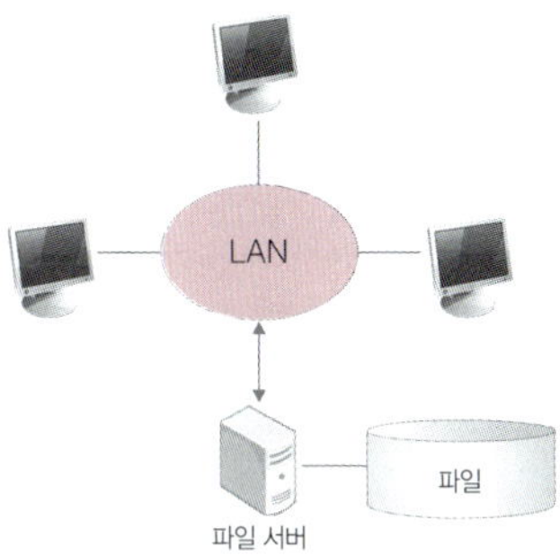

❷ 데이터베이스 시스템

DBMS를 도입하여 데이터를 통합 관리하는 시스템이다. 데이터베이스 시스템은 클라이언트-서버 시스템으로, DBMS가 설치되어 데이터를 가진 쪽을 서버server라고 하고 외부에서 데이터를 요청하는 쪽을 클라이언트client라고 한다. DBMS 서버가 파일을 다루며 데이터의 일관성 유지, 복구, 동시 접근 제어 등의 기능을 수행한다. 데이터베이스 시스템은 데이터를 저장하기 전 설계design 과정을 거치기 때문에 데이터의 중복을 줄이고 데이터를 표준화하며 무결성을 유지한다.

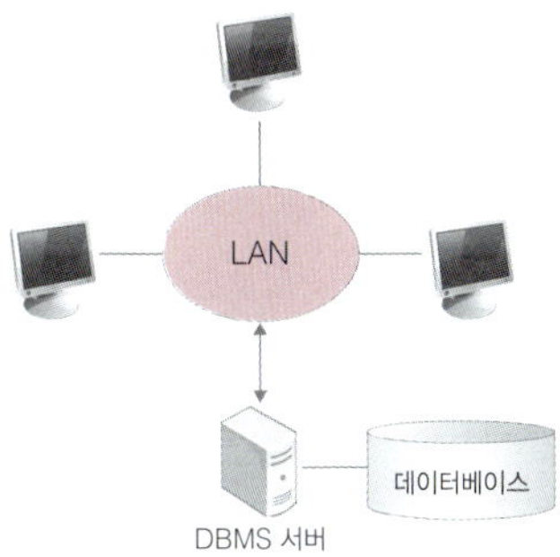

❸ 웹 데이터베이스 시스템

데이터베이스를 웹 브라우저에서 사용할 수 있도록 서비스하는 시스템이다. 클라이언트는 익스플로러 같은 웹 브라우저 프로그램을 이용하여 웹 서버에 접속한 후 데이터를 요청하며, 웹 서버는 DBMS 서버에 요청을 전달한다. 요청된 데이터는 사용자에게 전달된다. 웹 데이터베이스 시스템은 불특정 다수 고객을 상대로 하는 온라인 상거래나 공공 민원 서비스 등에 사용된다.

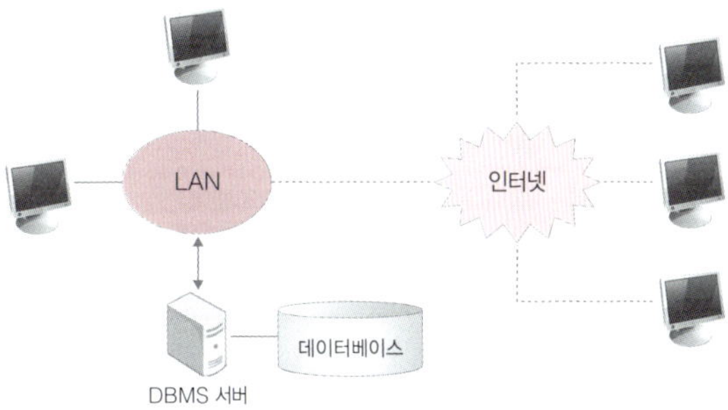

❹ 분산 데이터베이스 시스템

데이터가 발생하는 곳이 여러 곳이면 각각 데이터베이스를 운영해야 한다. 반대로 여러 곳에 분산된 데이터베이스의 상호 연동이 필요한 경우도 있다. 분산 데이터베이스는 여러 곳에 분산된 DBMS 서버를 연결하여 운영하는 시스템으로 대규모의 응용 시스템에 사용된다.

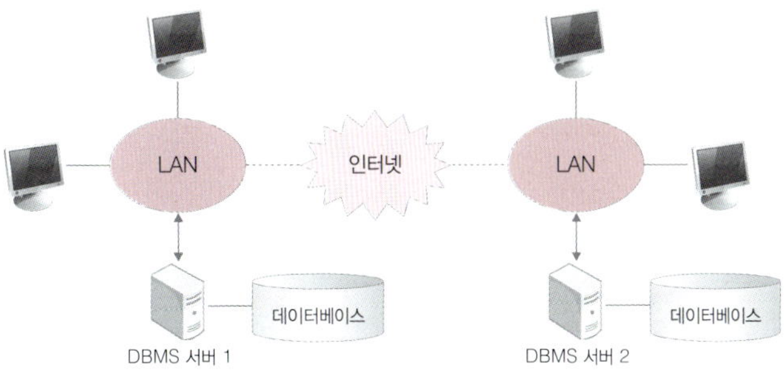

그림 1-6 정보 시스템의 발전 과정

중소기업에서 대기업으로 성장할수록 데이터베이스의 규모가 커지고 업무도 복잡해진다. 또 사업이나 상품 정보를 인터넷을 통해 고객에게 실시간으로 전달하는 고객 중심의 서비스를 하게 된다. 정보 시스템의 발전 과정을 기업의 업무 환경과 연계하여 정리하면 [그림 1-7]과 같다.

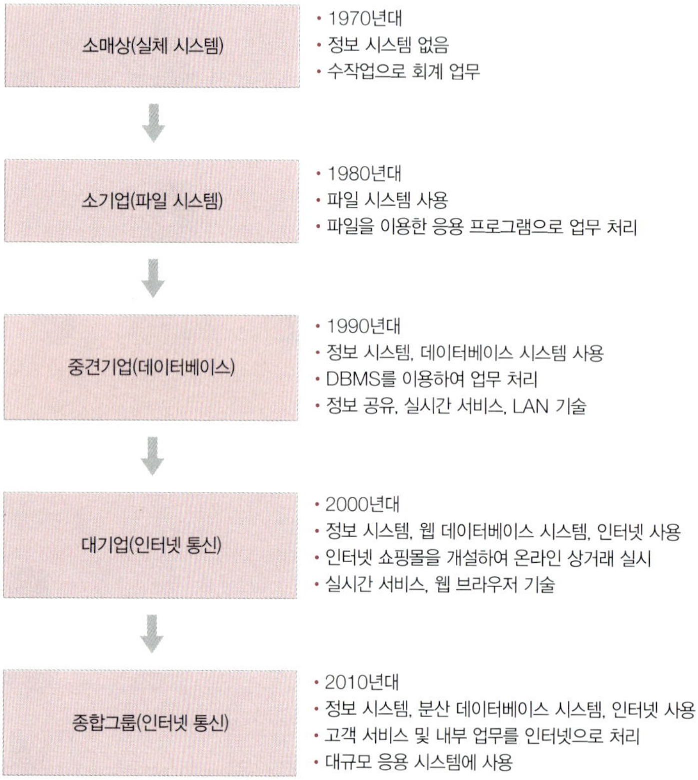

그림 1-7 정보 시스템의 발전과 기업의 업무 환경 변화

03 파일 시스템과 DBMS

컴퓨터에 데이터를 저장하는 방법은 어떻게 발전되어 왔는지, 이번에도 마당서점의 예를 통해 살펴보면서 DBMS의 도입 배경을 이해해 보자.

1 마당서점 데이터를 저장하는 방법

초기의 마당서점은 취급하는 도서 수가 적어 사장과 점원이 도서 제목, 출판사, 가격 등을 모두 기억하고, 고객이 문의를 해 오면 바로 대답해 준다. 이 상태에서는 컴퓨터에 따로 데이터를 저장하여 관리할 필요가 없다. 그러나 도서가 많아져 고객이 직접 조회할 수 있도록 [그림 1-8]과 같이 검색 프로그램을 제공하기로 하였다.

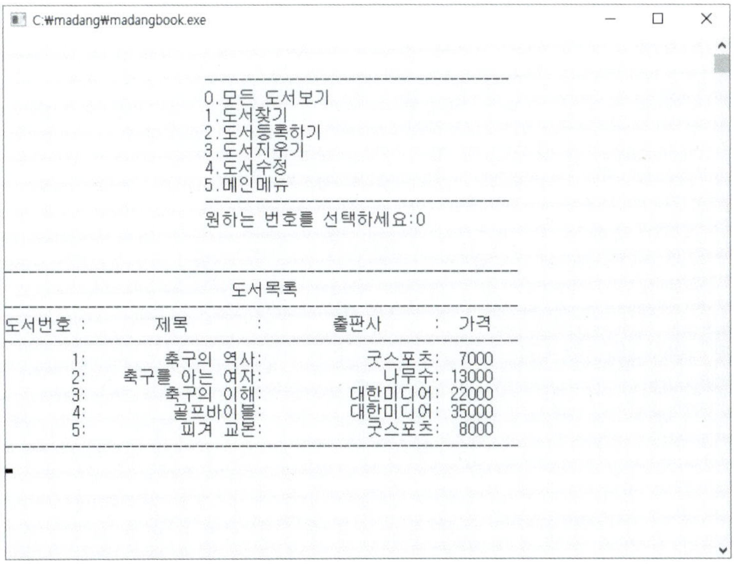

그림 1-8 도서 검색 프로그램

위와 같은 프로그램이 운영되려면 도서의 제목, 출판사, 가격 등에 관한 데이터를 어딘가에는 저장해야 한다. 컴퓨터에 데이터를 저장하는 방법 세 가지를 살펴보자.

데이터를 프로그램 내부에 저장하는 방법

비현실적이긴 하지만 데이터를 프로그램 내부에 저장하는 방법이다. 즉 데이터를 프로그램의 변수에 치환하여 저장하는 방법이다. 여기서는 C 언어로 작성한 프로그램을 예로 보인다. 작성된 코드는 [프로그램 1]과 같다. [프로그램 1]은 C 언어의 구조체 BOOK을 먼저 선언하고 main() 프로그램에서 구조체 배열 변수 BOOKS[ ]에 데이터를 저장한다. 도서 데이터는 프로그램 내 구조체 변수에 저장된다.

■ **프로그램 1: 데이터를 프로그램 내부에 저장**

```
/* BOOK 데이터 구조 정의 */
typedef struct {
  int    bookid[5];
  char   bookname[20];
  char   publisher[20];
  int    price;
} BOOK;

int main() {
  BOOK BOOKS[10];  /* 구조체 배열 변수에 데이터 저장 */

  /* 첫 번째 도서 저장 */
  BOOKS[1].bookid = 1;
  strcpy(BOOKS[1].bookname, "축구의 역사");
  strcpy(BOOKS[1].publisher, "굿스포츠");
  BOOKS[1].price = 7000;

  /* 두 번째 도서 저장 */
  BOOKS[2].bookid = 2;
  strcpy(BOOKS[2].bookname, "축구 아는 여자");
  strcpy(BOOKS[2].publisher, "나무수");
  BOOKS[2].price = 13000

  /* 나머지 다른 도서 저장 ( 생략 ) */
  .....

  /* 모든 도서보기 프로그램 호출 */
  search_ all();

  /* 기타 프로그램 코드 */
  .....
}
```

■ **프로그램 1의 문제점**

[프로그램 1]은 데이터를 프로그램 내부의 BOOKS 배열에 저장한다. 그런데 이 방법은 문제가 있다. 새로운 도서 "야구를 부탁해"가 입고되어 고객이 조회할 수 있도록 추가하려면 배열 변수 BOOKS의 마지막에 새로운 데이터를 저장하고 다시 컴파일한 후 실행해야 한다. 이 방법은 매번 새로운 데이터가 생길 때마다 프로그램을 수정한 후 다시 컴파일하고, 새로 컴파일된 프로그램을 실행해야 한다. 또 프로그램을 컴파일하여 새로운 프로그램을 가동하는 순간 검색 서비스를 중단시켜야 한다. 데이터를 프로그램 내부에 저장하는 방법은 데이터의 추가나 삭제 같은 변경 작업이 없다면 아무 문제가 없지만, 데이터는 항상 변경이 일어나기 때문에 문제가 발생한다.

파일 시스템을 사용하는 방법

데이터를 프로그램과 분리하여 별도의 파일에 저장하는 방법이다. 이를 파일 시스템이라고 한다. 파일은 프로그램과 분리되어 컴퓨터의 디스크에 저장되며, 컴퓨터가 꺼진 상태에서도 데이터 값을 유지한다. C 언어로 작성한 도서 검색 프로그램은 [그림 1-9]와 같다. 새로운 도서가 추가되면 프로그램과 분리되어 별도의 파일에 저장된다.

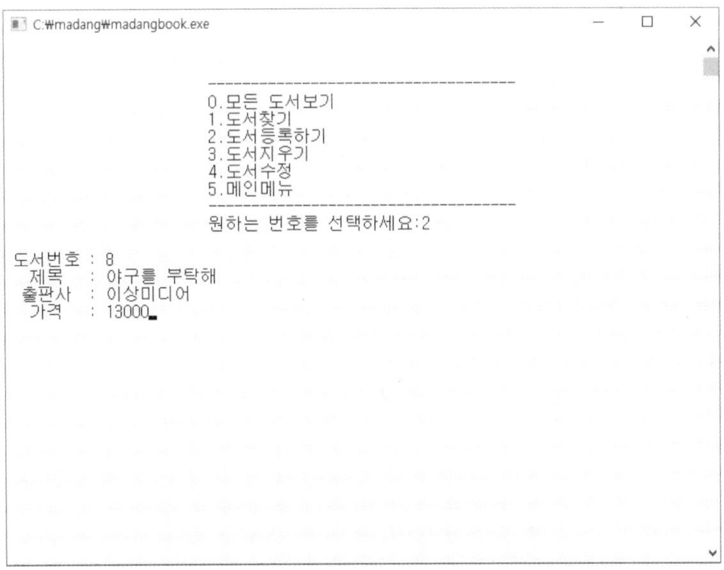

그림 1-9 도서 검색 프로그램에서 도서를 등록하는 화면

위 프로그램의 코드는 [프로그램 2]와 같다. [프로그램 2]는 BOOK 데이터 구조를 먼저 선언하고 main() 프로그램에서 파일로부터 데이터를 불러와 구조체 배열 변수 BOOKS[ ]에 저장한다. 새로운 도서가 입고되면 '도서등록하기' 화면에서 도서 정보를 입력받아 파일에 저장한다. 새로운 데이터가 추가되어도 프로그램을 수정할 필요가 없으므로 첫 번째 방법의 문제점이 해결된다.

■ **프로그램 2: 데이터를 파일에 저장**

```
/* BOOK 데이터 구조 정의 */
typedef struct {
  int     bookid[5];
  char    bookname[20];
  char    publisher[20];
  int     price;
} BOOK;

int main() {
  BOOK BOOKS[10];
  int i = 1;
  insert();  /* 도서 입력 함수 */

  /* 파일에 저장된 데이터를 배열 BOOKS[]에 저장 */
  fp = fopen("book.dat","rb");
  bp = (BOOK *)calloc(1,sizeof(BOOK));
  /* 파일에서 책을 읽는다 */
  while(fread(bp, sizeof(BOOK), 1, fp) ! = 0) {
          BOOKS[i].bookid = bp->bookid;
          strcpy(BOOKS[i].bookname, bp->bookname);
          strcpy(BOOKS[i].publisher, bp->publisher);
          BOOKS[i].price = bp->price;
          i++;
  }

  /* 모든 도서보기 프로그램 호출 */
  search_ all();

  /* 기타 프로그램 코드 */
  .....
}
```

■ 프로그램 2의 문제점

[프로그램 2]는 데이터가 변경되어도 데이터를 파일에 별도로 저장하여 운영하기 때문에 프로그램 자체를 수정하지 않아도 된다. 따라서 고객은 24시간 검색 서비스를 제공받을 수 있다. 그러나 다음과 같이 사용자가 인식하지 못하는 두 가지 문제가 있다.

첫째, 데이터 구조가 바뀌는 문제가 있다. 문제라기보다는 불편함이라고 할 수 있다. 도서 정보는 BOOK 데이터 구조에서 선언했다시피 (도서번호, 도서 제목, 출판사, 가격)을 저장한다. 그러나 운영하다 보니 저자 정보도 필요하여 BOOK 데이터 구조를 (도서번호, 도서 제목, 출판사, 저자, 가격)으로 변경하려고 한다. 해결 방법은 프로그램을 수정하여 새로운 BOOK 데이터 구조를 정의하고 다시 컴파일하는 것이다. 컴파일된 프로그램을 다시 시작하려면 검색 서비스를 일시 중단해야 한다.

둘째, 같은 파일을 두 개의 프로그램이 공유하는 문제이다. 예를 들어 같은 데이터를 book.dat 파일에 저장했다고 가정하자. 고객이 도서를 검색하기 위해 P1 프로그램을 이용하여 book.dat 파일을 읽는 동안 직원이 도서의 가격을 조회하기 위해 P2 프로그램으로 book.dat 파일을 읽으려고 한다. 이때 직원은 '파일이 사용 중입니다….'라는 오류 메시지를 만나게 된다. P2 프로그램이 book.dat 파일을 읽으려면 P1 프로그램을 잠시 중지시켜야 한다. 이는 고객에게 불편한 일이다.

TIP 한 개의 파일을 두 개의 프로그램이 공유하는 것은 운영체제의 도움 없이는 불가능하다.

DBMS를 사용하는 방법

데이터는 데이터 정의와 데이터 값으로 구성된다. 앞서 설명한 첫 번째 방법은 프로그램 내부에 데이터 정의와 데이터 값을 모두 포함하는 경우이고, 두 번째 방법은 프로그램 내부에 데이터 정의만 포함하고 데이터 값은 별도의 파일에 저장하는 경우이다.

이제 설명할 세 번째 방법은 데이터 정의와 데이터 값을 DBMS라는 소프트웨어가 관리하는 방법으로, 앞서 설명한 두 가지 방법의 문제점을 모두 해결할 수 있다. 프로그램에 데이터 정의나 데이터 값을 포함하지 않기 때문에 데이터 구조가 바뀌어도 다시 컴파일할 필요가 없다(단, 프로그램이 직접 다루는 데이터 정의가 바뀌면 다시 컴파일해야 한다). 데이터 정의와 데이터 값은 DBMS가 관리한다. DBMS는 데이터 정의, 데이터 변경 등의 작업을 할 수 있는 별도의 프로그램을 갖고 있다.

C 언어와 데이터베이스 전용 언어인 SQL로 작성된 코드는 [프로그램 3]과 같다. 고객이 사용하는 프로그램은 두 번째 방법과 같지만, 프로그램에서 BOOK 데이터 구조는 빠져 있다. 프로그램에서 데이터를 불러올 때는 EXEC SQL이라는 별도의 명령어를 이용하여 DBMS에 호출한다. DBMS는 데이터를 정의하고 데이터를 관리하는 사용자 인터페이스를 따로 제공한다.

■ **프로그램 3: 데이터를 DBMS에 저장**

```
int main() {
  /* 반환된 행의 수 */
  int num_ret;
  /* DBMS에 접속 */
  EXEC SQL CONNECT :username IDENTIFIED BY :password;

  /* SQL 문 실행 */
  EXEC SQL DECLARE c1 CURSOR FOR
        SELECT bookname, publisher, price FROM BOOK;
  EXEC SQL OPEN c1;

  /* 모든 도서보기 프로그램 호출 */
  search_all();

  /* SQL 문 실행 결과 출력 */
  for (;;) {
        EXEC SQL FETCH c1 INTO :BOOK_rec;
        print_rows(num_ret);
  }
  EXEC SQL CLOSE c1;

  /* 접속 해제 */
  EXEC SQL COMMIT WORK RELEASE;
}
```

[그림 1-10]은 마이크로소프트사의 DBMS인 SQL Server의 데이터베이스 관리 소프트웨어SSMS이다. 데이터베이스 관리 소프트웨어는 데이터 구조를 만들고 저장된 데이터 값을 직접 변경할 수 있어 편리하다.

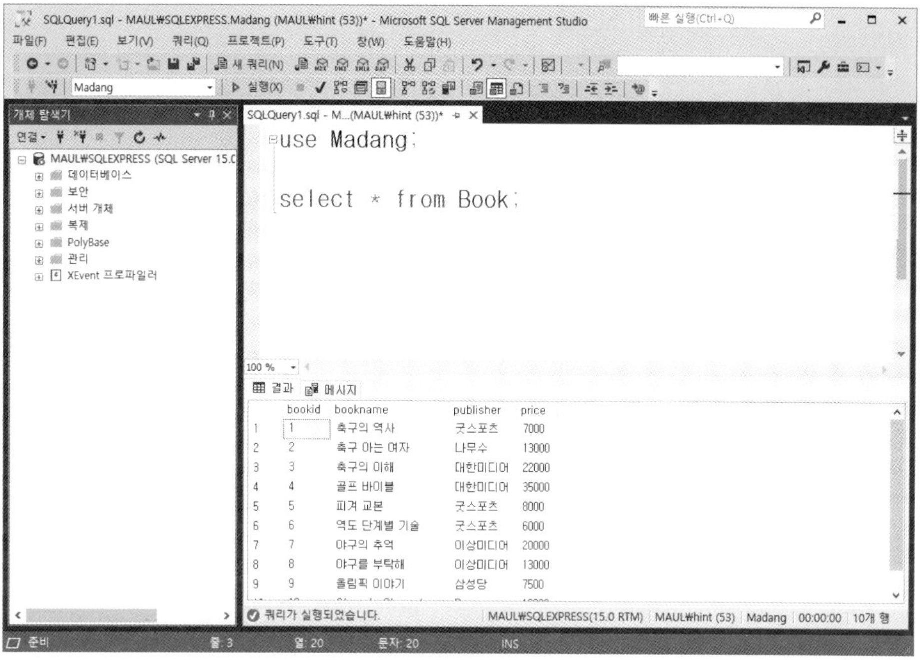

그림 1-10 Microsoft SQL Server 데이터베이스 관리 화면

2 마당서점 데이터의 저장 방법 비교

마당서점 데이터의 세 가지 저장 방법을 비교하면 [표 1-3]과 같다.

표 1-3 마당서점 데이터의 저장 방법 비교

저장 방법	구조	설명
프로그램 1	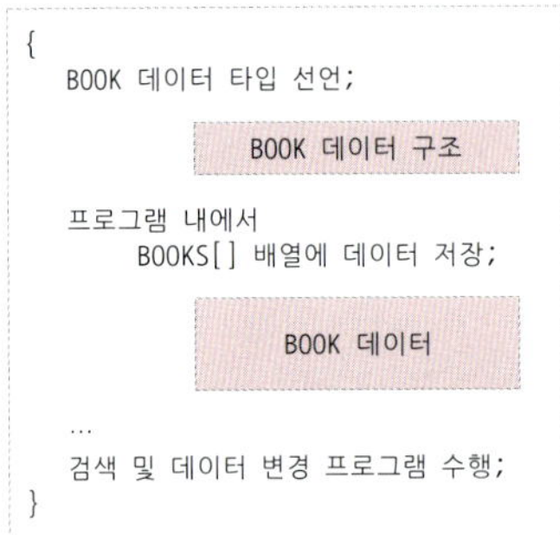	• 프로그램에 데이터 정의와 데이터 값을 모두 포함하는 방식 • 프로그램에 BOOK 데이터 구조를 정의하고 데이터 값도 직접 변수에 저장함 • 데이터 구조 혹은 데이터 값이 바뀌면 프로그램을 다시 컴파일해야 함
프로그램 2	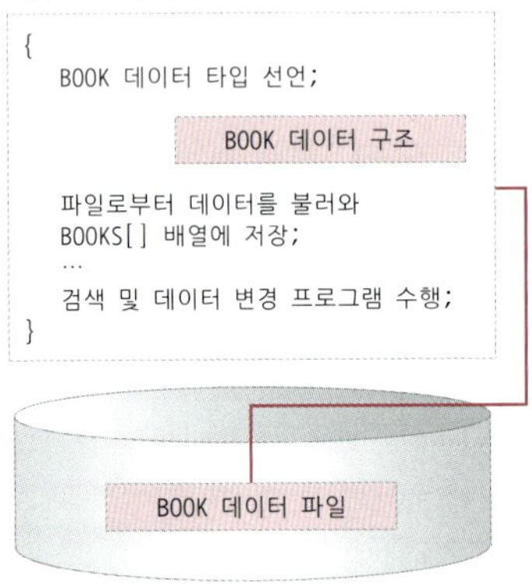	• 파일에 데이터 값, 프로그램에 데이터 정의를 포함하는 방식 • 프로그램에 BOOK 데이터 구조만 정의하고, 데이터 값은 book.dat라는 파일에 저장됨 • 데이터 값이 바뀌면 프로그램에 변경이 없지만, 데이터 구조가 바뀌면 프로그램을 다시 컴파일해야 함
프로그램 3	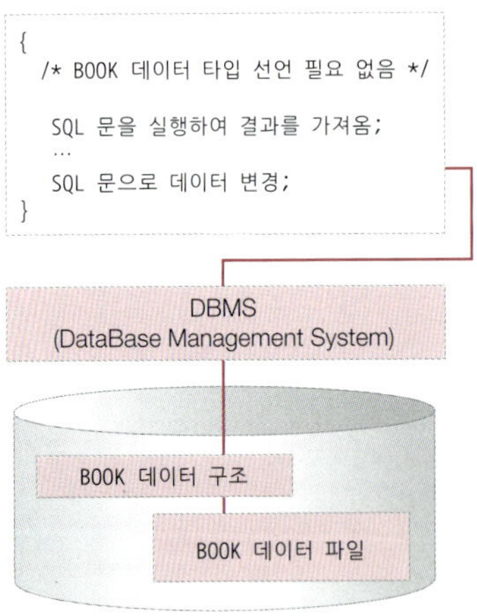	• DBMS가 데이터 정의와 데이터 값을 관리하는 방식 • BOOK 데이터 구조는 DBMS가 관리하고, 데이터 값은 데이터베이스에 저장됨 • 데이터 구조가 바뀌거나 데이터 값이 바뀌어도 프로그램을 다시 컴파일할 필요 없음

3 파일 시스템과 DBMS의 비교

데이터를 저장할 때 파일 시스템을 이용하는 방법과 DBMS를 이용하는 방법을 비교하면 [표 1-4]와 같다. DBMS는 파일 시스템에 비해 CPU와 주기억장치 등 컴퓨터 자원을 많이 사용하지만 SQL 언어를 사용하여 응용 프로그램이 데이터에 쉽게 접근할 수 있다. 즉 프로그래머가 해야 할 파일 관리를 DBMS를 통해 쉽게 할 수 있다.

표 1-4 파일 시스템과 DBMS의 비교

구분	파일 시스템	DBMS
데이터 정의	응용 프로그램	DBMS
데이터 저장	파일 시스템	데이터베이스
데이터 접근 방법	응용 프로그램이 파일에 직접 접근	응용 프로그램이 DBMS에 파일 접근을 요청
사용 언어	자바, C++, C 등	자바, C++, C 등과 SQL
CPU/주기억장치 사용	적음	많음

예를 들어 마당서점에 출판사로부터 도서를 구매하는 구매 담당자와 고객에게 도서를 판매하는 판매 담당자가 있는데 이들은 서로 업무가 달라 필요한 프로그램을 각각 운영하는 경우를 살펴보자. [그림 1-11]은 구매 담당자와 판매 담당자의 업무를 파일 시스템으로 처리한 경우이다. 파일 시스템으로 구축된 응용 프로그램은 데이터가 저장될 파일을 정의하고 직접 관리한다. 따라서 프로그램 개발 시 파일을 다루어야 하는 부담이 있다. 또 파일에 저장된 데이터를 서로 공유하지 않기 때문에 데이터가 중복 저장될 위험이 있다. 데이터가 중복 저장되면 데이터의 일관성이 없어 깨질 수 있는데, 예로 구매 담당자가 변경한 도서 정보를 판매 담당자가 알지 못해 문제가 생기기도 한다.

그림 1-11 파일 시스템으로 구축된 구매 및 판매 응용 프로그램

[그림 1-12]는 DBMS로 구축된 구매 및 판매 응용 프로그램으로, 데이터의 정의 및 관리를 DBMS에 맡기기 때문에 프로그램이 훨씬 간단하다. 즉 프로그램 개발 생산성이 높다. DBMS는 데이터베이스 정의 시 도서에 관한 정보를 한 번만 정의하여 공유하기 때문에 데이터의 일관성을 유지할 수 있다. 응용 프로그램 입장에서는 데이터 정의와 관리를 맡지 않아 데이터 구조 변경으로부터 독립성을 유지할 수 있다. 또 DBMS는 스스로 데이터를 복구하며 보안을 유지하는 기능도 갖고 있다.

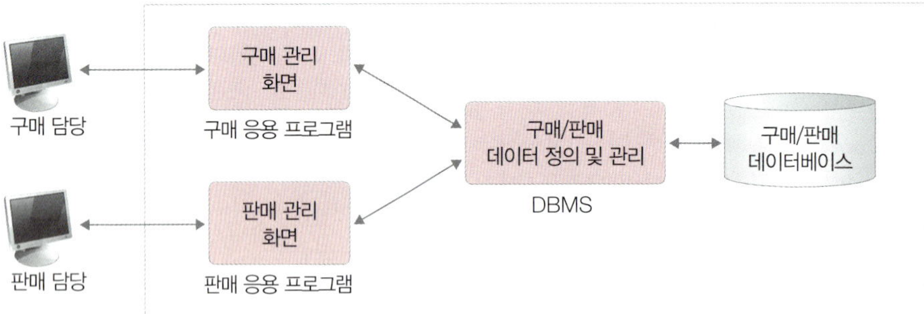

그림 1-12 DBMS로 구축된 구매 및 판매 응용 프로그램

파일 시스템과 비교해 DBMS의 장점은 [표 1-5]와 같다. 이처럼 데이터를 많이 다루는 프로그램을 빨리 개발할 수 있고, 데이터 구조가 변경되어도 데이터의 독립성을 유지할 수 있다. 또 복구, 보안, 무결성 유지 등의 기능도 수행한다.

표 1-5 DBMS의 장점

장점	설명
데이터 중복 최소화	DBMS를 이용하여 데이터를 공유하기 때문에 중복 가능성 낮음
데이터 일관성 유지	중복 제거로 데이터의 일관성이 유지됨
데이터 독립성 유지	데이터 정의와 프로그램의 독립성 유지 가능
관리 기능 제공	데이터 복구, 보안, 동시성 제어, 데이터 관리 기능 등을 수행
프로그램 개발 생산성 향상	짧은 시간에 큰 프로그램을 개발할 수 있음
기타	데이터 무결성 유지, 데이터 표준 준수 용이

04 데이터베이스 시스템의 구성

데이터베이스 시스템database system의 기본 구성은 데이터베이스database, 데이터베이스 관리 시스템DBMS, 데이터 모델data model이다. 데이터베이스는 하드디스크에 저장된 데이터이고, DBMS는 주기억장치에 저장된 소프트웨어이다. 데이터 모델은 눈에 보이지 않는 논리적인 개념으로 데이터가 저장되는 기법에 관한 내용이다. 이 외에도 데이터베이스 언어, 데이터베이스 사용자라는 추가 구성 요소가 존재한다.

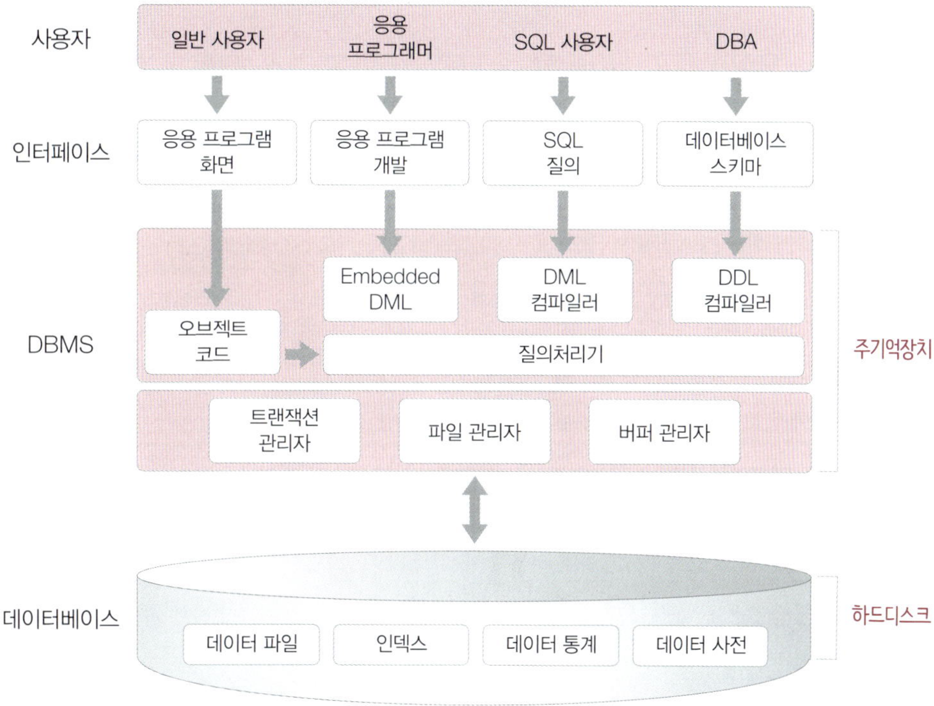

그림 1-13 데이터베이스 시스템의 구성

1 데이터베이스 언어

데이터베이스 시스템은 데이터베이스 전용 언어인 SQLStructured Query Language을 사용한다. SQL은 데이터 정의어Data Definition Language, DDL, 데이터 조작어Data Manipulation Language, DML, 데이터 제어어Data Control Language, DCL로 구성된다. 데이터 정의어는 CREATE, ALTER, DROP 문과 같이 DBMS에 저장된 테이블 구조를 정의하고, 데이터 조작어는 SELECT, INSERT, DELETE, UPDATE 문과 같이 데이터를 검색, 삽입, 삭제, 수정하는 데 사용한다. 데이터 제어어는 GRANT, REVOKE 문과 같이 데이터의 사용 권한을 관리한다. SQL에 대해서는 3장, 4장, 9장에서 자세히 배운다.

SQL의 핵심은 데이터 조작어 중 데이터를 검색하는 질의query문이다. 질의문은 SELECT-FROM-WHERE 구조로 되어 있다. 다음 Book 테이블에서 질의문의 사용 예를 살펴보자.

Book 테이블

bookid	bookname	publisher	price
1	축구의 역사	굿스포츠	7000
2	축구 아는 여자	나무수	13000
3	축구의 이해	대한미디어	22000
4	골프 바이블	대한미디어	35000
5	피겨 교본	굿스포츠	8000

질의 1-1

Book 테이블에서 모든 도서이름bookname과 출판사publisher를 검색하시오.

풀이

```
SELECT    bookname, publisher
FROM      Book;
```

bookname	publisher
축구의 역사	굿스포츠
축구 아는 여자	나무수
축구의 이해	대한미디어
골프 바이블	대한미디어
피겨 교본	굿스포츠

Book 테이블에서 모든 도서의 bookname과 publisher 값을 보여 준다.

질의 1-2

가격price이 10,000원 이상인 도서이름bookname과 출판사publisher를 검색하시오.

풀이

```
SELECT   bookname, publisher
FROM     Book
WHERE    price >=10000;
```

bookname	publisher
축구 아는 여자	나무수
축구의 이해	대한미디어
골프 바이블	대한미디어

Book 테이블에서 가격이 10,000원 이상인 도서의 bookname과 publisher 값을 보여 준다.

2 데이터베이스 사용자

데이터베이스 시스템을 사용하는 사람은 크게 일반 사용자, 응용 프로그래머, SQL 사용자, 데이터베이스 관리자로 구분할 수 있다. 여기서 응용 프로그래머는 데이터베이스를 이용하여 문제를 해결하는 프로그램을 작성하는 사람이고, 일반 사용자는 응용 프로그래머가 작성한 프로그램을 이용하는 사람이다. 또 SQL 사용자는 SQL 질의를 작성하거나 SQL을 이용하여 프로그램을 작성하는 사람이다. 데이터베이스 관리자는 DBADataBase Administrator라고도 하는데, 조직의 데이터베이스 운영을 총괄하는 사람이다.

■ 일반 사용자

은행의 창구 혹은 관공서의 민원 접수처 등에서 데이터를 다루는 업무를 하는 사람이다. 일반 사용자end user는 프로그래머가 개발한 프로그램을 이용하여 데이터베이스에 접근한다. 보통 특별한 지식 없이 데이터베이스에 접근하여 데이터의 검색, 삽입, 삭제, 수정 작업을 한다. 따라서 일반 사용자는 자신이 DBMS를 이용하는지 알지 못한다.

■ 응용 프로그래머

일반 사용자가 사용할 수 있도록 프로그램을 만드는 사람이다. 응용 프로그래머application programmer는 자바, C, JSP 등의 프로그래밍 언어와 SQL을 사용하여 일반 사용자를 위한 사용자 인터페이스와 데이터를 관리하는 응용 로직을 개발한다. 특별히 데이터베이스 프로그래머라고 말하기도 한다.

■ SQL 사용자

SQL을 사용하여 업무를 처리하는 IT 부서의 담당자로, 응용 프로그램으로 구현되어 있지 않은 업무를 SQL을 사용하여 처리한다. 주로 데이터 검색, 데이터 구조 변경, 데이터에 관한 통계 처리 등 데이터를 모니터링하는 업무를 하거나 보고서 형태로 만들어 상부에 보고하는 업무를 한다.

■ 데이터베이스 관리자DataBase Administrator, DBA

데이터베이스 운영 조직의 데이터베이스 시스템을 총괄하는 사람이다. 보통 데이터베이스마다 한 명을 두며 큰 조직의 경우 여러 명을 두기도 한다. DBA는 데이터 설계, 구현, 유지보수의 전 과정을 담당한다. 또한 데이터베이스 사용자 통제, 보안, 성능 모니터링, 데이터 전체 파악 및 관리, 데이터 이동 및 복사 등 제반 업무를 맡는다.

데이터베이스 사용자별로 갖추어야 할 지식 수준을 정리하면 [표 1-6]과 같다. 응용 프로그래머는 보통 데이터베이스 프로그래머라고 부르며 프로그래밍 능력, DBMS 지식, 데이터 구성에 대한 지식 등을 갖추어야 한다. 데이터베이스 관리자는 프로그래밍 능력 외에도 특별히 DBMS 지식 및 데이터 구성에 관한 지식이 많이 필요하다.

표 1-6 데이터베이스 사용자별로 갖추어야 할 지식 수준(×: 없음, ○: 보통, ◎: 높음)

구분	SQL 언어	프로그래밍 능력	DBMS 지식	데이터 구성
일반 사용자	×	×	×	×
SQL 사용자	◎	×	○	○
응용 프로그래머	◎	◎	○	○
데이터베이스 관리자	◎	○	◎	◎

3 DBMS

DBMS는 사용자와 데이터베이스를 연결시켜 주는 소프트웨어로, 데이터베이스 사용자가 데이터베이스를 생성, 공유, 관리할 수 있도록 지원해 주는 총체적인 역할을 한다. [그림 1-13]의 DBMS와 데이터베이스 구성을 보자. 주기억장치에 저장된 DBMS는 SQL을 번역하는 DML/DDL 컴파일러와 응용 프로그램에 삽입embedded된 SQL을 번역하는 Embedded DML 컴파일러로 구성되어 있으며, 번역된 SQL을 처리하는 알고리즘인 질의처리기가 있다. 이 밖에도 트랜잭션을 관리하는 트랜잭션 관리자, 파일을 관리하는 파일 관리자, 버퍼 관리자 등이 있다. 하드디스크에 저장된 데이터베이스는 데이터 파일을 포함하여 데이터에 빠르게 접근하기 위한 인덱스, 데이터에 대한 정보를 저장하는 데이터 사전 등을 저장하고 있다. DBMS는 이들 데이터에 접근하여 사용자의 질의를 처리한다.

TIP 트랜잭션은 데이터베이스를 처리하는 프로그램의 단위를 말한다.

DBMS는 1960년대 초부터 제품이 생산되기 시작하였으며, 1970년대에 등장한 SQL 기반의 관계 데이터 모델이 현재 가장 많이 사용된다. 관계 데이터 모델은 데이터들의 관계를 테이블 형태로 표현하여 사용자가 데이터에 접근하기 쉽게 한다. 관계 데이터 모델에 관한 자세한 내용은 2장에서 배운다. DBMS가 데이터베이스 사용자와의 상호작용을 통해 수행하는 기능을 정리하면 [표 1-7]과 같다.

표 1-7 DBMS의 기능

기능	설명
데이터 정의	• 데이터의 구조를 정의하고 데이터 구조에 대한 삭제 및 변경 기능을 수행
데이터 조작	• 데이터를 조작하는 소프트웨어(응용 프로그램)가 요청하는 데이터의 검색, 삽입, 수정, 삭제 작업을 지원
데이터 추출	• 사용자가 조회하는 데이터 혹은 응용 프로그램의 데이터를 추출
데이터 제어	• 데이터베이스 사용자를 생성하고 모니터링하며 접근을 제어 • 백업과 회복, 동시성 제어 등의 기능을 지원

4 데이터 모델

데이터 모델은 데이터베이스 시스템에서 데이터를 저장하는 이론적인 방법에 관한 것으로, 데이터베이스에 데이터가 어떻게 구조화되어 저장되는지를 결정한다. 가장 많이 사용되는 데이터 모델은 관계 데이터 모델relational data model이다.

기존에 사용되었던 데이터 모델로는 계층 데이터 모델hierarchical data model, 네트워크 데이터 모델network data model, 객체 데이터 모델object data model, 객체-관계 데이터 모델object-relational data model 등이 있다. 객체-관계 데이터 모델은 객체지향 언어가 널리 사용됨에 따라 관계 데이터 모델과 객체 데이터 모델의 장점을 결합한 모델이다.

데이터 모델을 구분하는 가장 큰 기준은 데이터들 간에 관계를 표현하는 방법이다. 예를 들어 학생 정보를 저장하는 테이블과 강좌 정보를 저장하는 테이블이 있는 경우, 박지성 학생이 자료구조를, 김연아 학생이 데이터베이스를 수강한다는 학생-강좌 관계relationship를 표현해야 한다고 가정해 보자. 이를 표현하는 방법은 다음과 같이 세 가지가 있다.

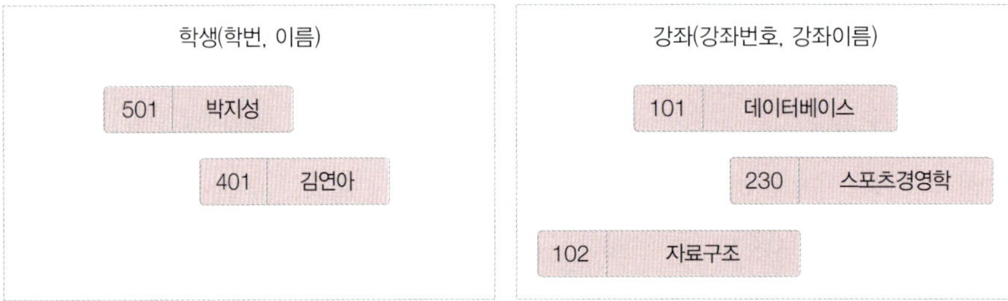

그림 1-14 관계 표현을 위한 예시

❶ 포인터 사용: 계층 데이터 모델, 네트워크 데이터 모델

프로그래밍 언어의 포인터 타입을 이용하여 강좌 데이터 y가 저장된 포인터 값 p를 학생 데이터 x에 저장하는 방법으로, 계층 데이터 모델과 네트워크 데이터 모델에서 사용한다. 포인터를 사용하는 방법은 데이터를 직접 찾아갈 수 있어서 프로그램 속도는 빠르지만, 포인터를 다루는 프로그래밍을 해야 하기 때문에 응용 프로그램 개발 속도 면에서 느리다는 단점이 있다.

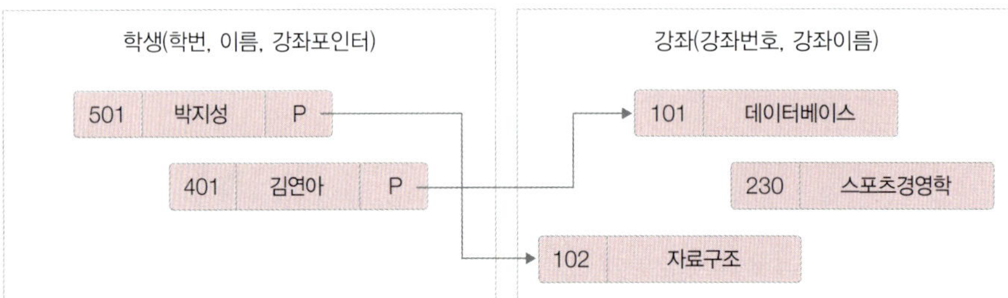

❷ **속성값 사용: 관계 데이터 모델**

강좌 데이터 y의 속성인 강좌번호 값 v를 학생 데이터 x에 직접 저장하는 방법으로, 데이터를 찾을 때는 강좌번호 값을 이용하여 어떤 강좌를 신청했는지 알아낸다. 포인터를 사용하는 방법보다 속도는 조금 느리지만, 개념이 쉽고 프로그램 개발이 빠르기 때문에 관계 데이터 모델을 비롯한 많은 데이터베이스 시스템에서 이 방법을 사용한다. 다음 그림에서 보듯이 직접적인 포인터는 없고 값을 이용하여 관계를 찾아간다.

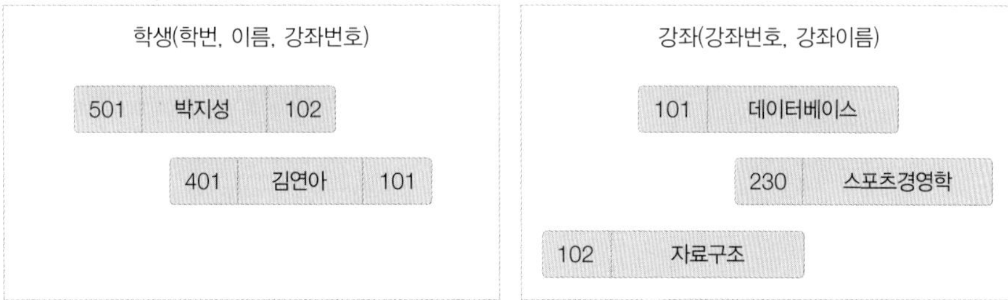

❸ **객체식별자 사용: 객체 데이터 모델**

강좌를 객체 개념으로 보고 강좌 객체의 고유 식별자인 oid를 학생 테이블에 저장하는 방법이다. 객체 데이터 모델에서 사용하며 객체지향 언어의 상속, 캡슐화 등의 개념을 도입한다.

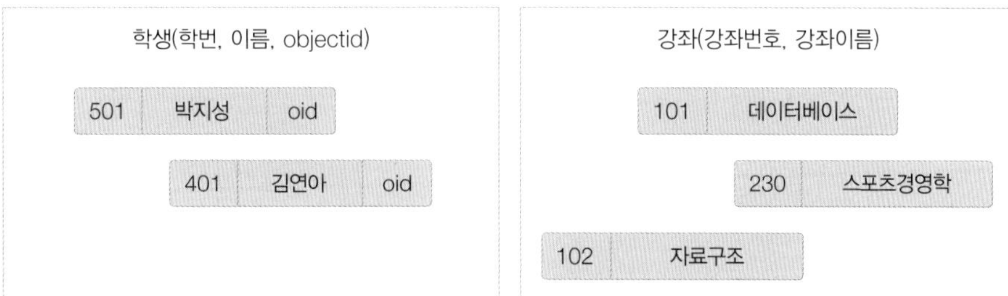

현재 데이터베이스 시스템은 관계 데이터 모델을 기본 개념으로 하고 객체 데이터 모델의 장점을 일부 수용한 객체-관계 데이터 모델로 발전하고 있다. 데이터 모델에서 관계 표현 방법을 요약하면 [표 1-8]과 같다.

표 1-8 데이터 모델과 각 모델에서 관계의 표현 방법

데이터 모델	관계의 표현	데이터 구성
계층 데이터 모델 (포인터 사용)	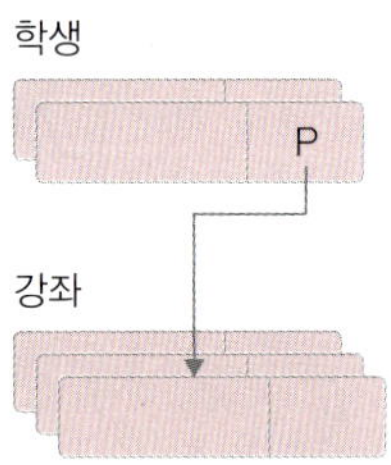	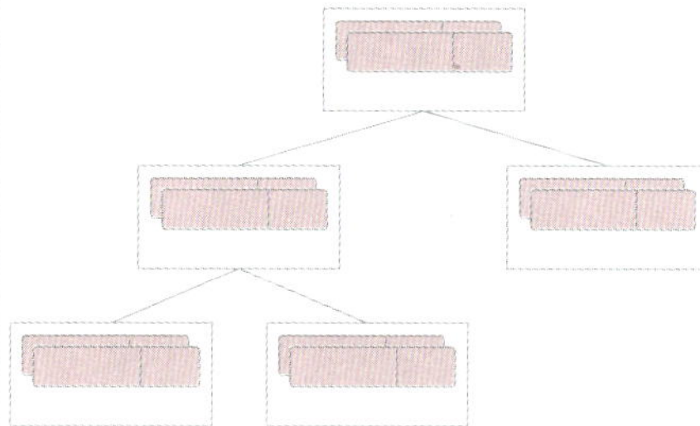
네트워크 데이터 모델 (포인터 사용)	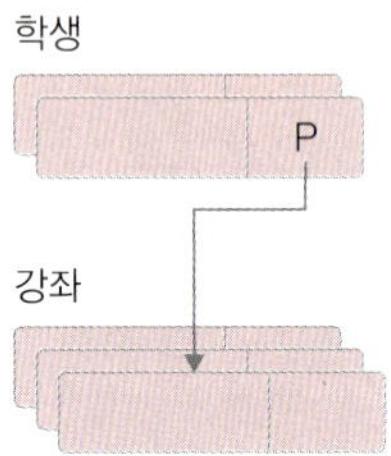	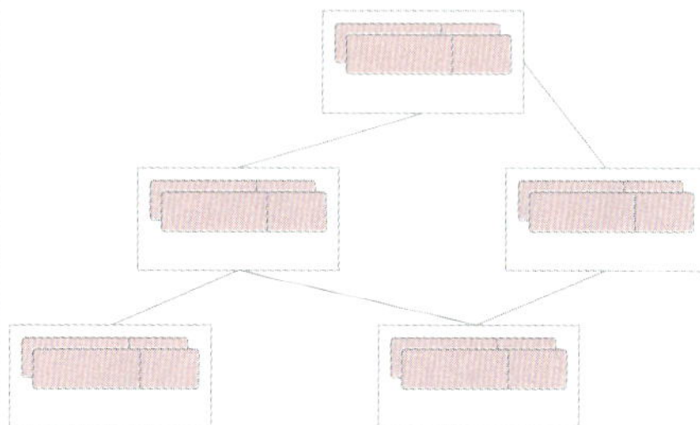
관계 데이터 모델 (속성값 사용)	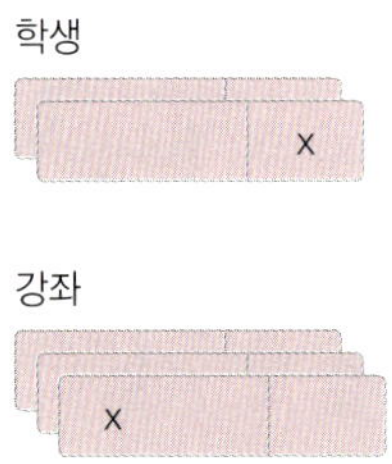	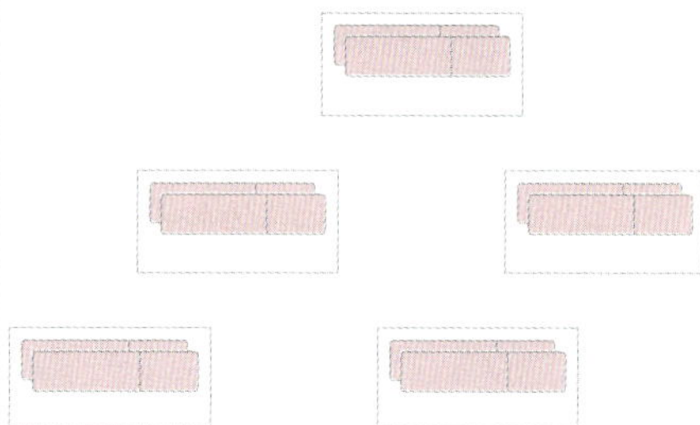
객체 데이터 모델 (객체식별자 사용)	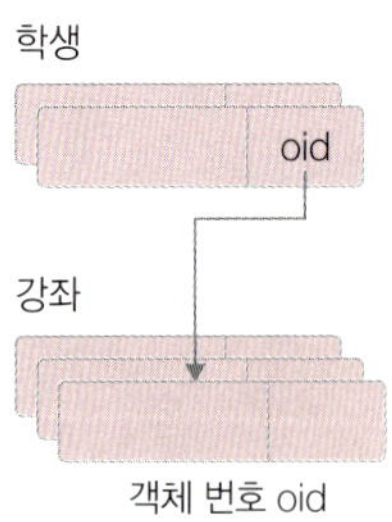	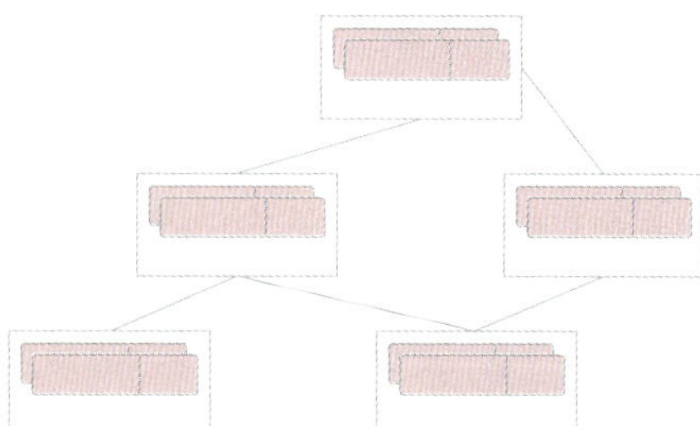

데이터 모델을 사용 시기별로 보면 [그림 1-15]와 같다. 계층 데이터 모델 제품은 1960년대 IBM사의 IMS가 있고, 네트워크 데이터 모델 제품은 1960년대 중반에 제너럴일렉트릭사의 IDS가 있다. 이후 1970년 에드가 코드E. F. Codd 박사가 관계 데이터 모델을 제안한 논문을 발표한 후 IBM사에서 SQL을 사용하는 System R(DB2의 전신), 오라클사의 Oracle 관계 데이터베이스 제품을 출시하였다.

그 후 데스크톱용으로 dBASE가 출시되었고, MySQL사(오라클사에 합병되었음)의 MySQL, 마이크로소프트사의 SQL Server, 인포믹스사(IBM사에 합병되었음)의 Informix 제품이 출시되었다. 또 관계 데이터베이스가 갖는 텍스트 위주의 한계를 극복하기 위하여 객체 개념에 기반한 GemStone, ObjectStore 등의 객체 데이터 모델 제품이 출시되었다.

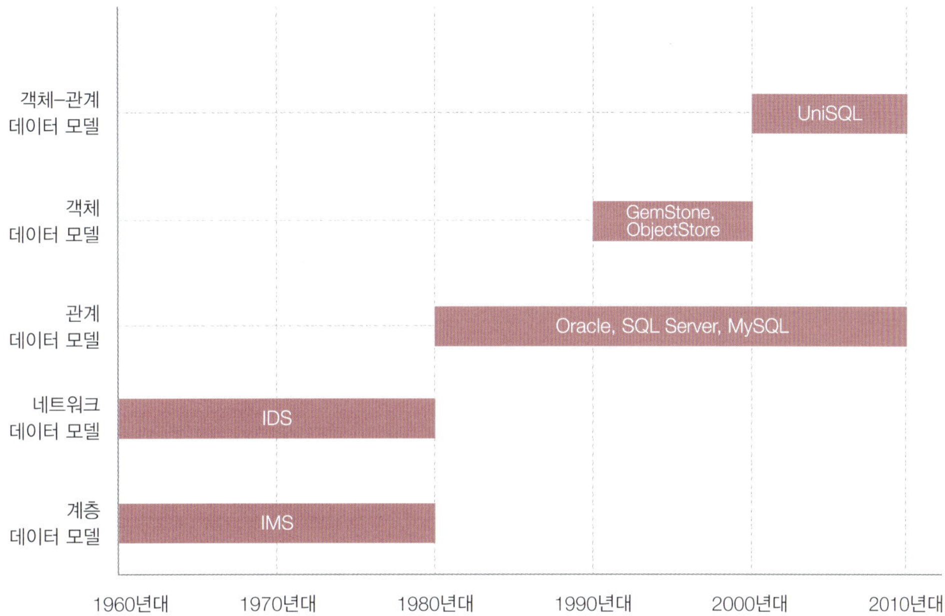

그림 1-15 데이터 모델과 제품의 역사

5 데이터베이스의 개념적 구조

1975년 ANSIAmerican National Standards Institute에서는 데이터베이스를 개념적으로 이해하기 위해 데이터베이스 구조에 관한 안을 만들었다. 이 안은 데이터베이스를 보는 관점view을 세 단계로 분리한 것으로, 3단계 데이터베이스 구조3-layer database architecture라고 부른다. 3단계 데이터베이스 구조는 데이터베이스의 복잡한 구조를 단순화하여 표현한다.

3단계 데이터베이스 구조

3단계 데이터베이스 구조는 [그림 1-16]과 같이 외부 단계, 개념 단계, 내부 단계로 나뉜다. 각 단계를 설명하는 데 사용되는 용어 '스키마schema'는 그리스어에서 유래된 단어로 조직이나 구조를 의미한다.

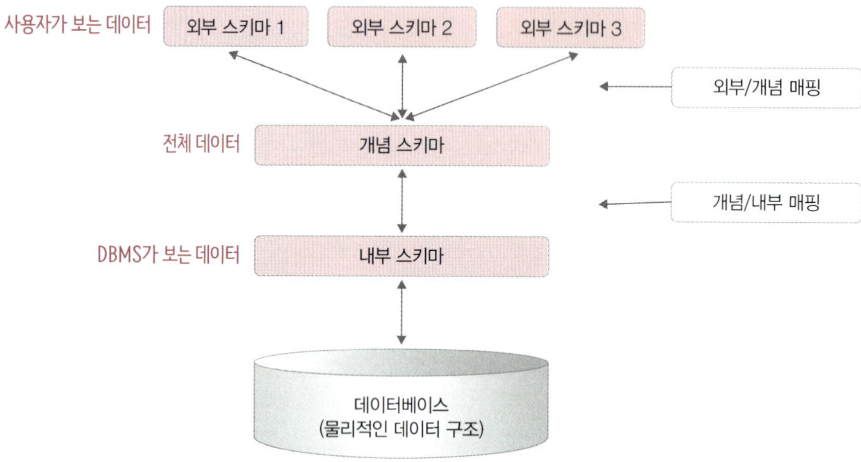

그림 1-16 ANSI의 3단계 데이터베이스 구조

■ 외부 단계

일반 사용자나 응용 프로그래머가 접근하는 계층으로 전체 데이터베이스 중에서 하나의 논리적인 부분을 의미한다. 여러 개의 외부 스키마external schema가 있을 수 있다. 외부 스키마는 서브 스키마subschema라고도 부르며, 뷰view의 개념이다. 대학 데이터베이스를 예로 들면 학생처의 학생 정보, 교무처의 수강 정보 등은 전체 데이터베이스의 일부분으로 각 부서의 사용자들에게만 필요한 부분 각각의 스키마라고 할 수 있다.

■ 개념 단계

전체 데이터베이스의 정의를 의미한다. 통합 조직별로 하나만 존재하며 DBA가 관리한다. 즉 하나의 데이터베이스에는 하나의 개념 스키마conceptual schema가 있다. 개념 스키마는 저장 장치에 독립적으로 기술되며, 데이터와 관계relationship, 제약사항, 무결성에 대한 내용이 포함된다. 대학 데이터베이스를 예로 들면 학생 정보, 수강 정보 등을 모두 모은 대학 전체 데이터베이스를 뜻한다.

■ **내부 단계**

물리적 저장 장치에 데이터베이스가 실제로 저장되는 방법의 표현이다. 내부 스키마internal schema는 하나이며, 인덱스, 데이터 레코드의 배치 방법, 데이터 압축 등에 관한 사항이 포함된다. 대학 데이터베이스를 예로 들면 대학 전체 데이터베이스가 실제 하드디스크에 저장되는 물리적인 구조를 뜻한다. 여기에는 저장 방법에 대한 구체적인 내용이 포함된다.

DBMS는 매핑mapping, 사상을 통하여 각 단계 간 대응 관계를 정의한다. 매핑은 개념 스키마의 어느 부분이 외부 스키마가 되는지 또는 개념 스키마가 어떤 물리적인 표현을 통하여 내부 스키마가 되는지에 따라 두 가지 종류가 있다.

■ **외부/개념 매핑**

사용자의 외부 스키마와 개념 스키마 간의 매핑으로 외부 스키마의 데이터가 개념 스키마의 어느 부분에 해당되는지 대응시킨다.

■ **개념/내부 매핑**

개념 스키마의 데이터가 내부 스키마의 물리적 장치 어디에 어떤 방법으로 저장되는지 대응시킨다.

대학의 수강신청을 예로 들어 3단계 데이터베이스 구조를 살펴보자.

대학의 수강신청 데이터베이스를 구축하기 위해서는 학생, 등록, 강의실, 교수, 강좌, 과목에 관한 테이블이 필요하다. 이 테이블을 그림으로 나타내면 [그림 1-17]과 같다. 그림은 수강신청 데이터베이스의 전체 테이블, 즉 개념 스키마에 해당한다. 그림에서 학생 테이블 상자를 보면 (학번, 이름, 주소, 학년)으로 구성되어 있고, 학번이 데이터를 구분하는 키key로 상자 윗부분에 따로 위치해 있는 모습이다. 또 학생과 등록 사이의 점선은 학생이 등록을 하는 관계relationship를 갖고 있다는 의미이다.

그림 1-17 수강신청 데이터베이스의 개념 스키마

TIP [그림 1-17]은 데이터베이스의 구조를 설명하는 그림으로 ER 다이어그램이라고 부른다. 보통 상자 한 개가 테이블 한 개와 같다.

대학 내 학사관리과에서 수강등록 업무를 한다면 수강등록에 필요한 학생, 등록, 강좌, 과목에 관한 테이블만 필요로 한다. 즉 개념 스키마의 부분 스키마인 [그림 1-18]의 (a) 외부 스키마 1(학사 스키마)만 필요로 한다. 그리고 시간표 작성을 담당하는 수업관리과에서는 시간표 작성에 필요한 교수, 강좌, 강의실, 과목에 관한 테이블만 필요로 한다. 마찬가지로 개념 스키마의 부분 스키마인 (b)의 외부 스키마 2(수업 스키마)만 필요로 한다.

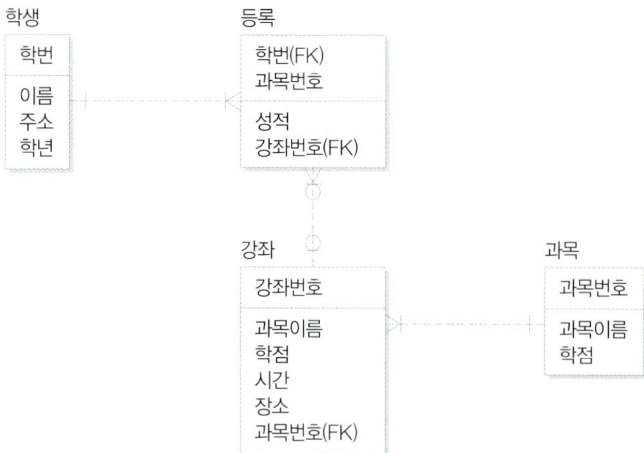

(a) 수강등록 업무를 하는 학사관리과에 필요한 데이터베이스(외부 스키마 1)

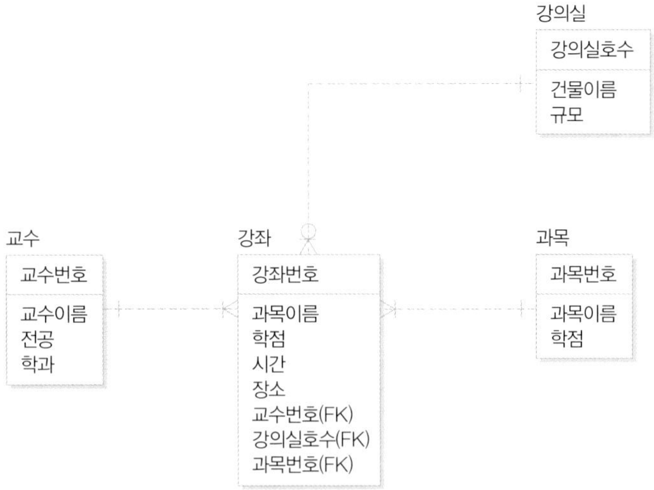

(b) 시간표 작성 업무를 하는 수업관리과에 필요한 데이터베이스(외부 스키마 2)

그림 1-18 수강신청 데이터베이스의 외부 스키마

내부 스키마는 개념 스키마가 실제로 하드디스크에 저장되는 물리적인 저장 구조에 관한 것으로, 각 테이블을 어떤 방식으로 저장하느냐에 따라 여러 가지 방법이 있다. [그림 1-19]는 [그림 1-17]의 수강신청 데이터베이스의 내부 스키마를 그림으로 나타낸 것이다. 물리적인 저장 구조는 여기에 표현되어 있지 않다.

그림 1-19 수강신청 데이터베이스의 내부 스키마

수강신청 데이터베이스의 3단계 구조를 전체적으로 정리하면 [그림 1-20]과 같다.

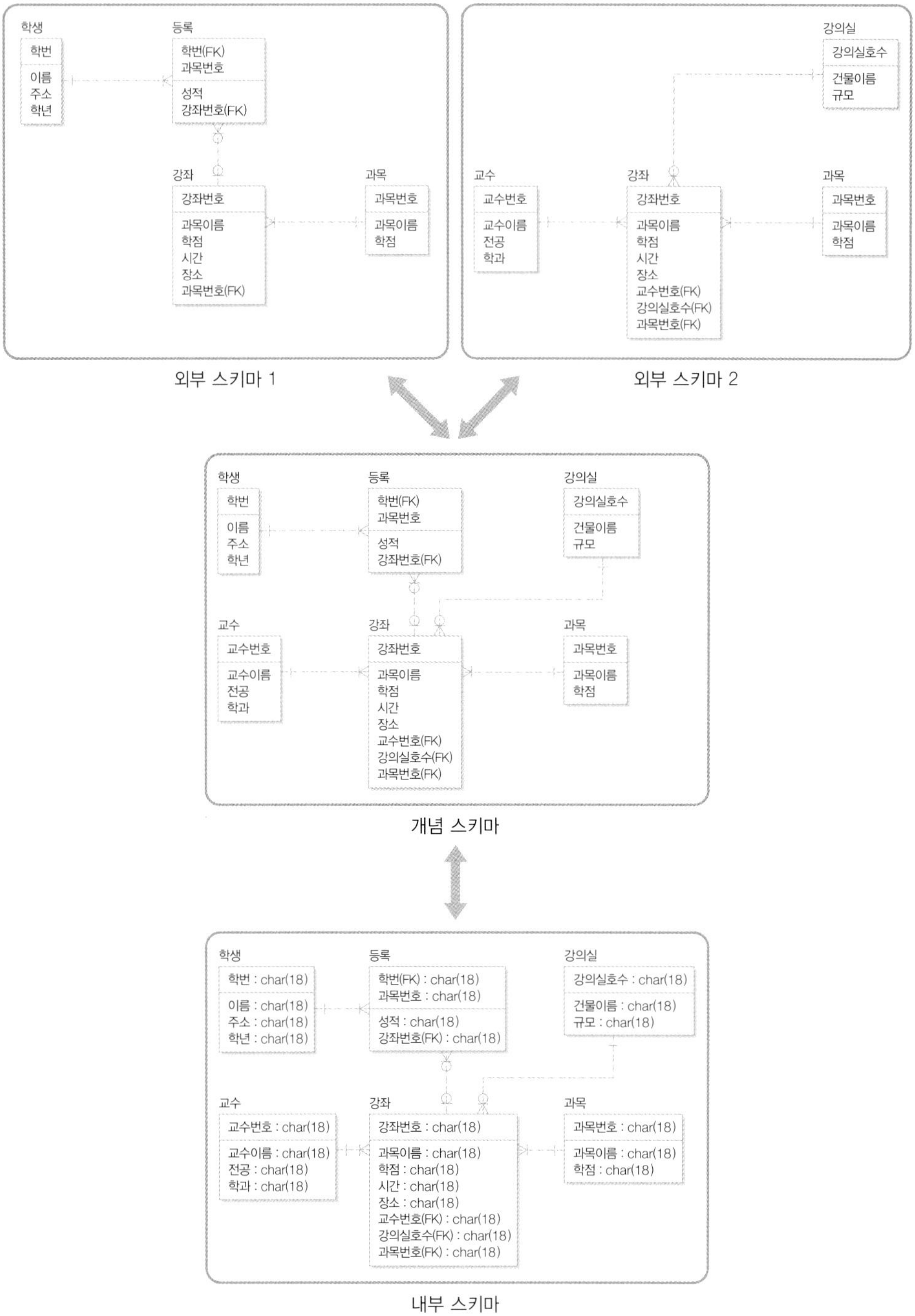

그림 1-20 수강신청 데이터베이스의 3단계 구조

데이터 독립성

3단계 데이터베이스 구조의 특징은 데이터 독립성data independence이다. 데이터 독립성은 하위 단계의 내용을 추상화하여 상위 단계에 그 세부 사항을 숨김으로써 한 단계 내의 변경에 대해서 다른 단계와 상호 간섭이 없도록 하는 것이다. 일반 사용자는 사용자별로 외부 스키마가 있고, DBA는 일반 사용자의 외부 스키마에 영향을 주지 않고 개념 스키마나 내부 스키마의 물리적인 저장 방법을 바꿀 수 있다. 데이터 독립성에는 두 가지가 있다.

- **논리적 데이터 독립성**logical data independence

  외부 단계와 개념 단계 사이의 독립성으로, 개념 스키마가 변경되어도 외부 스키마에는 영향을 미치지 않도록 지원한다. 논리적 구조가 변경되어도 응용 프로그램에는 영향이 없도록 하는 개념이다. 예를 들어 개념 스키마의 테이블을 생성하거나 변경하여도 외부 스키마가 직접 다루는 테이블이 아니면 영향이 없다.

- **물리적 데이터 독립성**physical data independence

  개념 단계와 내부 단계 사이의 독립성으로, 저장 장치 구조 변경과 같이 내부 스키마가 변경되어도 개념 스키마에 영향을 미치지 않도록 지원한다. 예를 들어 성능 개선을 위하여 물리적 저장 장치를 재구성할 경우 개념 스키마나 응용 프로그램 같은 외부 스키마에 영향이 없다. 물리적 독립성은 논리적 독립성보다 구현하기 쉽다.

요약

01 데이터베이스

조직에 필요한 정보를 얻기 위하여 논리적으로 연관된 데이터를 모아 구조적으로 통합해 놓은 것이다.

02 데이터베이스의 개념

데이터에 대한 통합된 데이터(integrated data), 저장된 데이터(stored data), 운영 데이터(operational data), 공용 데이터(shared data)를 말한다.

03 데이터베이스의 특징

실시간 접근성(real time accessibility), 계속적인 변화(continuous change), 동시 공유(concurrent sharing), 내용에 따른 참조(reference by content) 등이 있다.

04 데이터베이스 시스템의 구성

데이터베이스 시스템은 데이터베이스 관리 시스템(DBMS), 데이터베이스, 데이터 모델의 세 가지로 구성되어 있다.

05 정보 시스템의 발전

① 파일 시스템: DBMS가 없는 시스템으로, 데이터는 파일 단위로 저장되며 파일을 다루는 파일 서버가 있다.

② 데이터베이스 시스템: DBMS를 도입하여 데이터를 통합 관리하는 시스템이다.

③ 웹 데이터베이스 시스템: 데이터베이스를 웹 브라우저에서 사용하도록 제공하는 시스템이다. 웹 서버와 JSP, PHP, 웹 데이터베이스 연동 언어를 사용한다.

④ 분산 데이터베이스 시스템: 여러 곳에 분산된 DBMS 서버를 연결하여 운영하는 시스템으로 대규모 응용 시스템에 사용된다.

06 DBMS의 장점

데이터를 공유하여 중복 가능성을 최소화하고 이를 통해 데이터의 일관성을 유지한다. 또 데이터 구조가 변경되더라도 프로그램을 수정할 필요가 없어 데이터 독립성을 유지할 수 있다.

07 SQL

데이터베이스 시스템에 사용하는 전용 언어로 데이터 정의어(DDL), 데이터 조작어(DML), 데이터 제어어(DCL)로 구성된다.

- 데이터 정의어: CREATE, ALTER, DROP 문과 같이 DBMS에 저장된 테이블의 구조를 정의한다.
- 데이터 조작어: SELECT, INSERT, DELETE, UPDATE 문과 같이 데이터를 검색, 삽입, 삭제, 수정하는 데 사용한다.
- 데이터 제어어: GRANT, REVOKE 문과 같이 데이터의 사용 권한을 관리한다.

08 데이터베이스 관리자(DBA)

데이터베이스 관리에 대한 모든 권한을 갖고 운영을 총괄하는 사람이다.

09 데이터 모델

데이터베이스 시스템에서 데이터를 저장하는 이론적인 방법에 관한 것으로, 데이터베이스에 데이터가 어떻게 구조화되어 저장되는지를 결정한다.

10 3단계 데이터베이스 구조

외부 단계, 개념 단계, 내부 단계로 나뉘며 각 단계는 외부 스키마, 개념 스키마, 내부 스키마로 구성된다. 스키마(schema)는 그리스어에서 유래된 단어로 데이터베이스의 조직이나 구조를 의미한다.

- 외부 스키마: 서브 스키마(subschema)라고도 부르며, 뷰(view)의 개념이다. 개념 스키마 중 사용자에게 필요한 부분 스키마를 의미한다.
- 개념 스키마: 전체 데이터베이스의 정의를 말하는 것으로 통합 조직별로 하나만 존재한다. 저장 장치에 독립적으로 기술되며, 데이터와 관계(relationship), 제약사항, 무결성에 대한 내용이 포함된다.
- 내부 스키마: 물리적 저장 장치에서 데이터베이스가 실제로 저장되는 방법의 표현이다. 인덱스, 데이터 레코드의 배치 방법, 데이터 압축 등에 관한 사항이 포함된다.

11 데이터 독립성

3단계 데이터베이스 구조에서 하위 단계의 내용을 추상화하여 상위 단계에 그 세부 사항을 숨김으로써 한 단계 내의 변경에 대해서 다른 단계와 상호 간섭이 없도록 하는 것이다.

- 논리적 데이터 독립성: 외부 단계와 개념 단계 사이의 독립성으로, 개념 스키마가 변경되어도 외부 스키마에는 영향을 미치지 않도록 지원한다.
- 물리적 데이터 독립성: 개념 단계와 내부 단계 사이의 독립성으로, 저장 장치 구조 변경과 같이 내부 스키마가 변경되어도 개념 스키마에 영향을 미치지 않도록 지원한다.

연습문제

01 데이터베이스의 특성으로 옳지 않은 것은?

① 질의에 대하여 실시간 처리 및 응답이 가능하도록 지원해 준다.

② 삽입, 삭제, 갱신으로 항상 최신의 데이터를 유지한다.

③ 다수의 사용자가 동시에 이용할 수 있다.

④ 데이터 참조 시 데이터 값에 의해서는 참조될 수 없으므로 위치나 주소에 의하여 데이터를 찾는다.

02 데이터베이스의 정의 중 다음 설명과 관계되는 것은?

> 조직에서 그 고유의 기능을 수행하기 위해 반드시 유지해야 할 데이터가 있다. 조직의 존재 목적이나 기능을 수행하는 데 없어서는 안 될 데이터의 집합이다.

① Integrated Data ② Stored Data

③ Operational Data ④ Shared Data

03 데이터베이스 정의에 해당되는 내용을 모두 나열한 것은?

> ㉠ Shared Data ㉡ Distributed Data
> ㉢ Stored Data ㉣ Operational Data

① ㉠, ㉡ ② ㉠, ㉡, ㉢

③ ㉠, ㉢, ㉣ ④ ㉠, ㉡, ㉢, ㉣

04 시스템 카탈로그[System Catalog, 데이터 사전(data dictionary)]에 대한 옳은 설명을 모두 나열한 것은?

> ㉠ 데이터베이스에 포함되는 모든 데이터 객체에 대한 정의나 명세에 관한 정보를 유지 관리한다.
> ㉡ DBMS가 스스로 생성하고 유지하는 데이터베이스 내의 특별한 테이블의 집합체이다.
> ㉢ 카탈로그에 저장된 정보를 메타 데이터(Meta-Data)라고도 한다.
> ㉣ 시스템 카탈로그의 갱신은 무결성 유지를 위하여 SQL을 이용하여 사용자가 직접 갱신하여야 한다.

① ㉠ ② ㉠, ㉡

③ ㉠, ㉡, ㉢ ④ ㉠, ㉡, ㉢, ㉣

05 시스템 카탈로그(데이터 사전)에 대한 설명으로 옳지 않은 것은?

① 시스템 카탈로그는 DBMS가 스스로 생성하고 유지하는 데이터베이스 내의 특별한 테이블들의 집합체이다.

② 일반 사용자도 SQL을 이용하여 시스템 카탈로그를 직접 갱신할 수 있다.

③ 데이터베이스 구조가 변경될 때마다 DBMS는 자동적으로 시스템 카탈로그 테이블들의 행을 삽입, 삭제, 수정한다.

④ 시스템 카탈로그는 데이터베이스 구조에 관한 메타 데이터를 포함한다.

06 다음 설명에 해당하는 것은?

> 물리적 저장 장치의 입장에서 본 데이터베이스 구조로서 실제로 데이터베이스에 저장될 레코드로 형식을 정의하고 저장 데이터 항목의 표현 방법, 내부 레코드의 물리적 순서 등을 나타낸다.

① 외부 스키마 ② 내부 스키마

③ 개념 스키마 ④ 슈퍼 스키마

07 모든 응용 프로그램이나 사용자가 필요로 하는 데이터를 통합한 조직 전체의 데이터베이스 구조를 논리적으로 정의하는 스키마는?

① 개념 스키마 ② 외부 스키마

③ 내부 스키마 ④ 처리 스키마

08 데이터베이스 관리 시스템(DBMS)의 역할에 대한 설명으로 옳지 않은 것은?

① 데이터 조작어(DML)로 스키마의 구조를 기술하여 시스템 카탈로그(혹은 데이터 사전)에 저장한 후 필요할 때 활용한다.

② 질의어 처리기는 질의문을 파싱하고 분석해서 효율적인 데이터베이스 접근코드를 생성한다.

③ 트랜잭션 관리자는 무결성 제약조건 검사, 사용자의 권한 검사, 병행제어, 회복 등의 작업을 수행한다.

④ 저장 데이터 관리자는 디스크에 저장되어 있는 사용자 데이터베이스와 시스템 카탈로그의 접근을 책임진다.

09 DBMS를 사용하는 것이 파일 시스템(file system)을 사용하는 것보다 더 적합한 경우는?

① 데이터와 응용이 단순하고 변경이 거의 일어나지 않는 경우

② 예약 시스템과 같이 최신 정보를 다수의 사용자가 공유해야 하는 경우

③ 응용 프로그램의 실시간 요구사항이 엄격한 경우

④ 내장형 시스템과 같이 저장 용량이 제한된 경우

10 파일처리 시스템에서 데이터 중복의 단점에 대한 설명으로 옳지 않은 것은?

① 같은 데이터가 여러 곳에 중복되어 있어 동일 수준의 보안이 가능하다.

② 데이터 저장 공간에 대한 추가 비용이 소요된다.

③ 데이터 간의 불일치로 인해 데이터 일관성이 결여된다.

④ 데이터 갱신 시 중복된 모든 데이터를 찾아내어 갱신해야 하므로 갱신 비용이 추가된다.

11 다음 각 용어의 의미를 설명하시오.

> 데이터베이스, DBMS, 데이터 모델, 데이터베이스 시스템

12 데이터베이스의 개념 네 가지를 설명하시오.

13 데이터베이스의 특징 네 가지를 설명하시오.

14 파일 시스템과 DBMS의 데이터 접근 방법의 차이를 설명하시오.

15 파일 시스템과 DBMS의 장단점을 비교하여 설명하시오.

16 데이터 모델을 설명하고 종류를 나열하시오.

17 다음 데이터베이스 사용자들의 역할을 설명하시오.

> 일반 사용자, 응용 프로그래머, SQL 사용자, DBA

18 데이터 독립성을 정의하고, 데이터베이스 시스템에서 그 중요성을 설명하시오.

19 ANSI의 3단계 데이터베이스 구조에 대해 설명하시오.

20 다음 데이터베이스 시스템의 구성도를 보고, 빈 곳에 알맞은 용어를 써넣으시오.

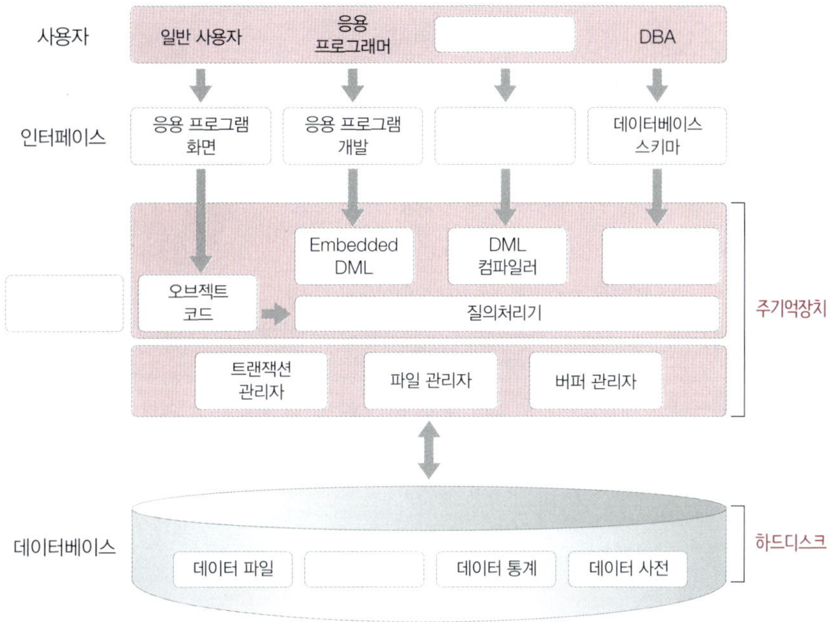

21 클라이언트-서버 구조를 설명하고, 2-tier, 3-tier 개념을 인터넷에서 찾아보시오.

22 우리나라 공공 데이터베이스 구축 현황을 공공데이터포털(www.data.go.kr)에서 확인해 보시오. 세 개 이상의 데이터베이스를 찾아보고, 내용을 설명하시오.

23 주요 DBMS 제조사(오라클, IBM, 마이크로소프트)의 국내 시장 점유율을 인터넷에서 찾아보시오.

24 위키피디아(www.wikipedia.org)에서 'database' 키워드를 입력하여 데이터베이스의 정의, 역사, 기술 동향을 찾아보시오.

25 데이터베이스 전문가가 되기 위한 자격증에는 DBMS별 자격증과 일반 자격증이 있다. 각각 어떤 것들이 있는지 조사해 보시오.

DBMS 제품과 시장 동향

DBMS는 운영체제 다음으로 복잡한 기능을 가진 시스템 소프트웨어이다. 제품의 종류도 수백 가지가 넘는데, 현재는 대부분 관계형 DBMS 제품이 사용되고 있다. DBMS의 크기는 제품마다 다르지만 윈도우의 경우 약 1~2GB 정도 차지한다.

상용 관계형 DBMS 제품 세계 시장 점유율에 대한 2016년 가트너(Gartner) 보고서에 따르면 오라클사(45.6%), 마이크로소프트사(19.1%), IBM사(15.7%), SAP사(9.6%)가 대부분을 차지하고 있다.

2016년 세계 DBMS 시장 점유율

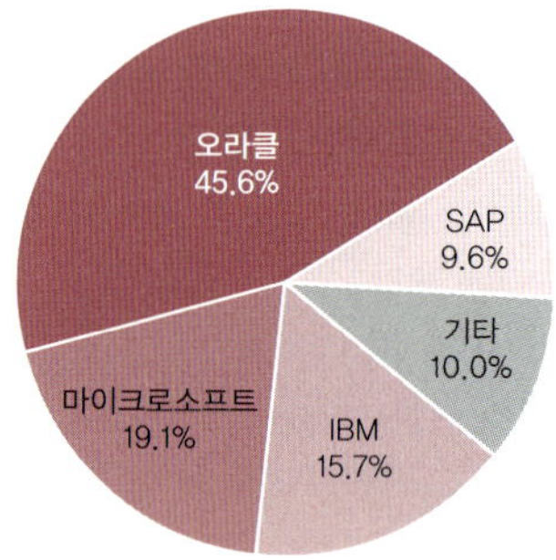

출처 : 가트너 2016년 자료

관계형 DBMS를 포함한 모든 DBMS에 대한 인터넷 인용 및 추세에 대한 자료는 웹사이트 DB-engines(https://db-engines.com/en/ranking_definition)에서 찾아볼 수 있다. 2020년 10월 현재 전체 DB 엔진에 대한 순위와 관계형 DB 엔진 순위는 다음과 같다.

Rank			DBMS	Database Model	Score		
Oct 2020	Sep 2020	Oct 2019			Oct 2020	Sep 2020	Oct 2019
1.	1.	1.	Oracle	Relational, Multi-model	1368.77	-0.59	+12.89
2.	2.	2.	MySQL	Relational, Multi-model	1256.38	-7.87	-26.69
3.	3.	3.	Microsoft SQL Server	Relational, Multi-model	1043.12	-19.64	-51.60
4.	4.	4.	PostgreSQL	Relational, Multi-model	542.40	+0.12	+58.49
5.	5.	5.	MongoDB	Document, Multi-model	448.02	+1.54	+35.93
6.	6.	6.	IBM Db2	Relational, Multi-model	161.90	+0.66	-8.87
7.	↑8.	7.	Elasticsearch	Search engine, Multi-model	153.84	+3.35	+3.67
8.	↓7.	8.	Redis	Key-value, Multi-model	153.28	+1.43	+10.37
9.	9.	↑11.	SQLite	Relational	125.43	-1.25	+2.80
10.	10.	10.	Cassandra	Wide column	119.10	-0.08	-4.12

CHAPTER 02
관계 데이터 모델

학습목표

- 관계 데이터 모델의 개념을 이해한다.
- 관계 데이터 모델의 제약조건을 알아본다.
- 관계 데이터 모델의 연산인 관계대수의 종류와 작성법을 알아본다.

PREVIEW

데이터베이스 시스템에서 가장 중요한 것은 데이터이다. 데이터를 어떤 방법으로 관계를 맺어 주며 저장하면 좋을지에 대한 여러 가지 이론이 제시되었는데, 이를 데이터 모델이라고 한다. 데이터 모델은 네트워크 데이터 모델, 계층 데이터 모델, 관계 데이터 모델, 객체-관계 데이터 모델 등이 있다. 이 중에서 관계 데이터 모델이 가장 많이 사용된다.

관계 데이터 모델은 사용자가 데이터에 접근하기 쉬운 테이블 형태로 데이터 간의 관계를 표현한다. 계층 데이터 모델과 네트워크 데이터 모델이 자료를 레코드 단위로 복잡하게 처리하였다면, 관계 데이터 모델은 집합 형태의 테이블 단위로 처리하여 쉽게 이해하고 접근할 수 있도록 하였다. 이 장에서는 DBMS 핵심 모델로 이해하기 쉽고 많이 사용되는 관계 데이터 모델에 대해 알아본다.

01 관계 데이터 모델의 개념

1970년대 IBM 연구소의 에드가 코드 박사가 제안한 관계 데이터 모델은 수학의 집합이론에 근거하고 있어 다른 모델에 비해 이론적인 토대가 탄탄하다. 또한 관계 데이터 모델이 적용된 SQL 언어는 비절차적인 언어로 원하는 데이터를 쉽게 표현하는 장점이 있다. 대표적인 관계 데이터 모델 기반 DBMS로는 Oracle, SQL Server, DB2, MySQL, PostgreSQL과 모바일용인 SQLite 등이 있다. 관계 데이터 모델을 이해하기 위해 용어를 먼저 살펴보자.

여기서 잠깐 **관계 데이터 모델의 발표**

에드가 코드(1923~2003)는 1970년 관계 데이터 모델을 제안한 논문 "A Relational Model of Data for Large Shared Data Banks"를 발표하였다. IBM은 처음에 계층 데이터 모델인 IMS를 판매하는 데 주력하기 위하여 코드 박사의 제안을 받아들이지 않았으나 나중에 System R이라는 이름으로 관계 데이터베이스를 만들었다.

1 릴레이션의 개념

관계 데이터 모델을 이해하기 위해서는 가장 중요한 용어인 '릴레이션'에 대한 이해가 필요하다. 릴레이션relation은 행과 열로 구성된 테이블을 말한다. relation은 사전적으로 '관계', '친척' 등을 의미하여 우리말로 '관계'라고 해야 하지만 뒤에 배울 'relationship'을 '관계'라고 하므로 충돌을 피하고자 그대로 '릴레이션'이라고 부른다. 그러나 relational data model, relational database 등에 포함된 relation은 [표 2-1]과 같이 그대로 '관계'로 번역한다.

표 2-1 relation과 관련된 한글 용어

용어	한글 용어
relation	릴레이션, 테이블('관계'라고 하지 않음)
relational data model	관계 데이터 모델
relational database	관계 데이터베이스
relational algebra	관계대수
relationship	관계

릴레이션을 이해하기 위해 5권의 도서 데이터로 예를 들어 보자. 이 데이터를 저장하는 가장 쉬운 방법은 [그림 2-1]과 같이 테이블 형태로 저장하는 것이다. 테이블은 릴레이션의 시각적인 표현 방법이다.

도서 1, 축구의 역사, 굿스포츠, 7000
도서 2, 축구 아는 여자, 나무수, 13000
도서 3, 축구의 이해, 대한미디어, 22000
도서 4, 골프 바이블, 대한미디어, 35000
도서 5, 피겨 교본, 굿스포츠, 8000

도서번호	도서이름	출판사	가격
1	축구의 역사	굿스포츠	7000
2	축구 아는 여자	나무수	13000
3	축구의 이해	대한미디어	22000
4	골프 바이블	대한미디어	35000
5	피겨 교본	굿스포츠	8000

그림 2-1 데이터와 테이블(릴레이션)

릴레이션은 수학의 집합에서 나온 개념이다. 위의 도서 릴레이션의 경우 각 도서는 네 개의 집합인 도서번호, 도서이름, 출판사, 가격의 원소 값으로 구성되어 있으며, 각 집합은 다음과 같은 원소를 갖고 있다.

도서번호 = {1, 2, 3, 4, 5}
도서이름 = {축구의 역사, 축구 아는 여자, 축구의 이해, 골프 바이블, 피겨 교본}
출판사 = {굿스포츠, 나무수, 대한미디어}
가격 = {7000, 13000, 22000, 35000, 8000}

예를 들어 첫 번째 행 (1, 축구의 역사, 굿스포츠, 7000)의 경우 네 개의 집합에서 각각의 원소를 한 개씩 선택하여 만들어진 것으로 이 원소들이 관계relationship를 맺고 있다. 도서 릴레이션은 이러한 관계 다섯 개가 모여 생성된 것이다. 관계를 맺는 방법은 3절에서 설명할 집합연산인 카티션 프로덕트(연산자 기호 ×) 연산을 사용한다.

관계relationship에는 릴레이션(테이블) 내의 관계와 릴레이션(테이블) 간의 관계가 있다. 릴레이션 내의 관계는 릴레이션 내의 데이터들의 집합으로 표현하고, 릴레이션 간의 관계는 릴레이션을 식별 가능한 값을 이용해 표현한다. 예를 들어 [그림 2-2]에서 도서 릴레이션의 '도서번호'와 고객 릴레이션의 '고객번호'를 주문 릴레이션에 저장하여 관계를 표현하고 있다. '릴레이션 간의 관계'는 관계 데이터 모델을 다른 데이터 모델과 구분하는 특징이다.

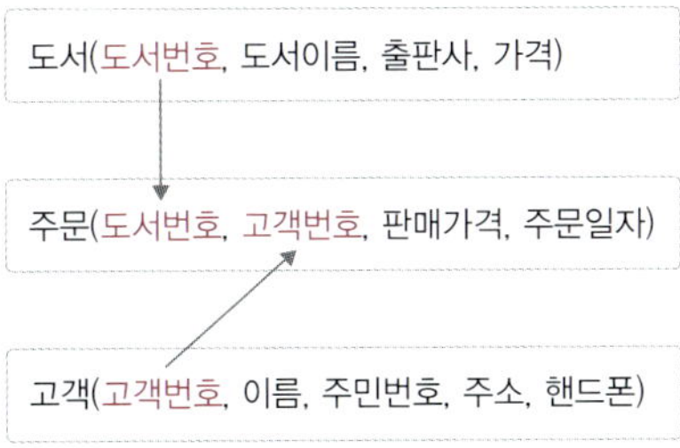

그림 2-2 릴레이션 간의 관계

2 릴레이션 스키마와 인스턴스

릴레이션은 스키마와 인스턴스로 이루어진다. 스키마schema는 관계 데이터베이스의 릴레이션이 어떻게 구성되는지, 어떤 정보를 담고 있는지에 대한 기본적인 구조를 정의한다. 테이블에서 스키마는 테이블의 헤더header에 나타나며 각 데이터의 특징을 나타내는 속성, 자료 타입 등의 정보를 담고 있다. 인스턴스instance는 정의된 스키마에 따라 테이블에 실제로 저장되는 데이터의 집합을 의미한다.

속성(애트리뷰트, 열)

도서

도서번호	도서이름	출판사	가격
1	축구의 역사	굿스포츠	7000
2	축구 아는 여자	나무수	13000
3	축구의 이해	대한미디어	22000
4	골프 바이블	대한미디어	35000
5	피겨 교본	굿스포츠	8000

스키마(내포)

투플(행)

인스턴스(외연)

그림 2-3 도서 릴레이션

[그림 2-3]의 도서 릴레이션을 보면 도서번호, 도서이름, 출판사, 가격은 릴레이션의 데이터 구조를 구성하며, 도서 5권은 릴레이션에 저장된 데이터이다. 이러한 도서 릴레이션의 데이터 구조를 스키마라 하며, 저장된 데이터를 인스턴스라고 한다.

릴레이션 스키마

릴레이션 스키마는 릴레이션에 어떤 정보가 담길지를 정의한다. [그림 2-3]의 도서 릴레이션은 도서번호, 도서이름, 출판사, 가격이라는 정보를 정의하고 있는데, 각 열을 속성attribute이라고 한다. 속성에는 각각의 이름이 있으며 우리는 그 이름을 보고 어떤 정보가 담기는지 알 수 있다. 하지만 컴퓨터로 처리되는 과정에서 데이터베이스는 속성 이름만으로 어떤 형태의 자료가 있는지 알 수 없다. 따라서 각 속성이 어떤 값을 가질 수 있는지를 도메인domain이라는 용어를 사용하여 정의한다. 또한 릴레이션이 몇 개의 속성을 가지는가를 나타내기 위해서는 차수degree라는 용어를 사용한다.

- **속성**attribute: 릴레이션 스키마의 열
- **도메인**domain: 속성이 가질 수 있는 값의 집합
- **차수**degree: 속성의 개수

도서 릴레이션의 경우 차수는 4이다. 그리고 첫 번째 속성 도서번호의 도메인은 1보다 큰 정수의 집합이며, 두 번째 속성 도서이름의 도메인은 문자 집합이다.

릴레이션 스키마는 '릴레이션 이름(속성 1, 속성 2, 속성 3, ...)'과 같이 표기한다. 혹은 속성과 도메인을 같이 써서 '릴레이션 이름(속성 1: 도메인 1, 속성 2: 도메인 2, 속성 3: 도메인 3, ...)'과 같이 표기하기도 한다. 도서 릴레이션 스키마는 다음과 같이 표기할 수 있다.

도서(도서번호, 도서이름, 출판사, 가격) 혹은
도서(도서번호: integer, 도서이름: char(40), 출판사: char(40), 가격: integer))

관계 데이터베이스 스키마는 여러 릴레이션 스키마들의 집합으로 구성된다.

릴레이션 인스턴스

릴레이션 인스턴스는 릴레이션 스키마에 실제로 저장된 데이터의 집합이다. 도서 릴레이션을 보면 도서번호가 1부터 5까지 총 5권의 데이터가 저장된 것을 알 수 있다. 릴레이션에서 한 행을 투플tuple이라고 부른다. 투플은 릴레이션 인스턴스의 각각의 행을 나타낸다. 각 투플의 속성값은 릴레이션 스키마에서 정의한 도메인 값으로 구성되며 투플이 가지는 속성의 개수는

릴레이션 스키마의 차수와 동일하다. 또한 릴레이션 내의 모든 투플들은 서로 중복되지 않아야 한다. 릴레이션에 저장된 투플의 수를 카디날리티cardinality라고 한다. 카디날리티는 투플의 삽입, 삭제, 수정 등에 따라 수시로 변한다.

- **투플**tuple: 릴레이션의 행
- **카디날리티**cardinality: 투플의 수

도서 릴레이션의 세 번째 투플을 보면 도서번호는 3, 도서이름은 '축구의 이해', 출판사는 '대한미디어', 가격은 22,000원이다. 또한 다섯 개의 투플은 각각 다른 내용을 가지고 있다. 도서 릴레이션의 카디날리티는 5이다.

지금까지 릴레이션 구조에 관한 용어를 살펴보았다. [표 2-2]는 이들 용어와 같은 의미로 통용되는 용어, 그리고 이에 상응하는 파일 시스템에서 용어를 정리한 것이다.

표 2-2 릴레이션 구조와 관련된 용어

릴레이션 용어	같은 의미로 통용되는 용어	파일 시스템 용어
릴레이션(relation)	테이블(table)	파일(file)
스키마(schema)	내포(intension)	헤더(header)
인스턴스(instance)	외연(extension)	데이터(data)
투플(tuple)	행(row)	레코드(record)
속성(attribute)	열(column)	필드(field)

여기서 잠깐 **릴레이션과 테이블**

릴레이션과 테이블은 같은 의미로 사용된다. 다만 릴레이션은 수학의 집합이론에 기초하기 때문에 속성이나 인스턴스의 중복을 허용하지 않는다. 릴레이션은 주로 구조를 강조하는 의미로 이론을 설명할 때 많이 사용하고, 테이블은 데이터를 강조하는 의미로 실무에서 많이 사용한다.

3 릴레이션의 특징

관계 데이터 모델은 수학자였던 코드 박사의 영향을 받아 대부분의 정의가 수학적 표현법을 따른다. 이러한 수학적 표현법의 사용으로 논리적인 흐름이 명쾌하다. 릴레이션의 특징은 다음과 같다.

■ **속성은 단일 값을 가진다**

각 속성의 값은 도메인에 정의된 값만을 가지며 그 값은 모두 단일 값이어야 한다. 예를 들어 도메인이 취미의 집합={운동, 등산, 독서, 게임}인 경우 {운동}이나 {독서}와 같이 하나의 값만 가질 수 있으며, {운동, 독서}와 같이 여러 개의 값을 가질 수 없다. 이런 경우는 투플을 하나 더 만들어 속성의 값이 단일 값이 되도록 나누어야 한다.

■ **속성은 서로 다른 이름을 가진다**

속성은 한 릴레이션에서 서로 다른 이름을 가져야만 한다.

■ **한 속성의 값은 모두 같은 도메인 값을 가진다**

한 속성에 속한 열은 모두 그 속성에서 정의한 도메인 값만 가질 수 있다.

■ **속성의 순서는 상관없다**

속성의 순서가 달라도 릴레이션 스키마는 같다. 예를 들어 릴레이션 스키마에서 (이름, 주소) 순으로 속성을 표시하거나 (주소, 이름) 순으로 표시하여도 상관없다.

■ **릴레이션 내의 중복된 투플은 허용하지 않는다**

하나의 릴레이션 인스턴스 내에서는 서로 중복된 값을 가질 수 없다. 즉 모든 투플은 서로 값이 달라야 한다.

■ **투플의 순서는 상관없다**

투플의 순서가 달라도 같은 릴레이션이다. 관계 데이터 모델의 투플은 실제 값을 가지고 있으며 이 값은 시간이 지남에 따라 데이터의 삭제, 수정, 삽입에 따라 순서가 바뀔 수 있다.

도서번호	도서이름	출판사	가격
1	축구의 역사	굿스포츠	7000
2	축구아는 여자	나무수	13000
3	축구의 이해	대한미디어	22000
4	골프 바이블	대한미디어	35000
5	피겨 교본	굿스포츠	8000
5	피겨 교본	굿스포츠	8000
6	피겨 교본, 피겨 기초	굿스포츠	8000

동일한 투플이 중복되면 안 됨

속성의 값은 단일 값이어야 함

그림 2-4 릴레이션의 특징에 위배된 경우

여기서 잠깐 릴레이션 생성 및 변경에 관한 SQL 명령어

지금까지 배운 관계 데이터 모델의 테이블을 다루는 SQL 명령어는 다음과 같다. 자세한 작성 방법은 3장에서 배운다.

- CREATE TABLE: 데이터를 저장하기 위한 테이블(릴레이션)의 구조(스키마)를 정의
- INSERT: 생성된 테이블에 데이터(투플)를 삽입
- DELETE: 테이블에 저장된 데이터(투플)를 삭제
- UPDATE: 테이블에 저장된 데이터(투플)를 수정
- SELECT: 테이블에 저장된 데이터(투플)를 검색

4 관계 데이터 모델

관계 데이터 모델은 데이터를 2차원 테이블 형태인 릴레이션으로 표현하며 릴레이션에 대한 제약조건constraints과 관계 연산을 위한 관계대수relational algebra를 정의한다. 1장에서 언급한 마당서점의 예를 들면 릴레이션은 도서 정보를 담은 '도서' 릴레이션, 고객 정보를 담은 '고객' 릴레이션, 주문 내역을 담은 '주문' 릴레이션이다. 제약조건은 각 릴레이션에 저장된 데이터 값이 가져야 하는 제약을 말한다. 나이는 음수가 되면 안 된다든지, 주문 릴레이션의 고객번호는 고객 릴레이션에서만 참조해야 한다든지 하는 규칙이다. 관계 연산은 릴레이션을 다루는 연산 규칙으로, 예를 들면 '주문' 릴레이션과 '고객' 릴레이션 등을 조작하여 특정 고객의 주문 내역을 검색하는 행위 등을 의미한다.

관계 데이터 모델을 컴퓨터 시스템에 구현한 것을 관계 데이터베이스 시스템이라고 한다. 관계 데이터베이스 시스템은 관계 데이터 모델에 기초하여 SQL을 기반으로 구현된다. 릴레이션의 생성과 관리를 SQL로 수행하고, 릴레이션에 대한 제약조건을 SQL로 표현하며, 릴레이션에서 데이터를 추출하는 연산을 SQL로 표현한다.

그림 2-5 관계 데이터베이스 시스템

제약조건과 관계대수의 개념은 2절과 3절에서 배우고, SQL을 이용하여 릴레이션을 생성하고 관리하는 방법은 3장과 4장에서 배운다.

02 무결성 제약조건

데이터베이스에 저장된 데이터는 결함이 없어야 하며 질의에 대해 신뢰성 있는 답을 제공해야 한다. 예를 들어 사람의 나이를 조회했는데 200이 나오거나, 대학에서 수강인원이 40명인 과목에 41명이 수강신청이 되는 경우 등은 모두 무결성 제약조건을 위배한 것이다.

데이터를 저장하는 데 있어서 데이터베이스는 일관성을 유지하고, 중복을 제거하는 등 데이터의 신뢰도를 유지해야 한다. 따라서 데이터의 삽입, 삭제, 수정 시 여러 가지 제약조건이 따른다. 이 절에서는 관계 데이터베이스에서 데이터의 사용 및 관계 표현에 가장 중요한 개념인 키를 먼저 공부한 다음 제약조건에 대해 살펴본다.

1 키

보통 키key라고 하면 열쇠를 떠올린다. 자동차 키, 집 키 등 키는 무언가를 잠그고 열며 보관할 때 사용한다. 100개의 자동차 키가 있을 때 같은 키는 없다. 자동차 키 한 개는 반드시 한 대의 자동차만 열 수 있다. 이처럼 '키'라는 용어는 무엇인가를 유일하게 식별한다는 의미가 있다.

그림 2-6 자동차 한 대당 키는 단 하나

관계 데이터베이스에서 키는 릴레이션에서 특정 투플을 식별할 때 사용하는 속성 혹은 속성의 집합이다. 릴레이션은 중복된 투플을 허용하지 않기 때문에 각각의 투플에 포함된 속성 중 어느 하나(혹은 하나 이상)는 값이 달라야 한다. 즉 키가 되는 속성(혹은 속성의 집합)은 반드시 값이 달라서 투플들을 서로 구별할 수 있어야 한다.

키는 릴레이션 간의 관계를 맺는 데도 사용된다. 예를 들어 [그림 2-2]를 보면 도서 릴레이션의 도서번호는 도서 릴레이션의 키이면서 주문 릴레이션에 저장되어 어떤 도서를 주문했는지 알 수 있도록 관계를 맺어 주고 있다. 고객 릴레이션과 주문 릴레이션의 고객번호 역시 같은 역할을 한다. 키는 각 릴레이션의 투플을 유일하게 식별하는 장치이며 동시에 각 릴레이션 간의 관계를 말해 주는 연결고리이다.

[그림 2-7]은 마당서점 데이터의 일부이다. 이 테이블들을 중심으로 키의 개념과 제약조건에 대해 알아보자. 3장에서 사용할 마당서점 예제에서는 고객이 5명, 도서가 10권, 주문이 10건이지만, 여기서는 고객 4명, 도서 5권, 주문 7건이 있다고 가정한다.

고객

고객번호	이름	주민번호	주소	핸드폰
1	박지성	810101-1111111	영국 맨체스터	000-5000-0001
2	김연아	900101-2222222	대한민국 서울	000-6000-0001
3	장미란	830101-2333333	대한민국 강원도	000-7000-0001
4	추신수	820101-1444444	미국 클리블랜드	000-8000-0001

도서

도서번호	도서이름	출판사	가격
1	축구의 역사	굿스포츠	7000
2	축구 아는 여자	나무수	13000
3	축구의 이해	대한미디어	22000
4	골프 바이블	대한미디어	35000
5	피겨 교본	굿스포츠	8000

주문

고객번호	도서번호	판매가격	주문일자
1	1	7000	2021-07-01
1	2	13000	2021-07-03
2	5	8000	2021-07-03
3	2	13000	2021-07-04
4	4	35000	2021-07-05
1	3	22000	2021-07-07
4	3	22000	2021-07-07

그림 2-7 마당서점 데이터베이스

슈퍼키

슈퍼키super key는 투플을 유일하게 식별할 수 있는 하나의 속성 혹은 속성의 집합을 말한다. [그림 2-7]의 고객 릴레이션에서 속성별로 투플 식별이 가능한지 살펴보자.

- **고객번호:** 고객별로 유일한 값이 부여되어 있으므로 투플을 식별할 수 있다.
- **이름:** 동명이인이 있으면 투플을 유일하게 식별할 수 없다.
- **주민번호:** 개인별로 유일한 값이 부여되어 있으므로 투플을 식별할 수 있다.
- **주소:** 가족끼리는 같은 정보를 사용하므로 투플을 식별할 수 없다.
- **핸드폰:** 한 사람이 여러 개의 핸드폰을 사용할 수 있고, 반대로 핸드폰을 사용하지 않는 사람이 있을 수 있으므로 투플을 식별할 수 없다.

TIP 핸드폰 번호가 없으면 데이터베이스에서는 값이 없다는 의미로 NULL 값을 사용한다.

투플을 유일하게 식별할 수 있는 값이면 모두 슈퍼키가 될 수 있다. 고객 릴레이션의 경우 고객번호와 주민번호를 포함한 모든 속성의 집합이 슈퍼키가 된다. 정의에 따라 고객 릴레이션의 슈퍼키를 나열하면 다음과 같다. 슈퍼키에는 투플을 식별할 수 없는 속성도 포함되어 있다.

(주민번호), (주민번호, 이름), (주민번호, 이름, 주소), (주민번호, 이름, 핸드폰),
(고객번호), (고객번호, 이름, 주소), (고객번호, 이름, 주민번호, 주소, 핸드폰) 등 ...

하지만 우리가 관심을 두어야 할 것은 투플을 식별할 수 있는 최소한의 속성 집합이다. 키를 구성하는 속성이 많으면 그만큼 관계 표현이 복잡해지고 사용에도 불편이 따르기 때문이다.

후보키

후보키candidate key는 투플을 유일하게 식별할 수 있는 속성의 최소 집합이다. 이는 효율성 측면에서 매우 중요하다(이후 특별한 언급 없이 키라고 지칭하는 것은 후보키를 말한다). [그림 2-7]의 고객 릴레이션의 경우 슈퍼키는 많지만 후보키는 '주민번호', '고객번호'만 될 수 있다. 예를 들어 (주민번호, 이름)은 슈퍼키이지만 후보키는 아니다. 식별과 상관없는 속성인 '이름'이 포함되어 있기 때문이다.

[그림 2-7]의 주문 릴레이션을 보자. 주문 릴레이션은 고객이 도서를 구입했을 때 생성되는데, 1명의 고객이 여러 권의 도서를 구입할 수 있고 여러 명의 고객이 1권의 도서를 구입할 수도 있다. 단, 1명의 고객이 같은 도서를 다시 구입할 수 없다고 가정한다. 주문 릴레이션의 후보키로 어떤 것이 가능한지 살펴보자.

- **고객번호:** 1명의 고객이 여러 권의 도서를 구입할 수 있으므로 후보키가 될 수 없다. 고객번호가 1인 박지성 고객의 경우 3건의 주문 기록이 있으므로 투플을 유일하게 식별할 수 없다.
- **도서번호:** 도서번호가 2인 '축구 아는 여자'의 경우 2건의 주문 기록이 있으므로 투플을 유일하게 식별할 수 없다.

하지만 고객번호와 도서번호 두 속성을 키값으로 하면 어떨까?

- **(고객번호, 도서번호):** (고객번호, 도서번호)가 동일한 주문 기록이 없으므로 모든 투플을 유일하게 식별할 수 있다.

주문 릴레이션의 후보키는 두 개의 속성을 합한 (고객번호, 도서번호)가 된다. 이렇게 두 개 이상의 속성으로 이루어진 키를 복합키composite key라고 한다. 만약 1명의 고객이 동일한 도서를 구입할 수 있다고 가정하면 (고객번호, 도서번호)는 투플을 유일하게 식별할 수 없게 되어 후보키가 되지 못한다. 이 문제는 아래에서 다시 언급한다.

기본키

기본키Primary Key, PK는 여러 후보키 중 하나를 선정하여 대표로 삼는 키를 말한다. 후보키가 하나뿐이라면 그 후보키를 기본키로 사용하면 되고 여러 개라면 릴레이션의 특성을 반영하여 하나를 선택하면 된다.

기본키는 릴레이션을 대표하므로 선택하기 전에 여러 사항을 고려해야 한다. 예를 들어 고객 릴레이션의 경우 기본키로 '주민번호'와 '고객번호'를 선택할 수 있다. 먼저 주민번호를 살펴보면 개인에게 하나씩 주어지며 변경할 수 없다. 변경이 불가능하다는 것은 투플 식별 시 자료의 변형에 잘 대처할 수 있는 여지를 제공한다. 그러나 나이, 생년월일, 성별, 출생지 등에 관한 개인정보가 포함되어 있어 개인정보 보호에는 취약하다. 최근 개인정보 보호에 관한 관심이 높아지면서 주민번호의 사용은 최대한 자제하고 있으므로 주민번호 같은 중요한 정보를 기본키로 사용하는 것은 부담이 된다. 따라서 기본키로 고객번호를 선택하는 것이 좋다.

지금까지 내용을 토대로 기본키 선정 시 고려사항을 정리하면 다음과 같다. 다음 고려사항 중 일부는 기본키 제약조건이라고 하며, 기본키 제약조건에 대해서는 다음 절에서 자세히 설명한다.

- 릴레이션 내 투플을 식별할 수 있는 고유한 값을 가져야 한다.
- NULL 값은 허용하지 않는다.
- 키값의 변동이 일어나지 않아야 한다.
- 최대한 적은 수의 속성을 가진 것이라야 한다.
- 향후 키를 사용하는 데 있어서 문제 발생 소지가 없어야 한다.

TIP NULL은 '없다(無)', '존재하지 않는다'라는 의미로, 데이터 값이 입력되지 않으면 DBMS는 NULL을 특수한 값으로 저장한다. 이 값은 공백(' '), 0 등과는 다르다.

릴레이션 스키마를 표현할 때 기본키는 다음 형식과 같이 밑줄을 그어 표시한다.

릴레이션 이름(속성 1, 속성 2, …, 속성 N)

예를 들어 다음과 같다.

고객(고객번호, 이름, 주민번호, 주소, 핸드폰)
도서(도서번호, 도서이름, 출판사, 가격)

대리키

기본키에 보안이 필요하거나 여러 개의 속성으로 구성되어 복잡하거나, 마땅한 기본키가 없을 때는 일련번호 같은 가상의 속성을 만들어 기본키로 삼는 경우가 있다. 이러한 키를 대리키surrogate key 혹은 인조키artificial key라고 한다. 대리키는 DBMS나 관련 소프트웨어에서 임의로 생성하는 값으로 사용자가 직관적으로 그 값의 의미를 알 수 없다.

TIP 대리키(surrogate key)는 영어권에서 의미가 잘 전달되지 않아 인조키(artificial key)라고도 한다.

대리키의 예를 주문 릴레이션을 통해 살펴보자. 주문 릴레이션은 (고객번호, 도서번호)의 복합키를 사용하여 투플을 식별한다. 그러나 매번 기본키로 (고객번호, 도서번호)를 사용하면 복잡하고 불편하다. 이 경우 [그림 2-8]과 같이 사용자에게 의미는 없지만 '주문번호'라는 새로운 속성을 만들면 불편함을 해소할 수 있다. 이와 더불어 주문번호 속성을 이용하면 1명의 고객이 같은 도서를 구입할 수 있어 주문 테이블의 기능이 향상된다.

주문

주문번호	고객번호	도서번호	판매가격	주문일자
1	1	1	7000	2021-07-01
2	1	2	13000	2021-07-03
3	2	5	8000	2021-07-03
4	3	2	13000	2021-07-04
5	4	4	35000	2021-07-05
6	1	3	22000	2021-07-07
7	4	3	22000	2021-07-07

그림 2-8 대리키를 사용하도록 변경된 주문 릴레이션

대체키

대체키alternate key는 기본키로 선정되지 않은 후보키를 말한다. 고객 릴레이션의 경우 고객번호와 주민번호 중 고객번호를 기본키로 정하면 주민번호가 대체키가 된다.

외래키

외래키Foreign Key, FK는 다른 릴레이션의 기본키를 참조하는 속성을 말한다. 지금까지 살펴본 키들이 단일 릴레이션을 기준으로 설명하였다면 외래키는 다른 릴레이션의 기본키를 참조하여 관계 데이터 모델의 특징인 릴레이션 간의 관계relationship를 표현한다.

[그림 2-9]를 보자. 주문 릴레이션의 기본키인 주문번호는 고객이 도서를 주문하면 생성된다. 이때 해당되는 고객번호와 도서번호도 주문 릴레이션에 저장된다. 주문 릴레이션에서 주문번호를 알면 어떤 고객이 어떤 도서를 구입했는지 알 수 있다. 여기서 '어떤 고객'과 '어떤 도서'를 표시하기 위해 사용된 고객번호와 도서번호는 각각 고객 릴레이션과 도서 릴레이션의 기본키이며, 이 키들은 주문 릴레이션에서 외래키로 사용되었다. 릴레이션 간의 참조 관계는 다음과 같다.

고객

고객번호	이름	주민번호	주소	핸드폰
1	박지성	810101-1111111	영국 맨체스터	000-5000-0001
2	김연아	900101-2222222	대한민국 서울	000-6000-0001
3	장미란	830101-2333333	대한민국 강원도	000-7000-0001
4	추신수	820101-1444444	미국 클리블랜드	000-8000-0001

기본키

도서

도서번호	도서이름	출판사	가격
1	축구의 역사	굿스포츠	7000
2	축구 아는 여자	나무수	13000
3	축구의 이해	대한미디어	22000
4	골프 바이블	대한미디어	35000
5	피겨 교본	굿스포츠	8000

기본키

참조 외래키 참조

주문

주문번호	고객번호	도서번호	판매가격	주문일자
1	1	1	7000	2021-07-01
2	1	2	13000	2021-07-03
3	2	5	8000	2021-07-03
4	3	2	13000	2021-07-04
5	4	4	35000	2021-07-05
6	1	3	22000	2021-07-07
7	4	3	22000	2021-07-07

기본키

그림 2-9 릴레이션 간의 참조 관계

외래키가 성립하기 위해서는 참조하고refer 참조되는referred 양쪽 릴레이션의 도메인이 서로 같아야 한다. 또한 참조되는 릴레이션의 기본키 값이 변경되면 이 기본키를 참조하는 외래키 값 역시 변경되어야 한다. 참조하는 외래키 값이 참조되는 기본키 값에 연동된다는 의미로, 외래키는 항상 데이터의 일관성을 유지해야 한다. 이러한 특징을 외래키 제약조건이라고 하며 자세한 내용은 다음 절에서 다시 언급한다.

외래키(참조하는 키)는 참조되는 릴레이션의 기본키와 달리 NULL 값을 포함할 수 있고 중복 값도 허용한다. [그림 2-9]의 주문 릴레이션을 보면 고객번호 1이 세 번 중복된 것을 확인할 수 있다.

외래키 사용 시 참조하는 릴레이션과 참조되는 릴레이션이 꼭 다른 릴레이션일 필요는 없다. 즉 자기 자신의 기본키를 참조할 수도 있다. 이해를 돕기 위해 [그림 2-10]의 멘토 릴레이션을 보자(고객 릴레이션을 약간 변형하였다). 멘토 릴레이션의 각 선수는 멘토가 있으며, 멘토는 멘토번호 속성에 있는 선수번호를 통해 알 수 있다. 김연아의 멘토는 장미란(선수번호 3)이고, 장미란의 멘토는 추신수(선수번호 4)이다. 그리고 박지성과 추신수는 멘토가 없어 '값이 없음'의 의미로 NULL 값이 저장되어 있다.

참조

기본키 외래키

선수번호	이름	주소	멘토번호
1	박지성	영국 맨체스터	NULL
2	김연아	대한민국 서울	3
3	장미란	대한민국 강원도	4
4	추신수	미국 클리블랜드	NULL

그림 2-10 멘토 릴레이션

외래키의 특징을 정리하면 다음과 같다.

- 관계 데이터 모델의 릴레이션 간의 관계를 표현한다.
- 다른 릴레이션의 기본키를 참조하는 속성이다.
- 참조하고(외래키) 참조되는(기본키) 양쪽 릴레이션의 도메인은 서로 같아야 한다.
- 참조되는(기본키) 값이 변경되면 참조하는(외래키) 값도 변경된다.
- NULL 값과 중복값 등이 허용된다.
- 자기 자신의 기본키를 참조하는 외래키도 가능하다.
- 외래키가 기본키의 일부가 될 수 있다.

TIP 외래키를 기본키로 포함하여 복합 기본키로 사용하는 경우는 [그림 2-8]의 대리키를 추가하기 전 주문 릴레이션이 그 예이다.

지금까지 관계 데이터베이스의 키에 대해 살펴보았다. 각 키의 포함 관계 및 정의를 요약하면 [그림 2-11]과 같다.

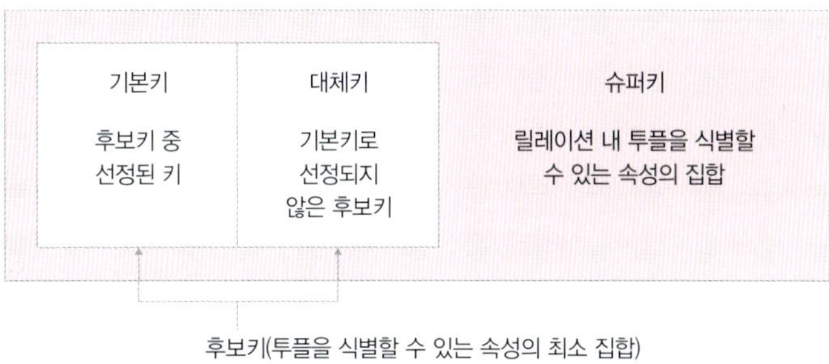

그림 2-11 키의 포함 관계

2 무결성 제약조건

데이터 무결성integrity, 無缺性은 데이터베이스에 저장된 데이터의 일관성과 정확성을 지키는 것을 말한다. 일관성과 정확성을 잃어버린 데이터베이스는 정보로서의 가치에 심각한 문제를 가진다. 일관성과 정확성을 가지고 구축된 데이터베이스가 계속해서 무결성을 유지하려면 투플의 삽입, 삭제, 수정 시 데이터의 제약조건 준수 여부를 확인하여야 한다.

예를 들어 [그림 2-7]의 마당서점 데이터베이스를 보자. 만약 마당서점 관리자가 재고가 없는 도서를 필요 없는 데이터라고 판단하여 도서 릴레이션에서 삭제하면 어떻게 될까? 이 경우 사장이 관리자에게 도서별 주문 내역을 요구하면, 관리자는 주문 릴레이션에서 주문 내역을 찾을 수 없다. 도서 릴레이션에서 재고가 없는 도서를 삭제해 버렸기 때문에 주문 릴레이션의 도서번호를 통하여 도서 릴레이션을 아무리 조회해도 어떤 도서인지 알 수 없기 때문이다. 이와 비슷하게 학교에서 학생이 졸업했다고 하여 학생의 기본 정보를 삭제해 버린다면 성적 및 수강 등 모든 관련 자료에 문제가 발생할 것이다.

실제 데이터의 삽입, 삭제, 수정에 관련된 문제는 응용 프로그램 개발 단계에서 프로그래머가 일일이 처리할 수 있다. 그러나 모든 경우를 감안하여 프로그램을 작성하기도 어렵고 향후 유지하기도 어렵다. 이 경우 데이터의 삽입, 삭제, 수정 시 필요한 기본적인 제약조건을 DBMS가 알아서 지켜 준다면 프로그래머의 부담을 줄일 수 있다. 프로그래머는 데이터 변동에 따른 대응에 필요 이상의 시간을 투자하지 않고 프로그래밍에 집중할 수 있고, 소프트웨어의 성능 및 데이터의 신뢰성 향상에도 큰 도움을 줄 수 있다.

무결성 제약조건은 투플에 삽입 가능한 데이터의 값을 제한하는 도메인 무결성 제약조건과 관계 데이터 모델의 핵심인 관계 표현을 위한 개체 무결성 제약조건, 참조 무결성 제약조건이 있다.

■ 도메인 무결성 제약조건

도메인 무결성 제약조건domain integrity constraint은 도메인 제약domain constraint이라고도 하며, 릴레이션 내의 투플들이 각 속성의 도메인에 지정된 값만을 가져야 한다는 조건이다. 예를 들어 주문 릴레이션에서 주문일자는 날짜 데이터만 사용해야 한다. 만약 영문자 등의 다른 자료형을 사용한다면 자료의 저장 및 검색에 큰 어려움이 따를 것이다. 도메인 무결성 제약조건은 속성값과 관련된 무결성으로, SQL 문에서 데이터 형식type, 널null/not null, 기본값default, 체크check 등을 사용하여 지정할 수 있다. 일반적으로 프로그래밍 언어의 변수형 선언과 개념이 유사하다.

■ 개체 무결성 제약조건

개체 무결성 제약조건entity integrity constraint은 기본키 제약primary key constraint이라고도 한다. 릴레이션은 기본키를 지정하고 그에 따른 무결성 원칙, 즉 기본키는 NULL 값을 가져서는 안 되며 릴레이션 내에 오직 하나의 값만 존재해야 한다는 조건이다. 개체 무결성 제약조건은 참조 무결성 제약조건과 함께 관계 데이터 모델의 핵심 개념이다. 마당서점 데이터베이스의 경우 고객 릴레이션은 고객번호, 도서 릴레이션은 도서번호, 주문 릴레이션은 주문번호가 기본키로 선언되었고, 각각의 기본키는 NULL 값 없이 유일한 값을 가지므로 개체 무결성 제약조건을 지키고 있다.

■ 참조 무결성 제약조건

참조 무결성 제약조건referential integrity constraint은 외래키 제약foreign key constraint이라고도 한다. 릴레이션 간의 참조 관계를 선언하는 제약조건이다. 일반적으로 참조되는(제공하는) 릴레이션을 부모parent 릴레이션, 참조하는(제공받는) 릴레이션을 자식child 릴레이션이라고 한다. 참조 무결성 제약조건은 자식 릴레이션의 외래키는 부모 릴레이션의 기본키와 도메인이 같아야 하며, 자식 릴레이션의 값이 변경될 때 부모 릴레이션의 제약을 받는다는 것이다. 즉 부모 릴레이션의 도메인과 다른 값으로 삽입·수정되거나, 반대로 자식 릴레이션에서 참조하고 있는 값을 부모 릴레이션에서 삭제하거나 다른 값으로 변경할 경우 거부된다.

각 무결성 제약조건을 정리하면 [표 2-3]과 같다.

표 2-3 제약조건의 정리

구분	도메인	키	
	도메인 무결성 제약조건	개체 무결성 제약조건	참조 무결성 제약조건
제약 대상	속성	투플	속성과 투플
같은 용어	도메인 제약 (domain constraint)	기본키 제약 (primary key constraint)	외래키 제약 (foreign key constraint)
해당되는 키	–	기본키	외래키
NULL 값	허용	불가	허용
릴레이션 내 제약조건의 개수	속성의 개수와 동일	1개	0~여러 개
기타	• 투플 삽입/수정 시 제약사항 우선 확인	• 투플 삽입/수정 시 제약사항 우선 확인	• 투플 삽입/수정 시 제약사항 우선 확인 • 부모 릴레이션의 투플 수정/삭제 시 제약사항 우선 확인

여기서 잠깐 **UNIQUE 제약조건(unique constraint, 유일성 제약조건, 고유성 제약조건)**

실제 DBMS에서는 앞에서 설명한 세 가지 무결성 제약조건과 함께 UNIQUE 제약조건도 사용한다. UNIQUE 제약조건은 속성의 모든 값은 서로 같은 값이 없어야 한다는 것이다. 이는 릴레이션 내의 각각의 투플을 유일하게 식별할 수 있는 속성들의 집합으로 볼 수 있다. UNIQUE 제약조건은 기본키 제약과는 달리 NULL 값을 허용한다.

3 무결성 제약조건의 수행

릴레이션은 데이터의 변경이 일어날 때 제약조건에 위배될 수 있다. 따라서 제약조건의 준수 여부는 데이터의 변경(삽입, 수정, 삭제)이 있을 때마다 확인해야 한다. 예를 들어 기존의 기본키와 같은 값을 가진 투플을 삽입하거나, 기존의 기본키 값을 다른 투플의 기본키와 같은 값으로 변경한다면 그 연산은 거부된다. 또 부모 릴레이션에서 투플을 삭제할 경우 자식 릴레이션도 같이 처리를 해야 한다.

각각의 제약조건에 대해 데이터의 변경이 일어나면 어떻게 수행되는지 살펴보자.

개체 무결성 제약조건

관계 데이터베이스 시스템에서 DBMS는 투플을 삽입하거나 수정할 때마다 개체 무결성 제약조건을 지키는지 확인한다. 즉 기본키 값이 유일한지, NULL 값이 아닌지를 검사한다. 만약 조건에 맞지 않으면 삽입 연산을 거부하고 오류 메시지를 보낸다.

[그림 2-12]의 학생 릴레이션을 보자(고객 릴레이션을 약간 변형하였다). 학생 릴레이션에서 학번은 기본키로 개체 무결성 제약조건을 지키고 있다.

학생

학번	이름	학과코드
501	박지성	1001
401	김연아	2001
402	장미란	2001
502	추신수	1001

그림 2-12 학생 릴레이션

■ 삽입

새로운 학생이 입학하였다. 새로운 투플 (501, 남슬찬, 1001)이 삽입되는 과정을 살펴보자. DBMS는 도메인 무결성 제약조건을 확인한 후 개체 무결성 제약조건을 수행하기 위해 학생 릴레이션을 살펴본다. 그런데 기본키인 학번에 이미 '501'이 존재하는 것을 발견하고 삽입을 거부한다. 또 다른 투플 (NULL, 남슬찬, 1001)의 삽입 역시 기본키가 NULL이기 때문에 기존 투플을 검색할 필요도 없이 거부한다.

(501, 남슬찬, 1001)

↓ 삽입 거부

학번	이름	학과코드
501	박지성	1001
401	김연아	2001
402	장미란	2001
502	추신수	1001

(NULL, 남슬찬, 1001)

↓ 삽입 거부

학번	이름	학과코드
501	박지성	1001
401	김연아	2001
402	장미란	2001
502	추신수	1001

그림 2-13 개체 무결성 제약조건의 수행 예(기본키 충돌 및 NULL 값 삽입)

■ 수정

수정 연산 역시 삽입 연산과 동일한 제약에 따라 처리된다. [그림 2-12]의 학번 '501'을 '502'로 수정하려고 한다면 DBMS는 동일한 값이 존재하는지 검색한 후 수정을 거부한다.

■ 삭제

특별한 확인이 필요하지 않으며 즉시 수행한다. 단, 참조 무결성 제약조건에 의하여 학생 릴레이션의 기본키를 다른 릴레이션에서 외래키로 참조하고 있으면 바로 삭제하지 않는다. 자세한 내용은 이어서 설명하는 참조 무결성 제약조건에서 다룬다.

참조 무결성 제약조건

참조 무결성 제약조건은 개체 무결성 제약조건과 달리 단일 릴레이션에 관한 내용이 아니다. 따라서 참조 무결성 제약조건을 준수하기 위해서는 두 릴레이션 간의 참조 관계에 따라 좀 더 복잡한 처리를 수행해야 한다. 부모 릴레이션(기본키가 참조되는 릴레이션)과 자식 릴레이션(기본키를 참조하는 릴레이션)의 관계를 [그림 2-14]의 학생관리 데이터베이스를 통해 살펴보자. 학과 릴레이션이 부모 릴레이션이고, 학생 릴레이션이 자식 릴레이션이다.

학생(자식 릴레이션)

학번	이름	학과코드
501	박지성	1001
401	김연아	2001
402	장미란	2001
502	추신수	1001

학과(부모 릴레이션)

학과코드	학과명
1001	컴퓨터학과
2001	체육학과

참조

그림 2-14 학생관리 데이터베이스

■ 삽입(자식 릴레이션에서)

학생 릴레이션에 새로운 투플 (601, 박세리, 3001)이 삽입되는 과정을 살펴보자. DBMS는 먼저 도메인 무결성 제약조건을 확인한 후 개체 무결성 제약조건에 위배되는 값이 없는지 확인한다. 이후 학과코드 값 3001이 학과 릴레이션의 기본키에 존재하는지 확인한다. 그런데 3001은 학과 릴레이션에 없으므로 삽입은 거부된다. 이 경우 학과 릴레이션에 새로운 투플 (3001, 수학과)를 삽입한 후 수행하면 정상적으로 진행된다. 참고로 학생 릴레이션 생성 시 외래키인 학과코드 속성에 NULL 값을 허용하였다면 학과코드 값이 없어도 삽입할 수 있다. 부모 릴레이션에서 삽입은 개체 무결성 제약조건에 따르면 된다.

■ 삭제(부모 릴레이션에서)

삽입과는 반대로 자식 릴레이션에서 투플이 삭제되는 경우 부모 릴레이션에는 아무런 영향을 주지 않으므로 바로 삭제할 수 있다. 그러나 부모 릴레이션에서 투플이 삭제되는 경우에는 문제가 발생할 수 있다. 예를 들어 학과 릴레이션에서 체육학과를 삭제해야 한다면 DBMS는 우선 학과 릴레이션의 학과코드를 참조하고 있는 다른 릴레이션이 없는지 찾는다. 이 경우 학생 릴레이션의 (401, 김연아, 2001)과 (402, 장미란, 2001)이 참조하고 있으므로 문제가 생긴다. 이 문제에 대한 조치 방법으로 다음과 같은 네 가지를 고려할 수 있다.

❶ 즉시 작업을 중지

❷ 자식 릴레이션의 관련 투플을 삭제

❸ 초기에 설정된 다른 어떤 값으로 변경

❹ NULL 값으로 설정

이처럼 DBMS는 부모 릴레이션에서 투플을 삭제할 때 참조 무결성 제약조건을 수행하기 위한 네 가지 옵션이 있다. 이는 제약조건 선언 시 자식 릴레이션에도 지정해 주어야 한다.

표 2-4 참조 무결성 제약조건의 옵션(부모 릴레이션에서 투플을 삭제할 경우)

명령어	의미	예
RESTRICTED	자식 릴레이션에서 참조하고 있으면 부모 릴레이션의 삭제 작업을 거부함	학과 릴레이션의 투플 삭제 거부
CASCADE	자식 릴레이션의 관련 투플을 같이 삭제함	학생 릴레이션의 관련 투플을 삭제
DEFAULT	자식 릴레이션의 관련 투플을 미리 설정해 둔 값으로 변경함	학생 릴레이션의 학과가 다른 학과로 자동 배정
NULL	자식 릴레이션의 관련 투플을 NULL 값으로 설정함(NULL 값을 허가한 경우)	학생 릴레이션의 학과가 NULL 값으로 변경

TIP 제약조건의 옵션은 실제 DBMS별로 다른 용어를 사용하거나 경우에 따라 추가되거나 삭제된 형태로 제공된다.

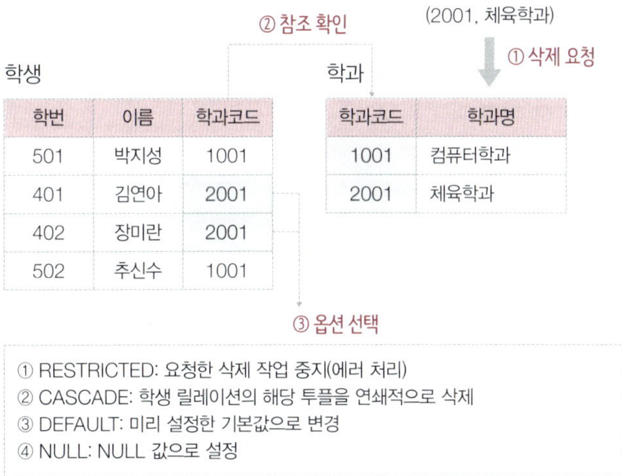

그림 2-15 참조 무결성 제약조건에서 부모 릴레이션의 투플을 삭제할 경우

■ **수정(부모 릴레이션에서)**

수정은 삭제와 삽입 명령이 연속해서 수행된다고 보면 된다. 부모 릴레이션의 수정이 일어날 때 삭제 옵션에 따라 처리된 후 문제가 없으면 다시 삽입 제약조건에 따라 처리된다. 학과 릴레이션의 학과코드 '1001'을 'A001'로 수정할 경우, 삭제 옵션에 따라(옵션이 RESTRICTED인 경우는 작업 중지) 자식 릴레이션의 관련 투플을 처리한 후, 삽입 제약조건에 따라 학과 릴레이션에 삽입한다.

03 관계대수

지금까지 관계 데이터 모델에서 릴레이션의 개념과 무결성 제약조건에 대해 살펴보았다. 이 절에서는 릴레이션에서 데이터를 추출하는 데 사용하는 언어인 관계대수에 대해 배운다.

코드 박사는 관계대수relational algebra와 관계해석relational calculus을 관계 데이터 모델을 사용하는 데 필요한 언어로 소개하였다. 관계대수는 어떤 데이터를 어떻게 찾는지에 대한 처리 절차를 명시하는 절차적인 언어이며, DBMS 내부의 처리 언어로 사용된다. 관계해석은 어떤 데이터를 찾는지만 명시하는 선언적인 언어로 관계대수와 함께 관계 DBMS의 표준 언어인 SQL의 이론적인 기반을 제공한다. 관계대수와 관계해석은 모두 관계 데이터 모델의 중요한 언어이며 실제 동일한 표현 기능이 있다.

관계 데이터베이스를 사용하는 데 있어서 어떤 데이터를 어떻게 찾는지 알고 있는 것이 향후 데이터를 검색하고 관리하는 데 중요하다. 따라서 이 절에서는 관계해석에 대해서는 다루지 않고 관계대수에 대해서만 알아본다.

1 관계대수

관계대수relational algebra, 關係代數란 릴레이션에서 원하는 결과를 얻기 위해 수학의 대수와 같은 연산을 이용하여 질의하는 방법을 기술하는 언어이다. 관계대수는 절차적 언어로, 하나 이상의 릴레이션에 연산을 수행하여 결과 릴레이션이 나오기까지의 절차를 확인하는 방법을 제공한다. SQL 언어는 관계해석을 기반으로 하지만(정확하게는 관계대수 개념도 혼합되어 있다) DBMS 내부에서는 관계대수에 기반을 둔 연산을 수행하여 최종 결과 집합을 반환하게 된다.

TIP 관계대수의 대수(代數)는 수학의 대수학에서 사용되는 용어이다.

관계의 수학적 의미

관계 데이터베이스는 릴레이션relation이라는 수학적 개념에 기초한다. 수학적 의미의 릴레이션을 알아보고 데이터베이스에 어떻게 적용되는지 살펴보자.

집합은 숫자, 사람, 문자 등 객체의 모임이다. 두 개의 집합 A={2, 4}, B={1, 3, 5}가 있다고 하자. 두 집합의 카티션 프로덕트 A×B는 A원소와 B원소의 순서쌍 집합이다. 즉 A×B={(2, 1), (2, 3), (2, 5), (4, 1), (4, 3), (4, 5)}를 말한다. 릴레이션 R은 카티션 프로덕트의 부분집합으로 정의한다. R1={(2, 1), (4, 1)}도 하나의 릴레이션이고, R2={(2, 1), (2, 3), (2, 5)}도 릴레이션이며, R3={(2, 3), (2, 5), (4, 3), (4, 5)}도 릴레이션이다. 카티션 프로덕트 A×B에서 만들어질 수 있는 릴레이션은 많다. 원소 개수가 n인 집합 S의 부분집합의 개수는 2^n이므로, 카티션 프로덕트 A×B의 부분집합의 개수는 $2^{|A|\times|B|}$이다. 예의 경우 |A|=2, |B|=3이므로 2^6=64개의 릴레이션이 가능하다.

세 개의 집합 A={2, 4}, B={1, 3, 5}, C={6, 7}이 있다고 하자. 카티션 프로덕트 A×B×C는 {(2, 1, 6), (2, 1, 7), (2, 3, 6), (2, 3, 7), ... (4, 5, 7)}이며 원소의 개수는 12개이다. 또 카티션 프로덕트 A×B×C에서 만들어질 수 있는 부분집합(릴레이션)의 개수는 2^{12}이다. 예를 들어 릴레이션 R4={(2, 1, 7), (4, 1, 6), (4, 5, 7)}은 카티션 프로덕트 A×B×C의 부분집합으로 2^{12}개의 릴레이션 중 하나이다.

카티션 프로덕트의 기초 집합 A, B, C 각각이 가질 수 있는 값의 범위를 도메인domain이라고 한다. 즉 집합 A의 도메인은 {2, 4}이다.

릴레이션은 카티션 프로덕트의 부분집합이라고 하였는데, 릴레이션 역시 집합이다. 릴레이션 R1={(2, 1), (4, 1)}이 집합이고, R2={(2, 1), (2, 3), (2, 5)}도 집합이다. 집합에서 가능한 연산은 합집합(∪), 교집합(∩), 카티션 프로덕트(×) 등이 있다.

R1 ∪ R2 = {(2, 1), (4, 1), (2, 3), (2, 5)}
R1 ∩ R2 = {(2, 1)}

지금까지 수학에서 정의하는 릴레이션을 설명하였다. 데이터베이스에서 릴레이션은 수학의 릴레이션 개념을 현실 세계에 적용한 것이다. 현실 세계는 많은 문자 데이터를 포함한다. 예를 들어 두 집합, 학번={2, 4}, 과목={데이터베이스, 자료구조, 프로그래밍}이 있다고 하자. 두 집합의 카티션 프로덕트 학번×과목은 학번 원소와 과목 원소의 순서쌍 집합이다. 즉, 학번×과목={(2, 데이터베이스), (2, 자료구조), (2, 프로그래밍), (4, 데이터베이스), (4, 자료구조), (4, 프로그래밍)}을 말한다. 학번×과목의 각 원소는 학생이 과목을 수강할 수 있는 모든 경우를 나열한 것이다. 수강={(2, 데이터베이스), (2, 자료구조), (4, 프로그래밍)}은 카티션 프로덕트 학번×과목의 부분집합으로 하나의 릴레이션 인스턴스이다. 이 릴레이션을 테이블로 그리면 [그림 2-16]과 같다. 수강 릴레이션의 투플은 위에서 나열한 여섯 개 원소 중 하나이다. 아래 수강 테이블을 데이터베이스에서는 릴레이션relation이라고 부른다.

수강

학번	과목
2	데이터베이스
2	자료구조
4	프로그래밍

그림 2-16 수강 릴레이션

관계대수 연산자

수학에서 연산자operator란 피연산자에 적용되는 연산 기호를 말한다. 예를 들어 2+3에서 2와 3은 피연산자이고, + 기호는 연산자이며, 피연산자를 연산자에 적용한 2+3의 결과는 5라고 약속한다. 관계대수 연산자 역시 릴레이션 연산에 사용되는 기호로 릴레이션을 피연산자로 한다.

관계대수 연산자는 대략 두 개의 그룹으로 나눌 수 있다. 첫째는 관계 데이터 모델을 위해 고안된 순수 관계연산relational operations에 사용되는 연산자이며, 둘째는 수학의 집합이론에서 차용된 일반 집합연산set operations에 사용되는 연산자이다. 각각의 종류를 살펴보면 다음과 같다.

- **순수 관계연산:** 셀렉션selection, 프로젝션projection, 조인join, 디비전division, 개명rename
- **일반 집합연산:** 합집합union, 교집합intersection, 차집합difference, 카티션 프로덕트cartesian product

연산자 중 피연산자의 개수가 한 개인 연산자를 단항 연산자unary operator, 두 개인 연산자를 이항 연산자binary operator라고 한다. 또 관계대수 연산자는 기본 연산자 다섯 개와 기본 연산자로부터 유도가 가능한 유도 연산자로 구분한다.

표 2-5 관계대수 연산자

연산자 타입	대상	연산자 이름			기호	설명
기본	단항	셀렉션			σ	• 릴레이션에서 조건을 만족하는 투플을 선택
기본	단항	프로젝션			π	• 릴레이션의 속성을 선택
추가	단항	개명			ρ	• 릴레이션이나 속성의 이름을 변경
유도	이항	디비전			$\div$	• 부모 릴레이션에 포함된 투플의 값을 모두 가진 투플을 분자 릴레이션에서 추출
기본	이항	합집합			$\cup$	• 두 릴레이션의 합집합
기본	이항	차집합			$-$	• 두 릴레이션의 차집합
유도	이항	교집합			$\cap$	• 두 릴레이션의 교집합
기본	이항	카티션 프로덕트			$\times$	• 두 릴레이션에 속한 모든 투플의 집합
유도	이항	조인	세타		$\bowtie_\theta$	• 두 릴레이션 간의 비교 조건에 만족하는 집합
			동등		$\bowtie$	• 두 릴레이션 간의 같은 값을 가진 집합
			자연		$\bowtie_N$	• 동등조인에서 중복 속성을 제거
			세미	left	$\ltimes$	• 자연조인 후 오른쪽 속성을 제거
				right	$\rtimes$	• 자연조인 후 왼쪽 속성을 제거
			외부	left	⟕	• 자연조인 후 각각 왼쪽(left), 오른쪽(right), 양쪽(full)의 모든 값을 결과로 추출 • 조인이 실패(또는 값이 없을 때) 값을 NULL로 채움
				right	⟖	
				full	⟗	

관계대수식

관계대수는 릴레이션 간 연산을 통해 결과 릴레이션을 찾는 절차를 기술한 언어이다. 관계대수 연산을 수행하기 위한 식을 관계대수식relational algebra expression이라고 한다. 관계대수식은 대상이 되는 릴레이션과 연산자로 구성된다. 관계대수식의 적용 순서는 수학의 연산과 동일하게 괄호( ) 안의 식이 우선하며 왼쪽에서 오른쪽으로 진행된다. 기본적인 형태는 다음과 같다.

- **단항 연산자:** 연산자〈조건〉 릴레이션
- **이항 연산자:** 릴레이션 1 연산자〈조건〉 릴레이션 2

TIP 〈조건〉은 혼란을 피하고자 아래 첨자로 표시한다.

관계대수식의 결과는 릴레이션으로 반환되며, 반환된 릴레이션은 릴레이션의 모든 특징을 따른다. 즉 중복된 투플은 존재하지 않는다. 만약 중복된 투플이 있으면 하나만 표시한다. [그림 2-17]은 관계대수식을 이해하기 위한 예제 데이터이다. 릴레이션 R1과 릴레이션 R2로 구성되어 있고, 관계대수식의 결과는 [표 2-6]을 통해 알 수 있다.

R1

A	B	C
a1	b1	c1
a2	b3	c3
a3	b4	c2

R2

A	B	C
a1	b1	c1
a2	b3	c3
a3	b3	c1

그림 2-17 관계대수식을 이해하기 위한 예제 데이터

표 2-6 관계대수식의 사용 예

<table>
<tr><th>주요 연산자</th><th>사용 예</th><th>결과</th><th>설명</th></tr>
<tr><td>셀렉션(σ)</td><td>$\sigma_{A=a1\ or\ A=a2}$ (R1)</td><td><table><tr><th>A</th><th>B</th><th>C</th></tr><tr><td>a1</td><td>b1</td><td>c1</td></tr><tr><td>a2</td><td>b3</td><td>c3</td></tr></table></td><td>R1에서 조건에 맞는 투플을 추출한다.</td></tr>
<tr><td>프로젝션(π)</td><td>$\pi_{A,\ B}$ (R2)</td><td><table><tr><th>A</th><th>B</th></tr><tr><td>a1</td><td>b1</td></tr><tr><td>a2</td><td>b3</td></tr><tr><td>a3</td><td>b3</td></tr></table></td><td>R2에서 조건에 맞는 속성만을 추출한다.</td></tr>
<tr><td>합집합(∪)</td><td>R1 ∪ R2</td><td><table><tr><th>A</th><th>B</th><th>C</th></tr><tr><td>a1</td><td>b1</td><td>c1</td></tr><tr><td>a2</td><td>b3</td><td>c3</td></tr><tr><td>a3</td><td>b4</td><td>c2</td></tr><tr><td>a3</td><td>b3</td><td>c1</td></tr></table></td><td>R1과 R2의 합집합을 구한다.</td></tr>
<tr><td>차집합(−)</td><td>R1 − R2</td><td><table><tr><th>A</th><th>B</th><th>C</th></tr><tr><td>a3</td><td>b4</td><td>c2</td></tr></table></td><td>R1과 R2의 차집합을 구한다.</td></tr>
<tr><td>조인(⋈)</td><td>R1 $\bowtie_{R1.C=R2.C}$ R2</td><td><table><tr><th>R1.A</th><th>R1.B</th><th>R1.C</th><th>R2.A</th><th>R2.B</th><th>R2.C</th></tr><tr><td>a1</td><td>b1</td><td>c1</td><td>a1</td><td>b1</td><td>c1</td></tr><tr><td>a1</td><td>b1</td><td>c1</td><td>a3</td><td>b3</td><td>c1</td></tr><tr><td>a2</td><td>b3</td><td>c3</td><td>a2</td><td>b3</td><td>c3</td></tr></table></td><td>R1과 R2의 카티션 프로덕트를 구하여 조건에 맞는 투플을 추출한다.</td></tr>
</table>

[그림 2-7]의 마당서점 데이터베이스를 사용하여 관계대수식의 연산에 대해 자세히 살펴보자.

2 셀렉션과 프로젝션

셀렉션과 프로젝션은 관계대수에서 가장 기본적인 연산으로 하나의 릴레이션을 대상으로 하는 단항 연산자이다. 연산의 결과 역시 하나의 릴레이션인데, 셀렉션은 대상 릴레이션에서 인스턴스의 일부, 즉 투플의 집합을 반환하며 프로젝션은 대상 릴레이션에서 지정된 속성값 일부를 반환한다. 두 연산 모두 관계대수 연산을 위해 고안된 순수 관계연산자이다.

셀렉션

셀렉션selection은 단어 그대로 릴레이션의 투플을 추출하기 위한 연산이다. 하나의 릴레이션을 대상으로 하는 단항 연산자이며, 찾고자 하는 투플의 조건(predicate, 술어)을 명시하고 그 조건을 만족하는 투플을 반환한다. 결과 릴레이션의 차수는 대상 릴레이션과 동일하고 카디날리티는 대상 릴레이션보다 작거나 같다. 작성 형식은 다음과 같다. 조건으로는 '〈속성〉=〈상숫값 또는 속성〉' 형태가 올 수 있고 R은 릴레이션을 나타낸다.

$$\sigma_{\langle 조건 \rangle}(R)$$

질의 2-1

마당서점에서 판매하는 도서 중 8,000원 이하인 도서를 검색하시오.

풀이

$$\sigma_{가격<=8000}(도서)$$

[질의 2-1]은 가격이 8,000원 이하인(가격<=8000) 도서만 찾아 추출하므로 [그림 2-18]의 예와 같이 8,000원 이하인(가격<=8000) 도서만 찾아 추출한다. 결과 릴레이션의 차수 4로 도서 릴레이션과 동일하고, 카디날리티는 8,000원 이하인 도서가 2권이 있으므로 2이다.

조건이 여러 개라면 ∧(and), ∨(or), ¬(not) 기호를 이용하여 표현할 수 있다. 예를 들어 '가격이 8,000원 이하이고 도서번호가 3 이상인 도서'를 검색하려면 '$\sigma_{가격<=8000 \wedge 도서번호>=3}(도서)$'로 표현하면 된다.

도서

도서번호	도서이름	출판사	가격
1	축구의 역사	굿스포츠	7000
2	축구 아는 여자	나무수	13000
3	축구의 이해	대한미디어	22000
4	골프 바이블	대한미디어	35000
5	피겨 교본	굿스포츠	8000

$\sigma_{가격<=8000}$ (도서)

도서번호	도서이름	출판사	가격
1	축구의 역사	굿스포츠	7000
5	피겨 교본	굿스포츠	8000

그림 2-18 셀렉션의 예

프로젝션

프로젝션projection은 릴레이션의 속성을 추출하기 위한 연산으로 단항 연산자이다. 결과 릴레이션의 차수는 대상 릴레이션의 차수보다 작거나 같고 카디날리티는 동일하다. 작성 형식은 다음과 같다.

$\pi_{\langle 속성리스트 \rangle}$ (R)

질의 2-2

신간도서 안내를 위해 (이름, 주소, 핸드폰)의 카탈로그 주소록을 만드시오.

풀이

$\pi_{이름,\ 주소,\ 핸드폰}$ (고객)

고객 릴레이션에서 카탈로그 발송 주소록을 만들려면 고객번호와 주민번호는 필요하지 않고 이름, 주소, 핸드폰 번호만 알면 된다. 이처럼 프로젝션은 원하는 속성값만 추출하고자 할 때 사용한다. [질의 2-2]의 결과는 [그림 2-19]와 같다. 결과 릴레이션은 세 개의 속성을 가지므로 차수가 3이고, 카디날리티는 고객 릴레이션과 같은 4이다.

고객

고객번호	이름	주민번호	주소	핸드폰
1	박지성	810101-1111111	영국 맨체스터	000-5000-0001
2	김연아	900101-2222222	대한민국 서울	000-6000-0001
3	장미란	830101-2333333	대한민국 강원도	000-7000-0001
4	추신수	820101-1444444	미국 클리블랜드	000-8000-0001

↓

$\pi_{\text{이름,주소,핸드폰}}$ (고객)

↓

이름	주소	핸드폰
박지성	영국 맨체스터	000-5000-0001
김연아	대한민국 서울	000-6000-0001
장미란	대한민국 강원도	000-7000-0001
추신수	미국 클리블랜드	000-8000-0001

그림 2-19 프로젝션의 예

3 집합연산

관계대수에서 집합연산은 수학의 집합연산과 같은 연산으로, 합집합union ∪, 교집합intersection ∩, 차집합difference −, 카티션 프로덕트cartesian product × 등이 있다. 합집합, 차집합, 카티션 프로덕트는 기본 연산자이고, 교집합은 기본 연산자로 정의가 가능한 유도된 연산자이다(R∩S = R−(R−S)).

집합 연산자는 두 개의 릴레이션을 대상으로 하는 이항 연산자이다. 카티션 프로덕트를 제외한 합집합, 교집합, 차집합은 두 릴레이션의 차수 및 도메인과 속성의 순서가 동일해야 한다. 즉 각 릴레이션의 속성 수가 같고 순서도 같아야 하며 각각 동일한 도메인으로 대응되어야 한다. 이 조건을 합병가능union compatible이라고 한다. 관계대수의 집합연산(∪, ∩, −)은 합병가능해야 성립된다. 이때 속성 이름은 동일하지 않아도 되며, 반환되는 릴레이션의 속성 이름은 첫 번째 릴레이션의 이름과 같다.

합집합

합집합union은 수학의 합집합과 동일한 개념으로 두 개의 릴레이션을 합하여 하나의 릴레이션을 반환한다. 기호 역시 같은 '∪'를 사용한다. 두 개의 릴레이션은 서로 같은 속성 순서와 도메인을 가져야 한다. 반환되는 결과는 첫 번째 릴레이션의 속성 이름을 가진다. 작성 형식은 다음과 같다. R과 S는 릴레이션을 나타낸다.

R ∪ S

질의 2-3

마당서점은 지점 A와 지점 B가 있다. 두 지점의 도서는 각 지점에서 관리하며 릴레이션 이름은 각각 도서A, 도서B이다. 마당서점의 도서를 하나의 릴레이션으로 보이시오.

풀이

도서A ∪ 도서B

[질의 2-3]의 합집합 결과는 [그림 2-20]과 같다. 릴레이션 도서A와 도서B는 속성과 도메인이 동일해 합병가능하다. 이때 주의할 점은 도서A의 카디날리티가 3, 도서B의 카디날리티 역시 3이지만 결과 릴레이션의 카디날리티는 5가 된다는 점이다. 이는 도서A의 1번 도서와 도서B의 1번 도서가 동일하여 결과 릴레이션에 한 번만 표시되었기 때문이다.

도서A

도서번호	도서이름	출판사	가격
1	축구의 역사	굿스포츠	7000
2	축구 아는 여자	나무수	13000
3	축구의 이해	대한미디어	22000

∪

도서B

도서번호	도서이름	출판사	가격
1	축구의 역사	굿스포츠	7000
4	골프 바이블	대한미디어	35000
5	피겨 교본	굿스포츠	8000

↓

도서번호	도서이름	출판사	가격
1	축구의 역사	굿스포츠	7000
2	축구 아는 여자	나무수	13000
3	축구의 이해	대한미디어	22000
4	골프 바이블	대한미디어	35000
5	피겨 교본	굿스포츠	8000

그림 2-20 합집합의 예

교집합

교집합intersection 역시 합병가능한 두 릴레이션을 대상으로 하며, 두 릴레이션이 공통으로 가지고 있는 투플을 반환한다. 기호는 '∩'를 사용한다. 작성 형식은 다음과 같다.

$R \cap S$

질의 2-4

마당서점의 두 지점에서 동일하게 보유하고 있는 도서 목록을 보이시오.

풀이

도서A ∩ 도서B

[그림 2-21]을 보면 릴레이션 도서A와 도서B의 차수가 각각 4이며, 도메인 역시 같아 합병가능함을 알 수 있다. 교집합은 두 릴레이션에 있는 같은 투플을 반환하므로 [질의 2-4]의 결과 릴레이션에서는 1번 도서 '축구의 역사'만 보여 준다.

도서A

도서번호	도서이름	출판사	가격
1	축구의 역사	굿스포츠	7000
2	축구 아는 여자	나무수	13000
3	축구의 이해	대한미디어	22000

∩

도서B

도서번호	도서이름	출판사	가격
1	축구의 역사	굿스포츠	7000
4	골프 바이블	대한미디어	35000
5	피겨 교본	굿스포츠	8000

↓

도서번호	도서이름	출판사	가격
1	축구의 역사	굿스포츠	7000

그림 2-21 교집합의 예

차집합

차집합difference은 첫 번째 릴레이션에는 속하고 두 번째 릴레이션에는 속하지 않는 투플을 반환한다. 기호는 '−'를 사용하며 다른 집합연산과 같이 합병가능해야 한다. 작성 형식은 다음과 같다.

R − S

질의 2-5

마당서점의 두 지점 중 지점 A에서만 보유하고 있는 도서 목록을 보이시오.

풀이

도서A − 도서B

[그림 2-22]를 보면 릴레이션 도서A와 도서B의 차수와 도메인이 동일하여 합병가능함을 알 수 있다. 차집합은 첫 번째 릴레이션(도서A)을 기준으로 수행되는데, 도서A의 1, 2, 3번 도서와 도서B의 1, 4, 5번 도서 중 도서A에만 있는 2, 3번 도서를 [질의 2-5]의 결과로 반환한다.

도서A

도서번호	도서이름	출판사	가격
1	축구의 역사	굿스포츠	7000
2	축구 아는 여자	나무수	13000
3	축구의 이해	대한미디어	22000

−

도서B

도서번호	도서이름	출판사	가격
1	축구의 역사	굿스포츠	7000
4	골프 바이블	대한미디어	35000
5	피겨 교본	굿스포츠	8000

↓

도서번호	도서이름	출판사	가격
2	축구 아는 여자	나무수	13000
3	축구의 이해	대한미디어	22000

그림 2-22 차집합의 예

카티션 프로덕트

지금까지의 집합연산이 두 릴레이션의 수직적 연산이었다면 카티션 프로덕트cartesian product는 수평적 연산이다. 카티션 프로덕트는 두 릴레이션을 연결시켜 하나로 합칠 때 사용한다. 결과 릴레이션은 첫 번째 릴레이션의 오른쪽에 두 번째 릴레이션의 모든 투플을 순서대로 배열하여 반환한다. 기호는 '×'를 사용하며 속성과 도메인이 같을 필요는 없다. 결과 릴레이션의 차수는 두 릴레이션의 차수의 합이며, 카디날리티는 두 릴레이션의 카디날리티의 곱이다. 예를 들어 첫 번째 릴레이션의 차수가 4, 카디날리티가 3이고 두 번째 릴레이션의 차수가 5, 카디날리티가 4라면 결과 릴레이션의 차수는 9(4+5), 카디날리티는 12(3×4)가 된다. 최종적으로 결과 릴레이션은 아홉 개의 속성과 열두 개의 투플을 가진다.

결과 릴레이션의 속성 이름은 두 릴레이션에서 그대로 가져와 사용한다. 그런데 만약 두 릴레이션이 동일한 속성 이름을 가지고 있으면 충돌할 수도 있다. 이때는 결과 릴레이션의 속성 이름을 '〈릴레이션 이름〉.〈속성 이름〉'의 형태로 표현하거나 순서(위치)를 사용하여 표현한다. 카티션 프로덕트 연산의 작성 형식은 다음과 같다.

R × S

질의 2-6

고객 릴레이션과 도서 릴레이션의 카티션 프로덕트를 구하시오(결과 개수가 많으므로 투플을 일부 삭제한 릴레이션을 사용한다).

풀이

고객 × 주문

[질의 2-6]의 카티션 프로덕트 결과는 [그림 2-23]과 같다.

카티션 프로덕트는 두 릴레이션을 무조건 수평으로 합친 결과를 반환하기 때문에 결과에 의미가 없으며, 대부분 유용한 자료로 활용하기 힘들다. 이때 셀렉션과 프로젝션 연산을 조합하여 두 릴레이션의 관계에 따른 의미 있는 결과를 찾으면 유용하게 사용할 수 있다. [그림 2-23]의 경우 열두 개의 투플 중 의미 있는 투플은 고객번호의 속성값이 일치하는 네 개의 투플뿐이다(2, 4, 5, 7번째 투플). 의미 있는 투플을 찾아내는 작업은 다음에 바로 설명하는 조인에서 배운다.

고객

고객번호	이름	주소	핸드폰
1	박지성	영국 맨체스터	000-5000-0001
2	김연아	대한민국 서울	000-6000-0001
3	장미란	대한민국 강원도	000-7000-0001

×

주문

주문번호	고객번호	도서번호	판매가격	주문일자
1	2	1	7000	2021-07-01
2	1	2	13000	2021-07-03
3	2	5	8000	2021-07-03
4	1	2	13000	2021-07-04

↓

고객번호	이름	주소	핸드폰	주문번호	고객번호	도서번호	판매가격	주문일자
1	박지성	영국 맨체스터	000-5000-0001	1	2	1	7000	2021-07-01
1	박지성	영국 맨체스터	000-5000-0001	2	1	2	13000	2021-07-03
1	박지성	영국 맨체스터	000-5000-0001	3	2	5	8000	2021-07-03
1	박지성	영국 맨체스터	000-5000-0001	4	1	2	13000	2021-07-04
2	김연아	대한민국 서울	000-6000-0001	1	2	1	7000	2021-07-01
2	김연아	대한민국 서울	000-6000-0001	2	1	2	13000	2021-07-03
2	김연아	대한민국 서울	000-6000-0001	3	2	5	8000	2021-07-03
2	김연아	대한민국 서울	000-6000-0001	4	1	2	13000	2021-07-04
3	장미란	대한민국 강원도	000-7000-0001	1	2	1	7000	2021-07-01
3	장미란	대한민국 강원도	000-7000-0001	2	1	2	13000	2021-07-03
3	장미란	대한민국 강원도	000-7000-0001	3	2	5	8000	2021-07-03
3	장미란	대한민국 강원도	000-7000-0001	4	1	2	13000	2021-07-04

그림 2-23 카티션 프로덕트의 예

4 조인

조인join은 두 릴레이션의 공통 속성을 기준으로 속성값이 같은 투플을 수평으로 결합하는 연산이다. 즉 두 릴레이션을 카티션 프로덕트 연산을 한 후 셀렉션 연산을 한 것으로 정의할 수 있다. 이때 셀렉션 연산의 〈조건〉은 속성값이 같은지 비교하는 식이다.

조인 연산의 기호는 '⋈'를 사용한다. 조인 연산자(⋈)는 기본 연산자의 조합으로 구현 가능한 유도된 연산자로, 두 개의 릴레이션을 대상으로 하는 이항 연산자이다. 조인 연산의 작성 형식은 다음과 같다. R과 S는 릴레이션이며 c는 조인 조건을 나타낸다. 오른쪽 식은 기본 연산자로 조인 연산을 표현한 것으로, 조인 연산은 카티션 프로덕트 연산에 조인 조건을 적용한 것과 같다.

$$R \bowtie_c S = \sigma_c(R \times S)$$

조인을 수행하기 위해서는 두 릴레이션의 조인에 참여하는 속성이 서로 동일한 도메인으로 구성되어야 한다. 조인 연산의 결과는 공통 속성의 속성값이 동일한 투플만을 반환한다.

조인 연산은 크게 기본 조인 연산과 확장된 조인 연산으로 구분할 수 있다. 기본 조인 연산에는 두 릴레이션 간의 속성값을 비교(=, ≠, ≤, ≥, <, >)하여 조건에 맞는 투플을 반환하는 세타조인($\bowtie_\theta$), 속성값이 같은 투플만을 반환하는 동등조인($\bowtie$), 속성 이름이 같은 투플만을 대상으로 하되 중복 속성을 제거하고 반환하는 자연조인($\bowtie_N$)이 있다. 확장된 조인 연산에는 두 릴레이션을 조인한 후 한 릴레이션의 투플만 반환하는 세미조인(⋉, ⋊), 조인에 실패한 값들을 NULL 값으로 채워서 반환하는 외부조인(⟗, ⟕, ⟖)이 있다.

[질의 2-7]~[질의 2-10]에서는 다양한 조인의 예를 설명하기 위하여 주문 릴레이션의 내용에 고객번호 속성값이 5인 투플을 포함하였다. 고객번호 5인 고객이 아직 없으므로 참조 무결성 제약조건을 위반하고 있다.

세타조인과 동등조인

세타조인theta join, θ은 조인에 참여하는 두 릴레이션의 속성값을 비교하여 조건을 만족하는 투플만 반환한다. 세타조인의 조건은 {=, ≠, ≤, ≥, <, >} 중 하나가 된다. 작성 형식은 다음과 같다. R과 S는 릴레이션이며 r은 R의 속성, s는 S의 속성을 나타낸다.

$$R \bowtie_{(r\ \text{조건}\ s)} S$$

동등조인equi join은 세타조인에서 = 연산자를 사용한 조인을 말한다. 보통 조인 연산이라고 하면 동등조인을 지칭한다. 사용하는 기호는 '⋈'이다. 작성 형식은 다음과 같다.

TIP 동등조인은 내부조인(inner join)이라고도 한다.

$$R \bowtie_{(r=s)} S$$

질의 2-7

고객과 고객의 주문 사항을 모두 보이시오.

풀이

$$\text{고객} \bowtie_{\text{고객.고객번호=주문.고객번호}} \text{주문}$$

[질의 2-7]의 결과인 [그림 2-24]를 보면 동등조인의 결과 릴레이션의 차수는 첫 번째 릴레이션과 두 번째 릴레이션의 차수를 합한 것과 같으며, 속성 이름은 두 릴레이션의 속성 이름을 그대로 사용한 것을 알 수 있다. 두 릴레이션의 속성 이름이 같은 경우 첫 번째 릴레이션의 속성부터 시작하여 순서대로 나타낸다.

고객

고객번호	이름	주소	핸드폰
1	박지성	영국 맨체스터	000-5000-0001
2	김연아	대한민국 서울	000-6000-0001
3	장미란	대한민국 강원도	000-7000-0001
4	추신수	미국 클리블랜드	000-8000-0001

주문

주문번호	고객번호	도서번호	판매가격	주문일자
1	2	1	7000	2021-07-01
2	1	2	13000	2021-07-03
3	2	5	8000	2021-07-03
4	1	2	13000	2021-07-04
5	4	4	35000	2021-07-03
6	5	3	22000	2021-07-03
7	4	3	22000	2021-07-04

고객 $\bowtie_{\text{고객.고객번호=주문.고객번호}}$ 주문

고객번호	이름	주소	핸드폰	주문번호	고객번호	도서번호	판매가격	주문일자
1	박지성	영국 맨체스터	000-5000-0001	2	1	2	13000	2021-07-03
1	박지성	영국 맨체스터	000-5000-0001	4	1	2	13000	2021-07-04
2	김연아	대한민국 서울	000-6000-0001	1	2	1	7000	2021-07-01
2	김연아	대한민국 서울	000-6000-0001	3	2	5	8000	2021-07-03
4	추신수	미국 클리블랜드	000-8000-0001	5	4	4	35000	2021-07-03
4	추신수	미국 클리블랜드	000-8000-0001	7	4	3	22000	2021-07-04

그림 2-24 동등조인의 예

자연조인

동등조인의 결과 릴레이션은 첫 번째 릴레이션의 속성과 두 번째 릴레이션의 속성이 모두 나타난다. [질의 2-7]의 결과 릴레이션을 보면 [그림 2-24]와 같이 고객번호가 두 번 나타난다. 자연조인natural join은 동등조인에서 조인에 참여한 속성이 두 번 나오지 않도록 두 번째 속성을 제거한 결과를 반환한다. 기호는 '$\bowtie_N$'을 사용하며 자연조인의 결과 차수는 '두 릴레이션의 차수의 합 −1'이다. 자연조인의 작성 형식은 다음과 같다.

$$R \bowtie_{N(r,\ s)} S$$

질의 2-8

고객과 고객의 주문 사항을 모두 보여 주되 같은 속성은 한 번만 표시하시오.

풀이

고객 $\bowtie_{N(\text{고객.고객번호, 주문.고객번호})}$ 주문

[질의 2-8]의 자연조인 결과는 [그림 2-25]와 같다.

고객

고객번호	이름	주소	핸드폰
1	박지성	영국 맨체스터	000-5000-0001
2	김연아	대한민국 서울	000-6000-0001
3	장미란	대한민국 강원도	000-7000-0001
4	추신수	미국 클리블랜드	000-8000-0001

주문

주문번호	고객번호	도서번호	판매가격	주문일자
1	2	1	7000	2021-07-01
2	1	2	13000	2021-07-03
3	2	5	8000	2021-07-03
4	1	2	13000	2021-07-04
5	4	4	35000	2021-07-03
6	5	3	22000	2021-07-03
7	4	3	22000	2021-07-04

고객 $\bowtie_{N(\text{고객.고객번호, 주문.고객번호})}$ 주문

고객번호	이름	주소	핸드폰	주문번호	도서번호	판매가격	주문일자
1	박지성	영국 맨체스터	000-5000-0001	2	2	13000	2021-07-03
1	박지성	영국 맨체스터	000-5000-0001	4	2	13000	2021-07-04
2	김연아	대한민국 서울	000-6000-0001	1	1	7000	2021-07-01
2	김연아	대한민국 서울	000-6000-0001	3	5	8000	2021-07-03
4	추신수	미국 클리블랜드	000-8000-0001	5	4	35000	2021-07-03
4	추신수	미국 클리블랜드	000-8000-0001	7	3	22000	2021-07-04

그림 2-25 자연조인의 예

외부조인과 세미조인

기본 조인 연산은 두 릴레이션의 관계를 표현하는 속성 간의 조건에 따라 결과 릴레이션을 반환한다. 관계 데이터 모델에서 조인 연산의 사용이 늘어남에 따라 최초에 정의한 조인에서 더 확장된 개념인 외부조인과 세미조인이 나타나게 되었다.

외부조인outer join은 자연조인의 확장된 형태이다. 외부조인은 자연조인 시 조인에 실패한 투플을 모두 보여 주되 값이 없는 대응 속성에는 NULL 값을 채워서 반환한다. 외부조인은 모든 속성을 보여 주는 기준 릴레이션 위치에 따라 왼쪽left 외부조인, 오른쪽right 외부조인, 완전full 외부 조인으로 나뉜다. 기호는 각각 '⟕', '⟖', '⟗'를 사용한다.

[그림 2-26]은 왼쪽 외부조인의 예이다. 릴레이션 R1은 속성 A와 B를, 릴레이션 R2는 속성 B와 C를 가지고 있다. 두 릴레이션을 속성 B를 기준으로 자연조인을 하면 (aa, 1, dd)와 (cc, 3, ee)가 생성된다. 왼쪽 외부조인은 조인에 참여하지 못한 R1의 (cc, 2) 투플을 결과에 포함시키면 된다. 이때 결과의 C 속성은 해당되는 값이 없으므로 NULL 값을 넣어서 반환한다.

R1

A	B
aa	1
cc	2
cc	3

R2

B	C
1	dd
3	ee
4	ff

R1 ⟕(R1.B, R2.B) R2

A	B	C
aa	1	dd
cc	2	NULL
cc	3	ee

그림 2-26 왼쪽 외부조인의 예

외부조인의 작성 형식은 다음과 같다.

- 왼쪽left 외부조인: R ⟕(r, s) S
- 완전full 외부조인: R ⟗(r, s) S
- 오른쪽right 외부조인: R ⟖(r, s) S

질의 2-9

마당서점의 고객과 고객의 주문 내역을 보이시오.

① 고객 기준으로 주문 내역이 없는 고객도 모두 보이시오.

② 주문 내역이 없는 고객과 고객 릴레이션에 고객번호가 없는 주문을 모두 보이시오.

③ 주문 내역 기준으로 고객 릴레이션에 고객번호가 없는 주문도 모두 보이시오.

풀이

① 고객 ⟕(고객.고객번호, 주문.고객번호) 주문

② 고객 ⟗(고객.고객번호, 주문.고객번호) 주문

③ 고객 ⟖(고객.고객번호, 주문.고객번호) 주문

[질의 2-9]의 결과는 [그림 2-27]과 같다.

고객

고객번호	이름
1	박지성
2	김연아
3	장미란
4	추신수

주문

주문번호	고객번호	판매가격
1	2	7000
2	1	13000
3	2	8000
4	1	13000
5	4	35000
6	5	22000
7	4	22000

고객 ⟕(고객.고객번호, 주문.고객번호) 주문

고객번호	이름	주문번호	판매가격
1	박지성	2	13000
1	박지성	4	13000
2	김연아	1	7000
2	김연아	3	8000
3	장미란	NULL	NULL
4	추신수	5	35000
4	추신수	7	22000

① 왼쪽 외부조인

고객 ⟗(고객.고객번호, 주문.고객번호) 주문

고객번호	이름	주문번호	판매가격
1	박지성	2	13000
1	박지성	4	13000
2	김연아	1	7000
2	김연아	3	8000
3	장미란	NULL	NULL
4	추신수	5	35000
4	추신수	7	22000
5	NULL	6	22000

② 완전 외부조인

고객 ⟖(고객.고객번호, 주문.고객번호) 주문

이름	주문번호	고객번호	판매가격
김연아	1	2	7000
박지성	2	1	13000
김연아	3	2	8000
박지성	4	1	13000
추신수	5	4	35000
NULL	6	5	22000
추신수	7	4	22000

③ 오른쪽 외부조인

그림 2-27 외부조인의 예

세미조인semi join은 자연조인을 한 후 두 릴레이션 중 한쪽 릴레이션의 결과만 반환한다. 기호는 '⋉', '⋊'를 사용하며 작성 형식은 다음과 같다.

$$R \ltimes_{(r,\ s)} S$$

세미조인은 기호에서 닫힌 쪽 릴레이션의 투플만 반환한다. [질의 2-9]에서 왼쪽이 닫힌 경우를 보자.

질의 2-10

마당서점의 고객 중 주문 내역이 있는 고객의 고객 정보를 보이시오.

풀이

고객 ⋉(고객.고객번호, 주문.고객번호) 주문

[질의 2-10]의 세미조인 결과인 [그림 2-28]을 보면 세 개의 투플만 남았다. 최초에는 [그림 2-25]와 같이 주문 릴레이션의 영향을 받아 여섯 개의 투플을 가진 릴레이션이 생성되지만, 닫힌 쪽 릴레이션(고객 릴레이션)만 반환되므로 동일한 투플은 제거되고 세 개만 남는다.

고객

고객번호	이름	주소	핸드폰
1	박지성	영국 맨체스터	000-5000-0001
2	김연아	대한민국 서울	000-6000-0001
3	장미란	대한민국 강원도	000-7000-0001
4	추신수	미국 클리블랜드	000-8000-0001

주문

주문번호	고객번호	도서번호	판매가격	주문일자
1	2	1	7000	2021-07-01
2	1	2	13000	2021-07-03
3	2	5	8000	2021-07-03
4	1	2	13000	2021-07-04
5	4	4	35000	2021-07-03
6	5	3	22000	2021-07-03
7	4	3	22000	2021-07-04

고객 ⋉(고객.고객번호, 주문.고객번호) 주문

고객번호	이름	주소	핸드폰
1	박지성	영국 맨체스터	000-5000-0001
2	김연아	대한민국 서울	000-6000-0001
4	추신수	미국 클리블랜드	000-8000-0001

그림 2-28 세미조인(왼쪽이 닫힌 경우)의 예

5 디비전

디비전division은 다른 연산과 달리 릴레이션의 속성값의 집합으로 연산을 수행한다. [그림 2-29]는 릴레이션 R과 S의 세 가지 디비전 연산의 예이다. R÷S1에서 릴레이션 S1의 투플이 {b1}일 때, 릴레이션 R에서 B 속성에 b1 투플이 존재하는 속성 A={s1, s2, s3, s4}를 반환한다. R÷S2에서 S2의 투플이 {b1, b3}이면, 릴레이션 R에서 B 속성에 {b1, b3}가 모두 존재하는 A={s1}을 반환한다. R÷S3에서 S3의 투플이 {b1, b2, b4}이면, 릴레이션 R에서 B 속성에 {b1, b2, b4}가 모두 존재하는 A={s1, s2, s4}를 반환한다.

디비전 연산을 일반적으로 설명하면, 릴레이션 R의 속성은 (A1, A2, …, An, B1, B2, …, Bm)으로 표시할 수 있고 릴레이션 R의 차수는 n+m이 된다. 또 릴레이션 R의 속성인 B의 부분집합으로 이루어진 릴레이션 S가 있으면 릴레이션 S의 속성은 (B1, B2, …, Bm)이 되며 차수는 m이 된다. 이때 릴레이션 R÷S를 하면, 릴레이션 S의 속성 B값과 릴레이션 R의 속성 B값이 서로 동일하게 대응하는 릴레이션 R의 속성 A의 투플을 반환한다. 디비전 연산은 특정 값을 모두 가진 투플을 찾을 때 사용한다. 그러나 실제로 자주 사용되지 않으며 조인 연산을 이용하여 디비전 연산을 수행할 수 있다. 디비전 연산의 작성 형식은 다음과 같다.

R ÷ S

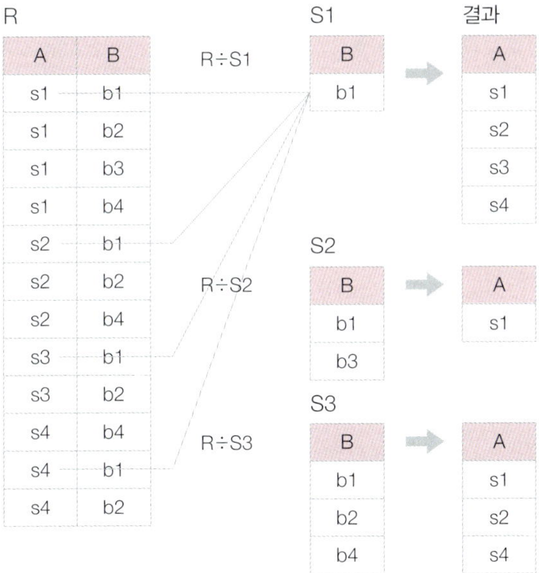

그림 2-29 디비전 연산의 예

6 관계대수 사용 예제

관계대수식은 연산자 하나만 단독으로 사용하는 경우는 드물고, 여러 연산자를 복합하여 사용하는 경우가 많다. 예를 들어 카티션 프로덕트의 경우 단독으로 사용하면 의미 없는 결과를 반환하므로, 의미 있는 결과를 반환하기 위해 프로젝션과 셀렉션 연산을 조합해서 많이 사용한다. 그리고 이 경우 연산 순서는 수학 연산처럼 괄호를 먼저 처리한다. 각 단계의 중간 연산 결과는 다음 단계의 삽입 값이 되어 왼쪽에서 오른쪽으로 순차적으로 처리된다.

TIP 중간 연산 결과의 크기가 커지면 실제 DBMS에서 처리할 때 성능이 저하된다.

다음 예제는 마당서점의 지점이 하나일 경우와 지점이 둘 이상인 경우를 가정하여 답을 구할 것이다. 셀렉션, 프로젝션, 집합연산을 복합하여 사용해 볼 것이다.

질의 2-11

마당서점의 도서 중 가격이 8,000원 이하인 도서이름과 출판사를 보이시오.

[질의 2-11]은 마당서점이 하나인 경우와 둘 이상인 경우로 나누어 생각해 보자.

■ 마당서점의 지점이 하나인 경우

[그림 2-30]과 같이 마당서점의 지점이 하나일 경우 대수식은 단일 릴레이션을 대상으로 한다. 대수식은 먼저 가격이 8,000원 이하인 도서를 추출하기 위해 셀렉션 연산을 한다. 다음으로 프로젝션 연산을 통해 도서이름과 출판사 속성만 추출한다.

$$\pi_{\text{도서이름, 출판사}}(\sigma_{\text{가격}<=8000}\ \text{도서})$$

도서

도서번호	도서이름	출판사	가격
1	축구의 역사	굿스포츠	7000
2	축구 아는 여자	나무수	13000
3	축구의 이해	대한미디어	22000
4	골프 바이블	대한미디어	35000
5	피겨 교본	굿스포츠	8000

↓ $\sigma_{\text{가격}<=8000}$ (도서)

도서번호	도서이름	출판사	가격
1	축구의 역사	굿스포츠	7000
5	피겨 교본	굿스포츠	8000

→ $\pi_{\text{도서이름, 출판사}}$

도서이름	출판사
축구의 역사	굿스포츠
피겨 교본	굿스포츠

그림 2-30 단일 릴레이션에서 셀렉션, 프로젝션 연산의 복합 사용

■ 마당서점의 지점이 둘 이상인 경우

[그림 2-31]과 같이 마당서점에 두 개의 지점이 있고 지점마다 도서 릴레이션이 따로 존재하는 경우 대수식은 두 릴레이션을 대상으로 한다. 대수식은 먼저 지점 A와 지점 B의 도서 릴레이션에서 각각 셀렉션 연산으로 조건(가격<=8000)을 만족하는 투플을 추출한다. 다음으로 합집합 연산을 이용해 두 릴레이션을 합친다. 결과 릴레이션의 카디날리티가 2가 되는 것은 도서번호 1이 두 릴레이션에 중복되어 있어 릴레이션의 정의에 따라 하나만 표현했기 때문이다. 마지막으로 프로젝션 연산을 통해 도서이름과 출판사 속성만 추출한다.

$$\pi_{\text{도서이름, 출판사}}((\sigma_{\text{가격}<=8000}\ \text{도서A}) \cup (\sigma_{\text{가격}<=8000}\ \text{도서B}))$$

도서A

도서번호	도서이름	출판사	가격
1	축구의 역사	굿스포츠	7000
2	축구 아는 여자	나무수	13000
3	축구의 이해	대한미디어	22000

도서B

도서번호	도서이름	출판사	가격
1	축구의 역사	굿스포츠	7000
4	골프 바이블	대한미디어	35000
5	피겨 교본	굿스포츠	8000

$\sigma_{\text{가격}<=8000}$ (도서A)

도서번호	도서이름	출판사	가격
1	축구의 역사	굿스포츠	7000

∪

$\sigma_{\text{가격}<=8000}$ (도서B)

도서번호	도서이름	출판사	가격
1	축구의 역사	굿스포츠	7000
5	피겨 교본	굿스포츠	8000

도서번호	도서이름	출판사	가격
1	축구의 역사	굿스포츠	7000
5	피겨 교본	굿스포츠	8000

$\pi_{\text{도서이름, 출판사}}$

도서이름	출판사
축구의 역사	굿스포츠
피겨 교본	굿스포츠

그림 2-31 두 개 이상의 릴레이션에서 셀렉션, 프로젝션, 합집합 연산의 복합 사용

다음은 카티션 프로덕트를 사용한 연산과 조인을 사용한 연산으로 답을 구할 수 있는 질의의 예이다. 여기서 같은 결과를 가져오는 두 대수식에 대해 살펴보는 것은 대수식 사용에 대한 이해와 함께 여러 대수식을 고민해 보고 최적의 결과를 가져오는 대수식을 찾는 방법을 알아보기 위해서이다.

질의 2-12

마당서점의 박지성 고객의 거래 내역 중 주문번호, 이름, 가격을 보이시오.

■ 카티션 프로덕트를 사용한 연산

대수식은 먼저 괄호( ) 안의 '고객×주문' 연산으로 카티션 프로덕트 연산을 한 후, 그 결과 릴레이션에 셀렉션 연산 '$\sigma_{\text{고객.고객번호=주문.고객번호 AND 고객.이름='박지성'}}$'을 하고, 마지막으로 프로젝션 연산 '$\pi_{\text{주문.주문번호, 고객.이름, 주문.판매가격}}$'을 수행하여 원하는 속성만 가진 릴레이션을 반환한다.

$$\pi_{\text{주문.주문번호, 고객.이름, 주문.판매가격}}(\sigma_{\text{고객.고객번호=주문.고객번호 AND 고객.이름='박지성'}}(\text{고객}\times\text{주문}))$$

고객

고객번호	이름	주소	핸드폰
1	박지성	영국 맨체스터	000-5000-0001
2	김연아	대한민국 서울	000-6000-0001
3	장미란	대한민국 강원도	000-7000-0001
4	추신수	미국 클리블랜드	000-8000-0001

주문

주문번호	고객번호	도서번호	판매가격	주문일자
1	2	1	7000	2021-07-01
2	1	2	13000	2021-07-03
3	2	5	8000	2021-07-03
4	1	2	13000	2021-07-04
5	4	4	35000	2021-07-03
6	5	3	22000	2021-07-03
7	4	3	22000	2021-07-04

고객×주문 ↓

고객번호	이름	주소	핸드폰	주문번호	고객번호	도서번호	판매가격	주문일자
1	박지성	영국 맨체스터	000-5000-0001	1	2	1	7000	2021-07-01
1	박지성	영국 맨체스터	000-5000-0001	2	1	2	13000	2021-07-03
1	박지성	영국 맨체스터	000-5000-0001	3	2	5	8000	2021-07-03
1	박지성	영국 맨체스터	000-5000-0001	4	1	2	13000	2021-07-04
1	박지성	영국 맨체스터	000-5000-0001	5	4	4	35000	2021-07-03
1	박지성	영국 맨체스터	000-5000-0001	6	5	3	22000	2021-07-03
1	박지성	영국 맨체스터	000-5000-0001	7	4	3	22000	2021-07-04
2	김연아	대한민국 서울	000-6000-0001	1	2	1	7000	2021-07-01
…생략…								
4	추신수	미국 클리블랜드	000-8000-0001	4	1	2	13000	2021-07-04
4	추신수	미국 클리블랜드	000-8000-0001	5	4	4	35000	2021-07-03
4	추신수	미국 클리블랜드	000-8000-0001	6	5	3	22000	2021-07-03
4	추신수	미국 클리블랜드	000-8000-0001	7	4	3	22000	2021-07-04

↓ $\sigma_{\text{고객.고객번호=주문.고객번호 AND 고객.이름='박지성'}}$

고객번호	이름	주소	핸드폰	주문번호	고객번호	도서번호	판매가격	주문일자
1	박지성	영국 맨체스터	000-5000-0001	2	1	2	13000	2021-07-03
1	박지성	영국 맨체스터	000-5000-0001	4	1	2	13000	2021-07-04

↓ $\pi_{\text{주문.주문번호, 고객.이름, 주문.판매가격}}$

주문번호	이름	판매가격
2	박지성	13000
4	박지성	13000

그림 2-32 카티션 프로덕트를 사용한 연산

■ 조인을 사용한 연산

위의 경우 카티션 프로덕트와 셀렉션 연산의 조합으로 질의를 처리하였다. 같은 질의를 조인을 사용하여 표현하면 간결한 식이 된다.

$$\pi_{\text{주문번호, 이름, 판매가격}}(\sigma_{\text{이름='박지성'}}(\text{고객} \bowtie_{\text{고객.고객번호=주문.고객번호}} \text{주문}))$$

고객

고객번호	이름	주소	핸드폰
1	박지성	영국 맨체스터	000-5000-0001
2	김연아	대한민국 서울	000-6000-0001
3	장미란	대한민국 강원도	000-7000-0001
4	추신수	미국 클리블랜드	000-8000-0001

주문

주문번호	고객번호	도서번호	판매가격	주문일자
1	2	1	7000	2021-07-01
2	1	2	13000	2021-07-03
3	2	5	8000	2021-07-03
4	1	2	13000	2021-07-04
5	4	4	35000	2021-07-03
6	5	3	22000	2021-07-03
7	4	3	22000	2021-07-04

$\text{고객} \bowtie_{\text{고객.고객번호=주문.고객번호}} \text{주문}$

고객번호	이름	주소	핸드폰	주문번호	고객번호	도서번호	판매가격	주문일자
1	박지성	영국 맨체스터	000-5000-0001	2	1	2	13000	2021-07-03
1	박지성	영국 맨체스터	000-5000-0001	4	1	2	13000	2021-07-04
2	김연아	대한민국 서울	000-6000-0001	1	2	1	7000	2021-07-01
2	김연아	대한민국 서울	000-6000-0001	3	2	5	8000	2021-07-04
4	추신수	미국 클리블랜드	000-8000-0001	5	4	4	35000	2021-07-03
4	추신수	미국 클리블랜드	000-8000-0001	7	4	3	22000	2021-07-04

$\sigma_{\text{이름=박지성}}$

고객번호	이름	주소	핸드폰	주문번호	고객번호	도서번호	판매가격	주문일자
1	박지성	영국 맨체스터	000-5000-0001	2	1	2	13000	2021-07-03
1	박지성	영국 맨체스터	000-5000-0001	4	1	2	13000	2021-07-04

$\pi_{\text{주문번호, 이름, 판매가격}}$

주문번호	이름	판매가격
2	박지성	13000
4	박지성	13000

그림 2-33 조인을 사용한 연산

관계대수식은 연산자의 조합에 따라 절차는 다르지만 같은 결과를 낼 수 있다. DBMS 역시 사용자의 질의에 따라 내부에서 질의 최적화Query Optimization 과정을 거쳐 같은 결과를 내는 여러 대수식을 생성하고 그중 가장 효율적인 대수식을 선택하여 처리한다.

TIP 대부분의 DBMS에서 질의 최적화는 DBMS 내의 옵티마이저를 통해 수행한다. 옵티마이저란 SQL을 수행하기 위한 최적의 경로를 찾는 DBMS의 내부 엔진이다.

요약

01 릴레이션

관계 데이터 모델의 핵심적인 개념으로 행과 열로 구성된 테이블을 말한다.

02 릴레이션 스키마

관계 데이터베이스의 릴레이션이 어떻게 구성되는지 어떤 정보를 담고 있는지에 대한 기본적인 구조를 정의한다.

03 릴레이션 인스턴스

릴레이션 스키마에 실제로 저장되는 데이터의 집합을 말한다.

04 관계 데이터베이스 시스템

관계 데이터 모델을 컴퓨터 시스템에 구현한 것이다.

05 키

- 슈퍼키: 투플을 유일하게 식별할 수 있는 하나의 속성 혹은 속성의 집합이다.
- 후보키: 투플을 유일하게 식별할 수 있는 하나의 속성 혹은 속성의 집합으로, 속성의 최소 집합이다.
- 기본키: 여러 후보키 중 하나를 선정하여 대표로 삼는 키를 말한다.
- 대리키: 일련번호 같은 가상의 속성을 만들어 기본키로 삼는 것을 말한다.
- 외래키: 다른 릴레이션의 기본키를 참조하는 속성을 말한다.

06 무결성 제약조건

- 도메인 무결성 제약조건: 모든 투플은 릴레이션 스키마에 정의된 각 속성의 도메인에 지정된 값만을 가져야 한다.
- 개체 무결성 제약조건: 기본키는 NULL 값을 가져서는 안 되며, 릴레이션 내에 오직 하나의 값만 존재해야 한다.
- 참조 무결성 제약조건: 자식 릴레이션의 외래키는 부모 릴레이션의 기본키와 속성의 도메인이 동일해야 하며, 자식 릴레이션의 값 변경 시 부모 릴레이션의 값에 제약을 받는다.

07 참조 무결성 제약조건의 옵션

참조 무결성 제약조건을 수행하기 위한 네 가지 옵션은 RESTRICTED, CASCADE, DEFAULT, NULL 등이 있다.

08 관계대수

릴레이션에서 원하는 결과를 얻기 위해 수학의 대수와 같은 연산을 이용하여 질의하는 방법을 기술하는 언어이다.

09 셀렉션

릴레이션의 투플을 추출하기 위한 연산으로 기호는 'σ'를 사용한다.

10 프로젝션

릴레이션의 속성을 추출하기 위한 연산으로 기호는 'π'를 사용한다.

11 집합연산

수학의 집합연산과 동일한 연산으로 합집합, 교집합, 차집합, 카티션 프로덕트 등이 있다.

12 조인

두 릴레이션의 공통 속성을 기준으로 속성값이 같은 투플을 수평으로 결합하는 연산이다.

- 세타조인: 두 릴레이션의 속성값을 비교해서 조건(=, ≠, ≤, ≥, <, >)을 만족하는 투플을 반환한다.
- 동등조인: 세타조인에서 = 연산자를 사용한 조인을 말한다.
- 자연조인: 조인에 참여한 속성이 두 번 나오지 않도록 중복된 속성을 제거한 결과를 반환한다.
- 세미조인: 자연조인을 한 후 두 릴레이션 중 한쪽 릴레이션의 결과만 반환한다.
- 외부조인: 자연조인 시 조인에 실패한 투플을 모두 보여 주되, 값이 없는 대응 속성은 NULL 값을 채워서 반환한다.

13 디비전

속성 A와 B로 이루어진 릴레이션 R과 속성 B로 이루어진 릴레이션 S의 디비전 연산은, 릴레이션 S의 속성 B값과 서로 동일하게 대응하는 릴레이션 R의 속성 A의 투플들을 반환한다.

연습문제

01 관계 데이터 모델의 릴레이션에 대한 설명 중 옳지 않은 것은?

① 릴레이션은 릴레이션 스키마와 릴레이션 인스턴스로 구성된다.

② 릴레이션 스키마를 외연(extension)이라고 한다.

③ 릴레이션 스키마는 정적인 성질을 가진다.

④ 릴레이션 인스턴스는 동적인 성질을 가진다.

02 릴레이션의 특징으로 알맞은 것은?

① 중복된 투플이 존재한다.

② 투플 간의 순서가 정의된다.

③ 속성 간의 순서가 정의된다.

④ 모든 속성값은 원자 값이다.

03 하나의 속성이 가질 수 있는 값을 총칭하여 무엇이라 하는가?

① 투플　　② 릴레이션

③ 도메인　　④ 엔티티

04 외래키(Foreign Key, FK)에 대한 설명으로 옳은 것은?

① 릴레이션 R1에 속한 속성 집합 FK가 다른 릴레이션 R2의 기본키인 것을 말한다.

② 외래키와 기본키가 정의된 도메인은 다를 수도 있다.

③ 외래키는 NULL 값을 가질 수 없다.

④ 둘 이상의 후보키 중에서 하나를 선정하여 대표로 삼은 키를 말한다.

05 한 릴레이션의 기본키를 구성하는 어떠한 속성값도 NULL 값이나 중복값을 가질 수 없다는 것을 의미하는 제약조건은?

① 개체 무결성 제약조건　　② 참조 무결성 제약조건

③ 보안 무결성 제약조건　　④ 정보 무결성 제약조건

06 릴레이션에서 특정 속성에 해당하는 열을 선택하는 데 사용하며, 릴레이션의 수직적 부분집합을 반환하는 관계대수 연산자는?

① projection

② join

③ division

④ selection

07 릴레이션 C가 릴레이션 A(X, Y)와 B(Y, Z)를 자연조인한 결과일 때 다음 중 맞는 설명을 모두 고르시오.

① C의 카디날리티는 A의 카디날리티보다 많다.

② C의 카디날리티는 A의 카디날리티보다 적다.

③ C의 차수는 A의 차수보다 많다.

④ C의 차수는 A의 차수보다 적다.

⑤ 모두 틀리다.

08 관계형 데이터베이스에 대한 설명으로 옳지 않은 것만을 모두 고른 것은?

> ㉠ 기본키 속성이 복합 속성인 경우 그 속성의 일부 요소 속성에서 널(NULL) 값을 가질 수 있다.
> ㉡ 슈퍼키는 후보키가 되기 위한 필요충분조건이다.
> ㉢ 릴레이션 R이 릴레이션 S를 참조하는 경우 R의 외래키가 S의 기본키가 아닌 후보키 중 하나를 참조해야 한다.
> ㉣ 테이블에 투플 삽입 시 엔티티 무결성 혹은 키 제약조건, 도메인 제약조건, 참조 무결성 제약조건이 위배될 수 있다.

① ㉠, ㉡

② ㉢, ㉣

③ ㉠, ㉡, ㉢

④ ㉠, ㉢, ㉣

09 다음 관계형 데이터베이스 릴레이션의 특성으로 옳은 것만을 모두 고르면?

> ㉠ 한 릴레이션에는 동일한 값을 가지는 투플이 두 개 이상 존재할 수 없다.
> ㉡ 한 릴레이션에서 한 속성의 값은 모두 같은 도메인에 속해야 한다.
> ㉢ 한 릴레이션에서 투플의 순서는 중요하지 않다.
> ㉣ 한 릴레이션에서 속성의 순서는 중요하지 않다.
> ㉤ 한 릴레이션에서 속성은 다중값(multiple value)을 포함할 수 있다.

① ㉡, ㉤
② ㉢, ㉣
③ ㉠, ㉣, ㉤
④ ㉠, ㉡, ㉢, ㉣

10 릴레이션 스키마(relation schema)와 무결성 제약조건에 대한 설명으로 옳은 것만을 모두 고른 것은?

> ㉠ 스키마에는 무결성 제약조건이 포함된다.
> ㉡ 스키마는 데이터베이스 상태(state)와 마찬가지로 변경될 수 있다.
> ㉢ 참조 무결성 제약조건(referential integrity constraint)은 두 릴레이션의 연관된 투플(tuple)들 사이의 무결성 유지와 관련이 있다.
> ㉣ 한 릴레이션에 외래키(foreign key)가 여러 개 존재할 수 있다.
> ㉤ 외래키도 기본키(primary key)의 구성 요소가 될 수 있다.

① ㉢, ㉣
② ㉠, ㉡, ㉢
③ ㉠, ㉡, ㉢, ㉣
④ ㉠, ㉡, ㉢, ㉣, ㉤

11 두 릴레이션 R1(A, B, C), R2(B, C, D)를 오른쪽 외부조인(right outer join)을 한 결과에 나타나는 투플의 수는?

R1

A	B	C
1	2	3
4	2	3
7	8	9

R2

B	C	D
2	3	10
2	3	11
6	7	12

① 세 개
② 네 개
③ 다섯 개
④ 여섯 개

12 두 릴레이션 T1, T2에 관계대수 연산 ㉠ ~ ㉢을 수행한 결과 릴레이션이 각각 R1, R2, R3과 같다. 연산을 바르게 연결한 것은?

T_1

A	B
aa	10
bb	20
cc	30
dd	20

T_2

B	C
20	xx
30	yy
40	zz

$R_1 \leftarrow T_1$ ㉠ T_2

A	B	C
aa	10	
bb	20	xx
cc	30	yy
dd	20	xx

$R_2 \leftarrow T_1$ ㉡ T_2

A	B	C
aa	10	
bb	20	xx
cc	30	yy
dd	20	xx
	40	zz

$R_3 \leftarrow T_1$ ㉢ T_2

A	B	C
bb	20	xx
cc	30	yy
dd	20	xx
	40	zz

	㉠	㉡	㉢
①	완전 외부조인(⟗)	오른쪽 외부조인(⟖)	왼쪽 외부조인(⟕)
②	완전 외부조인(⟗)	왼쪽 외부조인(⟕)	오른쪽 외부조인(⟖)
③	오른쪽 외부조인(⟖)	완전 외부조인(⟗)	왼쪽 외부조인(⟕)
④	왼쪽 외부조인(⟕)	완전 외부조인(⟗)	오른쪽 외부조인(⟖)

13 다음 용어를 설명하시오.

(1) 릴레이션

(2) 스키마

(3) 릴레이션 인스턴스

(4) 릴레이션 차수와 카디날리티

(5) 도메인

(6) 투플

14 릴레이션에 대한 다음 물음에 답하시오.

(1) 릴레이션 스키마와 릴레이션 인스턴스의 차이점을 설명하시오.

(2) 도메인 제약조건을 설명하시오.

(3) 기본키 제약조건과 외래키 제약조건을 설명하시오.

(4) 참조 무결성 제약조건의 옵션 네 가지를 설명하시오.

(5) 후보키와 기본키의 차이점을 설명하시오.

15 사원(주민등록번호, 사원번호, 사원이름, 주소, 생년월일) 릴레이션이 있다. 기본키는 (사원이름, 생년월일)이고, 그 밖의 대체키 1은 주민등록번호, 대체키 2는 사원번호이다. 다음 물음에 답하시오.

(1) (주민등록번호, 주소)는 후보키인가? 그 이유는 무엇인가?

(2) 사원번호는 슈퍼키인가? 그 이유는 무엇인가?

(3) 생년월일은 NULL 값을 가질 수 있는가?

(4) 주소는 NULL 값을 가질 수 있는가?

16 다음 릴레이션에서 더 이상 삽입되는 데이터가 없다고 가정하고 다음 물음에 답하시오.

(1) 릴레이션 R과 S의 후보키를 모두 보이시오.

(2) 릴레이션 R과 S의 기본키는 어떤 것이 좋을지 선택하시오.

R

A	B	C
a1	b1	c1
a2	b1	c1
a3	b1	c2
a4	b2	c3

S

C	D	E
c1	d2	e1
c1	d1	e2
c2	d3	e3
c3	d3	e3

17 다음 릴레이션에서 관계대수식의 결과를 작성하시오.

R

A	B	C
a1	b1	c1
a2	b1	c1
a3	b1	c2
a4	b2	c3

S

C	D	E
c1	d2	e1
c1	d1	e2
c2	d3	e3
c3	d3	e3

(1) $\sigma_{A=a2}$ (R)

(2) $\pi_{A,\ B}$ (R)

(3) R $\bowtie_{R.c=S.c}$ S

18 다음 수강신청 관련 릴레이션에 대한 질의문을 관계대수식으로 표현하시오.

> 학생(학번, 이름, 전공, 학년)
> 수강(과목코드, 학번, 수강학기, 성적)
> 과목(과목코드, 과목이름, 강의실, 요일, 담당교수)

(1) 과목코드가 1234이고 성적이 A인 모든 학생의 학번을 보이시오.

(2) 과목코드가 1234인 과목을 등록한 학생의 이름과 전공을 보이시오.

(3) 과목 1234에 등록하지 않은 학생의 이름을 보이시오(모든 학생이 수강신청에 참여했다고 가정한다).

(4) 모든 과목에 등록한 학생의 이름을 보이시오.

19 **[극장 데이터베이스]** 다음은 네 개의 지점을 가진 극장 데이터베이스로, 밑줄 친 속성은 기본키이다.

> 극장(극장번호, 극장이름, 위치)
> 상영관(극장번호, 상영관번호, 영화제목, 가격, 좌석수)
> 예약(극장번호, 상영관번호, 고객번호, 좌석번호, 날짜)
> 고객(고객번호, 이름, 주소)

(1) 각 테이블에서 외래키를 찾아보시오.

(2) 각 테이블에 저장될 데이터를 세 개씩 적어 보시오. 예를 들어 극장의 경우는 다음과 같다.

극장

극장번호	극장이름	위치
1	대한	강남
2	씨티	잠실
3	씨티	강남

(3) 다음 관계대수식이 나타내는 릴레이션은 무엇인지 설명하시오.

① $\pi_{\text{극장번호}}(\sigma_{\text{가격}>6000}(\text{상영관}))$

② $\sigma_{\text{극장.극장번호=상영관.극장번호}}(\text{극장} \times \text{상영관})$

③ $\pi_{\text{극장이름}}(\text{극장} \bowtie_{\text{극장.극장번호=상영관.극장번호}} (\sigma_{\text{가격}>6000}(\text{상영관})))$

④ $\text{고객} \bowtie (\sigma_{\text{날짜}>\text{'20200101'}}(\text{예약}))$

⑤ $\pi_{\text{고객이름, 극장번호}}(\text{예약} \bowtie_{\text{예약.고객번호=고객.고객번호}} \text{고객}) \div \pi_{\text{극장번호}}(\sigma_{\text{위치='강남'}}(\text{극장}))$

(4) 다음 물음에 대하여 관계대수식을 작성하시오.

① 모든 극장의 이름과 위치를 보이시오.

② 가격이 7,000원 이하인 영화제목을 보이시오.

③ 모든 고객의 이름과 주소를 보이시오.

④ '강남'에 위치한 극장에서 상영 중인 영화제목을 보이시오.

⑤ '강남'에 위치한 극장에 예약을 한 고객의 이름을 보이시오.

20 **[판매원 데이터베이스]** 다음 릴레이션을 보고 물음에 답하시오. Salesperson은 판매원, Order는 주문, Customer는 고객을 나타낸다. 밑줄 친 속성은 기본키이고 custname과 salesperson은 각각 Customer.name과 Salesperson.name을 참조하는 외래키이다.

Salesperson(<u>name</u>, age, salary)
Order(<u>number</u>, custname, salesperson, amount)
Customer(<u>name</u>, city, industrytype)

(1) 모든 판매원(Salesperson)의 이름을 보이시오.

(2) 고객 '홍길동'의 주문을 수주한 판매원의 이름을 보이시오.

(3) 주문이 있는 판매원의 이름을 보이시오.

(4) 주문이 없는 판매원의 이름을 보이시오.

(5) 고객 '홍길동'의 주문을 수주한 판매원의 나이를 보이시오.

(6) 나이가 25살인 판매원에게 주문한 고객의 city 값을 보이시오.

(7) 판매원의 이름과 그 판매원에게 주문을 한 고객의 이름을 보이시오. 단, 주문이 없는 판매원도 포함하여 구한다.

21 **[기업 프로젝트 데이터베이스]** 다음 릴레이션을 보고 물음에 답하시오. Employee는 사원, Department는 부서, Project는 프로젝트 내용, Works는 사원이 프로젝트에 참여한 내용을 나타낸다. 한 사원이 여러 프로젝트에서 일할 수 있고, 한 프로젝트에서 여러 사원이 일할 수 있다. hours-worked 속성은 각 사원이 각 프로젝트에서 일한 시간을 나타낸다. Department의 manager 속성에는 empno 값이 저장되어 있다고 가정한다.

```
Employee(empno, name, phoneno, address, sex, position, deptno)
Department(deptno, deptname, manager)
Project(projno, projname, deptno)
Works(empno, projno, hours-worked)
```

(1) 각 릴레이션에서 기본키를 정하시오.

(2) 릴레이션 간의 관계를 살펴보고 외래키를 찾아보시오.

(3) 다음 질문에 대하여 관계대수식을 작성하시오.

① 모든 직원의 이름을 보이시오.

② 여자 직원의 이름을 보이시오.

③ 팀장(manager)의 이름과 주소를 보이시오.

④ IT 부서(Department)에서 일하는 직원의 이름과 주소를 보이시오.

⑤ '미래' 프로젝트에서 일하는 직원의 이름을 보이시오.

관계형 DB 모델 창시자(에드가 코드)와 최초의 상용 RDBMS 개발자(래리 앨리슨)

관계형 데이터베이스 모델은 에드가 코드Edgar Codd 박사가 1970년 발표한 논문을 기초로 구현되었다. 코드 박사는 1923년 영국에서 태어났으며 대학에서 수학과 화학을 공부하고 1948년부터 IBM에서 프로그래머로 근무하였다. 그 후 미국 미시간 대학에서 컴퓨터 박사 학위를 받았고 1981년 튜링Turing 상을 받았으며 2003년 심장마비로 서거하였다.

코드 박사는 관계 데이터베이스의 이론적 근거를 서술한 논문 "A Relational Model of Data for Large Shared Data Banks"를 IBM에서 근무하던 1970년에 발표하였다. IBM은 IMS/DB 제품 판매에 집중하기 위해 관계형 모델 개발을 소홀히 하다 나중에 System R이라는 이름의 관계형 데이터베이스 프로젝트를 시작하였다. 코드는 자신의 관계형 모델을 계속 개발하고 확장하며 크리스토퍼 데이트Christopher Date와 협력하기도 하였다. 데이터베이스 정규형의 하나인 보이스-코드 정규형Boyce-Codd normal form은 코드의 이름에서 유래된 것이고, OLAP이라는 용어를 만들고, 온라인 분석 처리의 12법칙을 작성하였다.

1974년, IBM은 RDBMS 시제품을 목표로 시스템 R 개발을 시작했으나 최초의 상용 RDBMS는 1979년에 RSI(릴레이셔널 소프트웨어)가 발표한 오라클이다. 오라클은 관계형 데이터베이스 제품 중 가장 많이 사용되고 있으며 래리 앨리슨Larry Ellison이 코드 박사의 논문과 System R 제품의 영향을 받아 1977년 SDL(1979년 RSI, 1982년 오라클로 변경)이라는 회사를 설립하여 개발한 제품이다. 현재 오라클사는 소프트웨어 분야에서 마이크로소프트사와 IBM사 다음으로 매출이 큰 기업이다.

래리 앨리슨은 1944년 뉴욕에서 태어났으며 미국 일리노이 대학을 중퇴하였다. 2012년 미국에서 세 번째 부자로 리스트에 올랐으며, 네 번의 결혼과 이혼을 하였다. 요트와 비행기 조정을 즐기고, 2010년 "아이언맨2"에 카메오로 출연하여 화제가 되기도 하였다. 2019년 기준 제프 베이조스(아마존), 빌 게이츠(마이크로소프트), 워런 버핏(버크셔해서웨이) 다음으로 미국에서 네 번째 부자이다.

에드가 코드와 래리 앨리슨
출처 : www.wikipedia.org

PART 02

데이터베이스 프로그래머

컴퓨터 프로그래머는 컴퓨터가 이해할 수 있는 언어로
프로그램을 작성하여 문제를 해결한다.
데이터베이스 프로그래머는 데이터베이스 전용 언어인 SQL을 사용하거나
SQL을 자바, C, JSP 등 기존 언어에 끼워 넣는(embed) 방법으로
프로그램을 작성하여 문제를 해결한다.
2부에서는 SQL 언어로 문제를 해결하는 방법과
SQL을 일반 프로그래밍 언어에 삽입하여 프로그래밍하는 방법을 알아본다.

PART 02 데이터베이스 프로그래머

CHAPTER 03

SQL 기초

학습목표

- SQL의 개념과 주요 명령어를 알아본다.
- SELECT 문으로 질의를 처리하는 방법을 알아본다.
- 집계 함수와 GROUP BY 문으로 질의를 처리하는 방법을 알아본다.
- 두 개 이상의 테이블을 조회하여 질의를 처리하는 방법을 알아본다.
- DDL로 테이블의 구조를 정의하고 변경하는 방법을 알아본다.
- DML로 데이터를 삽입, 수정, 삭제하는 방법을 알아본다.

PREVIEW

SQL은 크게 데이터 정의어DDL, 데이터 조작어DML, 데이터 제어어DCL로 나뉜다. 데이터 정의어는 테이블의 구조를 만드는 데, 데이터 조작어는 저장된 데이터를 검색·삽입·수정·삭제하는 데, 데이터 제어어는 데이터에 대한 접근 권한을 제어하는 데 사용된다. 이 장에서는 데이터 정의어와 데이터 조작어의 문법을 알아보고 SQL Server DBMS에서 직접 연습해 본다. 데이터 제어어는 9장에서 살펴본다.

01 SQL 학습에 사용할 마당서점 예제 소개

1 마당서점의 현황과 운영 시스템 환경

이 장에서는 1장에서 언급한 마당서점을 예로 사용해 SQL을 연습해 볼 것이다. 마당서점은 인터넷에서 도서를 판매하는 온라인 서점이다. 주문은 웹 사이트를 통해 받고 배송은 택배로 처리한다. 웹 사이트는 개설한 지 얼마 안 되어 아직은 취급하는 도서가 10권, 고객은 5명이다. 마당서점은 경영자, 운영자, 프로그래머가 웹 사이트의 구축과 운영을 지원한다.

그림 3-1 마당서점 현황

마당서점을 운영하는 시스템 환경은 [그림 3-2]와 같다. 도서와 고객에 대한 정보는 데이터베이스(SQL Server DBMS, 이하 SQL Server로 부름)에 저장하여 관리하며, 운영자와 고객은 LAN 혹은 인터넷에 연결된 컴퓨터를 통해 데이터베이스에 접속한다. 이때 운영자와 고객은 모두 웹 사이트를 통해 데이터베이스에 접속하지만, 운영자는 특별히 데이터베이스 전용 관리 프로그램을 이용하여 접속할 수도 있다.

그림 3-2 마당서점 운영 시스템 환경

2 마당서점의 데이터

마당서점 데이터베이스는 도서Book, 고객Customer, 주문Orders에 관한 데이터를 저장하는 세 개의 테이블로 구성되어 있다.

여기서 잠깐 **테이블이란?**

2장에서 관계 데이터베이스는 수학의 릴레이션 개념에 기초한다고 배웠다. 릴레이션은 실제 데이터베이스 업무에서 '테이블'이라는 용어로 많이 사용된다. 속성도 '열', 투플도 '행'이라고 많이 부른다. 속성은 릴레이션의 스키마 부분을 의미하고, 열은 릴레이션의 데이터 부분을 의미한다. 2부(3~5장)에서는 테이블, 열, 행이라는 용어를 주로 사용한다.

릴레이션 용어	실무에서 많이 사용되는 용어	같은 의미의 파일 시스템 용어
릴레이션(relation)	테이블(table)	파일(file)
속성(attribute)	열(column)	필드(field)
투플(tuple)	행(row)	레코드(record)

Book 테이블

Book 테이블은 도서에 관한 데이터를 저장하며 속성으로 bookid(도서번호), bookname(도서이름), publisher(출판사), price(정가)를 갖는다. bookid는 기본키로, 각 도서를 식별하기 위해 임의로 만든 일련번호 값을 사용한다. 보통 테이블의 구조는 '테이블 이름(속성 1, 속성 2, …)'와 같이 표현하고 기본키에는 밑줄을 긋는다. 이 책에서는 다음과 같이 테이블 이름은 첫 글자만 대문자로, 속성은 전체를 소문자로 표기하기로 한다.

Book(bookid, bookname, publisher, price)

bookid	bookname	publisher	price
1	축구의 역사	굿스포츠	7000
2	축구 아는 여자	나무수	13000
3	축구의 이해	대한미디어	22000
4	골프 바이블	대한미디어	35000
5	피겨 교본	굿스포츠	8000
6	역도 단계별 기술	굿스포츠	6000
7	야구의 추억	이상미디어	20000
8	야구를 부탁해	이상미디어	13000
9	올림픽 이야기	삼성당	7500
10	Olympic Champions	Pearson	13000

Customer 테이블

Customer 테이블은 고객에 관한 데이터를 저장하며 속성으로 custid(고객번호), name(이름), address(주소), phone(전화번호)을 갖는다. custid는 기본키로, 각 고객을 식별하기 위해 임의로 만든 일련번호 값을 사용한다. 값을 알 수 없는 경우 'NULL'로 표시하였다.

Customer(custid, name, address, phone)

custid	name	address	phone
1	박지성	영국 맨체스터	000-5000-0001
2	김연아	대한민국 서울	000-6000-0001
3	장미란	대한민국 강원도	000-7000-0001
4	추신수	미국 클리블랜드	000-8000-0001
5	박세리	대한민국 대전	NULL

■ Orders 테이블

Orders 테이블은 고객의 주문 사항을 저장하며 속성으로 orderid(주문번호), custid(고객번호), bookid(도서번호), saleprice(판매가격), orderdate(주문날짜)를 갖는다. orderid는 주문번호를 나타내는 기본키이며, custid와 bookid는 각각 고객번호와 도서번호를 가리키는 외래키이다. saleprice는 도서의 판매가격으로, 정가보다 할인된 가격으로 팔았다고 가정한다. orderdate는 YYYY-MM-DD(예: 2021년 10월 22일은 2021-10-22) 형식으로 데이터를 저장한다. 이를 바탕으로 첫 번째 투플을 보면 1번 고객 '박지성'이 1번 도서 '축구의 역사'를 주문하였고, 판매가격은 6,000원이며, 2021년 7월 1일에 주문했다는 것을 알 수 있다.

Orders(<u>orderid</u>, custid, bookid, saleprice, orderdate)

orderid	custid	bookid	saleprice	orderdate
1	1	1	6000	2021-07-01
2	1	3	21000	2021-07-03
3	2	5	8000	2021-07-03
4	3	6	6000	2021-07-04
5	4	7	20000	2021-07-05
6	1	2	12000	2021-07-07
7	4	8	13000	2021-07-07
8	3	10	12000	2021-07-08
9	2	10	7000	2021-07-09
10	3	8	13000	2021-07-10

[그림 3-3]은 세 개의 테이블 간 속성의 참조 관계를 나타낸 것이다.

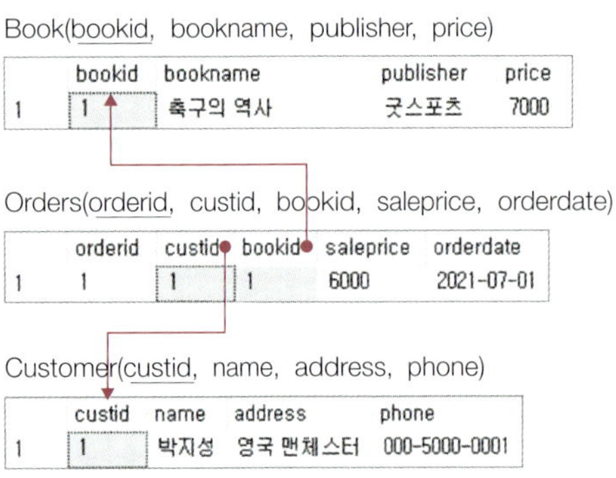

그림 3-3 마당서점의 데이터 구성도

3 사용자별 요구 정보

마당서점 데이터베이스를 사용하는 사람은 크게 고객, 운영자, 경영자로 나눌 수 있다. 각각은 원하는 정보가 다르다. 먼저 고객은 도서이름, 가격, 본인의 주문 내역 등을 확인하고 싶어 한다. 운영자는 고객의 주문 현황, 주문 총액, 도서별 판매량, 남아 있는 도서의 수 등을 알기 원한다. 경영자는 운영자가 원하는 정보보다 좀 더 요약된 고부가가치 정보인 월별 매출 동향, 도서별 판매 동향 등을 보고 싶어 한다. 고객, 운영자, 경영자 관점에서 원하는 정보를 구분해 보면 [그림 3-4]와 같다. 여기에는 물론 공통적으로 원하는 정보도 있으며, 실제 서점이라면 더 많은 요구사항이 있을 것이다.

그림 3-4 사용자 그룹별로 원하는 정보

프로그래머는 사용자 그룹별로 원하는 정보가 무엇인지 파악해야 한다. 또 DBMS에 익숙해야 하며, 일반 프로그래밍 언어와 SQL을 다룰 줄 알아야 한다. 반면 고객, 운영자, 경영자는 SQL에 대해 잘 알지 못해도 된다.

02 SQL Server 설치와 기본 사용법

1 SQL Server 소개

SQL Server는 마이크로소프트사의 관계형 데이터베이스 시스템이다. 1989년에 마이크로소프트Microsoft사와 사이베이스Sybase사 그리고 애시톤-테이트Ashton-Tate사가 공동으로 개발하였고, 마이크로소프트사가 윈도우 NT 시스템을 개발한 후 사이베이스사와 결별하고 1998년 윈도우용인 SQL Server 7.0을 발표하였다. 이후 마이크로소프트사는 SQL Server의 여러 버전을 발표하여 성능을 개선하고 개발자용 도구를 추가하였다.

현재 발표된 SQL Server 2019 버전은 세부적으로 기업의 업무용인 엔터프라이즈 에디션enterprise edition, 기본적인 기능을 제공하는 스탠더드 에디션standard edition, 무료로 제공되는 익스프레스 에디션express edition이 있다. 익스프레스 에디션은 상업용 에디션(스탠더드 이상)에 비해 메모리 사용량과 데이터베이스 크기 등의 차이가 있지만, RDBMS 대부분의 기능을 사용할 수 있다. 이 책에서는 실습을 위해 SQL Server 2019 익스프레스 에디션을 사용한다.

SQL Server 2019 익스프레스 에디션의 설치는 윈도우 10을 기준으로 부록 A를 참고하여 진행한다. 앞으로 실습할 SQL 문은 마당madang 데이터베이스를 기준으로 한다.

TIP 부록(PDF)은 이 책의 예제 소스와 함께 제공한다.

2 SQL Server 설치

SQL Server 및 샘플 데이터베이스는 부록 PDF를 참고해 설치한다. 설치 시 SSMSSQL Server Management Studio를 같이 설치하도록 한다. SSMS 실행 후 초기 화면은 다음과 같다.

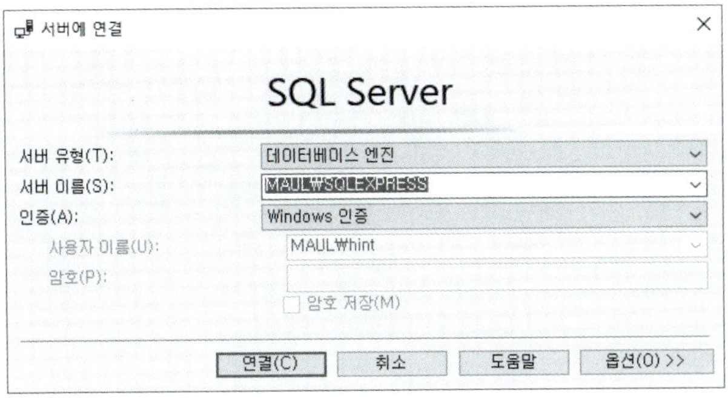

그림 3-5 SSMS 서버 연결 화면

❸ 샘플 데이터베이스 설치

샘플 데이터베이스의 설치는 SSMS를 실행한 후 'Windows 인증' 모드로 접속 후 진행한다. 샘플 데이터베이스 스크립트를 실행하면 madang 데이터베이스와 madanguser 사용자 계정이 생성된다.

파일명: demo_madang.sql

```
-- 실습에 필요한 Madang DB를 생성합니다.
-- 데이터베이스 생성
USE [master]
-- 마당 데이터베이스 생성
IF EXISTS(SELECT name FROM sys.databases WHERE (name = 'Madang') OR (name =
'madang'))
    DROP DATABASE [Madang];
CREATE DATABASE Madang
GO

-- GO 명령어는 T-SQL 문은 아니지만 현재까지 명령어를 SQL Server에 보내서 실행시키는 역할을 한다.
-- 즉 GO 명령어는 명령어를 묶어서 배치로 서버에 보내는 역할을 한다.

-- Book, Customer, Orders 테이블 생성
USE [Madang]
CREATE TABLE Book (
  bookid      INT PRIMARY KEY,
  bookname    VARCHAR(40),
  publisher   VARCHAR(40),
  price       INT
```

```
);

CREATE TABLE  Customer (
  custid      INT PRIMARY KEY NONCLUSTERED,
  name       VARCHAR(40),
  address    VARCHAR(40),
  phone      VARCHAR(30)
);

CREATE TABLE Orders (
  orderid   INT  PRIMARY KEY,
  custid    INT  REFERENCES Customer(custid),
  bookid    INT  REFERENCES Book(bookid),
  saleprice INT,
  orderdate DATE
);

-- Book, Customer, Orders 데이터 생성
INSERT INTO Book VALUES(1, '축구의 역사', '굿스포츠', 7000);
INSERT INTO Book VALUES(2, '축구 아는 여자', '나무수', 13000);
INSERT INTO Book VALUES(3, '축구의 이해', '대한미디어', 22000);
INSERT INTO Book VALUES(4, '골프 바이블', '대한미디어', 35000);
INSERT INTO Book VALUES(5, '피겨 교본', '굿스포츠', 8000);
INSERT INTO Book VALUES(6, '역도 단계별 기술', '굿스포츠', 6000);
INSERT INTO Book VALUES(7, '야구의 추억', '이상미디어', 20000);
INSERT INTO Book VALUES(8, '야구를 부탁해', '이상미디어', 13000);
INSERT INTO Book VALUES(9, '올림픽 이야기', '삼성당', 7500);
INSERT INTO Book VALUES(10, 'Olympic Champions', 'Pearson', 13000);

INSERT INTO Customer VALUES (1, '박지성', '영국 맨체스터', '000-5000-0001');
INSERT INTO Customer VALUES (2, '김연아', '대한민국 서울', '000-6000-0001');
INSERT INTO Customer VALUES (3, '장미란', '대한민국 강원도', '000-7000-0001');
INSERT INTO Customer VALUES (4, '추신수', '미국 클리블랜드', '000-8000-0001');
INSERT INTO Customer VALUES (5, '박세리', '대한민국 대전', NULL);

-- 주문(Orders) 테이블의 책값은 할인 판매를 가정함
INSERT INTO Orders VALUES (1, 1, 1, 6000, '2021-07-01');
INSERT INTO Orders VALUES (2, 1, 3, 21000, '2021-07-03');
INSERT INTO Orders VALUES (3, 2, 5, 8000, '2021-07-03');
INSERT INTO Orders VALUES (4, 3, 6, 6000, '2021-07-04');
INSERT INTO Orders VALUES (5, 4, 7, 20000, '2021-07-05');
```

```
INSERT INTO Orders VALUES (6, 1, 2, 12000, '2021-07-07');
INSERT INTO Orders VALUES (7, 4, 8, 13000, '2021-07-07');
INSERT INTO Orders VALUES (8, 3, 10, 12000, '2021-07-08');
INSERT INTO Orders VALUES (9, 2, 10, 7000, '2021-07-09');
INSERT INTO Orders VALUES (10, 3, 8, 13000, '2021-07-10');
GO

-- 여기는 3장에서 사용되는 Imported_book 테이블
CREATE TABLE Imported_Book (
  bookid      INT,
  bookname    VARCHAR(40),
  publisher   VARCHAR(40),
  price       INT
);
INSERT INTO Imported_Book VALUES(21, 'Zen Golf', 'Pearson', 12000);
INSERT INTO Imported_Book VALUES(22, 'Soccer Skills', 'Human Kinetics', 15000);

-- 여기서부터는 사용자 아이디 생성 부분임
-- SQL Server에서는 master 사용자 외에 사용자를 만들려면 로그인과 사용자 아이디를 만들어야 함
USE [master]
GO
-- 로그인(login) 아이디 mduser 생성
IF EXISTS(SELECT * FROM sys.syslogins WHERE name = N'madanguser')
    DROP LOGIN [madanguser]
CREATE LOGIN madanguser  WITH PASSWORD='madangpass', default_database=Madang
-- 사용자 아이디 madanguser  생성
GO


-- madanguser의 Madang 데이터베이스 user 및 권한 부여
USE [Madang]
GO

IF EXISTS (SELECT * FROM sys.database_principals WHERE name = N'madanguser')
    DROP USER [madanguser];
CREATE USER madanguser FOR login madanguser WITH default_schema=dbo
EXEC sp_addrolemember db_owner, madanguser
GO


use [Madang]
```

4 SQL Server Management 사용하여 마당데이터베이스 확인하기

❶ SQL Server Management 실행하기

윈도우의 [시작]-[모든 프로그램]-[Microsoft SQL Server 2019]-[SQL Server Management Studio]를 선택한다. 서버 연결 화면에서 'Windows 인증'으로 접속한다.

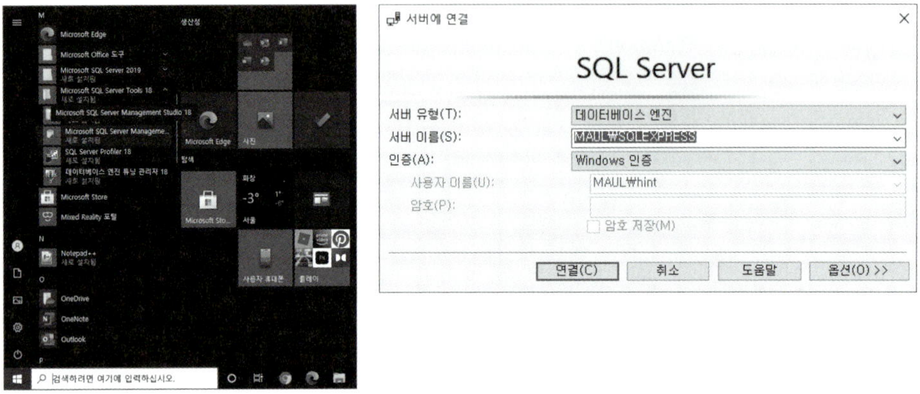

그림 3-6 SQL Server 시작

여기서 잠깐 **SQL Server 인증 모드**

SQL Server의 인증 모드는 'Windows 인증' 모드와 'SQL Server 인증' 모드가 있다. 초기 설치 시 Windows 인증 모드만 사용 가능하며 3장과 4장에서는 인증 없이 접속할 수 있는 'Windows 인증'을 사용하여 실습을 진행한다. 'SQL Server 인증'은 부록을 참고하여 설정을 변경한 후 "서버에 연결" 창에서 인증 모드를 'SQL Server 인증'으로 변경 후 로그인(madanguser)과 암호(madangpass)를 입력하고 〈연결〉을 클릭한다. 각 인증 모드의 차이는 9장에서 자세히 설명한다.

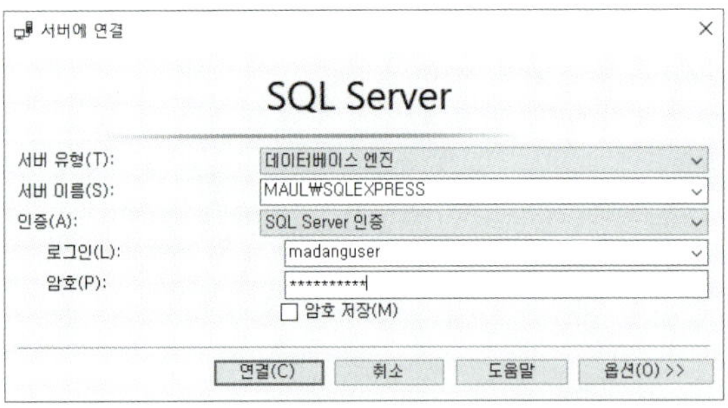

▲ 'SQL Server 인증' 모드로 연결

❷ **쿼리창 열기**

SQL Server Management Studio가 시작되면 툴바에서 새 쿼리(새 쿼리(N))를 클릭한다.

❸ **데이터베이스 선택하기**

SQL 문을 사용하기 위해 데이터베이스를 확인한다. 화면 오른쪽에 있는 개체탐색기 상단의 데이터베이스를 'Madang'으로 변경한다.

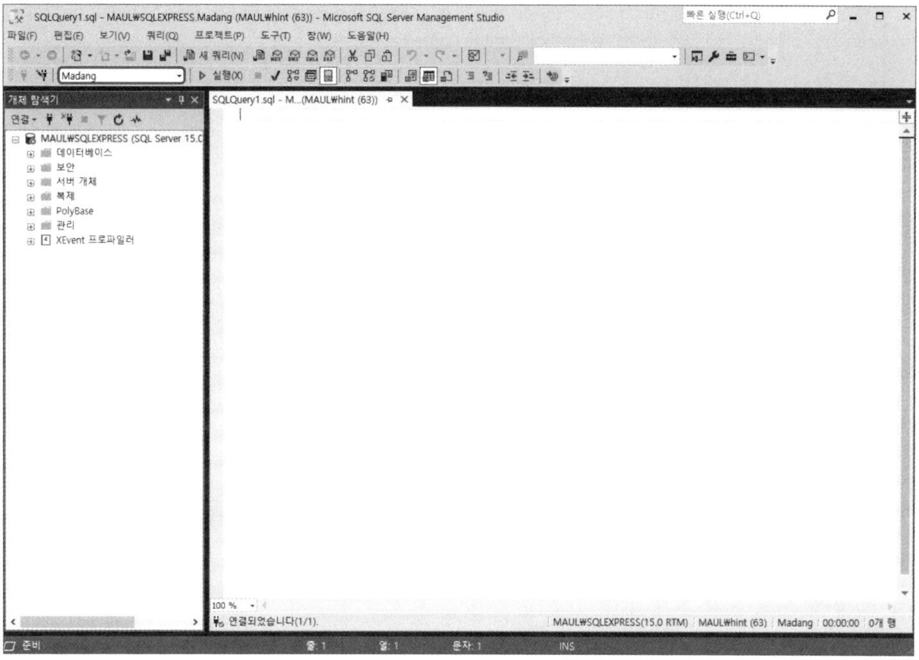

그림 3-7 데이터베이스 확인

❹ SQL 문 입력 및 결과 확인하기

쿼리창에 SQL 문을 입력하고 실행(▷ 실행(X))을 클릭한다. 아래 화면에서는 'SELECT * FROM Customer'를 입력하였다. 결과는 쿼리결과창에서 확인한다.

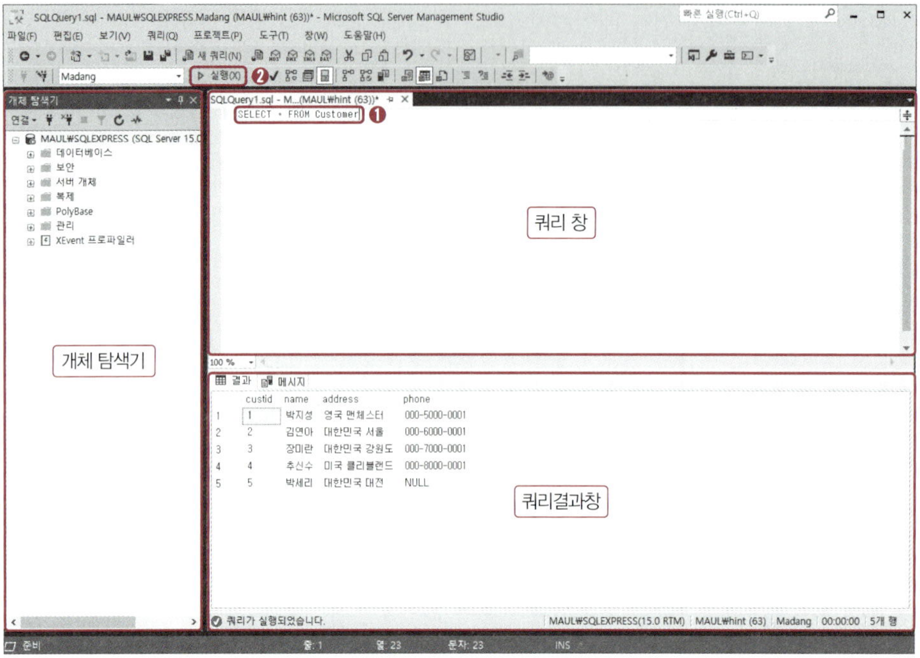

그림 3-8 SQL 문 입력 및 결과 확인

TIP SQL은 C, 자바와 달리 명령을 위한 예약어에서 대소문자를 구분하지 않는다. 단, 데이터베이스에 저장된 데이터(' ' 사이의 단어)를 검색할 때는 'Person', 'person'과 같이 대소문자를 구분한다.

여기서 잠깐 데이터베이스를 선택하는 방법

데이터베이스를 선택하는 방법은 크게 두 가지가 있다.

❶ 쿼리창에 'use 〈데이터베이스 이름〉'을 입력하고 실행(▷ 실행(X))을 클릭한다.

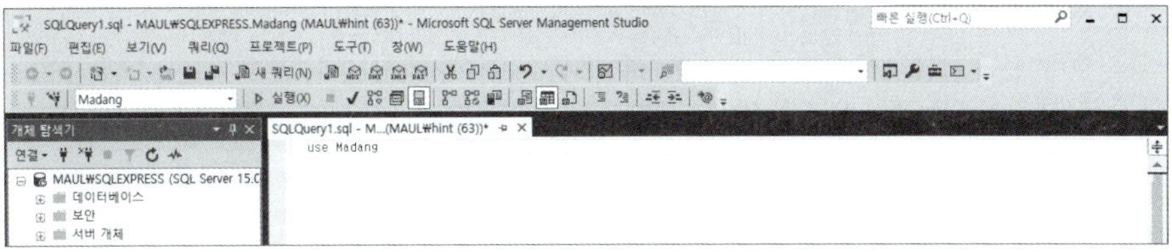

❷ 툴바에서 사용하고자 하는 데이터베이스를 선택한다.

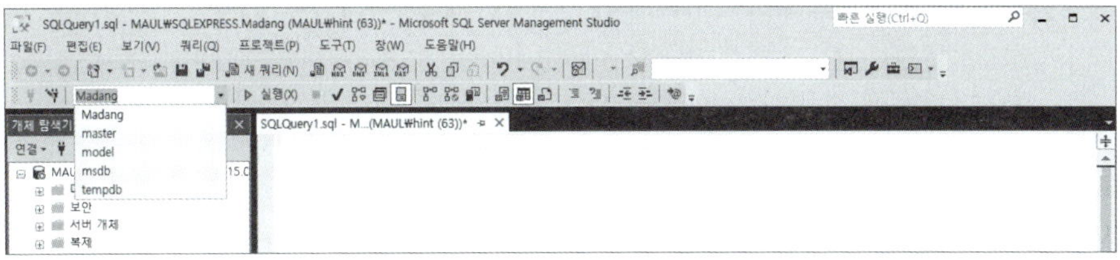

TIP 한 번 선택된 데이터베이스는 다음 변경이 있을 때까지 유효하게 사용된다. 여기에서는 본문 실습을 위해 Madang 데이터베이스를 선택하지만, 이후 연습문제를 풀기 위해 데이터베이스를 변경해야 하므로 익혀 두기 바란다.

03 SQL 소개

마당서점 고객이 "축구의 역사"라는 도서의 출판사와 가격을 알고 싶어 한다. 프로그래머는 어떻게 해야 할까? 다행히 데이터베이스에서는 몇 가지 사실만 DBMS에 알려 주면 원하는 답을 얻을 수 있다. 즉 '도서', '축구의 역사', '출판사', '가격'과 같은 단어를 적절히 알려 주면 된다. 이처럼 DBMS에 원하는 내용을 비교적 쉽게 알려 주고 결과를 얻는 데 사용하는 데이터베이스 전용 언어가 SQL이다. 위의 예를 SQL로 표현하면 다음과 같다.

```
SELECT    bookname, publisher, price
FROM      Book
WHERE     bookname LIKE '축구의 역사';
```

DBMS는 SQL 문을 해석하고 프로그램으로 변환하여 실행한 후 결과를 알려 준다. SQL은 데이터를 다루는 데 있어 자바, C++, C 같은 일반 프로그래밍 언어보다 훨씬 쉽고 편리하다.

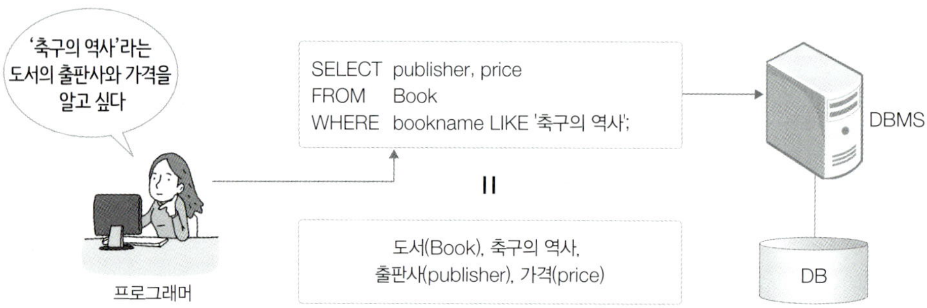

그림 3-9 SQL을 사용해 자료를 찾는 과정

SQLStructured Query Language은 1970년대 후반 IBM이 SEQUELStructured English QUEry Language이라는 이름으로 개발한 관계형 데이터베이스 언어이다. 이후 1986년 ANSIAmerica National Standards Institute에 의해 관계형 데이터베이스 표준 언어로 승인되었다. SQL의 후속 버전은 1992년에 SQL2, 1999년에 SQL3로 확장되었으며 SQL3는 객체지향의 개념을 일부 포함하고 있다. 현재는 연도에 이름을 붙인 SQL:2019 표준으로 개정되었다.

SQL은 자바나 C 같은 완전한 프로그래밍 언어는 아니다. 대신 데이터 부속어data sublanguage라고 부르는데, 그 이유는 데이터베이스의 데이터와 메타 데이터를 생성하고 처리하는 문법만 갖고 있기 때문이다. SQL은 DBMS에 직접 입력해 사용할 수 있고, 자바나 C로 작성된 클라이언트-서버 응용 프로그램에 삽입하여 사용할 수도 있다. 또 HTML 웹 페이지 문서에 삽입할 수 있고, 보고서나 데이터 추출 프로그램에서도 사용할 수 있다. 또한 Visual Studio.NET이나 다른 개발 도구에서 직접 실행할 수도 있다. [표 3-1]은 SQL과 일반 프로그래밍 언어의 차이점을 설명한 것이다.

표 3-1 SQL과 일반 프로그래밍 언어의 차이점

구분	SQL	일반 프로그래밍 언어
용도	데이터베이스에서 데이터를 추출하는 문제 해결	모든 응용문제 해결
입출력	입력은 테이블, 출력도 테이블	모든 형태의 입출력 가능
번역	DBMS 소프트웨어	컴파일러
문법	SELECT * FROM Book;	int main() { … }

SQL은 기능에 따라 데이터 정의어Data Definition Language, DDL와 데이터 조작어Data Manipulation Language, DML, 데이터 제어어Data Control Language, DCL로 나뉜다.

- **데이터 정의어**DDL: 테이블이나 관계의 구조를 생성하는 데 사용하며 CREATE, ALTER, DROP 문 등이 있다.
- **데이터 조작어**DML: 테이블에 데이터를 검색·삽입·수정·삭제하는 데 사용하며 SELECT, INSERT, DELETE, UPDATE 문 등이 있다. 여기서 SELECT 문은 특별히 질의어query라고 부른다.
- **데이터 제어어**DCL: 데이터의 사용 권한을 관리하는 데 사용하며 GRANT, REVOKE 문이 있다. 트랜잭션을 관리하는 COMMIT, ROLLBACK 문도 포함된다.

이 장에서는 가장 배우기 쉬운 데이터 조작어를 먼저 배우고 그다음 데이터 정의어를 배운다. 데이터 제어어는 9장에서 배운다. [그림 3-10]은 테이블에서 데이터 정의어와 데이터 조작어의 주요 명령어를 그림으로 표현한 것이다.

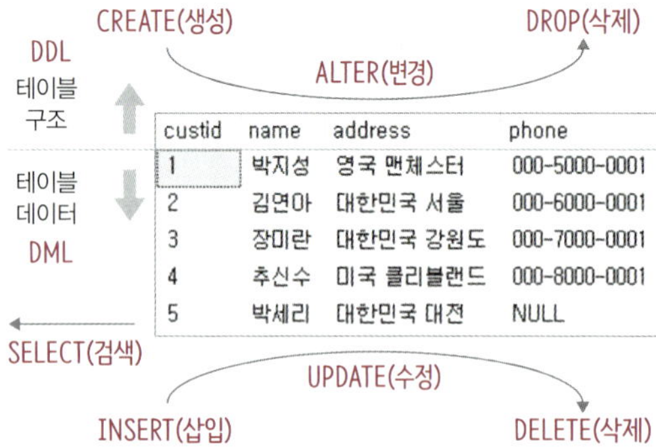

그림 3-10 데이터 정의어와 데이터 조작어의 주요 명령어

데이터 정의어와 데이터 조작어를 자세히 살펴보기 전에 SELECT 문의 예를 들어 SQL 문을 이해해 보자. SELECT 문의 문장 구조는 다음과 같다.

```
SELECT: 질의 결과 추출되는 속성 리스트를 열거한다.
FROM: 질의에 어느 테이블이 사용되는지 열거한다.
WHERE: 질의의 조건을 작성한다.
```

예를 들어 Customer 테이블에서 '김연아 고객의 전화번호를 찾으시오'라는 질의를 SQL 문으로 표현하면 다음과 같다.

```
SELECT   phone
FROM     Customer
WHERE    name='김연아';
```

SQL 문은 실행 순서가 없는 비절차적인non procedural 언어이다. 즉 찾는 데이터만 기술하고 어떻게 찾는지 그 절차(실행 순서)는 기술하지 않는다. 그렇지만 위 SQL 문은 내부적으로 DBMS에 의하여 ❶ FROM 절에 쓰인 테이블을 가져와서 ❷ WHERE 절 조건에 의하여 투플을 선택한 다음 ❸ SELECT 절에 있는 속성을 결과로 출력한다.

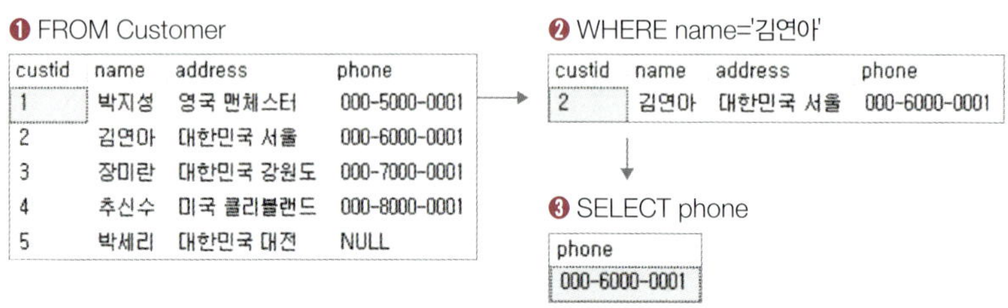

그림 3-11 SQL 문의 내부적 실행 순서

04 데이터 조작어 – 검색

1 SELECT 문 문법

SQL의 SELECT 문은 데이터를 검색하는 기본 문장으로, 특별히 질의어query라고 부른다. SELECT 문은 검색한 결과를 테이블 형태로 출력하는데, 예를 들어 '10,000원 이상인 도서의 이름과 출판사를 보이시오'라는 질의의 형태는 다음과 같다.

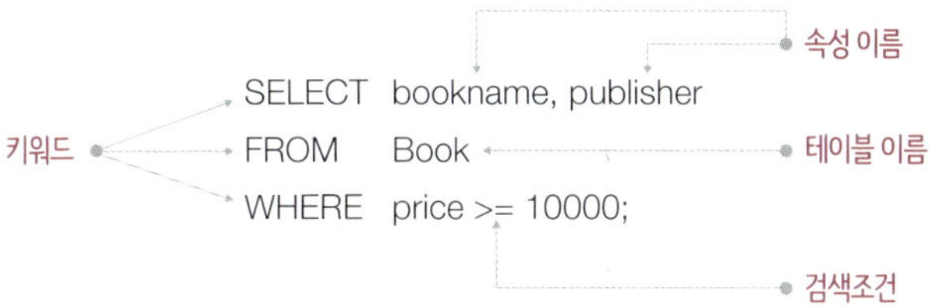

그림 3-12 SELECT 문의 예

SELECT 문의 기본 문법은 다음과 같다.

```
SELECT [ALL | DISTINCT] 속성이름(들)
FROM           테이블이름(들)
[WHERE         검색조건(들)]
[GROUP BY      속성이름]
[HAVING        검색조건(들)]
[ORDER BY      속성이름 [ASC | DESC]]
```

[ ]: 대괄호 안의 SQL 예약어는 선택적으로 사용한다.
|: 선택 가능한 문법 중 한 개를 사용할 수 있다.

SELECT 문의 문법을 좀 더 자세히 살펴보면 다음과 같다.

```
SELECT
    [ALL | DISTINCT]
    [테이블이름.]{ * | 속성이름 [[ AS ] 속성이름별칭]}
[FROM
    {테이블이름 [AS 테이블이름별칭]}
```

```
        [INNER JOIN | LEFT [OUTER] JOIN | RIGHT [OUTER] JOIN
        {테이블이름 [ON 검색조건]}
        |FULL [OUTER] JOIN {테이블이름}]]
[WHERE 검색조건(들)]
[GROUP BY {속성이름, [..., n]}]
[HAVING 검색조건(들)]
[질의 UNION 질의 | 질의 UNION ALL 질의]
[ORDER BY {속성이름 [ASC | DESC], [..., n]}]
```

[ ]: 대괄호 안의 SQL 예약어는 선택적으로 사용한다.
{ }: 중괄호 안의 SQL 예약어는 필수적으로 사용한다.
|: 선택 가능한 문법 중 한 개를 사용할 수 있다.

2 SELECT 문 예제

마당서점 사용자 중 '고객'이 주로 요청하는 질의를 예로 들어 SELECT 문의 기본적인 기능을 살펴보자. 고객 박지성은 축구와 관련된 도서를 구입하기 위해 도서정보가 필요하며, 또 도서를 구입한 후 주문 내역을 확인하고 싶어 한다.

TIP 실습을 진행할 때 필요한 예제 데이터베이스는 부록 B를 참고하여 생성한다. 실습은 SQL Server Management Studio를 이용하여 진행한다.

기본 검색

질의 3-1

모든 도서의 이름과 가격을 검색하시오.

풀이

```
SELECT   bookname, price
FROM     Book;
```

	bookname	price
1	축구의 역사	7000
2	축구 아는 여자	13000
3	축구의 이해	22000
4	골프 바이블	35000
5	피겨 교본	8000
6	역도 단계별 기술	6000
7	야구의 추억	20000
8	야구를 부탁해	13000
9	올림픽 이야기	7500
10	Olympic Champions	13000

SQL 문은 세미콜론(;)과 함께 끝난다. 세미콜론은 SQL-92 표준에서 정한 사항이지만 SQL Server에서는 세미콜론을 생략해도 된다. 그러나 SQL 문을 작성할 때는 세미콜론과 함께 마치는 습관을 기르도록 하자. 또 대소문자의 구분은 없지만 SQL 예약어는 대문자로, 테이블이나 속성이름은 소문자로 적어 주면 읽기 쉽다.

SELECT 절에서 열 순서는 결과 테이블의 열 순서를 결정한다. 만약 SELECT 절에서 bookname과 price를 바꾸면 결과 테이블에서 순서가 바뀐다. 다음 SQL 문의 처리 결과를 보면 알 수 있다.

```
SELECT    price, bookname
FROM      Book;
```

	price	bookname
1	7000	축구의 역사
2	13000	축구 아는 여자
3	22000	축구의 이해
4	35000	골프 바이블
5	8000	피겨 교본
6	6000	역도 단계별 기술
7	20000	야구의 추억
8	13000	야구를 부탁해
9	7500	올림픽 이야기
10	13000	Olympic Champions

질의 3-2

모든 도서의 도서번호, 도서이름, 출판사, 가격을 검색하시오.

풀이

```
SELECT    bookid, bookname, publisher, price
FROM      Book;
```

bookid	bookname	publisher	price
1	축구의 역사	굿스포츠	7000
2	축구 아는 여자	나무수	13000
3	축구의 이해	대한미디어	22000
4	골프 바이블	대한미디어	35000
5	피겨 교본	굿스포츠	8000
6	역도 단계별 기술	굿스포츠	6000
7	야구의 추억	이상미디어	20000
8	야구를 부탁해	이상미디어	13000
9	올림픽 이야기	삼성당	7500
10	Olympic Champions	Pearson	13000

Book 테이블의 모든 열을 보고 싶으면 [질의 3-2]와 같이 SELECT 절에 각 열의 이름을 써 주면 된다. 또는 '*'를 써 주면 열의 이름을 쓰지 않아도 된다. '*'(asterisk라고 한다)는 모든 열을 나타낸다. 열의 개수가 많거나 열의 이름을 모를 때 편리하게 사용할 수 있다. [질의 3-2]의 SQL 문을 '*'를 이용해서 다시 작성하면 다음과 같다.

```
SELECT   *
FROM     Book;
```

bookid	bookname	publisher	price
1	축구의 역사	굿스포츠	7000
2	축구 아는 여자	나무수	13000
3	축구의 이해	대한미디어	22000
4	골프 바이블	대한미디어	35000
5	피겨 교본	굿스포츠	8000
6	역도 단계별 기술	굿스포츠	6000
7	야구의 추억	이상미디어	20000
8	야구를 부탁해	이상미디어	13000
9	올림픽 이야기	삼성당	7500
10	Olympic Champions	Pearson	13000

SQL 문은 관계대수와 달리 기본적으로 중복을 제거하지 않는다. 따라서 결과에 같은 값이 두 개 이상 나올 수 있다.

질의 3-3

도서 테이블에 있는 모든 출판사를 검색하시오.

풀이

```
SELECT   publisher
FROM     Book;
```

	publisher
1	굿스포츠
2	나무수
3	대한미디어
4	대한미디어
5	굿스포츠
6	굿스포츠
7	이상미디어
8	이상미디어
9	삼성당
10	Pearson

중복을 제거하고 싶으면 다음과 같이 DISTINCT라는 키워드를 사용한다.

```
SELECT DISTINCT    publisher
FROM               Book;
```

	publisher
1	굿스포츠
2	나무수
3	대한미디어
4	삼성당
5	이상미디어
6	Pearson

조건 검색

조건에 맞는 검색을 할 때는 WHERE 절을 사용한다. 조건으로 사용할 수 있는 술어predicate는 비교, 범위, 집합, 패턴, NULL로 구분할 수 있다. 각각에 대한 설명은 [표 3-2]와 같다. NULL은 4장에서 설명한다.

표 3-2 WHERE 절에 조건으로 사용할 수 있는 술어

술어	연산자	사용 예
비교	=, <>, <, <=, >, >=	price < 20000
범위	BETWEEN	price BETWEEN 10000 AND 20000
집합	IN, NOT IN	price IN (10000, 20000, 30000)
패턴	LIKE	bookname LIKE '축구의 역사'
NULL	IS NULL, IS NOT NULL	price IS NULL
복합조건	AND, OR, NOT	(price < 20000) AND (bookname LIKE '축구의 역사')

■ 비교

단순비교는 =, <>, <, <=, >, >= 등을 사용한다. 예를 들어 가격이 20,000원 미만인 도서를 검색하려면 다음과 같이 WHERE 절을 작성한다. SQL 문 작성 시 숫자의 경우 천 단위를 표시하는 콤마(,) 기호는 사용하지 않는다는 것에 주의해야 한다.

질의 3-4

가격이 20,000원 미만인 도서를 검색하시오.

풀이

```
SELECT   *
FROM     Book
WHERE    price < 20000;
```

	bookid	bookname	publisher	price
1	1	축구의 역사	굿스포츠	7000
2	2	축구 아는 여자	나무수	13000
3	5	피겨 교본	굿스포츠	8000
4	6	역도 단계별 기술	굿스포츠	6000
5	8	야구를 부탁해	이상미디어	13000
6	9	올림픽 이야기	삼성당	7500
7	10	Olympic Champions	Pearson	13000

■ 범위

WHERE 절에서 BETWEEN 연산자를 사용하면 값의 범위를 지정할 수 있다. 예를 들어 가격이 10,000원 이상 20,000원 이하인 도서를 검색하는 SQL 문은 다음과 같다.

TIP 범위의 양 끝값인 10,000과 20,000은 결과 테이블에 포함된다.

질의 3-5

가격이 10,000원 이상 20,000원 이하인 도서를 검색하시오.

풀이

```
SELECT   *
FROM     Book
WHERE    price BETWEEN 10000 AND 20000;
```

	bookid	bookname	publisher	price
1	2	축구 아는 여자	나무수	13000
2	7	야구의 추억	이상미디어	20000
3	8	야구를 부탁해	이상미디어	13000
4	10	Olympic Champions	Pearson	13000

BETWEEN은 논리 연산자인 AND를 사용하여 다음과 같이 사용할 수 있다.

```
SELECT    *
FROM      Book
WHERE     price >= 10000 AND price <= 20000;
```

	bookid	bookname	publisher	price
1	2	축구 아는 여자	나무수	13000
2	7	야구의 추억	이상미디어	20000
3	8	야구를 부탁해	이상미디어	13000
4	10	Olympic Champions	Pearson	13000

■ 집합

WHERE 절에서 두 개 이상의 값을 비교하려면 IN 연산자와 NOT IN 연산자를 사용하면 편리하다. IN 연산자는 집합의 원소인지 판단하는 연산자이다. 다음은 IN 연산자를 사용하여 출판사가 '굿스포츠' 또는 '대한미디어'인 도서를 검색하는 SQL 문이다. 문자 값을 괄호 안에 포함시켜 비교하며, publisher 값이 이 중 하나와 같으면 선택된다.

질의 3-6

출판사가 '굿스포츠' 혹은 '대한미디어'인 도서를 검색하시오.

풀이

```
SELECT    *
FROM      Book
WHERE     publisher IN ('굿스포츠', '대한미디어');
```

	bookid	bookname	publisher	price
1	1	축구의 역사	굿스포츠	7000
2	3	축구의 이해	대한미디어	22000
3	4	골프 바이블	대한미디어	35000
4	5	피겨 교본	굿스포츠	8000
5	6	역도 단계별 기술	굿스포츠	6000

출판사가 '굿스포츠' 혹은 '대한미디어'가 아닌 출판사를 검색하는 SQL 문은 다음과 같다.

```
SELECT   *
FROM     Book
WHERE    publisher NOT IN ('굿스포츠', '대한미디어');
```

	bookid	bookname	publisher	price
1	2	축구 아는 여자	나무수	13000
2	7	야구의 추억	이상미디어	20000
3	8	야구를 부탁해	이상미디어	13000
4	9	올림픽 이야기	삼성당	7500
5	10	Olympic Champions	Pearson	13000

■ 패턴

문자열의 패턴을 비교할 때는 LIKE 연산자를 사용한다. "축구의 역사"라는 도서를 찾고 싶다면 다음과 같이 WHERE 절 조건에 LIKE를 사용하여 비교한다. 만약 찾는 속성이 텍스트나 날짜 데이터를 포함하면 비교 값은 반드시 영문 작은따옴표(' ')로 둘러싸야 한다. 한글의 작은따옴표(' ')를 사용하면 오류가 난다.

여기서 잠깐 **문자열 비교 시 인용부호**

일반 프로그래밍 언어에서 문자열은 " "(큰따옴표)를 사용하지만, SQL 언어에서는 ' '(작은따옴표)를 사용한다. 그 이유는 SQL 문 자체가 문자열로 인용되어 다른 프로그래밍 언어에 삽입될 때 혼란이 있을 수 있기 때문이다. 예를 들면 자바 언어에서 다음과 같이 SQL 문을 통째로 문자열에 저장한 경우이다.

```
myquery = "SELECT    bookname, publisher
           FROM      Book
           WHERE     bookname LIKE '축구의 역사' ";
```

그러나 SELECT 문에서 속성과 AS 다음에 붙이는 별칭의 경우 다음과 같이 " "(큰따옴표)를 붙이는 것은 선택사항이다. 단, 별칭 이름에 공백이 포함될 때는 " "(큰따옴표)를 반드시 사용한다.

```
SELECT SUM(price) 총계
SELECT SUM(price) AS 총계
SELECT SUM(price) AS "총계"
SELECT SUM(price) "총계"
SELECT SUM(price) "판매 총계"
```

질의 3-7

"축구의 역사"를 출간한 출판사를 검색하시오.

풀이

```
SELECT    bookname, publisher
FROM      Book
WHERE     bookname LIKE '축구의 역사';
```

	bookname	publisher
1	축구의 역사	굿스포츠

도서이름에 '축구'가 포함된 도서를 찾고 싶다면 와일드 문자 '%'를 사용한다. '%'는 아무 문자열이나 대신하는 기호이다.

질의 3-8

도서이름에 '축구'가 포함된 출판사를 검색하시오.

풀이

```
SELECT    bookname, publisher
FROM      Book
WHERE     bookname LIKE '%축구%';
```

	bookname	publisher
1	축구의 역사	굿스포츠
2	축구 아는 여자	나무수
3	축구의 이해	대한미디어

와일드 문자 _(밑줄기호)는 특정 위치에 한 문자만 대신할 때 사용한다. 다음은 도서이름의 왼쪽 두 번째 위치에 '구'라는 문자열을 갖는 도서를 검색하는 SQL 문이다.

질의 3-9

도서이름의 왼쪽 두 번째 위치에 '구'라는 문자열을 갖는 도서를 검색하시오.

풀이

```
SELECT    *
FROM      Book
WHERE     bookname LIKE '_구%';
```

	bookid	bookname	publisher	price
1	1	축구의 역사	굿스포츠	7000
2	2	축구 아는 여자	나무수	13000
3	3	축구의 이해	대한미디어	22000
4	7	야구의 추억	이상미디어	20000
5	8	야구를 부탁해	이상미디어	13000

TIP 축구, 야구, 배구와 같이 두 번째 글자에 '구'가 들어가는 도서를 찾는다.

문자열 검색 시 LIKE와 같이 사용하는 와일드 문자를 정리하면 [표 3-3]과 같다.

표 3-3 와일드 문자의 종류

와일드 문자	의미	사용 예
+	문자열을 연결	'골프' + '바이블' : '골프 바이블'
%	0개 이상의 문자열과 일치	'%축구%' : 축구를 포함하는 문자열
[ ]	한 개의 문자와 일치	'[0-5]%' : 0~5 사이 숫자로 시작하는 문자열
[^]	한 개의 문자와 불일치	'[^0-5]%' : 0~5 사이 숫자로 시작하지 않는 문자열
_	특정 위치의 한 개의 문자와 일치	'_구%' : 두 번째 위치에 '구'가 들어가는 문자열

복합조건 검색

WHERE 절에 논리 연산자 AND, OR, NOT을 사용하면 복합조건을 명시할 수 있다. 예를 들어 축구에 관한 도서 중 가격이 20,000원 이상인 도서를 검색하려면 다음과 같이 AND 연산자를 사용한다.

질의 3-10

축구에 관한 도서 중 가격이 20,000원 이상인 도서를 검색하시오.

풀이

```
SELECT    *
FROM      Book
WHERE     bookname LIKE '%축구%' AND price >=20000;
```

	bookid	bookname	publisher	price
1	3	축구의 이해	대한미디어	22000

출판사가 '굿스포츠' 또는 '대한미디어'인 도서를 검색하려면 다음과 같이 OR 연산자를 사용한다. 그러나 같은 속성에서 여러 개 값을 비교하여 찾을 때는 앞에서 배운 IN 연산자를 사용하는 것이 바람직하다.

질의 3-11

출판사가 '굿스포츠' 혹은 '대한미디어'인 도서를 검색하시오.

풀이

```
SELECT    *
FROM      Book
WHERE     publisher='굿스포츠' OR publisher='대한미디어';
```

	bookid	bookname	publisher	price
1	1	축구의 역사	굿스포츠	7000
2	3	축구의 이해	대한미디어	22000
3	4	골프 바이블	대한미디어	35000
4	5	피겨 교본	굿스포츠	8000
5	6	역도 단계별 기술	굿스포츠	6000

검색 결과의 정렬

SQL 문의 실행 결과 행의 순서는 각 DBMS에 저장된 위치에 따라 결정된다. SQL 문의 실행 결과를 특정 순서대로 출력하고 싶으면 ORDER BY 절을 사용한다.

질의 3-12

도서를 이름순으로 검색하시오.

풀이

```
SELECT    *
FROM      Book
ORDER BY  bookname;
```

	bookid	bookname	publisher	price
1	4	골프 바이블	대한미디어	35000
2	8	야구를 부탁해	이상미디어	13000
3	7	야구의 추억	이상미디어	20000
4	6	역도 단계별 기술	굿스포츠	6000
5	9	올림픽 이야기	삼성당	7500
6	2	축구 아는 여자	나무수	13000
7	1	축구의 역사	굿스포츠	7000
8	3	축구의 이해	대한미디어	22000
9	5	피겨 교본	굿스포츠	8000
10	10	Olympic Champions	Pearson	13000

도서를 가격순으로 먼저 정렬한 후 가격이 같은 도서에 대하여 이름순으로 다시 정렬하고 싶으면 ORDER BY 절에서 정렬을 원하는 열 이름을 순서대로 지정한다.

질의 3-13

도서를 가격순으로 검색하고, 가격이 같으면 이름순으로 검색하시오.

풀이

```
SELECT    *
FROM      Book
ORDER BY  price, bookname;
```

	bookid	bookname	publisher	price
1	6	역도 단계별 기술	굿스포츠	6000
2	1	축구의 역사	굿스포츠	7000
3	9	올림픽 이야기	삼성당	7500
4	5	피겨 교본	굿스포츠	8000
5	8	야구를 부탁해	이상미디어	13000
6	2	축구 아는 여자	나무수	13000
7	10	Olympic Champions	Pearson	13000
8	7	야구의 추억	이상미디어	20000
9	3	축구의 이해	대한미디어	22000
10	4	골프 바이블	대한미디어	35000

정렬의 기본은 오름차순이다. 만약 내림차순으로 정렬하려면 열 이름 다음에 DESC 키워드를 사용하면 된다. 예를 들어 가격의 내림차순descending으로 정렬한 후 출판사의 오름차순ascending으로 정렬하고 싶다면 다음과 같이 작성한다.

질의 3-14

도서를 가격의 내림차순으로 검색하시오. 만약 가격이 같다면 출판사의 오름차순으로 출력하시오.

풀이

```
SELECT    *
FROM      Book
ORDER BY  price DESC, publisher ASC;
```

	bookid	bookname	publisher	price
1	4	골프 바이블	대한미디어	35000
2	3	축구의 이해	대한미디어	22000
3	7	야구의 추억	이상미디어	20000
4	2	축구 아는 여자	나무수	13000
5	8	야구를 부탁해	이상미디어	13000
6	10	Olympic Champions	Pearson	13000
7	5	피겨 교본	굿스포츠	8000
8	9	올림픽 이야기	삼성당	7500
9	1	축구의 역사	굿스포츠	7000
10	6	역도 단계별 기술	굿스포츠	6000

3 집계 함수와 GROUP BY 검색

앞에서 마당서점의 고객이 필요로 하는 질의를 중심으로 살펴보았다. 이제부터는 운영자가 필요로 하는 질의를 중심으로 SQL의 기능을 살펴본다. 운영자는 도서 판매 총액, 일별 판매량 등 도서 판매에 도움이 되는 집계된 정보가 필요하다. 집계하기 위해서는 GROUP BY 문을 사용하고 구체적인 집계 내용은 집계 함수를 사용한다.

TIP 집계(aggregate)는 통계(statistics)와 비슷한 의미로, 데이터베이스에서는 통계보다 집계라는 용어를 사용한다.

집계 함수

운영자는 전체 도서의 판매액 합계를 알고 싶어 한다. 이를 위해서 SQL의 집계 함수aggregate function를 이용할 수 있다. 집계 함수는 테이블의 각 열에 대해 계산을 하는 함수로 SUM, AVG, MIN, MAX, COUNT의 다섯 가지가 있다. Orders 테이블에 저장된 모든 주문의 총 판매액을 구하는 SQL 문은 다음과 같다.

질의 3-15

고객이 주문한 도서의 총판매액을 구하시오.

풀이

```
SELECT    SUM(saleprice)
FROM      Orders;
```

	(열 이름 없음)
1	118000

SQL 문의 결과가 항상 테이블임을 고려하면 위 질의의 결과는 한 개의 속성, 한 개의 투플로 구성된 테이블이다. 또 SQL 문에서 SUM(saleprice)는 저장된 데이터를 가공하여 얻은 새로운 결과 열이기 때문에 결과 테이블에 별도의 이름 없이 '(열 이름 없음)'으로 출력된다. 이를 의미 있는 열 이름을 출력하고 싶으면 속성이름의 별칭을 지칭하는 AS 키워드를 사용하여 열 이름을 부여한다. 위 질의를 AS 키워드를 사용하여 다시 작성하면 다음과 같다.

```
SELECT    SUM(saleprice) AS 총매출
FROM      Orders;
```

	총매출
1	118000

TIP 최근 버전의 DBMS에서는 다음과 같이 AS를 생략할 수 있다.

SELECT SUM(saleprice) 총매출

또 속성이름의 별칭 중간에 공백을 넣어야 할 경우 다음과 같이 큰따옴표를 사용한다.

SELECT SUM(saleprice) "전체 매출"

집계 함수는 WHERE 문과 같이 사용하면 더 유용하다. 예를 들어 2번 김연아 고객이 주문한 도서의 총판매액을 알고 싶으면 다음과 같이 SQL 문을 작성한다.

질의 3-16

2번 김연아 고객이 주문한 도서의 총판매액을 구하시오.

풀이

```
SELECT    SUM(saleprice) AS 총매출
FROM      Orders
WHERE     custid=2;
```

	총매출
1	15000

집계 함수는 여러 개를 혼합하여 쓸 수 있다.

질의 3-17

고객이 주문한 도서의 총판매액, 평균값, 최저가, 최고가를 구하시오.

풀이

```
SELECT   SUM(saleprice) AS Total,
         AVG(saleprice) AS Average,
         MIN(saleprice) AS Minimum,
         MAX(saleprice) AS Maximum
FROM     Orders;
```

	Total	Average	Minimum	Maximum
1	118000	11800	6000	21000

집계 함수 COUNT는 행의 개수를 센다. COUNT( )의 괄호 안에는 * 또는 특정 속성의 이름이 사용되며, 해당 속성의 투플 개수를 세어 준다(NULL 값은 제외). 예를 들어, COUNT(*)는 전체 투플의 수를 세어 주며, COUNT(publisher)는 출판사의 수를, COUNT(DISTINCT publisher)는 중복을 제거한 출판사의 수를 세어 준다(NULL 값은 제외).

질의 3-18

마당서점의 도서 판매 건수를 구하시오.

풀이

```
SELECT   COUNT(*)
FROM     Orders;
```

	(열 이름 없음)
1	10

주로 사용되는 집계 함수는 [표 3-4]와 같다. 문법에서 '[ ]' 기호는 선택을 나타내며, '|' 기호는 둘 중 하나를 선택하라는 의미이다.

표 3-4 집계 함수의 종류

집계 함수	문법	사용 예
SUM	SUM ([ALL | DISTINCT] 속성이름)	SUM(price)
AVG	AVG ([ALL | DISTINCT] 속성이름)	AVG(price)
COUNT	COUNT({[[ALL | DISTINCT] 속성이름] | *})	COUNT(*)
MAX	MAX ([ALL | DISTINCT] 속성이름)	MAX(price)
MIN	MIN ([ALL | DISTINCT] 속성이름)	MIN(price)

GROUP BY 검색

SQL 문에서 GROUP BY 절을 사용하면 속성값이 같은 것끼리 그룹을 만들 수 있다. 예를 들어 Orders 테이블을 사용하는 SELECT 문에 GROUP BY custid라고 명시하면, DBMS는 custid가 같은 값끼리 그룹으로 묶는다. 결과는 custid가 서로 다른 값에 대하여 그룹이 만들어진다.

질의 3-19

고객별로 주문한 도서의 총수량과 총판매액을 구하시오.

풀이

```
SELECT    custid, COUNT(*) AS 도서수량, SUM(saleprice) AS 총액
FROM      Orders
GROUP BY  custid;
```

	custid	도서수량	총액
1	1	3	39000
2	2	2	15000
3	3	3	31000
4	4	2	33000

위 질의에서 GROUP BY 절을 사용한 결과를 그림으로 보면 다음과 같다.

orderid	custid	bookid	saleprice	orderdate
1	1	1	6000	2021-07-01
2	1	3	21000	2021-07-03
6	1	2	12000	2021-07-07
9	2	10	7000	2021-07-09
3	2	5	8000	2021-07-03
4	3	6	6000	2021-07-04
10	3	8	13000	2021-07-10
8	3	10	12000	2021-07-08
7	4	8	13000	2021-07-07
5	4	7	20000	2021-07-05

custid	도서수량	총액
1	3	39000
2	2	15000
3	3	31000
4	2	33000

그림 3-13 GROUP BY 절의 수행

HAVING 절은 GROUP BY 절의 결과로 나타나는 그룹을 제한하는 역할을 한다. 예를 들어 주문 도서가 2권 이상일 경우만 출력하려면 다음과 같이 작성한다.

질의 3-20

가격이 8,000원 이상인 도서를 구매한 고객에 대하여 고객별 주문 도서의 총수량을 구하시오. 단, 2권 이상 구매한 고객만 구하시오.

풀이

```
SELECT    custid, COUNT(*) AS 도서수량
FROM      Orders
WHERE     saleprice >=8000
GROUP BY  custid
HAVING    count(*) >=2;
```

	custid	도서수량
1	1	2
2	3	2
3	4	2

GROUP BY와 HAVING 절의 문법과 주의사항을 살펴보면 [표 3-5]와 같다.

표 3-5 GROUP BY와 HAVING 절의 문법과 주의사항

GROUP BY 〈속성〉	
주의사항	GROUP BY로 투플을 그룹으로 묶은 후 SELECT 절에는 GROUP BY에서 사용한 〈속성〉과 집계 함수만 나올 수 있다.
맞는 예	SELECT custid, SUM(saleprice) FROM Orders GROUP BY custid;
틀린 예	SELECT bookid, SUM(saleprice) /* SELECT 절에 bookid 속성이 올 수 없다 */ FROM Orders GROUP BY custid;
HAVING 〈검색조건〉	
주의사항	WHERE 절과 HAVING 절이 같이 포함된 SQL 문은 검색조건이 모호해질 수 있다. HAVING 절은 ① 반드시 GROUP BY 절과 같이 작성해야 하고 ② WHERE 절보다 뒤에 나와야 한다. 그리고 ③ 〈검색조건〉에는 SUM, AVG, MAX, MIN, COUNT와 같은 집계 함수가 와야 한다.
맞는 예	SELECT custid, COUNT(*) AS 도서수량 FROM Orders WHERE saleprice >= 8000 GROUP BY custid HAVING count(*) >= 2;
틀린 예	SELECT custid, COUNT(*) AS 도서수량 FROM Orders HAVING count(*) >= 2 /* 순서가 틀렸다 */ WHERE saleprice >= 8000 GROUP BY custid;

여기서 잠깐 **GROUP BY 절이 포함된 SQL 문의 실행 순서**

SQL 문은 실행 순서가 없는 비절차적인 언어이지만 SQL 문은 내부적으로 실행 순서가 있다. 다음 예를 보면서 GROUP BY, HAVING, ORDER BY 절이 포함된 SQL 문의 실행 순서를 이해해 보자.

```
SELECT      custid, COUNT(*) AS 도서수량     ⑤
FROM        Orders                           ①
WHERE       saleprice >= 8000                ②
GROUP BY    custid                           ③
```

```
HAVING      count(*) > 1        ④
ORDER BY    custid;             ⑥
```

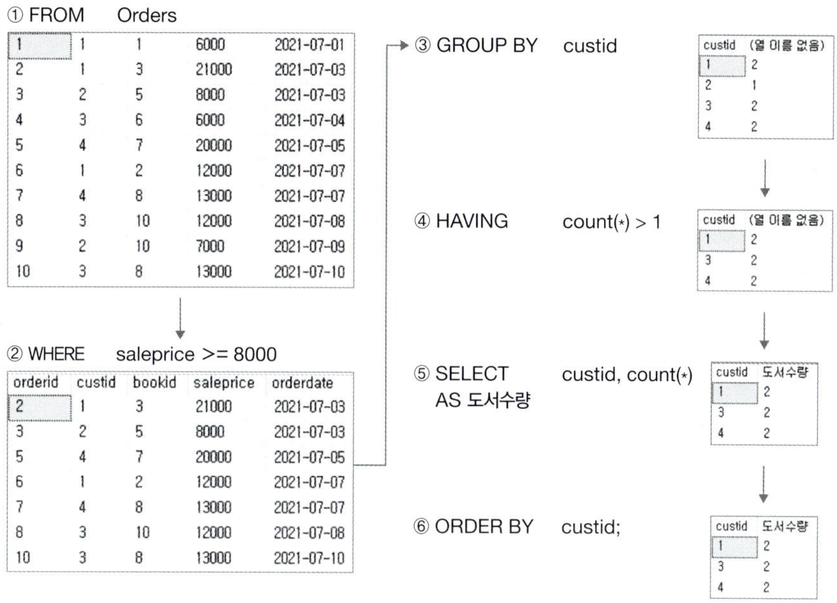

4 두 개 이상 테이블에서 SQL 질의

박지성 고객이 주문한 도서의 총구매액을 알고 싶으면 어떻게 해야 할까? 총구매액은 saleprice 값을 합하면 되지만 문제가 있다. 구매액 saleprice는 Orders 테이블에 있고 고객의 이름은 Customer 테이블에 있다. Orders 테이블에는 고객의 이름 '박지성'이 없는 것이다. 그렇다면 어떻게 총구매액을 계산할 수 있을까?

앞에서는 하나의 테이블을 이용한 SQL 질의를 배웠다. 이제부터는 두 개 이상의 테이블을 이용한 SQL 질의에 대해 알아본다. SQL은 여러 개의 테이블을 이용하여 질의하는 두 가지 방법을 제공한다. 조인join과 부속질의subquery이다. 두 가지 모두 여러 개의 테이블을 동시에 다루지만 방법은 약간 다르다.

조인

두 개의 테이블을 합체해 보자. 조인join은 한 테이블의 행을 다른 테이블의 행에 연결하여 두 개 이상의 테이블을 결합하는 연산이다. 다음은 Customer 테이블을 Orders 테이블과 조건 없이 연결한 예이다. SQL 문은 다음과 같이 작성한다. 두 테이블을 아무런 조건을 주지 않고 SELECT하면 관계대수의 카티션 프로덕트 연산이 된다.

```
SELECT    *
FROM      Customer, Orders;
```

	custid	name	address	phone	orderid	custid	bookid	saleprice	orderdate
1	1	박지성	영국 맨체스터	000-5000-0001	1	1	1	6000	2021-07-01
2	1	박지성	영국 맨체스터	000-5000-0001	2	1	3	21000	2021-07-03
3	1	박지성	영국 맨체스터	000-5000-0001	3	2	5	8000	2021-07-03
4	1	박지성	영국 맨체스터	000-5000-0001	4	3	6	6000	2021-07-04
5	1	박지성	영국 맨체스터	000-5000-0001	5	4	7	20000	2021-07-05
6	1	박지성	영국 맨체스터	000-5000-0001	6	1	2	12000	2021-07-07
7	1	박지성	영국 맨체스터	000-5000-0001	7	4	8	13000	2021-07-07
8	1	박지성	영국 맨체스터	000-5000-0001	8	3	10	12000	2021-07-08
9	1	박지성	영국 맨체스터	000-5000-0001	9	2	10	7000	2021-07-09
10	1	박지성	영국 맨체스터	000-5000-0001	10	3	8	13000	2021-07-10
11	2	김연아	대한민국 서울	000-6000-0001	1	1	1	6000	2021-07-01
12	2	김연아	대한민국 서울	000-6000-0001	2	1	3	21000	2021-07-03
13	2	김연아	대한민국 서울	000-6000-0001	3	2	5	8000	2021-07-03
14	2	김연아	대한민국 서울	000-6000-0001	4	3	6	6000	2021-07-04
15	2	김연아	대한민국 서울	000-6000-0001	5	4	7	20000	2021-07-05
16	2	김연아	대한민국 서울	000-6000-0001	6	1	2	12000	2021-07-07
17	2	김연아	대한민국 서울	000-6000-0001	7	4	8	13000	2021-07-07
18	2	김연아	대한민국 서울	000-6000-0001	8	3	10	12000	2021-07-08
19	2	김연아	대한민국 서울	000-6000-0001	9	2	10	7000	2021-07-09
20	2	김연아	대한민국 서울	000-6000-0001	10	3	8	13000	2021-07-10
				… 연속됨 …					
45	5	박세리	대한민국 대전	NULL	5	4	7	20000	2021-07-05
46	5	박세리	대한민국 대전	NULL	6	1	2	12000	2021-07-07
47	5	박세리	대한민국 대전	NULL	7	4	8	13000	2021-07-07
48	5	박세리	대한민국 대전	NULL	8	3	10	12000	2021-07-08
49	5	박세리	대한민국 대전	NULL	9	2	10	7000	2021-07-09
50	5	박세리	대한민국 대전	NULL	10	3	8	13000	2021-07-10

그림 3-14 Customer와 Orders 테이블의 합체

Customer와 Orders 테이블의 합체 결과 투플의 개수는 고객이 5명이고 주문이 10건이므로 (5×10) 50이다. Customer 테이블의 1번 고객 박지성은 Orders 테이블의 열 개 행 모두에 대해 결합하고, 나머지 고객도 각각 Orders 테이블의 열 개 행 모두에 대해 결합한다(이처럼 조건이 없는 테이블 간의 조인을 카티션 프로덕트라고 한다). 그렇지만 결과는 논리에 맞지 않는다. 박지성의 custid가 1이므로 Orders 테이블에서 custid가 1인 것만 선택하면 된다. 이것은 SQL 문의 WHERE 절에 두 테이블의 연결 조건을 추가함으로써 쉽게 해결할 수 있다.

질의 3-21

고객과 고객의 주문에 관한 데이터를 모두 보이시오.

풀이

```
SELECT    *
FROM      Customer, Orders
WHERE     Customer.custid=Orders.custid;
```

	custid	name	address	phone	orderid	custid	bookid	saleprice	orderdate
1	1	박지성	영국 맨체스터	000-5000-0001	1	1	1	6000	2021-07-01
2	1	박지성	영국 맨체스터	000-5000-0001	2	1	3	21000	2021-07-03
3	2	김연아	대한민국 서울	000-6000-0001	3	2	5	8000	2021-07-03
4	3	장미란	대한민국 강원도	000-7000-0001	4	3	6	6000	2021-07-04
5	4	추신수	미국 클리블랜드	000-8000-0001	5	4	7	20000	2021-07-05
6	1	박지성	영국 맨체스터	000-5000-0001	6	1	2	12000	2021-07-07
7	4	추신수	미국 클리블랜드	000-8000-0001	7	4	8	13000	2021-07-07
8	3	장미란	대한민국 강원도	000-7000-0001	8	3	10	12000	2021-07-08
9	2	김연아	대한민국 서울	000-6000-0001	9	2	10	7000	2021-07-09
10	3	장미란	대한민국 강원도	000-7000-0001	10	3	8	13000	2021-07-10

위 결과를 고객별로 보기 위해 ORDER BY 절을 이용하여 정렬하면 다음과 같다.

질의 3-22

고객과 고객의 주문에 관한 데이터를 고객별로 정렬하여 보이시오.

풀이

```
SELECT    *
FROM      Customer, Orders
WHERE     Customer.custid=Orders.custid
ORDER BY  Customer.custid;
```

	custid	name	address	phone	orderid	custid	bookid	saleprice	orderdate
1	1	박지성	영국 맨체스터	000-5000-0001	1	1	1	6000	2021-07-01
2	1	박지성	영국 맨체스터	000-5000-0001	2	1	3	21000	2021-07-03
3	1	박지성	영국 맨체스터	000-5000-0001	6	1	2	12000	2021-07-07
4	2	김연아	대한민국 서울	000-6000-0001	9	2	10	7000	2021-07-09
5	2	김연아	대한민국 서울	000-6000-0001	3	2	5	8000	2021-07-03
6	3	장미란	대한민국 강원도	000-7000-0001	4	3	6	6000	2021-07-04
7	3	장미란	대한민국 강원도	000-7000-0001	10	3	8	13000	2021-07-10
8	3	장미란	대한민국 강원도	000-7000-0001	8	3	10	12000	2021-07-08
9	4	추신수	미국 클리블랜드	000-8000-0001	7	4	8	13000	2021-07-07
10	4	추신수	미국 클리블랜드	000-8000-0001	5	4	7	20000	2021-07-05

여기서 잠깐 **열 이름을 표기하는 방법**

앞의 두 SQL 문에서 Customer.custid, Orders.custid와 같이 표현된 것을 볼 수 있다. 이는 '테이블 이름.열 이름' 형식의 표현으로 열 이름이 어느 테이블과 연관되는지 정확히 명시한다.

여러 개의 테이블을 연결하여 하나의 테이블을 만드는 과정을 조인이라고 한다. 특히 앞의 SQL 문처럼 동등조건에 의하여 테이블을 조인하는 것을 동등조인equi join이라고 한다. 조인이라고 하면 대부분 동등조인을 말한다.

조인을 사용하면 두 개 이상의 테이블에서 일부 데이터만 얻을 수 있다. 예를 들어 고객의 이름과 고객이 주문한 도서의 가격을 알고 싶다면 다음과 같이 SQL 문을 작성한다.

질의 3-23

고객의 이름과 고객이 주문한 도서의 판매가격을 검색하시오.

풀이

```
SELECT    name, saleprice
FROM      Customer, Orders
WHERE     Customer.custid=Orders.custid;
```

	name	saleprice
1	박지성	6000
2	박지성	21000
3	김연아	8000
4	장미란	6000
5	추신수	20000
6	박지성	12000
7	추신수	13000
8	장미란	12000
9	김연아	7000
10	장미란	13000

모든 SQL 질의의 결과는 단일 테이블이다. 따라서 위 결과 테이블에 SQL 문법을 적용할 수 있다. 예를 들어 GROUP BY 절과 ORDER BY 절을 추가하면 다음과 같다.

질의 3-24

고객별로 주문한 모든 도서의 총판매액을 구하고, 고객별로 정렬하시오.

풀이

```
SELECT    name, SUM(saleprice)
FROM      Customer, Orders
WHERE     Customer.custid=Orders.custid
GROUP BY  Customer.name
ORDER BY  Customer.name;
```

	name	(열 이름 없음)
1	김연아	15000
2	박지성	39000
3	장미란	31000
4	추신수	33000

세 개 이상의 테이블을 조인할 수도 있다. 예를 들어 각 고객의 이름과 고객이 주문한 도서의 이름을 구하고 싶다고 하자. 결과를 얻으려면 세 개의 테이블을 한꺼번에 조인해야 한다. 고객의 이름은 Customer 테이블에 있고, 고객의 주문 내역은 Orders 테이블에 있으며, 도서의 이름은 Book 테이블에 있기 때문이다. Customer 테이블과 Orders 테이블은 Customer의 기본키인 custid와 Orders의 외래키인 custid로 연결한다. 또 Orders 테이블과 Book 테이블은 Orders의 외래키인 bookid와 Book의 기본키인 bookid로 연결한다. [그림 3-15]는 데이터가 연결되는 모습을 나타낸 것이다.

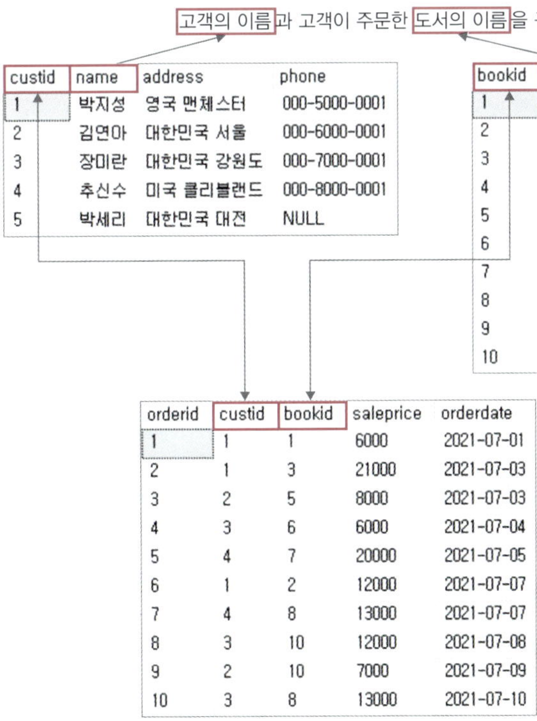

custid	name	address	phone
1	박지성	영국 맨체스터	000-5000-0001
2	김연아	대한민국 서울	000-6000-0001
3	장미란	대한민국 강원도	000-7000-0001
4	추신수	미국 클리블랜드	000-8000-0001
5	박세리	대한민국 대전	NULL

bookid	bookname	publisher	price
1	축구의 역사	굿스포츠	7000
2	축구 아는 여자	나무수	13000
3	축구의 이해	대한미디어	22000
4	골프 바이블	대한미디어	35000
5	피겨 교본	굿스포츠	8000
6	역도 단계별 기술	굿스포츠	6000
7	야구의 추억	이상미디어	20000
8	야구를 부탁해	이상미디어	13000
9	올림픽 이야기	삼성당	7500
10	Olympic Cha...	Pearson	13000

orderid	custid	bookid	saleprice	orderdate
1	1	1	6000	2021-07-01
2	1	3	21000	2021-07-03
3	2	5	8000	2021-07-03
4	3	6	6000	2021-07-04
5	4	7	20000	2021-07-05
6	1	2	12000	2021-07-07
7	4	8	13000	2021-07-07
8	3	10	12000	2021-07-08
9	2	10	7000	2021-07-09
10	3	8	13000	2021-07-10

그림 3-15 마당서점 데이터 간의 연결

[그림 3-15]의 질의를 SQL 문으로 작성하면 다음과 같다.

질의 3-25

고객의 이름과 고객이 주문한 도서의 이름을 구하시오.

풀이

```
SELECT    Customer.name, book.bookname
FROM      Customer, Orders, Book
WHERE     Customer.custid=Orders.custid AND Orders.bookid=Book.bookid;
```

	name	bookname
1	박지성	축구의 역사
2	박지성	축구의 이해
3	김연아	피겨 교본
4	장미란	역도 단계별 기술
5	추신수	야구의 추억
6	박지성	축구 아는 여자
7	추신수	야구를 부탁해
8	장미란	Olympic Champions
9	김연아	Olympic Champions
10	장미란	야구를 부탁해

여기서 잠깐 **셀프 조인**

셀프 조인(Self Join)은 하나의 테이블(자신)을 대상으로 조인하는 것을 말한다. 예를 들어 보자. Emp(empno, ename, job, mgr) 테이블에는 사원번호(empno)와 이름(ename), 직급(job) 등과 함께 직원 관리자(mgr)의 사원번호가 하나의 행에 입력되어 있다. Emp 테이블에서 관리자의 '이름(ename)'으로 관리하는 직원들의 정보를 확인하고 싶다면 Emp 테이블을 셀프 조인해야 한다.

Emp 테이블을 다시 Emp 테이블과 중복으로 조인하게 되면 조인에 참여하는 속성이름이 같아지는 문제가 생기는데, 이때는 별칭(alias)을 사용한다. 별칭은 테이블이나 속성이름 뒤에 대신 사용할 임시 명칭을 부여하는 기능이다. 예를 들어 Emp 테이블을 staff라는 이름으로 사용하고 싶다면 'Emp staff'라고 표시하면 staff라는 명칭을 Emp 대신 사용할 수 있다.

실습을 위해 empdept.sql 스크립트를 사용하여 데이터를 생성한 다음 질의를 수행해 보자.

(질의 예) 사원 'BLAKE'가 관리하는 부하직원의 이름과 직급을 출력하시오.

```
SELECT    staff.ename, staff.job
FROM      Emp staff, Emp manager
WHERE     staff.mgr=manager.empno and manager.ename LIKE 'BLAKE';
```

	ename	job
1	ALLEN	SALESMAN
2	WARD	SALESMAN
3	MARTIN	SALESMAN
4	TURNER	SALESMAN
5	JAMES	CLERK

세 개 이상의 테이블을 조인하는 SQL 문에 WHERE 절을 추가하여 원하는 결과만 추출할 수도 있다. 예를 들어 가격이 20,000원인 도서를 주문한 고객의 이름과 도서의 이름을 구하려면 다음과 같이 작성한다.

질의 3-26

가격이 20,000원인 도서를 주문한 고객의 이름과 도서의 이름을 구하시오.

풀이

```
SELECT    Customer.name, book.bookname
FROM      Customer, Orders, Book
WHERE     Customer.custid=Orders.custid AND Orders.bookid=Book.bookid
                 AND Book. price=20000;
```

	name	bookname
1	추신수	야구의 추억

조인 연산의 특별한 경우로 외부조인outer join이 있다. [질의 3-23]의 고객의 이름과 고객이 주문한 도서의 가격을 구하는 동등조인의 예에서 도서를 주문하지 않은 고객 '박세리'는 결과에 포함되지 않는다. 만약 도서를 구매하지 않은 고객 '박세리'까지 포함하여 고객의 이름과 고객이 주문한 도서의 가격을 구하려면 어떻게 해야 할까? 방법은 외부조인을 사용하는 것이다.

질의 3-27

도서를 구매하지 않은 고객을 포함하여 고객의 이름과 고객이 주문한 도서의 판매가격을 구하시오.

풀이

```
SELECT    Customer.name, saleprice
FROM      Customer LEFT OUTER JOIN Orders
                 ON Customer.custid=Orders.custid;
```

	name	saleprice
1	박지성	6000
2	박지성	21000
3	박지성	12000
4	김연아	8000
5	김연아	7000
6	장미란	6000
7	장미란	12000
8	장미란	13000
9	추신수	20000
10	추신수	13000
11	박세리	NULL

결과를 보면 고객 박세리의 saleprice 값이 NULL로 표시되어 있다. 왼쪽 외부조인은 LEFT OUTER JOIN … ON 문법으로 질의한다. 오른쪽에 있는 테이블에 대하여 같은 방법으로 질의하려면 RIGHT OUTER JOIN … ON을 사용하면 되고, 왼쪽과 오른쪽 테이블 모두에 대하여 질의하려면 FULL OUTER JOIN … ON을 사용하면 된다.

조인에 관한 문법은 [표 3-6]과 같다. 일반적인 조인문은 두 가지 형태로 표현할 수 있다. 외부조인은 OUTER 키워드를 사용하여 표현한다. 세 개 이상의 테이블은 테이블과 조인조건을 추가하여 작성한다.

표 3-6 조인 문법

명령	문법
내부조인	SELECT 〈속성들〉 FROM 테이블 1, 테이블 2 WHERE 〈조인조건〉 AND 〈검색조건〉
	SELECT 〈속성들〉 FROM 테이블 1 INNER JOIN 테이블 2 ON 〈조인조건〉 WHERE 〈검색조건〉
외부조인	SELECT 〈속성들〉 FROM 테이블 1 {LEFT | RIGHT | FULL [OUTER]} JOIN 테이블 2 ON 〈조인조건〉 WHERE 〈검색조건〉

부속질의

SQL 문 내에 또 다른 SQL 문을 작성해 보자. "가격이 가장 비싼 도서의 이름은 무엇인가?"라는 질문에 대한 답을 구한다고 생각해 보자. 가장 비싼 도서의 가격은 다음과 같이 구할 수 있으며 답은 35,000원이다.

```
SELECT    MAX(price)
FROM      Book;
```

만약 가장 비싼 도서의 가격을 알고 있다면 다음과 같이 가격이 35,000원인 도서의 이름을 바로 검색하면 된다.

```
SELECT    bookname
FROM      Book
WHERE     price=35000;
```

위 두 질의를 하나의 질의로 작성할 수 있을까? 가능하다. 두 번째 질의의 35,000 값 위치에 첫 번째 질의를 대치하면 된다.

질의 3-28

가장 비싼 도서의 이름을 보이시오.

풀이

```
SELECT    bookname
FROM      Book
WHERE     price=(SELECT MAX(price)
                 FROM Book);
```

	bookname
1	골프 바이블

위와 같이 SELECT 문의 WHERE 절에 또 다른 테이블 결과를 이용하기 위해 다시 SELECT 문을 괄호로 묶는 것을 부속질의subquery라고 한다. 부속질의는 질의가 중첩되어 있다는 의미에서 중첩질의nested query라고도 한다. 부속질의의 실행 순서는 [그림 3-16]과 같이 ① WHERE 절의 부속질의를 먼저 처리하고 ② 전체질의를 처리한다.

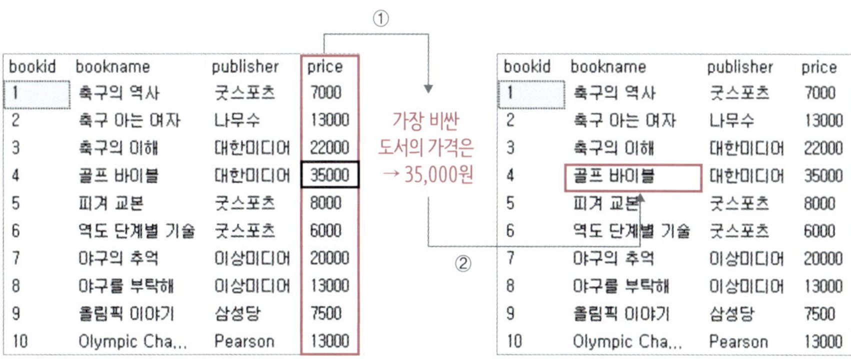

그림 3-16 부속질의의 실행 순서

부속질의는 SQL 문이다. SQL 문의 결과는 테이블이며 테이블의 결과는 다음 네 가지 중 하나가 된다.

단일행-단일열(1×1), 다중행-단일열(n×1), 단일행-다중열(1×n), 다중행-다중열(n×n)

[질의 3-28]에서는 부속질의의 결과가 단일행-단일열(1×1)로 한 개의 결과를 반환한다. 부속질의의 결과가 다중행-단일열(n×1)로 여러 개의 값을 반환하면 앞에서 배운 IN 키워드를 사용한다. 예를 들어 도서를 구매한 적이 있는 고객의 이름을 알려면 어떻게 해야 할까? 도서를 구매한 적이 있는 고객은 여러 명이므로 다중행-단일열(n×1)이 된다. 따라서 먼저 Orders 테이블에서 주문 내역을 살펴보고, 주문한 고객의 고객번호를 찾아야 한다.

```
SELECT    custid
FROM      Orders;
```

Orders 테이블에서 도서를 주문한 고객번호를 찾으면 {1, 2, 3, 4}이다. 박세리를 제외한 모든 고객이 도서를 구매한 적이 있다. 다음으로 찾은 고객번호를 이용하여 Customer 테이블에서 고객의 이름을 찾는다.

```
SELECT    name
FROM      Customer
WHERE     custid IN (1, 2, 3, 4);
```

이제 두 질의를 하나로 합쳐 보자. 두 번째 질의의 IN 뒤에 첫 번째 질의문을 대치하면 다음과 같다.

질의 3-29

도서를 구매한 적이 있는 고객의 이름을 검색하시오.

풀이

```
SELECT    name
FROM      Customer
WHERE     custid IN (SELECT custid
                     FROM Orders);
```

	name
1	박지성
2	김연아
3	장미란
4	추신수

세 개 이상의 중첩된 부속질의도 가능하다. 예를 들어 대한미디어에서 출판한 도서를 구매한 고객의 이름을 알고 싶다고 하자. 먼저 Book 테이블에서 출판사가 '대한미디어'인 도서번호를 구하고, 이 도서번호를 이용하여 Orders 테이블에서 도서를 주문한 고객의 고객번호를 구한다. 다음으로 고객번호를 이용하여 Customer 테이블에서 고객의 이름을 구한다. SQL 문에서는 다음과 같이 두 개의 부속질의를 사용하여 작성한다.

질의 3-30

'대한미디어'에서 출판한 도서를 구매한 고객의 이름을 보이시오.

풀이

```
SELECT    name
FROM      Customer
WHERE     custid IN(SELECT    custid
                    FROM      Orders
                    WHERE     bookid IN(SELECT    bookid
                                        FROM      Book
                                        WHERE     publisher='대한미디어'));
```

	name
1	박지성

위 문법을 이해하려면 아래에서부터 읽어야 한다. ① 마지막 SELECT 문에서는 대한미디어에서 출판한 도서의 bookid를 구한다. ② 가운데 SELECT 문에서는 bookid를 주문한 고객의 custid를 구한다. ③ 맨 위 SELECT 문에서는 찾은 custid에 대한 name을 구한다. [그림 3-17]은 3단계 부속질의의 실행 순서이고, [그림 3-18]은 데이터의 예를 보인 것이다.

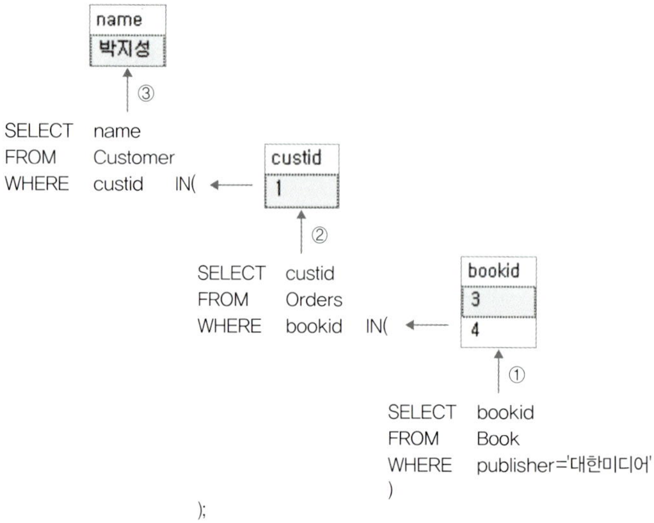

그림 3-17 3단계 부속질의의 실행 순서

'대한미디어'에서 출판한 도서를 구매한 고객의 이름을 보이시오.

bookid	bookname	publisher	price
1	축구의 역사	굿스포츠	7000
2	축구 아는 여자	나무수	13000
3	축구의 이해	대한미디어	22000
4	골프 바이블	대한미디어	35000
5	피겨 교본	굿스포츠	8000
6	역도 단계별 기술	굿스포츠	6000
7	야구의 추억	이상미디어	20000
8	야구를 부탁해	이상미디어	13000
9	올림픽 이야기	삼성당	7500
10	Olympic Cha...	Pearson	13000

custid	name	address	phone
1	박지성	영국 맨체스터	000-5000-0001
2	김연아	대한민국 서울	000-6000-0001
3	장미란	대한민국 강원도	000-7000-0001
4	추신수	미국 클리블랜드	000-8000-0001
5	박세리	대한민국 대전	NULL

orderid	custid	bookid	saleprice	orderdate
1	1	1	6000	2021-07-01
2	1	3	21000	2021-07-03
3	2	5	8000	2021-07-03
4	3	6	6000	2021-07-04
5	4	7	20000	2021-07-05
6	1	2	12000	2021-07-07
7	4	8	13000	2021-07-07
8	3	10	12000	2021-07-08
9	2	10	7000	2021-07-09
10	3	8	13000	2021-07-10

그림 3-18 3단계 부속질의의 실행 순서와 데이터 예

부속질의 간에는 상하 관계가 있으며, 실행 순서는 하위 부속질의를 먼저 실행하고 그 결과를 이용하여 상위 부속질의를 실행한다. 반면 상관 부속질의correlated subquery는 상위 부속질의의 투플을 이용하여 하위 부속질의를 계산한다. 즉 상위 부속질의와 하위 부속질의가 독립적이지 않고 서로 관련을 맺고 있다.

예를 들어 출판사별로 출판사의 평균 도서 가격보다 비싼 도서를 구한다고 하자. 출판사 '굿스포츠'를 살펴보면 모두 3권의 도서를 출간하였고, 3권의 가격 평균은 7,000원이며, 3권 중 7,000원보다 비싼 도서는 "피겨 교본"이다. 이 문제는 평균을 구한 후 평균보다 비싼 도서를 구해야 하므로 부속질의 없이 단독 SQL 문으로 작성하기 어렵다. 하위 부속질의는 상위 부속질의에서 도서와 출판사가 주어지면 종속적으로 출판사의 도서 평균을 구한다. 상위 부속질의는 이 도서가 평균보다 비싼지 비교한다.

질의 3-31

출판사별로 출판사의 평균 도서 가격보다 비싼 도서를 구하시오.

풀이

```
SELECT    b1.bookname
FROM      Book b1
WHERE     b1.price > (SELECT    avg(b2.price)
                      FROM      Book b2
                      WHERE     b2.publisher=b1.publisher);
```

	bookname
1	피겨 교본
2	골프 바이블
3	야구의 추억

위 SQL 문을 보면 상위 부속질의에 사용된 Book 테이블을 b1으로 별칭하고, 하위 부속질의에 사용된 Book 테이블을 b2로 별칭한다. [그림 3-19]는 데이터 예를 보인 것이다.

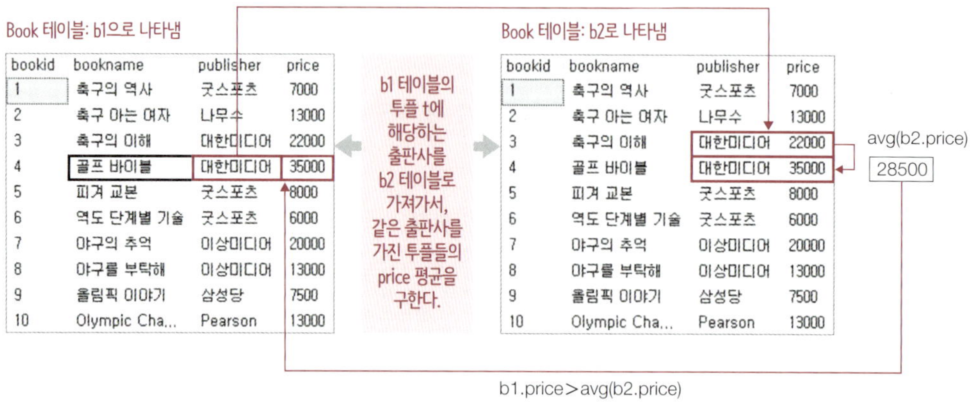

그림 3-19 상관 부속질의의 데이터 예

여기서 잠깐 **투플 변수**

테이블 이름이 길거나 한 개의 테이블이 SQL 문에 두 번 사용될 때 혼란을 피하고자 테이블에 별칭을 붙여 사용하는데, 이를 투플 변수(tuple variable)라 한다. 투플 변수는 FROM 절의 테이블 이름 뒤에 표기한다.

부속질의와 조인은 여러 테이블을 하나의 SQL 문에서 다루는 점은 같지만 차이점이 있다. 부속질의는 SELECT 문에 나오는 결과 속성을 FROM 절의 테이블에서만 얻을 수 있고, 조인은 조인한 모든 테이블에서 결과 속성을 얻을 수 있다. 조인은 부속질의가 할 수 있는 모든 것을 할 수 있다. 그러나 부속질의를 조인을 이용해서 작성해 보면 부속질의만의 편리함을 알 수 있다. 한 개의 테이블에서만 결과를 얻는 여러 테이블 질의는 조인보다 부속질의로 작성하는 것이 훨씬 편하다.

집합 연산

SQL 문의 결과는 테이블로 나타난다. 테이블은 투플의 집합이므로 테이블 간의 집합 연산을 이용하여 합집합, 차집합, 교집합을 구할 수 있다. SQL에서 집합 연산은 합집합을 UNION, 차집합을 EXCEPT, 교집합을 INTERSECT로 나타낸다. 예를 들어 보자. Customer 테이블에는 도서를 주문한 고객과 주문하지 않은 고객이 같이 있다. 도서를 주문하지 않은 고객의 이름은 어떻게 알 수 있을까? 집합으로 보면 다음과 같다.

```
{도서를 주문하지 않은 고객} = {모든 고객} - {도서를 주문한 고객}
```

모든 고객의 이름은 Customer 테이블에서 다음과 같이 구할 수 있다.

```
SELECT   name
FROM     Customer;
```

name
박지성
김연아
장미란
추신수
박세리

도서를 주문한 고객은 Orders 테이블에 기록이 있는 고객번호를 이용하여 Customer 테이블에서 구할 수 있다.

```
SELECT   name
FROM     Customer
WHERE    custid IN (SELECT custid FROM Orders);
```

name
박지성
김연아
장미란
추신수

도서를 주문하지 않은 고객은 위의 두 SQL 문을 이용하여 구한다.

질의 3-32

도서를 주문하지 않은 고객의 이름을 보이시오.

풀이

```
SELECT   name
FROM     Customer
EXCEPT
SELECT   name
FROM     Customer
WHERE    custid IN (SELECT custid FROM Orders);
```

name
박세리

EXISTS

EXISTS는 상관 부속질의문 형식이다. EXISTS는 원래 단어에서 의미하는 것과 같이 조건에 맞는 투플이 존재하면 결과에 포함시킨다. 즉 부속질의문의 어떤 행이 조건을 만족하면 참이다. 반면 NOT EXISTS는 부속질의문의 모든 행이 조건을 만족하지 않을 때만 참이다. EXISTS와 NOT EXISTS는 상관 부속질의문의 다른 형태이다. 예를 들어 도서를 주문한 고객의 이름을 찾으려면 고객 중 Orders 테이블에 고객번호가 있는지 확인하면 된다.

질의 3-33

주문이 있는 고객의 이름과 주소를 보이시오.

풀이

```
SELECT    name, address
FROM      Customer cs
WHERE     EXISTS (SELECT *
                 FROM      Orders od
                 WHERE     cs.custid=od.custid);
```

	name	address
1	박지성	영국 맨체스터
2	김연아	대한민국 서울
3	장미란	대한민국 강원도
4	추신수	미국 클리블랜드

EXISTS는 상관 부속질의문 형식이기 때문에 SELECT 문 처리는 내포된다. 실행 순서는 ① cs의 첫 행을 가져와서 부속질의문에 cs 값으로 입력한다. 부속질의문 od의 어떤 행에서 cs의 고객번호와 같은 것을 찾으면 EXISTS는 참이 되어 cs의 첫 행에 대한 name과 address가 반환된다. ② 다음으로 cs의 두 번째 행이 부속질의문에 입력된다. 같은 방식으로 부속질의문에서 SELECT 문이 처리되고 EXISTS가 참인지 거짓인지 판단한다. 참이면 두 번째 행에 대한 name과 address가 반환된다. 이 과정은 cs의 모든 행에 대하여 반복된다.

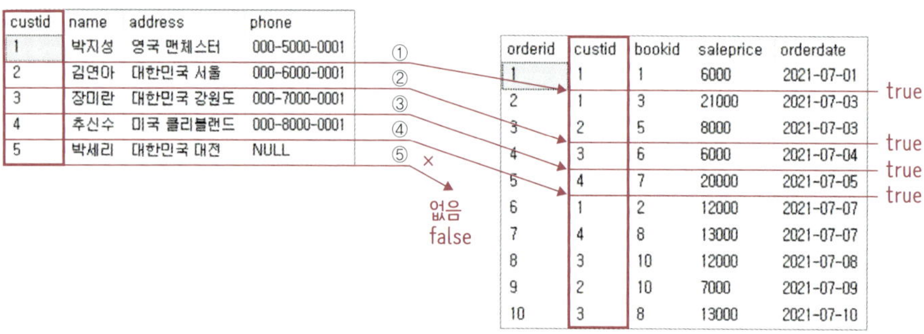

그림 3-20 EXIST 상관 부속질의문의 데이터 예

05 데이터 정의어

데이터를 저장하려면 먼저 데이터를 저장할 테이블의 구조를 만들어야 한다. SQL의 데이터 정의어는 바로 이 구조를 만드는 명령이다. 마치 사람이 집에서 살려면 집(테이블 구조 정의)을 먼저 지은 후 사람(데이터 입력)이 들어가서 살 수 있는 것과 같다. 데이터 정의어는 테이블의 구조를 만드는 CREATE 문, 구조를 변경하는 ALTER 문, 구조를 삭제하는 DROP 문이 있다.

TIP 앞에서는 이미 만들어진 테이블을 이용하여 데이터를 검색하는 방법을 배웠다면, 여기에서는 테이블을 만드는 방법을 배운다.

1 CREATE 문

CREATE 문은 테이블을 구성하고, 속성과 속성에 관한 제약을 정의하며, 기본키와 외래키를 정의하는 명령이다. CREATE 문의 문법은 다음과 같다.

```
CREATE TABLE 테이블이름
   ({ 속성이름 데이터타입
        [NOT NULL]
        [UNIQUE]
        [DEFAULT 기본값]
        [CHECK 체크조건]
   }
        [PRIMARY KEY 속성이름(들)]
        {[FOREIGN KEY 속성이름 REFERENCES 테이블이름(속성이름)]
                [ON UPDATE [NO ACTION | CASCADE | SET NULL | SET DEFAULT]]
        }
)
```

문법에서 대문자는 키워드, { } 안의 내용은 반복 가능, [ ]은 선택적 사용, |는 한 개 선택, 〈 〉은 해당되는 문법 사항이 있음을 나타낸다. 편의상 콤마(,) 기호는 생략하였다. 또 NOT NULL은 NULL 값을 허용하지 않는 제약, UNIQUE는 유일한 값에 대한 제약, DEFAULT는

기본값 설정, CHECK는 값에 대한 조건을 부여할 때 사용한다. PRIMARY KEY는 기본키를 정할 때 사용하고 FOREIGN KEY는 외래키를 지정할 때 사용하며, ON UPDATE와 ON DELETE는 외래키 속성의 수정과 투플 삭제 시 동작을 나타낸다. ON DELETE 옵션으로는 CASCADE, SET NULL이 있으며 명시하지 않으면 NO ACTION이다.

질의 3-34

다음과 같은 속성을 가진 NewBook 테이블을 생성하시오. 정수형은 INT를 사용하며 문자형은 가변형 문자 타입인 VARCHAR을 사용한다.

- bookid(도서번호)-INT
- bookname(도서이름)-VARCHAR(20)
- publisher(출판사)-VARCHAR(20)
- price(가격)-INT

풀이

```
CREATE TABLE      NewBook(
bookid            INT,
bookname          VARCHAR(20),
publisher         VARCHAR(20),
price             INT);
```

작성한 NewBook 테이블에는 아무 제약사항이 없다. 만약 기본키를 지정하고 싶다면 다음과 같이 생성한다. 기본키 속성에 괄호는 필수이다.

```
CREATE TABLE      NewBook(
bookid            INT,
bookname          VARCHAR(20),
publisher         VARCHAR(20),
price             INT
PRIMARY KEY       (bookid));
```

위 CREATE 문은 다음과 같이 써도 같은 의미가 된다.

```
CREATE TABLE        NewBook(
bookid              INT                 PRIMARY KEY,
bookname            VARCHAR(20),
publisher           VARCHAR(20),
price               INT);
```

만약 bookid 속성이 없어서 두 개의 속성 bookname, publisher가 기본키가 된다면 다음과 같이 괄호를 사용하여 복합키를 지정한다.

```
CREATE TABLE        NewBook(
bookname            VARCHAR(20),
publisher           VARCHAR(20),
price               INT
PRIMARY KEY         (bookname, publisher));
```

NewBook 테이블의 CREATE 문에 좀 더 복잡한 제약사항을 추가하면 다음과 같다.

bookname은 NULL 값을 가질 수 없고, publisher는 같은 값이 있으면 안 된다. price에 값이 입력되지 않으면 기본값 10000을 저장한다. 또 가격은 최소 1,000원 이상으로 한다.

```
CREATE TABLE        NewBook(
bookname            VARCHAR(20)  NOT NULL,
publisher           VARCHAR(20)  UNIQUE,
price               INT          DEFAULT 10000 CHECK(price > 1000),
PRIMARY KEY         (bookname, publisher));
```

질의 3-35

다음과 같은 속성을 가진 NewCustomer 테이블을 생성하시오.

- custid(고객번호)-INT, 기본키
- name(이름)-VARCHAR(40)
- address(주소)-VARCHAR(40)
- phone(전화번호)-VARCHAR(30)

풀이

```
CREATE TABLE      NewCustomer(
custid            INT      PRIMARY KEY,
name              VARCHAR(40),
address           VARCHAR(40),
phone             VARCHAR(30));
```

질의 3-36

다음과 같은 속성을 가진 NewOrders 테이블을 생성하시오.

- orderid(주문번호)-INT, 기본키
- custid(고객번호)-INT, NOT NULL 제약조건, 외래키(NewCustomer.custid, 연쇄삭제)
- bookid(도서번호)-INT, NOT NULL 제약조건
- saleprice(판매가격)-INT
- orderdate(판매일자)-DATE

풀이 CREATE 문에서 외래키를 생성해 보자. NewOrders 테이블은 고객의 주문 사항을 저장하며, 속성으로 orderid, custid, bookid, saleprice, orderdate를 갖는다. orderid는 주문번호를 나타내는 기본키이며, custid는 NewCustomer의 custid를 참조하는 외래키이다.

```
CREATE TABLE    NewOrders(
orderid         INT,
custid          INT       NOT NULL,
bookid          INT       NOT NULL,
saleprice       INT,
orderdate       DATE,
PRIMARY KEY(orderid),
FOREIGN KEY(custid) REFERENCES NewCustomer(custid) ON DELETE CASCADE);
```

외래키 제약조건을 명시할 때는 주의할 점이 있다. 반드시 참조되는 테이블(부모 릴레이션)이 존재해야 하며 참조되는 테이블의 기본키여야 한다. 외래키 지정 시 ON DELETE 또는 ON UPDATE 옵션은 참조되는 테이블의 투플이 삭제되거나 수정될 때 취할 수 있는 동작을 지정한다. 위 CREATE 문은 ON DELETE CASCADE 옵션으로 외래키 custid를 설정하였다. 이 경우 참조되는 NewCustomer 테이블의 투플(NewCustomer.custid=3일 경우라고 가정)이 삭제되면 참조하는 NewOrders 테이블의 해당 투플(NewOrders.custid=3)이 연쇄 삭제(CASCADE)된다. NO ACTION은 어떠한 동작도 취하지 않고, SET NULL은 NULL 값으로 바꾸며, SET DEFAULT는 정해진 값으로 바꾼다. 외래키의 삭제와 수정 시 선택 가능한 옵션은 2장의 참조 무결성 제약조건에서 설명하였다.

TIP 참조 무결성 제약조건은 2장을 참고한다.

한편 속성의 데이터 타입 부분에는 INT, VARCHAR와 같은 데이터 타입을 명시한다. SQL Server에서 사용하는 데이터 타입의 종류는 [표 3-7]과 같다.

표 3-7 속성의 데이터 타입 종류

데이터 타입	설명	비슷한 타입
INT	정수형, 크기는 $\pm 2^{31}$	BIGINT, SMALLINT
NUMERIC(p, s)	실수형 p자리 정수, s자리 소수	DECIMAL(p, s)
CHAR(n)	문자형 고정길이	
VARCHAR(n)	문자형 가변길이	
DATE	날짜형, 기본형은 YYYY-MM-DD	DATETIME, TIME

TIP 데이터 타입의 상세 내용은 https://docs.microsoft.com/en-us/sql/t-sql/data-types/data-types-transact-sql?redirectedfrom=MSDN&view=sql-server-ver15를 참고한다.

여기서 잠깐 CREATE DATABASE 문

CREATE TABLE 문을 사용하려면 먼저 테이블이 저장될 데이터베이스가 있어야 한다. 파일을 저장하려면 폴더가 있어야 하는 것과 같다. 데이터베이스를 생성하려면 CREATE DATABASE 문을 이용한다. 생성된 데이터베이스를 사용하려면 USE 명령어를 사용한다. madang 데이터베이스를 생성하고 사용하려면 다음과 같은 명령어를 사용한다.

```
CREATE DATABASE madang
USE madang
CREATE TABLE Book(……
```

TIP madang 데이터베이스는 부록 B에서 이미 생성하였다.

2 ALTER 문

ALTER 문은 생성된 테이블의 속성과 속성에 관한 제약을 변경하며, 기본키와 외래키를 변경한다. ALTER 문의 문법은 다음과 같다.

```
ALTER TABLE 테이블이름
        [ADD 속성이름 데이터 타입]
        [DROP COLUMN 속성이름]
        [ALTER COLUMN 속성이름 데이터 타입]
        [ALTER COLUMN 속성이름 [NULL | NOT NULL]]
        [ADD PRIMARY KEY(속성이름)]
        [[ADD | DROP] 제약이름]
```

ALTER 문에서 ADD, DROP은 속성을 추가하거나 제거할 때 사용한다. DEFAULT는 속성의 기본값을 설정하거나 삭제할 때 사용한다. 그리고 ADD 〈제약이름〉, DROP 〈제약이름〉은 제약사항을 추가하거나 삭제할 때 사용한다. 〈제약이름〉은 PRIMARY, FOREIGN, NOT NULL, UNIQUE 등이 있다.

다음은 앞에서 실습한 NewBook 테이블을 생성하는 CREATE 문이다.

```
CREATE TABLE      NewBook(
    bookid        INT,
    bookname      VARCHAR(20),
    publisher     VARCHAR(20),
    price         INT);
```

질의 3-37

NewBook 테이블에 VARCHAR(13)의 자료형을 가진 isbn 속성을 추가하시오.

풀이 NewBook 테이블에 isbn 속성을 추가하려면 다음과 같이 ALTER 문을 사용해야 한다. 테이블을 수정하려면 테이블을 삭제하고 다시 생성해도 되지만 테이블에 저장된 데이터를 그대로 두고 변경할 때는 ALTER 문을 사용한다.

```
ALTER TABLE NewBook ADD isbn VARCHAR(13);
```

속성을 삭제하거나 제약사항을 변경하는 예를 보자.

질의 3-38

NewBook 테이블의 isbn 속성의 데이터 타입을 INT형으로 변경하시오.

풀이

```
ALTER TABLE NewBook ALTER COLUMN isbn INT;
```

질의 3-39

NewBook 테이블의 isbn 속성을 삭제하시오.

풀이

```
ALTER TABLE NewBook DROP COLUMN isbn;
```

질의 3-40

NewBook 테이블의 bookname 속성에 NOT NULL 제약조건을 적용하시오.

풀이

```
ALTER TABLE NewBook ALTER COLUMN bookname INT NOT NULL;
```

질의 3-41

NewBook 테이블의 bookid 속성을 기본키로 변경하시오.

TIP 기본키는 NOT NULL 속성만 가능하다.

풀이

```
ALTER TABLE NewBook ADD PRIMARY KEY(bookid);
```

3 DROP 문

DROP 문은 테이블을 삭제하는 명령이다. DROP 문은 테이블의 구조와 데이터를 모두 삭제하므로 사용에 주의해야 한다. 데이터만 삭제하려면 DELETE 문을 사용한다. DROP 문의 문법은 다음과 같다.

```
DROP TABLE 테이블이름
```

DROP 문의 예는 다음과 같다.

질의 3-42

NewBook 테이블을 삭제하시오.

풀이

```
DROP TABLE NewBook;
```

질의 3-43

NewCustomer 테이블을 삭제하시오. 만약 삭제가 거절된다면 원인을 파악하고 관련된 테이블을 같이 삭제하시오.

풀이

```
DROP TABLE NewCustomer;
```

삭제하려는 테이블의 기본키를 다른 테이블에서 참조하고 있다면 삭제가 거절될 수 있다. 삭제를 하기 위해서는 참조하고 있는 테이블부터 삭제해야 한다.

```
DROP TABLE NewOrders;
DROP TABLE NewCustomer;
```

06 데이터 조작어–삽입, 수정, 삭제

지금까지 SELECT 문을 사용하여 검색하는 방법과 CREATE 문을 사용하여 테이블의 구조를 만드는 방법을 배웠다. 이 절에서는 만들어진 테이블에 투플을 삽입, 삭제, 수정하는 방법을 배운다. 4절에서 데이터 정의어를 사람이 살기 위해 집을 짓는 것에 비유했다면, 이 절에서 다룰 데이터 조작어는 만들어진 집에 사람을 들여보내고(INSERT), 내보내는(DELETE) 것과 같다.

1 INSERT 문

INSERT 문은 테이블에 새로운 투플을 삽입하는 명령이다. 문법은 다음과 같다.

```
INSERT INTO 테이블이름[(속성리스트)]
    VALUES (값리스트);
```

질의 3-44

Book 테이블에 새로운 도서 '스포츠 의학'을 삽입하시오. 스포츠 의학은 한솔의학서적에서 출간했으며 가격은 90,000원이다.

풀이

```
INSERT INTO Book(bookid, bookname, publisher, price)
       VALUES (11, '스포츠 의학', '한솔의학서적', 90000);
```

TIP 결과를 확인하기 위해서는 'SELECT * FROM Book;' 명령을 실행해야 한다.

	bookid	bookname	publisher	price
1	1	축구의 역사	굿스포츠	7000
2	2	축구 아는 여자	나무수	13000
3	3	축구의 이해	대한미디어	22000
4	4	골프 바이블	대한미디어	35000
5	5	피겨 교본	굿스포츠	8000
6	6	역도 단계별 기술	굿스포츠	6000
7	7	야구의 추억	이상미디어	20000
8	8	야구를 부탁해	이상미디어	13000
9	9	올림픽 이야기	삼성당	7500
10	10	Olympic Champions	Pearson	13000
11	11	스포츠 의학	한솔의학서적	90000

새로운 투플을 삽입할 때 속성의 이름은 생략할 수 있다. 이때 데이터의 입력 순서는 속성의 순서와 일치해야 한다.

```
INSERT INTO Book
        VALUES (12, '스포츠 의학', '한솔의학서적', 90000);
```

데이터는 항상 속성의 순서대로 입력하지 않아도 된다. 만약 price를 publisher 앞에 입력하고 싶다면 속성의 이름과 데이터의 순서를 바꾸면 된다.

```
INSERT INTO Book(bookid, bookname, price, publisher)
        VALUES (13, '스포츠 의학', 90000, '한솔의학서적');
```

만약 몇 개의 속성만 입력해야 한다면 해당되는 속성만 명시하면 된다. 예를 들어 도서의 가격을 몰라 bookid, bookname, publisher만 입력해야 할 때 다음과 같이 작성한다. 질의의 결과 도서의 가격은 0이 아닌 NULL이라는 특수한 값으로 저장된다.

질의 3-45

Book 테이블에 새로운 도서 '스포츠 의학'을 삽입하시오. 스포츠 의학은 한솔의학서적에서 출간했으며 가격은 미정이다.

풀이

```
INSERT INTO Book(bookid, bookname, publisher)
        VALUES (14, '스포츠 의학', '한솔의학서적');
```

	bookid	bookname	publisher	price
1	1	축구의 역사	굿스포츠	7000
2	2	축구 아는 여자	나무수	13000
3	3	축구의 이해	대한미디어	22000
4	4	골프 바이블	대한미디어	35000
5	5	피겨 교본	굿스포츠	8000
6	6	역도 단계별 기술	굿스포츠	6000
7	7	야구의 추억	이상미디어	20000
8	8	야구를 부탁해	이상미디어	13000
9	9	올림픽 이야기	삼성당	7500
10	10	Olympic Champions	Pearson	13000
11	11	스포츠 의학	한솔의학서적	90000
12	14	스포츠 의학	한솔의학서적	NULL

INSERT 문은 SELECT 문을 사용하여 작성할 수도 있다. 이는 한꺼번에 여러 개의 투플을 삽입하는 방법으로 대량 삽입bulk insert이라고도 한다. 예를 들어 Imported_book이라는 테이블에 저장된 데이터를 읽어서 Book 테이블에 삽입하려면 다음과 같이 작성한다. 이때 Imported_book(bookid, bookname, price, publisher) 테이블에는 Book 테이블과 같은 타입의 데이터가 저장되어 있어야 한다.

질의 3-46

수입도서 목록(Imported_book)을 Book 테이블에 모두 삽입하시오.

풀이

```
INSERT INTO Book(bookid, bookname, price, publisher)
       SELECT    bookid, bookname, price, publisher
       FROM      Imported_book;
```

	bookid	bookname	publisher	price
1	1	축구의 역사	굿스포츠	7000
2	2	축구 아는 여자	나무수	13000
3	3	축구의 이해	대한미디어	22000
4	4	골프 바이블	대한미디어	35000
5	5	피겨 교본	굿스포츠	8000
6	6	역도 단계별 기술	굿스포츠	6000
7	7	야구의 추억	이상미디어	20000
8	8	야구를 부탁해	이상미디어	13000
9	9	올림픽 이야기	삼성당	7500
10	10	Olympic Champions	Pearson	13000
11	11	스포츠 의학	한솔의학서적	90000
12	14	스포츠 의학	한솔의학서적	NULL
13	21	Zen Golf	Pearson	12000
14	22	Soccer Skills	Human Kinetics	15000

2 UPDATE 문

UPDATE 문은 특정 속성값을 수정하는 명령이다. 문법은 다음과 같다.

```
UPDATE    테이블이름
SET       속성이름 1=값 1[, 속성이름 2=값 2, …]
[WHERE    <검색조건>];
```

질의 3-47

Customer 테이블에서 고객번호가 5인 고객의 주소를 '대한민국 부산'으로 변경하시오.

풀이

```
UPDATE    Customer
SET       address='대한민국 부산'
WHERE     custid=5;
```

TIP 결과를 확인하기 위해서는 'SELECT * FROM Customer;' 명령을 실행해야 한다.

	custid	name	address	phone
1	1	박지성	영국 맨체스터	000-5000-0001
2	2	김연아	대한민국 서울	000-6000-0001
3	3	장미란	대한민국 강원도	000-7000-0001
4	4	추신수	미국 클리블랜드	000-8000-0001
5	5	박세리	대한민국 부산	NULL

UPDATE 문은 다른 테이블의 속성값을 이용할 수도 있다. 예를 들어 Customer 테이블의 박세리 고객의 주소를 김연아 고객의 주소로 바꿀 때 다음과 같이 SELECT 문을 넣어 작성한다.

질의 3-48

Customer 테이블에서 박세리 고객의 주소를 김연아 고객의 주소로 변경하시오.

풀이

```
UPDATE    Customer
SET       address=(SELECT    address
                   FROM      Customer
                   WHERE     name='김연아')
WHERE     name='박세리';
```

	custid	name	address	phone
1	1	박지성	영국 맨체스터	000-5000-0001
2	2	김연아	대한민국 서울	000-6000-0001
3	3	장미란	대한민국 강원도	000-7000-0001
4	4	추신수	미국 클리블랜드	000-8000-0001
5	5	박세리	대한민국 서울	NULL

TIP 결과를 확인하기 위해서는 'SELECT * FROM Customer;' 명령을 실행해야 한다.

여기서 잠깐 **UPDATE 문 작성 시 주의사항**

UPDATE 문에서 여러 속성값을 한꺼번에 수정하는 작업은 가능하다. 그러나 잘못 사용하면 위험하다. 예를 들어 다음 SQL 문을 보자.

```
UPDATE    Customer
SET       address='대한민국 서울';
```

위 SQL 문은 고객번호가 5인 고객의 주소를 변경하고자 의도했다가 잘못 작성되어 엉뚱한 결과가 나온 예이다. 모든 고객의 주소가 '대한민국 서울'로 바뀐 것이다. 잘못 수정된 데이터는 다시 원래대로 되돌리는 방법이 있기는 하지만 경우에 따라 문제를 일으킬 수 있으므로 주의해야 한다.

3 DELETE 문

DELETE 문은 테이블에 있는 기존 투플을 삭제하는 명령이다. 문법은 다음과 같다.

```
DELETE    FROM        테이블이름
[WHERE    검색조건];
```

DELETE 문은 〈검색조건〉에 해당되는 투플을 삭제한다. 〈검색조건〉이 없으면 모든 투플을 삭제한다.

질의 3-49

Customer 테이블에서 고객번호가 5인 고객을 삭제한 후 결과를 확인하시오.

풀이

```
DELETE    FROM      Customer
WHERE     custid=5;

SELECT * FROM Customer;
```

	custid	name	address	phone
1	1	박지성	영국 맨체스터	000-5000-0001
2	2	김연아	대한민국 서울	000-6000-0001
3	3	장미란	대한민국 강원도	000-7000-0001
4	4	추신수	미국 클리블랜드	000-8000-0001

위 SQL 문에서 WHERE 절을 빼면 고객 테이블의 모든 투플이 삭제되고 빈 테이블만 남는다.

질의 3-50

모든 고객을 삭제하시오.

풀이

```
DELETE   FROM    Customer;
```

```
메시지
메시지 547, 수준 16, 상태 0, 줄 1
DELETE 문이 REFERENCE 제약 조건 "FK__Orders__custid__286302EC"과(와) 충돌했습니다. 데이터베이스 "Madang",
테이블 "dbo.Orders", column 'custid'에서 충돌이 발생했습니다.
문이 종료되었습니다.
```

위 SQL 문은 실행되지 않는다. 그 이유는 Orders 테이블에서 Customer.custid 속성을 외래키로 참조하고 있기 때문이다. 제약이 해제되지 않으면 데이터 삭제가 중지된다.

TIP DROP 문은 DDL 문으로 테이블의 구조를 삭제한다. 당연히 데이터도 같이 삭제된다. DELETE 문은 DML 문으로 테이블의 구조는 그대로 두고 데이터만 삭제한다.

요약

01 SQL

SQL(Structured Query Language)은 1970년대 후반 IBM이 SEQUEL(Structured English QUEry Language)이라는 이름으로 개발한 관계형 데이터베이스 언어이다.

02 데이터 정의어(DDL)

테이블이나 관계의 구조를 생성하는 데 사용하며 CREATE, ALTER, DROP 문 등이 있다.

03 데이터 조작어(DML)

테이블에 데이터를 검색 · 삽입 · 수정 · 삭제하는 데 사용하며 SELECT, INSERT, DELETE, UPDATE 문 등이 있다. 여기서 SELECT 문은 데이터를 조회하는 명령어라 하여 특별히 질의어(query)라고 부른다.

04 WHERE 조건

WHERE 절 다음에 나올 수 있는 조건으로 사용할 수 있는 술어(predicate)는 비교, 범위, 집합, 패턴, NULL 등이 있다.

05 집계 함수

테이블의 각 열에 대해 계산을 하는 함수로 SUM, AVG, MIN, MAX, COUNT의 다섯 가지가 있다.

06 GROUP BY

속성의 공통 값에 따라 그룹을 만드는 데 사용하는 명령이다.

07 HAVING

GROUP BY 절의 결과 나타나는 그룹을 제한하는 역할을 한다.

08 조인

한 테이블의 행을 다른 테이블의 행에 연결함으로써 두 개 이상의 테이블을 결합하는 연산이다.

09 동등조인(내부조인)

동등조건에 의하여 테이블을 조인하는 것을 동등조인(equi join)이라고 한다. 조인이라고 하면 대부분 동등조인을 말한다. 동등조인은 내부조인(inner join)이라고도 한다.

10 부속질의

SELECT 문의 WHERE 절에 또 다른 테이블 결과를 이용하기 위해 다시 SELECT 문을 괄호로 묶는 것을 부속질의(subquery)라고 한다. 부속질의는 질의가 중첩되어 있다는 의미에서 중첩질의(nested query)라고도 한다.

11 상관 부속질의

상관 부속질의(correlated subquery)는 상위 부속질의와 하위 부속질의가 독립적이지 않고 상위 부속질의의 투플을 이용하여 하위 부속질의를 계산하는 질의를 말한다.

12 투플 변수

FROM 절의 테이블 이름 뒤에 테이블의 다른 이름을 붙여 주는 것을 투플 변수라고 한다.

13 집합 연산

SQL에서 집합 연산은 합집합을 UNION, 차집합을 EXCEPT(타 DBMS에서는 MINUS를 사용), 교집합을 INTERSECT로 나타낸다.

14 EXISTS

원래 단어에서 의미하는 것과 같이 조건에 맞는 투플이 존재하면 결과에 포함시킨다. EXISTS는 부속질의문의 어떤 행이 조건을 만족하면 참이다. 반면 NOT EXISTS는 부속질의문의 모든 행이 조건을 만족하지 않을 때만 참이다.

15 CREATE

테이블을 구성하고, 속성과 속성에 관한 제약을 정의하며, 기본키와 외래키를 정의한다.

16 ALTER

생성된 테이블의 속성과 속성에 관한 제약을 변경하며, 기본키와 외래키를 변경한다.

17 DROP

테이블의 구조와 데이터를 삭제한다.

18 INSERT, UPDATE, DELETE

테이블에 새로운 투플을 삽입, 삭제, 수정한다.

연습문제

※ 1절에 포함된 마당서점 데이터베이스를 바탕으로 다음 1~5번 문제에 답하시오. 마당서점의 초기 자료로 실습하고 싶으면 demo_madang_init.sql을 실행해 자료를 초기화하면 된다.

01 마당서점의 고객이 요구하는 다음 질문에 대해 SQL 문을 작성하시오.

(1) 도서번호가 1인 도서의 이름

(2) 가격이 20,000원 이상인 도서의 이름

(3) 박지성의 총구매액

(4) 박지성이 구매한 도서의 수

(5) 박지성이 구매한 도서의 출판사 수

(6) 박지성이 구매한 도서의 이름, 가격, 정가와 판매가격의 차이

(7) 박지성이 구매하지 않은 도서의 이름

02 마당서점의 운영자와 경영자가 요구하는 다음 질문에 대해 SQL 문을 작성하시오.

(1) 마당서점 도서의 총개수

(2) 마당서점에 도서를 출고하는 출판사의 총개수

(3) 모든 고객의 이름, 주소

(4) 2021년 7월 4일~7월 7일 사이에 주문받은 도서의 주문번호

(5) 2021년 7월 4일~7월 7일 사이에 주문받은 도서를 제외한 도서의 주문번호

(6) 성이 '김' 씨인 고객의 이름과 주소

(7) 성이 '김' 씨이고 이름이 '아'로 끝나는 고객의 이름과 주소

(8) 주문하지 않은 고객의 이름(부속질의 사용)

(9) 주문 금액의 총액과 주문의 평균 금액

(10) 고객의 이름과 고객별 구매액

(11) 고객의 이름과 고객이 구매한 도서 목록

(12) 도서의 가격(Book 테이블)과 판매가격(Orders 테이블)의 차이가 가장 많은 주문

(13) 도서의 판매액 평균보다 자신의 구매액 평균이 더 높은 고객의 이름

03 마당서점에서 다음의 심화 질문에 대해 SQL 문을 작성하시오.

(1) 박지성이 구매한 도서의 출판사와 같은 출판사에서 도서를 구매한 고객의 이름

(2) 두 개 이상의 서로 다른 출판사에서 도서를 구매한 고객의 이름

(3) 전체 고객의 30% 이상이 구매한 도서

04 다음 질의에 대해 DDL 문과 DML 문을 작성하시오.

(1) 새로운 도서('스포츠 세계', '대한미디어', 10,000원)가 마당서점에 입고되었다. 삽입이 안 될 때 필요한 데이터가 더 있는지 찾아보시오.

(2) '삼성당'에서 출판한 도서를 삭제하시오.

(3) '이상미디어'에서 출판한 도서를 삭제하시오. 삭제가 안 되면 원인을 생각해 보시오.

(4) 출판사 '대한미디어'를 '대한출판사'로 이름을 바꾸시오.

(5) (테이블 생성) 출판사에 대한 정보를 저장하는 테이블 Bookcompany(name, address, begin)를 생성하고자 한다. name은 기본키이며 VARCHAR(20), address는 VARCHAR(20), begin은 DATE 타입으로 선언하여 생성하시오.

(6) (테이블 수정) Bookcompany 테이블에 인터넷 주소를 저장하는 webaddress 속성을 VARCHAR(30)으로 추가하시오.

(7) Bookcompany 테이블에 임의의 투플 name=한빛아카데미, address=서울시 마포구, begin=1993-01-01, webaddress=http://hanbit.co.kr을 삽입하시오.

05 다음 EXISTS 질의의 결과를 보이시오.

```
SELECT    *
FROM      Customer c1
WHERE     NOT EXISTS (SELECT   *
                      FROM     Orders c2
                      WHERE    c1.custid=c2.custid);
```

(1) 질의의 결과는 무엇인가?

(2) NOT을 지우면 질의의 결과는 무엇인가?

06 다음 과제 테이블은 학년별 동아리에 가입한 학생 수와 제출한 과제 수를 저장하고 있다. '학생이 10명 이상 가입한 동아리에 대하여 동아리와 제출한 총 과제 수를 출력하시오'를 수행하기 위한 SQL 문을 작성하시오.

과제

학년	동아리	학생 수	과제 수
1	A	20	20
1	B	10	20
1	C	5	8
2	A	15	10
2	B	15	20
3	A	5	15
3	B	12	20
3	C	8	15

07 도서(도서번호, 도서제목, 출판사명, 발행연도) 테이블에서 2000년 이후에 10권 이상의 책을 발행한 출판사의 이름을 중복 없이 출력하는 SQL 문으로 옳은 것은? (단, 출판사명이 동일한 출판사는 존재하지 않는 것으로 가정한다. 도서번호는 도서 테이블의 기본키이다.)

08 다음 두 릴레이션 R(A, B, C)와 S(A, D, E)가 있을 때 SQL 문을 수행한 후 생성되는 투플의 개수는?

R

A	B	C
1	a	10
1	a	11
1	a	25
2	b	22
3	b	21
5	c	17

S

A	D	E
1	p	x
1	p	y
2	q	y
4	r	w
6	s	z

```
(SELECT DISTINCT A FROM R)
UNION ALL
(SELECT A FROM S)
```

09 회사 데이터베이스에서 직원이 6명 이상인 부서의 부서명과 그 부서 소속 직원 중 급여가 40,000 이상인 직원의 수를 검색하는 SQL 질의를 작성하시오. (단, 모든 부서에서 급여가 40,000 이상인 직원이 1명 이상 있다고 가정한다.)

직원

주민번호(PK)	이름	주소	성별	급여	소속부서번호(FK)

부서

부서번호(FK)	부서명	부서장주민번호(FK)	주소

10 다음 '사원' 테이블을 생성하는 SQL 문에서 부서의 속성값을 '인사', '연구', '영업'으로 제한하고자 한다. ㉠, ㉡에 들어갈 내용으로 옳은 것은?

```
CREATE TABLE 사원
 (사번      NUMBER     NOT NULL,
  이름      CHAR(10),
  직급      CHAR(10),
  부서      CHAR(10)    ㉠ (부서  ㉡ ('인사', '연구', '영업')));
```

11 [극장 데이터베이스] 다음은 네 개의 지점을 둔 극장 데이터베이스이다. 밑줄 친 속성은 기본키이다. 테이블의 구조를 만들고 데이터를 입력한 후 다음 질의에 대한 SQL 문을 작성하시오. 테이블의 구조를 만들 때 다음 제약조건을 반영하여 작성한다.

■ **테이블 구조와 데이터**

극장

<u>극장번호</u>	극장이름	위치
1	롯데	잠실
2	메가	강남
3	대한	잠실

상영관

<u>극장번호</u>	<u>상영관번호</u>	영화제목	가격	좌석 수
1	1	어려운 영화	15000	48
3	1	멋진 영화	7500	120
3	2	재밌는 영화	8000	110

예약

<u>극장번호</u>	<u>상영관번호</u>	<u>고객번호</u>	좌석번호	날짜
3	2	3	15	2021-09-01
3	1	4	16	2021-09-01
1	1	9	48	2021-09-01

고객

<u>고객번호</u>	이름	주소
3	홍길동	강남
4	김철수	잠실
9	박영희	강남

■ **제약조건**

영화 가격은 20,000원을 넘지 않아야 한다.

상영관번호는 1부터 10 사이이다.

같은 사람이 같은 좌석번호를 두 번 예약하지 않아야 한다.

(1) 단순질의

① 모든 극장의 이름과 위치를 보이시오.

② '잠실'에 있는 극장을 보이시오.

③ '잠실'에 사는 고객의 이름을 오름차순으로 보이시오.

④ 가격이 8,000원 이하인 영화의 극장번호, 상영관번호, 영화제목을 보이시오.

⑤ 극장 위치와 고객의 주소가 같은 고객을 보이시오.

(2) 집계질의

① 극장의 수는 몇 개인가?

② 상영되는 영화의 평균가격은 얼마인가?

③ 2021년 9월 1일에 영화를 관람한 고객의 수는 얼마인가?

(3) 부속질의와 조인

① '대한' 극장에서 상영된 영화제목을 보이시오.

② '대한' 극장에서 영화를 본 고객의 이름을 보이시오.

③ '대한' 극장의 전체 수입을 보이시오.

(4) 그룹질의

① 극장별 상영관 수를 보이시오.

② '잠실'에 있는 극장의 상영관을 보이시오.

③ 2021년 9월 1일의 극장별 평균 관람 고객 수를 보이시오.

④ 2021년 9월 1일에 가장 많은 고객이 관람한 영화를 보이시오.

(5) DML

① 각 테이블에 데이터를 삽입하는 INSERT 문을 하나씩 실행해 보시오.

② 영화의 가격을 10%씩 인상하시오.

12 **[판매원 데이터베이스]** 다음 릴레이션을 보고 물음에 답하시오. Salesperson은 판매원, Order는 주문, Customer는 고객을 나타낸다. 밑줄 친 속성은 기본키이고 custname과 salesperson은 각각 Customer.name과 Salesperson.name을 참조하는 외래키이다.

> Salesperson(<u>name</u>, age, salary)
> Order(number, <u>custname</u>, <u>salesperson</u>, amount)
> Customer(<u>name</u>, city, industrytype)

(1) 테이블을 생성하는 CREATE 문과 데이터를 삽입하는 INSERT 문을 작성하시오. 테이블의 데이터 타입은 임의로 정하고, 데이터는 아래 질의의 결과가 나오도록 삽입한다.

(2) 모든 판매원의 이름과 급여를 보이시오. 단, 중복 행은 제거한다.

(3) 나이가 30세 미만인 판매원의 이름을 보이시오.

(4) 'S'로 끝나는 도시에 사는 고객의 이름을 보이시오.

(5) 주문을 한 고객의 수(서로 다른 고객만)를 구하시오.

(6) 판매원 각각에 대하여 주문의 수를 계산하시오.

(7) 'LA'에 사는 고객으로부터 주문을 받은 판매원의 이름과 나이를 보이시오(부속질의 사용).

(8) 'LA'에 사는 고객으로부터 주문을 받은 판매원의 이름과 나이를 보이시오(조인 사용).

(9) 두 번 이상 주문을 받은 판매원의 이름을 보이시오.

(10) 판매원 'TOM'의 봉급을 45,000원으로 변경하는 SQL 문을 작성하시오.

13 **[기업 프로젝트 데이터베이스]** 다음 릴레이션을 보고 물음에 답하시오. Employee는 사원, Department는 부서, Project는 프로젝트, Works는 사원이 프로젝트에 참여한 내용을 나타낸다. 한 사원이 여러 프로젝트에서 일하거나 한 프로젝트에 여러 사원이 일할 수 있다. hoursworked 속성은 각 사원이 각 프로젝트에서 일한 시간을 나타낸다. 밑줄 친 속성은 기본키이다.

> Employee(empno, name, phoneno, address, sex, position, deptno)
> Department(deptno, deptname, manager)
> Project(projno, projname, deptno)
> Works(empno, projno, hours-worked)

(1) 테이블을 생성하는 CREATE 문과 데이터를 삽입하는 INSERT 문을 작성하시오. 테이블의 데이터 타입은 임의로 정하고, 데이터는 아래 질의의 결과가 나오도록 삽입한다.

(2) 모든 사원의 이름을 보이시오.

(3) 여자 사원의 이름을 보이시오.

(4) 팀장(manager)의 이름을 보이시오.

(5) 'IT' 부서에서 일하는 사원의 이름과 주소를 보이시오.

(6) '홍길동' 팀장(manager) 부서에서 일하는 사원 수를 보이시오.

(7) 사원들이 일한 시간 수를 부서별, 사원 이름별 오름차순으로 보이시오.

(8) 2명 이상의 사원이 참여한 프로젝트의 번호, 이름, 사원 수를 보이시오.

(9) 3명 이상의 사원이 있는 부서의 사원 이름을 보이시오.

14 **[사원 데이터베이스]** 다음은 어느 회사의 데이터베이스이다(empdept.sql 스크립트). 다음 질문에 대해 SQL 문을 작성하시오.

Dept는 부서(Department) 테이블로 deptno(부서번호), dname(부서이름), loc(위치, location)으로 구성되어 있다. Emp는 사원(Employee) 테이블로 empno(사원번호), ename(사원이름), job(업무), mgr(팀장번호, manager), hiredate(고용날짜), sal(급여, salary), comm(커미션금액, commission), deptno(부서번호)로 구성되어 있다. 밑줄 친 속성은 기본키이고 Emp의 deptno는 Dept의 deptno를 참조하는 외래키이다.

```
Dept(deptno INT, dname VARCHAR(14), loc VARCHAR(13))
Emp(empno INT, ename VARCHAR(10), job VARCHAR(9),
        mgr INT, hiredate DATE, sal DECIMAL(7,2),
        comm DECIMAL(7,2), deptno INT)
```

(1) 사원의 이름과 업무(job)를 출력하시오. 단, 사원의 이름은 '사원이름', 업무는 '사원업무' 머리글이 나오도록 출력한다.

(2) 30번 부서에 근무하는 모든 사원의 이름과 급여(sal, salary)를 출력하시오.

(3) 사원번호와 이름, 현재 급여, 증가된 급여분(열 이름은 '증가액'), 10% 인상된 급여(열 이름은 '인상된 급여')를 사원번호순으로 출력하시오.

(4) 'S'로 시작하는 모든 사원과 부서번호(deptno)를 출력하시오.

(5) 모든 사원의 최대 및 최소 급여, 합계 및 평균급여를 출력하시오. 열 이름은 각각 MAX, MIN, SUM, AVG로 한다. 단, 소수점 이하는 반올림하여 정수로 출력한다.

(6) 업무 이름과 업무별로 동일한 업무를 하는 사원 수를 출력하시오. 열 이름은 각각 '업무'와 '업무별 사원수'로 한다.

(7) 사원의 최대 급여와 최소 급여의 차액을 출력하시오.

(8) 30번 부서의 사원 수와 사원들 급여의 합계와 평균을 출력하시오.

(9) 평균급여가 가장 높은 부서의 번호를 출력하시오.

(10) 세일즈맨(SAPLESMAN)을 제외하고, 업무별 사원의 총급여가 3,000 이상인 각 업무에 대해서 업무명과 업무별 평균급여를 출력하시오. 단 평균급여의 내림차순으로 출력한다.

(11) 전체 사원 가운데 직속상관이 있는 사원 수를 출력하시오.

(12) Emp 테이블에서 이름, 급여, 커미션(comm) 금액, 총액(sal*12 + comm)을 구해 총액이 많은 순서대로 출력하시오. 단, 커미션이 NULL인 사람은 제외한다.

(13) 부서별로 같은 업무를 하는 사람의 인원수를 구하여 부서번호, 업무 이름, 인원수를 출력하시오.

(14) 사원이 한 명도 없는 부서의 이름을 출력하시오.

(15) 같은 업무를 하는 사람의 수가 4명 이상인 업무와 인원수를 출력하시오.

(16) 사원번호가 7400 이상 7600 이하인 사원의 이름을 출력하시오.

(17) 사원의 이름과 사원의 부서이름을 출력하시오.

(18) 사원의 이름과 팀장(mgr)의 이름을 출력하시오.

(19) 사원 SCOTT보다 급여를 많이 받는 사람의 이름을 출력하시오.

(20) 사원 SCOTT이 일하는 부서번호 또는 DALLAS에 있는 부서번호를 출력하시오.

15 **[인사부서 데이터베이스]** 다음은 어느 기업의 인사과 데이터베이스이다. 편의상 데이터베이스 이름을 'hr'이라고 부른다. 인사과(human resource, hr) 데이터베이스의 스키마는 아래와 같다. 다음 질문에 대해 SQL 문을 작성하시오.

hr 데이터베이스는 hr-schema-mssql.sql 스크립트를 실행하여 설치한다. 아래 그림은 데이터베이스 모델을 표현하는 IE(Information Engineering) 표기법을 사용하여 그린 것이다.

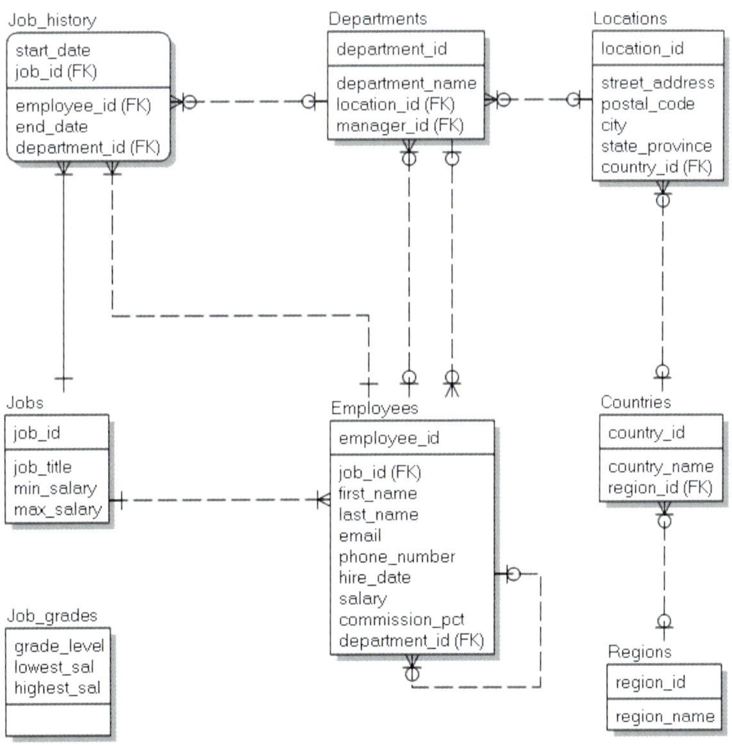

(1) 각 테이블에 대하여 기본키, 외래키를 표시하시오.

(2) 테이블의 구조를 살펴보자.

(3) Employees와 Departments 테이블에 저장된 투플의 개수를 출력하시오.

(4) Employees 테이블에 대한 employee_id, last_name, job_id, hire_date를 출력하시오.

(5) Employees 테이블에서 salary가 12,000 이상인 직원의 last_name과 salary를 출력하시오.

(6) 부서번호(department_id)가 20 또는 50인 직원의 last_name과 department_id를 last_name에 대하여 오름차순으로 출력하시오.

(7) last_name의 세 번째에 a가 들어가는 직원의 last_name을 출력하시오.

(8) 같은 일(job)을 하는 사람의 수를 세어 출력하시오.

(9) 급여(salary)의 최댓값과 최솟값의 차이를 구하시오.

(10) Toronto에서 일하는 직원의 last_name, job, department_id, department_name을 출력하시오.

※ 지금부터는 영어로 기술된 질의이다. 질의에 해당하는 SQL 문을 작성하시오.

(11) Create a report to display the last name, job ID, and start date for the employees whose last names are Matos and Taylor. Order the query in ascending order by start date.

(12) The HR department needs a report that displays the last name and hire date for all employees who were hired in 1994.

(13) Display the last name, job, and salary for all employees whose job is either that of a sales representative or a stock clerk, and whose salary is not equal to $2,500, $3,500, or $7,000.

(14) Determine the number of managers without listing them. Label the column Number of Managers.

(15) Create a report to display the manager number and the salary of the lowest-paid employee for that manager. Exclude anyone whose manager is not known. Exclude any groups where the minimum salary is $6,000 or less. Sort the output in descending order of salary.

(16) Create a report to display the last name and employee number of employees along with their manager's last name and manager number. Label the columns Employee, Emp#, Manager, and Mgr#, respectively.

(17) Create a report for the HR department that displays employee last names, department numbers, and all the employees who work in the same department as a given employee.

(18) Create a report for the HR department that displays the department number, last name, and job ID for every employee in the Executive department.

(19) Create a report for the HR department that displays the last name and salary of every employee who reports to King.

(20) The HR department needs a list of department IDs for departments that do not contain the job ID ST_CLERK.

마이크로소프트사

마이크로소프트사는 미국 최대의 다국적 소프트웨어 및 하드웨어 회사로 줄여서 MS로 부른다. 1975년에 빌 게이츠Bill Gates와 폴 앨런Paul Allen이 베이직 인터프리터를 개발하여 판매하기 위해 미국 뉴멕시코주 앨버커키에 Micro-soft라는 이름으로 이 회사를 세웠다. 2006년 6월 15일 빌 게이츠는 2008년 7월 31일 자로 은퇴하겠다고 선언하였고, 이후 직접 세운 자선단체인 빌 & 멜린다 게이츠 재단에 전력하겠다고 밝혔다. 지금은 마이크로소프트의 이사회 의장을 맡고 있다. 현재 최고 경영자는 인도 출신으로 썬 마이크로시스템즈Sun Microsystems, Inc.에 몸담았었던 사티아 나델라Satya Narayana Nadella이다.

출처: https://ko.wikipedia.org/wiki/%EB%A7%88%EC%9D%B4%ED%81%AC%EB%A1%9C%EC%86%8C%ED%94%84%ED%8A%B8

마이크로소프트는 윈도우를 통해 가정용 컴퓨터 시장을 지배하고 있다. 운영체제 분야만이 아니라 오피스 업계(MS 오피스)까지 섭렵한 데다가 마우스, 키보드 같은 하드웨어도 제조하고 있다. 현재는 AWS와 함께 클라우드 분야에서 투톱이다. 클라우드 분야 매출은 윈도우즈를 뛰어넘었다. 2016년 30조 원에 링크드인LinkedIn을 인수하고, 2018년에는 8조 5천억 원에 깃허브GitHub를 인수하였다. 2019년 'Software & Programming' 분야의 매출액 순위는 다음과 같다.

Rank		Organization	Sales (B$)	FY	Market cap (B$)	Headquarters
1		Microsoft	118.2	2019	946.5	Redmond, WA, US
2		Oracle	39.6	2019	186.3	Redwood City, CA, US
3		SAP	29.1	2019	134.9	Walldorf, Germany
4		ADP	14.5	2019	52.0	New York city , NY, US
5		Adobe Inc.	9.5	2019	132	San Jose, CA, US
6		Salesforce	13.3	2019	120.9	San Francisco, CA, US
7		VMware	9.0	2019	77.2	Palo Alto, CA, US
8		Intuit	6.4	2019	66.8	Palo Alto, CA, US
9		ServiceNow	2.6	2019	42.9	Santa Clara, CA, US
10		Workday	2.8	2019	41.7	Pleasanton, CA, US
11		Dassault Systèmes	4.1	2019	39.2	Vélizy-Villacoublay, France

CHAPTER 04

SQL 고급

학습목표

- 내장 함수의 의미를 알아보고 자주 사용되는 내장 함수 몇 가지를 직접 실습해 본다.
- 부속질의의 의미와 종류를 알아보고 직접 실습해 본다.
- 뷰의 의미를 알아보고 뷰를 직접 생성, 수정, 삭제해 본다.
- 데이터베이스의 저장 구조와 인덱스의 관계를 알아보고 인덱스를 직접 생성, 수정, 삭제해 본다.

PREVIEW

3장에서 SQL 기초 문법에 대해 알아보았다. SQL 기초 문법은 기본적인 데이터베이스 운영에 충분히 사용할 수 있으나, 업무가 복잡해지고 처리해야 할 자료가 많아지면 기능에 한계가 있다. 이 장에서는 복잡한 질의를 해결할 때 사용하는 SQL 고급 문법에 대해 알아본다. 먼저 내장 함수built-in function에 대해 알아보고, 3장에서 배운 부속질의를 SQL 문 위치에 따라 세분화하여 알아본다. 그리고 일종의 가상 테이블인 뷰, 그리고 데이터를 쉽고 빠르게 찾을 수 있도록 만든 인덱스에 대해서도 알아본다.

01 내장 함수

수학에서 함수 $y=f(x)$는 값 x를 함수 f에 넣으면 y값을 결과로 반환한다는 의미이다. SQL에서도 수학의 함수처럼 특정 값이나 열의 값을 입력받아 그 값을 계산하여 결과 값을 돌려주는 개념을 사용한다. SQL에서 사용하는 함수에는 DBMS가 제공하는 내장 함수built-in function와 사용자가 직접 만든 사용자 정의 함수user-defined function가 있다. 이 절에서는 일반적으로 많이 사용하는 내장 함수와 NULL 값 처리에 관한 방법, TOP n 명령어에 대해서 살펴본다.

TIP 사용자 정의 함수는 5장에서 다룰 SQL Server의 프로그래밍 언어인 T-SQL을 통해 작성해 본다.

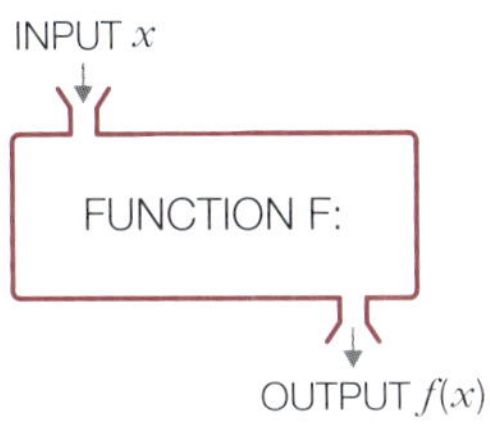

1 SQL 내장 함수

SQL 내장 함수는 상수나 속성 이름을 입력 값으로 받아 단일 값을 결과로 반환한다. 모든 내장 함수는 최초에 선언될 때 유효한 입력 값을 받아야 한다. 예를 들어 수학 함수의 입력 값은 정수 또는 실수여야 한다. 만약 선언에 어긋난 값이 입력되면 질의는 실행을 중지하고 에러 메시지를 출력한다. SQL 내장 함수는 다음과 같이 SELECT 절과 WHERE 절, UPDATE 절 등에서 모두 사용할 수 있다.

```
SELECT    … 함수명(인자 1, 인자 2, …)
FROM      테이블이름
WHERE     … 열이름=함수명(인자 1, 인자 2, …);

UPDATE    테이블이름
SET       … 열이름=함수명(인자 1, 인자 2, …);
```

SQL Server의 내장 함수는 [표 4-1]과 같다.

표 4-1 SQL Server의 내장 함수

분류	설명	종류
숫자 함수 (Mathematical Functions)	수학 함수	SIN, COS, ABS, ROUND 등
문자열 함수 (String Functions)	문자열 관련 함수	CONCAT, SUBSTRING, LEN 등
날짜 및 시간 함수 (Date and Time Functions)	날짜와 시간 관련 함수	SYSDATETIME, GETDATE 등
변환 함수 (Conversion Functions)	데이터 타입 변환 함수	CAST, CONVERT 등
커서 함수 (Cursor Functions)	커서 관련 함수	CURSOR_STATUS 등
보안 함수 (Security Functions)	사용자와 롤(role)에 관한 함수	CURRENT_USER, SUSER_ID, PERMISSIONS 등
시스템 함수 (System Functions)	SQL 서버 정보 관련 함수	HOST_NAME, ERROR_NUMBER 등
텍스트와 이미지 함수 (Text and Image Functions)	문자열과 이미지 입력 값 관련 함수	TEXTPTR 등

TIP 내장 함수에 관한 자세한 내용은 마이크로소프트사의 Microsoft SQL 설명서의 함수페이지(https://docs.microsoft.com/ko-kr/sql/t-sql/functions/functions?view=sql-server-ver15)에서 볼 수 있다.

[표 4-1]에 소개한 내장 함수 중 사용 빈도가 가장 높은 숫자 함수, 문자열 함수, 날짜 및 시간 함수에 대해 살펴보자. 실습은 3장에서 정의한 마당서점 데이터베이스로 진행한다. 모든 실습은 madang 데이터베이스의 초기 자료로 진행한다. 따라서 책과 동일한 결과를 확인하려면 실습에 앞서 demo_madang_init.sql을 실행해 모든 자료를 초기화한 후 진행한다.

숫자 함수

SQL 문에서는 수학의 기본적인 사칙 연산자(+, −, *, /)와 나머지(%) 연산자 기호를 그대로 사용한다. 그러나 실제 수학에서는 사칙 연산자 외에도 여러 연산자가 있다. SQL Server는 이러한 연산자 중 사용 빈도가 높은 것을 내장 함수 형태로 제공한다. 내장 함수로 제공되는 숫자 함수는 [표 4-2]와 같다.

표 4-2 수학 함수의 종류

숫자 함수	설명	사용 예
ABS(숫자)	숫자의 절댓값을 계산	ABS(−4.5)=4.5
CEILING(숫자)	숫자보다 크거나 같은 최소의 정수	CEILING(4.1)=5
FLOOR(숫자)	숫자보다 작거나 같은 최소의 정수	FLOOR(4.1)=4
ROUND(숫자, m)	숫자의 반올림, m은 반올림 기준 자릿수	ROUND(5.36, 1)=5.40
LOG(숫자)	숫자의 자연로그 값을 반환	LOG(10)=2.30259
POWER(숫자, n)	숫자의 n승 값을 계산	POWER(2, 3)=8
SQRT(숫자)	숫자의 제곱근 값을 계산(숫자는 양수)	SQRT(9.0)=3.0
SIGN(숫자)	숫자가 음수이면 −1, 0이면 0, 양수이면 1	SIGN(3.45)=1

숫자 함수 중 사용 빈도가 높은 ABS 함수와 ROUND 함수를 살펴보자.

■ ABS 함수

질의 4-1

−78과 +78의 절댓값을 구하시오.

풀이

```
SELECT    ABS(-78), ABS(+78);
```

	(열 이름 없음)	(열 이름 없음)
1	78	78

여기서 잠깐 **SELECT 문에서 FROM 절의 생략**

[질의 4-1]의 SQL 문을 보면 SELECT 문에 FROM 절이 없다. SQL Server에서는 FROM 절이 생략될 경우 내부적으로 가상의 테이블(dummy table)이 존재하는 것으로 간주하고 실행한다. 그러나 Oracle의 경우 FROM 절의 생략을 허용하지 않는다. Oracle에서는 FROM 절에 dual이라는 가상의 테이블을 지정해 주어야 한다.

참고로 다음과 같이 임의의 테이블을 추가하여 SQL 문을 작성해 보기 바란다. 결과는 나오지만 원하는 결과는 아닐 것이다.

```
SELECT    ABS(-78), ABS(+78)
FROM      Book;
```

■ **ROUND 함수**

ROUND( )는 반올림한 값을 구하는 함수이다. 다음 질의는 SELECT 문에서 상수 값을 대상으로 ROUND 함수를 수행한 결과이다.

질의 4-2

4.875를 소수 첫째 자리까지 반올림한 값을 구하시오.

풀이

```
SELECT    ROUND(4.875, 1);
```

	(열 이름 없음)
1	4.900

■ **숫자 함수의 연산**

숫자 함수는 다음 예제와 같이 입력 값으로 숫자 대신 열이름을 사용할 수도 있다. 또한 여러 함수를 복합적으로 사용할 수도 있다.

질의 4-3

고객별 평균 주문금액을 백 원 단위로 반올림한 값을 구하시오.

풀이

```
SELECT    custid "고객번호", ROUND(SUM(saleprice)/COUNT(*), -2) "평균금액"
FROM      Orders
GROUP BY  custid;
```

	고객번호	평균금액
1	1	13000
2	2	7500
3	3	10300
4	4	16500

문자열 함수

문자열 함수(문자 함수)는 주로 CHAR나 VARCHAR의 데이터형을 대상으로 단일 문자나 문자열을 가공한 결과를 반환한다. 문자열 함수는 [표 4-3]과 같이 다양하게 제공되므로 목적에 맞게 골라서 사용한다.

표 4-3 문자열 함수의 종류

문자열 함수	반환형	설명	사용 예
CHAR(n)	CHAR	정수 아스키코드를 문자로 반환	CHAR(68)=D
NCHAR(n)	CHAR	n 값의 유니코드에 대응하는 문자를 반환	NCHAR(68)=D
CHARINDEX (str1, str2)	INTEGER	str2에서 부분 문자열 str1의 시작 위치를 반환	CHARINDEX ('System', 'Database System')=10
LEFT(str, n)	VARCHAR	str의 왼쪽에서부터 n개 문자열을 반환	LEFT('abcdefg', 2)='ab'
RIGHT(str, n)	VARCHAR	str의 오른쪽에서부터 n개 문자열을 반환	RIGHT('abcd', 2)='cd'
LEN(str)	INTEGER	str의 문자열 길이를 반환	LEN('abcdefg')=7
LOWER(str)	VARCHAR	str을 소문자로 변환하여 반환	LOWER('AbcD')='abcd'
UPPER(str)	VARCHAR	str을 대문자로 변환하여 반환	UPPER('AbcD')='ABCD'
LTRIM(str)	VARCHAR	str의 왼쪽 공백을 제거	LTRIM('two space here')='two space here'
RTRIM(str)	VARCHAR	str의 오른쪽 공백을 제거	RTRIM('two space here')='two space here'
REPLACE (str1, str2, str3)	VARCHAR	str1에서 str2를 str3로 변환하여 반환	REPLACE('abcdefg', 'cd', 'dc') ='abdcefg'
REPLICATE(str, n)	VARCHAR	str을 n만큼 반복	REPLICATE('a', 4)='aaaa'
REVERSE(str)	VARCHAR	str을 역순으로 출력	REVERSE('abcd')=='dcba'
SPACE(n)	VARCHAR	n만큼의 공백 문자를 반환	'야구'+ SPACE(5)+'농구'='야구 농구'
SUBSTRING (str, n, m)	VARCHAR	str에서 n번째부터 m개 문자를 반환	SUBSTRING('abcdefg', 3, 2)='cd'
ASCII(str)	INTEGER	str의 제일 왼쪽 문자의 아스키코드 값을 반환	ASCII('Data')=68
UNICODE(str)	INTEGER	str의 제일 왼쪽 문자의 유니코드 값을 반환	UNICODE('Data')=68

■ REPLACE 함수

REPLACE는 문자열을 치환하는 함수이다. 예를 들어 다음 예제와 같이 실수로 도서 제목을 잘못 입력한 경우 REPLACE 함수를 사용해 일일이 변경하지 않고 한꺼번에 변경할 수 있다.

질의 4-4

도서 제목에 '야구'가 포함된 도서를 '농구'로 변경한 후 도서 목록을 보이시오.

풀이

```
SELECT    bookid, REPLACE(bookname, '야구', '농구') bookname, publisher, price
FROM      Book;
```

	bookid	bookname	publisher	price
1	1	축구의 역사	굿스포츠	7000
2	2	축구 아는 여자	나무수	13000
3	3	축구의 이해	대한미디어	22000
4	4	골프 바이블	대한미디어	35000
5	5	피겨 교본	굿스포츠	8000
6	6	역도 단계별 기술	굿스포츠	6000
7	7	농구의 추억	이상미디어	20000
8	8	농구를 부탁해	이상미디어	13000
9	9	올림픽 이야기	삼성당	7500
10	10	Olympic Champions	Pearson	13000

■ LEN 함수

LEN( )은 글자 수를 세어 주는 함수로, 주의할 점은 세는 단위가 바이트byte가 아니라 문자 단위라는 것이다. 일반적으로 영문자 'A'는 1바이트, 한글 '가'는 2바이트이지만 LEN 함수는 영문자나 한글이나 결과를 1로 반환한다. 또한 공백space 역시 하나의 문자로 간주한다.

질의 4-5

'굿스포츠'에서 출판한 도서의 제목과 제목의 길이를 보이시오.

풀이

```
SELECT    bookname "제목", LEN(bookname) "길이"
FROM      Book
WHERE     publisher ='굿스포츠';
```

	제목	길이
1	축구의 역사	6
2	피겨 교본	5
3	역도 단계별 기술	9

■ SUBSTRING 함수

SUBSTRING( )은 문자열 중 특정 위치에서 시작하여 지정한 길이만큼의 문자열을 반환하는 함수이다. 예를 들어 마당서점의 고객 중 같은 성(姓)을 가진 사람이 얼마나 있는지 알아보려면 이름 열에서 첫 번째 문자만 구하면 된다. SUBSTRING 함수는 시작 위치와 길이를 입력하여 필요한 데이터를 가져오는 데 사용한다.

질의 4-6

마당서점의 고객 중에서 같은 성(姓)을 가진 사람이 몇 명이나 되는지 성별 인원수를 구하시오.

풀이

```
SELECT    SUBSTRING(name, 1, 1) "성", COUNT (*) "인원"
FROM      Customer
GROUP BY  SUBSTRING(name, 1, 1);
```

	성	인원
1	김	1
2	박	2
3	장	1
4	추	1

TIP GROUP BY 절에는 열이름뿐만 아니라 [질의 4-6]과 같이 함수를 포함할 수도 있다.

날짜 및 시간 함수

데이터베이스에는 날짜를 저장하는 경우가 많다. 날짜는 단순히 문자열로 저장하여 관리할 수도 있지만 날짜형 데이터로 저장하여 관리하면 편리하다. 날짜를 더하거나 차이를 구하는 등의 연산을 손쉽게 처리할 수 있기 때문이다.

[표 4-4]는 SQL Server에서 제공하는 주요 날짜 함수를 정리한 것이다. 날짜 함수에서 날짜 부분을 나타내는 인수는 datepart로 표기한다. datepart는 날짜 부분을 표기하기 위해 특별한 규칙을 갖는다. 예를 들어 네 자리로 된 연도는 YYYY로 표기하고, 두 자리로 된 연도는 YY로 표기한다.

표 4-4 날짜 함수의 종류

날짜 함수	반환형	설명	사용 예
SYSDATETIME( )	DATETIME2	SQL Server가 동작하는 컴퓨터의 날짜 및 시간을 출력	SYSDATETIME( )=2021-03-01 16:39:47.8281250
GETDATE( )	DATETIME	SQL Server가 동작하는 컴퓨터의 날짜 및 시간을 출력	GETDATE( )=2021-03-01 16:42:43.257
DATENAME (datepart, date)	VARCHAR	date 값 중 datepart에 표시된 값을 문자열로 반환	DATENAME(YEAR, '2021-03-01')='2021'
DATEPART (datepart, date)	INTEGER	date 값 중 datepart에 표시된 값을 숫자로 반환	DATEPART(YEAR, '2021-03-01')=2021
DAY(date)	INTEGER	date 값 중 일을 반환	DAY('2021-03-01')=1
MONTH(date)	INTEGER	date 값 중 월을 반환	MONTH('2021-03-01')=3
YEAR(date)	INTEGER	date 값 중 년을 반환	YEAR('2021-03-01')=2021
DATEDIFF(datepart, startdate, enddate)	INTEGER	datepart에 지정된 부분에 대하여 startdate와 enddate를 비교하여 차이 값을 반환	DATEDIFF(MONTH, '2021-03-01', '2021-09-01')=6
DATEADD(datepart, number, date)	DATETIME	datepart에 지정된 부분에 대하여 date 값에서 number만큼 더해서 반환	DATEADD(DAY, 5, '2021-03-01')='2021-03-06 00:00:00.000'
ISDATE(expression)	INTEGER	정상적인 날짜 값인지 판단하여 거짓이면 0, 정상이면 1을 반환	ISDATE('2021-02-30')=0

TIP 속성의 데이터 타입을 선언할 때 시간까지 필요 없으면 DATETIME 대신 DATE 타입으로 선언한다. DATETIME2는 DATETIME보다 더 정교한 시간 값이 필요할 때 사용하지만 그런 경우는 드물다. 시간에 대한 데이터 타입은 SQL Server 웹 사이트(https://docs.microsoft.com/ko-kr/sql/t-sql/data-types/date-and-time-types?view=sql-server-ver15)를 참고한다.

[표 4-5]는 datepart의 종류와 약어를 소개한다. 참고로 날짜 함수는 날짜형(DATETIME) 데이터를 가진 열을 대상으로 연산을 수행하지만, SQL Server에서는 문자형(CHAR, VARCHAR) 데이터를 'YYYY-MM-DD' 형태로 저장한 후 날짜형 함수로 사용할 수 있다. 이는 내부에서 문자형 데이터를 날짜형 데이터로 형변환하여 연산을 수행하기 때문이다.

표 4-5 날짜 함수에서 datepart 인자

datepart	약어	datepart	약어
year	yy, yyyy	hour	hh
quarter	qq, q	minute	mi, n
month	mm, m	second	ss, s
dayofyear	dy, y	millisecond	ms
day	dd, d	microsecond	mcs
week	wk, ww	nanosecond	ns
weekday	dw	TZoffset	tz

■ DATEADD 함수

DATEADD( )는 제공(입력)된 날짜에 사용자가 원하는 날짜만큼 더한 날짜를 반환하는 함수이다. 다음 질의는 DATEADD 함수를 사용한 예이다.

질의 4-7

마당서점은 주문일로부터 10일 후 매출을 확정한다. 각 주문의 확정일자를 구하시오.

풀이

```
SELECT    orderid "주문번호", orderdate "주문일", DATEADD(dd, 10, orderdate)
          "확정"
FROM      Orders;
```

	주문번호	주문일	확정
1	1	2021-07-01	2021-07-11
2	2	2021-07-03	2021-07-13
3	3	2021-07-03	2021-07-13
4	4	2021-07-04	2021-07-14
5	5	2021-07-05	2021-07-15
6	6	2021-07-07	2021-07-17
7	7	2021-07-07	2021-07-17
8	8	2021-07-08	2021-07-18
9	9	2021-07-09	2021-07-19
10	10	2021-07-10	2021-07-20

■ **SYSDATETIME 함수**

SYSDATETIME( )은 SQL Server의 현재 시간을 반환하는 함수이다. 여러 사용자가 데이터의 입력 및 수정 작업을 할 때 입력 시점과 수정 시점 등의 기록이 필요한데, 이때 사용자별로 사용하는 컴퓨터의 시간이 다를 수 있다. 이 문제를 해결하기 위해 DBMS가 동작하는 서버 시간을 기록해 모두 동일한 기준으로 관리할 수 있도록 한다.

질의 4-8

DBMS 서버에 설정된 현재 시간과 오늘 날짜를 확인하시오.

풀이

```
SELECT    SYSDATETIME( );        /* 현재 시간을 알아본다. */
```

	(열 이름 없음)
1	2020-12-28 08:47:53.5310610

```
SELECT    DAY(SYSDATETIME( ))  /* 오늘은 며칠인가? */
```

	(열 이름 없음)
1	28

2 NULL 값 처리

NULL 값이란 아직 지정되지 않은 값을 말한다. 지정되지 않았다는 것은 값을 알 수도 없고 적용할 수도 없다는 뜻이다. NULL 값에 대한 처리는 실제 프로그래밍 과정에서 실수하기 쉬우므로 사용에 주의해야 한다. NULL 값은 ‘0’, ‘’(빈 문자), ‘ ’(공백) 등과 다른 특별한 값임을 명심하기 바란다. NULL 값은 비교연산자로 비교할 수 없다. 앞서 설명했듯이 NULL 값은 아직 지정되지 않은 값이므로 =, < > 등과 같은 연산자로 비교하지 못한다. 또 NULL 값에 연산을 적용하면 결과 역시 NULL 값으로 반환된다.

■ NULL 값에 대한 연산과 집계 함수

집계 함수를 사용할 때 NULL 값이 포함된 행에 대하여 다음과 같은 주의가 필요하다.

- 'NULL+숫자' 연산의 결과는 NULL이다.
- 집계 함수를 계산할 때 NULL이 포함된 행은 집계에서 빠진다.
- 집계 함수에 적용되는 행이 하나도 없으면 SUM, AVG 함수의 결과는 NULL이 되고, COUNT 함수의 결과는 0이다.

다음 Mybook 테이블을 보면서 이해해 보자.

TIP Mybook 테이블 생성을 위해 예제 소스에서 제공되는 mybook.sql을 실행한다.

Mybook

bookid	price
1	10000
2	20000
3	NULL

```
SELECT    price+100
FROM      Mybook
WHERE     bookid=3;
```

	(열 이름 없음)
1	NULL

```
SELECT    SUM(price), AVG(price), COUNT(*), COUNT(price)
FROM      Mybook;
```

	(열 이름 없음)	(열 이름 없음)	(열 이름 없음)	(열 이름 없음)
1	30000	15000	3	2

```
SELECT    SUM(price), AVG(price), COUNT(*)
FROM      Mybook
WHERE     bookid >=4;
```

	(열 이름 없음)	(열 이름 없음)	(열 이름 없음)
1	NULL	NULL	0

■ NULL 값을 확인하는 방법-IS NULL, IS NOT NULL

NULL 값을 찾을 때는 '=' 연산자가 아닌 [그림 4-1]의 (a)와 같이 'IS NULL'을 사용하고, NULL이 아닌 값을 찾을 때는 '〈 〉' 연산자가 아닌 'IS NOT NULL'을 사용한다. Mybook 테이블의 예를 다시 보자. (b)와 같이 작성하면 결과는 틀리다.

Mybook

bookid	price
1	10000
2	20000
3	NULL

```
SELECT    *
FROM      Mybook
WHERE     price IS NULL;
```

	bookid	price
1	3	NULL

(a) 옳은 예

```
SELECT    *
FROM      Mybook
WHERE     price='';
```

bookid	price

(b) 틀린 예

그림 4-1 NULL 값 찾기의 옳은 예와 틀린 예

■ ISNULL 함수

ISNULL( )은 NULL 값을 다른 값으로 대치하여 연산하거나 다른 값으로 출력하는 함수이다. 앞에서 배운 지정어 'IS NULL'과 혼돈하지 않도록 주의해야 한다.

```
ISNULL(속성, 값) /* 속성값이 NULL이면 '값'으로 대치한다 */
```

ISNULL 함수를 사용하면 NULL 값을 임의의 다른 값으로 변경할 수 있다. 실습을 위해 Customer 테이블의 2번 고객인 김연아의 전화번호를 NULL 값으로 변경해 보자. NULL 값은 ''(빈 문자)와 다르므로 UPDATE 문을 작성할 때 ''(빈 문자)로 변경하지 않도록 주의해야 한다.

```
UPDATE    Customer
SET       phone=NULL
WHERE     custid=2;
```

질의 4-9

이름, 전화번호가 포함된 고객 목록을 보이시오. 단, 전화번호가 없는 고객은 '연락처없음'으로 표시한다.

풀이

```
SELECT    name "이름", ISNULL(phone, '연락처없음') "전화번호"
FROM      Customer;
```

	이름	전화번호
1	박지성	000-5000-0001
2	김연아	연락처없음
3	장미란	000-7000-0001
4	추신수	000-8000-0001
5	박세리	연락처없음

3 TOP n 질의

TOP n 질의는 내장 함수는 아니지만 자주 사용되는 문법이다. TOP n은 SQL 실행 결과에서 상위 n개의 행만 반환한다. 자료를 일부분씩 확인하거나 가공할 때 유용하게 활용할 수 있다.

질의 4-10

가나다순으로 정리된 고객 목록에서 고객번호, 이름, 전화번호를 앞의 2명만 보이시오.

풀이

```
SELECT    TOP 2 custid, name, phone
FROM      Customer
ORDER BY  name;
```

	custid	name	phone
1	2	김연아	NULL
2	5	박세리	NULL

02 부속질의

부속질의subquery는 SQL 문 안에 다른 SQL 문이 중첩된nested 질의를 말한다. 다른 테이블에서 가져온 데이터로 현재 테이블에 있는 정보를 찾거나 가공할 때 사용한다. 예를 들어 마당서점 데이터베이스의 Orders 테이블에서 주문 내역은 알 수 있지만 도서를 주문한 고객의 이름은 알 수 없다. 고객 이름과 주문 내역을 같이 보려면 Orders 테이블과 Customer 테이블을 연관시켜야 한다. 두 테이블의 관계를 기초로 박지성 고객의 주문 내역을 확인하려면 어떻게 해야 할까? 이 경우 3장에서 배운 조인join 또는 부속질의를 사용하면 된다. 각각의 방법으로 주문 내역을 확인하는 과정은 다음과 같다.

- **조인을 사용할 경우:** Customer 테이블과 Orders 테이블의 고객번호로 조인한 후 필요한 데이터를 추출한다.
- **부속질의를 사용할 경우:** Customer 테이블에서 박지성 고객의 고객번호를 찾고, 찾은 고객번호를 바탕으로 Orders 테이블에서 확인한다.

두 테이블을 연관시킬 때 조인을 선택할지 부속질의를 선택할지는 데이터의 형태와 양에 따라 달라진다. 일반적으로 데이터가 대량일 경우 데이터를 모두 합쳐서 연산하는 조인보다 필요한 데이터만 찾아서 공급해 주는 부속질의가 성능이 더 좋다.

부속질의는 [그림 4-2]와 같이 주 질의main query와 부속질의sub query로 구성된다. 주 질의는 외부질의라고도 하며 부속질의는 내부질의라고도 한다.

주 질의(main query)　　　　부속질의(subquery)

```
SELECT   SUM(saleprice)
FROM     Orders
WHERE    custid = (SELECT   custid
                   FROM     Customer
                   WHERE    name = '박지성');
```

그림 4-2 부속질의

부속질의는 위치와 역할에 따라 SELECT 부속질의, FROM 부속질의, WHERE 부속질의로 구분된다. 이 책에서는 실무 용어를 사용해 각각을 스칼라 부속질의, 인라인 뷰, 중첩질의라고 부르기로 한다.

TIP 보통 부속질의라고 하면 WHERE 부속질의를 말한다. 부속질의 간에 구분이 필요할 경우 WHERE 부속질의를 중첩질의라고 부르기도 한다.

표 4-6 부속질의의 종류

명칭	위치	영문 및 동의어	설명
중첩질의	WHERE 절	nested subquery, predicate subquery	WHERE 절에 술어와 같이 사용되며 결과를 한정시키기 위해 사용된다. 상관 혹은 비상관 형태이다.
스칼라 부속질의	SELECT 절	scalar subquery	SELECT 절에서 사용되며 단일 값을 반환하기 때문에 스칼라 부속질의라고 한다.
인라인 뷰	FROM 절	inline view, table subquery	FROM 절에서 결과를 뷰(view) 형태로 반환하기 때문에 인라인 뷰라고 한다.

여기서 잠깐 **부속질의의 다른 분류**

부속질의는 동작하는 방식과 반환하는 결과의 형태에 따라 다음과 같이 분류할 수도 있다. 실제 분류 방법 및 용어는 DBMS마다 다르다.

부속질의가 주 질의의 값을 참조하는가에 따라 상관 부속질의와 비상관 부속질의로 분류할 수 있다.

- **상관 부속질의**: 주 질의의 특정 열 값을 부속질의가 상속받아 부속질의의 질의에 사용하는 형태이다.
- **비상관 부속질의(일반 부속질의)**: 독립된 질의를 수행해서 결과 값을 가져오는 형태이다.

부속질의가 단일행을 반환하느냐 혹은 다중행을 반환하느냐에 따라 분류할 수 있다.

- **단일행 부속질의**: 부속질의의 결과 하나의 행을 반환하여 주 질의에 전달한다. 비교 연산자의 수행이나 스칼라 부속질의 등에서 나타난다.
- **다중행 부속질의**: 부속질의의 결과 여러 개의 행을 반환한다. IN 연산자를 사용하여 여러 행을 처리한다.

1 중첩질의 – WHERE 부속질의

중첩질의nested subquery는 WHERE 절에서 사용되는 부속질의를 말한다. WHERE 절은 보통 데이터를 선택하는 조건 또는 술어predicate와 같이 사용된다. 그래서 중첩질의를 술어 부속질의predicate subquery라고도 부른다.

중첩질의는 주 질의에 사용된 자료 집합의 조건을 WHERE 절에 서술한다. 주 질의의 자료 집합에서 한 행씩 가져와 부속질의를 수행하며, 연산 결과에 따라 WHERE 절의 조건이 참인지 거짓인지 확인하여 참일 경우 주 질의의 해당 행을 출력한다. 중첩질의는 3장에서 IN 연산자를 사용한 예를 언급하였다. 여기에서는 IN 연산자 외에 기타 연산자에 대해 알아본다. 중첩질의의 연산자는 [표 4-7]과 같다.

표 4-7 중첩질의 연산자의 종류

술어	연산자	반환 행	반환 열	상관
비교	=, >, <, >=, <=, <>	단일	단일	가능
집합	IN, NOT IN	다중	다중	가능
한정	ALL, SOME(ANY)	다중	단일	가능
존재	EXISTS, NOT EXISTS	다중	다중	필수

■ 비교 연산자

비교 연산자는 부속질의가 반드시 단일행, 단일열을 반환해야 하며, 아닐 경우 질의를 처리할 수 없다. 처리 과정은 주 질의의 대상 열 속성의 값과 부속질의의 결과 값을 비교 연산자에 적용하여 참이면 주 질의의 해당 행을 출력한다.

질의 4-11

평균 주문금액 이하의 주문에 대해서 주문번호와 금액을 보이시오.

풀이

```
SELECT    orderid, saleprice
FROM      Orders
WHERE     saleprice <= (SELECT    AVG(saleprice)
                        FROM      Orders);
```

	orderid	saleprice
1	1	6000
2	3	8000
3	4	6000
4	9	7000

질의 4-12

각 고객의 평균 주문금액보다 큰 금액의 주문 내역에 대해서 주문번호, 고객번호, 금액을 보이시오.

풀이

```
SELECT   orderid, custid, saleprice
FROM     Orders od1
WHERE    saleprice > (SELECT   AVG(saleprice)
                      FROM     Orders od2
                      WHERE    od1.custid=od2.custid);
```

	orderid	custid	saleprice
1	2	1	21000
2	3	2	8000
3	10	3	13000
4	8	3	12000
5	5	4	20000

앞의 두 질의 모두 AVG( ) 함수를 사용하여 평균값을 구한 후 비교 연산을 수행한다. AVG( ) 함수는 집계 함수로 단일행을 반환한다. 따라서 단일행, 단일열을 반환하는 비교 연산자의 조건을 만족한다. 두 번째 질의는 상관 부속질의 형태로, 주 질의는 각 행별로 고객번호를 부속질의에 공급한다. 부속질의는 그 값을 가지고 고객별 평균을 구하여 주 질의의 해당 행과 비교 연산을 수행한다.

■ **IN, NOT IN**

집합 연산자 중 IN은 주 질의의 속성값이 부속질의에서 제공한 결과 집합에 있는지 확인check하는 역할을 한다. IN 연산자에서 사용 가능한 부속질의는 결과로 다중행을 반환할 수 있다. 주 질의는 WHERE 절에 사용되는 속성값을 부속질의의 결과 집합과 비교해 하나라도 있으면 참이다. 반면 NOT IN 연산자는 값이 존재하지 않으면 참이 된다.

질의 4-13

'대한민국'에 거주하는 고객에게 판매한 도서의 총판매액을 구하시오.

풀이

```
SELECT    SUM(saleprice) "total"
FROM      Orders
WHERE     custid IN (SELECT   custid
                     FROM     Customer
                     WHERE    address LIKE '%대한민국%');
```

	total
1	46000

Customer 테이블에 '대한민국'이라는 주소를 가진 고객의 수는 3명이다. 따라서 단일행을 반환하는 비교 연산자를 사용할 수 없다. IN 연산자는 다중행을 반환할 수 있으므로 주 질의의 custid를 부속질의의 결과 집합과 비교할 수 있다. 만약 구하려는 데이터가 '대한민국에 거주하지 않는 고객'이었을 경우는 NOT IN 연산자를 사용하면 된다.

■ ALL, SOME(ANY)

ALL, SOME(ANY) 연산자는 비교 연산자와 함께 사용된다. ALL은 모든, SOME은 어떠한(최소한 하나라도)이라는 의미를 가진다. ANY는 SOME과 동일한 기능을 한다.

ALL, SOME(ANY) 연산자의 구문 구조는 다음과 같다. 비교 연산자를 중심으로 왼쪽에는 스칼라값이나 열이름 등이 위치하고 오른쪽에는 부속질의문이 위치한다. ALL이나 SOME은 부속질의의 대상 범위를 지정하는 역할을 한다.

```
scalar_expression { 비교 연산자 ( =, <>, !=, >, >=, !>, <, <=, !< ) }
{ ALL | SOME | ANY } (부속질의)
```

예를 들어 '금액 > SOME (SELECT 단가 FROM 상품)'이라고 하면 금액이 상품 테이블에 있는 어떠한SOME 단가보다 큰(>) 경우 참이 되어 해당 행의 데이터를 출력한다. ALL의 경우 부속질의의 결과 집합 전체를 대상으로 하므로 결과 집합의 최댓값MAX과 비교하는 것과 같다고 볼 수 있다. SOME은 부속질의 결과 집합 중 어떠한 값을 의미하므로 최솟값MIN과 비교하는 것과 같다고 볼 수 있다.

질의 4-14

3번 고객이 주문한 도서의 최고 금액보다 더 비싼 도서를 구입한 주문의 주문번호와 금액을 보이시오.

풀이

```
SELECT    orderid, saleprice
FROM      Orders
WHERE     saleprice > ALL (SELECT    saleprice
                           FROM      Orders
                           WHERE     custid=3);
```

	orderid	saleprice
1	2	21000
2	5	20000

위 SQL 문에서 부속질의만 따로 수행해 보면 세 개의 행을 반환하며, saleprice 값은 6,000, 12,000, 13,000이다. 주 질의의 '> ALL' 연산자는 결과 집합의 모든 값보다 큰 값을 뜻하므로 가장 큰 13,000원보다 큰 금액을 결과로 출력한다.

EXISTS, NOT EXISTS

존재 연산자인 EXISTS와 NOT EXISTS는 데이터의 존재 여부를 확인한다. 주 질의에서 부속질의로 제공된 속성의 값을 가지고 부속질의의 조건을 만족하여 값이 존재하면 참이 되고, 주 질의는 해당 행의 데이터를 출력한다. NOT EXIST의 경우 이와 반대로 동작한다. EXISTS 연산자의 구문 구조는 다음과 같다.

```
WHERE [NOT] EXISTS (부속질의)
```

EXISTS 연산자는 다른 연산자와 달리 왼쪽에 스칼라값이나 열을 명시하지 않는다. 때문에 반드시 부속질의에 주 질의의 열이름이 제공되어야 한다. 부속질의는 필요한 값이(조건을 만족하는 행) 발견되면 참값을 반환한다.

질의 4-15

EXISTS 연산자를 사용하여 '대한민국'에 거주하는 고객에게 판매한 도서의 총판매액을 구하시오.

풀이

```
SELECT    SUM(saleprice) "total"
FROM      Orders od
WHERE     EXISTS (SELECT *
                  FROM   Customer cs
                  WHERE  address LIKE '%대한민국%' AND cs.custid=od.custid);
```

	total
1	46000

2 스칼라 부속질의 - SELECT 부속질의

스칼라 부속질의scalar subquery는 SELECT 절에서 사용되는 부속질의로, 부속질의의 결과 값을 단일행, 단일열의 스칼라값으로 반환한다. 만약 결과 값이 다중행이거나 다중열이라면 DBMS는 그중 어떠한 행, 어떠한 열을 출력해야 하는지 알 수 없어 에러를 출력한다. 또 결과가 없는 경우에는 NULL 값을 출력한다. 스칼라 부속질의는 원칙적으로 스칼라값이 들어갈 수 있는 모든 곳에 사용 가능하며, 일반적으로 SELECT 문과 UPDATE SET 절에 사용된다. 주 질의와 부속질의와의 관계는 상관/비상관 모두 가능하다.

TIP 스칼라값이란 벡터값에 대응되는 말로 단일 값을 의미한다.

주 질의 / 스칼라 부속질의

```
SELECT custid, (SELECT name
                FROM   Customer cs
                WHERE cs.custid=od.custid), SUM(saleprice)
FROM            Orders od
GROUP BY        custid;
```

그림 4-3 스칼라 부속질의

질의 4-16

마당서점의 고객별 판매액을 보이시오(고객이름과 고객별 판매액 출력).

풀이

```
SELECT    (SELECT    name
           FROM      Customer cs
           WHERE     cs.custid=od.custid) "name", SUM(saleprice) "total"
FROM      Orders od
GROUP BY  od.custid;
```

	name	total
1	박지성	39000
2	김연아	15000
3	장미란	31000
4	추신수	33000

[질의 4-16]을 단계별로 살펴보자. 먼저 매출 정보만 확인하고자 한다면 [그림 4-4]의 ❶과 같이 Orders 테이블만으로도 충분하다. 하지만 고객의 고객번호, 도서의 도서번호와 같이 코드값만 보여 고객이름이나 도서이름을 바로 확인하기 어렵다. 반면 ❷와 같이 주 질의의 Orders 테이블에서 필요한 데이터를 가져온 후 부속질의의 Customer 테이블에서 custid(고객번호)를 기준으로 name(고객이름)을 가져오면 고객이름까지 출력할 수 있다. Customer 테이블의 custid는 기본키이므로 Customer 테이블에서 유일한 값이다. 그러므로 custid를 기준으로 결과를 가져오는 부속질의는 단일행을 반환한다. 또 부속질의의 SELECT 문에는 오직 name 열만 표시되어 있으므로 이 부속질의는 단일행, 단일열만 출력한다.

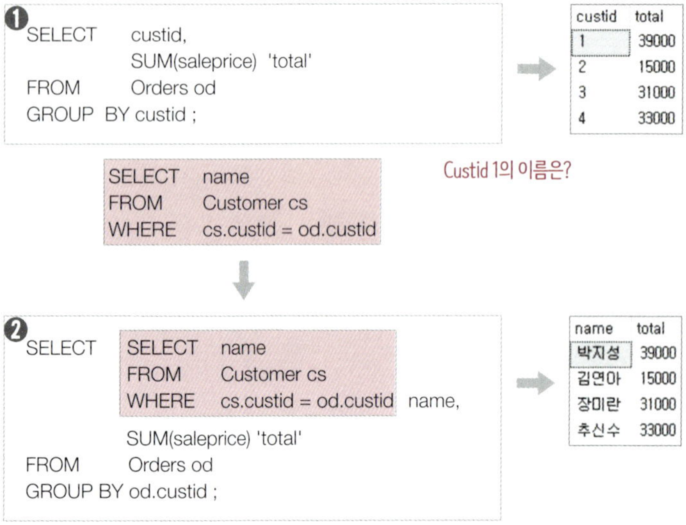

그림 4-4 마당서점의 고객별 판매액

스칼라 부속질의는 SELECT 문과 함께 UPDATE 문에서도 사용할 수 있다. 실습을 위해 Orders 테이블에 다음의 명령으로 새로운 속성인 도서이름(bookname)을 추가해 보자. 이후 실습을 위해 꼭 실행해야 한다.

```
ALTER TABLE Orders ADD bookname VARCHAR(40);
```

새로운 속성에는 NULL 값이 저장되어 있다. 데이터를 입력하기 위해서는 모든 도서에 대하여(bookid가 1, 2, 3, ..., 10인 경우 각각) 도서이름을 수정해야 한다. 다음은 bookid가 1번인 도서의 이름을 수정하는 예이다.

```
UPDATE    Orders
SET       bookname='피겨 교본'
WHERE     bookid=1;
```

이러한 과정은 모든 도서에 대하여 일일이 처리해야 하므로 비효율적이다. 또한 데이터가 많으면 불가능하다. 이때 스칼라 부속질의를 사용하면 도서이름을 일괄 수정할 수 있다. Orders 테이블에 책 이름을 저장하는 bname 속성을 추가했을 경우 bname 속성 값을 새로 변경하는 UPDATE 문을 다음 질의를 통해 살펴보자. 이 역시 단일행, 단일열의 값이 반환되므로 즉시 처리된다.

질의 4-17

Orders 테이블에 각 주문에 맞는 도서이름을 입력하시오.

풀이

```
ALTER TABLE Orders ADD bookname VARCHAR(40);
UPDATE    Orders
SET       bookname=(SELECT     bookname
                    FROM       Book
                    WHERE      Book.bookid=Orders.bookid);
```

	orderid	custid	bookid	saleprice	orderdate	bookname
1	1	1	1	6000	2021-07-01	축구의 역사
2	2	1	3	21000	2021-07-03	축구의 이해
3	3	2	5	8000	2021-07-03	피겨 교본
4	4	3	6	6000	2021-07-04	역도 단계별 기술
5	5	4	7	20000	2021-07-05	야구의 추억
6	6	1	2	12000	2021-07-07	축구 아는 여자
7	7	4	8	13000	2021-07-07	야구를 부탁해
8	8	3	10	12000	2021-07-08	Olympic Champions
9	9	2	10	7000	2021-07-09	Olympic Champions
10	10	3	8	13000	2021-07-10	야구를 부탁해

TIP 결과를 확인하기 위해서는 'SELECT * FROM Orders;' 명령을 실행해야 한다.

3 인라인 뷰 – FROM 부속질의

인라인 뷰inline view는 FROM 절에서 사용되는 부속질의를 말한다. 뷰는 다음 절에서 설명하겠지만 기존 테이블로부터 일시적으로 만들어진 가상의 테이블을 말한다. SQL 문의 FROM 절에는 테이블 이름이 위치하는데, 여기에 테이블 이름 대신 인라인 뷰 부속질의를 사용하면 보통의 테이블과 같은 형태로 사용할 수 있다. 부속질의 결과 반환되는 데이터는 다중행, 다중열이어도 상관없다. 다만 가상의 테이블인 뷰 형태로 제공되기 때문에 상관 부속질의로 사용될 수는 없다. 인라인 뷰의 사용 예를 다음 질의를 통해 살펴보자.

TIP 상관 부속질의란 주 질의의 특정 컬럼 값을 부속질의가 상속받아 사용하는 형태이다.

질의 4-18

고객번호가 2 이하인 고객의 판매액을 보이시오(고객이름과 고객별 판매액 출력).

풀이

```
SELECT    cs.name, SUM(od.saleprice) "total"
FROM      (SELECT    custid, name
           FROM      Customer
           WHERE     custid <= 2) cs,
           Orders  od
WHERE     cs.custid=od.custid
GROUP BY  cs.name;
```

	name	total
1	김연아	15000
2	박지성	39000

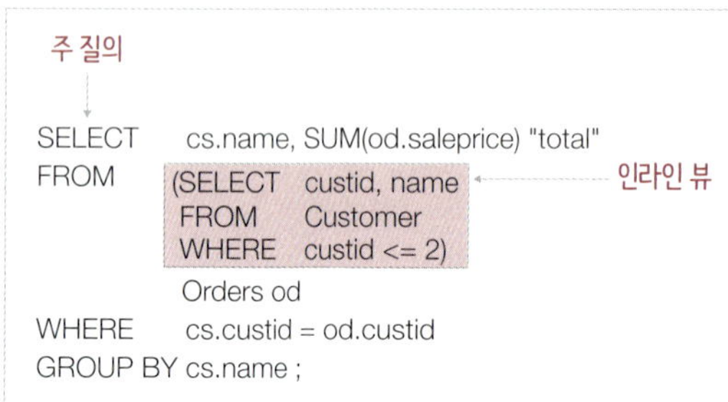

그림 4-5 인라인 뷰

[질의 4-18]의 FROM 절에는 두 개의 테이블이 있다. Customer 테이블에서 고객번호가 2 이하인 행만 선택한 cs 테이블, 그리고 Orders 테이블 od이다. 실행 과정을 보면 먼저 cs 테이블을 계산해서 가상의 테이블(뷰, view)을 만들고 od 테이블과 조인을 한다. 나머지는 일반적인 SQL 문의 처리순서와 같다.

[질의 4-18]은 Customer 테이블과 Orders 테이블을 동등조인한 후 고객번호가 2 이하인 고객만 출력하는 형태로 작성할 수 있다. 하지만 이 방법은 조인 결과 테이블에서 필요 없는 데이터를 제거해야 하므로 성능 저하가 발생한다. 인라인 뷰를 사용하면 조인에 참여하기 직전 Customer 테이블에서 필요한 데이터만 뽑아 조인할 수 있으므로 처리 성능을 높일 수 있다.

03 뷰

마당서점은 서점의 매출 정보나 고객의 취향 등을 분석하기 위해 다양한 보고서가 필요하다. 이러한 보고서를 만들기 위해 가장 중요한 테이블은 모든 매출 정보를 가지고 있는 Orders 테이블이다. Orders 테이블을 사용하면 도서별 판매내역, 고객별 판매내역, 일별 판매내역 등 다양한 종류의 보고서를 만들 수 있다. 그런데 Orders 테이블만 가지고 보고서를 만들면 custid와 bookid에 해당하는 고객이름과 도서이름을 몰라 누가 어떤 도서를 구입했는지 알 수 없다. 누가 어떤 도서를 구입했는지 알기 위해서는 Customer 테이블과 Book 테이블을 참조해야 한다.

마당서점의 보고서를 만들기 위해 Orders 테이블, Customer 테이블, Book 테이블을 조인하거나 부속질의를 한다고 가정해 보자. 그런데 매번 질의할 때마다 조인이나 부속질의를 하는 것은 상당히 번거롭다. 고객이름과 도서이름이 Orders 테이블에 같이 저장되어 있으면 매번 조인이나 부속질의를 사용하지 않고 하나의 테이블만으로 편리하게 보고서를 만들 수 있을 것이다.

이 절에서 살펴볼 뷰view는 하나 이상의 테이블을 합하여 만든 가상의 테이블이다. '합한다'는 말은 앞서 배운 SELECT 문을 통해 얻은 최종 결과를 뜻하며, 뷰는 이러한 결과를 가상의 테이블로 정의하여 실제 테이블처럼 사용할 수 있도록 만든 데이터베이스 개체이다.

Orders 테이블에 고객이름과 도서이름을 추가하는 방법은 ① 실제 물리적인 테이블에 열을 추가하여 데이터를 넣는 방법, ② [그림 4-6]과 같이 Orders 테이블, Customer 테이블, Book 테이블을 조인한 후 가상의 테이블인 뷰 Vorders를 생성하는 방법이 있다.

만약 ①과 같은 방법으로 실제 데이터베이스에 물리적인 열을 추가하면, 사용 중인 영업 프로그램을 수정해야 하며 데이터베이스의 저장 용량도 늘어나는 문제가 있다. 그리고 도서이름을 변경하면 각각의 테이블(Orders, Book)을 수정해야 하는 등 관리의 어려움까지 더해 단기간에 처리할 수도 없다. ①과 같은 방법은 좋은 선택이라 할 수 없다.

이때 ②와 같이 뷰를 생성하는 것이 좋다. 뷰는 질의의 결과 만들어지는 가상의 테이블로 실제 테이블처럼 사용할 수 있다. 우리가 지금까지 사용해 온 테이블은 물리적인 디스크에 데이터를 실제로 저장한다. 하지만 뷰는 가상의 테이블로, 실제 데이터를 디스크에 저장하지 않고 단지 뷰를 생성할 때 사용한 SELECT 문의 정의를 DBMS가 저장한다. 뷰를 사용하여 질의를 처리하면 DBMS는 뷰의 정의를 참조하여 질의를 수행하고 그 결과를 사용자에게 반환한다. 따라서 사용자는 DBMS에 저장된 뷰의 정의를 알지 못해도 일반적인 테이블과 같이 사용할 수 있다. 뷰는 테이블에 사용할 수 있는 모든 연산을 사용할 수 있다.

뷰 Vorders

orderid	custid	name	bookid	bookname	saleprice	orderdate
1	1	박지성	1	축구의 역사	6000	2021-07-01
2	1	박지성	3	축구의 이해	21000	2021-07-03
3	2	김연아	5	피겨 교본	8000	2021-07-03
4	3	장미란	6	역도 단계...	6000	2021-07-04

뷰 생성문

```
CREATE VIEW Vorders
AS SELECT O.orderid, O.custid, C.name, O.bookid, B.bookname, O.saleprice, O.orderdate
   FROM Orders O, Customer C, Book B
   WHERE    O.custid=C.custid AND O.bookid=B.bookid;
```

기본 릴레이션 Customer, Orders, Book

O

orderid	custid	bookid	saleprice	orderdate
1	1	1	6000	2021-07-01
2	1	3	21000	2021-07-03
3	2	5	8000	2021-07-03
4	3	6	6000	2021-07-04
5	4	7	20000	2021-07-05

C

custid	name	address	phone
1	박지성	영국 맨체스터	000-5000-0001
2	김연아	대한민국 서울	000-6000-0001
3	장미란	대한민국 강원도	000-7000-0001

B

bookid	bookname	publisher	price
1	축구의 역사	굿스포츠	7000
2	축구 아는 여자	나무수	13000
3	축구의 이해	대한미디어	22000

그림 4-6 뷰

뷰의 장점은 다음과 같다.

- **편리성**: 여러 테이블에서 데이터를 가져와 하나의 테이블로 정의함으로써 질의 작성이 간단해진다. 또 미리 작성된 질의를 뷰로 정의해 두면 질의 재사용이 가능하다.

- **보안성:** 원본 테이블에서 보안이 필요한 속성을 제외하고 새로운 테이블을 정의하여 사용자에게 제공함으로써 데이터 보안성을 높인다.
- **논리적 데이터 독립성:** 뷰를 정의하여 응용 프로그램이 사용하게 하면 개념 스키마에 정의된 테이블 구조가 변경되어도 응용 프로그램의 변경을 막아 주기 때문에 논리적 데이터 독립성을 제공한다.

뷰는 테이블처럼 사용할 수 있지만, SELECT 문을 제외한 일부 물리적인 테이블의 갱신 작업을 수행하는 데 제약이 있다. INSERT, UPDATE, DELETE 등의 DML 작업은 경우에 따라 수행되지 않는다. 예를 들어 뷰 Vorders에 열값 saleprice를 수정하려면 'UPDATE Vorders SET saleprice=6500 WHERE orderid=1;' 문을 사용하여 수정 요청을 할 수 있다. 요청사항은 실제로는 Orders 테이블에서 수행된다. 그렇지만 기본키를 포함하지 않는 수정 요청이나 뷰를 정의하는 데 사용된 베이스 테이블base table에 포함된 두 개 이상에서 속성을 포함하는 수정 요청은 제약을 위반할 가능성이 있으므로 금지된다.

1 뷰의 생성

뷰는 실제 SQL 문에서 테이블과 동일하게 사용할 수 있는 데이터베이스 개체이다. 뷰는 사용자가 직접 정의하는 과정을 거치는데, 뷰의 정의를 뷰의 생성이라고도 한다. 뷰를 생성하는 문법은 다음과 같다.

```
CREATE  VIEW 뷰이름 [(열이름 [,... n])]
AS <SELECT 문>
```

위 문법에서 '뷰이름'은 생성할 뷰의 이름을 말하며, '열이름'은 뷰에서 사용할 열의 이름을 말한다. 열이름과 SELECT 문에서 추출하는 속성은 일대일로 대응된다. SELECT 문은 뷰를 정의하는 역할을 한다.

Book 테이블에서 '축구'라는 문구가 포함된 자료만 보여 주는 뷰를 만들어 보자. 뷰로 정의할 SELECT 문은 다음과 같다.

```
SELECT      *
FROM        Book
WHERE       bookname LIKE '%축구%';
```

위 SELECT 문을 이용해 뷰 정의문을 작성하면 다음과 같다.

```
CREATE VIEW vw_Book
AS SELECT   *
   FROM     Book
   WHERE    bookname LIKE '%축구%';
```

위 문장을 수행하면 vw_Book이라는 뷰가 생성되며 일반 테이블처럼 사용할 수 있다. 뷰는 실제 데이터가 저장되는 게 아니라 뷰의 정의가 DBMS에 저장되는 것이다. Book 테이블에 '축구'라는 문구를 포함한 도서가 새로 추가되면 이 데이터 역시 뷰에도 나타난다. 만약 추가되는 도서이름에 '축구'라는 문구가 포함되어 있지 않으면 Book 테이블에는 존재하지만 뷰에서는 나타나지 않는다.

TIP 원활한 실습을 위해 demo_madang_init.sql을 실행하여 데이터베이스를 초기화해 준다.

질의 4-19

주소에 '대한민국'을 포함하는 고객들로 구성된 뷰를 만들고 조회하시오. 뷰의 이름은 vw_Customer로 설정하시오.

풀이

```
CREATE VIEW vw_Customer
AS SELECT   *
   FROM     Customer
   WHERE    address LIKE '%대한민국%';
```

뷰 생성 후 결과를 확인하면 다음과 같다.

```
SELECT      *
FROM        vw_Customer;
```

	custid	name	address	phone
1	2	김연아	대한민국 서울	000-6000-0001
2	3	장미란	대한민국 강원도	000-7000-0001
3	5	박세리	대한민국 대전	NULL

vw_Customer를 정의하는 SELECT 문은 Customer 테이블에서 address 열에 대한민국을 포함하는 모든 데이터를 조회한다. CREATE VIEW 문에 열이름에 대한 특별한 정의가 없으므로 vw_Customer는 SELECT 문의 열이름을 그대로 가져와 뷰를 생성한다.

질의 4-20

Orders 테이블에서 고객이름과 도서이름을 바로 확인할 수 있는 뷰를 생성한 후, '김연아' 고객이 구입한 도서의 주문번호, 도서이름, 주문액을 보이시오.

풀이

```
CREATE VIEW  vw_Orders (orderid, custid, name, bookid, bookname, saleprice,
             orderdate)
AS SELECT    od.orderid, od.custid, cs.name,
             od.bookid, bk.bookname, od.saleprice, od.orderdate
   FROM      Orders od, Customer cs, Book bk
   WHERE     od.custid=cs.custid AND od.bookid=bk.bookid;
```

뷰 생성 후 결과를 확인하면 다음과 같다.

```
SELECT       orderid, bookname, saleprice
FROM         vw_Orders
WHERE        name ='김연아';
```

	orderid	bookname	saleprice
1	3	피겨 교본	8000
2	9	Olympic Champions	7000

2 뷰의 수정

물리적인 테이블의 수정 작업과 같이 뷰도 필요에 따라 정의된 SQL 문의 수정이 필요하다. 뷰의 수정은 CREATE VIEW 문에 OR REPLACE 명령을 더하여 작성한다. 문법은 아래와 같다.

```
ALTER VIEW 뷰이름 [(열이름 [,... n])]
AS SELECT 문
```

질의 4-21

[질의 4-19]에서 생성한 뷰 vw_Customer는 주소가 '대한민국'인 고객을 보여 준다. 이 뷰를 '영국'을 주소로 가진 고객으로 변경하시오. phone 속성은 필요 없으므로 포함하지 마시오.

풀이

```
ALTER VIEW   vw_Customer (custid, name, address)
AS SELECT    custid, name, address
   FROM      Customer
   WHERE     address LIKE '%영국%';
```

뷰 수정 후 결과를 확인하면 다음과 같다.

```
SELECT       *
FROM         vw_Customer;
```

	custid	name	address
1	1	박지성	영국 맨체스터

수정 후 실행한 SELECT 문은 Customer 테이블에 영국이라는 주소를 가진 고객이 1명뿐이므로 한 행만 출력한다. 그리고 custid, name, address 열만 출력한다. 뷰의 변경이 정확하게 수행되었음을 알 수 있다.

3 뷰의 삭제

여러 가지 이유로 뷰가 필요 없게 된 경우에는 DROP 문을 사용하여 뷰를 삭제한다.

```
DROP VIEW 뷰이름 [,... n];
```

질의 4-22

앞서 생성한 뷰 vw_Customer를 삭제하시오.

풀이

```
DROP VIEW    vw_Customer;
```

뷰 삭제 후 결과를 확인하면 다음과 같다.

```
SELECT      *
FROM        vw_Customer;
```

```
메시지
  메시지 208, 수준 16, 상태 1, 줄 1
  개체 이름 'vw_Customer'이(가) 유효하지 않습니다.
```

여기서 잠깐 **시스템 뷰**

SQL Server를 포함한 여러 DBMS에서는 데이터베이스 개체(TABLE, FUNCTION, VIEW 등)나 시스템의 통계 정보 등을 사용자가 직접 확인할 수 있도록 시스템 뷰로 만들어 제공한다. 시스템 뷰는 시스템 카탈로그(System Catalog), 딕셔너리 뷰(Dictionary View) 등의 용어로도 불리며, DBMS 관련 정보를 테이블 형태로 만들어 실시간으로 제공한다. 사용자는 시스템 뷰를 참조하여 데이터베이스 튜닝이나 다른 문제를 해결할 수 있다.

시스템 뷰는 SELECT 명령으로 조회 가능하며, DBMS별로 별도의 매뉴얼을 참조하여 필요한 뷰를 찾아 사용하면 된다.

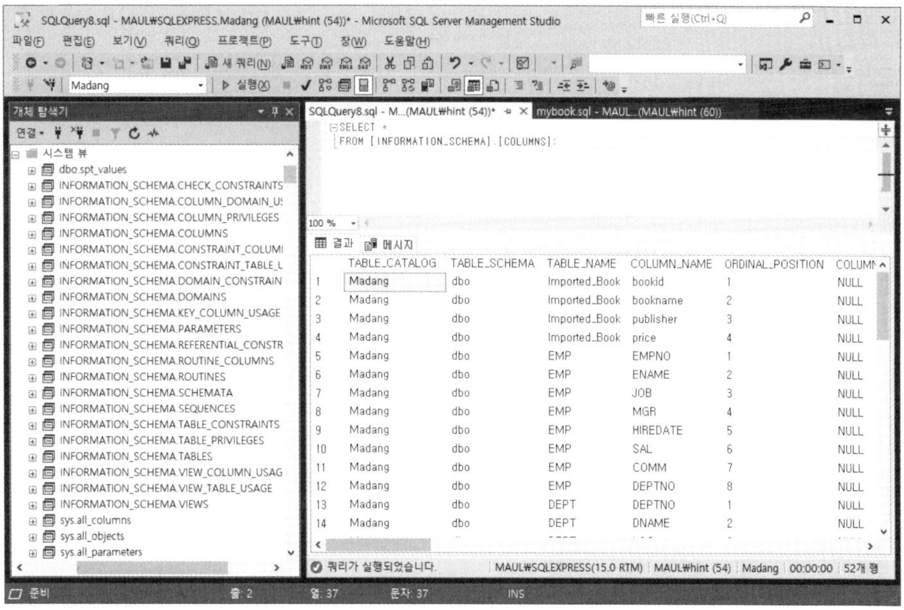

▲ 시스템 뷰를 조회하는 화면

04 인덱스

DBMS는 사용자가 만든 테이블을 저장 장치에 저장하고 필요에 따라 검색하여 결과를 보여준다. 그렇다면 DBMS는 데이터를 어떻게 저장하고 검색할까? 이 절에서는 DBMS에서 테이블이 저장되는 물리적인 구조에 대해 알아보고, 인덱스index의 기본 구조인 B-tree와 SQL Server에서 사용하는 인덱스의 종류에 대해 알아본다.

1 데이터베이스의 물리적 저장

우리가 테이블을 생성하고 테이블에 데이터를 저장INSERT할 때 DBMS는 데이터를 어디에 어떻게 저장할까? 질문을 바꿔 워드프로세서로 작성한 문서는 어떻게 저장될까? 대부분 첫 번째 질문에 대해서는 선뜻 답하기 어려워도 두 번째 질문에 대해서는 쉽게 답할 수 있을 것이다. 워드프로세서로 작성한 문서는 파일 형태로 저장된다. 이 문서 파일은 워드프로세서만의 구조로 이루어져 있다. DBMS 역시 데이터를 DBMS만의 고유한 방식으로 저장하여 관리한다.

[그림 4-7]은 DBMS의 질의 처리 과정을 나타낸 것이다. DBMS는 워드프로세서와 마찬가지로 운영체제에서 실행되는 응용 프로그램의 일종이다. 그림을 보면 SQL 작업 도구TOOL를 통해 SQL 문을 작성하여 실행하면 DBMS에 의해 처리 방법이 결정되고, 운영체제를 통해 각 장치에 명령이 내려져 작업이 처리된다. 저장INSERT 작업도 마찬가지 과정으로 진행되어 최종적으로 운영체제의 파일 시스템에 종속적인 데이터베이스 파일로 저장된다.

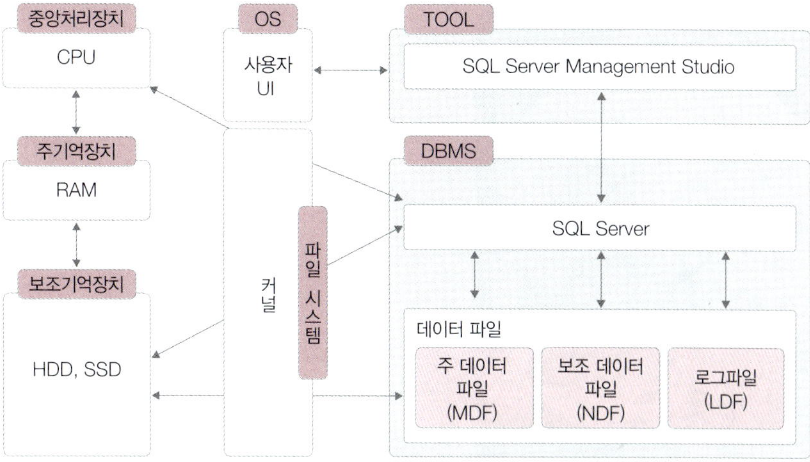

그림 4-7 DBMS와 데이터 파일

이 과정에서 주의 깊게 살펴볼 점은 실제 데이터가 저장되는 곳이 보조기억장치라는 사실이다. 보조기억장치로는 일반적으로 하드디스크, SSD, USB 메모리 등을 들 수 있는데, 가장 많이 사용되는 장치는 하드디스크이다. 하드디스크는 원형의 플레이트plate로 구성되어 있다. 플레이트는 논리적으로 트랙으로 나뉘며, 트랙은 다시 몇 개의 섹터로 나뉜다. 원형의 플레이트는 초당 빠른 속도로 회전하고, 회전하는 플레이트를 하드디스크의 액세스 암arm과 헤더header가 접근하여 원하는 섹터에서 데이터를 가져온다. 하드디스크에 저장된 데이터를 읽어 오는 데 걸리는 시간은 모터motor에 의해서 분당 회전하는 속도Revolutions Per Minute, RPM, 데이터를 읽을 때 액세스 암이 이동하는 시간latency time, 주기억장치로 읽어 오는 시간transfer time에 영향을 받는다.

이와 같은 디스크의 입출력 시간을 액세스 시간access time이라고 한다. 액세스 시간은 데이터의 저장 및 읽기에 많은 영향을 끼친다. 액세스 시간은 다음과 같은 식으로 표현할 수 있다.

```
액세스 시간 = 탐색시간seek time(액세스 헤드를 트랙에 이동시키는 시간)
            + 회전 지연시간rotational latency time(섹터가 액세스 헤드에 접근하는 시간)
            + 데이터 전송시간data transfer time(데이터를 주기억장치로 읽어 오는 시간)
```

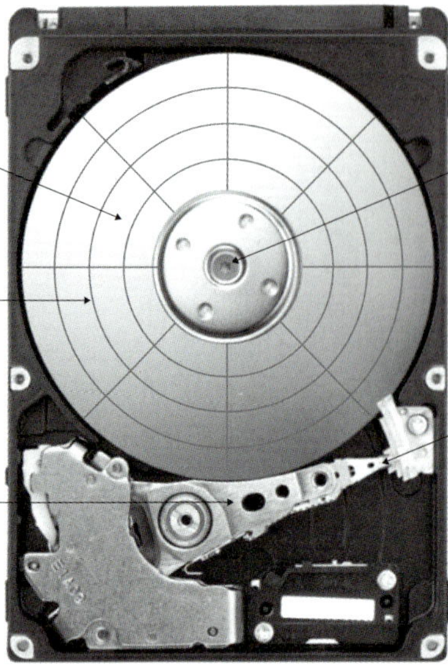

그림 4-8 하드디스크의 구조

DBMS가 하드디스크에 데이터를 저장하고 읽어 올 때는 근본적인 속도 문제가 발생할 수밖에 없다. 컴퓨터 시스템에서 처리되는 연산 속도는 빠른데, 디스크의 액세스 속도는 느리기 때문이다. 디스크는 주기억장치보다 1,000배 이상 느리다. 이러한 속도 문제를 줄이기 위해 주기억장치에 DBMS가 사용하는 공간(memory pool) 중 일부를 DB 버퍼캐시buffer cache로 만들어 사용하는 방법이 있다. DB 버퍼캐시에는 자주 사용하는 데이터를 저장해 두는데, LRULeast Recently Used 알고리즘에 의해 사용 빈도가 높은 데이터 위주로 저장 · 관리한다.

데이터 검색 시 DBMS는 버퍼캐시에 저장된 데이터를 우선 읽어 들인 후 작업을 진행한다.

또 데이터의 삽입이나 갱신 작업 후에도 버퍼캐시에 데이터를 갱신하고, 수행 내용을 로그캐시log cache에 트랜잭션 순서대로 기록한 후 로그파일(LDF)에 옮긴다. 버퍼캐시에 저장된 데이터는 최종적으로 일정 주기 또는 이벤트의 발생에 따라 주 데이터 파일(확장자 mdf) 또는 보조 데이터 파일(확장자 ndf)에 저장된다.

[그림 4-9]는 위 설명에 대한 SQL Server의 내부 구조를 나타낸 것이다.

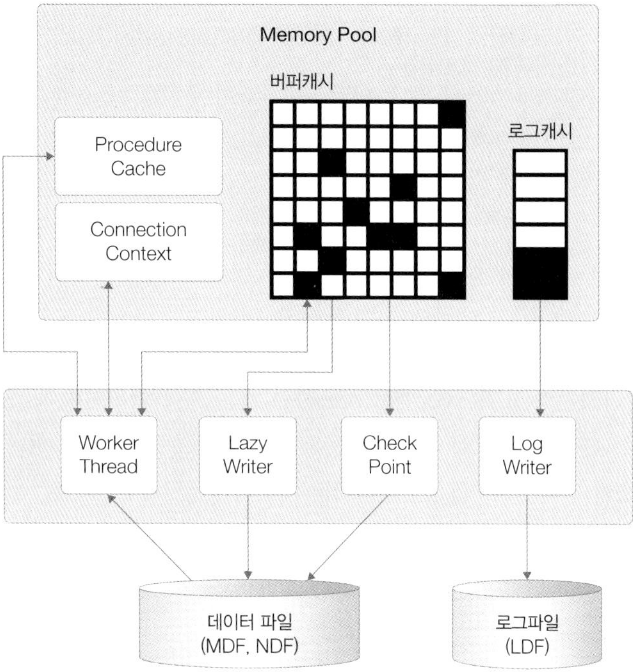

그림 4-9 SQL Server의 내부 구조

워드프로세서에서 작업한 하나의 문서는 하나의 파일로 생성된다. 그러나 DBMS는 데이터베이스별로 하나 이상의 데이터 파일을 생성한다. 테이블은 생성 시 정의된 내용에 따라 논리적으로 구분 지어 각각의 데이터 파일에 저장한다. 이러한 파일은 DBMS별로 고유한 파일 구조를 가지며 동시에 수많은 사용자가 사용해야 하므로 특별한 처리 방법을 통해 관리된다.

[표 4-8]은 SQL Server에서 사용하는 세 가지 주요 파일을 정리한 것이다.

표 4-8 SQL Server의 주요 파일

파일		설명
데이터 파일	주 데이터 파일 (*.mdf)	• 데이터베이스의 시작 정보를 포함하며 데이터베이스의 나머지 파일을 가리킨다. • 사용자 데이터와 개체를 저장한다. • 모든 데이터베이스에는 하나의 주 데이터 파일이 있으며 파일 확장명은 .mdf이다.
	보조 데이터 파일 (*.ndf)	• 선택적으로 사용하는 사용자 정의 데이터 파일이며 사용자 데이터를 저장한다. • 권장되는 파일 확장명은 .ndf이다.
트랜잭션 로그 파일 (*.ldf)		• 데이터베이스 복구에 사용되는 로그 정보를 저장한다. • 데이터베이스마다 최소한 하나의 로그 파일이 있어야 한다. • 권장되는 파일 확장명은 .ldf이다.

디스크에 저장되는 데이터 파일은 익스텐트extent 단위로 공간이 할당된다. 익스텐트는 여덟 개의 페이지page로 구성된다. 페이지는 SQL Server에서 사용하는 기본 저장 단위이며 8KB의 크기를 가진다. 페이지는 모든 영역에서 최소 단위로 사용되는데, 디스크 입출력 및 버퍼 캐시 역시 페이지 단위로 읽기 쓰기가 이루어진다. 각 페이지는 페이지 번호, 페이지 유형, 해당 페이지의 사용 가능한 크기, 해당 페이지를 소유하고 있는 개체의 할당 단위 ID와 같은 정보를 가지고 있다. 예를 들어 SQL Server의 1MB 파일은 열여섯 개의 익스텐트로 할당되며, 각 익스텐트는 8KB 크기의 페이지 여덟 개로 구성된다.

2 인덱스와 B-tree

인덱스index란 도서의 색인이나 사전과 같이 데이터를 쉽고 빠르게 찾을 수 있도록 만든 데이터 구조이다. 도서관에서 책을 찾을 때 서지 목록을 보고 책의 위치를 찾는 것처럼 인덱스도 같은 역할을 한다. SQL Server의 인덱스는 B-tree 구조로 되어 있다. B-tree의 기본 구조를 알아본 후 B-tree 인덱스 구조에 대해 살펴보자.

B-treeBalanced-tree는 데이터의 검색 시간을 단축하기 위해 바이어Bayer가 고안하였다. B-tree는 [그림 4-10]과 같이 루트 노드root node, 내부 노드internal node, 리프 노드leaf node로 구성되며, 리프 노드가 모두 같은 레벨에 존재하는 균형balanced 트리이다.

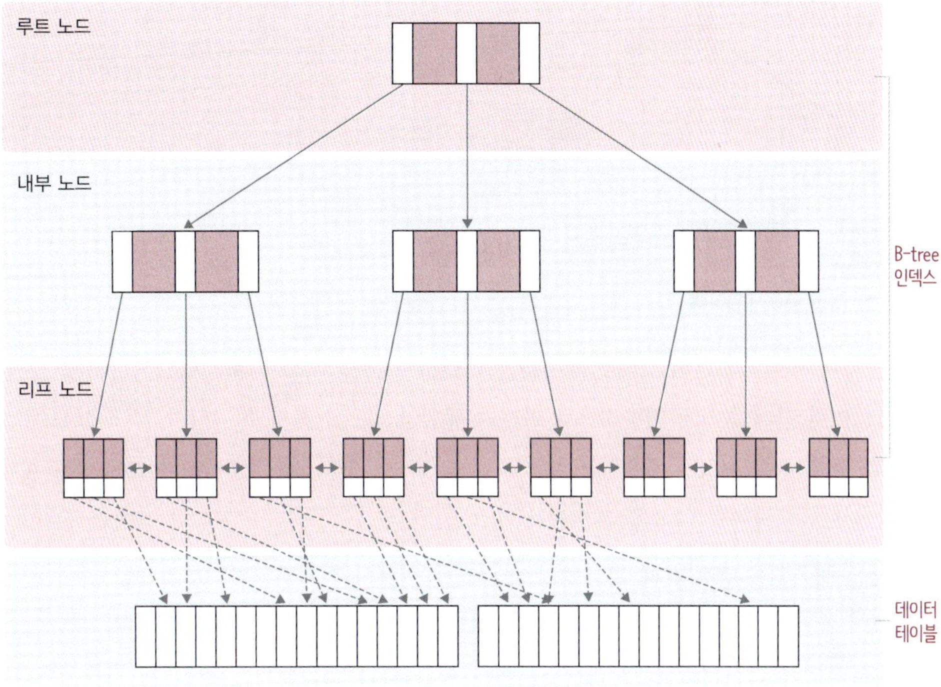

그림 4-10 B-tree의 구조

B-tree의 각 노드는 키값과 포인터를 가진다. 키값은 오름차순으로 저장되어 있으며, 키값 좌우에 있는 포인터는 각각 키값보다 작은 값과 큰 값을 가진 다음 노드를 가리킨다. 따라서 키값을 비교하여 다음 단계의 노드를 쉽게 찾을 수 있다. 트리의 가장 상위 노드를 루트 노드라고 한다. 모든 검색은 루트 노드에서부터 시작하여 내부 노드를 지나 리프 노드까지 내려가면서 이루어진다. B-tree는 키값이 새로 추가되거나 삭제될 경우 동적으로 노드를 분할하거나 통합하여 항상 균형 상태를 유지한다.

[그림 4-11]과 같은 최대 세 개의 자식을 가지는 B-tree에서 3이라는 값을 찾는다고 가정해 보자. 우선 루트 노드의 값 4와 찾는 값 3을 비교한다. 3은 4보다 작으므로 왼쪽 포인터가 지시하는 노드로 이동한다. 이동한 노드에서 다시 2와 3을 비교하여 오른쪽 포인터가 지시하는 노드로 이동한다. 3이 저장된 노드와 비교하여 같은 값을 발견하면 검색을 중지한다. 삽입 작업의 경우 루트 노드에서부터 시작하여 값을 비교하면서 삽입될 위치를 찾아가고, 노드에 저장할 공간이 없으면 새로운 노드로 분할하여 값을 이동한 후 삽입한다. 값이 새로 입력되어도 트리는 항상 균형 상태를 유지한다.

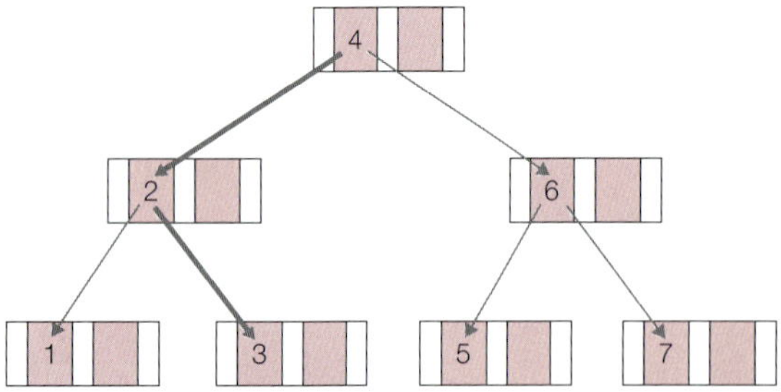

그림 4-11 B-tree에서 검색 예

B-tree에서 검색은 루트 노드에서부터 값을 비교하여 중간 단계인 내부 노드에서 해당 노드를 찾고, 이런 단계를 거쳐 최종적으로 마지막 레벨인 리프 노드에 도달한다. 리프 노드에는 해당 데이터의 저장 위치에 대응하는 레코드 번호Record IDentify, RID, 실제 테이블의 대상 행의 논리적 위치를 가지고 있어 찾고자 하는 행을 바로 찾을 수 있다.

B-tree는 데이터를 검색할 때 특유의 트리 구조를 이용하기 때문에 한 번 검색할 때마다 검색 대상이 줄어 접근 시간이 적게 걸린다. 100만 개의 투플을 가진 데이터도 서너 번 디스크 블록을 읽으면 찾을 수 있다. 이러한 특징 때문에 주요 DBMS에서는 인덱스의 기본 구조로 B-tree를 많이 사용한다. 하지만 데이터의 변경이나 추가가 잦으면 B-tree의 모양을 유지하기 위해 노드의 분할 및 이동이 자주 발생하는 문제가 있다.

인덱스의 특징을 정리하면 다음과 같다.

- 인덱스는 테이블에서 한 개 이상의 속성을 이용하여 생성한다.
- 빠른 검색과 함께 효율적인 레코드 접근이 가능하다.
- 순서대로 정렬된 속성과 데이터의 위치만 보유하므로 테이블보다 작은 공간을 차지한다.
- 저장된 값은 테이블의 부분집합이 된다.
- 일반적으로 B-tree 형태의 구조를 가진다.
- 데이터의 수정, 삭제 등의 변경이 발생하면 인덱스의 재구성이 필요하다.

3 SQL Server의 인덱스 종류

SQL Server의 인덱스는 클러스터 인덱스clustered index와 비클러스터 인덱스non-clustered index가 있다. 클러스터 인덱스는 연속된 키값의 레코드를 묶어서 같은 블록에 저장하는 방법이다. 테이블당 하나만 생성할 수 있으며, 리프 노드에 데이터의 저장 위치에 대응하는 RID를 저장하는 대신 테이블의 열 자체가 저장된다. 비클러스터 인덱스의 경우 일반적인 B-tree 인덱스이다.

클러스터 인덱스

[그림 4-12]는 마당서점의 Book 테이블에 클러스터 인덱스를 생성한 경우이다. 클러스터 인덱스는 리프 노드에 테이블 자체가 저장되기 때문에 특별하게 테이블의 해당 열을 찾기 위한 RID를 가지고 있을 필요가 없다. 예를 들어 도서번호 8번을 찾을 경우 루트 노드에서 비교하여 세 번째 행의 7보다 크고 네 번째 행의 10보다는 작은 것을 발견하고 이에 따라 page 3으로 이동하여 첫 번째 행부터 순서대로 데이터를 찾게 된다.

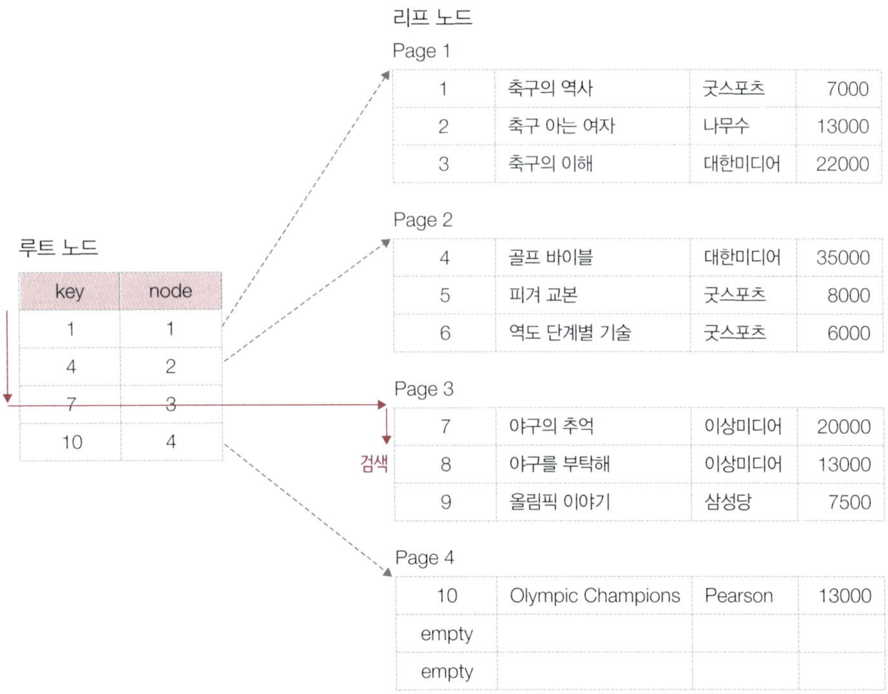

그림 4-12 클러스터 인덱스

클러스터 인덱스는 테이블당 하나만 생성할 수 있으며, 키값에 의한 동등 검색 및 범위(BETWEEN) 검색에 모두 유리하다. 테이블의 데이터가 키값에 따라 정렬되어 있으므로 특정 값을 쉽게 찾을 수 있으며, 범위로 검색한다고 해도 이미 정렬되어 있으므로 손쉽게 검색할 수 있다. 또한 인덱스 페이지가 단순해 인덱스를 저장하는 데 차지하는 공간도 작다. 클러스터 인덱스는 테이블 생성 시 기본키(PK)를 생성하면 자동으로 생성된다.

비클러스터 인덱스

[그림 4-13]은 마당서점 Book 테이블의 bookid 속성으로 비클러스터 인덱스를 생성한 경우이다. 비클러스터 인덱스는 클러스터 인덱스와 달리 리프 노드에 실제 데이터값이 아닌 테이블에 데이터가 위치한 행 번호인 RID를 가지고 있다. [그림 4-13]에서 RID는 '페이지 번호-페이지 내 행의 위치'의 형태로 구성되어 있다. 그리고 테이블을 살펴보면 저장된 값이 bookid 기준으로 정렬되어 있지 않고 무작위로 저장되어 있는 것을 알 수 있다. 일반적으로 테이블의 데이터가 갱신 또는 삭제되면 최종적으로 [그림 4-13]과 같이 무작위로 저장된다.

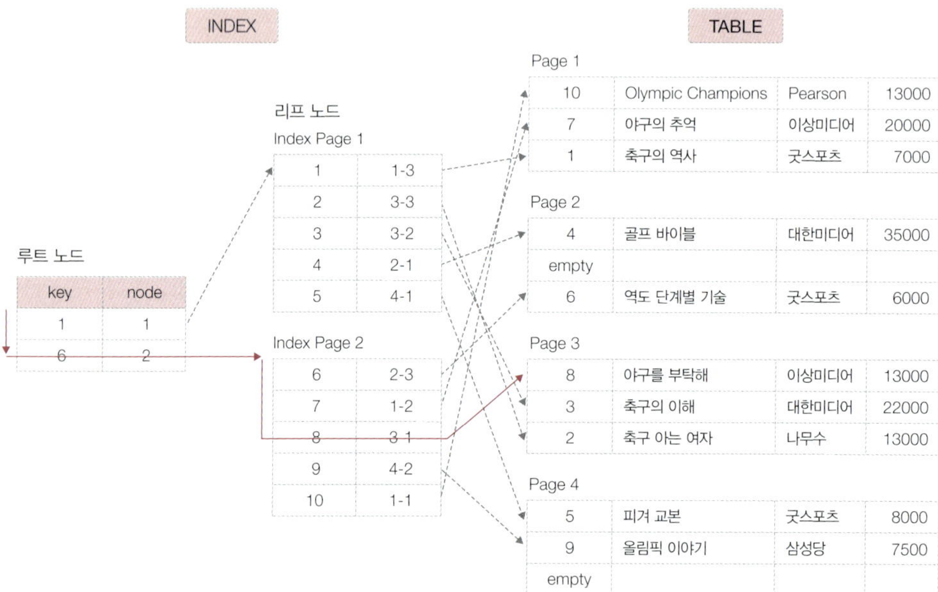

그림 4-13 비클러스터 인덱스

도서번호 8번을 찾는 경우를 살펴보자. 루트 노드를 통해 리프 노드의 두 번째 페이지를 찾아간 후 찾고자 하는 값인 8의 RID가 3-1임을 확인한다. 3-1은 세 번째 페이지의 첫 번째 행을 의미하므로 테이블의 세 번째 페이지에 접근하여 원하는 데이터를 가져온다.

비클러스터 인덱스는 클러스터 인덱스와 달리 테이블과 별도로 구성된다. 따라서 테이블당 여러 개를 생성할 수 있다. 그러나 테이블과 인덱스가 별도의 페이지에 저장되므로 클러스터 인덱스에 비해 많은 저장 공간이 요구된다. 특정 값을 찾는 검색의 경우 성능을 보장할 수 있으나, 범위 검색은 테이블 페이지에 값이 저장된 순서에 따라 원하는 만큼의 효과를 보지 못할 수도 있다.

4 인덱스의 생성

인덱스는 데이터 검색을 빨리 하기 위해 사용한다. 하지만 인덱스를 생성했다고 해서 데이터 검색이 무조건 빨라지는 것은 아니다. 데이터의 양이 별로 없거나 데이터값이 몇 종류 안 되어 선택도가 높으면 인덱스가 없는 게 더 빠를 수 있다. 여기서 선택도selectivity란 '1/(서로 다른 값의 개수)'를 말하는 것으로, 예를 들어 100개의 행을 가진 테이블에 값이 (남, 여) 두 가지라면 선택도가 높다고 할 수 있다.

이처럼 의미 없이 인덱스를 생성하면 검색이 더 느려지고 저장 공간만 낭비하게 된다. 따라서 인덱스 생성에 앞서 다음의 고려사항을 충분히 살펴봐야 한다.

- 인덱스는 WHERE 절에 자주 사용되는 속성이어야 한다.
- 인덱스는 조인에 자주 사용되는 속성이어야 한다.
- 단일 테이블에 인덱스가 많으면 속도가 느려질 수 있다(테이블당 네다섯 개 정도 권장).
- 속성이 가공되는 경우 사용하지 않는다.
- 속성의 선택도가 낮을 때 유리하다(속성의 모든 값이 다른 경우).

인덱스 생성 시 고려사항과 SQL Server의 인덱스 종류에 대해 알아보았으므로 실제 인덱스를 생성해 보자. 인덱스의 생성은 CREATE INDEX 문을 이용하며 문법은 다음과 같다.

```
CREATE [UNIQUE] [CLUSTERED | NONCLUSTERED] INDEX 인덱스이름
ON 테이블이름 (속성이름 [ASC | DESC] [,...n])
```

위 문법에서 'UNIQUE'는 테이블의 속성값에 대하여 중복이 없는 유일한 인덱스를 생성하는 것을 말한다. 'CLUSTERED | NONCLUSTERED'는 인덱스의 종류로 선택하는 부분이며, 생략 시 NONCLUSTERED로 지정된다.

질의 4-23

Book 테이블의 bookname 열을 대상으로 인덱스 ix_Book을 생성하시오.

풀이

```
CREATE INDEX ix_Book ON Book (bookname);
```

```
Index IX_BOOK이(가) 생성되었습니다.
```

질의 4-24

Customer 테이블의 name 열을 대상으로 클러스터 인덱스 cix_Customer를 생성하시오.

풀이

```
CREATE CLUSTERED INDEX cix_Customer ON Customer (name);
```

```
메시지
  명령이 완료되었습니다.
```

질의 4-25

Book 테이블의 publisher, price 열을 대상으로 인덱스 ix_Book2를 생성하시오.

풀이

```
CREATE INDEX ix_Book2 ON Book (publisher, price);
```

```
메시지
  명령이 완료되었습니다.
```

생성된 인덱스는 개체 탐색기의 해당 테이블의 인덱스를 통해 확인할 수 있다. 또 생성된 인덱스를 활용하는지 보려면 SQL 문을 실행하기 전에 [Ctrl]+[L]을 누르면 실행계획을 볼 수 있다.

TIP 마우스 오른쪽 버튼을 누른 후 [예상 실행계획 표시]를 선택해도 볼 수 있다.

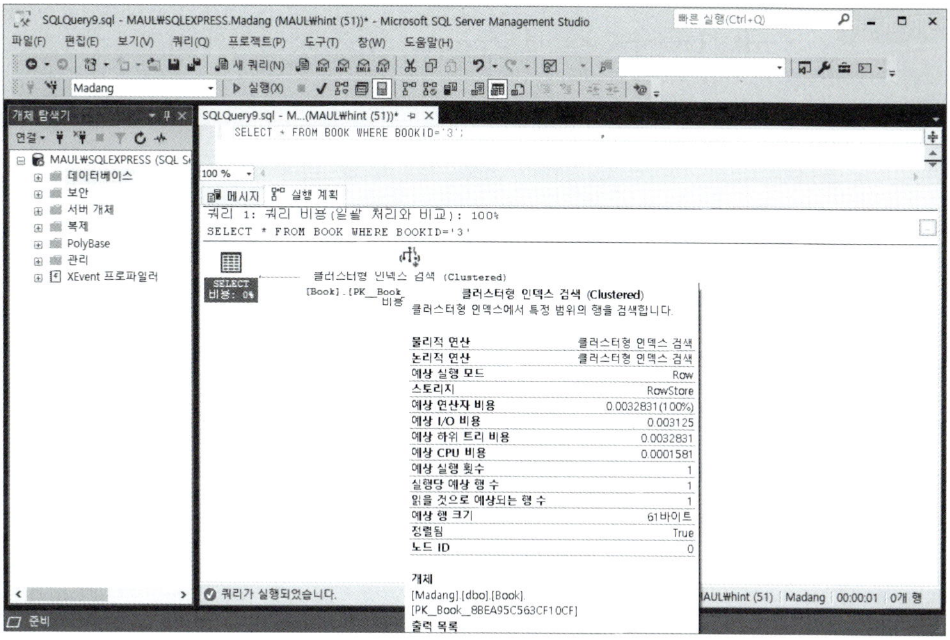

그림 4-14 생성된 인덱스 확인 및 실행계획

5 인덱스의 재구성과 삭제

인덱스의 재구성은 ALTER INDEX 명령을 사용하여 수행한다. B-tree 인덱스는 데이터의 수정, 삭제, 삽입이 잦으면 노드의 갱신이 주기적으로 일어나 단편화fragmentation 현상이 나타난다. 단편화란 삭제된 레코드의 인덱스 값 자리가 비게 되는 상태를 말하는데, 이는 검색 시 성능 저하로 이어진다.

이럴 때 다음 문법을 통해 인덱스를 다시 생성해 준다.

```
ALTER INDEX {인덱스이름 | ALL}
ON 테이블이름 { REBUILD | DISABLE | REORGANIZE};
```

위 문법에서 REBUILD는 인덱스를 다시 생성하여 기존의 단편화가 많은 인덱스를 버리는 작업이고, REORGANIZE는 기존 인덱스의 페이지들을 합병하거나 단편화를 제거하는 작업이다. DISABLE은 해당 인덱스의 사용을 중지시키는 작업이다.

질의 4-26

인덱스 ix_Book을 재생성하시오.

풀이

```
ALTER INDEX ix_Book ON Book REBUILD;
```

```
메시지
명령이 완료되었습니다.
```

하나의 테이블에 인덱스가 많으면 데이터베이스 성능에 좋지 않은 영향을 미친다. 그러므로 사용하지 않는 인덱스는 삭제해야 한다. 인덱스의 삭제는 DROP INDEX 명령을 사용한다.

```
DROP      INDEX 인덱스이름
          ON 테이블이름;
```

질의 4-27

비클러스터 인덱스 ix_Book을 삭제하시오.

풀이

```
DROP INDEX ix_Book ON Book;
```

```
메시지
명령이 완료되었습니다.
```

요약

01 내장 함수

사용자가 만든 함수에 대비되는 용어로 DBMS에서 제공하는 함수이다. 상수나 열이름을 입력 값으로 받아 호출되며, 단일 값을 결과로 반환한다.

02 부속질의

하나의 SQL 문 안에 다른 SQL 문이 중첩된(nested) 형태로 표현되는 질의를 말한다. 다른 테이블에서 가져온 데이터로 현재 테이블에 있는 정보를 찾거나 가공하는 데 사용한다.

- 스칼라 부속질의: SELECT 절에서 사용되는 부속질의로 단일행, 단일열의 스칼라값을 반환한다.
- 인라인 뷰: FROM 절에서 사용되는 부속질의로 결과를 뷰(view) 형태로 반환한다.
- 중첩질의: WHERE 절에서 사용되는 부속질의로 주 질의에 사용된 자료 집합의 조건을 서술한다.

03 뷰

하나 이상의 테이블을 합하여 사용하기 편리하게 만든 가상의 테이블로 다음과 같은 장점이 있다.

- 편리성: 사용자가 필요한 정보만 요구에 맞게 가공하여 뷰로 만들어 쓸 수 있다.
- 보안성: 사용자별로 필요한 데이터만 선별하여 보여 줄 수 있다.
- 데이터 독립성: 뷰를 정의하여 개념 스키마의 테이블 변경이 응용 프로그램 변경에 영향이 없도록 한다.

04 인덱스

도서 색인이나 사전과 같이 데이터를 쉽고 빠르게 찾을 수 있도록 만든 데이터 구조이다.

05 B-tree

루트 노드(root node), 내부 노드(internal node), 리프 노드(leaf node)로 구성된 트리 자료 구조로, 리프 노드가 모두 같은 레벨에 존재하는 균형(balanced) 트리이다.

06 SQL Server 인덱스의 종류

- 클러스터 인덱스: 연속된 키값의 레코드를 묶어서 같은 블록에 저장하는 방법으로, 리프 노드에 RID 대신 테이블의 열 자체가 저장된다.
- 비클러스터 인덱스: 리프 노드에 실제 데이터값이 아닌 테이블에 해당되는 행이 위치한 값인 RID를 가지고 있다.

연습문제

01 다음 내장 함수의 결과를 적으시오.

함수	결과
ABS(−3.4)	
CEILING(3.4)	
FLOOR(3.4)	
ROUND(3.4)	
LOG(100)	
POWER(4.0, 2)	
SQRT(4.0)	
SIN(4.0)	
LEFT('Happy', 4)	
CHAR(65)	
NCHAR(65)	
ASCII('Happy')	
UNICODE('Happy')	
SYSDATETIME( )	
GETDATE( )	
DAY('2021−09−02')	
MONTH('2021−09−02')	
YEAR('2021−09−02')	
UPPER('Happy')	
LTRIM('Happy')	
RTRIM('Happy')	
RIGHT('Happy', 4)	
LEN('Happy')	
LOWER('Happy')	
REPLICATE('Happy', 3)	
REVERSE('Happy Day')	
'1'+SPACE(5)+'2'	
REPLACE('Happy Day', 'Day', 'Boy')	
SUBSTRING('Happy Day', 3, 5)	
CHARINDEX('Happy Day', 'Day')	
DATENAME(MONTH,'2021−09−02')	
DATEPART(MONTH,'2021−09−02')	
DATEDIFF(MONTH,'2021−03−01', '2021−09−01')	
DATEADD(DAY, 5, '20210901')	
ISDATE('2021−02−30')	

02 다음과 같이 Mybook 테이블을 생성한 후 NULL에 관한 SQL 문에 답하고, 결과를 보면서 NULL에 대한 개념도 정리해 보시오.

Mybook

bookid	price
1	10000
2	20000
3	NULL

SQL 문		결과
(1) SELECT	*	
FROM	Mybook;	
(2) SELECT	bookid, ISNULL(price, 0)	
FROM	Mybook;	
(3) SELECT	*	
FROM	Mybook	
WHERE	price IS NULL;	
(4) SELECT	*	
FROM	Mybook	
WHERE	price='';	
(5) SELECT	bookid, price+100	
FROM	Mybook;	
(6) SELECT	SUM(price), AVG(price), COUNT(*)	
FROM	Mybook	
WHERE	bookid >= 4;	
(7) SELECT	COUNT(*), COUNT(price)	
FROM	Mybook;	
(8) SELECT	SUM(price), AVG(price)	
FROM	Mybook;	

연습문제

03 TOP n 질의에 관한 다음 SQL 문에 답하시오. 데이터베이스는 madang 데이터베이스를 이용한다.

SQL 문 **결과**

(1)
```
SELECT    *
FROM      Book;
```

(2)
```
SELECT    TOP 5 *
FROM      Book;
```

(3)
```
SELECT    TOP 5 *
FROM      Book
ORDER BY  price;
```

(4)
```
SELECT    TOP 5 *
FROM      (SELECT * FROM Book) b
ORDER BY  price;
```

(5)
```
SELECT    *
FROM      (SELECT TOP 5 * FROM Book) b
ORDER BY  price;
```

(6)
```
SELECT    *
FROM      (SELECT TOP 5 * FROM Book ORDER BY price) b;
```

04 다음 과일(과일코드, 과일명) 테이블에 대한 SQL WHERE 문장 내의 비교조건을 해석한 것으로 옳지 않은 문장은 몇 개인가? (단, 밑줄은 기본키를 의미한다.)

과일코드	과일명
10	오렌지
15	키위
19	파인애플

- "21 NOT IN (SELECT 과일코드 FROM 과일)"은 참이다.
- "19 < ANY (SELECT 과일코드 FROM 과일)"은 거짓이다.
- "15 < ALL (SELECT 과일코드 FROM 과일)"은 참이다.
- "19 = ALL (SELECT 과일코드 FROM 과일)"은 거짓이다.

05 부속질의에 관한 다음 SQL 문을 수행해 보고 어떤 질의에 대한 답인지 설명하시오.

```
(1) SELECT      custid, (SELECT   address
                         FROM     Customer cs
                         WHERE    cs.custid = od.custid) "address",
                         SUM(saleprice) "total"
    FROM        Orders od
    GROUP BY    od.custid;

(2) SELECT      cs.name, s
    FROM        (SELECT    custid, AVG(saleprice) s
                 FROM      Orders
                 GROUP BY custid) od, Customer cs
    WHERE       cs.custid = od.custid;

(3) SELECT      SUM(saleprice) "total"
    FROM        Orders od
    WHERE EXISTS (SELECT    *
                  FROM      Customer cs
                  WHERE     custid <= 3 AND cs.custid = od.custid);
```

06 뷰의 장점과 단점을 설명하시오.

07 SQL에서 뷰(view)의 역할에 대한 설명으로 옳지 않은 문장은 몇 개인가?

- 기본 테이블(base table)만으로 작성된 질의를 간소화할 수 있다.
- 사용자의 접근 권한에 따라 동일한 기본 테이블의 속성을 선택적으로 제공할 수 있다.
- 기본 테이블만으로 작성된 질의 처리 성능을 향상하기 위해 개발되었다.
- 기본 테이블의 물리적 구조를 변경하지 않고 사용자가 원하는 새로운 가상 테이블을 생성할 수 있다.

08 마당서점 데이터베이스를 이용해 다음에 해당하는 뷰를 작성하시오.

(1) 판매가격이 20,000원 이상인 도서의 도서번호, 도서이름, 고객이름, 출판사, 판매가격을 보여 주는 highorders 뷰를 생성하시오.

(2) 생성한 뷰를 이용하여 판매된 도서의 이름과 고객의 이름을 출력하는 SQL 문을 작성하시오.

(3) highorders 뷰를 변경하고자 한다. 판매가격 속성을 삭제하는 명령을 수행하시오. 삭제 후 (2)번 SQL 문을 다시 수행하시오.

09 **[사원 데이터베이스]** 3장 연습문제 9번의 사원 데이터베이스를 이용하여 다음 질의에 해당되는 SQL 문을 작성하시오.

(1) 팀장(mgr)이 없는 직원의 이름을 보이시오.

(2) 사원의 이름과 부서의 이름을 보이시오(조인/스칼라 부속질의 사용).

(3) 'CHICAGO'에 근무하는 사원의 이름을 보이시오(조인/인라인 뷰/중첩질의/EXISTS 사용).

(4) 평균보다 급여가 많은 직원의 이름을 보이시오.

(5) 자기 부서의 평균보다 급여가 많은 직원의 이름을 보이시오(상관 부속질의 사용).

10 **[극장 데이터베이스 뷰]** 다음은 지점이 네 개인 극장 데이터베이스의 테이블이다. 밑줄 친 속성은 기본키이다. 테이블을 보고 다음 뷰를 생성하시오.

> 극장(<u>극장번호</u>, 극장이름, 위치)
> 상영관(<u>극장번호</u>, <u>상영관번호</u>, 영화제목, 가격, 좌석 수)
> 예약(<u>극장번호</u>, <u>상영관번호</u>, <u>고객번호</u>, 좌석번호, 날짜)
> 고객(<u>고객번호</u>, 이름, 주소)

(1) 극장이름과 고객이름을 저장하는 극장-고객 뷰를 생성하시오.

(2) '대한' 극장에 예약을 한 고객의 수를 날짜별로 저장하는 대한-고객 수 뷰를 생성하시오.

11 10번의 극장 데이터베이스에 대하여 다음 뷰를 생성하였다. (1)~(6)의 질의가 의미 있는지 판단하고 질의 결과가 어떤 내용인지 설명하시오.

```
CREATE VIEW 극장예약(극장이름, 예약 수)
   AS SELECT      A.극장이름, COUNT(*)
      FROM        극장 A, 예약 B
      WHERE       A.극장번호=B.극장번호
      GROUP BY    A.극장이름;
```

(1) SELECT * FROM 극장예약;

(2) SELECT 예약 수 FROM 극장예약 WHERE 극장이름='강남';

(3) SELECT MIN(예약 수) FROM 극장예약;

(4) SELECT COUNT(*) FROM 극장예약;

(5) SELECT 극장이름 FROM 극장예약 WHERE 예약 수 > 100;

(6) SELECT 극장이름 FROM 극장예약 ORDER BY 예약 수;

12 데이터베이스는 하드디스크에 저장된다. 하드디스크에서 데이터를 읽어 오는 데 걸리는 시간(액세스 시간)은 어떻게 구성되는지 설명하시오.

13 B-tree는 균형 잡힌 트리를 말한다. 차수가 3인 비어 있는 B-tree에 1부터 9까지 삽입해 보고 균형을 어떻게 유지하는지 설명하시오(위키피디아의 B-tree를 참조한다).

14 다음 데이터를 순서대로 삽입하여 B-tree를 구성할 때 루트 노드에 존재하는 키값은? (단, B-tree의 차수는 3이라고 가정한다.)

> 키값의 삽입 순서: 8, 5, 1, 7, 3, 12, 9, 6

15 3장 연습문제 14번 사원 데이터베이스를 이용하여 다음의 뷰를 생성하시오. 뷰를 이용하여 또 다른 뷰를 정의할 수 있는지 다음 SQL 문을 실행해 보고 결과를 보이시오.

```
CREATE  VIEW  SalesmanView
  AS SELECT   e.empno, e.ename, e.sal, d.dname
      FROM    Emp e, Dept d
      WHERE   e.deptno=d.deptno AND job='SALESMAN';

SELECT        empno, ename, sal
FROM          SalesmanView
WHERE         ROWNUM <= 3;

CREATE  VIEW  SalesTop
  AS SELECT   empno, ename, sal, dname
      FROM    SalesmanView
      WHERE   sal >= 1500;

SELECT        *
FROM          SalesTop;
```

16 마당서점 데이터베이스에서 다음 SQL 문을 수행하고 데이터베이스가 인덱스를 사용하는 과정을 확인해 보시오.

(1) 다음 SQL 문을 수행해 본다.

```
SELECT name FROM Customer WHERE name LIKE '박세리';
```

(2) 실행계획을 살펴본다. 실행계획은 쿼리창에서 마우스 오른쪽 버튼을 누른 후 [예상 실행계획 표시]를 선택하면 표시된다.

(3) Customer 테이블에 name으로 인덱스를 생성하시오. 생성 후 (1)번의 SQL 문을 다시 수행하고 실행계획을 살펴보시오.

(4) 같은 질의에 대한 두 가지 실행계획을 비교해 보시오.

(5) (3)번에서 생성한 인덱스를 삭제하시오.

SQL로 구구단 작성하기

SQL로 구구단을 작성하는 문제는 다음과 같이 해결할 수 있다. CASE 문, 인라인 부속질의, MAX, ROW_NUMBER 등을 이용하여 작성한다. SYS.all_columns은 시스템 테이블로, 아홉 개 이상의 투플을 가진 다른 테이블로 대치할 수 있다. 같은 방법으로 응용하면 SQL로 달력도 만들 수 있다.

SQL 문

```
SELECT
      MAX(CASE WHEN A=1 THEN C END) AS "1단" ,
      MAX(CASE WHEN A=2 THEN C END) AS "2단" ,
      MAX(CASE WHEN A=3 THEN C END) AS "3단" ,
      MAX(CASE WHEN A=4 THEN C END) AS "4단" ,
      MAX(CASE WHEN A=5 THEN C END) AS "5단" ,
      MAX(CASE WHEN A=6 THEN C END) AS "6단" ,
      MAX(CASE WHEN A=7 THEN C END) AS "7단" ,
      MAX(CASE WHEN A=8 THEN C END) AS "8단" ,
      MAX(CASE WHEN A=9 THEN C END) AS "9단"
FROM (
      SELECT A, B, CAST (A AS VARCHAR)+'*'+
             CAST(B AS VARCHAR) +'='+CAST (A*B AS VARCHAR) C
      FROM
             (SELECT ROW_NUMBER() OVER (ORDER BY column_id) A
                    FROM (SELECT TOP 9 * FROM SYS.all_columns) TA) TAA,
      (SELECT ROW_NUMBER() OVER (ORDER BY column_id) B
      FROM (SELECT TOP 9 *
             FROM SYS.all_columns) TB) TBB
) R
GROUP BY B
;
```

실행 결과

	1단	2단	3단	4단	5단	6단	7단	8단	9단
1	1*1=1	2*1=2	3*1=3	4*1=4	5*1=5	6*1=6	7*1=7	8*1=8	9*1=9
2	1*2=2	2*2=4	3*2=6	4*2=8	5*2=10	6*2=12	7*2=14	8*2=16	9*2=18
3	1*3=3	2*3=6	3*3=9	4*3=12	5*3=15	6*3=18	7*3=21	8*3=24	9*3=27
4	1*4=4	2*4=8	3*4=12	4*4=16	5*4=20	6*4=24	7*4=28	8*4=32	9*4=36
5	1*5=5	2*5=10	3*5=15	4*5=20	5*5=25	6*5=30	7*5=35	8*5=40	9*5=45
6	1*6=6	2*6=12	3*6=18	4*6=24	5*6=30	6*6=36	7*6=42	8*6=48	9*6=54
7	1*7=7	2*7=14	3*7=21	4*7=28	5*7=35	6*7=42	7*7=49	8*7=56	9*7=63
8	1*8=8	2*8=16	3*8=24	4*8=32	5*8=40	6*8=48	7*8=56	8*8=64	9*8=72
9	1*9=9	2*9=18	3*9=27	4*9=36	5*9=45	6*9=54	7*9=63	8*9=72	9*9=81

CHAPTER 05
데이터베이스 프로그래밍

학습목표

- 데이터베이스 프로그래밍의 개념을 이해한다.
- T-SQL의 문법과 사용 방법을 알아본다.
- 자바 프로그램과 데이터베이스를 연동하는 방법을 알아본다.
- JSP 프로그램과 데이터베이스를 연동하는 방법을 알아본다.

PREVIEW

SQL은 데이터베이스에 저장된 데이터를 다루는 최상의 언어이다. 하지만 데이터를 이용하는 응용 프로그램을 구축해야 하는 경우 SQL만으로 구축하기는 어렵다. 비행기가 하늘에서는 잘 날지만, 육지에서는 다른 차의 도움을 받아 움직이듯이 SQL도 다른 언어의 도움이 필요하다. 이 장에서는 이 문제를 해결하기 위한 두 가지 방법을 배운다. 첫째, SQL 자체의 기능을 확장하여 프로그래밍 능력을 강화하는 방법이다. 이를 위해 각 DBMS는 전용 프로그래밍 언어(데이터베이스 프로그래밍 언어)를 제공하는데, SQL Server에서는 T-SQL이라고 한다. 둘째, 자바, C++, JSP 등 일반 프로그래밍 언어의 도움을 받아 데이터는 SQL이, 응용 로직은 일반 프로그래밍 언어가 분담하여 해결하는 방법이다. SQL과 일반 프로그래밍 언어와의 결합은 SQL 문을 일반 프로그램에 끼워 넣는 삽입embedded 방식을 이용하여 이루어진다.

01 데이터베이스 프로그래밍 방법

프로그래밍은 프로그램을 설계하고 소스코드를 작성하여 디버깅하는 전 과정을 말한다. 데이터베이스 프로그래밍은 DBMS에 데이터를 정의하고 저장된 데이터를 읽어 와 데이터를 변경하는 프로그램을 작성하는 과정이며, SQL을 포함한다는 점이 일반 프로그래밍과는 다르다.

3장에서는 [그림 5-1]의 (a)처럼 SQL Server의 SQL Server Management Studio 같은 SQL 전용 프로그램을 이용하여 데이터베이스에 접근하였다. 그런데 이 방법은 복잡한 로직을 구현하기 어렵고, GUIGraphic User Interface 응용 구현에도 한계가 있다. 따라서 (b)처럼 일반 프로그래밍 언어에 SQL 문을 삽입하여 각 언어의 장점을 살려 프로그래밍하는 것이 효율적이다. 이를 삽입 프로그래밍embedded programming이라고 한다. 이때 SQL 문이 삽입되는 프로그래밍 언어를 호스트 언어host language라고 한다.

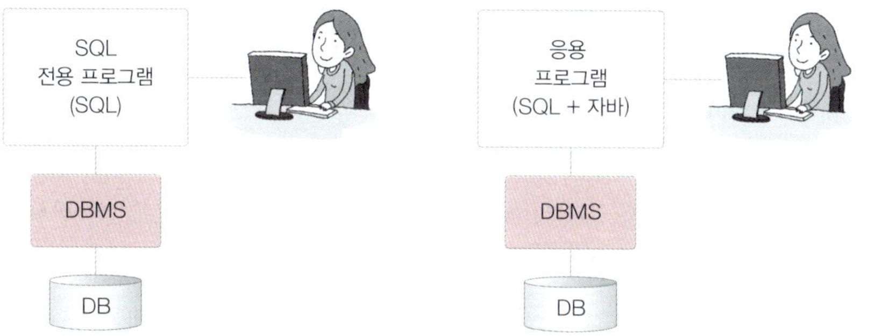

(a) SQL 전용 프로그램 이용하기　　(b) 일반 프로그래밍 언어에 SQL 삽입하기

그림 5-1 데이터베이스 프로그래밍

데이터베이스 프로그래밍 방법은 호스트 언어, DBMS의 종류, 운영체제, 컴퓨터 기종에 따라 다양한 형태로 가능하다. 모바일 환경에서는 SQLite와 같은 경량 DBMS가 사용되기도 한다. 다음은 대표적인 데이터베이스 프로그래밍 방법 네 가지이다.

❶ **SQL 전용 언어 사용하기**

SQL에 변수, 제어, 입출력 등을 추가해 기능을 확장한 전용 언어를 사용하는 방법이다. SQL Server는 T-SQL이라는 언어를 사용하며, Oracle은 PL/SQL이라는 언어를 사용한다. SQL 전용 언어는 데이터베이스를 다루는 능력이 뛰어나고 다루는 방법이 쉽다. 하지만 사용자 인터페이스GUI 구축 기능이 없어 독립적으로 사용하기보다 프로시저나 함수 등으로 구현하여 다른 프로그램에 호출하여 사용한다.

❷ **일반 프로그래밍 언어에 SQL 삽입하기**

자바, C, C++ 등의 일반 프로그래밍 언어에 SQL을 삽입하여 사용하는 방법이다. 삽입된 SQL 문은 DBMS의 컴파일러가 처리한다. 이 방법은 일반 프로그래밍 언어로 작성된 응용 프로그램에서 데이터를 관리 · 검색할 수 있으며, SQL 단독으로 사용할 때보다 복잡한 로직을 쉽게 구현할 수 있다.

❸ **웹 프로그래밍 언어에 SQL 삽입하기**

JSP, ASP, PHP 등 웹 프로그래밍 언어에 SQL을 삽입하는 방법이다. 웹 프로그래밍 언어로 작성된 프로그램에서 데이터를 관리 · 검색할 수 있고 SQL 문의 결과를 웹 브라우저에서 확인할 수 있다. 아파치Apache 같은 웹 서버가 데이터베이스 연동을 지원한다.

❹ **4GL(4th Generation Language)**

데이터베이스 관리 기능과 비주얼 프로그래밍 기능을 갖춘 GUI 기반 소프트웨어 개발 도구를 사용하는 방법이다. 테이블 중심table-driven의 파워빌더PowerBuilder, 보고서 생성의 RPG 등이 있다.

[그림 5-2]는 데이터베이스 응용 시스템의 계층 구조와 관계를 표현한 것이다. 하드웨어 계층과 운영체제 계층은 DBMS가 운영되는 기반 구조, 즉 플랫폼이다. DBMS 계층은 DBMS 제조사별로 구분할 수 있다. [표 5-1]을 보면 자세히 알 수 있다.

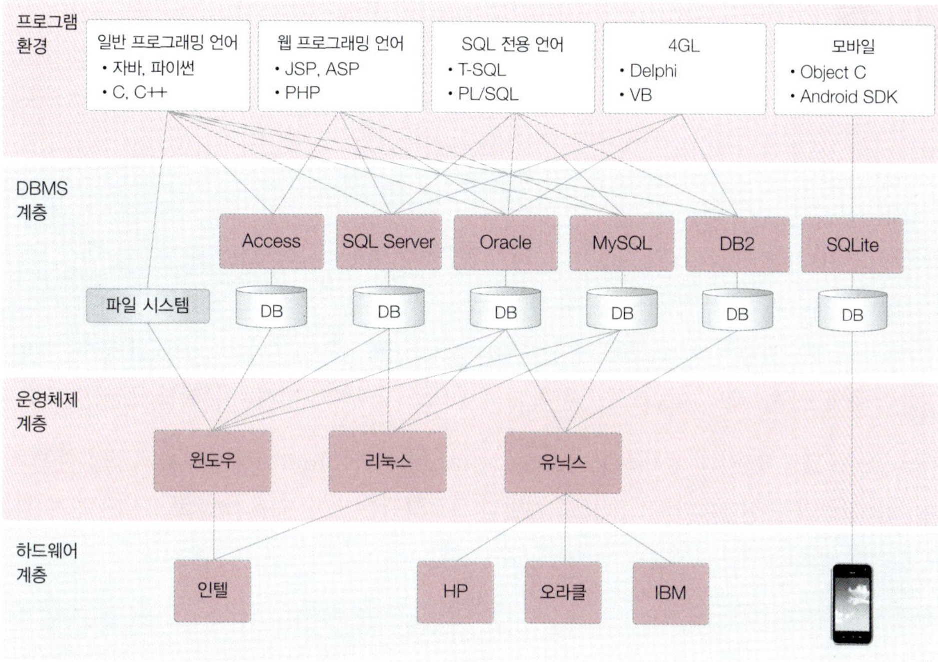

그림 5-2 DBMS 플랫폼과 데이터베이스 프로그래밍의 유형

표 5-1 DBMS의 종류와 특징

구분	Access	SQL Server	Oracle	MySQL	DB2	SQLite
제조사	마이크로 소프트사	마이크로 소프트사	오라클사	오라클사	IBM사	리처드 힙 (오픈소스)
운영체제 기반	윈도우	윈도우, 리눅스	윈도우, 유닉스, 리눅스	윈도우, 유닉스, 리눅스	유닉스	모바일 OS (안드로이드, iOS 등)
특징	개인용 DBMS	윈도우 기반 기업용 DBMS	대용량 데이터베이스를 위한 응용	소용량 데이터베이스를 위한 응용	대용량 데이터베이스를 위한 응용	모바일 전용 데이터베이스

데이터베이스 프로그래밍을 할 때는 하드웨어, 운영체제, DBMS, 프로그램 환경이 다양하므로 비용, 성능, 개발의 용이성에 따라 적절한 환경을 선택해야 한다. 이 책에서는 '인텔(하드웨어)–윈도우(운영체제)–SQL Server(DBMS)–T-SQL(프로그래밍 환경)' 플랫폼을 기준으로 설명한다. 3절과 4절에서는 프로그래밍 환경 중 자바 프로그램과 JSP 웹 프로그램을 추가하여 '인텔(하드웨어)–윈도우(운영체제)–SQL Server(DBMS)–자바/JSP(프로그래밍 환경)' 플랫폼을 다룬다.

02 T-SQL

T-SQL은 Transact-SQL의 줄임말로 데이터베이스 응용 프로그램을 작성하는 데 사용하는 SQL Server의 SQL 전용 언어이다. 마이크로소프트사의 경쟁사인 오라클사의 Oracle은 PL/SQL이라는 이름의 SQL 전용 언어를 사용한다. SQL 전용 언어는 SQL 문에 변수, 제어, 입출력 등의 프로그래밍 기능을 추가하여 SQL만으로 처리하기 어려운 문제를 해결한다.

T-SQL은 [그림 5-3]과 같이 SQL Server Management Studio 창에서 바로 작성하고 컴파일한 후 결과를 실행한다. T-SQL로 개발한 프로그램은 SQL Server에 프로시저로 저장할 수 있으며 필요할 때마다 호출하여 사용할 수 있다.

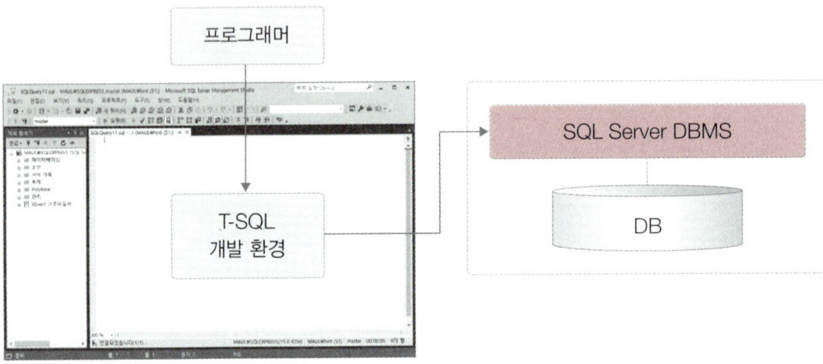

그림 5-3 T-SQL 개발 환경

1 프로시저

T-SQL은 3장과 4장에서 실습한 것처럼 독립적으로 사용하기도 하지만 프로그램 로직을 프로시저procedure로 구현하여 객체 형태로 사용하기도 한다. 프로시저는 일반 프로그래밍 언어에서 사용하는 함수와 비슷한 개념으로, 작업 순서가 정해진 독립된 수행 단위이다. 프로시저는 정의된 다음 SQL Server(DBMS)에 저장되므로 저장 프로시저stored procedure라고도 부른다. SQL Server에서 함수는 반드시 RETURN 문을 사용하여 결과를 반환하지만, 프로시저는 결과를 반환할 수도 있고 반환하지 않고 정해진 기능만 수행할 수도 있다.

SQL Server에서 프로시저를 정의하는 과정은 [그림 5-4]와 같다. ❶ 쿼리창에 프로시저를 정의하고, ❷ 필요할 경우 구문분석을 한 후(이 과정은 생략 가능), ❸ 실행(▷ 실행(X))을 클릭하면 ❹ 실행 결과가 메시지창에 나타나고, ❺ 저장 프로시저 폴더에 객체가 만들어진다.

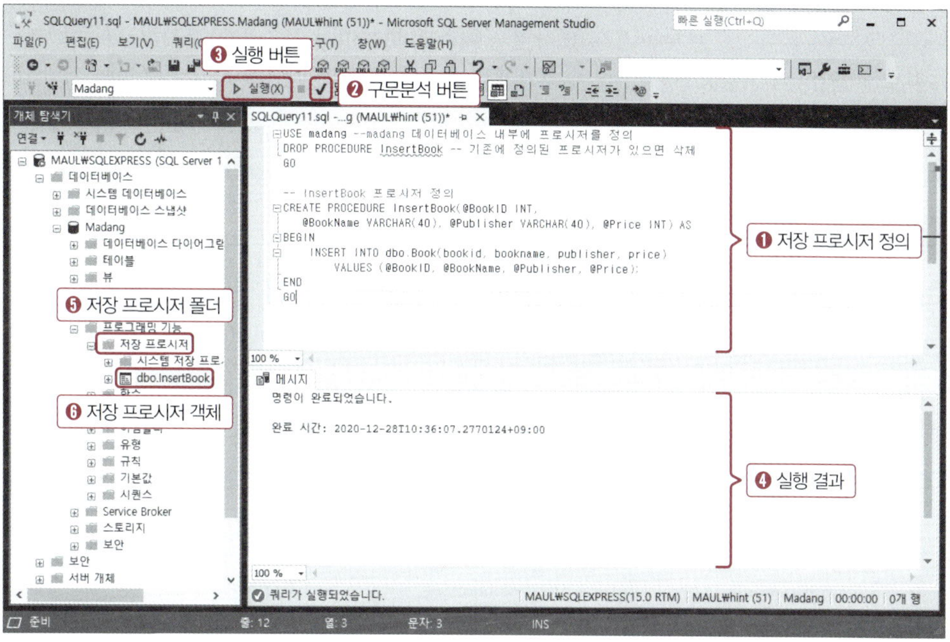

그림 5-4 프로시저를 정의하는 과정

프로시저는 CREATE PROCEDURE 문을 사용해 정의하고 정의 방법은 다음과 같다.

- 변수와 매개변수는 @ 기호로 식별한다. 예를 들어 price는 열 이름이지만 @price는 T-SQL 변수이거나 매개변수이다.
- 매개변수parameter는 저장 프로시저가 호출될 때 그 프로시저에 전달되는 값이다.
- 변수variable는 저장 프로시저나 트리거 내에서 사용되는 값이다.
- 소스코드에 대한 설명문은 /*와 */ 사이에 기술한다. 만약 설명문이 한 줄이면 이중 대시(--) 기호 다음에 기술해도 된다.

TIP 트리거란 데이터의 변경(INSERT, DELETE, UPDATE)문이 실행될 때 자동으로 같이 실행되는 프로시저를 말한다.

몇 가지 예제를 통해 프로시저의 의미와 유용성을 알아보자. 마당서점 데이터베이스를 사용하여 실습한다.

삽입 작업을 하는 프로시저

마당서점 데이터베이스를 사용해 삽입 작업을 하는 프로시저를 작성해 보자.

예제 5-1

Book 테이블에 한 개의 투플을 삽입하는 프로시저를 작성하시오.

Book 테이블에 데이터를 삽입하는 프로시저를 작성해 보자. 물론 프로시저를 사용하지 않고 INSERT 문을 사용해도 된다. 하지만 프로시저로 작성해 두면 좀 더 복잡한 조건의 삽입 작업을 인자 값만 바꾸어 수행할 수도 있고, 저장해 두었다가 필요할 때마다 호출하여 사용할 수도 있다. 여기에서는 프로시저를 이해한다는 의미에서 아주 간단하게 INSERT 문만 수행하는 프로시저를 작성해 본다.

파일명: InsertBook.sql

```
01  USE madang --madang 데이터베이스 내부에 프로시저를 정의
02  DROP PROCEDURE InsertBook -- 기존에 정의된 프로시저가 있으면 삭제
03  GO
04
05  -- InsertBook 프로시저 정의
06  CREATE PROCEDURE InsertBook(@BookID INT,
07    @BookName VARCHAR(40), @Publisher VARCHAR(40), @Price INT) AS
08  BEGIN
09  INSERT INTO dbo.Book(bookid, bookname, publisher, price)
10        VALUES (@BookID, @BookName, @Publisher, @Price);
11  END
12  GO
-------------------------------------------------------------------
13  -- InsertBook 프로시저를 실행하여 Book 테이블에 투플을 삽입하고 결과 확인
14  EXEC InsertBook 13, "스포츠 과학", "마당과학서적", 25000
15  SELECT * FROM Book; -- 13번 투플 삽입 결과 확인
16  GO
```

소스코드는 총 세 부분으로 나뉘어 있다. 01~03행은 프로시저를 정의하기 전에 필요한 작업이고, 05~12행은 InsertBook 프로시저를 정의하는 부분이다. 14~16행은 프로시저를 정의한 후 실행하는 부분이다.

❶ InsertBook 프로시저의 정의 전 사전작업

- 01행: 데이터베이스를 선택하는 명령이다.
- 02행: InsertBook 프로시저가 이미 정의되어 있다면 중복 정의를 피하기 위하여 삭제하는 명령이다. 처음 InsertBook 프로시저를 만들 경우 실행하지 않아도 된다(실행할 경우 InsertBook이라는 이름의 프로시저가 없으므로 에러가 나오는데, 무시하면 된다).

❷ InsertBook 프로시저의 정의

- 05~12행: 프로시저 정의문은 CREATE PROCEDURE-BEGIN-END 형식이다. 프로시저 이름 뒤에 인자를 정의하였고, BEGIN-END에는 INSERT 문을 작성하였다. 프로시저 정의문을 작성한 후 [실행]을 클릭하면 정의된 프로시저가 개체 탐색기 madang 데이터베이스의 '저장 프로시저' 폴더에 저장된다.

❸ InsertBook 프로시저의 실행

- 14~16행: 정의된 프로시저를 EXEC 문으로 호출하는 구문이다. 프로시저가 호출되어 실행되면 Book 테이블에 bookid가 13인 새로운 투플 한 개가 추가된다. 실행 결과는 [그림 5-5]와 같다.

	bookid	bookname	publisher	price
1	1	축구의 역사	굿스포츠	7000
2	2	축구 아는 여자	나무수	13000
3	3	축구의 이해	대한미디어	22000
4	4	골프 바이블	대한미디어	35000
5	5	피겨 교본	굿스포츠	8000
6	6	역도 단계별 기술	굿스포츠	6000
7	7	야구의 추억	이상미디어	20000
8	8	야구를 부탁해	이상미디어	13000
9	9	올림픽 이야기	삼성당	7500
10	10	Olympic Cha...	Pearson	13000
11	13	스포츠 과학	마당과학...	25000

그림 5-5 InsertBook 프로시저를 실행한 후 Book 테이블

제어문을 사용하는 프로시저

T-SQL의 제어문은 어떤 조건에서 어떤 코드가 실행되어야 하는지를 제어하기 위한 문법으로, 절차적 언어의 구성 요소를 포함한다. 구성 요소는 BEGIN-END 문, IF-ELSE 문, WHILE 문, RETURN 문 등과 같이 코드 블록에 연산하기 위한 구문을 포함한다. BEGIN-END 문은 하나 이상의 문장이 수행될 수 있도록 블록을 정의한다. IF-ELSE 문은 조건을 검사하고 검사 결과에 따라 코드의 어느 부분이 사용되는지를 결정한다. WHILE 문은 조건이

참인 동안 코드의 일정 부분을 반복하도록 한다. RETURN 문은 코드 구조(저장 프로시저나 트리거)에 상관없이 블록을 빠져나와 T-SQL 문을 종료한다. 이 경우 제어는 DBMS로 반환된다.

T-SQL의 제어문을 정리하면 [표 5-2]와 같다.

표 5-2 T-SQL의 제어문

구문	의미	문법
BEGIN-END	• T-SQL 문을 블록화시킴 • 중첩 가능	BEGIN {SQL 문} END
IF-ELSE	• 조건의 검사 결과에 따라 문장을 선택적으로 수행	IF 〈조건〉 SQL 문 [ELSE SQL 문]
WHILE	• 조건이 참일 경우 WHILE 문의 블록을 실행	WHILE 〈조건〉 {SQL 문 | BREAK | CONTINUE}
RETURN	• 프로시저를 종료 • 상태 값을 정수로 반환 가능	RETURN [〈정수〉]

데이터를 삽입하기 전에 동일한 도서가 있는지 점검한 후 삽입하는 프로시저를 작성해 보자. 삽입하려는 도서와 동일한 도서가 있으면 도서의 가격만 새로운 값으로 변경하고, 그렇지 않으면 삽입 작업을 수행한다.

예제 5-2

동일한 도서가 있는지 점검한 후 삽입하는 프로시저를 작성하시오.

파일명: BookInsertOrUpdate.sql

```
USE madang -- madang 데이터베이스 내부에 프로시저를 정의
DROP PROCEDURE BookInsertOrUpdate -- 기존에 정의된 프로시저가 있으면 삭제
GO

-- BookInsertOrUpdate 프로시저 정의
CREATE PROCEDURE BookInsertOrUpdate(@myBookID INT,
        @myBookName VARCHAR(40), @myPublisher VARCHAR(40), @myPrice
INT) AS
BEGIN
        IF EXISTS (SELECT * FROM Book WHERE bookname = @myBookName)
                UPDATE Book SET price = @myPrice
                        WHERE bookname = @myBookName;
```

```
13          ELSE
14          INSERT INTO Book(bookid, bookname, publisher, price)
15                   SELECT @myBookID, @myBookName, @myPublisher,
16  @myPrice;
17  IF @@Error <> 0 RAISERROR ('BOOK 테이블 삽입 오류', 16, 1)
18  END
19  GO
---------------------------------------------------------------------------
20  /* BookInsertOrUpdate 프로시저를 실행하여 테스트하는 부분 */
21  EXEC BookInsertOrUpdate 15, '스포츠 즐거움', '마당과학서적', 25000
22  SELECT * FROM Book; /* 15번 투플 삽입 결과 확인 */
23  /* BookInsertOrUpdate 프로시저를 실행하여 테스트하는 부분 */
24  EXEC BookInsertOrUpdate 15, '스포츠 즐거움', '마당과학서적', 20000
25  SELECT * FROM Book; /* 15번 투플 가격 변경 확인 */
```

❶ BookInsertOrUpdate 프로시저의 정의 전 사전작업

- 01행: 데이터베이스를 선택하는 명령이다.
- 02행: BookInsertOrUpdate 프로시저가 이미 정의되어 있다면 중복 정의를 피하기 위하여 삭제하는 명령이다. 처음 BookInsertOrUpdate 프로시저를 만들 경우 실행하지 않아도 된다(실행할 경우 BookInsertOrUpdate라는 이름의 프로시저가 없으므로 에러가 나오는데, 무시하면 된다).

❷ BookInsertOrUpdate 프로시저의 정의

프로시저 정의문은 CREATE OR REPLACE PROCEDURE–BEGIN–END 형식이다. 프로시저 이름 뒤에 인자를 정의하였고, BEGIN–END에는 책의 중복 여부를 찾아 수정 또는 삽입 작업을 하는 SQL 문을 작성하였다.

- 05~19행: 프로시저 정의문은 CREATE PROCEDURE–BEGIN–END 형식이다. 10행은 IF 조건문으로 삽입하려는 도서이름(myBookName)과 같은 도서가 이미 있는지 확인하여 있으면 가격(price)만 새로운 가격(myprice)으로 수정하고 아니면 투플 전체를 삽입한다.

❸ BookInsertOrUpdate 프로시저의 실행

정의된 프로시저를 EXEC 문으로 호출하는 구문이다.

- 21행: 호출 결과 Book 테이블에 bookid가 15인 새로운 투플 한 개가 추가된다.
- 24행: 호출 결과 이미 같은 책 제목이 있으므로 가격만 변경된다. 실행 결과는 [그림 5–6]과 같다. Book 테이블에 "스포츠 즐거움"이라는 도서가 추가되었으며 최종 가격이 20,000원이다.

	bookid	bookname	publisher	price
1	1	축구의 역사	굿스포츠	7000
2	2	축구 아는 여자	나무수	13000
3	3	축구의 이해	대한미디어	22000
4	4	골프 바이블	대한미디어	35000
5	5	피겨 교본	굿스포츠	8000
6	6	역도 단계별 기술	굿스포츠	6000
7	7	야구의 추억	이상미디어	20000
8	8	야구를 부탁해	이상미디어	13000
9	9	올림픽 이야기	삼성당	7500
10	10	Olympic Champions	Pearson	13000
11	13	스포츠 과학	마당과학서적	25000
12	15	스포츠 즐거움	마당과학서적	25000

21행 호출 결과

	bookid	bookname	publisher	price
1	1	축구의 역사	굿스포츠	7000
2	2	축구 아는 여자	나무수	13000
3	3	축구의 이해	대한미디어	22000
4	4	골프 바이블	대한미디어	35000
5	5	피겨 교본	굿스포츠	8000
6	6	역도 단계별 기술	굿스포츠	6000
7	7	야구의 추억	이상미디어	20000
8	8	야구를 부탁해	이상미디어	13000
9	9	올림픽 이야기	삼성당	7500
10	10	Olympic Champions	Pearson	13000
11	13	스포츠 과학	마당과학서적	25000
12	15	스포츠 즐거움	마당과학서적	20000

24행 호출 결과

그림 5-6 BookInsertOrUpdate 프로시저를 실행한 후 Book 테이블

결과를 반환하는 프로시저

저장 프로시저는 주어진 작업을 수행하고 작업을 완료하기도 하지만 함수와 같이 계산된 결과를 반환할 수도 있다. Book 테이블에 저장된 도서의 평균가격을 반환하는 프로시저를 작성해 보자. 반환하는 방법은 프로시저를 선언할 때 인자 타입을 OUTPUT으로 설정한 후 이 인자 변수에 값을 주면 된다.

예제 5-3

Book 테이블에 저장된 도서의 평균가격을 반환하는 프로시저를 작성하시오.

파일명: AveragePrice.sql

```
USE madang -- madang 데이터베이스 내부에 프로시저를 정의
DROP PROCEDURE AveragePrice -- 기존에 정의된 프로시저가 있으면 삭제
GO

-- AveragePrice 프로시저 정의
CREATE PROCEDURE AveragePrice @AverageVal INT OUTPUT AS
BEGIN
        SET @AverageVal = (SELECT AVG(price) FROM Book
WHERE price IS NOT NULL);
END
GO
------------------------------------------------------------------------
-- AveragePrice 프로시저를 실행하여 Book 테이블에 저장된 도서의 평균가격을 구함
DECLARE @Avg INT -- 변수선언
```

```
14  EXEC AveragePrice @AverageVal = @Avg OUTPUT
15  SELECT @Avg '책값 평균' -- 변수 Avg를 출력하여 확인
16  GO
```

❶ AveragePrice 프로시저의 정의 전 사전작업

- 01행: 데이터베이스를 선택하는 명령이다.
- 02행: AveragePrice 프로시저가 이미 정의되어 있다면 중복 정의를 피하기 위하여 삭제하는 명령이다. 처음 AveragePrice 프로시저를 만들 경우 실행하지 않아도 된다(실행할 경우 AveragePrice라는 이름의 프로시저가 없으므로 에러가 나오는데, 무시하면 된다).

❷ AveragePrice 프로시저의 정의

프로시저 정의문은 CREATE PROCEDURE-BEGIN-END 형식이다. 반환이 필요한 변수는 OUTPUT 키워드를 사용한다.

- 08행: AverageVal 변수에 계산된 값을 저장하는 구문이다.

❸ AveragePrice 프로시저의 실행

정의된 프로시저를 EXEC 문으로 호출하는 명령이다. 프로시저로부터 결과 값을 받을 변수 Avg는 DECLARE 문으로 선언한다.

프로시저는 EXEC 문으로 호출하며 출력변수를 @AverageVal =@Avg OUTPUT 형식으로 선언한다. 정의한 프로시저를 호출한 결과는 [그림 5-7]과 같다. 프로시저는 Book 테이블에 있는 도서의 평균가격을 구하여 출력한다.

	책값 평균
1	15791

그림 5-7 AveragePrice 프로시저를 실행한 결과

커서를 사용하는 프로시저

SQL 문의 실행 결과가 다중행 또는 다중열일 경우 프로그램에서는 한 행씩 처리한다. 커서cursor는 실행 결과 테이블을 한 번에 한 행씩 처리하기 위하여 테이블의 행을 순서대로 가리키는 데 사용한다. T-SQL 커서는 마이크로소프트사에서 구현한 커서이다. 커서와 관련된 키워드로는 DECLARE, OPEN, FETCH, CLOSE, DEALLOCATE 등이 있다.

표 5-3 커서와 관련된 키워드

키워드	역할
DECLARE	커서를 생성
OPEN	커서의 사용을 시작
FETCH	행 데이터를 가져옴
CLOSE	커서의 사용을 끝냄
DEALLOCATE	DBMS에서 커서를 제거

커서를 사용하여 Orders 테이블의 판매 도서에 대한 이익금을 계산하는 프로시저를 작성해 보자. 도서의 가격이 30,000원 이상이면 이익이 10%이고, 30,000원 미만이면 5%이다. 프로시저는 투플을 하나씩 읽어서 조건에 따라 처리하는 로직을 포함한다. 참고로 이 로직은 단일 SQL 문으로도 처리할 수 있다.

예제 5-4

Orders 테이블의 판매 도서에 대한 이익을 계산하는 프로시저를 작성하시오.

파일명: Interest.sql

```
USE madang -- madang 데이터베이스 내부에 프로시저를 정의
DROP PROCEDURE Interest -기존에 정의된 프로시저가 있으면 삭제
GO

-- Interest 프로시저 정의
CREATE PROCEDURE Interest AS
BEGIN
        DECLARE @myInterest AS NUMERIC(10,1)
        DECLARE @Price AS INT
        SET @myInterest = 0.0
        DECLARE InterestCursor CURSOR FOR
                SELECT saleprice FROM Orders;
        OPEN InterestCursor
        FETCH NEXT FROM InterestCursor INTO @Price;
        WHILE @@FETCH_STATUS=0
        BEGIN
                IF @Price >= 30000
                        SET @myInterest = @myInterest + @Price * 0.1;
                ELSE SET @myInterest = @myInterest + @Price * 0.05;
                FETCH NEXT FROM InterestCursor INTO @Price;
```

```
21        END
22        CLOSE InterestCursor;
23        DEALLOCATE InterestCursor;
24        PRINT ' 전체 이익 금액 = '+ CONVERT(CHAR(15), @myInterest);
25   END
26   GO
-----------------------------------------------------------------------------
27   -- Interest 프로시저 실행하여 판매된 도서에 대한 이익금을 계산
28   EXEC Interest;
29   GO
```

❶ Interest 프로시저의 정의 전 사전작업

- 01행: 데이터베이스를 선택하는 명령이다.
- 02행: Interest 프로시저가 이미 정의되어 있다면 중복 정의를 피하기 위하여 삭제하는 명령이다. 처음 Interest 프로시저를 만들 경우 실행하지 않아도 된다(실행할 경우 Interest라는 이름의 프로시저가 없으므로 에러가 나오는데, 무시하면 된다).

❷ Interest 프로시저의 정의

- 06~10행: 프로시저 정의문은 CREATE PROCEDURE-BEGIN-END 형식이다. 변수 myInterest, Price를 선언한다.
- 11~14행: 커서 InterestCursor를 선언한다. InterestCursor는 Orders 테이블에 대한 커서로 OPEN과 FETCH 키워드를 사용하여 Orders 테이블의 첫 번째 투플을 가리킨다.
- 15~21행: InterestCursor는 @@FETCH_STATUS 값이 0인 동안 Orders 테이블에서 가져온 투플을 처리하는 작업을 반복한다. T-SQL에서 @@FETCH_STATUS 함수는 FETCH NEXT 문이 실제로 다음 행을 반환하는지 여부에 따라 그 값을 반환한다. 만약 다음 행이 없다면 @@FETCH_STATUS는 0을 반환한다.
- 22~26행: InterestCursor를 닫고 해지한다. 결과 myInterest를 출력하고 프로시저를 종료한다.

❸ Interest 프로시저의 실행

- 27~29행: 정의된 Interest 프로시저를 EXEC 문으로 호출하는 구문이다. 정의한 프로시저를 호출한 결과는 [그림 5-8]과 같다. Orders 테이블에 있는 판매된 도서에 대한 이익금을 계산하여 출력한다.

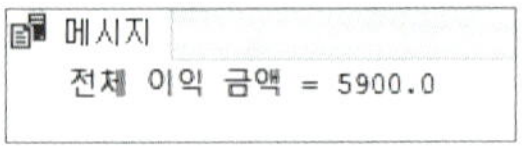

그림 5-8 Interest 프로시저를 실행한 결과

2 트리거

트리거trigger는 데이터의 변경(INSERT, DELETE, UPDATE)문이 실행될 때 자동으로 같이 실행되는 프로시저를 말한다. 보통 트리거는 데이터의 변경문이 처리되는 세 가지 시점, 즉 실행 전BEFORE, 대신하여INSTEAD OF, 실행 후AFTER에 동작한다. SQL Server의 경우 INSTEAD OF 트리거와 AFTER 트리거만 지원한다.

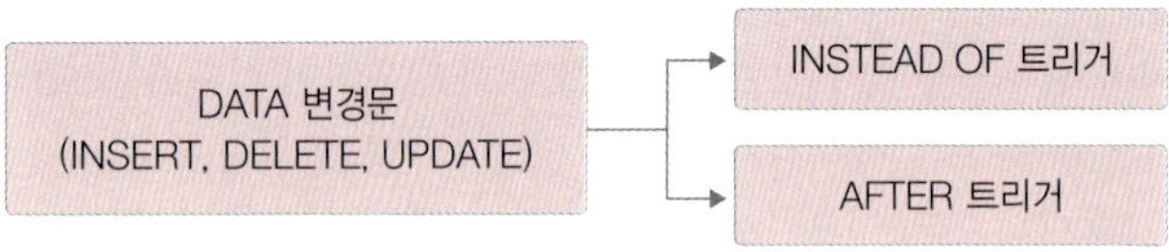

그림 5-9 데이터 변경과 트리거의 수행

트리거는 데이터의 변경(삽입, 삭제, 수정)이 일어날 때 부수적으로 필요한 작업인 데이터의 기본값 제공, 데이터 제약 준수, SQL 뷰의 수정, 참조 무결성 작업 등을 수행한다.

예를 들어 Book 테이블에 새로운 도서를 삽입할 때 삽입된 내용을 백업하기 위해 다른 테이블 Book_log에 삽입된 내용을 기록한다고 하자. Book 테이블에 INSERT 문을 수행하면서 같이 실행할 수도 있지만, 사용자로서는 번거롭기도 하고 보안상 백업을 감추어야 하는 경우도 있다. 이때 트리거를 사용하면 편하다. 이 기능을 수행하는 AfterInsertBook 트리거를 작성해 보자.

우선 SQL Server 트리거의 Inserted와 Deleted에 대해서 살펴보자. 데이터의 변경이 일어나면 데이터의 변경 전과 후 두 개의 값이 있다. 삽입과 갱신 트리거의 경우, 처리 대상 테이블의 새로운 열 값은 Inserted라는 이름의 의사 테이블(pseudotable, 가상 테이블)에 저장된다. 예를 들어 Book 테이블에 새로운 행이 추가되면 의사 테이블 Inserted는 (bookid, bookname, publisher, price)의 네 개의 열을 갖는다. 마찬가지로 갱신과 삭제 명령에 대해서도 갱신되거나 삭제되는 테이블의 이전 열 값은 Deleted라는 이름의 의사 테이블에 저장된다.

예제 5-5

신규 도서를 삽입한 후 자동으로 Book_log 테이블에 삽입한 내용을 기록하는 트리거

먼저 실습을 위해 Book_log 테이블을 다음과 같이 생성한다.

```
CREATE TABLE Book_log(
  log_date     DATETIME,
  bookid_l     INT,
  bookname_l   VARCHAR(40),
  publisher_l  VARCHAR(40),
  price_l      INT);
```

파일명: AfterInsertBook.sql

```
01  /* 파일명 : AfterInsertBook.sql */
02  USE madang -- madang 데이터베이스 내부에 트리거를 정의
03  DROP TRIGGER AfterInsertBook -- 기존에 정의된 트리거가 있으면 삭제
04  GO
05
06  CREATE TRIGGER AfterInsertBook ON Book AFTER INSERT AS
07  BEGIN
08    INSERT INTO Book_log -- Book_log 테이블에도 INSERT
09      SELECT getdate( ), bookid, bookname, publisher, price from Inserted;
10  END;
-----------------------------------------------------------------------------
11  /* 삽입한 내용을 기록하는 트리거 확인 */
12  INSERT INTO Book VALUES(14, '스포츠 과학 1', '이상미디어', 25000);
13  SELECT * FROM Book WHERE BOOKID=14;
14  SELECT * FROM Book_log WHERE BOOKID_L=14;   /* 결과 확인 */
```

❶ AfterInsertBook 트리거의 정의 전 사전작업

- 01행: 데이터베이스를 선택하는 명령이다.
- 02행: AfterInsertBook 트리거가 이미 정의되어 있다면 중복 정의를 피하기 위하여 삭제하는 명령이다. 처음 AfterInsertBook 트리거를 만들 경우 실행하지 않아도 된다(실행할 경우 AfterInsertBook이라는 이름의 프로시저가 없으므로 에러가 나오는데, 무시하면 된다).

❷ AfterInsertBook 트리거의 정의

트리거 정의문은 CREATE TRIGGER-BEGIN-END 형식이다.

- 06행: 트리거를 선언하고 Book 테이블에 INSERT 문이 실행되면 자동으로 실행된다는 의미이다.
- 07~10행: Book에 삽입될 투플이 있는 의사 테이블 Inserted(삭제일 경우 Deleted)에서 Select하여 Book_log 테이블에 INSERT하라는 의미이다.

❸ AfterInsertBook 트리거 테스트

- 12행: 새로운 투플을 Book_log에 삽입하는 문장이다.
- 13행: Book 테이블에 삽입된 내용을 확인한다.
- 14행: Book_log 테이블에 삽입된 내용을 확인한다.

결과 | 메시지

(1개 행 적용됨)

12행 실행 결과

bookid	bookname	publisher	price
14	스포츠 과학 1	이상미디어	25000

13행 실행 결과 / Book

log_date	bookid_l	bookname_l	publisher_l	price_l
2021-01-05 20:55:28.287	14	스포츠 과학 1	이상미디어	25000

14행 실행 결과 / Book_log

그림 5-10 Book 테이블에 투플을 삽입하여 트리거가 실행된 결과

❸ 사용자 정의 함수

사용자 정의 함수user defined function는 수학의 함수와 마찬가지로 입력된 값을 가공하여 결과 값을 되돌려준다. 앞서 4장에서 살펴본 내장 함수는 DBMS가 제공하는 함수로 DBMS 내부에 프로그래밍되어 있지만, 사용자 정의 함수는 사용자가 직접 필요한 기능을 함수로 만들어 사용한다. 프로시저와 비슷해 보이지만 프로시저는 EXEC 명령에 따라 실행되는 독립된 프로그램이고, 사용자 정의 함수는 SELECT 문이나 프로시저 내에서 호출되어 SQL 문이나 프로시저에 그 값을 제공하는 용도로 사용된다.

SQL Server에서 작성할 수 있는 사용자 정의 함수는 단일 값을 돌려주는 스칼라 함수, 뷰와 같이 SELECT 문의 결과 값을 테이블 형태로 돌려주는 인라인 테이블 함수, 결과 컬럼을 사용자가 정의하여 돌려주는 다중문 테이블 함수가 있다. 일반적으로 가장 많이 사용되는 스칼라 함수를 예를 통해 살펴보자.

예제 5-6

판매된 도서에 대한 이익을 계산하는 함수를 작성하시오.

판매된 도서의 이익을 계산하기 위해 각 주문 건별로 실제 판매가격인 salesprice를 입력받아 가격에 맞는 이익(30,000원 이상이면 10%, 30,000원 미만이면 5%)을 계산하여 반환하는 함수를 작성해 보자.

파일명: fnc_Interest.sql

```
01  USE madang -- madang 데이터베이스 내부에 함수 정의
02  DROP FUNCTION fnc_Interest -- 기존에 정의된 함수가 있으면 삭제
03  GO
04
05  -- 스칼라 사용자 함수 fnc_Interest 정의
06  CREATE FUNCTION fnc_Interest (@Price INT)
07  RETURNS INT
08  AS
09  BEGIN
10          DECLARE @myInterest INT
11          -- 가격이 30,000원 이상이면 10%, 30,000원 미만이면 5%
12          IF @Price >= 30000
13                  SET @myInterest = @Price * 0.1;
14          ELSE SET @myInterest = @Price * 0.05;
15          RETURN @myInterest
16          END
17  GO
-----------------------------------------------------------------------------
18  /* Orders 테이블에서 각 주문에 대한 이익을 출력 */
19  SELECT custid, orderid, saleprice, dbo.fnc_Interest(saleprice) interest
20  FROM Orders;
```

❶ fnc_Interest 사용자 함수의 정의 전 사전작업

- 01행: 데이터베이스를 선택하는 명령이다.
- 02행: fnc_Interest 사용자 함수가 이미 정의되어 있다면 중복 정의를 피하기 위하여 삭제하는 명령이다. 처음 fnc_Interest 사용자 함수를 만들 경우 실행하지 않아도 된다(실행할 경우 fnc_Interest라는 이름의 사용자 함수가 없으므로 에러가 나오는데, 무시하면 된다).

❷ fnc_Interest 사용자 함수를 정의

- 06~10행: 사용자 정의 함수는 CREATE FUNCTION-BEGIN-END 형식으로 정의한다. 06행의 (@price)는 함수에서 입력을 위한 변수이며, 07행의 RETURNS는 연산 결과를 INT 형으로 반환한다는 의미이다. 10행은 연산에 사용될 변수를 정의한다.
- 12~14행: 입력된 price 값을 비교하여 30,000원 이상이면 입력 값의 10%를 계산하고 미만이면 5%를 계산하여 myInterest 변수에 저장한다.
- 15~17행: 계산된 결과인 myInterest를 반환한다.

❸ fnc_Interest 함수를 테스트

- 19~20행: 스칼라 함수는 단일 값을 되돌려주므로 SELECT 문에 속성 이름과 같이 위치시켜 작성하였다. SELECT 문은 Orders 테이블의 salesprice 속성을 함수의 입력 값으로 제공하여 결과를 출력한다. dbo는 기본 스키마로 사용자 정의 함수를 수행하기 위해서는 객체를 소유하고 있는 스키마를 반드시 표시해야 한다.

	custid	orderid	saleprice	interest
1	1	1	6000	300
2	1	2	21000	1050
3	2	3	8000	400
4	3	4	6000	300
5	4	5	20000	1000
6	1	6	12000	600
7	4	7	13000	650
8	3	8	12000	600
9	2	9	7000	350
10	3	10	13000	650

그림 5-11 Orders 테이블의 건별 이익금 계산

지금까지 배운 프로시저, 트리거, 사용자 정의 함수는 모두 저장 프로시저이지만 약간의 차이점이 있다. 차이점은 [표 5-4]와 같다.

표 5-4 프로시저, 트리거, 사용자 정의 함수의 공통점과 차이점

구분	프로시저	트리거	사용자 정의 함수
공통점	저장 프로시저, T-SQL로 작성		
정의 방법	CREATE PROCEDURE 문	CREATE TRIGGER 문	CREATE FUNCTION 문
호출 방법	EXEC 문으로 직접 호출	INSERT, DELETE, UPDATE 문이 실행될 때 자동으로 호출됨	SELECT 문으로 호출
기능의 차이	SQL 문으로 할 수 없는 복잡한 로직을 수행	기본값 제공, 데이터 제약 준수, SQL 뷰의 수정, 참조 무결성 작업 등을 수행	속성값을 가공하여 반환, SQL 문에서 직접 사용

4 T–SQL 문법 요약

지금까지 T–SQL을 사용하여 프로그래밍하는 방법을 배웠다. T–SQL(Transact–SQL)은 표준 SQL을 마이크로소프트사에서 확장한 것으로, 표준 SQL의 문법을 포함한다. [표 5–5]는 T–SQL의 기본적인 문법을 나타낸 것이다. 더 자세한 내용은 Microsoft SQL Server Language Reference를 참고하기 바란다.

TIP Microsoft SQL Server Transact–SQL Reference(Database Engine)

- 한글 https://docs.microsoft.com/ko–kr/sql/t–sql/language–reference?view=sql–server–ver15
- 영문 https://docs.microsoft.com/en–us/sql/t–sql/language–reference?view=sql–server–ver15

표 5–5 T–SQL의 기본 문법

구분	명령어
Data Definition Language (데이터 정의어)	CREATE DATABASE CREATE TABLE CREATE PROCEDURE CREATE FUNCTION CREATE TRIGGER ALTER, DROP
Data Manipulation Language (데이터 조작어)	SELECT INSERT DELETE UPDATE
Data Types (데이터 타입)	CHAR(n), VARCHAR(n), INT NUMERIC(p,s), DATE, TIME
Variables (변수)	@를 사용 DECLARE 문으로 선언 SET 문으로 치환
Operator (연산자)	산술 연산자 (+, –, *, /, %) 비교 연산자 (=, <, >, >=, <=, <>) 문자열 연산자 (+) 논리 연산자 (NOT, AND, OR)
Language Element(주석)	––, /* */
Built–in Function(내장 함수)	집계 함수 (AVG, COUNT, MAX, MIN, SUM) 날짜 함수 (SYSDATETIME, GETDATE) 문자열 함수 (LEN, LOWER, SUBSTRING)

Control of Flow (제어문)	BEGIN–END IF–ELSE CASE–END WHILE…BREAK/CONTINUE GOTO
Data Control Language (데이터 제어어)	GRANT DENY REVOKE

03 데이터베이스 연동 자바 프로그래밍

이 절에서는 프로그래밍 언어 중 자바를 이용하여 데이터베이스와 연동하는 실습을 해 본다. 자바에 조금만 익숙해도 자바 프로그램과 데이터베이스를 연결하는 과정을 쉽게 이해할 수 있다.

1 실습 환경과 자바 프로그램 소개

실습을 위해 준비해야 할 실습 환경은 다음과 같다.

표 5-6 데이터베이스 연동 자바 프로그래밍 실습 환경

항목	프로그램
데이터베이스 프로그램	SQL Server 2019
자바 컴파일러	JDK 버전 15
데이터베이스와 자바를 연결하는 드라이버	JDBC 드라이버 (파일이름 mssql-jdbc-8.4.1.jre14.jar)

TIP JDK 버전 15와 Microsoft JDBC Driver for SQL Server는 부록을 참조하여 다운로드 및 설치를 진행한다.

실습에 앞서 자바 프로그램에서 데이터베이스를 어떻게 연결하는지 소스코드를 보면서 전체적인 연동 과정을 이해해 보자. 연동linkage이란 어느 한 부분이 움직이면 다른 부분도 같이 움직인다는 의미로, 여기에서는 자바 프로그램을 수행하여 DBMS를 동작시킨다는 의미이다.

다음은 Book 테이블에 저장된 도서를 읽어 와 출력하는 프로그램이다.

파일명: booklist.java

```
import java.io.*;
import java.sql.*;


public class BookList {
        Connection con;
```

```

    public BookList() {
        String Driver="";
        String url="jdbc:sqlserver://localhost:1433;DatabaseName=Madang;";
        String userid="madanguser";
        String pwd="madangpass";

        try { /* 드라이버를 찾는 과정 */
            Class.forName("com.microsoft.sqlserver.jdbc.SQLServerDriver");
            System.out.println("드라이버 로드 성공");
            } catch(ClassNotFoundException e) {
                e.printStackTrace();
            }

        try { /* 데이터베이스를 연결하는 과정 */
            System.out.println("데이터베이스 연결 준비 ...");
            con=DriverManager.getConnection(url, userid, pwd);
            System.out.println("데이터베이스 연결 성공");
            } catch(SQLException e) {
                e.printStackTrace( );
                }
        }

        private void sqlRun( ) {
            String query="SELECT * FROM Book"; /* SQL 문 */
            try { /* 데이터베이스에 질의 결과를 가져오는 과정 */
                Statement stmt=con.createStatement();
                ResultSet rs=stmt.executeQuery(query);
                        System.out.println("BOOK NO ₩tBOOK NAME ₩t₩tPUBLISHER
                        ₩tPRICE");
                while(rs.next( )) {
                        System.out.print("₩t"+rs.getInt(1));
                        System.out.print("₩t"+rs.getString(2));
                        System.out.print("₩t₩t"+rs.getString(3));
                        System.out.println("₩t"+rs.getInt(4));
                }

                con.close( );
            } catch(SQLException e) {
                e.printStackTrace( );
                }
    }
```

```
    public static void main(String args[ ]) {
      BookList so=new BookList( );
      so.sqlRun();
    }
}
```

TIP 실습을 진행하기 위해서는 부록을 참조하여 JDBC 드라이버의 CLASSPATH 설정과 SQL Server 네트워크 구성에서 TCP/IP가 사용 가능하도록 설정되어야 한다.

자바는 객체지향 언어이기 때문에 객체를 호출하여 데이터베이스에 접속한다. 데이터베이스에 접속하는 APIApplication Programming Interface를 java.sql.*에서 제공한다. java.sql에 정의된 API는 각 DBMS 제조사에서 자신의 제품에 맞게 구현해서 제공하는데 이를 JDBCJava DataBase Connectivity 드라이버라고 한다. 데이터베이스에 접속하기 위해 자바 프로그램에서 사용하는 주요 클래스class에 대한 설명은 [표 5-7]을 참고한다. java.sql 클래스에 대한 자세한 내용은 오라클사의 자바 홈페이지(https://docs.oracle.com/en/java/javase/15/docs/api/index.html)에서 찾을 수 있다.

표 5-7 데이터베이스 접속 자바 클래스

클래스 구분	클래스 혹은 인터페이스	주요 메서드 이름	메서드 설명
java.lang	Class	Class forName(<클래스이름>)	<클래스이름>의 JDBC 드라이버를 로딩
java.sql	DriverManager	Connection getConnection (url, user, password)	데이터베이스 Connection 객체를 생성
	Connection	Statement createStatement( )	SQL 문을 실행하는 Statement 객체를 생성
		void close( )	Connection 객체 연결을 종료
	Statement	ResultSet executeQuery (String sql)	SQL 문을 실행해서 ResultSet 객체를 생성
		ResultSet executeUpdate (String sql)	INSERT/DELETE/UPDATE 문을 실행해서 ResultSet 객체를 생성
	ResultSet	boolean first( )	결과 테이블에서 커서가 처음 투플을 가리킴
		boolean next( )	결과 테이블에서 커서가 다음 투플을 가리킴
		int getInt(<int>)	<int>가 가리키는 열 값을 정수로 반환
		String getString(<int>)	<int>가 가리키는 열 값을 문자열로 반환

booklist.java 소스코드를 행별로 살펴보면 다음과 같다.

- 01~04행: 클래스를 import하는 문장이다. SQL 관련 클래스는 java.sql.*에 포함되어 있다.
- 05~07행: 클래스 booklist를 선언한다. java.sql의 Connection 객체 con을 선언한다.
- 08~13행: 접속변수를 초기화한다. url은 자바 드라이버 이름, DBMS(jdbc:sqlserver), 호스트명(localhost), 접속포트번호(1433), 데이터베이스 이름(madang) 순으로 입력한다. userid는 madanguser, pwd는 madangpass를 입력한다.
- 14~20행: Class.forName( )으로 드라이버를 로딩한다. 드라이버 이름을 Class.forName에 입력한다. SQL Server 드라이버 이름은 정해져 있다.
- 21~29행: 접속 객체 con을 DriverManager.getConnection 함수로 생성한다. 접속이 성공하면 "데이터베이스 연결 성공"을 출력하도록 한다.
- 30~31행: 문자열 query에 수행할 SQL 문을 입력한다.
- 32~35행: SQL 실행 객체 stmt를 생성한다. stmt 객체를 executeQuery(query)로 호출하여 결과를 ResultSet에 반환한다. rs는 "SELECT * FROM Book" 실행 결과를 가지고 있다.
- 36~41행: rs 객체에 next( )를 적용하면 결과 테이블에서 한 행씩 반환된다. 반환된 행을 rs.getInt(1)에 적용하면 첫째 열 값이 정수로 변환되어 반환된다. 나머지 열 값도 getInt나 getString 함수로 값을 받는다. ₩t는 편집을 위한 탭 기호이다.
- 42~48행: 실행이 끝나면 con.close( )로 접속을 끊는다.
- 49~53행: main 함수에서 booklist 객체 so를 생성하고 sqlRun( ) 메서드를 호출한다.

데이터베이스 연동을 위한 자바 프로그램에서 각 클래스의 호출 관계를 나타내면 [그림 5-12]와 같다. DriverManager 객체의 getConnection( ) 메서드로 Connection 객체를 생성하고, Connection 객체의 createStatement( ) 메서드로 Statement 객체를 생성한다. Statement 객체의 executeQuery( ) 메서드로 ResultSet 객체를 생성한다. 실행 결과는 ResultSet 객체에 포함되어 있다.

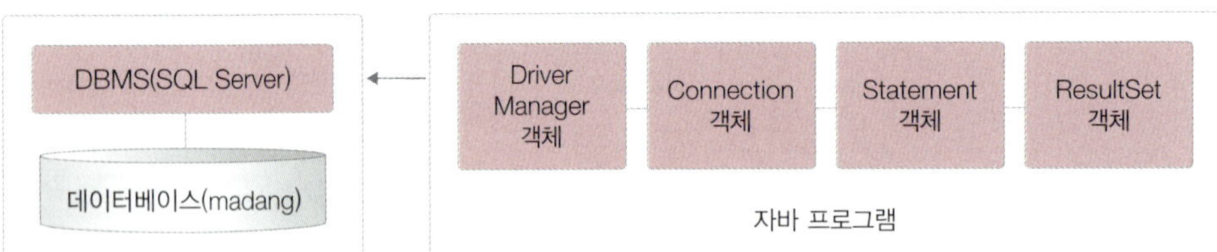

(a) 자바 프로그램의 데이터베이스 연동

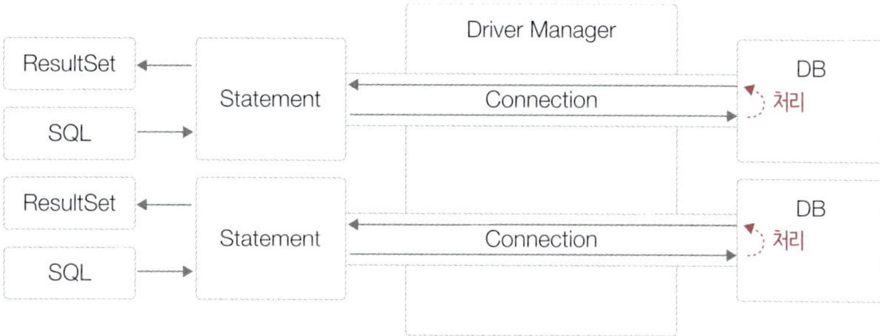

(b) 객체 간의 호출 순서

그림 5-12 데이터베이스 연결 자바 객체의 호출 관계

윈도우의 명령 프롬프트에서 BookList.java 프로그램을 실행해 보면 [그림 5-13]과 같다. 이클립스eclipse 도구를 이용하여 실행할 수도 있다.

```
명령 프롬프트
Microsoft Windows [Version 10.0.19041.685]
(c) 2020 Microsoft Corporation. All rights reserved.

C:\Users\hint>cd c:\madang

c:\madang>javac BookList.java

c:\madang>java BookList
드라이버 로드 성공
데이터베이스 연결 준비 ...
데이터베이스 연결 성공
BOOK NO         BOOK NAME               PUBLISHER       PRICE
        1       축구의 역사             굿스포츠        7000
        2       축구 아는 여자          나무수  13000
        3       축구의 이해             대한미디어      22000
        4       골프 바이블             대한미디어      35000
        5       피겨 교본               굿스포츠        8000
        6       역도 단계별 기술                굿스포츠        6000
        7       야구의 추억             이상미디어      20000
        8       야구를 부탁해           이상미디어      13000
        9       올림픽 이야기           삼성당  7500
        10      Olympic Champions               Pearson 13000
        13      스포츠 과학             마당과학서적    25000
        14      스포츠 과학 1           이상미디어      25000
        15      스포츠 즐거움           마당과학서적    20000

c:\madang>_
```

그림 5-13 booklist.java 실행 결과 화면

❷ 프로그램 실습

자바 프로그램의 소스코드를 작성했다면 크게 다음 세 단계로 실습할 수 있다. 각 단계는 [그림 5-14]와 같은 세부 단계로 진행된다. 특히 ❼단계는 명령 프롬프트를 이용하거나 이클립스를 이용할 수 있는데, 익숙한 방법을 선택하면 된다.

[1단계] DBMS 설치 및 환경설정

❶ SQL Server 설치

❷ SQL Server 접속을 위한 설정(SQL Server 인증 및 TCP/IP 사용 설정)

[2단계] 데이터베이스 준비

❸ 마당서점 데이터베이스 및 사용자 준비(demo_madang.sql)

[3단계] 자바 실행

❹ 자바 컴파일러 설치

❺ JDBC 드라이버 설치

❻ 자바 프로그램 준비(BookList.java)

❼ 컴파일 및 실행

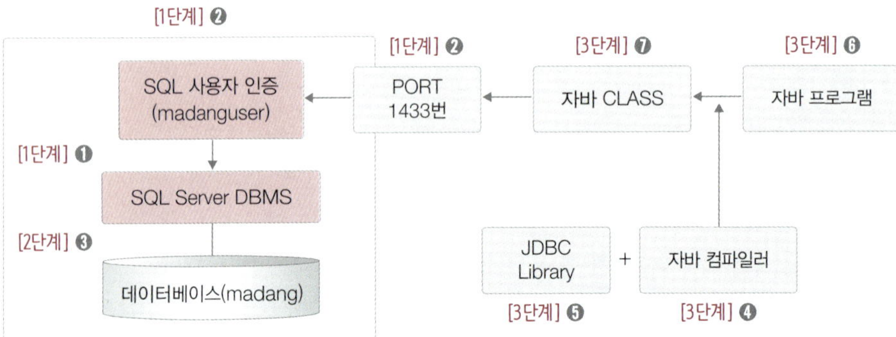

그림 5-14 데이터베이스 연동 자바 프로그램의 실행 흐름도

❶ SQL Server 설치

MS SQL Server는 이미 3장에서 설치하였다. 설치는 윈도우 10을 기준으로 한다. 아직 설치하지 않았다면 부록 A.1~A.2를 참고하여 설치한다.

❷ SQL 접속을 위한 사용자 인증 설정 및 TCP/IP 사용 설정

SQL Server 인증 모드 변경을 성공적으로 완료하였다면 SQL Server 접속 시 'SQL Server 인증'으로 선택하여 madanguser/madangpass로 접속할 수 있을 것이다. 아직 설치하지 않았다면 부록 A.3~A.4를 참고하여 설정을 완료한다.

TIP 사용자 인증 변경은 다음과 같이 설정한다.

❶ 'SQL Server Management Studio'를 실행하여, 인증 모드를 'Windows 인증'으로 선택한 후 〈연결〉을 클릭하여 접속한다.

❷ [개체 탐색기] 루트 폴더에서 마우스 오른쪽 버튼을 누른 후 [속성]을 선택한다. [서버 속성] 창 왼쪽의 [보안]에서 'SQL Server 및 Windows 인증 모드'를 선택하고 〈확인〉을 클릭하여 인증 모드를 혼합 모드로 변경한다.

❸ 'SQL Server 2019 구성관리자'를 실행하여 [SQL Server 네트워크 구성]의 'SQLEXPRESS에 대한 프로토콜'을 선택한다.

❹ [TCP/IP] 더블 클릭한 후 '프로토콜'의 사용을 '예'로 'IP주소'에서 'IPALL' 항목의 'TCP 포트'를 '1433'으로 입력 후 〈확인〉을 클릭하여 설정을 완료한다.

❺ [SQL Server 서비스] 메뉴를 선택한 후 현재 실행 중인 'SQL Server(SQLEXPRESS)'를 마우스 오른쪽 버튼을 클릭 후 [다시 시작]을 선택하여 SQL Server를 다시 시작한다.

개체 탐색기의 루트 폴더에는 SQL Server 데이터베이스의 인스턴스 이름이 표시된다. 예를 들어 컴퓨터 이름이 MyPC이면 'MyPC₩SQLEXPRESS'라고 표시된다. 실습에 사용한 컴퓨터 이름이 'MADANG_PC'라면 루트 폴더 이름에 'MADANG_PC₩SQLEXPRESS'라고 표시된다. 데이터베이스 이름 madang과 혼동하지 않도록 한다.

여기서 잠깐 인증 모드

SQL Server의 인증 모드에는 두 가지가 있다. Windows 인증 모드와 혼합 모드이다. Windows 인증 모드는 윈도우 사용자가 SQL Server를 사용할 수 있는 모드이며, 혼합 모드는 윈도우 사용자 외에 SQL Server를 접속할 수 있는 사용자를 따로 두는 모드이다. 혼합 모드는 'SQL Server 인증'이라고 하며 비밀번호를 따로 설정해야 한다. 윈도우 사용자가 SQL Server를 혼자 사용할 경우 Windows 인증 모드를 사용하면 되고, 윈도우 사용자와 SQL Server 사용자가 다를 경우 SQL Server 인증을 사용하면 된다.

인증 모드의 선택은 SQL Server Management Studio를 시작할 때 나타나는 창에서 할 수 있다. Windows 인증 모드로 사용하려면 'Windows 인증'을 선택하고, SQL Server 인증으로 사용하려면 'SQL Server 인증'으로 선택한 후 로그인 아이디와 패스워드를 입력한다.

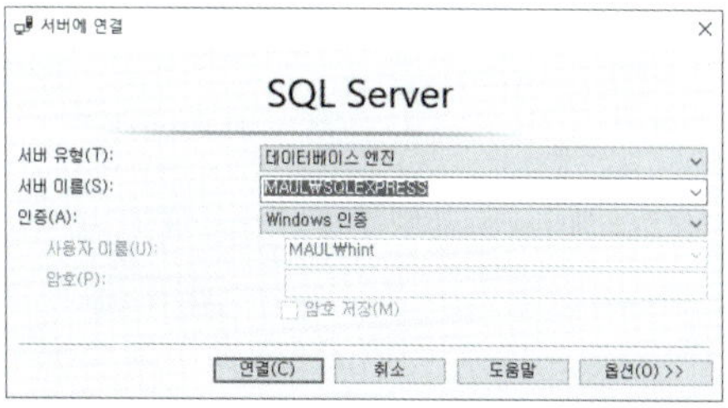

▲ Windows 인증 모드

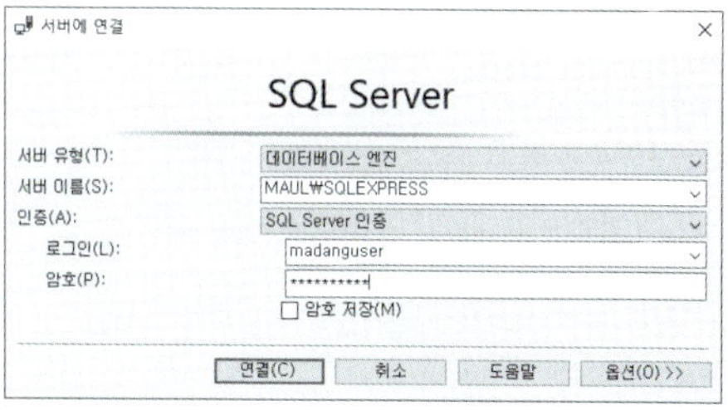

▲ SQL Server 인증

❸ 마당서점 데이터베이스 준비(demo_madang.sql)

마당서점 데이터베이스의 샘플 데이터는 이미 3장에서 설치하였다. 이 책의 순서대로 실습을 진행하지 않았다면 부록 B.1을 참고하여 설치한다.

❹ 자바 컴파일러 설치

부록 C.2를 참고하여 설치한다. 설치는 마지막 설정까지 정확하게 완료되어야 하므로 주의 깊게 진행한다.

❺ JDBC 드라이버 설치

부록 C.3을 참고하여 설치한다. 설치 시 경로 등을 정확하게 확인한 후 진행한다.

❻ 자바 프로그램 준비(BookList.java)

Booklist.java 프로그램의 소스코드는 앞에서 설명하였다. BookList.java 파일은 메모장에서 인코딩을 ANSI로 하여 작성하거나 예제소스 폴더의 BookList.java를 가져와 사용한다. 준비된 파일은 C 드라이브의 madang 폴더에 저장한다.

TIP 메모장에서 자바 파일을 저장할 때는 파일이름과 인코딩에 주의하여 저장하여야 한다. 파일이름의 경우 쌍따옴표를 사용하여 "BookList.java"로 저장해야 한다. 쌍따옴표와 확장자를 입력하지 않으면 기본적으로 txt라는 확장자로 저장된다. 저장 버튼 옆의 인코딩은 기본적으로 UTF8로 설정되어 있어 java에서 컴파일 시 에러가 발생한다. java 파일을 저장할 때는 인코딩을 ANSI로 변경한 후 저장하여야 한다.

❼ 컴파일 및 실행

작성한 자바 프로그램은 윈도우 [시작] 버튼을 클릭하여 검색 창에 'cmd'라고 입력한 후 Enter 키를 눌러 나오는 명령 프롬프트에 [그림 5-15]와 같이 명령어를 입력하여 실행한다.

```
명령 프롬프트
Microsoft Windows [Version 10.0.19041.685]
(c) 2020 Microsoft Corporation. All rights reserved.

C:\Users\hint>cd c:\madang

c:\madang>javac BookList.java

c:\madang>java BookList
드라이버 로드 성공
데이터베이스 연결 준비 ...
데이터베이스 연결 성공
BOOK NO         BOOK NAME               PUBLISHER       PRICE
        1       축구의 역사             굿스포츠        7000
        2       축구 아는 여자          나무수  13000
        3       축구의 이해             대한미디어      22000
        4       골프 바이블             대한미디어      35000
        5       피겨 교본               굿스포츠        8000
        6       역도 단계별 기술                굿스포츠        6000
        7       야구의 추억             이상미디어      20000
        8       야구를 부탁해           이상미디어      13000
        9       올림픽 이야기           삼성당  7500
        10      Olympic Champions               Pearson 13000
        13      스포츠 과학             마당과학서적    25000
        14      스포츠 과학 1           이상미디어      25000
        15      스포츠 즐거움           마당과학서적    20000

c:\madang>_
```

그림 5-15 명령 프롬프트에서 BookList.java 실행 결과 화면

TIP 명령 프롬프트에서 사용하는 명령어를 DOS 명령어라고 한다. 윈도우에서 폴더 간에 분리는 '₩' 기호를 사용한다.

여기서 잠깐 **이클립스를 이용한 자바 실행**

명령 프롬프트에 익숙하지 않으면 이클립스를 사용한다. 사용 과정은 다음과 같다.

❶ 이클립스 실행

❷ 새로운 Java Project 생성

Project Name: BookList, JRE: JavaSE-14 〈Finish〉

Create module-info.java: Don't Create

❸ 새로운 class 생성

Name: BookList 〈Finish〉

BookList.java 소스 작성 (또는 복사)

❹ [Java Build Path] 설치 – JDBC 드라이버 mssql-jdbc-8.4.1.jre14.jar

BookList 프로젝트 우클릭 → Properties

→ Java Build Path → Libraries → Classpath → Add External JARs

→ 폴더(C:₩Program Files₩Java₩jdk-14.0.1₩lib) 및 JAR 선택(mssql-jdbc-8.4.1.jre14.jar)

→ 〈Apply and Close〉

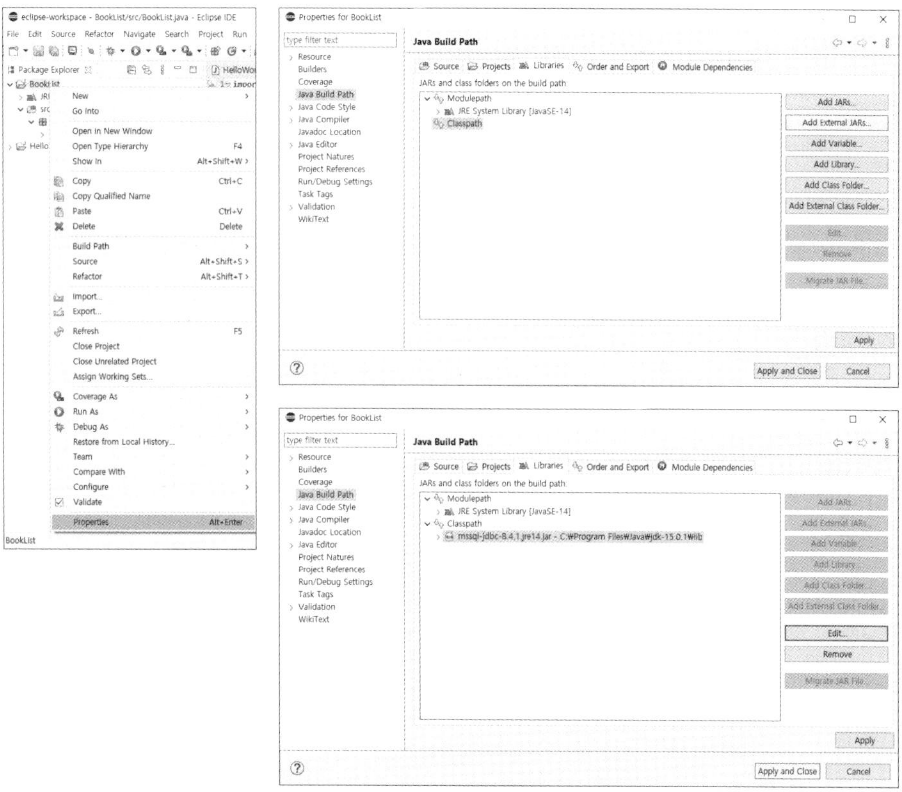

❺ 컴파일 및 실행

BookList 프로젝트 우클릭 → Run As → Java Application

→ Matching items: booklist–booklist → OK

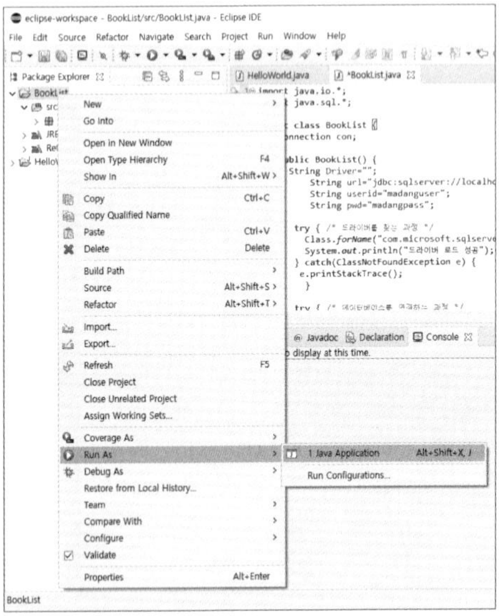

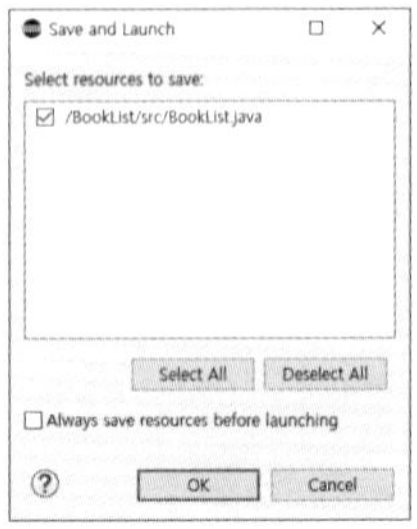

이클립스에서 자바 프로그램 실행 결과는 다음과 같다.

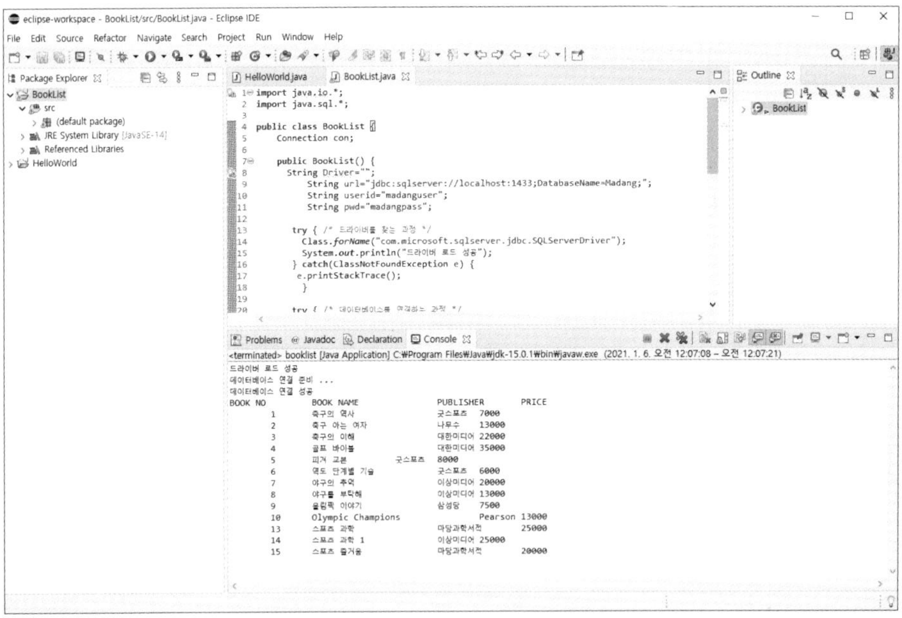

04 데이터베이스 연동 웹 프로그래밍

1 실습 환경과 웹 프로그램 소개

JSP를 이용하여 데이터베이스와 연동하는 실습을 해 보자. JSP에 대한 기본적인 지식이 있다고 가정하고 설명한다. 실습을 위해 준비해야 할 프로그램은 다음과 같다.

표 5-8 데이터베이스 연동 웹 프로그래밍 실습 환경

항목	프로그램
데이터베이스 프로그램	SQL Server 2019
자바 컴파일러	JDK 버전 15
웹 서버	톰캣 9.0
데이터베이스 자바 드라이버	JDBC 드라이버(파일이름 mssql-jdbc-8.4.1.jre14.jar)

실습에 앞서 JSP 프로그램에서 데이터베이스를 어떻게 연결하는지 소스코드를 보면서 전체적인 연동 과정을 이해해 보자.

booklist.jsp는 Book 테이블에 저장된 도서를 읽어 와 웹 브라우저에 출력하는 JSP 프로그램이다. 그리고 bookview.jsp는 도서 1권에 대한 상세 정보를 보는 웹 프로그램이다. JSP 프로그램은 이와 같이 〈% ... %〉 사이에 넣어 HTML 태그 사이에 끼워 넣어 작성한다. 두 프로그램의 호출 관계는 [그림 5-16]과 같다.

파일명: booklist.jsp

```
<%@ page import="java.sql.*" contentType="text/html;charset=EUC-KR"%>
<%
 Class.forName("com.microsoft.sqlserver.jdbc.SQLServerDriver");
 String url="jdbc:sqlserver://localhost:1433;DatabaseName=madang;";

 Connection dbconn=DriverManager.getConnection(url, "madanguser", "madangpass");
 Statement stmt = dbconn.createStatement( );
 ResultSet myResultSet=stmt.executeQuery("SELECT * FROM Book");
%>
```

```
<html>

<head>
<meta http-equiv="content-type" content="text/html; charset=euc-kr">
<title>** BOOK LIST **</title>
</head>

<body bgcolor="white" text="black" link="blue" vlink="purple" alink="red">
<table border="1" cellspacing="0" width="400" bordercolor="#9AD2F7"
bordercolordark="white" bordercolorlight="#B9E0FA">
    <tr>
        <td width="150" height="20" bgcolor="#D2E9F9">
            <p align="center">
            <span style="font-size:8pt;"><b>BOOKNAME</b></span></p>
        </td>
        <td width="150" height="20" bgcolor="#D2E9F9">
            <p align="center">
            <span style="font-size:8pt;"><b>PUBLISHER</b></span></p>
        </td>
        <td width="50" height="20" bgcolor="#D2E9F9">
            <p align="center">
            <span style="font-size:8pt;"><b>PRICE</b></span></p>
        </td>
    </tr>
 <%
 if(myResultSet!=null){
  while(myResultSet.next( )){
     String W_BOOKID=myResultSet.getString("bookid");
     String W_BOOKNAME=myResultSet.getString("bookname");
     String W_PUBLISHER=myResultSet.getString("publisher");
     String W_PRICE=myResultSet.getString("price");
 %>
    <tr>
         <td width="150" height="20">
             <p><span style="font-size:9pt;">
             <a href="bookview.jsp?bookid=<%=W_BOOKID%>">
             <font face="돋움체" color="black">
             <%=W_BOOKNAME%></font></a></span></p>
        </td>
         <td width="150" height="20">
            <p align="center"><span style="font-size:9pt;">
            <font face="돋움체"><%=W_PUBLISHER%></font></span></p>
```

```
        </td>

        <td width="50" height="20">
            <p align="center"><span style="font-size:9pt;">
            <font face="돋움체"><%=W_PRICE%></font></span></p>
        </td>
    </tr>
<%
    }
   }
   stmt.close( );
   dbconn.close( );
%>
</table>
<table cellpadding="0" cellspacing="0" width="400" height="23">
    <tr>
        <td width="1350">
            <p align="right"><b><a href="booklist.jsp">
            <font size="1" face="돋움체" color="black">LIST</font></a></b></p>
        </td>
    </tr>
</table>
</body>
</html>
```

파일명: bookview.jsp

```
<%@ page import="java.sql.*" contentType="text/html;charset=EUC-KR"%>
<%
 Class.forName("com.microsoft.sqlserver.jdbc.SQLServerDriver");
 String url="jdbc:sqlserver://localhost:1433;DatabaseName=madang;";

 Connection dbconn=DriverManager.getConnection(url, "madanguser", "madangpass");
  Statement stmt = dbconn.createStatement( );
  String bookid=request.getParameter("bookid");
  ResultSet myResultSet=stmt.executeQuery("SELECT * FROM Book WHERE
bookid='"+bookid+"'");
  if(myResultSet!=null){
   myResultSet.next( );
%>
<html>
```

```
<head>
<meta http-equiv="content-type" content="text/html; charset=euc-kr">
<title>** Book VIEW **</title>
</head>

<body bgcolor="white" text="black" link="blue" vlink="purple" alink="red">
<table border="1" cellspacing="0" width="400" bordercolor="#9AD2F7"
           bordercolordark="white" bordercolorlight="#B9E0FA">
  <tr>
    <td width="150" height="23">
      <p align="center">
      <span style="font-size:9pt ;">BOOKNAME</span></p>
    </td>
    <td width="513">
      <p><span style="font-size:9pt;">
      <%=myResultSet.getString("BOOKNAME")%></span></p>
    </td>
  </tr>
  <tr>
    <td width="150" height="23">
      <p align="center">
      <span style="font-size:9pt ;">PUBLISHER</span></p>
    </td>
    <td width="513">
      <p><span style="font-size:9pt;">
      <%=myResultSet.getString("PUBLISHER")%></span></p>
    </td>
  </tr>
  <tr>
    <td width="150" height="23">
      <p align="center">
      <span style="font-size:9pt ;">PRICE</span></p>
    </td>
    <td width="513">
      <p><span style="font-size:9pt;">
      <%=myResultSet.getString("PRICE")%></span></p>
    </td>
  </tr>
</table>
<table cellpadding="0" cellspacing="0" width="400" height="23">
  <tr>
    <td width="150">
```

```
        <p align="right"><span style="font-size:9pt;">
        <a href="booklist.jsp?">
        <font color="black">LIST</font></a></span></p>
      </td>
    </tr>
</table>
<%
  }
  stmt.close( );
  dbconn.close( );
%>
</body>
</html>
```

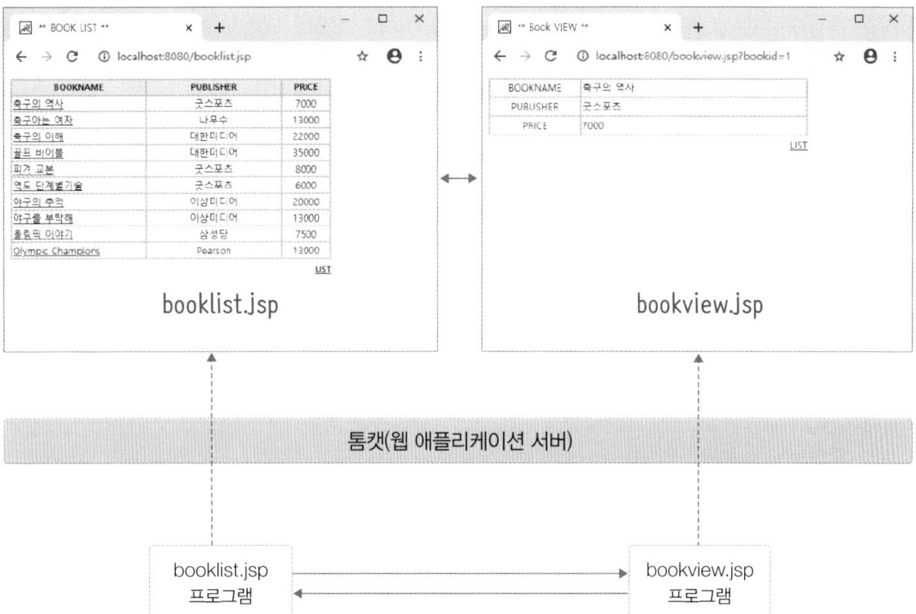

그림 5-16 booklist.jsp와 bookview.jsp의 호출 관계와 웹에서 실행된 화면

❷ 프로그램 실습

JSP 프로그램의 소스코드를 작성했다면 3단계로 실습할 수 있다. 각 단계가 실행되는 개략적인 흐름도는 [그림 5-17]과 같다. 일부 과정은 앞에서 살펴보았던 자바 프로그램 연동과 같다. 독립적인 내용으로 구성하기 위하여 다시 설명한다.

[1단계] DBMS 설치 및 환경설정

❶ SQL Server 2019 설치

❷ SQL 접속을 위한 사용자 인증 및 TCP/IP 설정

[2단계] 데이터베이스 준비

❸ 마당서점 데이터베이스 준비(demo_madang.sql)

[3단계] JSP 실행

❹ 자바 컴파일러, 톰캣 설치

❺ JDBC 드라이버 설치

❻ JSP 프로그램 준비(booklist.jsp, bookview.jsp)

❼ 실행

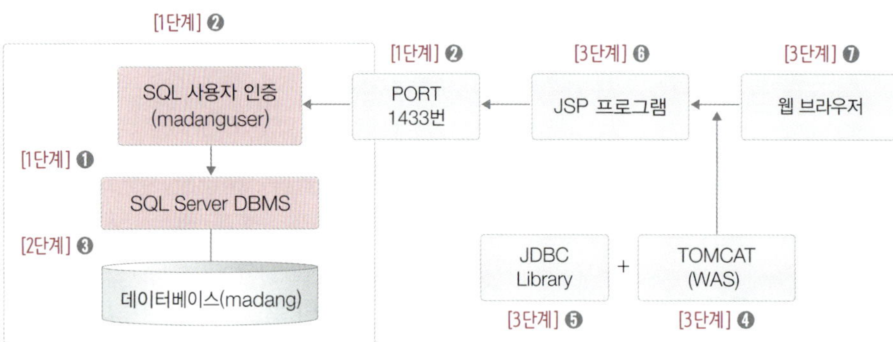

그림 5-17 데이터베이스 연동 JSP 프로그램의 실행 흐름도

❶ SQL Server 2019 설치

SQL Server 2019는 이미 3장에서 설치하였다. 설치는 윈도우 10을 기준으로 한다. 아직 설치하지 않았다면 부록 A.1~A.2를 참고하여 설치한다.

❷ SQL 접속을 위한 사용자 인증 설정

SQL Server에 접속하기 위한 부록 A.3~A.4를 참고하여 설정한다.

❸ 마당서점 데이터베이스 준비(demo_madang.sql)

마당서점 데이터베이스의 샘플 데이터는 이미 3장에서 설치하였다. 이 책의 순서대로 실습을 진행하지 않았다면 부록 B.1을 참고하여 설치한다.

❹ 자바 컴파일러, JDBC 드라이버 설치

자바 컴파일러와 JDBC 드라이버는 부록 C.2~C.3을 참고하여 설치한다. 자바는 버전 15를 기준으로 설명한다. 이미 설치된 경우에는 설치된 버전과 기본 폴더를 C:₩Program Files₩Java₩에서 확인한다.

❺ 톰캣 설치

부록 C.5를 참고하여 설치한다.

톰캣 설치 후 jdbc 드라이버 mssql-jdbc-8.4.1.jre14를 톰캣 기본폴더(C:₩Program Files₩Apache Software Foundation₩Tomcat 9.0) 아래의 lib 폴더에 복사 후 톰캣 서비스를 재시작한다.

❻ JSP 프로그램 준비(booklist.jsp, bookview.jsp)

booklist.jsp 파일과 bookview.jsp 파일을 예제소스 폴더에서 복사하여 톰캣 기본 폴더에 'booklist'라는 폴더를 생성하고 붙여 넣는다. C:₩Program Files₩Apache Software Foundation₩Tomcat 9.0₩webapps₩ROOT 폴더 아래에 두 개의 파일을 저장한다.

booklist.jsp는 Book 테이블에 있는 도서 정보를 보여 주는 프로그램이고, bookview.jsp는 각 도서에 대한 상세 정보를 보여 주는 프로그램이다. bookview.jsp는 booklist.jsp가 호출한다.

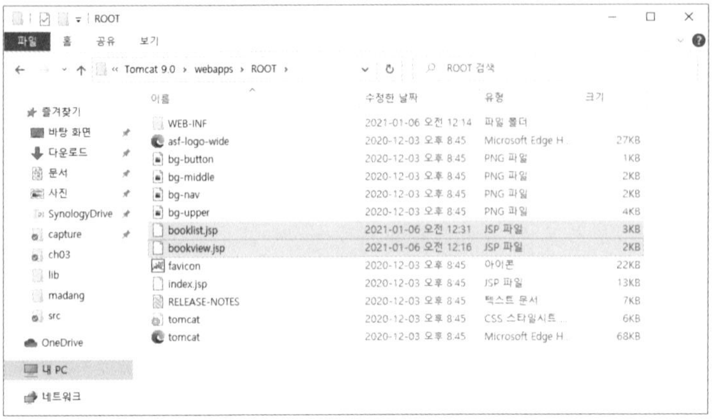

그림 5-18 booklist.jsp, bookview.jsp 파일 저장

❼ 실행

웹 브라우저를 띄우고 주소창에 http://localhost:8080/booklist.jsp를 입력한다. 앞의 모든 과정을 잘 거쳤으면 아래와 같은 화면을 볼 수 있다. 각 도서의 세부 정보를 보기 위해 도서이름을 클릭하면 bookview.jsp가 실행되면서 결과를 볼 수 있다.

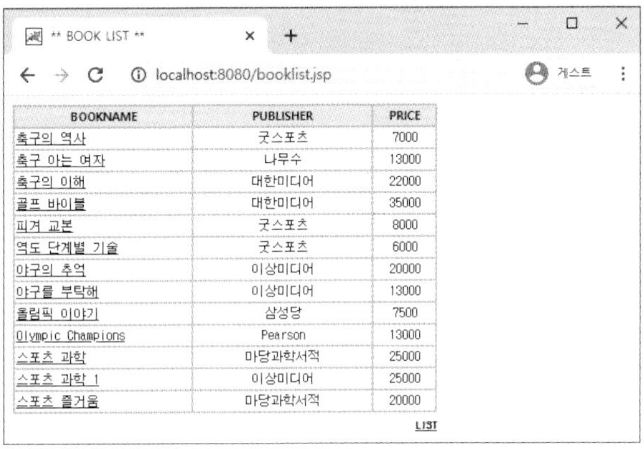

그림 5-19 booklist.jsp 실행 화면

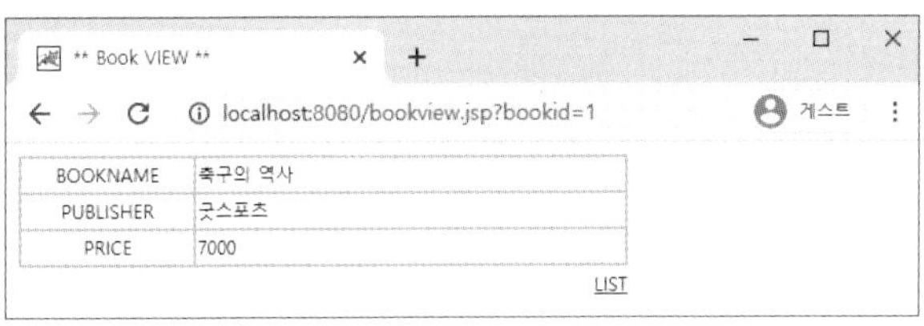

그림 5-20 bookview.jsp 실행 화면

요약

01 데이터베이스 프로그래밍

DBMS에 데이터를 정의하고 시스템에 저장된 데이터를 읽어 와 데이터를 변경하는 프로그램을 작성하는 과정을 말한다. 데이터베이스 언어인 SQL을 포함한다는 점이 일반 프로그래밍과는 다르다.

02 삽입 프로그래밍

데이터베이스 프로그래밍 방법 중 하나로 SQL을 일반 프로그래밍 언어에 삽입하여 프로그래밍하는 것을 말한다.

03 호스트 언어

삽입 프로그래밍 방식에서 SQL 문이 삽입된 프로그래밍 언어를 호스트 언어(host language)라고 한다.

04 T-SQL(Transact-SQL)

데이터베이스 응용 프로그램을 작성하는 데 사용하는 SQL Server의 SQL 전용 언어이다.

05 프로시저

T-SQL에서 사용하는 기능으로, 일반 프로그래밍 언어의 함수 대신 사용하는 명칭이다.

06 커서

실행 결과 테이블을 한 번에 한 행씩 처리하기 위하여 테이블의 행을 순서대로 가리키는 데 사용하는 포인터를 말한다. 커서에 관련된 키워드로는 DECLARE, OPEN, FETCH, CLOSE, DEALLOCATE 등이 있다.

07 트리거

데이터의 변경(삽입, 삭제, 수정)문이 실행될 때 자동으로 실행되는 프로시저이다. 보통 트리거는 데이터의 변경문이 처리되는 세 가지 시점, 즉 실행 전(BEFORE), 대신하여(INSTEAD OF), 실행 후(AFTER)에 동작한다. SQL Server는 INSTEAD OF와 AFTER 트리거만 지원한다.

08 연동

연동이란 어느 한 부분이 움직이면 다른 부분도 같이 움직인다는 의미로, 데이터베이스 응용에서는 일반 프로그램을 수행하여 DBMS를 동작시킨다는 의미이다. 연동은 자바 프로그램과 시킬 수도 있고 웹 프로그램과 시킬 수도 있다.

09 인증 모드

SQL Server의 사용 권한을 받는 것을 말한다. 인증 모드는 두 가지가 있다. Windows 인증 모드와 혼합 모드이다. Windows 인증 모드는 윈도우 사용자가 SQL Server를 사용할 수 있는 모드이고, 혼합 모드는 윈도우 사용자 외에 SQL Server를 접속할 수 있는 사용자를 따로 두는 모드이다. 혼합 모드는 'SQL Server 인증'이라고도 하며 비밀번호를 따로 설정해야 한다.

10 JDBC(Java DataBase Connectivity)

자바는 객체지향 언어이기 때문에 객체를 호출하여 데이터베이스에 접속한다. 데이터베이스에 접속하는 API(Application Programming Interface)를 java.sql.*에서 제공한다. java.sql에 정의된 API는 각 DBMS 제조사에서 자신의 제품에 맞게 구현해서 제공하는데, 이를 JDBC(Java DataBase Connectivity) 드라이버라고 한다.

연습문제

01 T-SQL에 대한 설명 중 가장 거리가 먼 것은?

① 기존 SQL 문과는 다른 것이다.

② 기존 SQL 이상의 기능을 제공한다.

③ 많은 시스템 함수를 제공한다.

④ 기타 특별한 연산자를 제공한다.

02 저장 프로시저의 장점이 아닌 것은?

① SQL 질의 전체를 전송하는 대신 매개변수만 전달하여 네트워크 트래픽을 증가시킨다.

② 프로시저 질의의 실행 계획을 미리 작성하고 있어서 빠른 처리가 가능하다.

③ 프로시저에 대한 접근 권한을 설정함으로써 보안 관리가 유연하다.

④ 자주 반복되는 SQL 문을 미리 작성하여 프로그래밍이 용이하다.

03 다음 중 프로시저를 실행하는 명령어는?

① EXEC　　② RUN

③ CREATE　　④ DROP

04 SQL에서 데이터베이스가 미리 정해 놓은 조건을 만족하거나 어떤 동작이 수행되면 자동으로 동작하는 객체를 무엇이라고 하는가?

① 트리거

② 저장 프로시저

③ 함수

④ 뷰

05 트리거를 만들기 위한 명령어를 고르시오.

① ALTER TRIGGER

② DROP TRIGGER

③ CREATE TRIGGER

④ INSERT TRIGGER

06 다음 관계형 데이터베이스의 세 가지 기능적 요소에 대한 설명에서 ㉠ ~ ㉢에 들어갈 용어를 순서대로 쓴 것 중 맞는 것은?

> (㉠)는(은) SQL에서 삽입, 삭제, 갱신과 같은 데이터 변경문을 실행할 때 미리 명시된 조건을 만족하는 경우 특정한 동작을 자동으로 수행할 수 있도록 한다.
>
> (㉡)는(은) 데이터베이스 내에 존재하는 작업 순서가 정해진 수행 단위로서 DBMS에서 컴파일된 후 실행된다.
>
> (㉢)는(은) 데이터베이스에서 데이터를 신속하게 탐색할 수 있도록 만든 데이터 구조이다.

① 인덱스(index) 트리거(trigger) 주장(assertion)
② 주장 인덱스 저장 프로시저(stored procedure)
③ 주장 인덱스 트리거
④ 트리거 저장 프로시저 인덱스

07 다음과 같이 사원과 부서 테이블을 이용하는 회사가 직원의 급여를 인상할 때 오류를 방지하기 위해 SQL99 표준에 따른 트리거를 정의하여 사용 중이다. 이와 같은 조건에서 직원의 급여 인상을 위한 〈보기〉의 질의를 수행하였다. 급여 인상의 결과를 보기 위해 질의 "SELECT 사번, 이름, 급여 FROM 사원"을 수행한 결과는?

사원 테이블

사번	이름	소속(FK)	상사	급여
100	홍길동	10	NULL	500
200	이몽룡	20	100	400
300	성춘향	20	200	300
400	박대감	30	100	350

부서 테이블

부서번호	부서명	부서장
10	사장실	100
20	총무부	200
30	영업부	400

트리거 프로그램

```
CREATE TRIGGER Employment
AFTER UPDATE OF 급여 ON 사원
REFERENCING OLD ROW AS O, NEW ROW AS N
FOR EACH ROW
WHEN (N.급여 > O.급여 * 1.1)
UPDATE 사원
```

```
SET 급여 = O.급여 * 1.1
WHERE 사원.사번 = O.사번;
```

데이터 조작문

```
UPDATE 사원 SET 급여 = 급여 * 1.2
WHERE 사번 IN (SELECT 부서장 FROM 부서);
UPDATE 사원 SET 급여 = 급여 * 1.05
WHERE 사번 != ALL (SELECT 부서장 FROM 부서);
UPDATE 사원 SET 급여 = 급여 * 1.1 WHERE 사번 = 100;
```

08 다음 프로그램을 프로시저로 작성하고 실행하시오. 데이터베이스는 마당서점을 이용한다.

(1) InsertBook( ) 프로시저를 수정하여 고객을 새로 등록하는 InsertCustomer( ) 프로시저를 작성하시오.

(2) BookInsertOrUpdate( ) 프로시저를 수정하여 삽입 작업을 수행하는 프로시저를 작성하시오. 삽입하려는 도서와 동일한 도서가 있으면 삽입하려는 도서의 가격이 높을 때만 새로운 값으로 변경한다.

09 다음 프로그램을 프로시저로 작성하고 실행하시오. 데이터베이스는 마당서점을 이용한다.

(1) 출판사가 '이상미디어'인 도서의 이름과 가격을 보여 주는 프로시저를 작성하시오.

(2) 출판사별로 출판사 이름과 도서의 판매 총액을 보이시오(판매 총액은 Orders 테이블에 있다).

(3) 출판사별로 도서의 평균가보다 비싼 도서의 이름을 보이시오(예를 들어 A 출판사 도서의 평균가가 20,000원이라면 A 출판사 도서 중 20,000원 이상인 도서를 보이면 된다).

(4) 고객별로 도서를 몇 권 구입했는지와 총구매액을 보이시오.

(5) 주문이 있는 고객의 이름과 주문 총액을 출력하고, 주문이 없는 고객은 이름만 출력하는 프로시저를 작성하시오.

10 다음 PL/SQL 함수를 작성하시오. 데이터베이스는 마당서점을 이용한다.

(1) 고객의 주문 총액을 계산하여 20,000원 이상이면 '우수', 20,000원 미만이면 '보통'을 반환하는 함수 Grade( )를 작성하시오. Grade( )를 호출하여 고객의 이름과 등급을 보이는 SQL 문도 작성하시오.

(2) 고객의 주소를 이용하여 국내에 거주하면 '국내거주', 해외에 거주하면 '국외거주'를 반환하는 함수 Domestic( )을 작성하시오. Domestic( )을 호출하여 고객의 이름과 국내/국외 거주 여부를 출력하는 SQL 문도 작성하시오.

(3) (2)에서 작성한 Domestic( )을 호출하여 국내거주 고객의 판매 총액과 국외거주 고객의 판매 총액을 출력하는 SQL 문을 작성하시오.

11 **[데이터 조회 프로그램]** 데이터베이스 프로그래밍 방법 중 한 가지를 선택하여 다음 기능을 구현하는 프로그램을 작성하시오. 데이터베이스는 마당서점을 이용한다.

TIP 자바 응용 혹은 웹 응용을 이용하여 작성할 수 있다.

(1) 출판사가 '이상미디어'인 도서이름과 가격을 보이는 프로그램을 작성하시오.

(2) 출판사별로 출판사 이름과 도서의 판매 총액을 보이는 프로그램을 작성하시오.

(3) 출판사별로 도서의 평균가보다 비싼 도서의 이름을 보이는 프로그램을 작성하시오(예를 들어 A 출판사 도서의 평균가가 20,000원이라면 A 출판사 도서 중 20,000원 이상인 도서를 보이면 된다).

12 **[데이터 변경 프로그램]** 데이터베이스 프로그래밍 방법 중 한 가지를 선택하여 다음 기능을 구현하는 프로그램을 작성하시오. 데이터베이스는 마당서점을 이용한다.

TIP 자바 응용 혹은 웹 응용을 이용하여 작성할 수 있다.

(1) 고객의 이름을 조회하고 주소를 변경하는 프로그램을 작성하시오.

(2) 도서 목록을 출력하고 새로운 도서 1권을 도서이름, 출판사, 가격 등과 함께 입력하는 프로그램을 작성하시오.

13 **[프로시저 호출을 통한 데이터 변경 프로그램]** 데이터베이스 프로그래밍 방법 중 한 가지를 선택하여 다음 기능을 구현하는 프로그램을 작성하시오. 데이터베이스는 마당서점을 이용한다.

TIP 자바 응용 혹은 웹 응용을 이용하여 작성할 수 있다.

(1) 8번의 (1)에서 작성한 InsertCustomer( ) 프로시저로 고객을 새로 등록하는 프로그램을 작성하시오.

(2) 8번의 (2)에서 작성한 수정된 BookInsertOrUpdate( ) 프로시저로 도서를 새로 등록하는 프로그램을 작성하시오.

클라이언트와 서버, 클라우드 서버

일상생활에서 서버server는 서비스하는 사람이고, 클라이언트client는 서비스를 받는 사람이듯 컴퓨터에서 서버는 특정한 임무를 수행하는 컴퓨터 시스템이며, 클라이언트는 서버로부터 서비스를 받는 프로그램이나 컴퓨터 시스템을 말한다. 데이터베이스를 서비스하는 DBMS가 설치된 컴퓨터를 데이터베이스 서버라고 한다. 데이터베이스 서버와 클라이언트가 한 컴퓨터 안에 있는 경우는 드물어서 다음과 같은 구조가 된다.

서버 시스템(데이터베이스) ↔ 클라이언트 시스템

서버 시스템과 클라이언트 시스템 사이에서 데이터베이스 서버로부터 받은 데이터를 처리하는 응용 프로그램은 비즈니스 로직business logic이라고 한다.

서버 시스템(데이터베이스) ↔ 비즈니스 로직 ↔ 클라이언트 시스템

이 각각의 layer를 tier층라고 부르며 보통 3-tier 구조라고 한다. 즉 3-tier는 다음과 같이 해석된다.

데이터 층data tier ↔ 로직 층logic tier ↔ 표현 층presentation tier

tier가 어느 컴퓨터에 있는가에 따라 다음과 같이 구분하기도 한다.

1. 메인프레임mainframe: 데이터와 로직 층이 하나의 컴퓨터에 있는 구조를 말한다.
2. 클라이언트-서버client-server: 컴퓨터의 가격대비 성능이 좋아지면서 별도의 로직을 처리하는 컴퓨터를 배치하는 구조를 말한다.
3. 클라우드 서버cloud server: 네트워크 성능과 신뢰도가 향상되면서 데이터 층을 별도로 구축하는 번거로움을 피하고자 다른 컴퓨터의 DBMS를 빌려서 원격 서버의 컴퓨팅 기능을 높이는 방법이다.

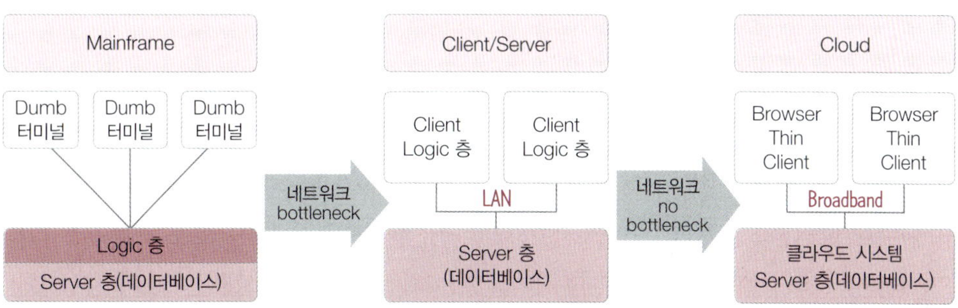

컴퓨팅 시스템 변화

참고자료: http://uneasyempires.blogspot.com/2012/09/what-cloud-computing-means-for-investors.html

PART 03

데이터베이스 설계자

데이터베이스는 사용자가 실제 필요로 하는 정보를 제공하기 위해
관련된 자료를 조직적으로 저장하고 관리한다.
그런데 데이터베이스를 구축할 때 설계가 잘못되면
사용자에게 필요한 정보를 제공하기는커녕 혼란만 준다.
3부에서는 데이터베이스를 구축하기 위해
최초로 수행하는 데이터베이스 설계와
저장된 데이터의 중복을 최소화하고 효율적으로 관리하기 위한
정규화에 대해서 알아본다.

PART 03 데이터베이스 설계자

CHAPTER 06

데이터 모델링

학습목표

- 데이터 모델링의 개념을 이해한다.
- 개념적 모델링 단계에 사용하는 ER 모델을 이해하고 작성 방법을 알아본다.
- erwin 프로그램을 사용하여 ER 모델을 작성해 본다.
- 마당대학 데이터베이스를 ER 모델로 직접 설계해 본다.

PREVIEW

지금까지 데이터베이스 시스템의 개념과 SQL에 대해 알아보았다. 이때 사용한 마당서점 데이터베이스는 설명을 위해 예로 든 것이지만 실제 서점에서 사용하는 데이터베이스는 훨씬 더 복잡할 것이다. 이 장에서는 간단하지만, 마당서점 데이터베이스가 최초에 어떤 과정을 거쳐 만들어졌는지 살펴본다. 건축에 비교하면 서점의 판매관리 소프트웨어는 건물 설계와 같고 데이터베이스는 지반 설계와 같다. 건물을 지을 때 건물과 지반 모두 설계 과정을 거치듯이 소프트웨어가 사용하는 데이터베이스도 설계가 필요하다. 데이터베이스 설계는 다른 말로 데이터 모델링이라고도 한다.

01 데이터 모델링의 개념

1 데이터 모델링의 중요성

데이터 모델링은 건축에서의 지반 설계와 같다. 지반이 잘못 설계되면 건물을 아무리 튼튼하게 짓는다고 해도 오래갈 수 없다. 소프트웨어 개발 역시 데이터 모델링을 잘못하면 프로젝트 전체가 위험에 빠질 수 있다. 소프트웨어 개발이 다 끝나 갈 때쯤에야 데이터 모델링이 잘못된 것을 발견했다면 처음부터 다시 진행해야 할 수도 있다. 개발이 잘 종료되었더라도 사용 중에 오류를 발견한 경우 수습하는 데 큰 비용이 든다. 마당서점 데이터베이스에서 도서 한 권을 찾는 데 10분 이상 걸린다거나, 재고가 없는 도서를 판매 중이라고 안내한다면 종업원과 고객은 혼란에 빠질 것이다. 이러한 시스템은 사용자로부터 신뢰를 잃어 차라리 없는 게 낫다는 평가를 받을지도 모른다.

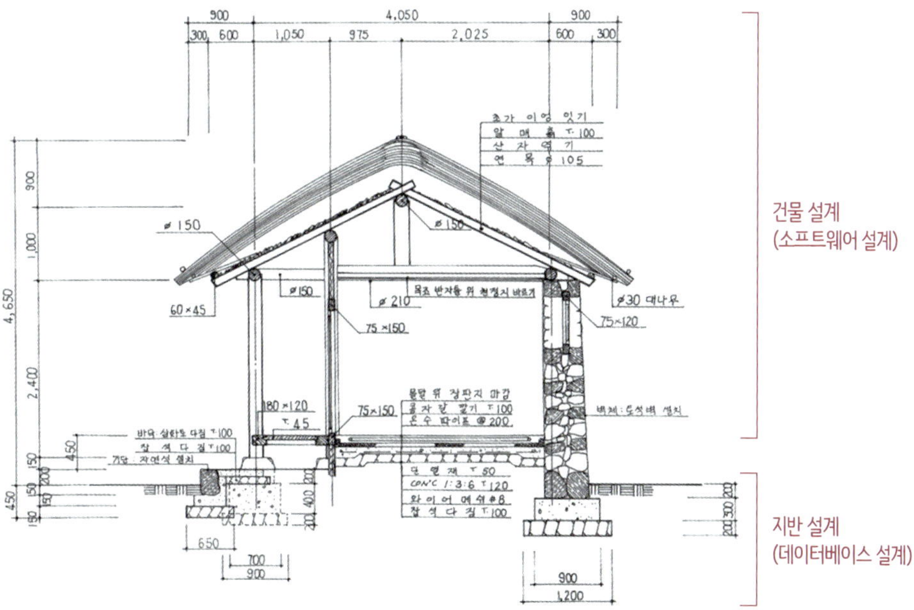

그림 6-1 데이터 모델링의 중요성

[그림 6-2]는 현실 세계에 존재하는 개념이 데이터베이스로 구축되는 과정을 보여 준다. 데이터 모델링은 현실 세계의 복잡한 개념을 단순화하고 추상화해서 데이터베이스화하는 과정이다. 최종적으로 구축된 데이터베이스는 현실 세계의 대상이 되었던 개념과 일치해야 한다.

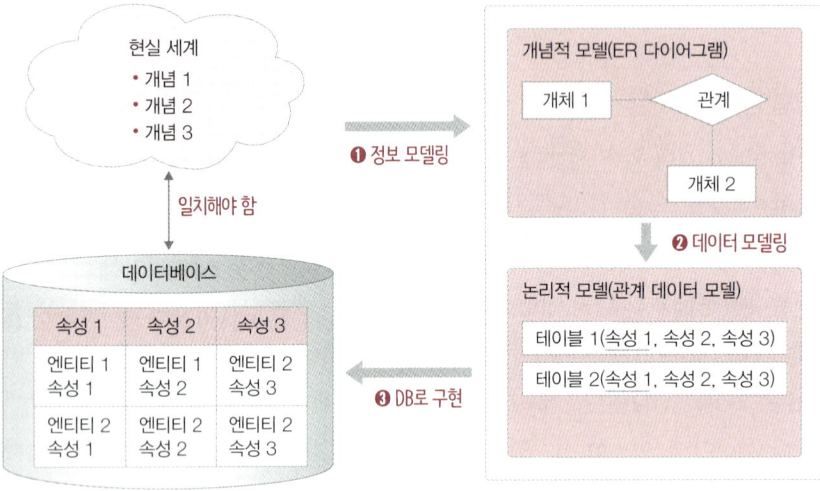

그림 6-2 데이터 모델링의 개념

❷ 데이터베이스 생명주기

데이터베이스는 최초 사용자의 요구에 의해 구축되어 사용되다가 필요에 따라 개선 또는 다시 구축되어 사용된다. 이러한 데이터베이스의 생성과 운영에 관련된 특징을 데이터베이스 생명주기database life cycle라고 한다. [그림 6-3]은 데이터베이스 생명주기를 나타낸 것이다.

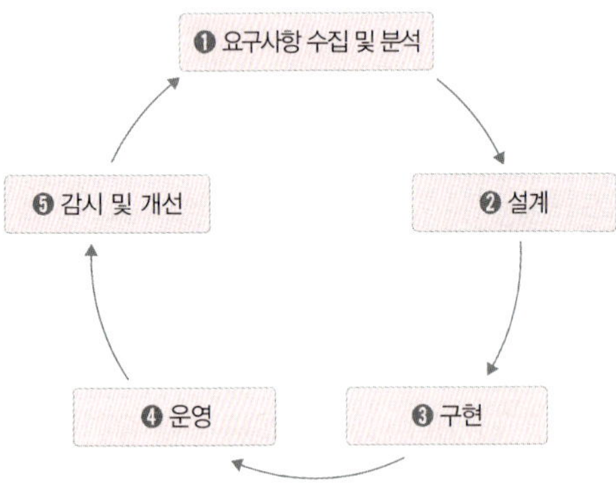

그림 6-3 데이터베이스 생명주기

❶ 요구사항 수집 및 분석

사용자의 요구사항을 듣고 분석하여 데이터베이스 구축의 범위를 정하는 단계이다. 마당서점의 경우 고객, 운영자, 경영자 등 사용자의 범위와 서비스 수준을 정하는 것을 말한다.

❷ 설계

분석된 요구사항을 기초로 주요 개념과 업무 프로세스 등을 식별하고(개념적 설계), 사용하는 DBMS의 종류에 맞게 변환(논리적 설계)한 후, 데이터베이스 스키마를 도출(물리적 설계)한다.

❸ 구현

설계 단계에서 생성한 스키마를 실제 DBMS에 적용하여 테이블 및 관련 객체(뷰, 인덱스 등)를 만든다. 또한 관련 소프트웨어에 설계한 데이터베이스를 적용하여 서비스를 제공할 수 있도록 프로그램을 완성한다.

❹ 운영

구현된 데이터베이스를 기반으로 소프트웨어를 구축하여 서비스를 제공한다.

❺ 감시 및 개선

데이터베이스 운영에 따른 시스템의 문제를 관찰하고 데이터베이스 자체의 문제점을 파악하여 개선한다. 이 단계에서는 데이터베이스가 지속적으로 운영될 수 있도록 변경 및 유지보수를 한다.

3 데이터 모델링 과정

데이터베이스 생명주기는 '데이터베이스의 구축–사용–개선–재구축'의 순환 과정으로 이루어진다. 우리가 이 장에서 살펴볼 데이터 모델링은 데이터베이스 생명주기 중 요구사항 수집 및 분석부터 설계까지의 과정을 말한다. 요구사항 수집 및 분석 단계에서는 ❶ 현실 세계의 대상 데이터 및 사용자 요구사항을 정리하고 분석한다. 설계 단계에서는 ❷ 중요 개념을 구분한 후(개념적 모델링) ❸ 각 개념을 구체화하고(논리적 모델링) ❹ 최종적으로 데이터베이스 생성 계획에 따라 개체, 인덱스 등을 생성(물리적 모델링)한다.

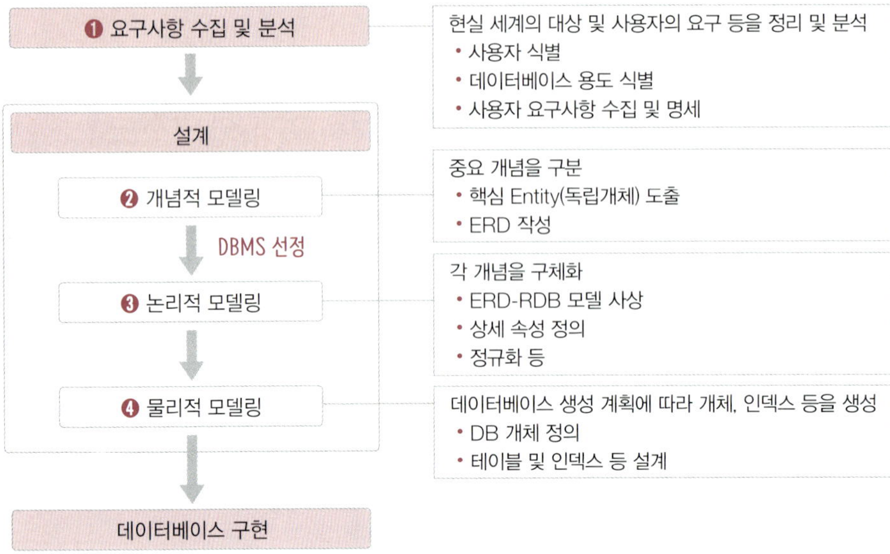

그림 6-4 데이터 모델링 과정

데이터 모델링의 각 과정에 대해 자세히 살펴보자.

요구사항 수집 및 분석

데이터베이스 구축을 위한 첫 단계로, 현실 세계를 파악하고 사용자의 요구사항을 수집 및 분석하는 단계이다. 앞으로 진행 방향이 이 단계에서 결정되므로 매우 중요하다. 담당자는 구축할 데이터베이스와 관련된 전문적인 지식을 갖추고 있어야 하며, 관련 자료를 수집할 때도 가장 기초적인 내용에 중점을 두고 진행해야 한다. 일반적으로 요구사항 수집을 위해 다음과 같은 방법이 많이 사용된다.

❶ 실제 문서를 수집하고 분석한다

문서의 경우 기록으로 남기기 위해 만드는 자료이기 때문에 데이터베이스로 관리할 우선 대상일 가능성이 가장 크다.

❷ 담당자와의 인터뷰나 설문 조사를 통해 요구사항을 직접 수렴한다

실제로 데이터베이스를 사용할 담당자에게 직접 요구사항을 수렴하는 방법이다. 이때 담당자와 분석가 사이에 의사소통이 원활하게 이루어지지 않으면 잘못된 요구사항이 수집되어 결과적으로 잘못된 데이터베이스를 설계할 수 있다. 그러므로 분석가는 담당자의 의도를 정확하게 파악하도록 노력해야 한다. 분석가가 해당 업무에 대해 전문적인 지식이 없다면, 관련 업무의 신입사원이 되었다고 가정하고 업무에 대해 하나씩 배운다는 생각으로 인터뷰하는 것도 좋은 방법이다.

❸ 비슷한 업무를 처리하는 기존의 데이터베이스를 분석한다

구축하려는 데이터베이스와 유사한 시스템이 있다면 그 시스템을 참고하여 요구사항을 파악한다.

❹ 각 업무와 연관된 모든 부문을 살펴본다

일반적으로 한 가지 업무가 단독으로 처리되는 경우는 드물다. 대부분 서로 연관성을 가지고 처리되므로 처리하려는 업무나 대상의 전체를 보면서 요구사항을 수집 및 분석한다.

사용자 요구사항은 대부분 모호하며 사용자마다 쓰는 용어도 달라 개념을 명확하게 파악하기 어렵다. 수집된 자료는 이러한 모호성을 제거하고 최대한 구체적이고 명확하게 정리해야 한다. 또한 분석 과정을 거쳐 필요로 하는 정보와 업무 처리 절차를 도출하여 다음 단계에서 활용할 수 있도록 한다.

개념적 모델링

개념적 모델링conceptual modeling은 요구사항을 수집하고 분석한 결과를 토대로 업무의 핵심적인 개념을 구분하고 전체적인 뼈대를 만드는 과정이다. 여기서 핵심적인 개념을 구분한다는 것은 개체entity를 추출하고 각 개체 간의 관계relationship를 정의하여 ER 다이어그램Entity Relationship Diagram, ERD을 만드는 과정까지를 말한다. 간략하게 설명하면 개체는 구체적으로 표현할 수 있는 실체이며, ER 다이어그램은 이러한 실체들의 관계를 표현한 것이다. 설계자는 사용자의 요구사항을 분석하여 가장 핵심적인 개체와 개별 개체를 식별할 수 있는 핵심 속성(PK), 그리고 각 개체 간의 관계를 정의하여 데이터베이스화할 수 있는 일반적인 개념으로 표현한다.

TIP 개체와 ER 다이어그램은 다음 절에서 자세하게 다룬다.

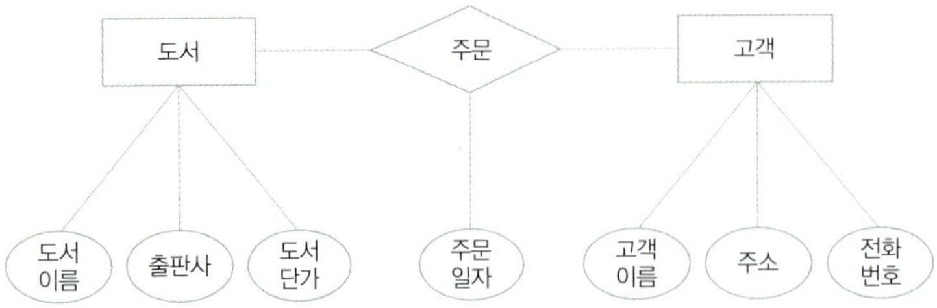

그림 6-5 개념적 모델링의 예

개념적 모델링은 건물의 기본 골조를 만드는 과정과 같이 데이터베이스의 큰 골격을 만드는 과정이다. 따라서 완성된 ER 다이어그램이 사용자의 요구사항을 제대로 반영하였는지, 또 업무 처리 절차에는 문제가 없었는지 등을 점검하여 잘못된 ER 다이어그램과 업무 처리 절차에 대해서 수정을 한다.

TIP ER 다이어그램을 너무 구체적으로 작성할 필요는 없다. 모든 속성을 포함하면 오히려 복잡성이 증가하여 사용자가 알아보기 어렵고 핵심적인 부분을 놓칠 수도 있기 때문이다.

논리적 모델링

논리적 모델링logical modeling은 개념적 모델링에서 만든 ER 다이어그램을 사용하고자 하는 DBMS에 맞게 사상mapping, 매핑하여 실제 데이터베이스로 구현하기 위한 모델을 만드는 과정이다.

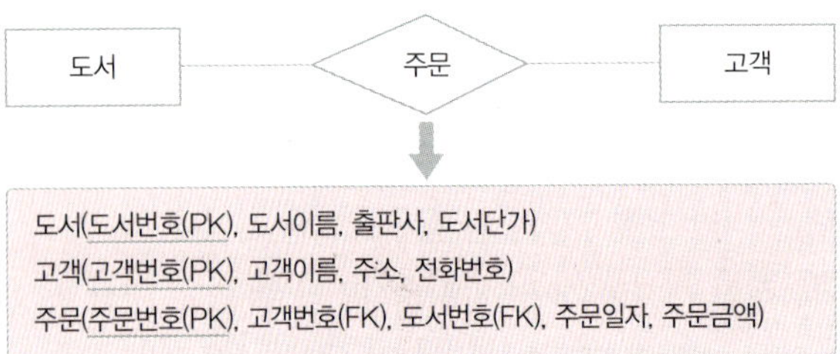

그림 6-6 논리적 모델링의 예

논리적 모델링은 다음의 몇 가지 과정을 거쳐 완성된다.

❶ 개념적 모델링에서 추출하지 않았던 상세 속성을 모두 추출한다

개념적 모델링에서 핵심적인 속성만 추출하였다면, 논리적 모델링에서는 실제 필요한 모든 속성을 추출한다. 예를 들어 개념적 모델링에서 고객의 이름, 주소, 전화번호만 추출하였더라도 실제 마케팅 업무에 사용하려면 나이, 성별 등의 상세한 정보가 필요하므로 논리적 모델링에서 추출한다.

❷ 정규화를 수행한다

여러 개체가 데이터를 중복 저장하는 문제를 해결하기 위해 정규화를 수행한다. 정규화에 대한 자세한 내용은 7장에서 다룬다.

❸ 데이터의 표준화를 수행한다

데이터 용어 사전dictionary과 도메인을 정의하여 동일하게 사용되는 용어를 정리하고 데이터의 형태 및 크기 등을 확정한다.

물리적 모델링

물리적 모델링physical modeling은 작성된 논리적 모델을 실제 컴퓨터 저장 장치에 저장하기 위해 데이터 타입과 길이 등 물리적 구조를 정의하고 구현하는 과정이다. 물리적 모델링 시 DBMS의 특성에 맞게 저장 구조를 정의하여야 데이터베이스가 최적의 성능을 낼 수 있다.

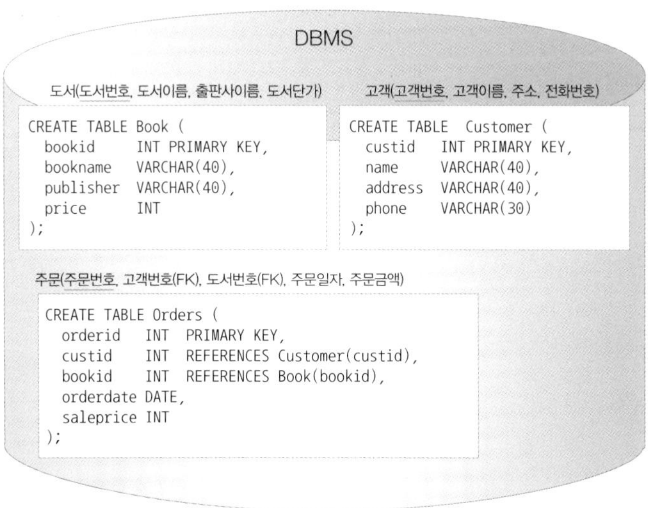

그림 6-7 물리적 모델링의 예

다음은 물리적 모델링을 할 때 트랜잭션, 저장 공간 설계 측면에서 고려할 사항이다.

❶ **응답시간을 최소화해야 한다**

트랜잭션이 시작되어 종료될 때까지 걸리는 시간을 응답시간이라고 한다. 물리적 모델링이 잘못되면 응답시간이 오래 걸려 사용자가 불편을 느낀다.

❷ **얼마나 많은 트랜잭션을 동시에 발생시킬 수 있는지 검토해야 한다**

데이터베이스가 얼마나 많은 트랜잭션(작업)을 동시에 발생시킬 수 있느냐는 시스템 전체의 성능에 영향을 미친다. 따라서 트랜잭션을 효율적으로 분산시킬 수 있는 전략이 필요하다.

❸ **데이터가 저장될 공간을 효율적으로 배치해야 한다**

DBMS에 따라 다양한 저장 방법이 있으므로 저장될 데이터의 특성을 파악하여 저장 방법을 결정한다. 또한 데이터의 사용 형태에 따라 검색을 위한 인덱스index를 설계하여 최적의 성능을 낼 수 있도록 한다.

TIP 트랜잭션은 DBMS가 데이터를 다루는 논리적인 작업의 단위로, 자료의 입력에서부터 처리가 완료될 때까지 일련의 단계를 말한다. 자세한 내용은 8장에서 다룬다.

02 ER 모델

1 ER 모델의 개념

ER$_{\text{Entity Relationship}}$ 모델은 데이터 모델링 과정 중 개념적 모델링에 사용하는 모델로, 1976년 피터 첸$_{\text{Peter Chen}}$이 제안하였다. ER 모델은 세상의 사물을 개체$_{\text{entity}}$와 개체 간의 관계$_{\text{relationship}}$로 표현한다. 개체는 독립적인 의미를 지닌 유무형의 사람 또는 사물을 말하며, 개체의 특성을 나타내는 속성$_{\text{attribute}}$으로 식별한다. 또한 개체끼리는 서로 관계를 맺는다. 이처럼 개체, 속성, 관계를 규명하는 것이 ER 모델의 기본이다. [그림 6-8]은 결혼을 예로 들어 ER 모델을 설명하고 있다. 남자와 여자는 각각 사람 개체이며, 결혼이라는 관계를 맺고 있다. 결혼 관계에서 남자는 남편이라는 역할을, 여자는 부인이라는 역할을 맡는다.

그림 6-8 ER 모델의 기본 개념

ER 모델은 개체와 개체 간의 관계를 ER 다이어그램이라는 표준화된 그림으로 표현한다. ER 다이어그램은 ER 모델에 대해 큰 지식이 없는 사람도 내용을 쉽게 알아볼 수 있다. [그림 6-9]는 직원 개체와 프로젝트 개체 간의 관계를 ER 다이어그램으로 나타낸 것이다. 직원 개체는 프로젝트 개체와 1:N의 작업 관계를 맺고 있으며, 개체마다 고유한 특성을 나타내는 속성이 있다.

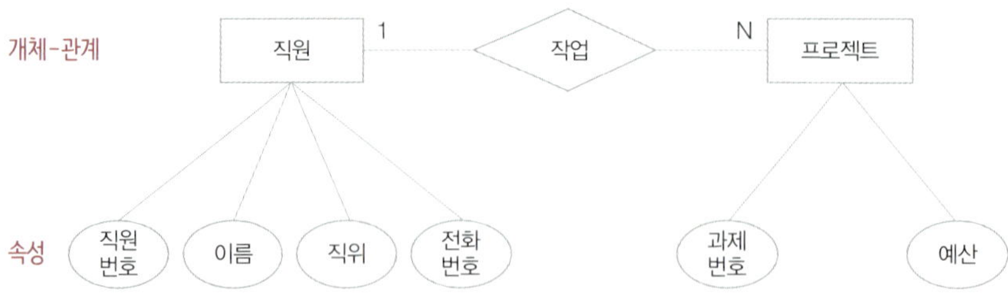

그림 6-9 ER 다이어그램

ER 모델은 개념적 모델링 단계에서 사용하기 때문에 특정 데이터 모델이나 DBMS와 무관하게 설계할 수 있다. 이 절에서는 개체, 관계, 속성별로 ER 다이어그램을 작성하는 방법을 알아보고 그 과정을 통해 ER 모델을 학습한다.

2 개체와 개체 타입

개체entity는 사람, 사물, 장소, 개념, 사건과 같이 유무형의 정보를 가지고 있는 독립적인 실체를 말한다. 개체는 비슷한 속성을 가진 개체 타입entity type을 구성하며, 개체 집합entity set으로 묶인다. 개체 집합은 공통된 속성을 가진 개체들의 모임을 의미하며, 개체 타입은 개체 집합의 이러한 동일한 특징을 나타내는 용어이다. 꼭 같지는 않지만 프로그래밍 언어의 데이터 타입으로 생각하면 된다.

TIP 개체, 개체 타입, 개체 집합은 서로 다른 용어이지만 혼동의 소지가 없으면 '개체'라고 줄여서 부르기도 한다.

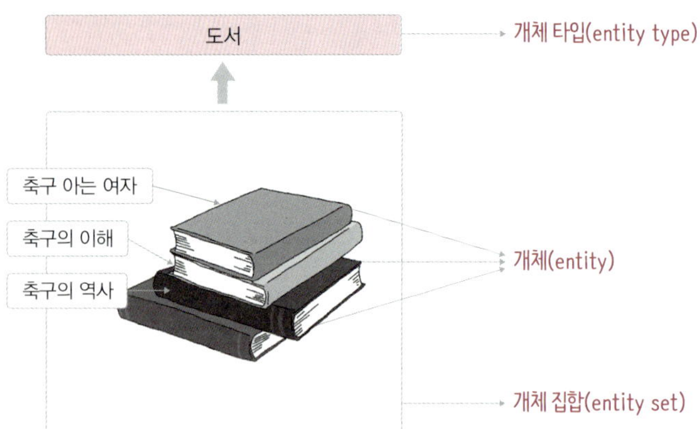

그림 6-10 개체, 개체 타입, 개체 집합

예를 들어 [그림 6-10]에서 "축구 아는 여자", "축구의 이해", "축구의 역사"는 모두 마당서점에서 판매하고 있는 도서들이다. 각각의 도서는 독립된 개체로 존재하며, 동일한 속성을 가진 개체 집합으로 묶인다. 또한 모든 개체는 '도서'라는 동일한 특징을 가지고 있다.

개체는 요구사항 수집 및 분석 단계에서 만들어진 요구사항 명세서를 통해 도출된다. 일반적으로 개체는 수집된 요구사항 중 명사인 경우가 많다. 이렇게 도출된 개체들은 개체 집합으로 분류하고 공통된 속성을 추출하여 의미를 가장 잘 표현할 수 있는 개체 타입을 찾게 된다.

개체는 업무의 가장 핵심적인 요소로, 반드시 데이터베이스화되어야 한다. 만약 데이터베이스 개발 초기에 개체 도출과 개체 타입의 구분이 잘못되면 최종적으로 사용자의 요구와 다른 데이터베이스가 만들어진다.

개체는 다음과 같은 특징을 가진다.

- 유일한 식별자에 의해 식별할 수 있다.
- 꾸준한 관리를 필요로 하는 정보이다.
- 두 개 이상 영속적으로 존재한다.
- 업무 프로세스에 이용된다.
- 반드시 자신의 특징을 나타내는 속성을 포함한다.
- 다른 개체와 최소한 한 개 이상의 관계를 맺고 있다.

개체 타입의 ER 다이어그램 표현

ER 다이어그램상에서 개체 타입은 직사각형으로 나타낸다. 개체 타입은 보통 '개체'라고 부르는 강한 개체strong entity 타입과 약한 개체weak entity 타입으로 구분할 수 있다. 강한 개체 타입은 직사각형으로, 약한 개체 타입은 이중 직사각형으로 나타낸다. 개체 타입의 이름은 기호 중앙에 표기하며 일반적으로 단수형 명사를 사용한다.

표 6-1 개체 타입의 ER 다이어그램 표현

기호	의미
직원	강한 개체 타입(보통 개체 타입이라고 하면 강한 개체 타입을 말한다)
부양가족	약한 개체 타입

개체 타입의 유형

개체 타입은 강한(일반) 개체 타입과 약한 개체 타입으로 구분할 수 있다. 강한 개체strong entity 타입은 다른 개체의 도움 없이 독자적으로 존재할 수 있다. 반면 약한 개체weak entity 타입은 독자적으로는 존재할 수 없고 반드시 상위 개체 타입을 가진다. 예를 들어 회사 데이터베이스에서 직원의 부양가족은 직원이 존재해야 존재할 수 있다. 따라서 직원은 강한 개체 타입이 되고, 부양가족은 약한 개체 타입이 된다. 강한 개체와 약한 개체에 대한 자세한 내용은 속성과 관계 타입을 설명한 후 식별자와 함께 알아보도록 한다.

3 속성

속성attribute은 개체가 가진 성질을 말한다. 예를 들어 "축구의 역사"의 경우 도서이름은 '축구의 역사', 출판사는 '굿스포츠', 가격은 '8,000'원이다. 이처럼 개별 개체가 가진 속성을 기본으로 개체 타입의 속성을 정의할 수 있다.

표 6-2 개체 타입과 속성

개체 타입	속성
도서	도서이름, 출판사, 도서단가

속성의 ER 다이어그램 표현

속성은 기본적으로 타원으로 표현하며 개체 타입을 나타내는 직사각형과 실선으로 연결된다. 속성의 이름은 타원의 중앙에 표기한다. 속성이 개체를 유일하게 식별할 수 있는 키일 경우 속성 이름에 밑줄을 긋는다. 도서 개체 타입과 속성을 ER 다이어그램으로 나타내면 [그림 6-11]과 같다. 속성은 키 속성과 일반 속성으로 표현된다.

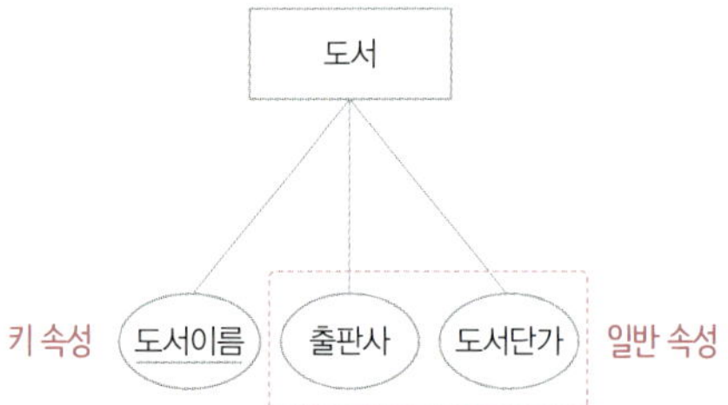

그림 6-11 도서 개체 타입

속성의 유형

속성은 값의 형태에 따라 다음과 같이 여러 유형으로 구분할 수 있다.

■ 단순 속성과 복합 속성

속성은 더 작은 단위로 분해할 수 있는지에 따라 단순 속성과 복합 속성으로 구분할 수 있다. 단순 속성simple attribute은 더 이상 분해가 불가능한 속성이고, 복합 속성composite attribute은 독립적인 의미를 가진 속성으로 분해할 수 있는 속성이다.

[그림 6-12]의 주소의 경우 시, 동 단위로 분해할 수 있는 복합 속성이다. 분해된 시, 동의 경우 더 이상 작게 분해할 수 없으므로 단순 속성이다. 학생번호 역시 단순 속성이다. 참고로 학생번호의 속성 이름에 밑줄이 표시된 것을 볼 수 있다. 이렇게 속성 이름 아래에 밑줄이 표시된 속성을 키 속성이라고 한다. 키 속성은 개체 타입에서 각각의 개별 개체를 식별할 수 있는 유일한 값을 가진다.

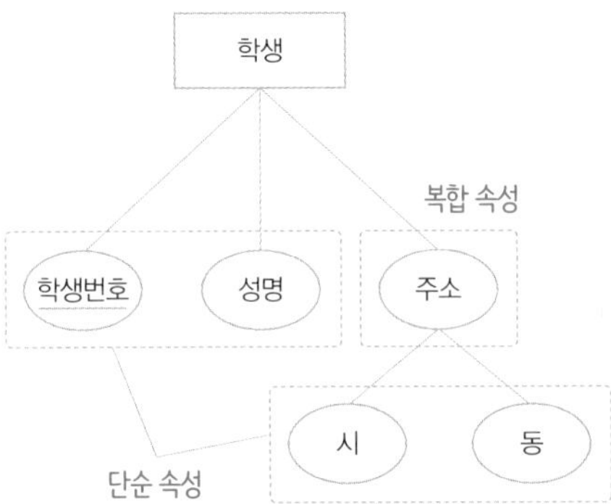

그림 6-12 단순 속성과 복합 속성

■ 단일값 속성과 다중값 속성

속성은 속성값의 개수에 따라 단일값 속성과 다중값 속성으로 구분할 수 있다. 단일값 속성single-valued attribute은 하나의 값만을 가지는 속성이고, 다중값 속성multi-valued attribute은 여러 개의 값을 가지는 속성이다.

[그림 6-13]의 학생번호나 성명의 경우 한 사람이 하나의 값밖에 가지지 못하므로 단일값 속성이다. 그러나 학위의 경우 한 사람이 학사를 취득한 후 석사를 취득하는 등 여러 개의 학위를 가질 수 있으므로 다중값 속성으로 볼 수 있다. 학생 개체 타입에 취미나 전화번호 속성이 있다면 역시 한 사람이 여러 개의 취미와 전화번호를 가질 수 있으므로 다중값 속성으로 볼 수 있다.

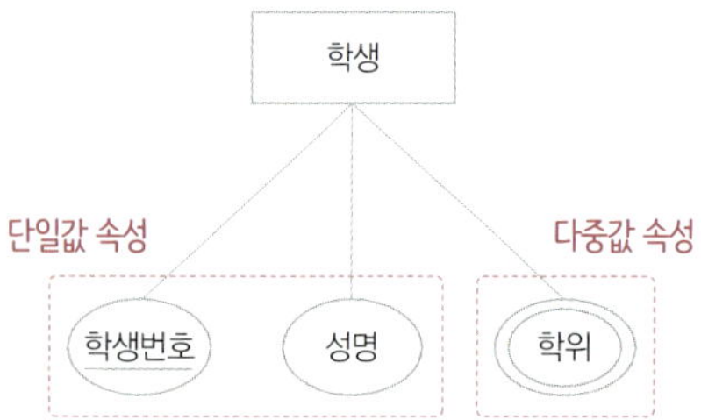

그림 6-13 단일값 속성과 다중값 속성

■ 저장 속성과 유도 속성

속성값이 다른 속성으로부터 유도될 수 있는지에 따라 저장 속성과 유도 속성으로 구분할 수 있다. 저장 속성stored attribute은 다른 속성의 영향 없이 단독으로 저장되는 속성이고, 유도 속성derived attribute은 다른 저장 속성으로부터 유도된(계산된) 속성이다.

[그림 6-14]의 생년월일의 경우 학생 개개인이 가지고 있는 고유한 값으로 저장 속성이며, 나이는 생년월일로부터 계산될 수 있는 값이므로 유도 속성이다.

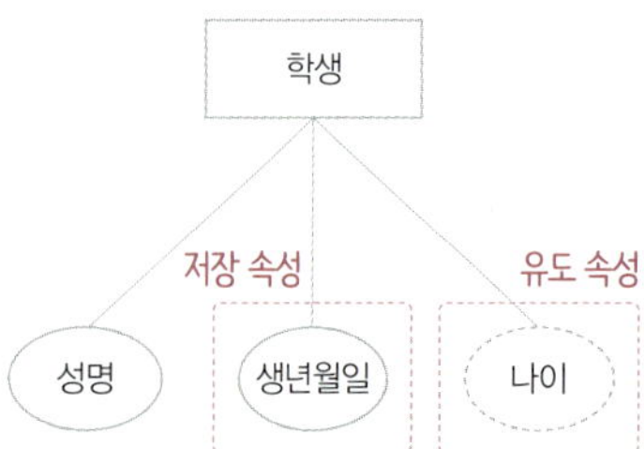

그림 6-14 저장 속성과 유도 속성

지금까지 살펴본 속성의 유형을 표로 정리하면 다음과 같다.

표 6-3 속성의 ER 다이어그램 표현

기호	의미	설명
도서이름	속성	• 일반적인 속성을 나타냄 • 속성의 이름은 타원 중앙에 표시
도서번호	키(key) 속성	• 속성이 개체를 유일하게 식별할 수 있는 키일 경우 속성 이름에 밑줄을 그음
부양가족이름	약한 개체의 식별자	• 약한 개체는 키를 갖지 못하고 대신 식별자를 가짐 • 식별자 아래에 점선을 그음
취미	다중값 속성	• 취미(수영, 자전거)와 같이 여러 개의 값을 갖는 속성 • 이중 타원으로 표현
나이	유도 속성	• 나이와 같이 출생연도로 유도가 가능한 속성 • 점선 타원으로 표현
주소 시 동 번지	복합 속성	• 주소(도시, 동, 번지)와 같이 여러 속성으로 구성된 속성 • 큰 타원 아래 작은 타원으로 연결

4 관계와 관계 타입

ER 모델은 개체와 개체 사이의 관계를 표현한다. 관계relationship는 개체 사이의 연관성을 나타내는 개념이다. 예를 들어 '고객이 도서를 구입한다'라고 할 때 '고객' 개체 타입과 '도서' 개체 타입은 '구입한다'라는 개념으로 연결된다. 이러한 개체 간의 연관성을 관계라고 한다. 관계 타입relationship type은 개체 타입과 개체 타입 간의 연결 가능한 관계를 정의한 것이며, 관계 집합relationship set은 관계로 연결된 집합을 의미한다.

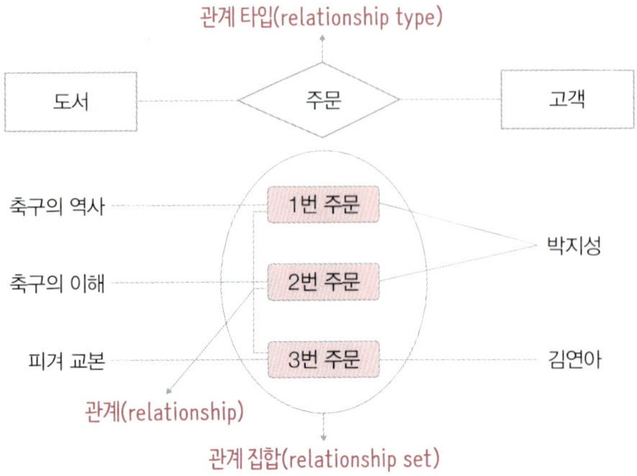

그림 6-15 관계, 관계 타입, 관계 집합

관계 타입의 ER 다이어그램 표현

관계 타입은 마름모로 표현하며 관계 타입의 이름은 기호 중앙에 표기한다.

표 6-4 관계 타입의 ER 다이어그램 표현

기호	의미
	관계 타입

[그림 6-16]은 세 가지 관계의 예를 보여 준다. 도서와 고객은 '구매'라는 관계가 있으며, 학생과 학과는 '소속'이라는 관계가 있고, 학생과 강좌는 '수강'이라는 관계가 있다.

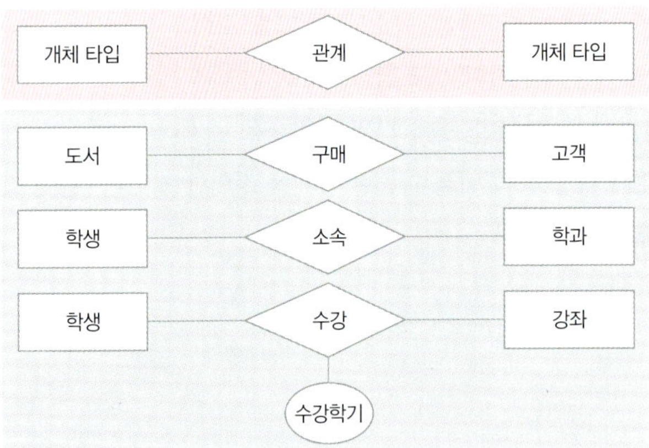

그림 6-16 관계의 예

관계 타입은 위 그림의 '수강'의 경우와 같이 속성을 가질 수 있다. 관계 타입의 속성은 이 관계가 어떠한 관계인지에 대한 추가적인 정보를 제공한다. 위의 예에서 수강학기 속성은 학생이 강좌를 언제 수강하는지를 알려 준다.

차수에 따른 관계 타입의 유형

관계 타입은 각 개체 타입이 관계를 맺은 형태, 즉 차수와 관계 대응 수에 따라 몇 가지 유형으로 구분할 수 있다.

관계 집합에 참여하는 개체 타입의 수를 관계 타입의 차수degree라고 한다. 차수에 따라 [표 6-5]와 같이 n진 관계로 표현이 가능하다.

표 6-5 차수에 따른 관계 타입의 유형

기호	의미	설명
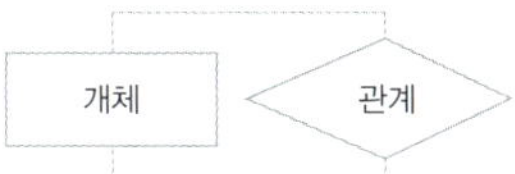	1진 관계	한 개의 개체가 자기 자신과 관계를 맺음
	2진 관계	두 개의 개체가 관계를 맺음
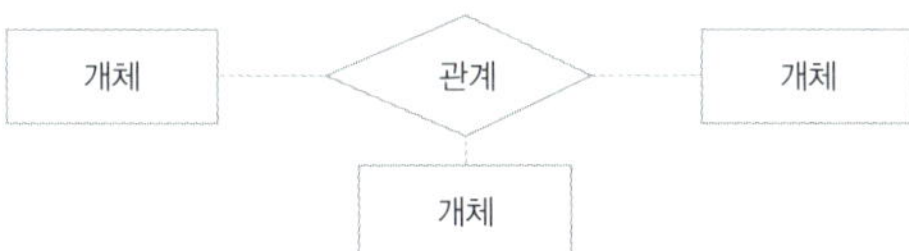	3진 관계	세 개의 개체가 관계를 맺음

❶ **1진 관계(unary relationship, recursive relationship)**

한 개의 개체가 자기 자신과 관계를 맺는 경우이다. 예를 들어 학생 개체에서 학생들 간에 멘토링 관계를 맺으면 관계를 맺는 멘토와 멘티 모두 학생 개체가 된다.

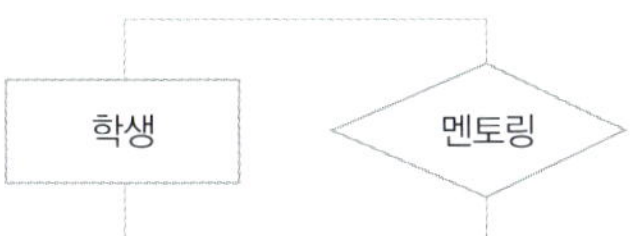

그림 6-17 1진 관계의 예

TIP 1진 관계는 순환적 관계라고도 한다.

❷ 2진 관계(binary relationship)

두 개의 개체가 관계를 맺는 경우이다. 예를 들어 학생 개체 타입과 학과 개체 타입은 '소속'이라는 관계를 맺고 있다.

그림 6-18 2진 관계의 예

❸ 3진 관계(ternary relationship)

세 개의 개체가 관계를 맺는 경우이다. 예를 들어 자동차 회사 직원은 부품을 조립하여 하나의 자동차를 만드는 프로젝트를 '수행'하는 관계를 맺고 있다.

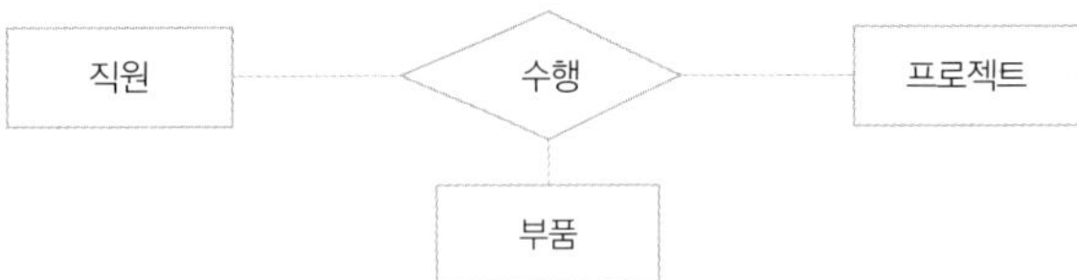

그림 6-19 3진 관계의 예

관계 대응 수에 따른 관계 타입의 유형

관계는 개체 간의 상호 작용을 표현한다. 관계 대응 수cardinality는 두 개체 타입의 관계에 실제로 참여하는 개별 개체 수를 의미한다. 관계 타입은 관계 대응 수에 따라 [표 6-6]과 같이 구분할 수 있다. 관계 대응 수는 개체 타입과 관계 타입을 연결하는 실선 위에 표기하며, 하나만 참여할 경우 1, 두 개 이상 다중으로 참여할 경우 N 혹은 M으로 표기한다.

표 6-6 관계 대응 수에 따른 관계 타입의 유형

기호	의미	설명
	일대일 관계	하나의 개체가 하나의 개체에 대응
	일대다 관계	하나의 개체가 여러 개체에 대응
	다대일 관계	여러 개체가 하나의 개체에 대응
	다대다 관계	여러 개체가 여러 개체에 대응

❶ 일대일(1:1) 관계

좌측 개체 타입에 포함된 개체가 우측 개체 타입에 포함된 개체와 일대일로 대응하는 관계이다. 예를 들어 회사에서 사원이 개인별로 한 대의 컴퓨터만 사용한다면 사원과 컴퓨터는 일대일 관계이다.

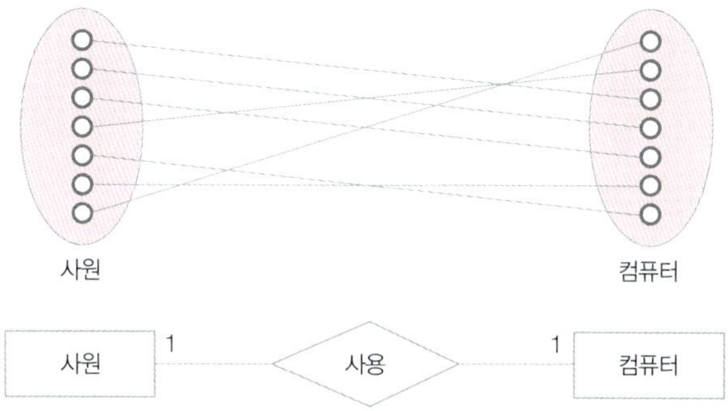

그림 6-20 일대일 관계의 예

❷ 일대다(1:N), 다대일(N:1) 관계

일대다 혹은 다대일 관계는 실제 일상생활에서 가장 많이 볼 수 있는 관계로, 한쪽 개체 타입의 개체 하나가 다른 쪽 개체 타입의 여러 개체와 관계를 맺는 경우이다. 예를 들어 학과와 학생의 소속 관계를 보면, 하나의 학과에는 여러 명의 학생이 소속되어 있어 일대다 관계로 표현할 수 있다. 이때 N은 0 이상의 자연수를 말한다.

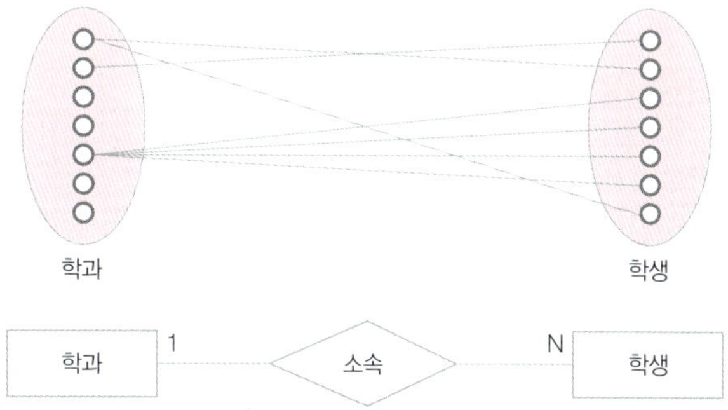

그림 6-21 일대다, 다대일 관계의 예

TIP 여기서 주의할 사항은 N을 학생 쪽에 표시한다는 점이다. 하나의 학과는 N명의 학생과 관계를 맺지만 N은 학생 쪽에 표시한다. 특별한 이론적인 배경이 있다기보다는 하나의 약속으로 보면 된다.

❸ 다대다(N:M) 관계

각 개체 타입의 개체들이 서로 임의의 개수 개체들과 서로 복합적인 관계를 맺고 있는 경우이다. 예를 들어 학생과 강좌의 수강 관계를 보면, 한 학생은 여러 강좌를 수강할 수 있고, 한 강좌 역시 여러 학생이 들을 수 있으므로 다대다 관계로 볼 수 있다.

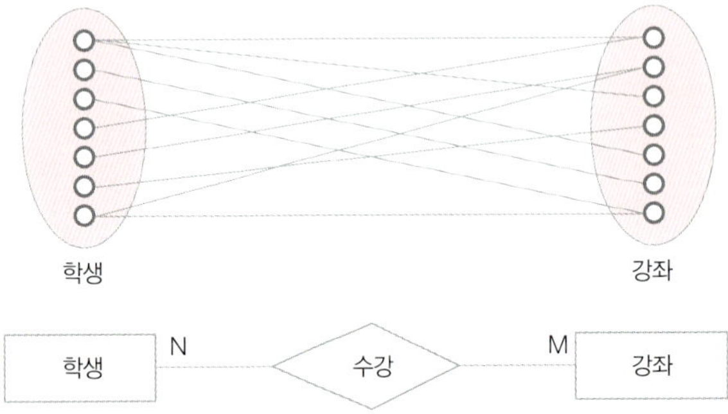

그림 6-22 다대다 관계의 예

관계 대응 수의 최솟값과 최댓값

관계 대응 수 1:1, 1:N, N:M에서 1, N, M은 각 개체가 관계에 참여하는 최댓값을 의미한다. 이 표기법의 문제점은 관계에 참여하는 개체의 최솟값을 표시하지 않는다는 점이다. 이를 보완하기 위하여 ER 다이어그램에서는 대응 수 외에 최솟값과 최댓값을 관계실선 위에 (최솟값, 최댓값)으로 표기한다.

그림 6-23 관계 대응 수의 최솟값과 최댓값의 표기

TIP 앞의 관계 대응 수 N과 달리 (최솟값, 최댓값)은 해당 개체 쪽에 표시한다.

[그림 6-23]에서 min은 관계에 참여하는 개체의 수가 적어도 min 값 이상은 되어야 한다는 뜻이며, max는 관계에 참여하는 개체의 수가 max 값을 넘을 수 없다는 뜻이다. 예를 들어 min 값이 0일 경우는 관계에 참여하는 개체의 수가 0 이상이므로 반드시 참여할 필요가 없다는 뜻이고, max 값이 10일 경우는 10개의 개체까지 참여할 수 있다는 뜻이다. max 값을 '*'로 표시하면 임의의 수만큼 참여할 수 있다는 뜻이다.

[표 6-7]은 1:1, 1:N, N:M 관계를 (min, max)를 사용해 표기한 것이다.

표 6-7 각 관계 대응 수의 최솟값과 최댓값

관계	(min1, max1)	(min2, max2)
1:1	(0, 1)	(0, 1)
1:N	(0, *)	(0, 1)
N:M	(0, *)	(0, *)

학과와 학생의 관계를 예로 들어 관계 대응 수의 (최솟값, 최댓값)을 표기하는 연습을 해 보자. 학과와 학생은 1:N의 관계를 맺고 있다. 즉 하나의 학과에 여러 명의 학생이 '소속'되어 있다. 관계 대응 수 1은 학과 쪽에 표기하고 N은 학생 쪽에 표기한다.

(최댓값, 최솟값)으로 관계 대응 수를 표기할 때는 각 개체의 관점에서 관계에 참여하는 횟수를 적는다. 먼저 학과의 관점에서 '소속' 관계는 최소 0번(학과에 학생이 없는 경우)부터 최대 *번(학과에 학생이 여러 명인 경우)으로 표기할 수 있다. 따라서 (0, *)를 학과 개체 쪽에 표기한다. 다시 한 번 강조하지만 (최솟값, 최댓값)은 관계 대응 수와 달리 해당 개체 쪽에 표기한다. [그림 6-24]를 보면 학과는 최소 0명, 최대 N명의 학생이 소속된다. 관계 대응 수를 나타내는 N은 학생 개체 쪽에 표기하지만 (0, *)는 학과 개체 쪽에 표기함을 명심하기 바란다.

그림 6-24 (최솟값, 최댓값) 표기의 예

is-a 관계

일부 개체 집합이 맺고 있는 관계 중에는 상하 관계가 있다. 상위 개체 타입의 특성에 따라 하위 개체 타입이 결정되는 형태로 is-a(is a) 관계라고 한다. 이때 상위 개체 타입을 슈퍼클래스라고 하며, 하위 개체 타입을 서브클래스라고 한다. is-a 관계는 역삼각형으로 표현하며 역삼각형 위에는 슈퍼클래스, 아래에는 각각의 서브클래스를 관계실선으로 연결한다.

표 6-8 is-a 관계

기호	의미
	개체 간 상하 관계

[그림 6-25]는 학생을 신분에 따라 휴학생, 재학생, 졸업생으로 나누고 is-a 관계로 표시한 예이다. 상위 개체인 학생 개체 타입은 슈퍼클래스로, 학생이면 기본으로 가지는 공통 속성을 가진다. 학생은 재학, 졸업, 휴학 상태에 따라 신분이 바뀌는데, 이때는 학생 개체가 가지는 공통 속성 외에 자신만이 보유한 고유 속성을 가지게 된다. 이에 따라 학생을 휴학생, 재학생, 졸업생의 서브클래스로 나누고 각 개체 타입에는 자신만이 가지는 고유 속성을 부여한다. 재학생의 경우 슈퍼클래스의 속성인 (학생번호, 이름, 성별)을 상속받고, (등록학기, 지도교수) 속성을 포함하여 모두 다섯 개의 속성을 가지게 된다.

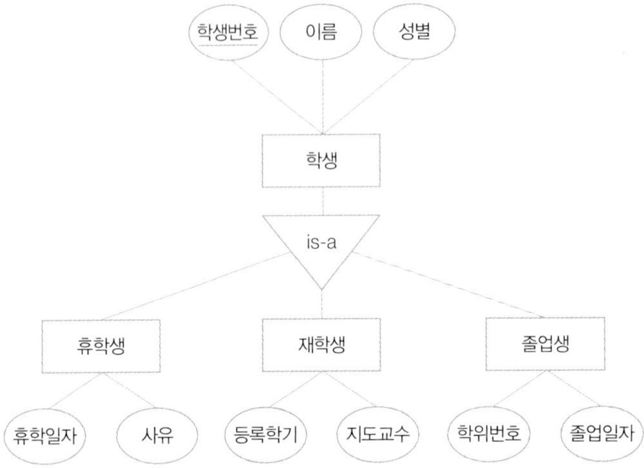

그림 6-25 is-a 관계의 예

위와 같이 학생을 is-a 관계로 표현하면 휴학생, 재학생, 졸업생을 모두 하나의 개체로 표현하거나 완전히 다른 세 개의 개체로 표현하는 것보다 모델링이 훨씬 정교해진다.

참여 제약조건

관계의 특성 중 하나로 참여 제약조건이 있다. 참여 제약조건은 개체 집합 내 모든 개체가 관계에 참여하는지에 따라 전체 참여와 부분 참여로 구분할 수 있다. 전체 참여는 개체 집합의 모든 개체가 관계에 참여하고, 부분 참여는 일부만 참여한다. 전체 참여는 개체 타입과 관계를 두 줄 실선으로 표현하고, 부분 참여는 일반적인 관계 표현과 같이 단일 실선으로 표현한다. 전체 참여를 (최솟값, 최댓값)으로 표현하면 최솟값이 1 이상으로 모두 참여한다는 뜻이고, 부분 참여는 최솟값이 0 이상이다.

표 6-9 관계의 참여 제약조건

기호	의미
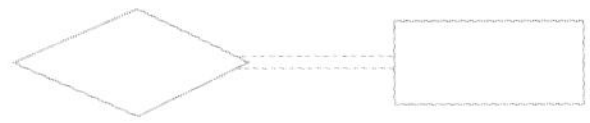	전체 참여
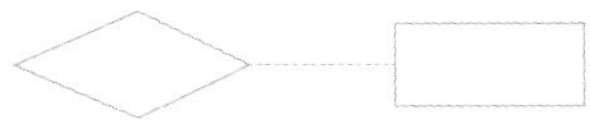	부분 참여

[그림 6-26]은 학생 개체 타입과 강좌 개체 타입의 수강 관계를 부분 참여와 전체 참여로 설명한 예이다. 학생의 경우 교환 학생이나 휴학 등의 이유로 수강을 하지 않는 학생도 있으므로 수강 관계와 부분 참여를 맺는다. 그러나 강좌의 경우 폐강되는 과목 없이 수강신청을 하는 학생이 반드시 있다고 가정하면 수강 관계와 전체 참여를 맺는다.

그림 6-26 부분 참여와 전체 참여의 예

역할

개체 타입 간의 관계를 표현할 때 각 개체는 고유한 역할role을 담당한다. 예를 들어 학생 개체 타입과 교수 개체 타입이 지도 관계를 맺을 때, 교수 개체 타입은 '지도한다', 학생 개체 타입은 '지도받는다'라는 역할을 한다. 역할은 관계선 위에 역할을 명시하는 형태로 표현한다.

그림 6-27 역할의 예

일반적으로 역할은 관계만으로 알 수 있으면 생략한다. 그러나 관계에서 역할이 명확하지 않을 때는 반드시 표기해야 한다.

순환적 관계

순환적 관계recursive relationship는 하나의 개체 타입이 동일한 개체 타입(자기 자신)과 순환적으로 관계를 맺는 형태를 말한다. 순환적 관계는 관계선을 개체 타입과 관계 타입 양쪽에 두 개를 그린다. [그림 6-28]의 (a)는 학생들 간에 멘토링 관계를 맺어 멘토와 멘티 모두 학생 개체인 경우이다. 또 그림 (b)에서 사원 개체는 자기보다 직위가 낮은 사원에게는 업무 지시를 내리고, 자기보다 직위가 높은 사원에게서는 업무 지시를 받아 순환적 관계를 맺는다.

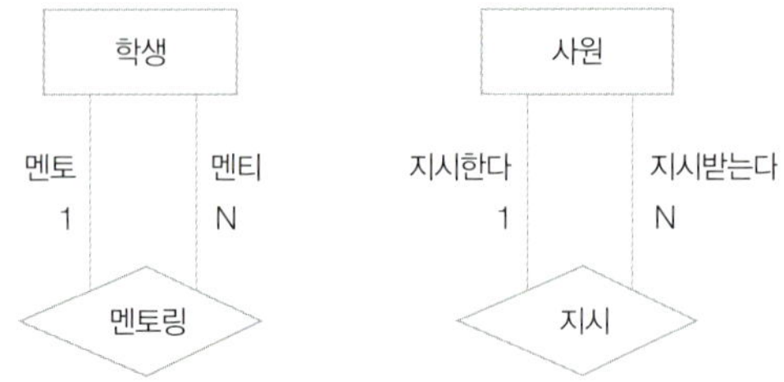

(a) 학생의 멘토링 관계 (b) 사원의 지시 관계

그림 6-28 순환적 관계의 예

5 약한 개체 타입과 식별자

직원 개체 타입처럼 독립적으로 식별할 수 있는 개체를 가지고 있는 개체 타입을 개체 혹은 강한 개체strong entity 타입이라고 한다. 이와 반대로 가족 개체 타입처럼 상위 개체 타입이 결정되지 않으면 개별 개체를 식별할 수 없는 종속된 개체 타입을 약한 개체weak entity 타입이라고 한다.

강한 개체 타입은 직원 개체 타입의 '직원번호'와 같이 각 개체를 식별할 수 있는 기본키를 가진다. 약한 개체 타입은 자신의 기본키만으로 식별이 어려우므로 상위의 강한 개체 타입의 기본키를 상속받아 사용한다. 가족 개체 타입의 '이름'과 같이 독립적인 키로는 존재할 수 없지만, 상위 개체 타입의 키와 결합하여 약한 개체 타입의 개별 개체를 고유하게 식별하는 속성을 식별자discriminator 혹은 부분키partial key라고 한다. [표 6-10]은 식별자와 관련된 ER 다이어그램이다.

표 6-10 식별자와 약한 개체 타입

기호	의미	설명
	약한 개체 타입	• 강한 개체 타입이 있어야 존재할 수 있음 • 이중 직사각형으로 표현
	식별 관계 타입	• 강한 개체 타입과 약한 개체 타입의 관계를 나타냄 • 강한 개체 타입의 기본키를 상속받아 사용함 • 이중 마름모꼴로 표현
	키	• 강한 개체 타입의 키 속성
	식별자	• 약한 개체 타입에서 개별 개체를 구분하는 속성 • 키라고 하지 않고 식별자라고 부름

[그림 6-29]를 보면 회사에서 직원 개체 타입과 가족 개체 타입이 '부양' 관계를 맺고 있다. 직원 개체 타입은 자기 자신만으로 존재할 수 있고, 각각의 개체를 '직원번호'로 구분할 수 있다. 그러나 가족 개체 타입의 경우 직원번호 없이는 누구의 가족인지 알 수 없다. 또 '이름' 속성의 경우 직원 자녀 간에 같은 이름을 가진 사람이 있을 수 있으므로 직원번호와 함께 사용해야 한다.

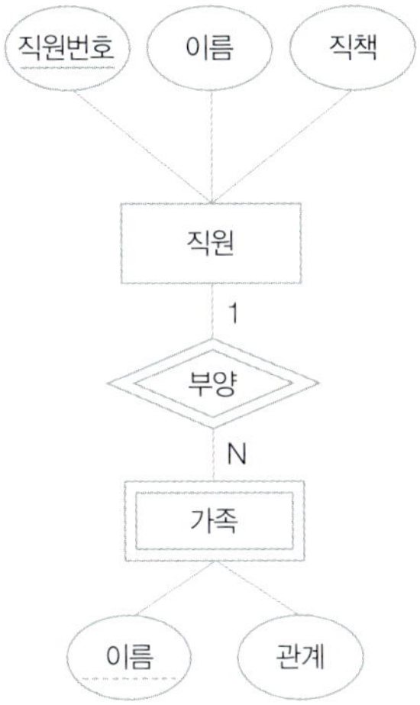

그림 6-29 약한 개체 타입과 식별자의 예

6 IE 표기법

지금까지 피터 첸이 제안한 ER 모델의 기본적인 표기법에 대해서 살펴보았다. ER 모델 표기법은 지금까지 살펴본 표기법 외에도 여러 표기법이 존재한다. 대표적으로 IE 표기법Information Engineering Notation과 바커 표기법Baker Notation이 있다. 여기에서는 IE 표기법에 대해 자세히 알아보고 4절에서 erwin 프로그램을 이용하여 실습을 진행해 본다.

IE 표기법은 관계 대응 수를 새발 모양의 기호로 표현하여 새발 표기법crow-feet이라고도 부른다. [그림 6-30]은 ER 모델(피터 첸 표기법)과 IE 표기법의 개체 표현법을 비교한 것이다.

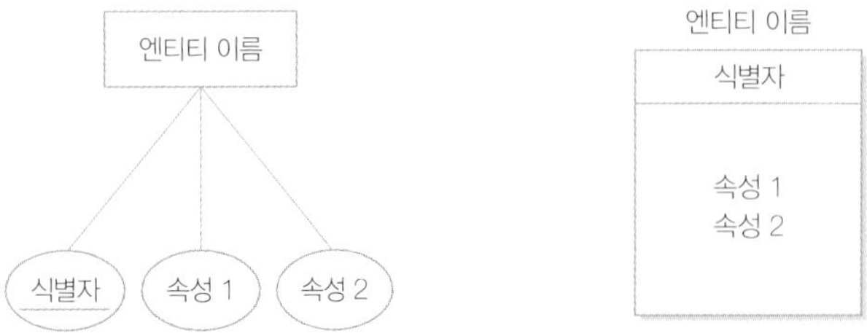

피터 첸 표기법　　　　　　IE 표기법

그림 6-30 개체와 속성의 표기

IE 표기법에서 개체 타입과 속성은 직사각형으로 표현한다. 관계는 마름모꼴 대신 개체 타입인 직사각형을 관계실선으로 연결하고 [표 6-11]과 같은 모양의 기호를 이용하여 관계 대응 수 등을 표현한다. 관계실선에서 개체 쪽의 기호는 반대쪽 개체의 최대참여(1 혹은 N)를 나타내며, '○', '|' 기호는 최소참여(참여 제약조건)로 선택참여(○) 혹은 필수참여(|)를 나타낸다.

표 6-11 IE 표기법-관계와 관계 대응 수

기호	의미
	• 비식별자 관계(non-identifying relationship): 강한 개체 타입 • 부모 개체의 키가 일반 속성으로 포함되는 관계
	• 식별자 관계(identifying relationship): 약한 개체 타입 • 부모 개체의 키가 주 식별자로 포함되는 관계
	• 일대다(1:N)의 관계: N 쪽에 새발을 표시
	• 0(선택참여), 최소참여가 0일 경우
	• 1(필수참여), 최소참여가 1일 경우

[그림 6-31]의 (b)에서 부서-직원 관계는 강한 개체 간의 관계이므로 비식별자non-identifying 관계로 표현한다. 직원 개체는 부서 개체 쪽에 표현된 '|' 기호를 통해 '직원은 부서에 반드시(필수) 소속되어야 한다'라는 것을 알 수 있다. 또한 부서 개체는 직원 개체 쪽에 표현된 '○<' 기호로 '부서는 직원을 0명 이상 포함한다'라는 것을 알 수 있다. 이는 부서가 없는 직원은 없으며, 직원이 없는 부서는 있을 수 있다는 의미이다. 다시 한 번 강조하지만, 관계 대응 수는 개체의 반대편에 있는 최대에 관한 기호를 읽으면 된다.

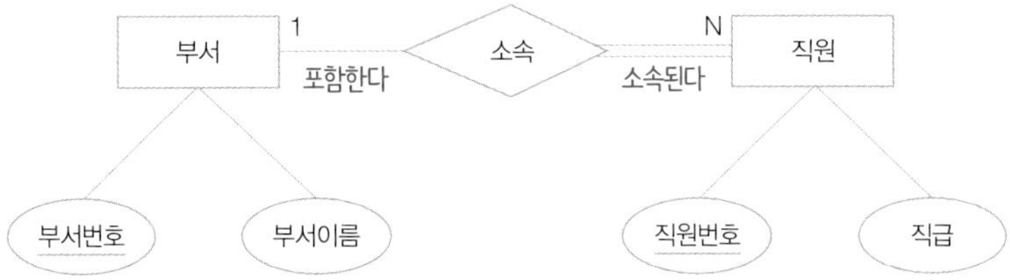

(a) ER 표기법으로 작성한 직원–부서 관계

(b) IE 표기법으로 작성한 직원–부서 관계

그림 6-31 IE 표기법의 예(비식별자 관계)

[그림 6-32]는 [그림 6-29]의 ER 표기법으로 그린 약한 개체 타입과 식별자의 예를 IE 표기법으로 그린 것이다. 부양 관계는 약한 개체(가족)를 포함하므로 식별자identifying 관계로 표현한다. 관계를 나타내는 선이 앞의 비식별자 관계에서는 점선이지만 식별자 관계에서는 실선임을 주의한다.

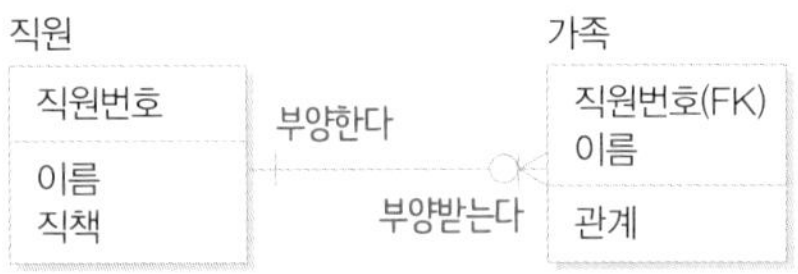

그림 6-32 IE 표기법의 예(식별자 관계)

03 ER 모델을 관계 데이터 모델로 사상

ER 모델은 데이터베이스 생명주기의 개념적 모델링에서 사용하는 모델로, ER 다이어그램을 통해 완성된다. 완성된 ER 모델은 실제 데이터베이스로 구축하기 위해 논리적 모델링 단계를 거치는데, 이 단계에서 사상mapping이 이루어진다. 이 절에서는 논리적 모델링에 가장 많이 사용되는 관계 데이터 모델을 기준으로 ER 모델을 관계 데이터 모델로 사상하는 방법에 대해 살펴본다.

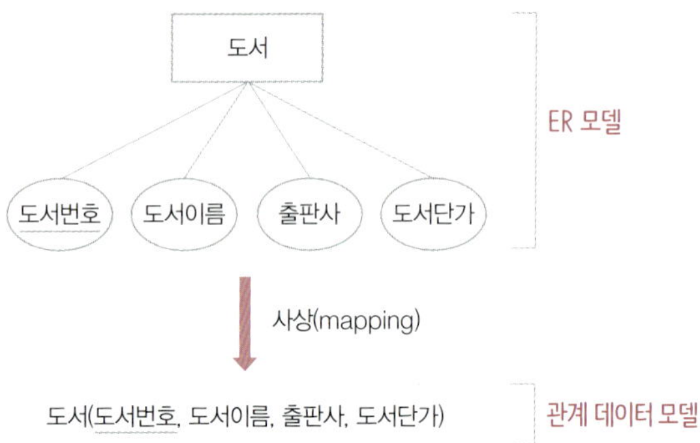

그림 6-33 ER 모델을 관계 데이터 모델로 사상

관계 데이터 모델은 릴레이션 하나로 데이터베이스의 논리적 구조를 표현하지만, ER 모델은 개체 타입, 관계 타입, 속성으로 표현한다. 따라서 사상은 각각 개체 타입의 유형과 관계 타입의 유형에 따라 다른 방법으로 진행된다. ER 모델을 관계 데이터 모델로 사상하는 방법은 [표 6-12]와 같이 7단계 알고리즘으로 나타낼 수 있다.

표 6-12 ER 모델과 관계 데이터 모델의 사상 알고리즘

단계	사상할 대상	구분
1단계	개체 타입	강한 개체 타입
2단계		약한 개체 타입
3단계	관계 타입	이진 1:1 관계 타입
4단계		이진 1:N 관계 타입
5단계		이진 N:M 관계 타입
6단계		N진 관계 타입
7단계	속성	다중값 속성

1 개체 타입의 사상

■ [1단계] 강한(정규) 개체 타입

정규 개체 타입 E의 경우 대응하는 릴레이션 R을 생성한다. 각 개체 타입의 일반 속성은 각각 새로 생성하는 릴레이션의 속성으로 표시하고, 기본키와 외래키는 PK나 FK 등으로 표시한다.

■ [2단계] 약한 개체 타입

약한 개체 타입에서 생성된 릴레이션은 자신의 키와 함께 강한 개체 타입의 키를 외래키로 사상하여 자신의 기본키를 구성한다. 이때 유도된 속성이나 복합 속성 등은 속성의 성격에 맞게 판단하여 사상한다.

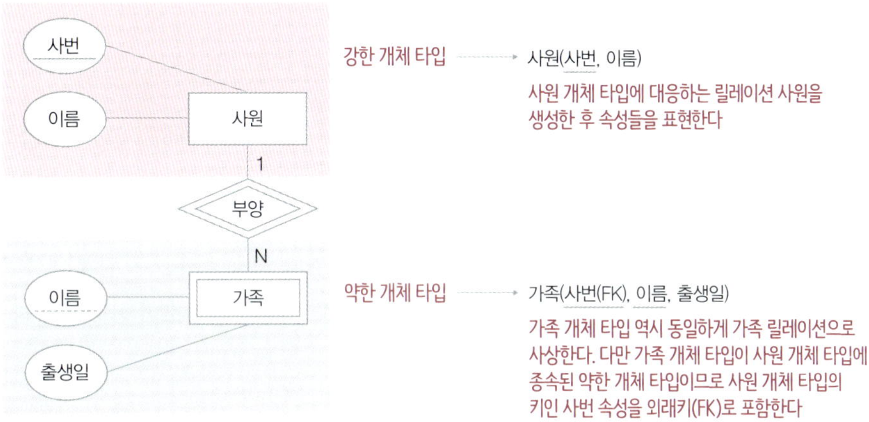

그림 6-34 개체 타입의 사상

2 관계 타입의 사상

관계 타입은 각 관계 타입이 맺고 있는 차수와 관계 대응 수에 따라 사상 방식을 구분할 수 있다. 우선 [그림 6-35]와 같이 가장 기본적인 이진 관계 타입 R을 살펴보자. 이진 관계 타입 R을 사상하는 방법에는 다음과 같이 네 가지가 있다.

❶ 오른쪽 개체 타입 E2를 기준으로 관계 R을 표현한다.

E1(KA1, A2)
E2(KA2, A4, KA1)

❷ 왼쪽 개체 타입 E1을 기준으로 관계 R을 표현한다.

E1(KA1, A2, KA2)
E2(KA2, A4)

❸ 단일 릴레이션 ER로 모두 통합하여 관계 R을 표현한다.

ER(KA1, A2, KA2, A4)

❹ 개체 타입 E1, E2와 관계 타입 R을 모두 독립된 릴레이션으로 표현한다.

E1(KA1, A2)
R(KA1, KA2)
E2(KA2, A4)

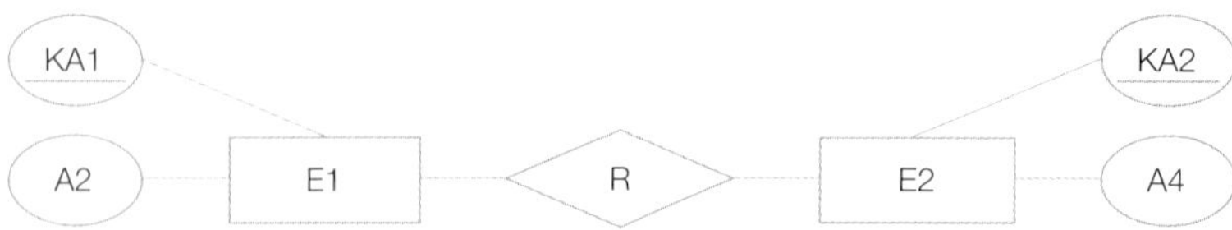

그림 6-35 이진 관계 타입

이진 관계 타입을 기준으로 관계 타입의 사상에 대해 살펴보았다. 이를 바탕으로 관계 대응 수에 따라 나타낼 수 있는 사상 방법 세 가지와 N진 관계에서 사상 방법을 살펴보면 아래와 같다.

■ [3단계] 이진 1:1 관계 타입

이진 1:1 관계 타입의 경우 ❶~❹까지 모든 유형으로 사상할 수 있다. 개체가 가지고 있는 정보의 유형에 따라 판단하면 된다. 하지만 ❹는 불필요한 개체를 생성하기 때문에 잘 사용하지 않는다. ❶이나 ❷ 중 외래키(FK)에 NULL 값이 덜 발생하는 방법을 사용하면 된다. 사원과 컴퓨터의 관계를 예로 들면 사원 수가 컴퓨터 대수보다 많다면 ❶을, 컴퓨터 대수가 사원 수보다 많다면 ❷를 사용하는 것이 좋다.

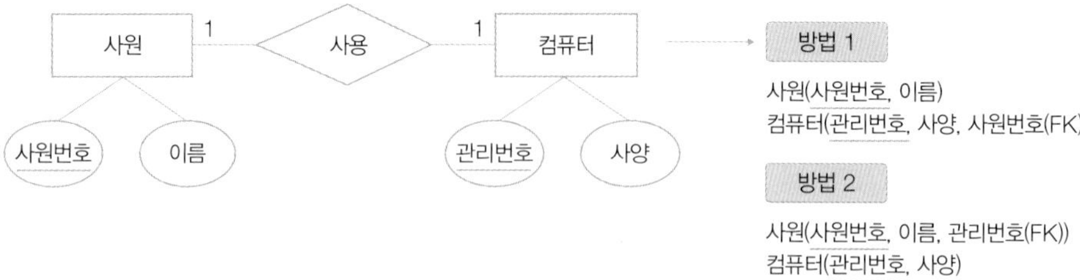

그림 6-36 이진 1:1 관계 타입의 사상

■ [4단계] 이진 1:N 관계 타입

이진 1:N 관계 타입의 경우 N의 위치에 따라 ❶ 또는 ❷의 유형으로 사상된다. 아래 그림의 경우 N이 학생 개체에 위치해 있으므로 ❶을 사용한다.

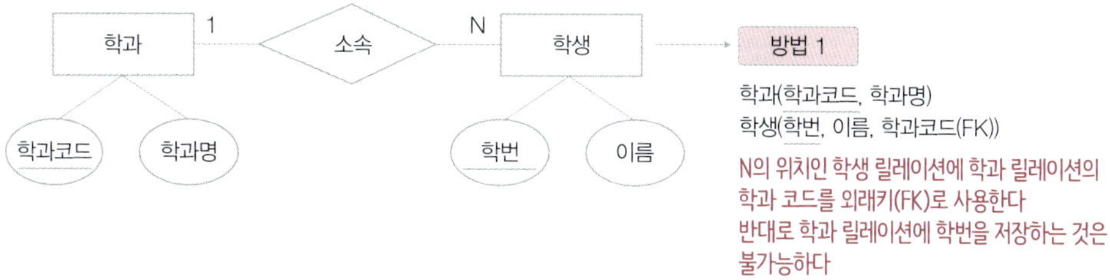

그림 6-37 이진 1:N 관계 타입의 사상

■ [5단계] 이진 N:M 관계 타입

이진 N:M 관계 타입은 ❹의 유형으로 사상된다. 양쪽 모두 다수의 대응 수를 가지므로 새로운 릴레이션을 반드시 생성해야 한다. 새로운 릴레이션은 교차 테이블이라고 한다.

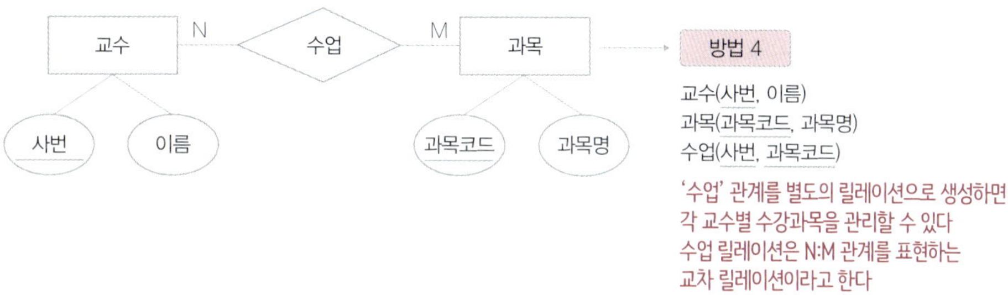

그림 6-38 이진 N:M 관계 타입의 사상

■ [6단계] N진 관계 타입

ER 모델의 차수가 3 이상인 다진 관계 타입의 경우 ❹의 유형으로 사상된다. 그리고 생성되는 릴레이션 R의 키는 각 개체 타입의 기본키를 모은 복합키를 사용한다.

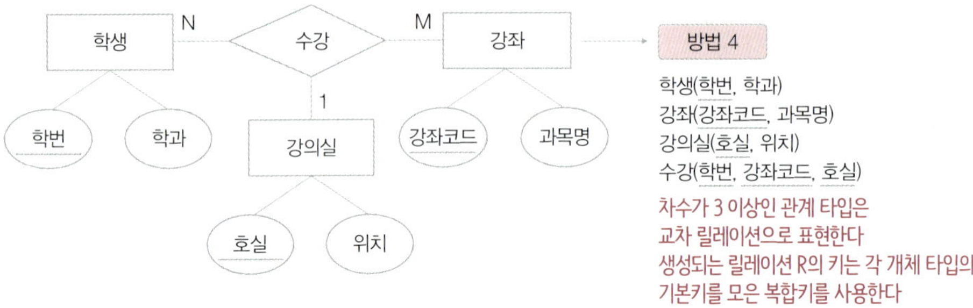

그림 6-39 N진 관계 타입의 사상

❸ 다중값 속성의 사상

속성의 사상 시 단일값으로 표현된 속성은 특별한 문제 없이 관계 데이터 모델로 직접 사상할 수 있다. 하지만 다중값 속성의 경우 직접 사상할 수 없다. 다중값 속성은 취미가 (등산, 스키, 노래)인 것과 같이 하나의 속성에 여러 값을 가질 수 있는 속성을 말한다. 다중값 속성을 가진 ER 모델을 관계 데이터 모델로 사상하는 방법에는 다음과 같이 두 가지가 있다.

그림 6-40 다중값 속성의 개수에 따른 사상 방법

❶ 다중값 속성의 개수를 알 수 없는 경우
R(KA, B)
RC(KA, C)

다중값 속성의 개수를 알 수 없는 경우 다음과 같이 새로운 릴레이션을 생성한다. 취미, 특기, 친구 속성과 같이 다중값이지만 개수를 알 수 없을 때 사용한다. [그림 6-40]에서 개체 타입은 다중값 속성을 제외하고 모두 R로 사상하고, 다중값 속성은 개체 타입의 키와 함께 새로운 릴레이션 RC를 생성한다. 이때 RC는 기존의 키와 함께 자신의 값이 모두 키로 지정되어야 한다.

❷ 다중값 속성의 개수가 적고 제한 가능한 경우
R(KA, B, C1, C2, C3)

다중값 속성의 개수가 적고 제한 가능한 경우, 속성을 릴레이션에 같이 포함한다. 학위 속성과 같이 속성의 값이 학사, 석사, 박사 등 다중값이지만 수가 제한적일 때 사용한다. 위의 경우 속성 C는 속성값이 세 개뿐이므로 그 이상은 저장할 필요가 없다. 따라서 C1, C2, C3를 별도의 속성으로 구성한다. 하지만 이 방법은 고려해야 할 속성값이 많아지면 불필요한 속성이 생겨 비효율적이다. 또한 이후에 처음보다 많은 속성값을 저장해야 하는 등의 문제가 생길 수 있다.

❶은 새로 생성된 릴레이션 RC에 값이 계속 저장될 수 있어 ❷보다 효율적이다. 그러나 새로운 릴레이션이 생기게 되어 모델이 복잡해질 수 있다.

■ [7단계] 다중값 속성

속성의 개수를 알 수 없는 경우 ❶을, 속성의 개수가 제한적으로 정해지는 경우 ❷를 사용한다. 보통은 ❶을 사용한다고 보면 된다.

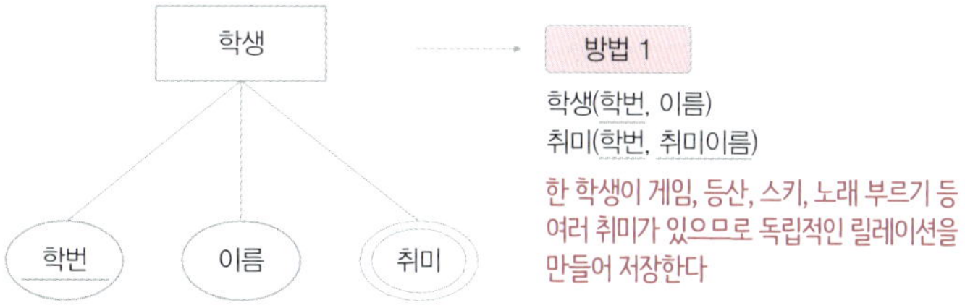

그림 6-41 다중값 속성의 사상

04 erwin 실습

1 erwin 기본 사용법

데이터 모델링을 하기 위한 프로그램으로는 erwin과 ER/STUDIO, SQL Developer Data Modeler 등이 있는데, erwin이 가장 많이 사용된다. erwin은 미국 이알윈사에서 개발했으며 IE 표기법을 지원한다. 여기에서는 erwin Data Modeler 2020 버전을 기준으로 실습한다. erwin의 설치는 부록 D를 참고하기 바란다.

이 절에서는 erwin을 이용하여 [그림 6-42]의 ER 다이어그램을 만들어 본다. 실습 시 주의할 것은, 지금까지는 개념적 모델링을 한 후 논리적 모델링을 위한 사상을 진행했지만 erwin은 개념적 모델링을 별도로 지원하지 않고 직접 논리적 모델링을 진행한다는 점이다.

그림 6-42 마당서점의 ER 다이어그램

ER 다이어그램 작성을 위한 기본 화면은 다음과 같다. 툴바에 ER 다이어그램을 그리는 데 필요한 도구 및 메뉴가 모여 있는데, 툴바에서 그대로 사용하거나 바깥으로 드래그하여 분리한 후 사용할 수 있다. 모델 탐색기에서는 다이어그램의 속성을 확인하거나 변경한다.

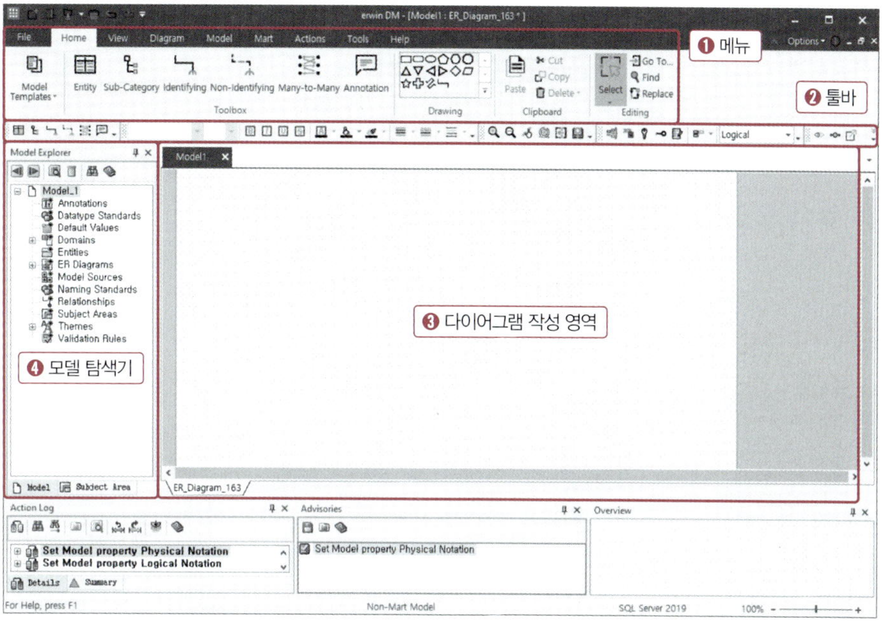

그림 6-43 erwin의 기본 화면

❶ **메뉴**: erwin의 전반적인 기능을 수행한다. 선택하면 리본 메뉴가 나타난다.

❷ **툴바**: ER 다이어그램을 그리는 데 필요한 도구 및 메뉴가 모여 있다.

❸ **다이어그램 작성 영역**: ER 다이어그램을 그리는 작업 영역이다.

❹ **모델 탐색기**: 다이어그램의 속성을 확인하거나 변경한다.

여기서 잠깐 **erwin Data Modeler 시험판 받기**

erwin Data Modeler의 Academic License(교육용 시험판)나 Trial 버전은 이알윈사의 웹사이트(https://erwin.com)에서 받을 수 있다.

Academic License는 이알윈사의 웹사이트에 접속한다(http://go.erwin.com/erwin-academic-edition-free-trial).

이후 [Apply] 양식을 작성 순서에 따라 본인 메일, 수업 과목명, 교수 이름 등을 입력하면 License(라이선스) 신청 방법과 다운로드받을 수 있는 페이지가 나타난다. 프로그램은 즉시 다운로드받을 수 있으며 License는 신청 접수 후 1~3일이 지나 1년 동안 유효한 License Key(18자리 숫자)를 메일로 받을 수 있다. 이후 erwin을 실행하고 License 키를 입력하면 된다.

Trial Version은 이알윈사 웹사이트의 메인페이지에서 Try for Free를 클릭한 후 절차에 따라 신청하면 다운로드받을 수 있다. 신청 시 Acadmic License는 학교 메일(ac.kr, edu)을, Trial Verison은 기업, 단체 등의 이메일을 사용해야만 한다(naver, daum, gmail 등은 신청할 수 없다).

다이어그램 작성 시 본 실습에서 사용하는 IE 표기법의 툴 박스는 다음과 같다. 툴 박스는 툴 바에서 사용하거나 드래그하여 바깥으로 분리한 후 사용할 수 있다.

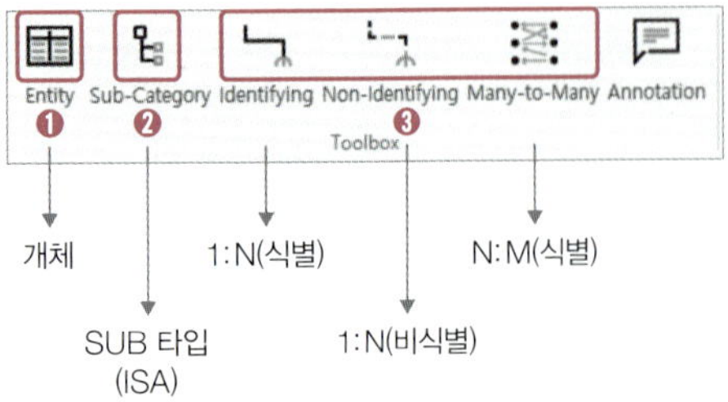

그림 6-44 툴 박스

❶ **개체**: 개체 타입의 이름, 식별자, 속성을 표현한다.

❷ **SUB 타입**: is-a 모델의 슈퍼클래스와 서브클래스처럼 부모, 자식 관계에서 자식 개체가 서로 배타적인 관계를 가지는 여러 서브 개체 타입을 표현한다.

❸ **1:N(식별), 1:N(비식별), N:M(식별)**: 1, N, M은 두 개체 간의 관계에서 관계 대응 수를 말한다. 식별 관계는 두 개체가 부모(1), 자식(N) 관계일 때 부모의 기본키가 자식의 기본키가 되거나 기본키의 구성원으로 사용되는 관계로 실선으로 나타낸다. 비식별 관계는 부모의 기본키가 자식의 기본키가 아닌 속성 일부로 전이되는 관계로 점선으로 나타낸다. 관계의 필수(1)와 선택(0)은 관계선의 옵션을 통해 선택할 수 있다.

TIP 식별 관계는 약한 개체를 표현하며 비식별 관계는 강한 개체를 표현한다. 대부분의 개체는 강한 개체에 해당하기 때문에 비식별 관계를 더 많이 사용한다.

2 erwin 실습 환경 설정

erwin으로 ER 다이어그램을 작성하려면 우선 목적과 대상에 맞는 모델, DBMS, 표기법을 선택해야 한다. 이 책에서는 다음과 같이 설정한다.

표 6-13 erwin 실습 기본 환경 설정

모델 타입	Logical/Physical
DBMS	SQL Server
표기법	IE 표기법

여기서 잠깐 **모델 타입**

- Logical: 객체를 엔티티와 속성으로 추출하고 그들 간의 관계를 다이어그램으로 표현한다.
- Physical: 실제 사용하는 DBMS의 특징에 맞게 엔티티, 속성, 관계 등을 테이블, 컬럼, 제약 관계 등으로 풀어낸다.
- Logical/Physical: 하나의 모델을 Logical 부분과 Physical 부분으로 구성하여 함께 작업한다. 두 부분의 작업을 즉시 연계하여 진행할 수 있다.

Logical이나 Physical을 선택하면 독립적으로 모델링을 진행하고, Logical/Physical을 선택하면 논리 모델에서부터 최종 테이블 생성까지 하나의 모델로 진행한다. 대개 Logical/Physical로 진행하는 경우가 많으며 논리 모델에는 엔티티가 필요하지만, 물리 모델에서는 테이블로 생성할 필요가 없는 경우에는 별도의 타입을 선택한다.

모델 타입, DBMS 선택하기

erwin의 [FILE]-[NEW] 메뉴를 선택하고 [New Model] 창에서 [그림 6-45]와 같이 Logical/Physical, SQL Server, 2019를 선택한 후 〈OK〉를 클릭한다.

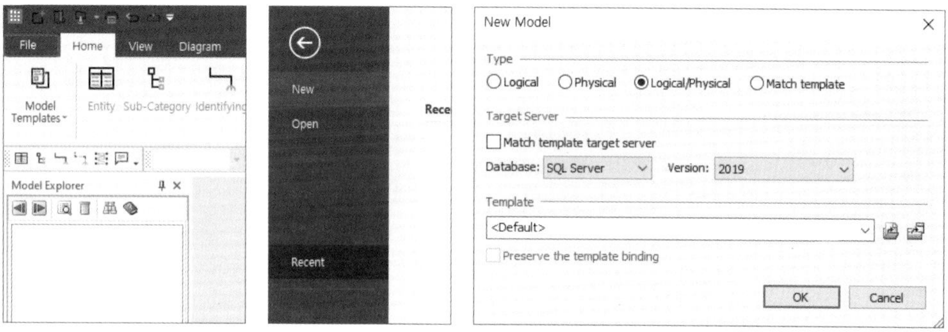

그림 6-45 모델 타입, DBMS 선택

IE 표기법으로 변경하기

erwin은 IE Information Engineering 표기법과 미 국방성 프로젝트 표준안인 IDEF1X Integration DEFinition for Information Modeling 표기법을 지원한다. 따라서 산업계에서 일반적으로 사용하는 IE 표기법을 사용하도록 설정해 보자. erwin의 [Model]-[Model Properties] 메뉴를 선택한다. [Model 'Model_1' Editor] 창에서 Notation을 'Information Engineering'으로 선택하고 〈Close〉를 클릭한다.

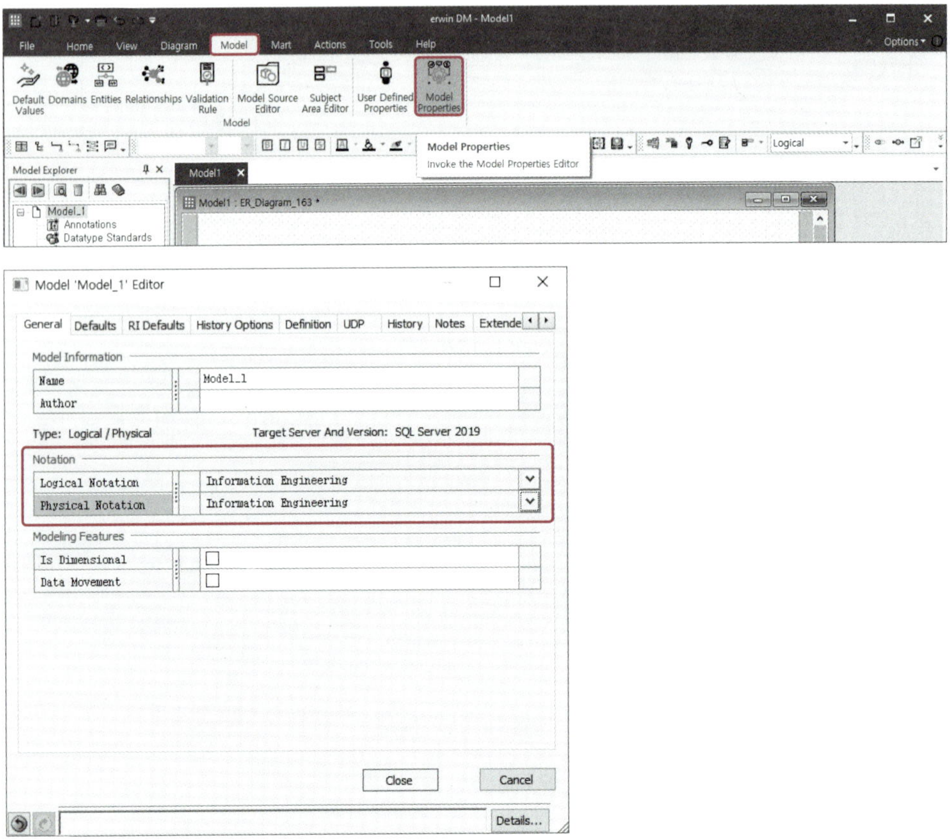

그림 6-46 IE 표기법으로 변경

테마 변경하기

다이어그램 작성 시 글자 크기, 엔티티 색깔, 배경 색깔 등을 변경하려면 Theme를 이용하면 된다. [Diagram]–[Diagrams] 메뉴를 선택한 후 Diagram Editor의 [General] 탭의 Optional Theme 부분에서 Classic Theme 테마를 선택한다. 테마는 모델링에 영향을 끼치지 않으므로 꼭 변경할 필요는 없다.

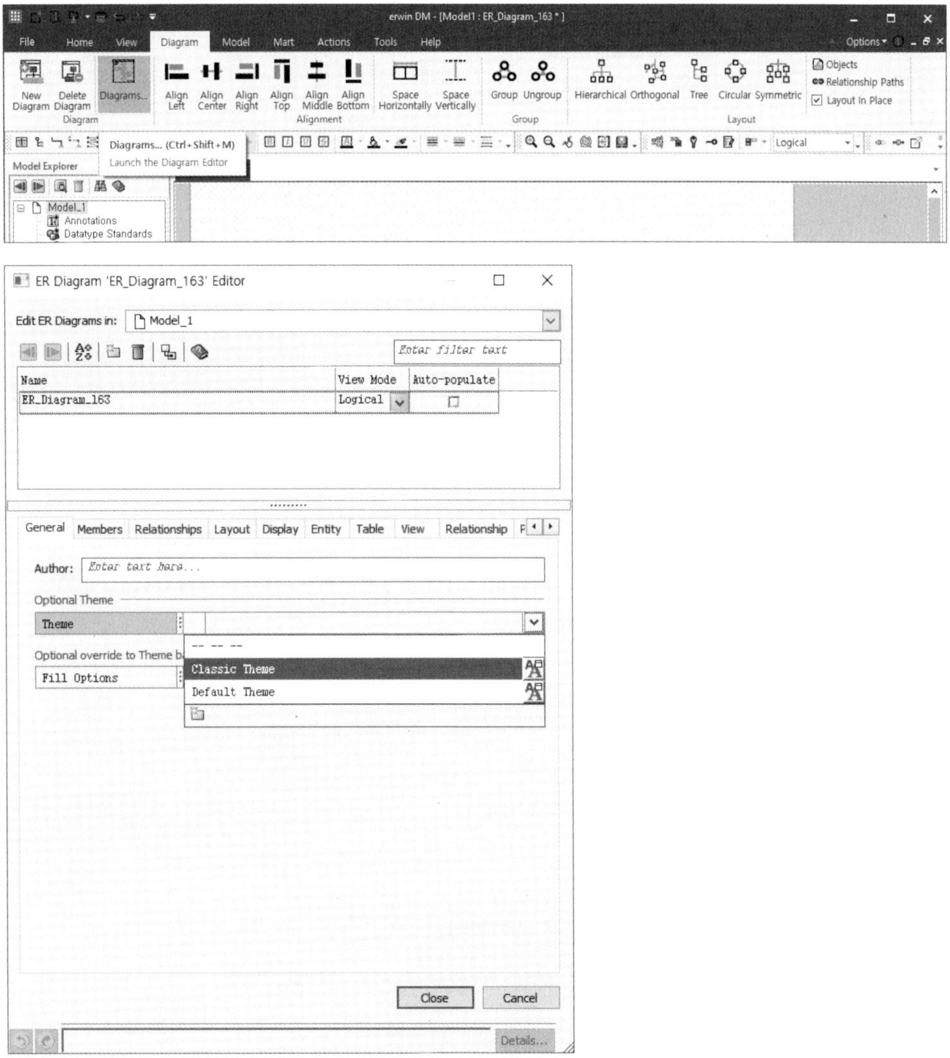

그림 6-47 테마 변경하기

여기서 잠깐 **테마 변경**

테마는 [View]–[Themes] 선택 후 [Theme Editor] 창에서 설정값을 확인하거나 작업자의 취향에 따라 변경할 수 있다.

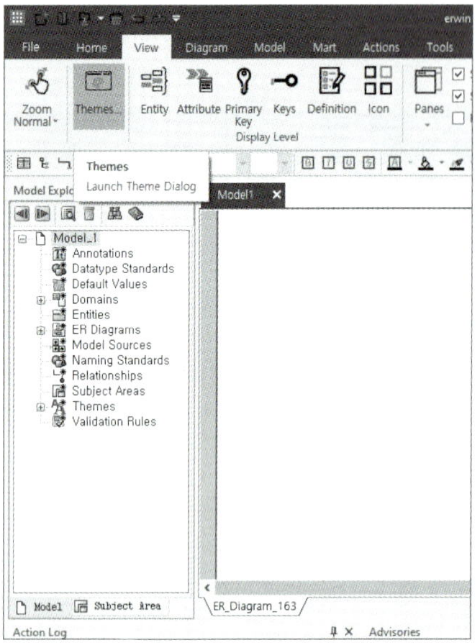

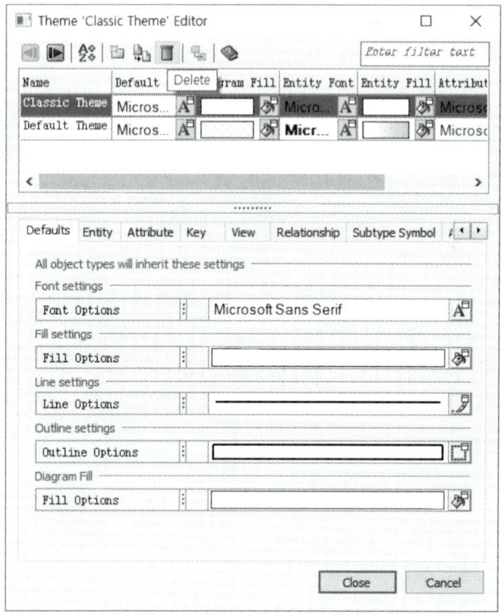

ER 다이어그램 작성을 위한 기본적인 준비가 완료되었다. 마당서점의 요구사항을 확인하고 요구사항에 맞게 ER 다이어그램을 작성한 후 테이블을 만들어 보자.

3 마당서점의 논리적 모델링

마당서점은 출판사에서 도서를 공급받아 판매한다. 판매 내역은 매일 기록으로 남기며, 고객 서비스와 매출 관리에 활용한다. 마당서점의 요구사항은 다음과 같다.

- 도서 목록에는 도서번호, 도서이름, 출판사이름, 도서단가를 기록한다(개체).
- 출판사 목록에는 출판사이름, 담당자이름, 전화번호를 기록한다(개체).
- 고객 목록에는 고객번호, 고객이름, 주소, 전화번호를 기록한다(개체).
- 마당서점은 출판사에서 공급한 도서만 등록하여 관리한다(출판사와 도서의 관계는 1:N).

- 고객은 여러 번에 걸쳐 여러 권의 도서를 구입할 수 있다(고객과 도서의 관계 N:M).
- 마당서점은 고객이 도서를 구입한 날(주문일자)과 구매한 가격(주문금액)을 따로 저장한다(고객과 도서의 관계에 속성이 존재함).

개체 만들기

마당서점의 요구사항을 살펴보면 개체는 총 세 개, 즉 도서 개체, 출판사 개체, 고객 개체가 필요하다. 각 개체 사이의 관계를 살펴보면 먼저 출판사는 여러 권의 도서를 공급할 수 있으므로 출판사와 도서 개체는 1:N의 관계가 성립한다. 그리고 고객은 여러 권의 도서를 구입할 수 있으므로 고객과 도서는 N:M의 관계가 성립한다. 또한 고객이 도서를 주문하면 주문금액과 주문일자가 기록되는데, 이를 통해 고객과 도서 개체의 관계에 속성이 존재하는 것을 알 수 있다(주문 관계에 관한 내용은 이후 N:M 관계에 대한 교차 테이블에서 다룬다).

ER 다이어그램을 그리기에 앞서 위의 요구사항을 통해 나타난 개체와 속성을 정리하면 [표 6-14]와 같다.

표 6-14 마당서점의 개체와 속성

개체	키 속성(PK)	속성
출판사	출판사이름	담당자이름, 전화번호
도서	도서번호	도서이름, 도서단가, 출판사이름(FK)
고객	고객번호	고객이름, 주소, 전화번호

출판사, 도서, 고객 개체를 만들어 보자. [HOME] 메뉴의 [Toolbox] 그룹에서 [Entity]( )를 선택하고 작업 영역의 원하는 위치를 클릭한다.

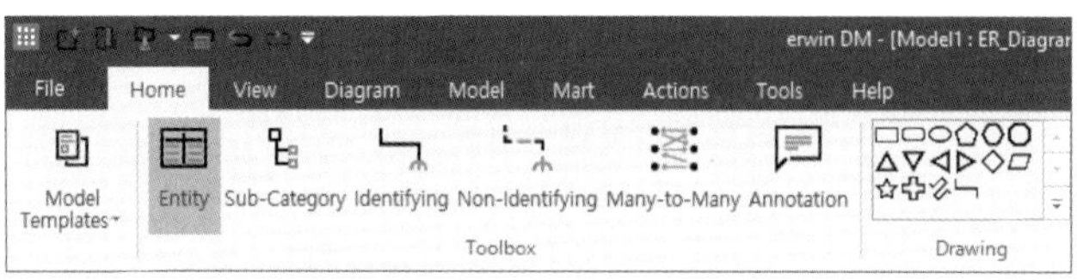

그림 6-48 개체(Entity) 선택

개체는 [그림 6-49]와 같이 세 단락으로 나뉜다. 맨 위에는 개체 이름, 가운데에는 기본키, 아래에는 기본키를 제외한 나머지 속성을 입력한다. 단락 간 이동은 Tab 키를, 단락 내 속성을 입력할 때는 Enter 키를 사용한다. 입력이 완료되면 Esc 키를 누르거나 작업 영역의 빈 곳을 클릭한다.

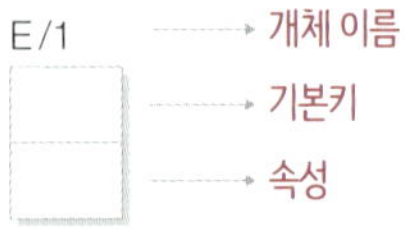

그림 6-49 개체의 구성

[그림 6-50]은 출판사 개체를 만들고 일반 속성을 입력하는 모습이다.

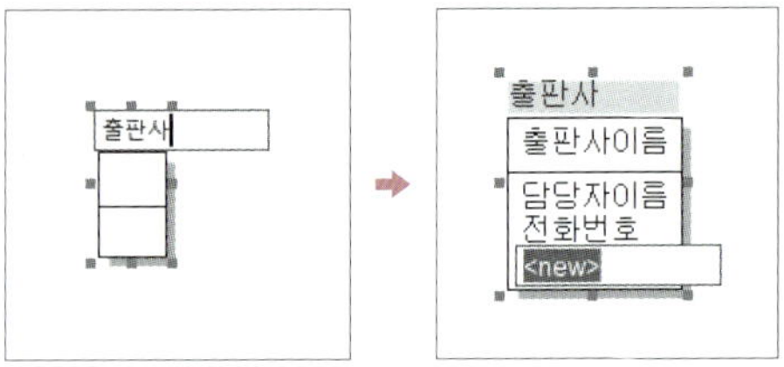

그림 6-50 출판사 개체 생성

같은 방법으로 도서 개체와 고객 개체도 만든다. 이때 도서 개체에 '출판사이름'은 입력하지 않아도 된다('출판사이름' 속성은 이후 출판사 개체와 도서 개체의 관계를 표현할 때 자동으로 생성된다).

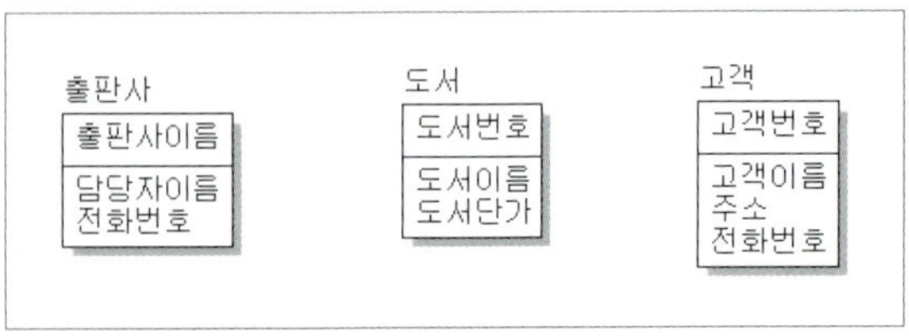

그림 6-51 출판사, 도서, 고객 개체 생성

관계 표현하기

출판사, 도서, 고객 개체를 만들었다면 각 개체 간의 관계를 표현해야 한다.

■ 1:N 비식별 관계 표현

한 출판사는 여러 권의 도서를 서점에 공급할 수 있으므로 출판사와 도서의 관계는 1:N이다. 이는 서로 독립된 개체(강한 개체) 간의 관계이므로 비식별자 관계이다. 정리하면 출판사와 도서 개체의 관계는 '1:N 비식별 관계'이다.

1:N 비식별 관계를 표현하기 위해 툴 박스에서 [1:N(비식별)]()을 선택한다. 출판사 개체를 먼저 클릭하고 화살표를 도서 개체 위로 가져간 후 클릭하면 출판사에서 도서 개체로

1:N 관계가 표시된다. 이때 처음 클릭한 개체가 부모Parent가 되고 나중에 클릭한 개체가 자식Child이 된다.

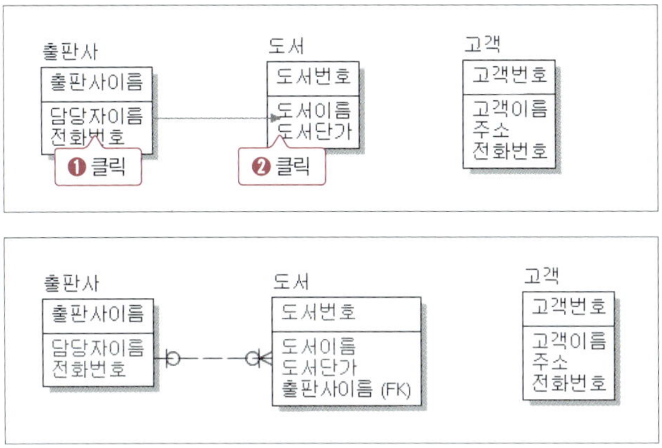

그림 6-52 출판사, 도서 개체의 관계 설정(1:N 비식별)

■ N:M 식별 관계 표현

도서는 여러 명의 고객에게 판매될 수 있고 고객은 여러 권의 도서를 구입할 수 있다. 따라서 도서와 고객 개체는 N:M 관계이다. N:M 관계를 표현하기 위해 툴 박스에서 [N:M(식별)]()을 선택한 후 도서 개체를 먼저 클릭하고 화살표를 고객 개체로 가져간 후 클릭한다. 양쪽 개체 사이에 N:M 관계가 설정된다. 이때 1:N과는 다르게 양쪽 개체 모두에 새발crow's foot 모양의 N 관계 수가 표시된 것을 볼 수 있다.

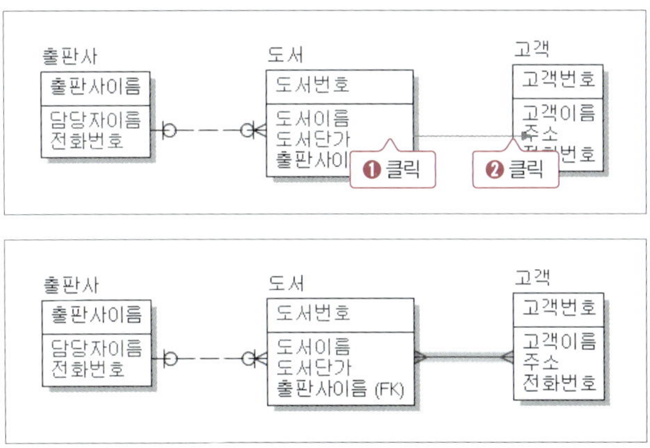

그림 6-53 도서, 고객 개체의 관계 설정(N:M 식별)

N:M 관계 해소하기

도서 개체와 고객 개체의 관계가 생성되었으나 N:M 관계는 실제 테이블로 변환하기 어렵다. 또한 요구사항에 나타난 주문금액과 주문일자 기록을 남기기 위해서는 또 다른 개체가 필요하다. 두 개체 사이의 N:M 관계를 두 개의 1:N 관계로 해소하려면 새로운 개체를 생성해야 한다.

N:M 관계를 해소하기 위해 [그림 6-54]와 같이 두 개체의 관계실선을 클릭한 후 [Actions] 메뉴의 [Transformations]-[Resolve Many to Many Relationship]를 선택한다.

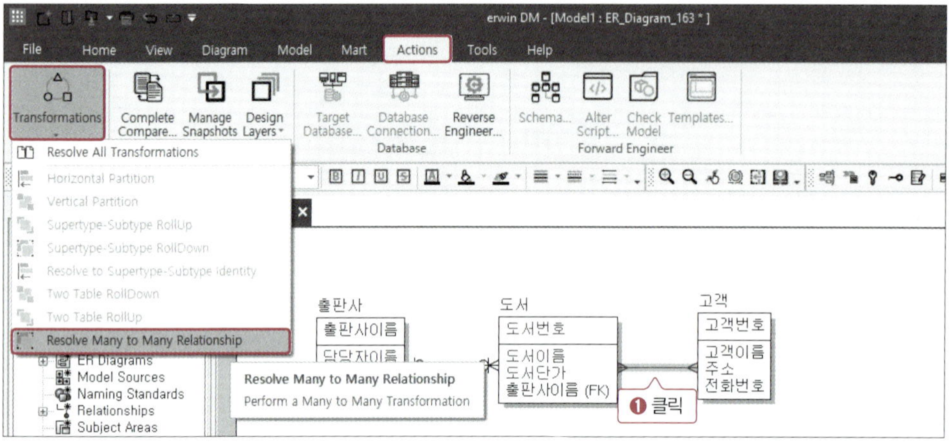

그림 6-54 N:M 관계 해소

'도서 고객' 개체가 생성된다. 기본키는 도서 개체와 고객 개체의 기본키를 가져와 사용한다. 도서 고객 개체는 고객이 도서를 주문한 내용을 담고 있으므로 개체의 이름을 '주문'으로 변경하는 것이 좋다. 또한 주문일자와 주문금액 등의 정보를 기록해야 한다. 이를 위해 도서 고객 개체를 선택하여 개체 이름에 '주문'을 입력하고 속성에 '주문일자'와 '주문금액'을 입력한다.

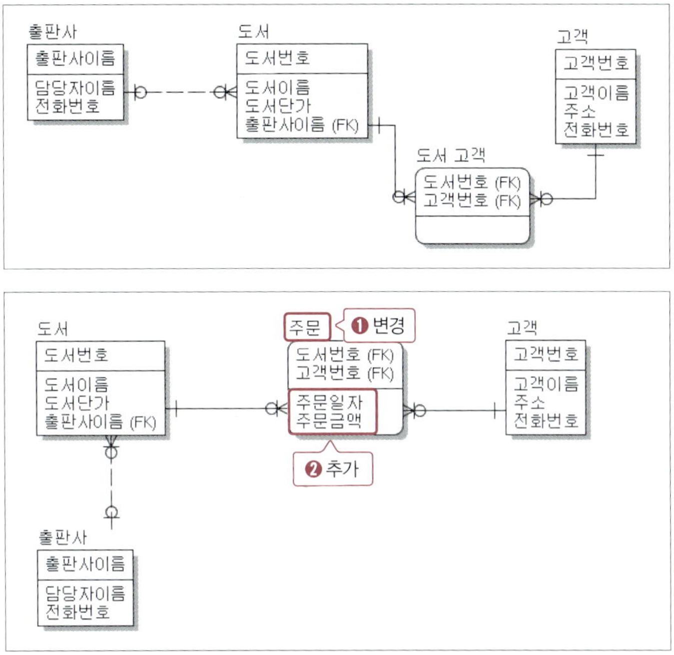

그림 6-55 도서 고객 개체 생성 및 변경

여기서 잠깐 **N:M 관계를 해소하는 또 다른 방법**

N:M 관계를 해소하는 개체를 물리적 모델에서는 교차 테이블이라고 한다. N:M 관계는 작업 중인 논리적 모델을 물리적 모델로 바꾸면 자동으로 교차 테이블이 생성될 것이다.

식별 관계 및 관계 대응 수 변경하기

지금까지 실습으로 네 개의 개체와 세 개의 관계선이 만들어졌다. 이제 만들어진 개체 간의 관계가 요구사항에 맞는지 살펴보자.

우선 출판사와 도서 개체 간의 관계에 대한 요구사항을 보면 '출판사에서 공급한 도서만 등록하여 관리한다'이다. 그런데 생성된 관계를 살펴보면 '도서 개체의 출판사이름은 출판사 개체에 있거나 없어도 된다'라는 의미의 '┼○' 기호로 연결되어 있다. 이는 요구사항에 위배된다. 이 상태에서는 출판사이름이 없는 도서를 등록할 수 있으므로 요구사항에 맞게 변경해야 한다.

다음은 N:M 관계를 해소하기 위하여 만든 주문 개체를 살펴보자. 주문 개체를 생성하기 전에는 도서와 고객 개체 사이에서 한 고객이 같은 도서를 여러 번 주문할 수 있었다. 하지만 주문 개체는 도서와 고객 개체의 기본키를 자신의 기본키로 상속받아 사용하기 때문에 동일한 고객이 동일한 도서를 주문하면 기본키의 중복이 발생하여 주문 사항을 등록할 수 없다. 이 문제는 '주문번호'라는 인조키를 생성하여 기본키로 삼고 상속받은 도서번호(FK)와 고객번호(FK)를 일반 속성으로 변경하면 해결할 수 있다. 주문번호를 달리하면 한 고객이 같은 책을 여러 번 주문할 수 있게 된다.

TIP 인조키는 고객번호, 도서번호와 같이 실제로 존재하지는 않지만, 필요에 따라 자료를 식별하기 위해 생성하는 가상의 키이다.

앞의 두 가지를 수정하기 위해서는 관계 속성을 변경해야 한다. 관계 속성을 변경하기 위해 관계선을 선택한 후 마우스 오른쪽 버튼을 누르고 [Properties]를 선택한다(관계선을 더블클릭해도 된다). [Relationship Editor] 창이 나타나면 [표 6-15]와 같이 [General] 탭의 [Type Properties]에서 각 관계를 수정한다. 주의할 점은 관계들의 Name이 기본적으로 R/숫자(R/1, R/2, R/3. 숫자 값은 순차적으로 부여되므로 실습순서에 따라 다르게 나타난다)로 되어 있으므로 Parent와 Child 사이의 관계를 확인하면서 관계 속성 설정을 변경해야 한다는 점이다. Name 역시 향후 작업을 위해 변경해 둔다.

표 6-15 관계 속성 설정

Parent	Child	Name		Type Properties	
		기존	수정	Type	Null Option
출판사	도서	R/1	BookPublisher	Non-Identifying	Nulls Not Allowed
도서	주문	R/2	OrdBook	Non-Identifying	Nulls Not Allowed
고객	주문	R/3	OrdCustomer	Non-Identifying	Nulls Not Allowed

Type 중 'Non-Identifying'은 비식별 관계로 점선으로 표현되고, 'Identifying'은 식별 관계로 실선으로 표현된다. Null Option 중 'Nulls Not Allowed'는 Null 입력을 허가하지 않는다는 의미로 Parent 개체 방향의 관계선을 교차하는 '–'로 표시되고, 'Nulls Allowed'는 Null 허가 표시로 'O'로 표시된다.

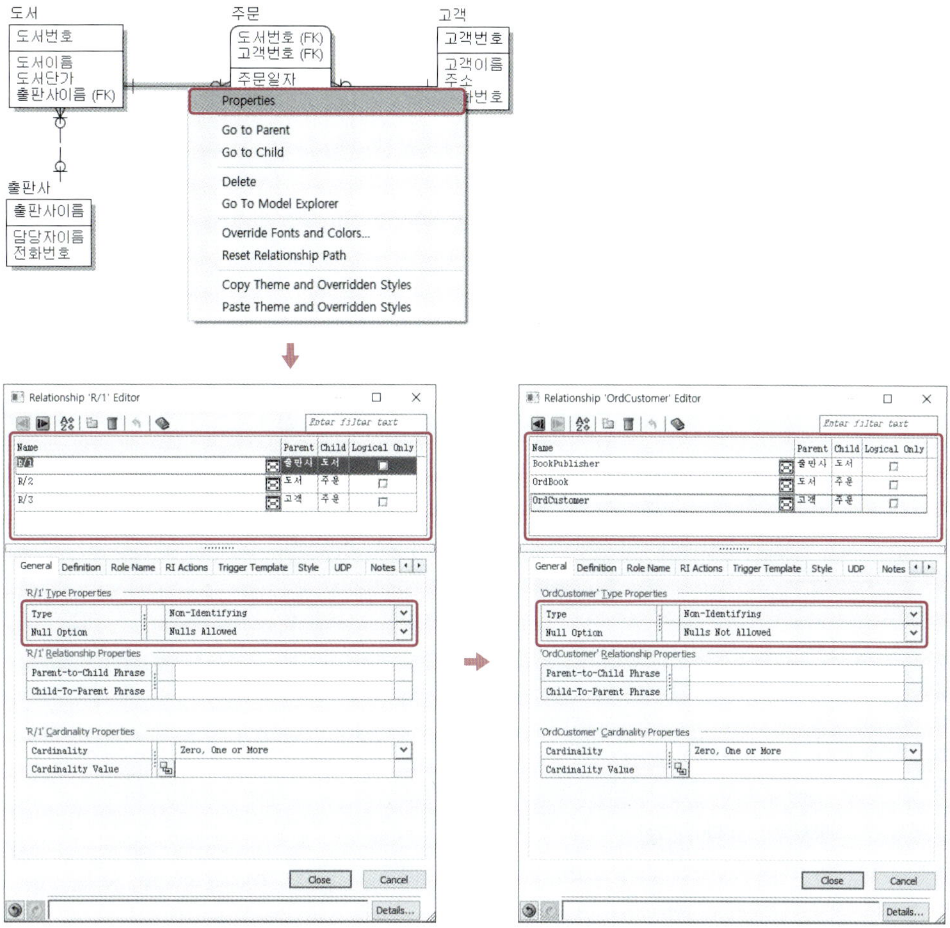

그림 6-56 개체 간의 식별 관계 변경

개체 간의 관계 속성을 정리했으면 주문 개체에 기본키가 비어 있고 도서번호(FK)와 고객번호(FK)가 일반 속성으로 변경되어 있을 것이다. 비어 있는 기본키에 앞서 생성하기로 한 '주문번호'를 입력한다. 마우스로 관계선 등을 정리하면 [그림 6-57]과 같이 마당서점 데이터베이스의 ER 다이어그램이 완성된다.

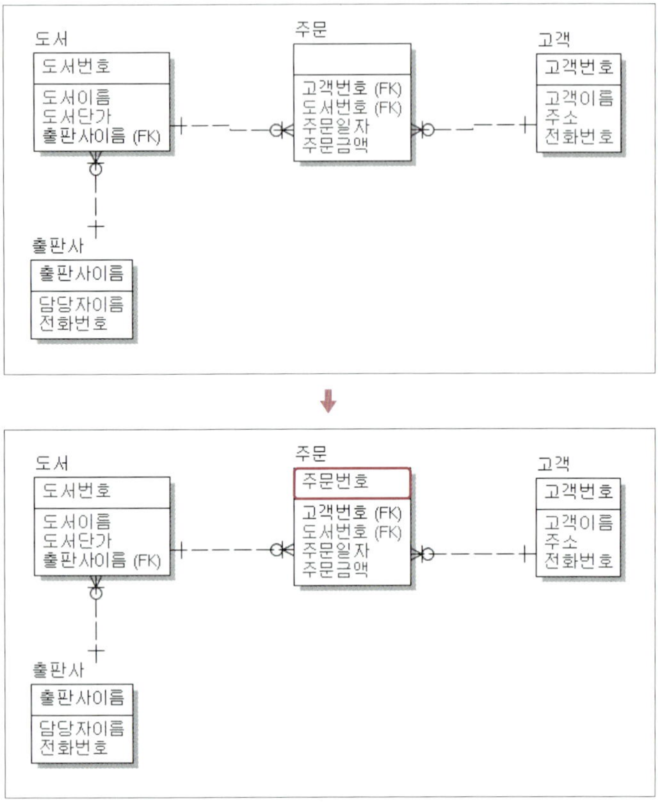

그림 6-57 마당서점의 ER 다이어그램

여기서 잠깐 **관계 대응 수 선택**

[Relationship Editor] 창의 'Cardinality Properties'에서는 관계 대응 수를 선택할 수 있다.

- -- -- --: 단순 관계선만 표현
- Zero, One or More: 0 이상의 값, 선택참여를 의미함
- One or More: 하나 이상의 값, 필수참여를 의미함
- Zero or One: 0 또는 하나의 값, 선택참여를 의미함

도메인 정의하기

ER 다이어그램이 완성되면 논리 모델링의 중요한 단계 중 하나인 속성의 도메인을 정의해야 한다. 도메인이란 속성이 가질 수 있는 값을 뜻한다. 지금까지 생성한 개체와 속성은 [표 6-16]과 같다.

표 6-16 마당서점의 개체와 속성

개체	출판사	도서	주문	고객
기본키(PK)	출판사이름	도서번호	주문번호	고객번호
속성	담당자이름 전화번호	도서이름 도서단가 출판사이름(FK)	도서번호(FK) 고객번호(FK) 주문일자 주문금액	고객이름 주소 전화번호

위 속성을 살펴보면 각 개체의 기본키를 구성하는 '번호', 도서, 고객, 출판사 등에 사용하는 '이름', 판매액을 나타내는 '금액', 권당 '단가', 날짜를 나타내는 '일자' 등과 같이 공통으로 사용되는 속성이 있다. 이렇게 공통으로 사용되는 속성을 도메인으로 미리 정의해 놓으면 향후 데이터 타입의 변경에 쉽게 대처할 수 있다. 도메인별 관련 데이터 타입은 자료의 용도에 맞게 적절하게 선택해야 한다. [표 6-17]은 마당서점의 도메인별 데이터 타입을 정의한 것이다.

표 6-17 마당서점의 도메인별 데이터 타입 정의표

구분(기본도메인)	도메인	데이터 타입
숫자(Number)	번호	INTEGER
	금액	INTEGER
	단가	INTEGER
문자(String)	이름	VARCHAR(40)
	주소	VARCHAR(40)
	전화번호	VARCHAR(30)
날짜(Datetime)	일자	DATE

도메인은 erwin의 [Model Explorer]-[Domains]에서 입력한다. [Domains]에는 기본적으로 Number(숫자), String(문자), Datetime(날짜시간) 등이 있으며, 각각 자신의 특징에 맞는 데이터 타입이 설정되어 있다.

TIP 도메인을 생성하는 방법에는 다음과 같이 두 가지가 있다.

❶ [Model Explorer]-[Domains]에서 마우스 오른쪽 버튼을 눌러 [New]를 선택한 후 모든 값을 새롭게 설정하여 생성한다.

❷ 기존에 생성된 도메인명(Number, String 등) 위에서 마우스 오른쪽 버튼을 눌러 [New]를 선택한 후 선택된 도메인의 속성 값을 기본으로 하여 생성한다.

먼저 '번호' 도메인을 설정해 보자. 번호는 Number형을 사용하기로 하였으므로 [그림 6-58]과 같이 Number에서 마우스 오른쪽 버튼을 누른 후 [New]를 선택하고 도메인 이름을 '번호'라고 입력한다.

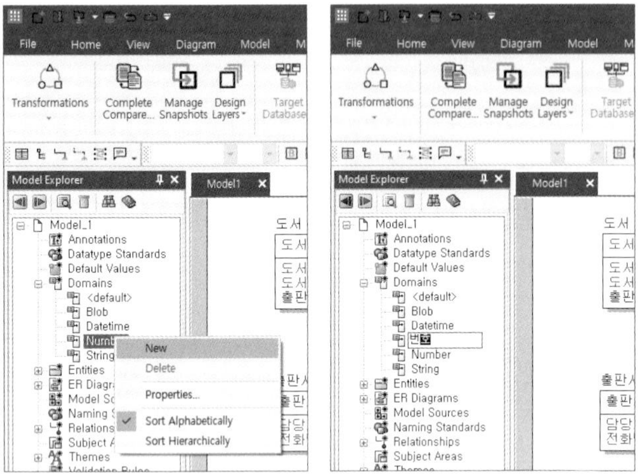

그림 6-58 도메인 설정

나머지 Number형 역시 도메인 정의표를 참조하여 입력한다. Number형 입력이 끝나면 String형, Datetime형의 도메인을 모두 생성한다. [그림 6-59]는 도메인 정의표에 따라 모든 도메인을 생성한 모습이다.

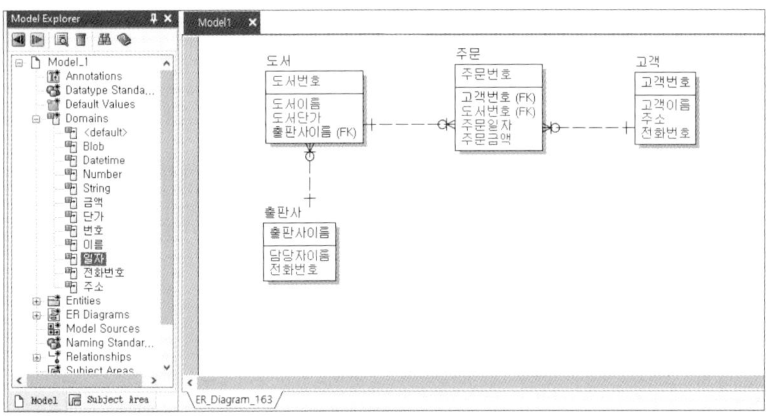

그림 6-59 마당서점의 도메인

모든 도메인 이름을 생성했으면 각 도메인의 데이터 타입 크기 및 기타 속성을 설정해야 한다. 속성을 설정하려면 [그림 6-60]과 같이 도메인 이름에서 마우스 오른쪽 버튼을 누른 후 [Properties]를 선택한다.

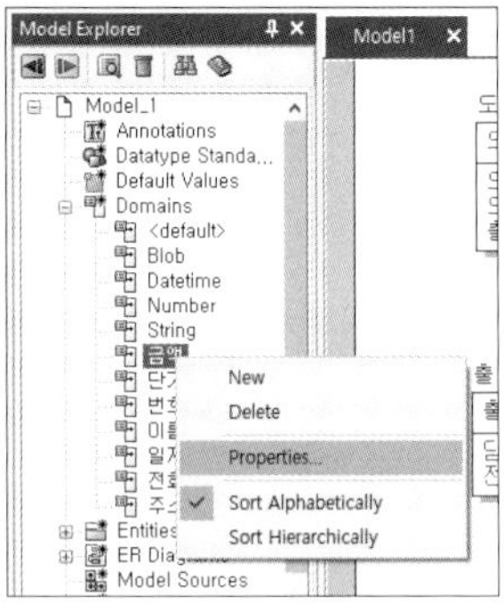

그림 6-60 도메인 속성 변경

[Domain Dictionary] 창이 나타나면 [그림 6-61]과 같이 도메인별로 [표 6-17]에서 정의한 데이터 타입을 Logical Data Type에서 선택하여 입력한다. '금액' 도메인은 NUMBER형으로 정의하였으므로 해당되는 Logical Data Type에 'INTEGER'를 선택한다. '이름' 도메인의 자료형 VARCHAR(40)과 같이 크기가 지정된 경우에는 VARCHAR( )을 선택한 후 괄호( ) 사이에 40을 입력한다. 모든 도메인 데이터 타입의 입력이 완료되면 〈Close〉를 클릭한다.

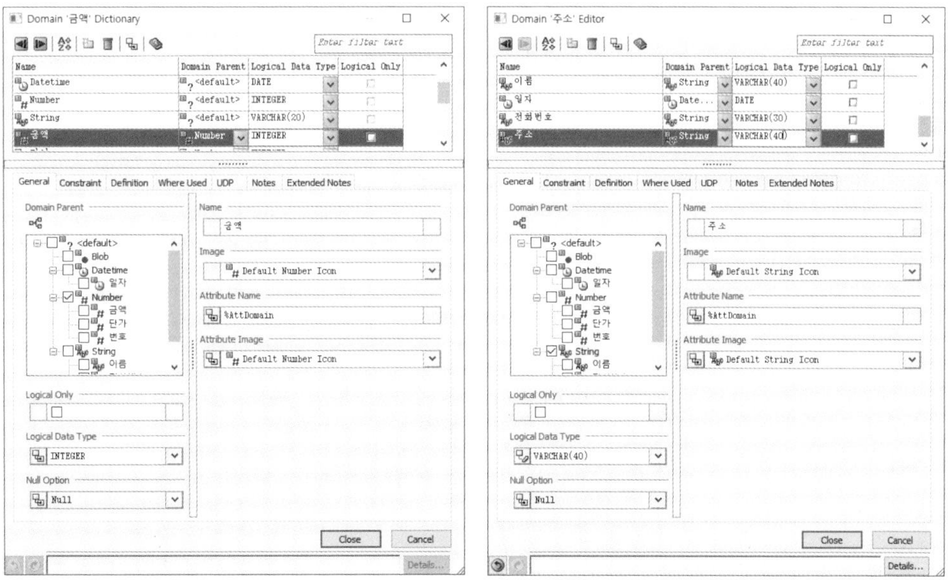

그림 6-61 도메인별 데이터 타입 설정

TIP 참고로 [Domain Editor] 창의 Attribute Name은 도메인을 이용하여 개체에 새로운 속성을 만들 때 속성 이름의 형식을 정하는 메뉴이다. 예를 들어 '%EntityName%AttDomain'과 같이 설정하면 '개체 이름+도메인 이름'의 형태로 속성 이름이 생성된다. 도메인 생성 후 새로운 속성을 추가할 경우 [Model Explorer]-[Domain]에서 해당 도메인 이름을 선택한 후 드래그하여 추가하고자 하는 개체에 끌어다 놓으면 된다. '이름' 도메인을 클릭한 후 드래그하여 '도서' 개체에 놓으면 '도서이름'이라는 속성이 자동으로 생성된다.

이제 정의된 도메인을 개체의 각 속성에 적용해야 한다. [그림 6-62]와 같이 개체 위에서 마우스 오른쪽 버튼을 눌러 [Attribute Properties]를 선택한다. [Attribute Editor] 창이 나타나면 각 개체 속성에 대해 도메인을 지정해 준다. 예를 들어 도서 개체의 도서단가를 '금액'으로 설정하려면 Entity를 '도서'로 선택하고 도서단가 속성의 Parent Domain을 '금액'으로 선택한다. 같은 방식으로 도서의 나머지 속성과 주문, 고객 개체의 속성에 대해서도 도메인을 적용한다. 모든 속성의 설정을 마쳤다면 〈Close〉를 클릭해 작업을 종료한다.

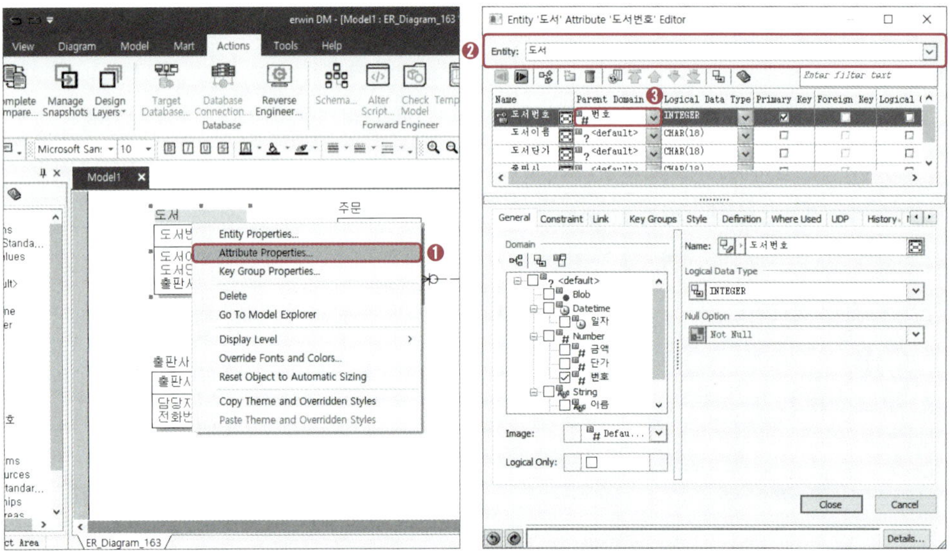

그림 6-62 개체 속성 설정

TIP 속성값 설정 시 도메인 정의 없이 속성의 Data Type을 일일이 설정하는 식으로 작업하는 것은 비효율적이다. 예를 들어 여러 사람이 참여하는 대규모 모델에서 도메인을 일일이 설정한다면 반복적인 중복 작업으로 효율성이 떨어질 것이다. 그뿐만 아니라 완성된 결과물 역시 설계자에 따라 달라질 수 있어 전체 데이터베이스의 질을 저하할 수도 있다.

마당서점의 논리적 모델링까지 완료하였다. 완성된 ER 다이어그램은 다음 실습을 위해 [File]-[Save] 메뉴를 선택해 저장한다.

4 마당서점의 물리적 모델링

여기서부터는 마당서점의 물리적 모델physical model을 작성한 후 실제 테이블로 만들어 본다.

ER 다이어그램 불러와 Physical 타입으로 변경하기

[File]-[Open] 메뉴를 선택해 논리적 모델 작업까지 완료하고 저장해 둔 ER 다이어그램을 불러온다. 그런 다음 [그림 6-63]과 같이 툴바에서 [Logical]을 [Physical]로 변경하여 ER 다이어그램을 물리적 모델로 변경한다. 물리적 모델로 변경되면 [Model Explorer]는 물리적 모델을 위한 메뉴로 변경되며, 논리적 모델에서 작성한 ER 다이어그램상의 각 개체의 이름 역시 물리적 모델에 맞게 변경된다.

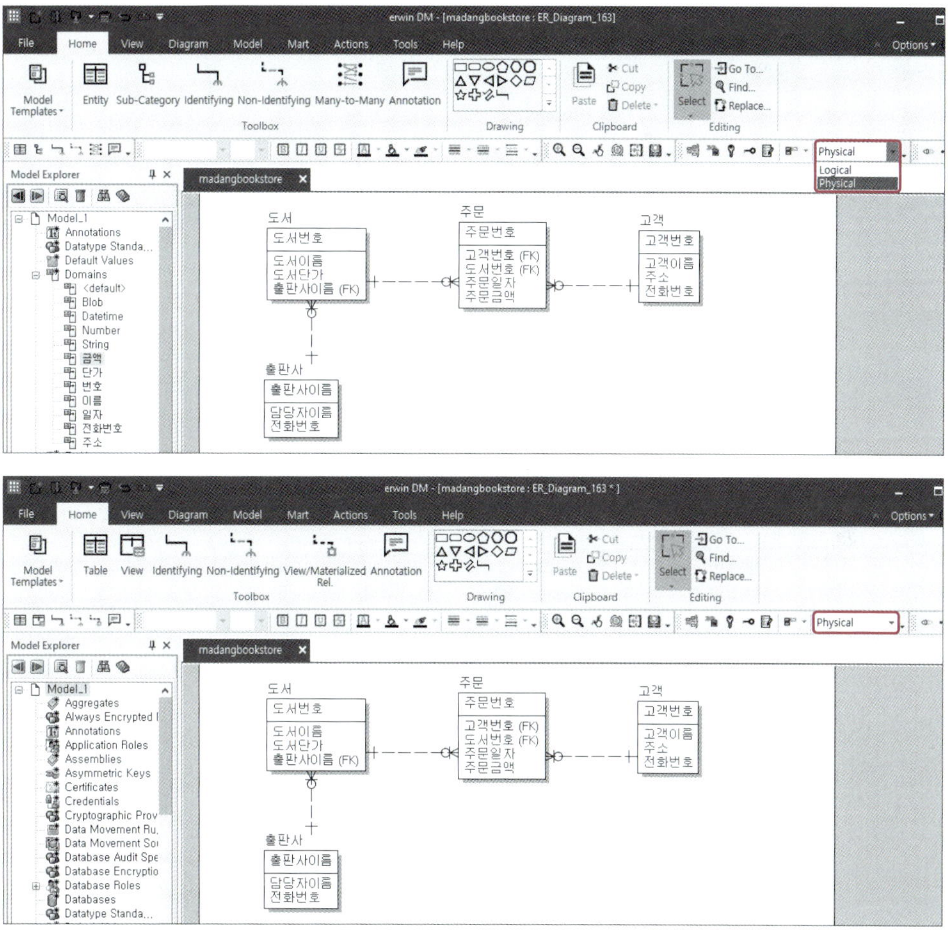

그림 6-63 모델 타입의 변경

물리적 모델링

물리적 모델은 테이블을 만들기 위한 과정으로 논리적 모델과는 별도의 모델로 본다. 실제 논리적 모델에서는 개체를 Entity라고 불렀으나 물리적 모델에서는 테이블이라고 부른다. 또한 논리적 모델에서 '도서 고객'과 같이 개체 이름에 공백을 넣어서 사용할 수 있었으나 테이블 이름에는 공백을 넣을 수 없다. 이와 같은 이유로 물리적 모델 단계에서는 기존 논리적 모델에서 생성한 개체의 이름과 속성의 이름을 실제 사용할 테이블 이름, 컬럼 이름으로 변경해 주어야 한다. [표 6-18]은 마당서점의 개체별로 논리적 모델과 물리적 모델에서 사용하는 이름을 정리한 것이다. 각 테이블 이름 앞에 New는 기존 테이블 이름과 충돌을 피하기 위해 붙이기로 하자.

표 6-18 마당서점의 논리적 모델, 물리적 모델에서의 개체별 대응표

개체	출판사		도서	
구분	Logical	Physical	Logical	Physical
이름	출판사	NewPublisher	도서	NewBook
기본키(PK)	출판사이름	pubname	도서번호	bookid
속성	담당자이름 전화번호	stname officephone	출판사이름(FK) 도서이름 도서단가	pubname(FK) bookname price

개체	주문		고객	
구분	Logical	Physical	Logical	Physical
이름	주문	NewOrder	고객	NewCustomer
기본키(PK)	주문번호	orderid	고객번호	custid
속성	고객번호(FK) 도서번호(FK) 주문일자 주문금액	custid(FK) bookid(FK) orderdate saleprice	고객이름 주소 전화번호	name address phone

[표 6-18]을 참고하여 논리적 모델 단계에서 만든 개체 이름과 속성 이름을 [그림 6-64]와 같이 실제 데이터베이스에서 사용할 테이블 이름과 컬럼 이름으로 변경한다.

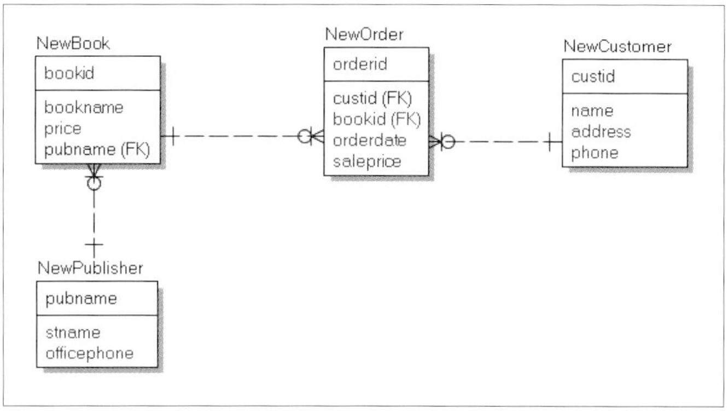

그림 6-64 마당서점의 테이블

컬럼의 속성 확인하기

각 테이블 컬럼의 속성이 제대로 설정되었는지 확인하기 위해 [그림 6-65]와 같이 테이블 이름 위에서 마우스 오른쪽 버튼을 눌러 [Column Properties]를 선택한다. 앞서 논리적 모델을 작성할 때 도메인을 정상적으로 적용하였다면 물리적 모델의 테이블별 컬럼의 속성(데이터 타입, 제약조건 등) 역시 지정된 도메인에 맞게 설정되어 있을 것이다. 이 단계에서 설정한 Physical Data Type은 실제 DBMS에서 테이블을 생성할 때 적용된다.

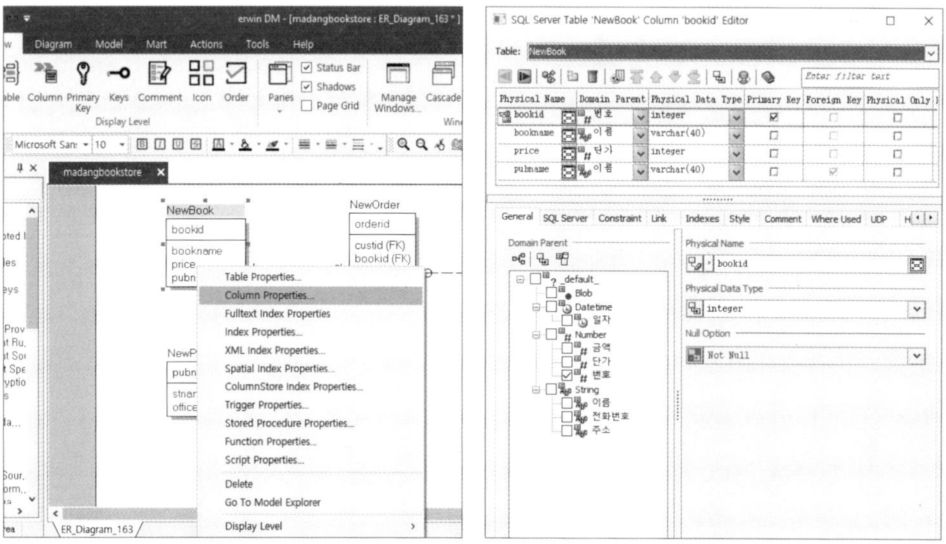

그림 6-65 컬럼 속성 확인

여기까지 작업을 마쳤다면 마당서점의 물리적 모델링까지 완료한 것이다.

5 마당서점 테이블의 생성

erwin은 완성된 ER 다이어그램을 DBMS의 테이블로 직접 생성할 수 있는 기능을 제공한다. 테이블 생성은 다음 순서대로 진행한다.

DBMS에 접속하기

erwin을 SQL Server 데이터베이스에 연결하기 위해 [그림 6-66]과 같이 [Actions]-[Database Connection] 메뉴를 선택하고, [SQL Server Connection] 창에서 다음과 같이 설정한 후 〈Connect〉를 클릭한다.

```
Database : SQL Server 2019
Authentication : Windows Authentication
User Name :
Password :
Connection Type : Use Native Connection
Server : localhost
Database : madang
```

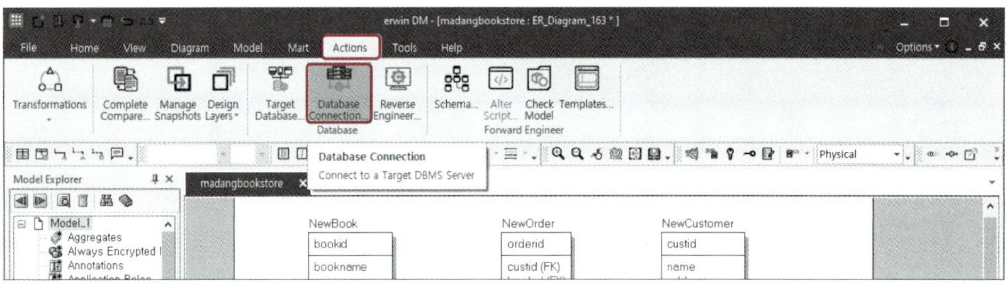

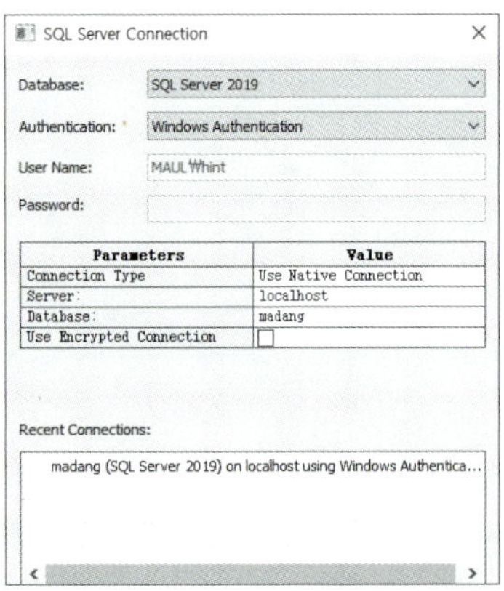

그림 6-66 데이터베이스에 연결

테이블 생성하기

테이블을 생성하기 위해 [Actions] 메뉴 [Forward Engineer] 그룹 [Schema]를 선택한다.

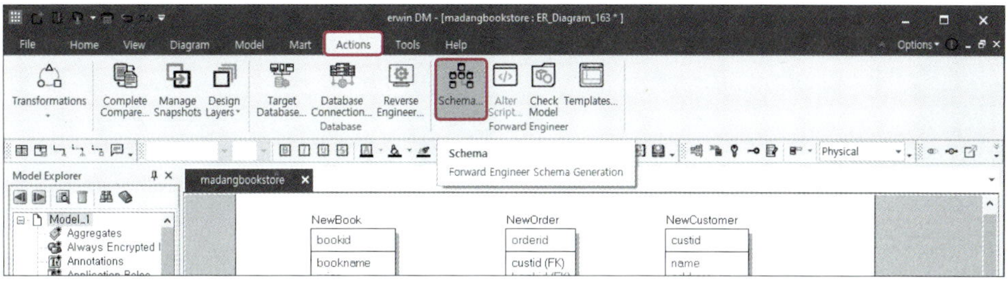

그림 6-67 스키마 메뉴 선택

Schema Generation Overview 창이 나타나면 〈NEXT〉 버튼을 눌러 Option Selection 메뉴로 이동한다.

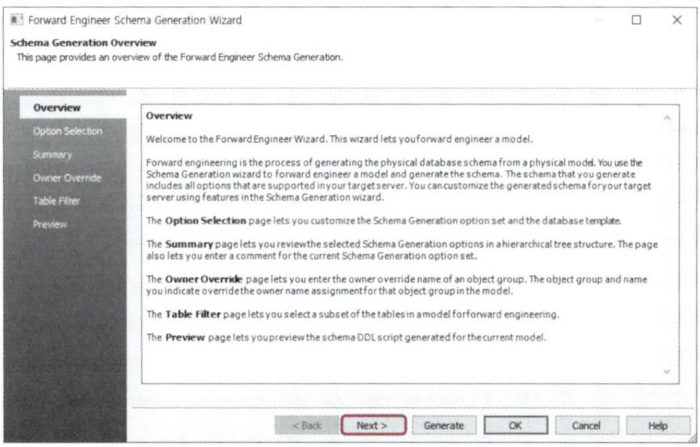

그림 6-68 Schema Generation Overview

Option Selection 메뉴로 이동하여 실제 생성할 내용을 데이터베이스 개체별로 설정한다. 본 실습에서는 테이블과 인덱스를 제외한 다른 개체(Function, Trigger 등)를 생성하지 않으므로 [그림 6-69]와 같이 테이블과 인덱스를 제외한 모든 부분의 체크를 해제한다.

그림 6-69 DBMS에 적용할 스키마 선택

모든 설정을 마쳤으면 〈Next〉를 클릭하여 각 단계를 넘어가 Preview 항목에서 테이블 생성에 관련된 SQL 스크립트가 만들어진 것을 확인한다. 확인 결과에 문제가 없으면 〈Generate〉를 클릭하여 SQL Server에 테이블을 생성한다.

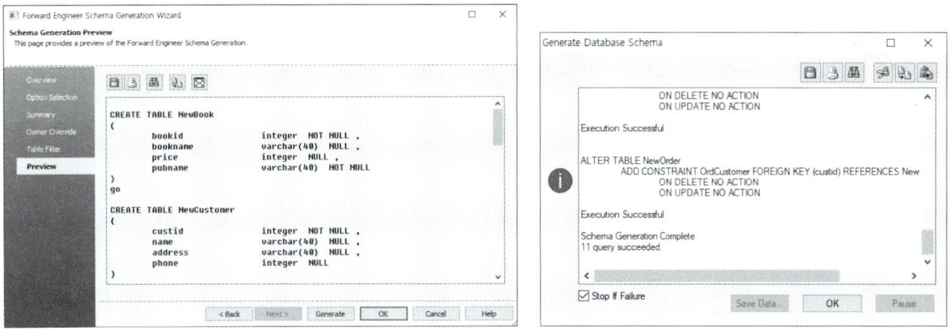

그림 6-70 데이터베이스 스키마 생성

테이블이 성공적으로 생성되었다면 SQL Server Management Studio로 접속해서 Madang Database를 확인해 본다. [그림 6-71]과 같이 기존의 마당서점 테이블과 별도로 NewBook, NewCustomer, NewOrder, NewPublisher 테이블이 생성되었음을 확인할 수 있다.

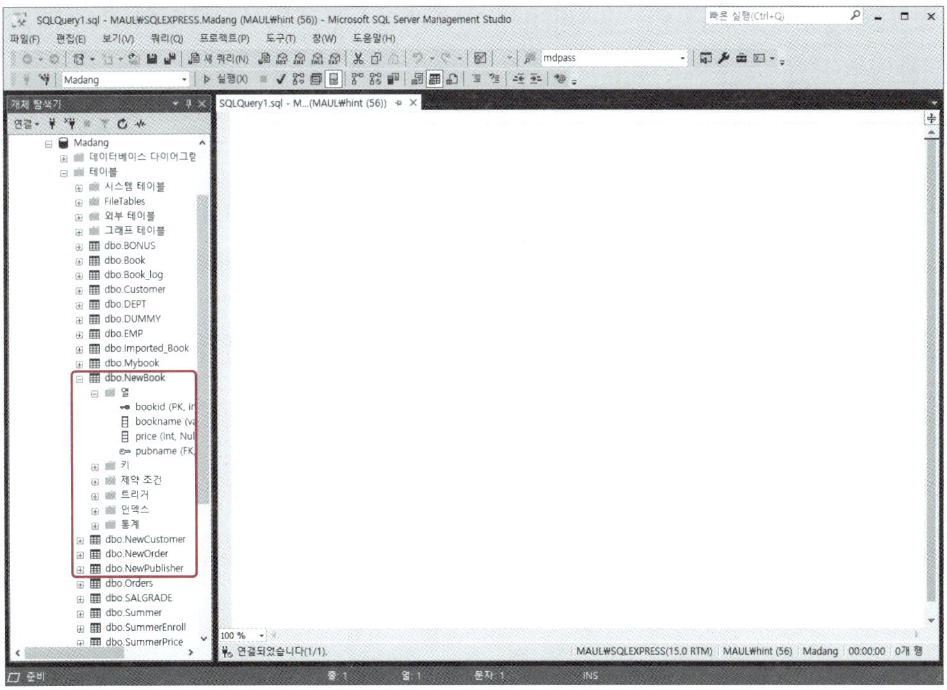

그림 6-71 madang 데이터베이스에 추가된 테이블

05 마당대학 데이터베이스 모델링 실습

지금까지 모델링이란 무엇인가에서부터 시작하여 기본적인 ER 다이어그램 작성법과 erwin 사용법까지 알아보았다. 배운 내용을 토대로 마당대학 데이터베이스를 설계하고 ER 다이어그램을 작성해 보자.

1 마당대학의 요구사항

TIP 마당대학 데이터베이스는 설명을 위해 대학원 과정 중심으로 설계한다.

마당대학은 교수와 대학원생이 같이 프로젝트를 진행한다. 마당대학의 요구사항을 분석한 결과 다음과 같은 11개 항목으로 정리되었다. 데이터베이스를 구축한 후 사용자는 교수 정보, 학과 정보, 대학원생 정보, 프로젝트 운영 정보 등을 검색하고 관리할 수 있다.

①~④는 개체에 관한 내용이고, ⑤~⑪은 개체 간의 관계에 관한 내용이다.

① 교수(Professor)는 아이디(ssn), 이름(name), 나이(age), 직위(rank), 연구 분야(speciality)를 가진다.

② 학과(Department)에는 학과번호(dno), 학과이름(dname), 학과사무실(office)이 있다.

③ 대학원생(Graduate)은 아이디(ssn), 이름(name), 나이(age), 학위과정(deg_prog, 석사/박사)을 가진다.

④ 과제(Project)에는 과제번호(pid), 지원기관(sponsor), 개시일(start_date), 종료일(end_date), 예산액(budget)이 있다.

⑤ 학과마다 그 학과를 운영(run)하는 교수(학과장이라고 한다)가 한 명씩 있다.

⑥ 한 교수가 여러 학과에서 근무(work-dept)할 수 있는데, 이때 학과별로 참여백분율(pct_time)이 기록된다.

⑦ 대학원생에게는 학위과정을 밟을 전공학과(major)가 하나씩 있다.

⑧ 대학원생에게는 어떤 과목을 들으면 좋을지 조언(advisor)해 주는 선임 대학원생(학생조언자라고 한다)이 있다.

⑨ 과제는 한 교수(연구책임자라고 한다)에 의해 관리(manage)된다.

⑩ 과제는 한 사람 이상의 교수(공동연구책임자라고 한다)에 의해 수행(work-in)된다.

⑪ 한 과제는 한 명 이상의 대학원생(연구조교라고 한다)에 의해 수행(work-prog)된다.

2 마당대학의 ER 다이어그램

마당대학의 요구사항에 맞게 순서대로 개체와 관계를 찾아 ER 다이어그램을 완성해 보자. 개체 설계 시 키 속성에는 밑줄을 긋는다.

> ① 교수(Professor)는 아이디(ssn), 이름(name), 나이(age), 직위(rank), 연구 분야(speciality)를 가진다.

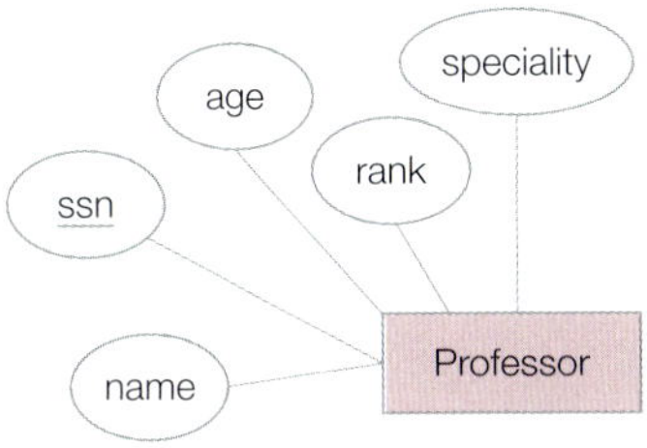

그림 6-72 교수(Professor) 개체

> ② 학과(Department)에는 학과번호(dno), 학과이름(dname), 학과사무실(office)이 있다.

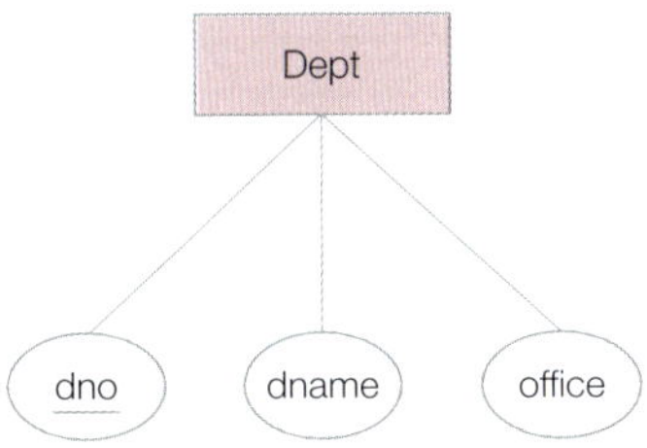

그림 6-73 학과(Dept) 개체

> ③ 대학원생(Graduate)은 아이디(ssn), 이름(name), 나이(age), 학위과정(deg_prog, 석사/박사)을 가진다.

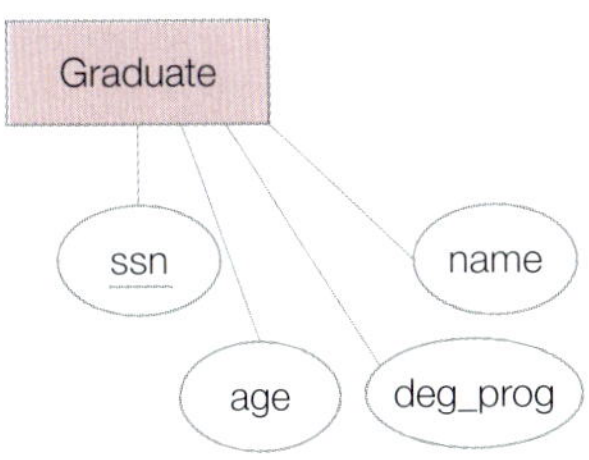

그림 6-74 대학원생(Graduate) 개체

④ 과제(Project)에는 과제번호(pid), 지원기관(sponsor), 개시일(start_date), 종료일(end_date), 예산액(budget)이 있다.

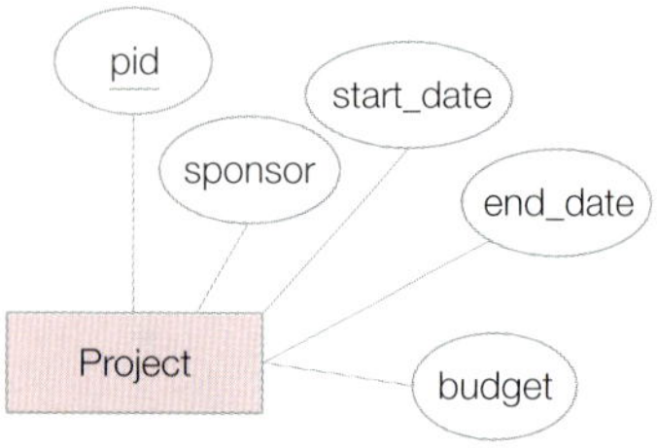

그림 6-75 과제(Project) 개체

요구사항에 맞게 개체 타입과 속성을 표현하였으므로 각 개체 타입 간의 관계를 표현해야 한다. 관계를 나타내는 마름모에는 관계 대응 수(1:1, 1:N, N:M)를 표기하고 관계선에는 관계 대응 수의 (최솟값, 최댓값)을 표기한다.

⑤ 학과마다 그 학과를 운영(run)하는 교수(학과장이라고 한다)가 한 명씩 있다.

⑥ 한 교수가 여러 학과에서 근무(work-dept)할 수 있는데, 이때 학과별로 참여백분율(pct_time)이 기록된다.

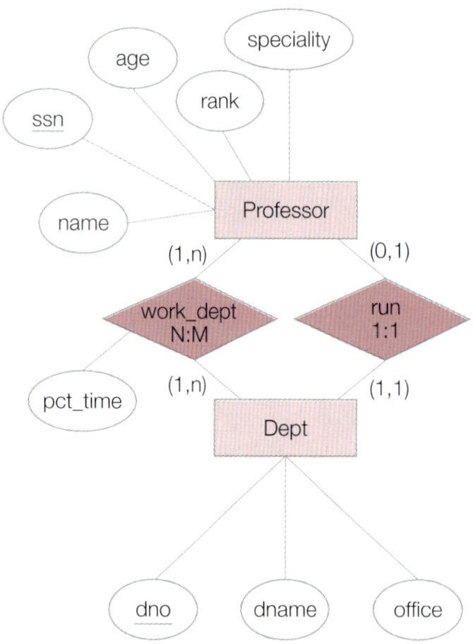

그림 6-76 운영(run) 관계와 근무(work-dept) 관계

⑦ 대학원생에게는 학위과정을 밟을 전공학과(major)가 하나씩 있다.
⑧ 대학원생에게는 어떤 과목을 들으면 좋을지 조언(advisor)해 주는 선임 대학원생(학생조언자라고 한다)이 있다.

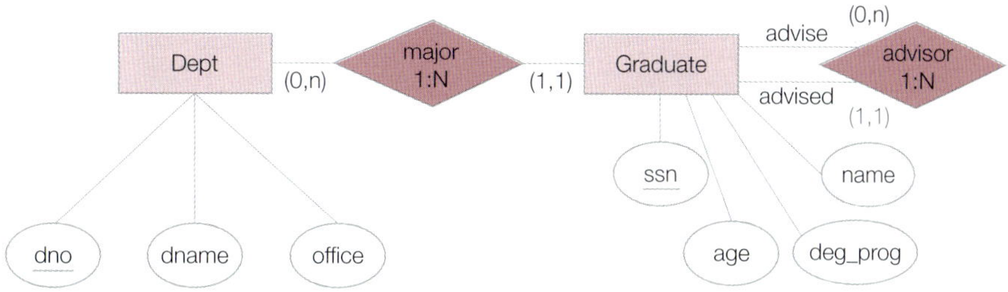

그림 6-77 전공학과(major) 관계와 조언(advisor) 관계

⑨ 과제는 한 교수(연구책임자라고 한다)에 의해 관리(manage)된다.
⑩ 과제는 한 사람 이상의 교수(공동연구책임자라고 한다)에 의해 수행(work-in)된다.

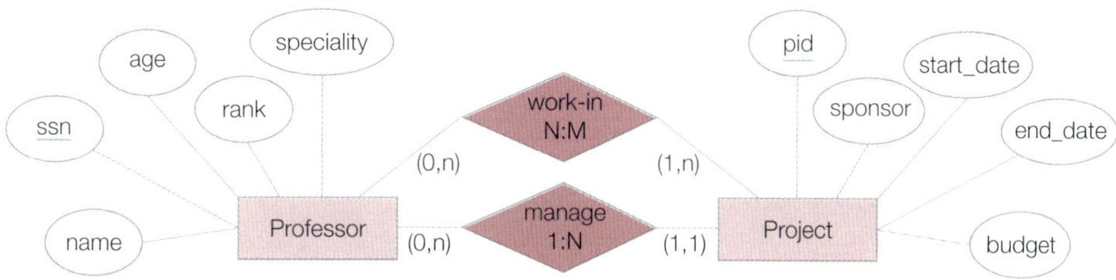

그림 6-78 관리(manage) 관계와 수행(work-in) 관계

⑪ 한 과제는 한 명 이상의 대학원생(연구조교라고 한다)에 의해 수행(work-prog)된다.

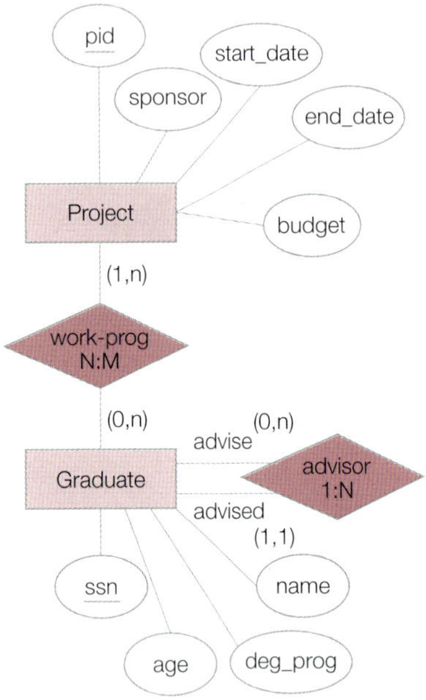

그림 6-79 수행(work-prog) 관계

다음은 요구사항에 맞게 생성된 최종 ER 다이어그램이다.

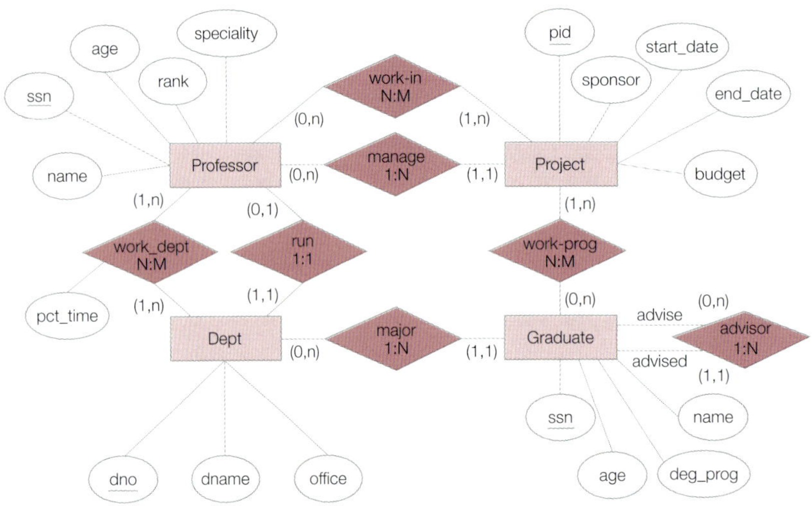

그림 6-80 마당대학의 ER 다이어그램

[그림 6-80]과 같이 개념적 모델링이 완료되고 문제가 없으면 논리적 모델링을 위해 관계 데이터 모델로 사상이 이루어진다. 마당대학의 ER 다이어그램을 관계 데이터 모델로 변환하면 아래와 같다.

[개체]

Professor(ssn, name, age, rank, speciality)

Dept(dno, dname, office, runprofessorssn)
runprofessorssn: Professor(ssn)을 참조하는 외래키로, ⑤번 요구사항의 run(1:1) 관계를 표현하기 위해 추가되었다.

Graduate(ssn, name, age, deg_prog, dno, graduatessn)
dno: Dept(dno)를 참조하는 외래키로, ⑦번 요구사항 major(1:N) 관계를 표현하기 위해 추가되었다.
graduatessn: Graduate(ssn)을 참조하는 외래키로, ⑧번 요구사항 advisor(1:N) 관계를 표현하기 위해 추가되었다.

Project(pid, sponsor, start_date, end_date, budget, managessn)
managessn: Professor(ssn)을 참조하는 외래키로, ⑨번 요구사항 manage(1:N) 관계를 표현하기 위해 추가되었다.

[관계]
N:M 관계일 경우 교차 테이블을 생성한다.

work-dept(professorssn, dno, pct_time) /* 교수의 학과 참여 */
⑥번 요구사항의 work-dept(N:M) 관계를 표현하기 위한 교차 테이블이다. professorssn은 Professor(ssn)을 참조하는 외래키이고, dno는 Dept(dno)를 참조하는 외래키이다. pct_time은 관계에 포함된 속성이다.

work-in(professorssn, pid) /* 교수의 과제 수행 */
⑩번 요구사항의 work-in(N:M) 관계를 표현하기 위한 교차 테이블이다. professorssn은 Professor(ssn)을 참조하는 외래키이고, pid는 Project(pid)를 참조하는 외래키이다.

work-prog(graduatessn, pid) /* 대학원생의 과제 수행 */
⑪번 요구사항의 work-prog(N:M) 관계를 표현하기 위한 교차 테이블이다. graduatessn은 Graduate(ssn)을 참조하는 외래키이고, pid는 Project(pid)를 참조하는 외래키이다.

그림 6-81 마당대학 데이터베이스 스키마

관계 데이터 모델이 완성되면 실제 DBMS에 테이블을 생성하기 위한 물리적 모델링 과정을 거친다. [그림 6-81]의 마당대학 데이터베이스 스키마를 erwin을 이용하여 그리면 [그림 6-82]와 같다. 그림은 물리적 모델이다.

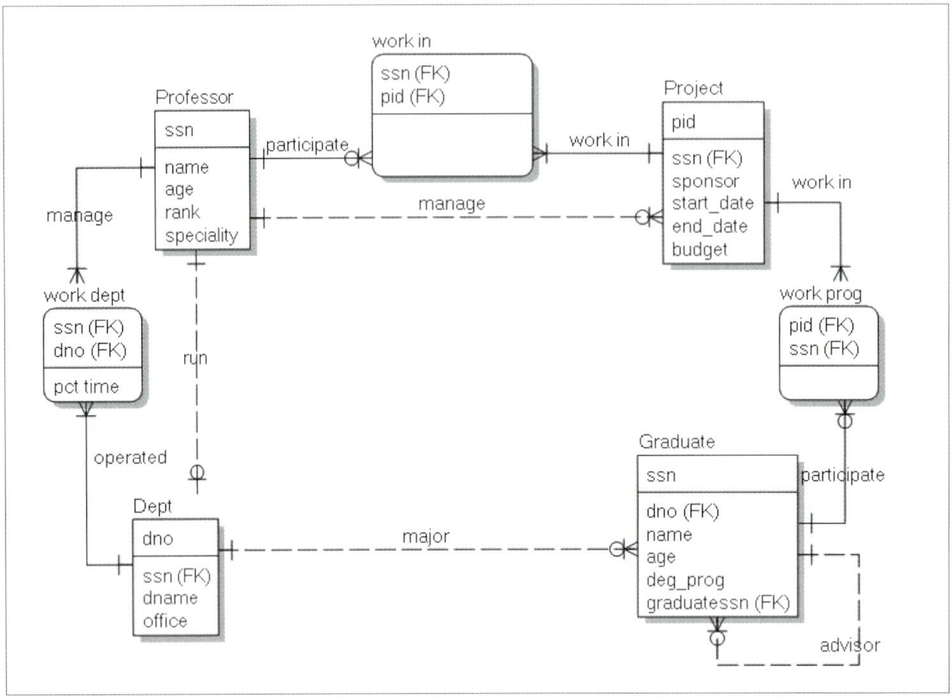

그림 6-82 마당대학 데이터베이스의 ER 다이어그램

TIP 대학원생(Graduate) 개체의 조언(advice) 관계는 순환적 관계이다. 순환적 관계에서는 자신의 기본키를 외래키로 저장하기 때문에 이름이 같은 속성이 두 개가 된다(ssn 속성이 두 개). 따라서 둘 중 하나의 이름을 다르게 정해 주어야 한다. 방법은 advisor 관계를 더블클릭하여 [Role Name] 탭에서 Role Name Info 부분의 Migrated Column에서 ssn의 Role Name을 graduatessn으로 입력하면 된다.

요약

01 데이터베이스 생명주기

데이터베이스를 설계하고 구축하여 사용하다 보면 필요에 따라 개선하거나 다시 구축하는 등의 업무가 반복된다. 데이터베이스 생성과 운영에 관련된 '요구사항 수집 및 분석-설계-구현-운영-감시 및 개선' 사이클을 데이터베이스 생명주기라고 한다.

02 개념적 모델링

요구사항을 수집하고 분석한 결과를 가지고 업무의 핵심 개념을 구분하여 전체적인 뼈대를 만드는 과정이다. 개체(entity)를 추출하고 각 개체 간의 관계(relationship)를 정의하여 ER 다이어그램을 만드는 과정까지를 말한다.

03 논리적 모델링

개념적 모델링 단계에서 만들어진 ER 다이어그램을 사용하고자 하는 DBMS에 맞게 매핑하여 실제 데이터베이스로 구현하기 위한 모델을 만드는 과정이다.

04 물리적 모델링

작성된 논리적 모델을 실제 컴퓨터의 저장 장치에 저장하기 위한 물리적 구조를 정의하고 구현하는 과정이다.

05 ER 모델

데이터 모델링 과정 중 개념적 모델링 단계에 사용하는 모델로 1976년 피터 첸(Peter Chen)이 제안하였다. ER 모델의 핵심 개념은 세상의 사물을 개체(entity)와 개체 간의 관계(relationship)로 표현하는 것이다.

06 개체와 개체 타입

- 개체: 사람, 사물, 장소, 개념 또는 사건과 같이 유무형의 정보를 가지고 있는 독립적인 실체를 말한다.
- 개체 타입: 개체 집합은 공통된 속성을 가진 개체들의 모임이며, 개체 타입은 개체 집합의 이러한 동일한 특징을 나타내는 용어이다.

07 개체 타입의 종류

- 강한 개체 타입: 다른 개체의 도움 없이 독자적으로 존재할 수 있는 개체를 말한다.
- 약한 개체 타입: 독자적으로는 존재할 수 없고 반드시 상위 개체 타입을 가져야 하는 개체를 말한다.

08 속성

개체가 가진 성질을 의미한다.

09 속성의 종류

① 단순 속성과 복합 속성

- 단순 속성: 더 이상 분해가 불가능한 속성이다.
- 복합 속성: 독립적인 의미를 가진 속성으로 분해할 수 있는 속성이다.

② 단일값 속성과 다중값 속성

- 단일값 속성: 특정 개체 타입에 대해 하나의 값만 가지는 속성이다.
- 다중값 속성: 여러 개의 값을 가질 수 있는 속성이다.

③ 저장 속성과 유도 속성

- 저장 속성: 다른 속성의 영향 없이 단독으로 저장되는 속성이다.
- 유도 속성: 다른 저장 속성으로부터 유도된(계산된) 속성이다.

10 관계와 관계 타입

- 관계: 개체 사이의 연관성을 나타내는 개념이다.
- 관계 타입: 개체 타입과 개체 타입 간의 연결 가능한 관계를 정의한 것이다.

11 관계 대응 수

두 개체 타입의 관계에 실제로 참여하는 개별 개체의 수를 말한다. 대응 수는 하나의 개체가 하나의 개체에 대응하는 1:1 관계, 하나의 개체가 여러 개체에 대응하는 1:N 관계, 여러 개체가 하나의 개체에 대응하는 N:1 관계, 여러 개체가 여러 개체에 대응하는 N:M 관계로 나눌 수 있다.

12 is-a(슈퍼클래스와 서브클래스) 관계

상위 개체의 특성에 따라 하위 개체 타입이 결정되는 형태를 말한다. 이때 상위 개체 타입을 슈퍼클래스, 하위 개체 타입을 서브클래스라고 한다.

13 전체 참여와 부분 참여

관계에 참여하는 개체 집합의 참여 형태에 따른 제약조건으로, 개체 집합의 모든 개체가 관계에 참여하는 조건을 전체 참여라고 한다. 전체 참여는 개체 타입과 관계 사이를 두 줄 실선으로 표시한다. 일부만 참여하는 부분 참여의 경우는 일반적인 관계의 표현과 동일하게 단일 실선으로 표시한다.

14 순환적 관계

하나의 개체 타입이 동일한 개체와 순환적인 관계를 맺는 형태이다. 순환적 관계는 관계선을 양쪽 모두에 그린다.

15 식별자

약한 개체 타입에서 개별 개체들을 구분할 수 있는 속성을 말한다. 식별자는 강한 개체 타입의 키와 달리 약한 개체 타입을 구분하는 역할을 한다.

16 IE 표기법(Information Engineering Notation)

ER 다이어그램을 그리는 대표 프로그램인 erwin에서 사용하는 표기법 중 하나이다. IE 표기법은 관계 대응 수의 표현에 새발 같은 모양의 기호를 사용하여 새발 표기법(crow-feet)이라고도 한다.

17 사상(mapping, 매핑)

ER 모델이 완성되면 실제 데이터베이스를 구축하기 위해 논리적 모델링을 수행하여야 한다. 이때 ER 모델과 사용할 데이터베이스 모델 간의 매핑을 말한다.

연습문제

01 데이터베이스 설계 순서로 옳은 것은?

① 요구사항 분석 → 물리적 모델링 → 논리적 모델링 → 개념적 모델링 → 데이터베이스 구현

② 요구사항 분석 → 개념적 모델링 → 논리적 모델링 → 물리적 모델링 → 데이터베이스 구현

③ 요구사항 분석 → 논리적 모델링 → 개념적 모델링 → 물리적 모델링 → 데이터베이스 구현

④ 요구사항 분석 → 논리적 모델링 → 물리적 모델링 → 개념적 모델링 → 데이터베이스 구현

02 ER 모델의 표현 방법으로 옳지 않은 것은?

① 개체 집합–사각형

② 관계 집합–마름모

③ 속성–오각형

④ 다중값 속성–이중타원형

03 ER 모델에 대한 설명으로 옳지 않은 것은?

① ER 다이어그램으로 표현하며 피터 첸이 제안하였다.

② 일대일(1:1) 관계 유형만 표현할 수 있다.

③ 개체 타입과 이들 간의 관계 타입을 이용해 현실 세계를 개념적으로 표현한다.

④ ER 다이어그램은 ER 모델을 그래프 방식으로 표현한 것이다.

04 ER 표기법에 대한 설명 중 옳지 않은 것은?

① 

키(key) 속성

② 

약한 개체의 식별자

③ 

복합 속성

④ 

유도 속성

05 IE 표기법에 대한 설명으로 옳지 않은 것은?

①  비식별자 관계

②  식별자 관계

③  1:N 관계

④  0(필수참여)

06 다음 내용을 모두 포함하는 데이터베이스를 설계하시오. 필요한 경우 몇 가지 가정을 넣을 수 있다.

> ① 회사는 네 개의 부서를 운영한다. 부서는 (부서번호, 부서이름)을 저장한다.
> ② 부서는 1명 이상의 직원(직원번호, 직원이름, 직책)을 두고 있다. 각 직원은 하나의 부서에 소속된다.
> ③ 직원은 부양가족(이름, 나이)이 있을 수 있다.
> ④ 각 직원은 근무했던 부서에 대한 근무기록(기간, 직책)이 있다.

(1) ER 다이어그램을 그리시오.

(2) ER 다이어그램을 IE 표기법으로 변환하여 그리시오.

(3) ER 다이어그램을 테이블로 변환하시오.

07 다음 내용을 모두 포함하는 데이터베이스를 설계하시오. 필요한 경우 몇 가지 가정을 넣을 수 있다.

> ① A 회사는 직원들이 사용하는 주차건물에 주차장이 여러 개 있다.
> ② 각 주차장은 주차장 이름, 위치, 주차대수, 주차층 정보로 구성된다.
> ③ 각 주차장의 주차 공간은 일련번호가 붙은 주차 공간으로 구성되어 있다.
> ④ 직원은 지정 주차 공간을 요청할 수 있다. 직원은 직원번호, 이름, 구내전화번호, 운전면허번호 정보로 구성된다.

(1) ER 다이어그램을 그리시오.

(2) ER 다이어그램을 테이블로 변환하시오.

(3) erwin을 이용하여 모델링하시오.

08 다음은 고객과 주문에 관한 ER 다이어그램이다. 개체는 고객(Customer), 제품(Product), 주문(Invoice)으로 구성된다. Place 관계는 '주문한다'를, LineItem은 '주문 항목'을 의미한다. 그림에 해당하는 테이블을 작성하시오(변환된 테이블의 기본키는 밑줄 실선, 외래키는 밑줄 점선으로 표시한다. 기본키인 동시에 외래키일 경우에는 밑줄 실선으로 표시한다. 테이블 변환을 위하여 필요한 사항 중 설명되지 않은 것은 임의로 정하여 설계한다).

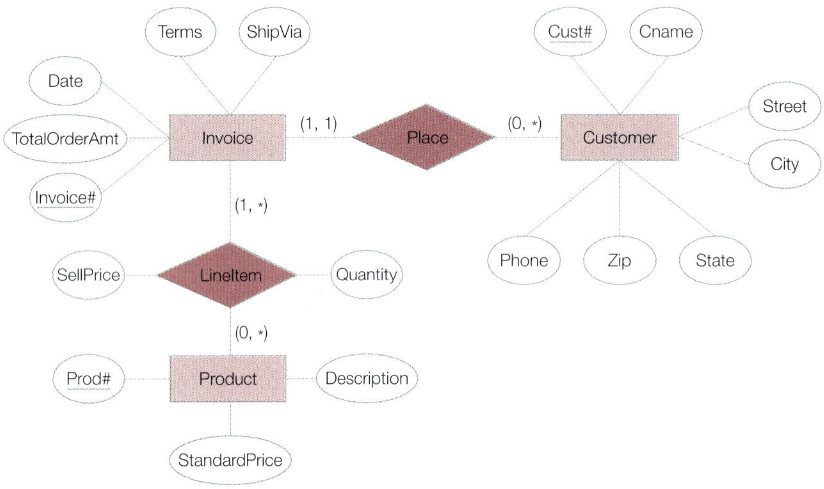

09 학사에 관한 개체-관계(ER) 다이어그램을 관계형 데이터베이스 스키마로 바꾸시오.

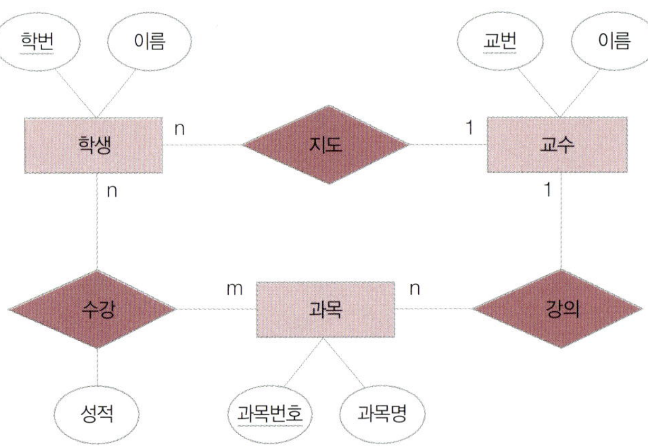

10 직원과 직원이 수행하는 프로젝트에 관한 ERD(Entity-Relationship Diagram)를 관계형 데이터베이스 스키마로 변환하시오.

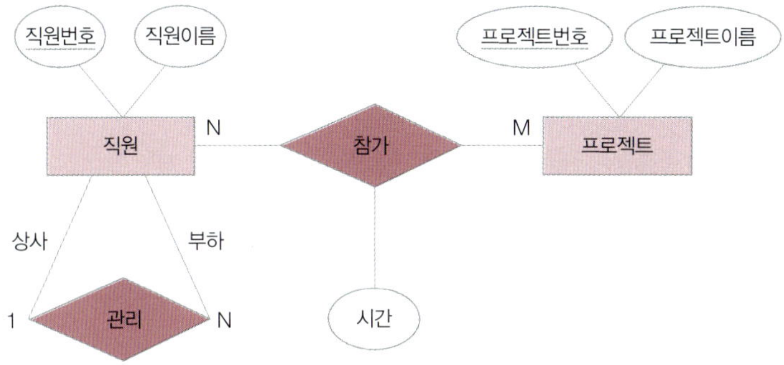

11 **[부품 데이터베이스]** 글로벌 자동차 부품업체 A사는 자동차 회사에 부품을 공급하며 부품 공급에 대한 데이터베이스를 구축하고 있다. 요구사항은 다음과 같다. 이를 바탕으로 개념적 모델링 과정을 거쳐 ER 다이어그램을 작성하고 논리적 모델링 과정을 거쳐 관계 데이터 모델로 사상해 보시오.

> ① 부품(part): 고유번호(id), 이름(name), 제작연도(year)를 저장한다.
> ② 자동차회사(company): 회사마다 고유번호(id), 이름(name), 도시(city), 국가(nation)를 저장한다.
> ③ 자동차(car): 자동차 회사마다 하나 이상의 자동차 브랜드(brand)를 만든다. 각 자동차는 회사에서 붙여준 고유 번호와 이름을 갖는다.
> ④ 조립(play): 부품은 여러 자동차에서 사용된다. 언제 어떤 자동차에 어떤 부품이 사용되었으며 얼마나 많이 사용되었는지에 대한 정보를 저장한다.

(1) ER 다이어그램을 그리시오.

(2) ER 다이어그램을 테이블로 변환하시오.

(3) erwin을 이용하여 모델링하시오.

12 **[호텔 데이터베이스]** 여러 개의 지점을 가진 호텔을 데이터베이스로 구축하려고 한다. 다음 내용을 모두 포함하는 데이터베이스를 설계하시오. 필요한 경우 몇 가지 가정을 넣을 수 있다.

> ① 각 호텔 지점은 이름, 주소, 도시, 각 타입 방의 가격, 각 타입 방의 수 등의 정보가 있다.
> ② 고객은 이름, 주소, 전화번호 정보가 있다. 고객은 하루 혹은 며칠 동안 호텔을 예약할 수 있다. 예약 시 투숙객의 수, 예약일, 출발일, 도착일을 저장한다.
> ③ 투숙 후 실제 투숙의 도착일, 출발일, 선급금, 지불방법을 저장한다.

(1) ER 다이어그램을 그리시오.

(2) ER 다이어그램을 테이블로 변환하시오.

(3) erwin을 이용하여 모델링하시오.

13 **[마당대학 데이터베이스]** 5절에서 완성한 마당대학의 ER 다이어그램을 erwin을 직접 이용하여 모델링해 보시오. 모델링 후에는 erwin의 [Forward Engineering] 메뉴를 이용하여 데이터베이스 스키마를 생성해 보시오(madang/madang 계정을 사용한다).

14 **[CD 데이터베이스]** 다음 내용을 모두 포함하는 데이터베이스를 설계하시오. 필요한 경우 몇 가지 가정을 넣을 수 있다.

> CD 정보를 데이터베이스에 저장하려고 한다. CD는 타이틀, 가격, 장르, 트랙 리스트 등의 정보를 가지고 있다. 각 CD는 아티스트가 있으며 아티스트는 여러 CD를 출반한다. 트랙은 타이틀, 러닝타임(초)이 있다.

(1) 개체와 관계를 열거하시오.

(2) ER 다이어그램을 그리시오.

(3) ER 다이어그램을 테이블로 변환하시오.

(4) 테이블을 생성하는 DDL 문을 작성하시오(SQL 문은 기본키, 외래키 등이 정의되도록 한다).

(5) 생성된 테이블에 데이터를 세 개씩 삽입하는 DML 문을 작성하시오.

(6) SELECT 문을 작성하여 다음 질의에 답하시오.

(a) 아티스트 정보를 보이시오.

(b) CD 정보를 보이시오.

(c) 아티스트 이름과 타이틀을 보이시오.

(d) 가장 많은 CD를 출반한 아티스트의 이름을 보이시오.

데이터베이스 관련 자격증

국내 데이베이스 자격증으로는 한국 데이터베이스 산업진흥원에서 관리하는 SQLD, SQLP 자격증이 있다. 제품에 관한 자격증이 아닌 데이터베이스 전반에 대한 자격증이며 국가 공인이다. 그리고 데이터베이스 설계 기술에 관한 자격증은 DAP, DASP가 있다.

과목 안내

구분	과목명	상세내용	문항	배점
필기	1과목 : 데이터 모델링의 이해	• 데이터 모델링의 이해 • 데이터 모델과 성능	10	100점 (각 2점)
	2과목 : SQL 기본 및 활용	• SQL 기본 • SQL 활용 • SQL 최적화 기본 원리	40	
	50 문항 중 단답형 10 문항 이내 출제 포함			

※ 시험시간 : 90분(1시간 30분)

합격 기준

합격기준	과락기준
총점 100점 기준 60점 이상	과목별 40% 미만

출처: www.dbguide.net, https://www.dataq.or.kr/www/main.do

SQL과 데이터베이스 운영에 관련된 자격증은 각 DBMS 제조업체마다 가지고 있다. 마이크로소프트사는 SQL Server 2012, 2014 버전 제품을 대상으로 MCSA Microsoft Certified Solutions Associate, 그리고 고급 수준인 MCSE Microsoft Certified Solutions Expert 자격증을 발행하였으나 2021년 1월 31일 종료했다.

오라클의 경우 Oracle Certificate Program이란 이름으로 OCA Oracle Certified Associate, OCP Oracle Certified Professional, OCM Oracle Certified Master 등이 있는데, OCA가 가장 쉽고 OCP, OCM 순으로 등급이 올라간다. 보통 대학의 IT 학과를 졸업할 경우 조금 공부하면 OCP 자격증을 취득할 수 있다. OCM은 가장 어려우며 취득할 경우 취업이 보장된다.

CHAPTER 07
정규화

학습목표

- 데이터베이스 설계 과정에서 발생할 수 있는 이상현상의 종류와 원인을 알아본다.
- 함수 종속성의 개념을 이해하고 관련 규칙을 알아본다.
- 함수 종속성을 이용한 정규화 과정을 알아본다.

PREVIEW

데이터베이스 설계 과정을 거치면 테이블이 생성된다. 그러나 잘못 설계된 테이블에 삽입, 삭제, 수정 같은 작업을 하면 이상현상이 일어난다. 이상현상은 데이터베이스의 일관성을 훼손하여 데이터의 무결성을 깨뜨리는데, 이를 해결하려면 테이블의 속성 간의 함수 종속성을 파악하여 몇 가지 규칙에 따라 테이블을 분해해야 한다. 이처럼 잘못 설계된 테이블을 수정하여 정상으로 만드는 과정을 정규화라고 한다. 이 장에서는 이상현상, 함수 종속성, 정규화 등의 개념을 알아보고 사례를 통해 연습해 본다.

01 이상현상

1 이상현상의 개념

잘못 설계된 테이블로 삽입, 삭제, 수정 같은 데이터 조작을 하면 이상현상이 일어난다. 이상현상anomaly이란 테이블에 투플을 삽입할 때 부득이하게 NULL 값이 입력되거나, 삭제 시 연쇄삭제 현상이 발생하거나, 수정 시 데이터의 일관성이 훼손되는 현상을 말한다. 이 절에서는 이상현상의 개념을 알아보고 잘못 설계된 테이블을 예로 들어 이상현상이 어떻게 나타나는지 살펴본다.

건물을 지을 때 설계가 잘못되면 건물에 균열이 생겨 이용이 불편하거나 심지어 붕괴할 수 있다. 그렇다면 데이터베이스 설계가 잘못되는 경우 어떤 문제가 발생할까? 데이터베이스 설계가 잘못되면 이상현상, 즉 SQL 문의 결과가 틀리거나 원하는 결과가 나오지 않는 등의 문제가 발생한다.

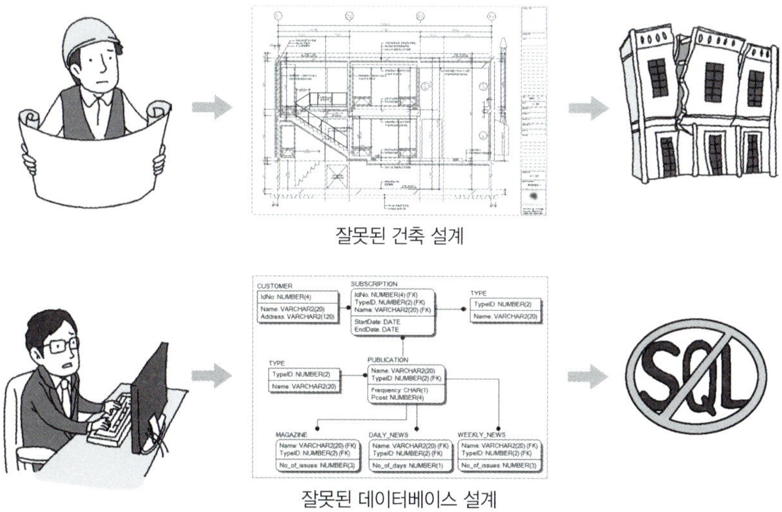

그림 7-1 건축과 데이터베이스의 설계 이상

2 이상현상의 예

잘못 설계된 데이터베이스가 어떤 이상현상을 일으키는지 살펴보자. [그림 7-2]는 대학의 학생 정보와 수강 정보를 저장하는 학생수강 테이블이다.

학생수강

학생번호	학생이름	학과	주소	강좌이름	강의실
501	박지성	컴퓨터과	영국 맨체스터	데이터베이스	공학관 110
401	김연아	체육학과	대한민국 서울	데이터베이스	공학관 110
402	장미란	체육학과	대한민국 강원도	스포츠경영학	체육관 103
502	추신수	컴퓨터과	미국 클리블랜드	자료구조	공학관 111
501	박지성	컴퓨터과	영국 맨체스터	자료구조	공학관 111

그림 7-2 학생수강 테이블

학생수강 테이블에서 필요한 정보를 찾을 때는 문제가 없다. 예를 들어 박지성 학생이 수강하는 과목이나 장미란 학생의 소속학과는 SELECT 문을 통해 찾을 수 있다. 그러나 삭제, 삽입, 수정 등 테이블에 저장된 내용을 조작할 때 문제가 발생한다. 어떤 문제가 발생하는지 살펴보자.

■ 삭제이상

장미란 학생이 스포츠경영학 과목을 수강 취소하여 DELETE 문으로 세 번째 투플을 삭제하였다. 그런데 삭제 후 장미란 학생의 학생번호, 학과, 주소 정보가 없어졌다. 스포츠경영학 수강을 취소하려 했던 의도는 달성되었지만, 장미란 학생의 기본 정보가 없어진 것이다. 삭제이상deletion anomaly이란 투플 삭제 시 같이 저장된 다른 정보까지 연쇄적으로 삭제되는 현상이다.

→ **연쇄삭제triggered deletion 문제 발생**

■ 삽입이상

박세리 학생이 체육학과에 입학하여 INSERT 문으로 (학생번호, 학생이름, 학과, 주소) 정보를 삽입하였다. 그런데 아직 수강신청은 하지 않은 상태라 (강좌이름, 강의실) 속성에는 NULL 값을 입력하였다. 여기서 NULL 값은 특별한 값으로 테이블에는 가능한 한 없어야 한다. 삽입이상insertion anomaly이란 투플 삽입 시 특정 속성에 해당하는 값이 없어 NULL 값을 입력해야 하는 현상이다.

→ **NULL 값 문제 발생**

TIP NULL 값은 데이터가 없음을 의미한다. 위 예의 경우 박세리 학생을 삽입한 후 'SELECT COUNT(*) FROM 학생수강;' 결과는 6이지만, 'SELECT COUNT(강좌이름) FROM 학생수강;' 결과는 5가 된다. 또 숫자 속성에 저장된 NULL 값은 0이 아니므로 NULL+3과 같은 사칙 연산의 결과는 NULL이 된다.

■ 수정이상

박지성 학생의 주소가 대한민국 서울로 바뀌었다. 보통 UPDATE 문으로 주소를 수정할 경우 두 군데 모두 바뀌지만, 만약 한 군데만 바뀐다면 문제가 된다. SELECT 문으로 조회했을 때 서로 다른 주소 값이 조회되어 데이터의 일관성이 깨지는 불일치 문제가 발생하기 때문이다. 수정이상update anomaly이란 투플 수정 시 중복으로 저장된 데이터 일부만 수정되어 데이터의 불일치 문제가 일어나는 현상이다.

→ 일관성 없음(Inconsistency) 문제 발생

학생번호	학생이름	학과	주소	강좌이름	강의실
501	박지성	컴퓨터과	영국 맨체스터	데이터베이스	공학관 110
401	김연아	체육학과	대한민국 서울	데이터베이스	공학관 110
402	장미란	체육학과	대한민국 강원도	스포츠경영학	체육관 103
502	추신수	컴퓨터과	미국 클리블랜드	자료구조	공학관 111
501	박지성	컴퓨터과	영국 맨체스터	자료구조	공학관 111
403	박세리	체육학과	대한민국 대전	NULL	NULL

DELETE
• 장미란 학생 삭제
• 연쇄삭제 문제

UPDATE
• 박지성 학생 주소 변경
• 불일치 문제

INSERT
• 박세리 학생 삽입
• NULL 값 문제

그림 7-3 데이터 조작과 이상현상

3 이상현상의 발생과 해결 예

실제 SQL 질의를 통해 잘못 설계된 테이블에 이상현상이 발생하는 경우와 잘못 설계된 테이블을 수정하여 이상현상이 발생하지 않는 경우를 살펴보자.

잘못 설계된 계절학기 수강 테이블 예

[그림 7-4]는 계절학기 수강 정보를 저장하는 Summer 테이블이다. 계절학기는 한 학생이 한 과목만 신청할 수 있다. Summer 테이블은 sid(학번), class(수강과목), price(수강료)로 구성되어 있으며, 한 학생이 한 과목만 신청할 수 있으므로 sid(학번)가 키가 된다.

Summer

sid	class	price
100	FORTRAN	20000
150	PASCAL	15000
200	C	10000
250	FORTRAN	20000

그림 7-4 Summer 테이블

Summer 테이블을 생성하고 데이터를 삽입하는 SQL 문은 다음과 같다.

파일명: c7_code01.sql

```
USE madang; /* 데이터베이스 이름 */
DROP TABLE Summer; /* 기존 테이블이 있으면 삭제 */

CREATE TABLE Summer
(sid INTEGER,
 class VARCHAR(20),
 price INTEGER
);

INSERT INTO Summer VALUES (100, 'FORTRAN', 20000);
INSERT INTO Summer VALUES (150, 'PASCAL', 15000);
INSERT INTO Summer VALUES (200, 'C', 10000);
INSERT INTO Summer VALUES (250, 'FORTRAN', 20000);

/* 생성된 Summer 테이블 확인 */
SELECT *
FROM   Summer;
```

	sid	class	price
1	100	FORTRAN	20000
2	150	PASCAL	15000
3	200	C	10000
4	250	FORTRAN	20000

마당대학에서는 Summer 테이블을 이용하여 다음과 같은 질의를 처리한다. 각 질의에 대한 SQL 문은 직접 실습해 보기 바란다.

표 7-1 Summer 테이블을 이용하여 처리하는 질의와 SQL 문

질의 내용	SQL 문
계절학기를 듣는 학생의 학번과 수강하는 과목은?	SELECT sid, class FROM Summer;
C 강좌의 수강료는?	SELECT price FROM Summer WHERE class='C';
수강료가 가장 비싼 과목은?	SELECT DISTINCT class FROM Summer WHERE price=(SELECT max(price) FROM Summer);
계절학기를 듣는 학생 수와 수강료 총액은?	SELECT COUNT(*), SUM(price) FROM Summer;

[표 7-1]과 같이 SELECT 문을 이용한 조회 작업은 별 문제 없이 처리할 수 있다. 그러나 데이터를 조작하는 작업의 경우 이상현상이 발생한다.

삭제이상

200번 학생이 수강신청을 취소하여 DELETE 문으로 관련 투플을 삭제하였다. 200번 학생의 수강신청은 잘 취소되었으나 한 가지 문제가 있다. 삭제 전에 조회할 수 있었던 C 강좌의 수강료를 조회할 수 없게 된 것이다. 학생의 수강신청을 취소하면서 수강료도 함께 삭제하였기 때문이다. [질의 7-1]을 보면서 이해해 보자.

질의 7-1

200번 학생의 계절학기 수강신청을 취소하시오.

풀이

```
/* C 강좌 수강료 조회 */
SELECT    price "C 수강료"
FROM      Summer
WHERE     class='C';
```

	C 수강료
1	10000

```
/* 200번 학생의 수강신청 취소 */
DELETE   FROM     Summer
WHERE    sid=200;

/* C 강좌 수강료 다시 조회 */

SELECT   price "C 수강료"
FROM     Summer
WHERE    class='C';
```

C 수강료

```
/* 다음 실습을 위해 200번 학생 자료 다시 입력 */
INSERT INTO Summer VALUES (200, 'C', 10000);
```

삽입이상

자바 강좌가 새로 개설되었다. 수강료는 25,000원이고 아직 신청한 학생은 없다. 자바 강좌를 추가하기 위해 INSERT 문을 사용하는데, 신청한 학생이 없어 학번에는 NULL 값을 입력하였다. NULL 값은 집계 함수 사용 시 원하지 않는 결과를 만들어 낸다. NULL 값이 포함된 테이블에 집계 함수를 사용하면 어떤 문제가 발생하는지 [질의 7-2]를 보면서 이해해 보자.

질의 7-2

계절학기에 새로운 자바 강좌를 개설하시오.

풀이

```
/* 자바 강좌 삽입 */
INSERT INTO Summer VALUES (NULL, 'JAVA', 25000);

/* Summer 테이블 조회 */
SELECT   *
FROM     Summer;
```

	sid	class	price
1	100	FORTRAN	20000
2	150	PASCAL	15000
3	200	C	10000
4	250	FORTRAN	20000
5	NULL	JAVA	25000

```
/* NULL 값이 있는 경우 주의할 질의: 투플은 다섯 개이지만 수강학생은 총 4명임 */
SELECT    COUNT(*) "수강인원"
FROM      Summer;
```

	수강인원
1	5

```
SELECT    COUNT(sid) "수강인원"
FROM      Summer;
```

	수강인원
1	4

```
SELECT    COUNT(*) "수강인원"
FROM      Summer
WHERE     sid IS NOT NULL;
```

	수강인원
1	4

수정이상

FORTRAN 강좌의 수강료가 20,000원에서 15,000원으로 변경되어 UPDATE 문을 이용하여 수정하였다. UPDATE 문은 조건에 맞는 값을 일괄 수정하지만, 조건을 잘못 주면 데이터 불일치 문제가 발생한다. [질의 7-3]의 세 번째 UPDATE 문을 보면 조건을 잘못 주어 FORTRAN 과목의 수강료가 두 개가 된 것을 볼 수 있다.

질의 7-3

FORTRAN 강좌의 수강료를 20,000원에서 15,000원으로 수정하시오.

풀이

```
/* FORTRAN 강좌 수강료 수정 */
UPDATE    Summer
SET       price=15000
WHERE     class='FORTRAN';

SELECT    *
FROM      Summer;
```

	sid	class	price
1	100	FORTRAN	15000
2	150	PASCAL	15000
3	200	C	10000
4	250	FORTRAN	20000
5	NULL	JAVA	25000

```
SELECT    DISTINCT price "FORTRAN 수강료"
FROM      Summer
WHERE     class='FORTRAN';
```

	FORTRAN 수강료
1	15000

```
/* 다음 실습을 위해 FORTRAN 강좌의 수강료를 다시 20,000원으로 복구 */
UPDATE    Summer
SET       price=20000
WHERE     class='FORTRAN';

/* 만약 UPDATE 문을 다음과 같이 작성하면 데이터 불일치 문제가 발생함 */
UPDATE    Summer
SET       price=15000
WHERE     class='FORTRAN' AND sid=100;

/* Summer 테이블을 조회해 보면 FORTRAN 강좌의 수강료가 한 건만 수정되었음 */
SELECT    *
FROM      Summer;
```

	sid	class	price
1	100	FORTRAN	15000
2	150	PASCAL	15000
3	200	C	10000
4	250	FORTRAN	20000
5	NULL	JAVA	25000

```
/* FORTRAN 수강료를 조회하면 두 건이 나옴(데이터 불일치 문제 발생) */
SELECT    price "FORTRAN 수강료"
FROM      Summer
WHERE     class='FORTRAN';
```

	FORTRAN 수강료
1	15000
2	20000

```
/* 다음 실습을 위해 FORTRAN 강좌의 수강료를 다시 20,000원으로 복구 */
UPDATE    Summer
SET       price=20000
WHERE     class='FORTRAN';

/* 다음 실습을 위해 sid가 NULL인 투플 삭제 */
DELETE
FROM      Summer
WHERE     sid IS NULL;
```

수정된 계절학기 수강 테이블

잘못 설계된 테이블이 어떤 이상현상을 보이는지 살펴보았다. 이제 테이블의 구조를 수정하여 이상현상이 발생하지 않도록 만들어 보자. Summer 테이블은 다음과 같이 SummerPrice와 SummerEnroll 테이블로 분리한다. SummerPrice 테이블은 과목에 대한 수강료 정보를 저장하며, SummerEnroll 테이블은 학생들의 수강신청 정보를 저장한다. 분리 전과 분리 후의 테이블은 [그림 7-5]와 같다.

Summer(sid, class, price)

sid	class	price
100	FORTRAN	20000
150	PASCAL	15000
200	C	10000
250	FORTRAN	20000

SummerPrice(class, price)

class	price
FORTRAN	20000
PASCAL	15000
C	10000

SummerEnroll(sid, class)

sid	class
100	FORTRAN
150	PASCAL
200	C
250	FORTRAN

그림 7-5 Summer 테이블의 분리

SummerPrice 테이블과 SummerEnroll 테이블을 생성하는 SQL 문은 다음과 같다.

파일명: c7_summer_new.sql

```
USE madang; /* 데이터베이스 이름 */

DROP TABLE SummerPrice; /* 기존 테이블이 있으면 삭제 */
DROP TABLE SummerEnroll; /* 기존 테이블이 있으면 삭제 */

/* SummerPrice 테이블 생성 */
CREATE TABLE SummerPrice(
  class VARCHAR(20),
  price INTEGER
);

INSERT INTO SummerPrice VALUES ('FORTRAN', 20000);
INSERT INTO SummerPrice VALUES ('PASCAL', 15000);
INSERT INTO SummerPrice VALUES ('C', 10000);

SELECT *
FROM   SummerPrice;
```

	class	price
1	FORTRAN	20000
2	PASCAL	15000
3	C	10000

```
/* SummerEnroll 테이블 생성 */
CREATE TABLE SummerEnroll
( sid INTEGER,
  class VARCHAR(20)
);

INSERT INTO SummerEnroll VALUES (100, 'FORTRAN');
INSERT INTO SummerEnroll VALUES (150, 'PASCAL');
INSERT INTO SummerEnroll VALUES (200, 'C');
INSERT INTO SummerEnroll VALUES (250, 'FORTRAN');

SELECT *
FROM SummerEnroll;
```

	sid	class
1	100	FORTRAN
2	150	PASCAL
3	200	C
4	250	FORTRAN

분해된 테이블을 이용하여 다음과 같은 질의를 처리해 보자. 각 질의에 대한 SQL 문은 직접 실습해 보기 바란다.

표 7-2 SummerPrice 테이블과 SummerEnroll 테이블을 이용하여 처리하는 질의와 SQL 문

질의 내용	SQL 문
계절학기를 듣는 학생의 학번과 수강하는 과목은?	SELECT sid, class FROM SummerEnroll;
C 강좌의 수강료는?	SELECT price FROM SummerPrice WHERE class='C';
수강료가 가장 비싼 과목은?	SELECT DISTINCT class FROM SummerPrice WHERE price=(SELECT MAX(price) FROM SummerPrice);
계절학기를 듣는 학생 수와 수강료 총액은?	SELECT count(*), SUM(price) FROM SummerPrice, SummerEnroll WHERE SummerPrice.class=SummerEnroll.class;

[표 7-2]와 같은 조회 작업은 앞의 예와 마찬가지로 SELECT 문을 이용해 별 문제 없이 처리할 수 있다. 이제 분해된 테이블로 앞의 예와 같은 이상현상이 나타나는지 살펴보자.

■ 삭제이상 없음

200번 학생이 수강신청을 취소하여 DELETE 문으로 관련 투플을 삭제하였다. 200번 학생의 수강신청은 잘 취소되었고, 앞의 예에서 나타났던 연쇄삭제 현상은 나타나지 않았다. 여전히 C 강좌의 수강료는 조회 가능하다.

질의 7-4

200번 학생의 계절학기 수강신청을 취소하시오.

풀이

```
SELECT    price "C 수강료"
FROM      SummerPrice
WHERE     class='C';
```

	C 수강료
1	10000

```
DELETE    FROM      SummerEnroll
WHERE     sid=200;

SELECT    *
FROM      SummerEnroll;
```

	sid	class
1	100	FORTRAN
2	150	PASCAL
3	250	FORTRAN

```
/* C 강좌의 수강료가 존재하는지 확인 */
SELECT    price "C 수강료"
FROM      SummerPrice
WHERE     class='C';
```

	C 수강료
1	10000

■ 삽입이상 없음

자바 강좌가 새로 개설되었다. 수강료는 25,000원이고 아직 신청한 학생은 없다. INSERT 문을 이용하여 SummerPrice 테이블에 자바 강좌와 수강료 25,000원을 삽입한다. 아직 신청한 학생은 없지만, NULL 값을 입력할 필요는 없다.

질의 7-5

계절학기에 새로운 자바 강좌를 개설하시오.

풀이

```
/* 자바 강좌 삽입, NULL 값을 입력할 필요 없음 */
INSERT INTO SummerPrice VALUES ('JAVA', 25000);

SELECT   *
FROM     SummerPrice;
```

	class	price
1	FORTRAN	20000
2	PASCAL	15000
3	C	10000
4	JAVA	25000

```
/* 수강신청 정보 확인 */
SELECT   *
FROM     SummerEnroll;
```

	sid	class
1	100	FORTRAN
2	150	PASCAL
3	250	FORTRAN

■ 수정이상 없음

FORTRAN 과목의 수강료가 20,000원에서 15,000원으로 변경되어 UPDATE 문을 이용하여 수정하였다. FORTRAN 과목의 수강료는 하나만 저장되어 있으므로 수정 후 데이터의 불일치를 우려할 필요가 없다.

질의 7-6

FORTRAN 강좌의 수강료를 20,000원에서 15,000원으로 수정하시오.

풀이

```
UPDATE    SummerPrice
SET       price=15000
WHERE     class='FORTRAN';

SELECT    price "FORTRAN 수강료"
FROM      SummerPrice
WHERE     class='FORTRAN';
```

	FORTRAN 수강료
1	15000

02 함수 종속성

1 함수 종속성의 개념

이상현상이 발생하는 테이블을 수정하여 정상으로 만드는 과정을 정규화normalization라고 한다. 정규화를 하기 위해서는 먼저 테이블을 분석하여 기본키와 함수 종속성을 파악해야 한다. 다음 예를 보면서 함수 종속성의 개념을 이해해 보자.

TIP 릴레이션과 테이블은 같은 의미로 쓰이는 용어이지만, 릴레이션은 수학의 릴레이션에 기초한 용어로 구조를 강조하는 측면이 있고, 테이블은 실무에서 많이 사용하는 용어로 구조보다는 데이터를 강조하는 측면이 있다. 함수 종속성은 릴레이션 구조에 관한 이론적인 내용을 많이 포함하고 있다. 여기서부터는 테이블 대신 릴레이션이라는 용어를 사용한다. 또 행, 열 대신 투플, 속성이라는 용어를 사용한다.

다음은 마당대학의 학생 정보와 수강 정보를 저장하는 학생수강성적 릴레이션이다.

학생수강성적

학생번호	학생이름	주소	학과	학과사무실	강좌이름	강의실	성적
501	박지성	영국 맨체스터	컴퓨터과	공학관 101	데이터베이스	공학관 110	3.5
401	김연아	대한민국 서울	체육학과	체육관 101	데이터베이스	공학관 110	4.0
402	장미란	대한민국 강원도	체육학과	체육관 101	스포츠경영학	체육관 103	3.5
502	추신수	미국 클리블랜드	컴퓨터과	공학관 101	자료구조	공학관 111	4.0
501	박지성	영국 맨체스터	컴퓨터과	공학관 101	자료구조	공학관 111	3.5

그림 7-6 학생수강성적 릴레이션

학생수강성적 릴레이션의 각 속성 사이에는 의존성이 존재한다. 예를 들어 강좌이름이 '데이터베이스'인 경우 강의실은 '공학관 110'호 한 곳뿐이다. 반면 학생이름이 '박지성'인 경우 강좌이름은 '데이터베이스'도 있고 '자료구조'도 있다. 강의실은 강좌이름만 알면 바로 알 수 있지만 강좌이름은 학생이름만으로 바로 알 수 없다.

이처럼 어떤 속성 A의 값을 알면 다른 속성 B의 값이 유일하게 정해지는 의존 관계를 '속성 B는 속성 A에 종속한다dependent' 혹은 '속성 A는 속성 B를 결정한다determine'라고 한다. 이 관계를 'A → B'로 표기하며, A는 B의 결정자determinant라고 한다. 학생수강성적 릴레이션에서 종속관계에 있는 예는 다음과 같다.

학생번호 → 학생이름

학생번호 → 주소

강좌이름 → 강의실

학과 → 학과사무실

종속하지 않는 예는 다음과 같다. 한 속성값에 대해 두 개 이상의 값이 있는 경우이다.

학생이름 → 강좌이름

학과 → 학생번호

또 종속하는 것처럼 보이지만 주의 깊게 보면 그렇지 않은 예도 있다.

학생이름 → 학과

현재 상태에서는 학생이름을 알면 바로 학과를 알 수 있지만, 만약 동명이인인 김연아 학생이 컴퓨터과에 등록한다면 학생이름만으로 학과를 알 수 없다. 함수 종속성을 판단할 때는 릴레이션의 현재 인스턴스(데이터)만을 가지고 판단하는 것이 아니라 속성이 갖는 의미를 가지고 판단해야 한다.

학생수강성적 릴레이션의 종속관계 몇 개만 살펴보면 [그림 7-7]과 같다. 종속관계이면 연결하는 선에 O를, 그렇지 않으면 X를 표시하였다.

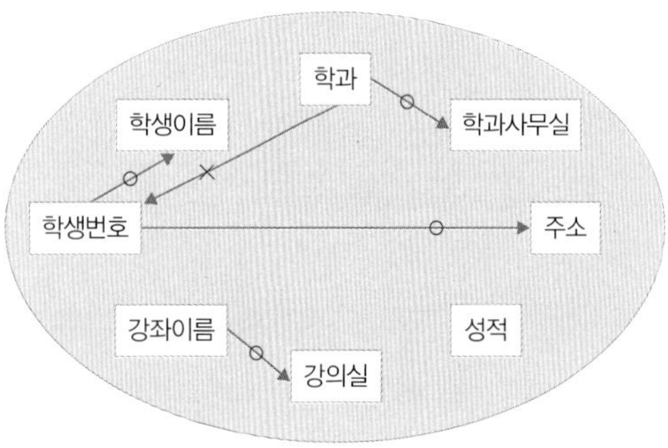

그림 7-7 학생수강성적 릴레이션의 종속관계

수학에서 변수 x와 y 사이에 x값이 정해지면 y값이 정해지는 관계를 'y는 x의 함수'라고 한다. 마찬가지로 '학생번호 → 주소'와 같이 왼쪽 속성의 모든 값에 대하여 오른쪽 속성의 값이 유일하게 결정될 때 '함수적으로 종속한다functionally dependent'라고 한다. 릴레이션의 속성 간에 함수적으로 종속하는 성질을 '함수 종속성functional dependency' 혹은 원어를 모두 해석하여 '함수적 종속성'이라고 한다.

▶ **정의 함수 종속성(Functional Dependency, FD)**

릴레이션 R과 R에 속하는 속성의 집합 X, Y가 있을 때, X 각각의 값이 Y의 값 한 개와 대응이 될 때 'X는 Y를 함수적으로 결정한다'라고 하고 X → Y로 표기한다. 이때 X를 결정자determinant라고 하고, Y를 종속 속성dependent attribute이라고 한다. 함수 종속성은 보통 릴레이션 설계 때 속성의 의미로부터 정해진다.

2 함수 종속성 다이어그램

함수 종속성을 나타내는 표기법으로 함수 종속성 다이어그램functional dependency diagram이 있다. 함수 종속성 다이어그램은 릴레이션의 속성을 직사각형, 속성 간의 함수 종속성을 화살표로 나타낸다. 복합 속성의 경우 직사각형으로 묶어서 그린다.

학생수강성적 릴레이션에서 함수 종속성을 찾아 정리하면 다음과 같다. 한 가지 주의 깊게 봐야 할 점은 결정자가 복합 속성일 수 있다는 점이다. 예를 들어 학생번호와 강좌이름을 합하여 보면 성적을 알 수 있다.

학생번호 → 학생이름
학생번호 → 학과
학생번호 → 주소
학과 → 학과사무실
강좌이름 → 강의실
(학생번호, 강좌이름) → 성적

이를 다이어그램으로 표현하면 [그림 7-8]과 같다.

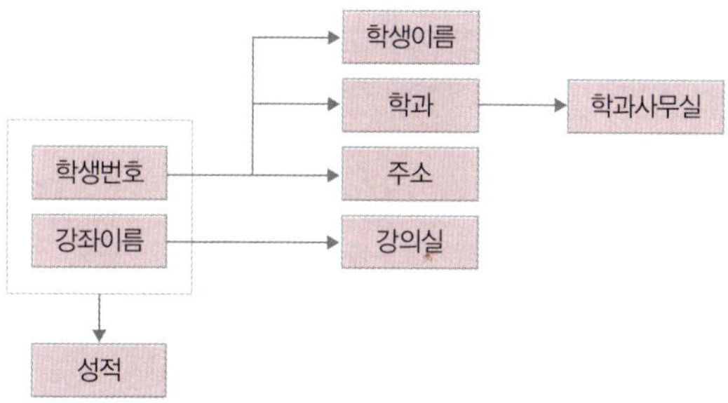

그림 7-8 학생수강성적 릴레이션의 함수 종속성 다이어그램

3 함수 종속성 규칙

릴레이션에는 당연히 성립하는 종속관계가 있다. 'X → X'와 같은 자기 자신에 대한 것이다. 또 릴레이션에 존재하는 모든 종속관계의 집합 {X → Y, ……}을 구하면 이 집합으로부터 유도할 수 있는 종속관계가 있다. 다음은 이러한 함수 종속성 규칙에 대한 정의이다.

▶ **정의 함수 종속성 규칙(functional dependency rule)**

X, Y, Z가 릴레이션 R에 포함된 속성의 집합이라고 할 때, 함수 종속성에 관한 다음과 같은 규칙이 성립한다.

- 부분집합Subset 규칙: if Y ⊆ X, then X → Y
- 증가Augmentation 규칙: If X → Y, then XZ → YZ
- 이행Transitivity 규칙: If X → Y and Y → Z, then X → Z

위 세 가지 규칙으로부터 부가적으로 다음의 규칙을 얻을 수 있다.

- 결합Union 규칙: If X → Y and X → Z, then X → YZ
- 분해Decomposition 규칙: If X → YZ, then X → Y and X → Z
- 유사이행Pseudotransitivity 규칙: If X → Y and WY → Z, then WX → Z

TIP 함수 종속성 규칙은 1974년 윌리엄 암스트롱(William Armstrong)이 연구하였다. 그래서 '암스트롱의 공리'라고도 한다.

위 함수 종속성 규칙을 이용하여 학생수강성적 릴레이션에서 유도할 수 있는 종속관계를 찾아보면 [표 7-3]과 같다.

표 7-3 학생수강성적 릴레이션에 함수 종속성 규칙을 적용한 예

적용 규칙	사례	설명
부분집합 규칙	(학과, 주소) → 학과	학과는 (학과, 주소)의 부분집합 속성이므로, '(학과, 주소) → 학과' 성립
증가 규칙	(학생번호, 강좌이름) → (학생이름, 강좌이름)	'학생번호 → 학생이름'이므로 강좌이름을 추가하여, '(학생번호, 강좌이름) → (학생이름, 강좌이름)' 성립
이행 규칙	학생번호 → 학과사무실	'학생번호 → 학과', '학과 → 학과사무실'이므로 이행 규칙을 적용하여, '학생번호 → 학과사무실' 성립
결합 규칙	학생번호 → (학생이름, 주소)	'학생번호 → 학생이름', '학생번호 → 주소'이므로 결합 규칙을 적용하여, '학생번호 → (학생이름, 주소)' 성립
분해 규칙	학생번호 → 학생이름, 학생번호 → 주소	'학생번호 → (학생이름, 주소)'이므로 분해하여, '학생번호 → 학생이름', '학생번호 → 주소' 성립
유사이행 규칙	(강좌이름, 학생이름) → 성적	'학생이름 → 학생번호'(학생이름이 같은 경우가 없다고 가정한다), '(강좌이름, 학생번호) → 성적'이므로 유사이행 규칙을 적용하여, '(강좌이름, 학생이름) → 성적' 성립

4 함수 종속성과 기본키

릴레이션의 함수 종속성을 파악하기 위해서는 우선 기본키를 찾아야 한다. 기본키가 함수 종속성에서 어떤 역할을 하는지 알면 이상현상을 제거하는 정규화 과정을 쉽게 이해할 수 있다.

▶ **정의 함수 종속성과 기본키**

릴레이션 R(K, A1, A2, A3, ..., An)에서 K가 기본키이면, K → R이 성립한다. 즉 기본키는 릴레이션의 모든 속성에 대한 결정자determinant이다.

릴레이션이 R(K, A, B, C)로 구성되어 있고 K가 기본키라고 하자. 릴레이션에서 기본키값은 유일하므로 같은 값을 갖는 K는 없다. 기본키 K의 k 값에 대하여 속성 A의 값이 a1, a2를 갖는 경우는 없다(하나의 기본키값에 대하여 두 개 이상의 투플이 존재하지 않는다). 그러므로 K → A, K → B, K → C가 성립한다. 여기에 함수 종속성 규칙을 적용하면 K → KABC가 성립하므로 K → R임을 알 수 있다.

[그림 7-9]의 학생 릴레이션을 보면서 이해해 보자. 이름이 같은 학생이 없다고 가정하면, '이름 → 학과, 이름 → 주소, 이름 → 취득학점'이므로 '이름 → 이름, 학과, 주소, 취득학점'이 성립한다. 즉 이름 속성이 학생 릴레이션의 전체를 결정한다.

학생

이름	학과	주소	취득학점
박지성	컴퓨터과	영국 맨체스터	92
김연아	체육학과	대한민국 서울	95
장미란	체육학과	대한민국 강원도	98
추신수	컴퓨터과	미국 클리블랜드	99

그림 7-9 학생 릴레이션

5 이상현상과 결정자

이상현상은 한 개의 릴레이션에 두 개 이상의 정보가 포함되어 있을 때 나타난다. 학생수강성적 릴레이션의 경우 학생 정보(학생번호, 학생이름, 주소, 학과)와 강좌 정보(강좌이름, 강의실)가 한 릴레이션에 포함되어 있기 때문에 이상현상이 나타난다.

학생수강성적

학생번호	학생이름	주소	학과	학과사무실	강좌이름	강의실	성적
501	박지성	영국 맨체스터	컴퓨터과	공학관 101	데이터베이스	공학관 110	3.5
401	김연아	대한민국 서울	체육학과	체육관 101	데이터베이스	공학관 110	4.0
402	장미란	대한민국 강원도	체육학과	체육관 101	스포츠경영학	체육관 103	3.5
502	추신수	미국 클리블랜드	컴퓨터과	공학관 101	자료구조	공학관 111	4.0
501	박지성	영국 맨체스터	컴퓨터과	공학관 101	자료구조	공학관 111	3.5

그림 7-10 학생수강성적 릴레이션

[그림 7-11]은 학생수강성적 릴레이션의 함수 종속성 다이어그램이다. 그림에서 알 수 있듯이 기본키는 (학생번호, 강좌이름)의 복합키이다. 여기서 (강좌이름, 강의실)만 따로 보면 '강좌이름'이 이 부분 릴레이션sub-relation의 기본키가 된다. 또 (학생번호, 학생이름, 학과, 주소)만 따로 보면 '학생번호'가 이 부분 릴레이션의 기본키가 된다. 즉 학생수강성적 릴레이션의 기본키를 제외한 다른 속성이 부분 릴레이션을 형성하고 있으며, 각 부분 릴레이션의 기본키이다.

학생수강성적 릴레이션에서 함수 종속성을 모두 살펴보면 결정자는 '(학생번호, 강좌이름)', '학생번호', '강좌이름', '학과'이다. '(학생번호, 강좌이름)'은 기본키이면서 결정자이다. 반면 '학생번호', '강좌이름', '학과'는 기본키가 아니면서 결정자이다. 이상현상은 기본키(후보키)가 아니면서 결정자인 속성(비후보키 결정자 속성)이 있을 때 발생한다.

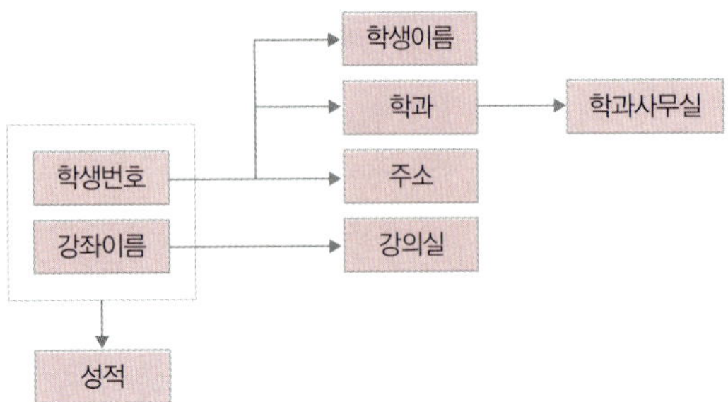

그림 7-11 학생수강성적 릴레이션의 함수 종속성 다이어그램

학생수강성적 릴레이션에서 부분 릴레이션을 분해해 보자. 분해할 때 부분 릴레이션의 결정자는 원래 릴레이션에 남겨 두어야 한다. 그래야 분해된 부분 릴레이션이 원래 릴레이션과 관계를 형성할 수 있다.

■ 1단계: 학생수강성적 릴레이션에서 (강좌이름, 강의실)을 분리

학생수강성적1(학생번호, 학생이름, 학과, 주소, 강좌이름, 성적, 학과사무실)

강의실(강좌이름, 강의실)

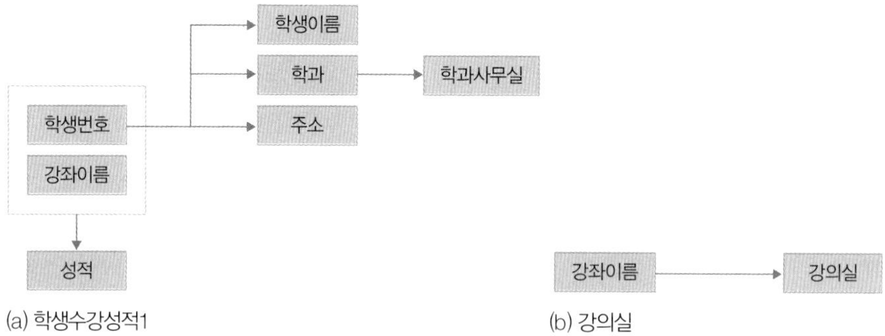

그림 7-12 1단계 분해

■ 2단계: 학생수강성적1 릴레이션에서 (학과, 학과사무실)을 분리

학생수강성적2(학생번호, 학생이름, 학과, 주소, 학과사무실, 강좌이름, 성적)

학과(학과, 학과사무실)

강의실(강좌이름, 강의실)

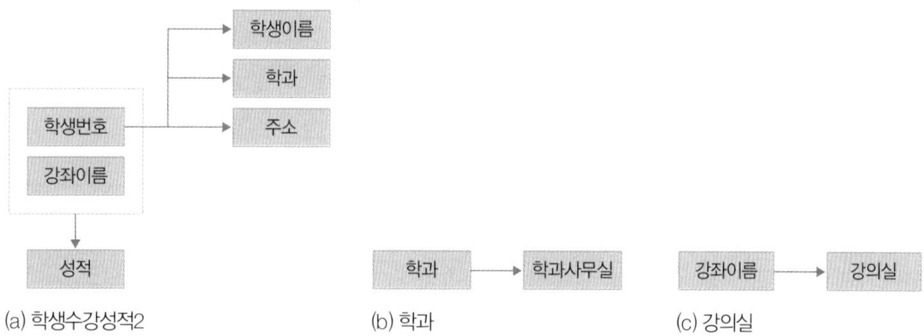

그림 7-13 2단계 분해

■ **3단계: 학생수강성적2 릴레이션에서 (학생번호, 학생이름, 학과, 성적)을 분리**

학생성적(학생번호, 강좌이름, 성적)
학생(학생번호, 학생이름, 학과, 주소)
학과(학과, 학과사무실)
강의실(강좌이름, 강의실)

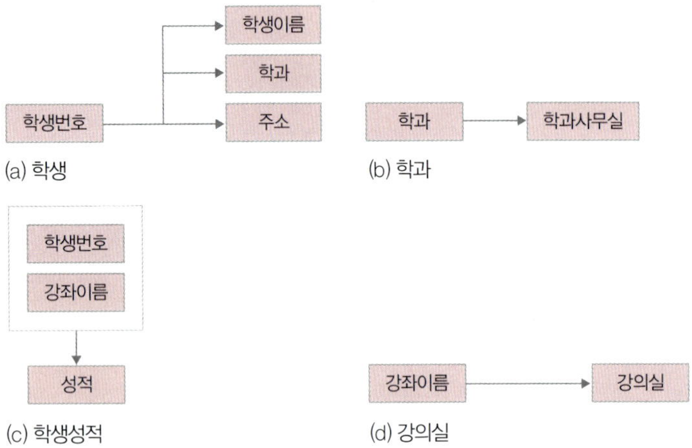

그림 7-14 최종 분해 결과

최종 분해된 모습은 [그림 7-14]와 같다. 분해된 네 개의 릴레이션에서는 더 이상 이상현상이 발생하지 않는다. 또한 데이터 간의 관계를 유지하는 공통 속성을 가지고 있으므로 조인하면 원래 릴레이션의 모든 정보를 찾을 수 있다.

6 함수 종속성 예제

함수 종속성은 보통 릴레이션을 설계할 때 속성의 의미를 보고 파악하지만, 역으로 릴레이션에 저장된 속성값을 보고 추정할 수 있다. 다음 예제를 통해 속성의 의미가 주어지지 않은 릴레이션에서 함수 종속성을 찾아보자.

예제 7-1

다음 릴레이션 R에서 주어진 함수 종속성이 성립하는지 살펴보시오.

R

A	B	C
b	c	h
e	i	f
g	i	f
e	b	a

[함수 종속성]

① A → B

② B → C

③ (B, C) → A

④ (A, B) → C

풀이 ① A → B: 성립하지 않는다. A의 e에 대해 B의 i와 b가 대응한다.

② B → C: 성립한다. B 값에 대하여 C의 값이 한 개씩만 대응한다.

③ (B, C) → A: 성립하지 않는다. (i, f) 값에 대하여 e와 g가 대응한다.

④ (A, B) → C: 성립한다. 모든 투플의 (A, B) 값이 다르다.

예제 7-2

다음 릴레이션 R에서 성립하는 함수 종속성을 모두 찾아보시오.

R

A	B	C	D
a1	b4	c1	d6
a1	b2	c4	d5
a2	b4	c1	d4
a2	b2	c4	d3
a2	b3	c2	d2

풀이 결정자가 한 개인 경우: B → C, C → B, D → A, D → B, D → C

결정자가 두 개인 경우: AB → C, AB → D, AC → B, AC → D, AD → B, AD → C,
BD → A, BD → C, CD → A, CD → B

결정자가 세 개인 경우: ABC → D, ABD → C, ACD → B, BCD → A

[예제 7-2]에서는 한 릴레이션의 함수 종속 X → Y에서 가능한 X의 경우의 수는 많다. 그러나 이러한 함수 종속성을 모두 찾을 필요는 없다. 예를 들어 D → A가 성립한다면 함수 종속성 규칙에 따라 결정자 D쪽에 어떤 속성을 추가해도 함수 종속성은 성립한다. 따라서 D → A가 성립하면 BD → A, CD → A는 당연히 성립한다. 같은 방법으로 결정자가 세 개인 경우까지 찾아내면 더는 찾을 필요가 없다. 위 풀이의 정답은 함수 종속성 규칙으로 유추되는 종속성을 제외하고 원래 내재한 함수 종속만 적어 주면 된다.

B → C, C → B, D → A, D → B, D → C, AB → D, AC → D

03 정규화

1 정규화 개념

이상현상의 원인은 여러 가지가 있는데, 대부분 두 가지 이상의 정보가 한 릴레이션에 저장되어 있으므로 발생한다. 따라서 이상현상은 릴레이션을 분해하여 제거한다. 분해된 릴레이션에 이상현상이 남아 있다면 이상현상이 없어질 때까지 분해한다. 이상현상이 발생하는 릴레이션을 분해하여 이상현상을 없애는 과정을 정규화normalization라고 한다.

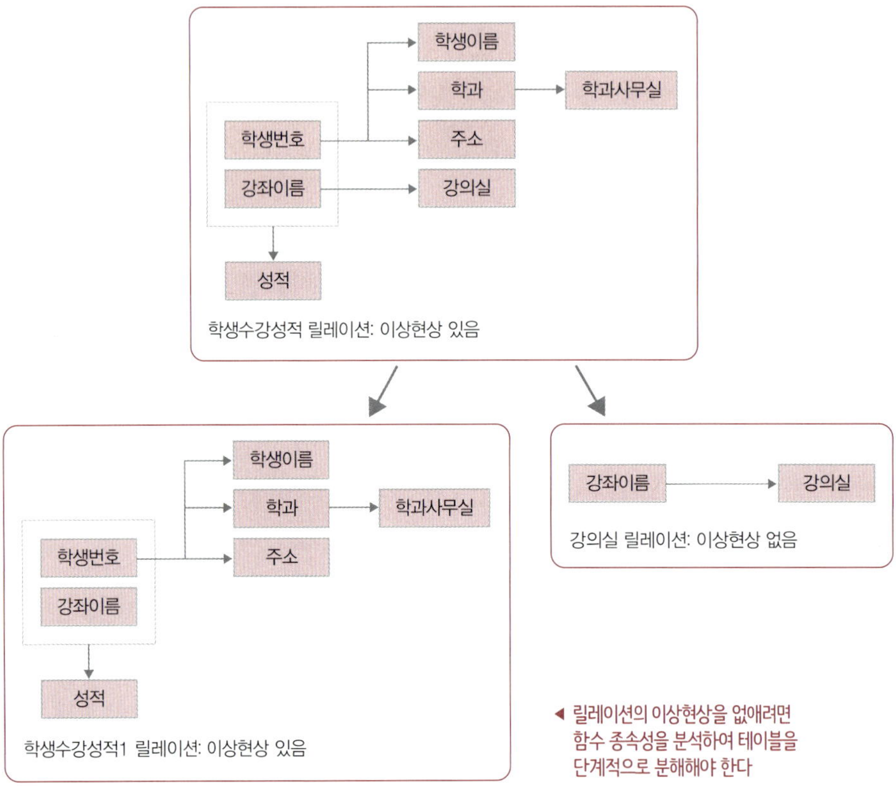

◀ 릴레이션의 이상현상을 없애려면 함수 종속성을 분석하여 테이블을 단계적으로 분해해야 한다

그림 7-15 릴레이션의 분해 과정

2 정규화 과정

이상현상이 있는 릴레이션은 이상현상을 일으키는 함수 종속성의 유형에 따라 등급을 구분할 수 있다. 예를 들면 [그림 7-16]과 같이 이동수단의 유형에 따라 안전도 등급을 구분할 수 있는 것과 비슷하다. 릴레이션은 정규형이라는 개념으로 구분한다. 정규형이 높을수록 이상현상은 줄어든다.

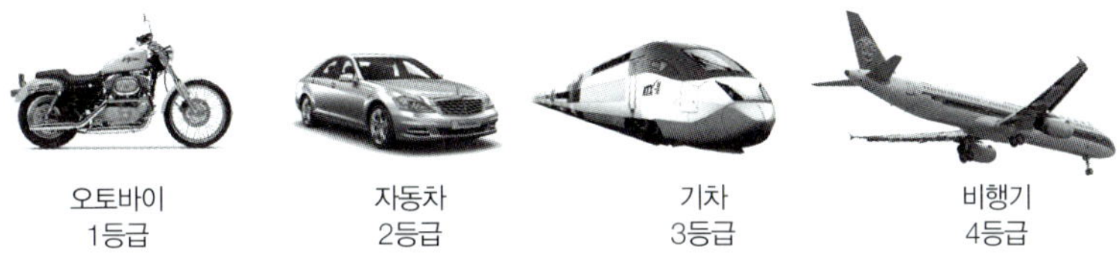

(a) 이동수단의 유형에 따른 안전도 등급의 구분: 등급이 높을수록 빠르고 안전하다.

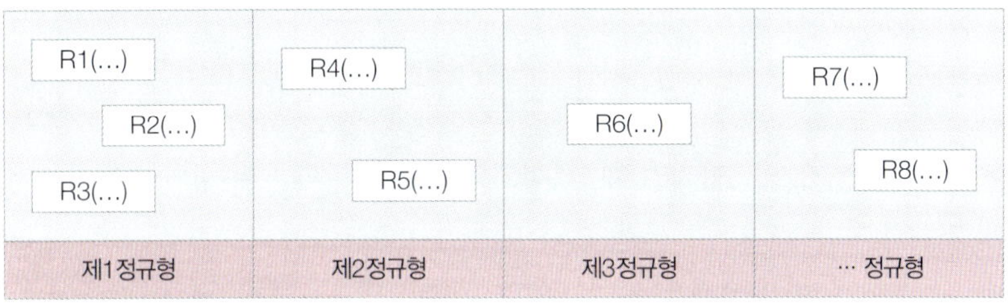

(b) 함수 종속성의 유형에 따른 등급의 구분: 정규형이 높을수록 이상현상은 줄어든다.

그림 7-16 이동수단과 릴레이션의 등급 구분

제1 정규형

제1 정규형은 릴레이션의 속성값이 원자값이어야 한다는 조건으로 정의는 다음과 같다.

▶ **정의 제1 정규형**

릴레이션 R의 모든 속성값이 원자값을 가지면 제1 정규형이라고 한다.
A relation in which the intersection of each row and column contains one and only one value.

■ 제1정규형으로 변환

관계 데이터베이스에서 릴레이션의 속성값은 반드시 원자값이어야 한다. [그림 7-17]의 고객취미들(이름, 취미들) 릴레이션을 보자. 추신수 선수의 취미가 (영화, 음악)으로 원자값이 아니다. 속성값이 원자값이 아닐 경우 원자값을 갖도록 변환해 주어야 한다. 고객취미들(이름, 취미들) 릴레이션을 고객취미(이름, 취미) 릴레이션으로 바꾸어 저장하면 제1정규형을 만족한다.

고객취미들(이름, 취미들)

→ 고객취미(이름, 취미)

고객취미들(이름, 취미들)

이름	취미들
김연아	인터넷
추신수	영화, 음악
박세리	음악, 쇼핑
장미란	음악
박지성	게임

고객취미(이름, 취미)

이름	취미
김연아	인터넷
추신수	영화
추신수	음악
박세리	음악
박세리	쇼핑
장미란	음악
박지성	게임

그림 7-17 속성값이 원자값을 갖도록 분해

제2정규형

제2정규형은 릴레이션의 기본키가 복합키일 때, 복합키의 일부분이 다른 속성의 결정자인지 아닌지를 판단하는 것이다.

▶ **정의 제2정규형**

릴레이션 R이 제1정규형이고 기본키가 아닌 속성이 기본키에 완전 함수 종속일 때 제2정규형이라고 한다.
A relation that is in first normal form and every non-primary key attribute is fully functionally dependent on the primary key.

TIP 제2정규형은 기본키 외에 후보키가 있을 경우를 고려하여 일반적으로 다음과 같이 정의한다.

제2정규형 : 릴레이션 R이 제1정규형이고, 릴레이션 스키마 R의 모든 비주요 속성(non-primary)이 후보키에 완전 함수 종속일 때 제2정규형이라고 한다. 릴레이션의 비주요 속성이란 후보키에 속하지 않는 속성을 말한다.

제2정규형을 이해하기 위해서는 완전 함수 종속의 개념을 이해해야 한다.

▶ **정의 완전 함수 종속**full functional dependency

A와 B가 릴레이션 R의 속성이고 A → B 종속성이 성립할 때, B가 A의 속성 전체에 함수 종속하고 부분집합 속성에 함수 종속하지 않을 경우 완전 함수 종속이라고 한다.

반면, A → B 종속성에서 A의 속성 일부를 제거해도 종속성이 여전히 성립하는 경우 불완전 함수 종속 혹은 부분 함수 종속partial functional dependency이라고 한다. 예를 들어 (A1, A2)→ B 종속성에서 A2를 제거했는데도 A1 → B가 여전히 성립한다면 불완전 함수 종속이다.

[그림 7-18]의 수강강좌(학생번호, 강좌이름, 강의실, 성적) 릴레이션을 보자. 수강강좌 릴레이션은 수강 정보와 강의실 정보를 저장한다.

수강강좌

학생번호	강좌이름	강의실	성적
501	데이터베이스	공학관 110	3.5
401	데이터베이스	공학관 110	4.0
402	스포츠경영학	체육관 103	3.5
502	자료구조	공학관 111	4.0
501	자료구조	공학관 111	3.5

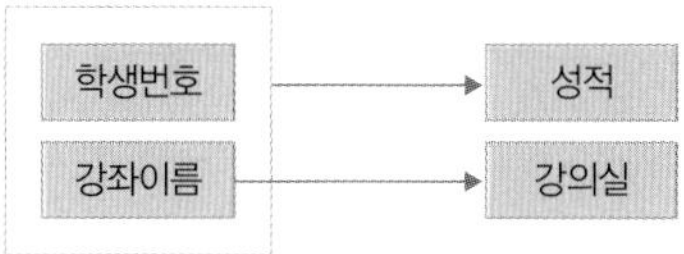

그림 7-18 수강강좌 릴레이션

■ 이상현상

수강강좌 릴레이션의 기본키는 (학생번호, 강좌이름)이며, 기본키의 일부인 강좌이름 속성이 강의실을 결정하는 '강좌이름 → 강의실' 종속관계를 가지고 있다.

- **삭제이상:** 402번 학생이 수강을 취소하면 스포츠경영학 과목의 강의실에 대한 정보가 사라진다.
- **삽입이상:** 컴퓨터입문 과목이 개설되어 공학관 112호를 사용하게 되었는데 아직 신청한 학생이 없다. 이 경우 수강강좌 릴레이션에 학생번호와 성적을 NULL 값으로 삽입해야 하는 문제가 발생한다.
- **수정이상:** 데이터베이스 강의실을 공학관 113호로 변경할 경우 데이터 불일치가 발생할 가능성이 있다.

■ 이상현상의 원인

이상현상의 원인은 수강강좌 릴레이션의 함수 종속성 다이어그램을 보면 알 수 있다. 수강강좌 릴레이션의 기본키는 (학생번호, 강좌이름)이고, 기본키가 아닌 속성은 성적, 강의실이다. 성적과 강의실은 모두 기본키에 함수적으로 종속되어 있지만, 강의실은 기본키의 일부인 강좌이름에 한 번 더 종속되어 있다. 즉, 기본키 (학생번호, 강좌이름)의 부분집합인 강좌이름에 종속된다. 이처럼 기본키가 아닌 속성이 기본키에 완전 함수 종속이 아닌 불완전 함수 종속되어 있으면 이상현상이 발생한다. (학생번호, 강좌이름) → 강의실 종속성의 경우 학생번호를 제거해도 '강좌이름 → 강의실' 종속성은 여전히 성립한다.

■ 제2정규형으로 변환

수강강좌 릴레이션에서 이상현상을 일으키는 (강좌이름, 강의실)을 분해하면 [그림 7-19]와 같다.

수강강좌(학생번호, 강좌이름, 강의실, 성적)
→ 수강(학생번호, 강좌이름, 성적), 강의실(강좌이름, 강의실)

수강

학생번호	강좌이름	성적
501	데이터베이스	3.5
401	데이터베이스	4.0
402	스포츠경영학	3.5
502	자료구조	4.0
501	자료구조	3.5

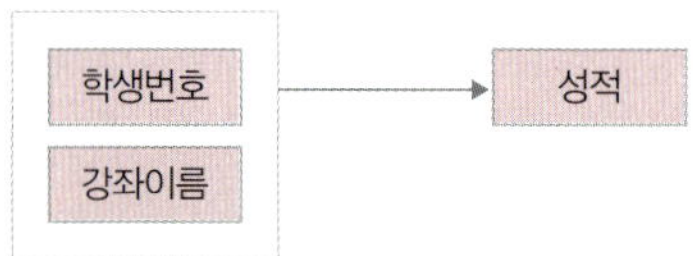

강의실

강좌이름	강의실
데이터베이스	공학관 110
스포츠경영학	체육관 103
자료구조	공학관 111

그림 7-19 수강강좌 릴레이션을 수강, 강의실 릴레이션으로 분해

제3정규형

제3정규형은 속성들이 이행적transitive으로 종속되어 있는지를 판단하는 것이다.

▶ **정의 제3정규형**

릴레이션 R이 제2정규형이고 기본키가 아닌 속성이 기본키에 비이행적non-transitive으로 종속할 때(직접 종속) 제3정규형이라고 한다. 이행적 종속이란 A → B, B → C가 성립할 때 A → C가 성립되는 함수 종속성을 말한다.
A relation that is in first and second normal form and in which no non-primary key is transitively dependent on the primary key.

TIP 제3정규형은 기본키 외에 후보키가 있을 경우를 고려하여 일반적으로 다음과 같이 정의한다.

제3정규형 : 릴레이션 R이 제2정규형이고, 릴레이션 스키마 R의 모든 비주요 속성(non-primary)이 후보키에 비이행적으로 종속할 때 제3정규형이라고 한다. 릴레이션의 비주요 속성이란 후보키에 속하지 않는 속성을 말한다.

[그림 7-20]의 계절학기(학생번호, 강좌이름, 수강료) 릴레이션을 보자. 계절학기 릴레이션은 수강 정보와 수강료 정보를 저장한다. 단, 계절학기이기 때문에 학생은 한 강좌만 신청할 수 있다고 가정한다.

계절학기

학생번호	강좌이름	수강료
501	데이터베이스	20000
401	데이터베이스	20000
402	스포츠경영학	15000
502	자료구조	25000

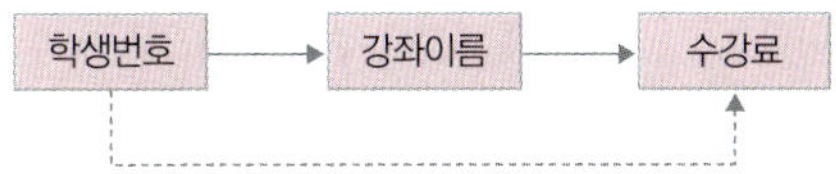

그림 7-20 계절학기 릴레이션

■ 이상현상

이상현상은 릴레이션의 기본키가 아닌 강좌이름이 수강료를 결정하는 종속관계에서 발생한다.

- **삭제이상:** 402번 학생이 수강을 취소하면 스포츠경영학 과목의 수강료에 대한 정보가 사라진다.
- **삽입이상:** 컴퓨터입문 과목이 개설되어 수강료 15,000원을 삽입해야 하는데, 아직 신청한 학생이 없어 학생번호를 NULL 값으로 삽입해야 하는 문제가 발생한다.
- **수정이상:** 데이터베이스 수강료를 15,000원으로 변경할 경우 데이터 불일치가 발생할 가능성이 있다.

■ 이상현상의 원인

이상현상의 원인은 계절학기 릴레이션의 함수 종속성 다이어그램을 보면 알 수 있다. 계절학기 릴레이션의 기본키는 학생번호이고, 기본키가 아닌 속성은 강좌이름, 수강료이다. 강좌이름, 수강료는 모두 기본키에 함수적으로 종속되어 있다. 그런데 수강료는 기본키가 아닌 강좌이름에 한 번 더 종속되어 있다. 결국 (학생번호 → 강좌이름), (강좌이름 → 수강료)로 수강료는 기본키에 이행적으로 종속되어 있다. 이때 이상현상이 발생한다.

TIP 강좌이름은 부분 릴레이션(강좌이름, 수강료)의 기본키인 셈이다.

■ 제3정규형으로 변환

계절학기 릴레이션에서 이상현상을 일으키는 (강좌이름, 수강료)를 분해하면 [그림 7-21]과 같다.

  계절학기(학생번호, 강좌이름, 수강료)
→ 계절수강(학생번호, 강좌이름), 수강료(강좌이름, 수강료)

계절수강

학생번호	강좌이름
501	데이터베이스
401	데이터베이스
402	스포츠경영학
502	자료구조

수강료

강좌이름	수강료
데이터베이스	20000
스포츠경영학	15000
자료구조	25000

그림 7-21 계절학기 릴레이션을 계절수강, 수강료 릴레이션으로 분해

BCNF

릴레이션에 존재하는 함수 종속성에서 모든 결정자가 후보키이면 BCNFBoyce Codd Normal Form 정규형이다.

TIP BCNF는 보이스(Boyce)와 코드(Codd)라는 사람 이름의 첫 글자를 따서 붙인 것이고, NF는 Normal Form의 약자이다.

▶ **정의 BCNF 정규형**

릴레이션 R에서 함수 종속성 X → Y가 성립할 때 모든 결정자 X가 후보키이면 BCNF 정규형이라고 한다.
A relation is in BCNF if and only if every determinant is a candidate key.

[그림 7-22]의 특강수강(학생번호, 특강이름, 교수) 릴레이션을 보자. 한 학생은 한 개 이상의 특강을 신청할 수 있고, 교수는 하나의 특강만 담당한다고 가정한다.

특강수강

학생번호	특강이름	교수
501	소셜네트워크	김교수
401	소셜네트워크	김교수
402	인간과 동물	승교수
502	창업전략	박교수
501	창업전략	홍교수

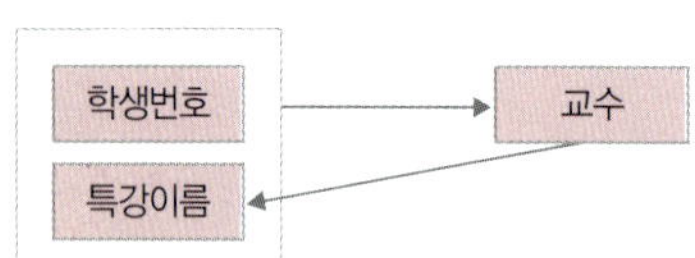

그림 7-22 특강수강 릴레이션

■ 이상현상

이상현상은 릴레이션의 기본키가 아닌 교수가 특강이름을 결정하는 종속관계에서 발생한다.

- **삭제이상:** 402번 학생이 수강을 취소하면 인간과 동물 특강을 담당하는 교수 정보가 사라진다.
- **삽입이상:** 최교수가 취업특강을 새로 맡았는데, 아직 신청한 학생이 없어 학생번호를 NULL 값으로 삽입해야 하는 문제가 발생한다.
- **수정이상:** 김교수의 특강 제목을 소셜네트워크에서 소셜네트워크 분석으로 변경할 경우 데이터 불일치가 발생할 가능성이 있다.

■ 이상현상의 원인

이상현상의 원인은 특강수강 릴레이션의 함수 종속성 다이어그램을 보면 알 수 있다. 특강수강 릴레이션의 기본키는 (학생번호, 특강이름)이며, (학생번호, 특강이름) → 교수, 교수 → 특강이름 관계가 성립한다. 여기서 교수는 한 개의 특강만 개설하기 때문에 '교수 → 특강이름' 관계가 성립하는 것이다. 특강수강 릴레이션의 결정자 중 (학생번호, 특강이름)은 후보키이지만 교수는 후보키가 아니다. 이처럼 결정자이면서 후보키가 아닌 속성이 존재하면 이상현상이 발생한다.

TIP 교수는 하나의 특강만 담당할 수 있으므로 부분 릴레이션(교수, 특강이름)의 기본키인 셈이다.

■ BCNF 정규형으로 변환

특강수강 릴레이션에서 이상현상을 일으키는 (교수, 특강이름)을 분해하면 [그림 7-23]과 같다.

특강수강(학생번호, 특강이름, 교수)
→ 특강신청(학생번호, 교수), 특강교수(특강이름, 교수)

특강신청

학생번호	교수
501	김교수
401	김교수
402	승교수
502	박교수
501	홍교수

특강교수

특강이름	교수
소셜네트워크	김교수
인간과 동물	승교수
창업전략	박교수
창업전략	홍교수

그림 7-23 특강수강 릴레이션을 특강신청, 특강교수 릴레이션으로 분해

3 무손실 분해

지금까지 네 가지 정규형을 살펴보았다. 정규화는 릴레이션을 분해하여 이상현상을 제거하는 과정이다. 릴레이션을 분해할 때는 지켜야 할 규칙이 있다. 분해된 릴레이션 간의 관계relationship를 유지하기 위해 분해된 릴레이션에 공통 속성을 한 개 이상 두어야 한다는 것이다. 공통 속성은 분해된 릴레이션을 다시 원래의 릴레이션으로 합성(조인)할 때 사용한다. 그러면 어떤 속성을 공통 속성으로 해야 하는지 다음의 무손실 분해 규칙을 통해 알아보자.

▶ **정의 무손실 분해**lossless-join decomposition

릴레이션 R을 릴레이션 R1과 R2로 분해할 때, R1 ⋈ R2=R이면 무손실(lossless-join) 분해라고 한다. 무손실 분해를 위한 조건은 R1 ∩ R2 → R1이나 R1 ∩ R2 → R2 중 하나를 만족해야 한다.

무손실 분해는 릴레이션 R을 분해하여 두 개의 릴레이션 R1과 R2를 만들었을 때, 다시 조인하면 원래의 릴레이션 R이 만들어진다는 의미이다. 무손실 분해의 조건은 분해할 때 공통된 속성(R1 ∩ R2)이 릴레이션 R1의 키이거나(R1 ∩ R2 → R1) 혹은 릴레이션 R2의 키(R1 ∩ R2 → R2)여야 한다. 공통 속성이 왜 한쪽 릴레이션의 키가 되어야 하는지는 BCNF 정규형에서 예로 들었던 특강수강 릴레이션을 보면서 이해해 보자.

특강수강

학생번호	특강이름	교수
501	소셜네트워크	김교수
401	소셜네트워크	김교수
402	인간과 동물	승교수
502	창업전략	박교수
501	창업전략	홍교수

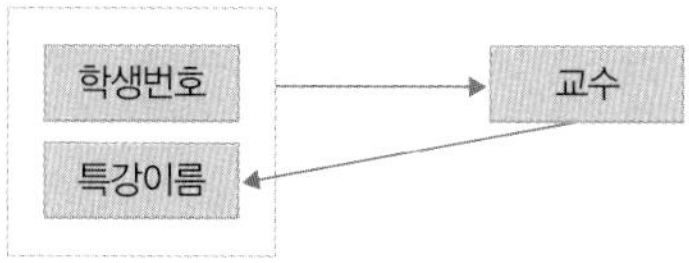

그림 7-24 특강수강 릴레이션

특강수강 릴레이션의 키는 (학생번호, 특강이름)이고, (학생번호, 특강이름) → 교수, 교수 → 특강이름 관계가 성립한다. 특강수강 릴레이션은 모든 결정자가 후보키가 아니므로 이상현상이 발생한다. 따라서 [표 7-4]와 같이 분해하였다. 참고로 무손실 분해 규칙을 설명하기 위해 두 가지 방법으로 분해하였다. 릴레이션의 밑줄 친 속성은 기본키이다.

표 7-4 특강수강 릴레이션의 분해

구분	릴레이션 분해	무손실 분해 여부
분해 1	특강수강(학생번호, 특강이름, 교수) → R1(학생번호, 교수), R2(교수, 특강이름)	R1과 R2의 공통 속성은 교수이며, 교수는 R2의 키이다. → 무손실 분해 규칙을 만족
분해 2	특강수강(학생번호, 특강이름, 교수) → R3(학생번호, 특강이름), R4(교수, 특강이름)	R3과 R4의 공통 속성은 특강이름이지만, 특강이름은 R3이나 R4의 키가 아니다. → 무손실 분해 규칙을 만족하지 않음

[분해 1]의 경우 R1, R2를 다시 조인하면 원래 릴레이션이 된다. R1과 R2 릴레이션은 [그림 7-23]과 같다. [분해 2]의 경우 R3, R4 릴레이션은 다음과 같다.

R3

학생번호	특강이름
501	소셜네트워크
401	소셜네트워크
402	인간과 동물
502	창업전략
501	창업전략

R4

특강이름	교수
소셜네트워크	김교수
인간과 동물	승교수
창업전략	박교수
창업전략	홍교수

그림 7-25 특강수강 릴레이션을 R3, R4 릴레이션으로 분해

[분해 2]의 경우 R3, R4 릴레이션을 다시 조인하면 [그림 7-26]과 같다. 결과를 보면 두 개의 투플이 추가로 생긴 것을 알 수 있다. 원래 릴레이션에 없던 투플로, 잘못된 정보를 제공하고 있다. 이렇게 의미 없는 투플이 생긴 이유는 무손실 분해 조건을 만족하지 못하고 손실loss 분해되었기 때문이다.

특강수강

학생번호	특강이름	교수
501	소셜네트워크	김교수
401	소셜네트워크	김교수
402	인간과 동물	승교수
502	창업전략	박교수
501	창업전략	홍교수

≠

R3 ⋈ R4

학생번호	특강이름	교수
501	소셜네트워크	김교수
401	소셜네트워크	김교수
402	인간과 동물	승교수
502	창업전략	박교수
502	창업전략	홍교수
501	창업전략	박교수
501	창업전략	홍교수

그림 7-26 특강수강 릴레이션과 R3 ⋈ R4 릴레이션의 비교

제2정규형과 제3정규형에서 예로 들었던 릴레이션으로 무손실 분해인지 판단해 보자. 공통 속성이 분해된 릴레이션 중 한쪽의 키가 되는 것을 확인해 보면 된다.

4 정규화 정리

정규형은 [그림 7-27]과 같이 정규화되거나 되지 않은 모든 릴레이션(예를 들어 속성값이 원자값이 아니어서 릴레이션의 정의를 만족하지 못하는 경우 등을 말하며 릴레이션이라고 부르지 않는다)부터 제1정규형, 제2정규형, 제3정규형, BCNF, 제4정규형, 제5정규형까지 존재한다. 제4정규형은 다치종속성multivalued dependency을 가진 릴레이션에 관한 내용이며, 제5정규형은 프로젝트-조인 정규형Project-Join Normal Form, PJ/NF이라고 부르며 조인종속성join dependency을 가진 릴레이션에 관한 내용이다. 대부분의 릴레이션은 BCNF까지 정규화하면 실제적인 이상현상은 없어진다. 따라서 보통 3NF 혹은 BCNF까지 정규화를 진행한다. 이 책에서도 제4정규형과 제5정규형은 다루지 않는다.

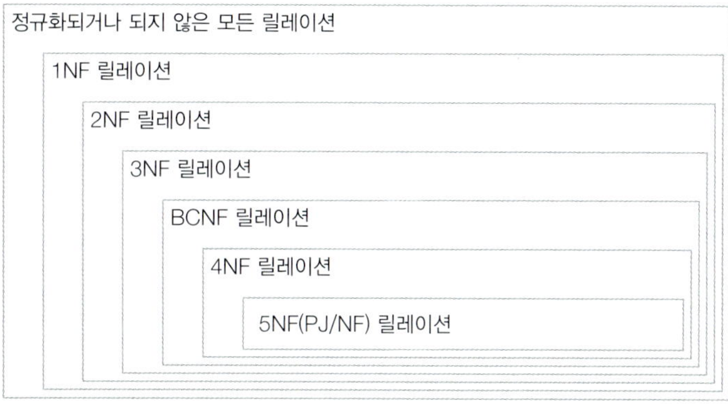

그림 7-27 정규형의 포함 관계

정규화는 릴레이션의 분해를 통해 이루어지는데, 분해 과정에서 주목할 점이 있다. 즉 어떤 정규형 상태인 릴레이션 R1을 분해하여 만든 R2, R3 릴레이션은 R1 다음 정규형이 아닌 더 높은 정규형이 될 수 있다는 점이다. 예를 들어 제2정규형을 만족하면서 이행적 종속성이 있는 릴레이션을 분해하여 두 개의 릴레이션을 만들었을 때 분해된 릴레이션은 제3정규형이 아닌 BCNF 혹은 제5정규형이 될 수 있다.

5 정규화 예제

몇 가지 정규화 예제를 통해 지금까지 배운 내용을 이해해 보자.

예제 7-3

릴레이션 R(A, B, C, D)는 다음과 같은 함수 종속성이 성립한다. 아래의 물음에 답하시오.

A → B, B → C, C → D

① 릴레이션 R의 후보키를 찾아보시오.

② 릴레이션 R은 몇 정규형인가?

③ 릴레이션을 다음과 같이 분해했을 때 무손실 분해인가?

R1(A, B, C), R2(C, D)

풀이 ① A가 B를 결정하고(A → B) B가 C를 결정하면(B → C) A는 BC를 결정한다(A → BC). 마찬가지로 A → BCD, A → ABCD도 만족한다. 즉 A는 릴레이션 전체를 결정하므로 후보키이다.

② 이행적 종속성이 있으므로 제2정규형이다.

③ R1과 R2의 공통 속성은 C이다. 그리고 C는 R2의 후보키이므로 무손실 분해를 만족한다.

예제 7-4

릴레이션 R(A, B, C)는 다음과 같은 함수 종속성이 성립한다. 아래의 물음에 답하시오.

AB → C, C → A

① 릴레이션 R의 후보키를 찾아보시오.

② 릴레이션 R은 몇 정규형인가?

③ 릴레이션을 다음과 같이 분해했을 때 무손실 분해인가?

R1(A, C), R2(B, C)

풀이 ① AB → C이므로 AB → ABC도 만족한다. 따라서 AB는 릴레이션 전체를 결정하는 후보키이다. 같은 방식으로 생각해 보면 BC도 릴레이션 전체를 결정하는 후보키가 된다.

② 제2정규형과 제3정규형을 만족한다. 그러나 C → A에서 결정자 C는 후보키가 아니므로 BCNF가 아니다. 따라서 제3정규형이다.

③ R1과 R2의 공통 속성은 C이다. 그리고 C는 R2의 후보키이므로 무손실 분해이다.

TIP R1(A, B), R2(C, A)와 같이 분해하면 손실 분해가 된다.

예제 7-5

릴레이션 R(A, B, C, D)는 다음과 같은 함수 종속성이 성립한다. 아래의 물음에 답하시오.

AB → C, C → A, C → D

① 릴레이션 R의 후보키를 찾아보시오.

② 릴레이션 R은 몇 정규형인가?

③ 릴레이션을 다음과 같이 분해했을 때 무손실 분해인가?

R1(A, B, C), R2(C, D)

풀이 ① AB가 C를 결정하고(AB → C), C가 D를 결정하면(C → D) AB는 CD를 결정한다(AB → CD). 즉 AB → ABCD이므로 AB는 릴레이션 전체를 결정하는 후보키이다. 같은 방식으로 생각해 보면 BC도 릴레이션 전체를 결정하는 후보키가 된다.

② 제2정규형은 만족하지만, AB → C, C → D의 이행적 종속성이 있으므로 제3정규형을 만족하지 못한다. 따라서 제2정규형이다.

③ R1과 R2의 공통 속성은 C이다. 그리고 C는 R2의 후보키이므로 무손실 분해이다.

04 부동산 데이터베이스 정규화 실습

부동산 정보를 저장하는 부동산 데이터베이스를 예로 들어 정규화를 연습해 보자. 부동산 데이터베이스는 초기에 설계할 때 부동산에 대한 정보를 하나의 릴레이션으로 담았다.

부동산(필지번호, 주소, 공시지가, 소유자이름, 주민등록번호, 전화번호)

부동산 릴레이션에 포함된 함수 종속성은 [표 7-5]와 같고, 이를 함수 종속성 다이어그램으로 나타내면 [그림 7-28]과 같다.

표 7-5 부동산 릴레이션의 함수 종속성

함수 종속성	설명
필지번호 → 주소, 공시지가	땅에 대한 고유의 번호이며 필지에 대하여 주소와 공시가격이 주어진다.
소유자이름 → 전화번호	소유자는 하나의 전화번호를 갖는다.
주민등록번호 → 소유자이름	사람마다 고유한 주민등록번호가 있다.

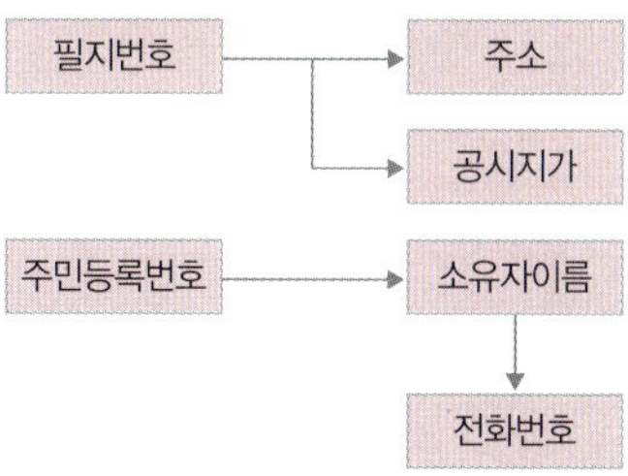

그림 7-28 부동산 릴레이션의 함수 종속성 다이어그램

부동산 릴레이션은 다음의 두 가지 사례를 생각해 볼 수 있다. 두 사례에 대하여 함수 종속성 다이어그램을 그리면 [그림 7-29]와 같다.

- **공동 소유:** 한 필지를 두 사람 이상이 공동으로 소유하는 경우
- **단독 소유:** 한 필지를 한 사람만 소유하는 경우

두 경우 모두 기본키를 정하는 것이 정규화의 첫 단계이다. 공동 소유는 필지를 두 사람이 소유할 수 있으므로 필지번호 단독으로는 키가 되지 못하고 (필지번호, 주민등록번호)가 기본키가 된다. 단독 소유의 경우는 필지번호가 기본키가 된다.

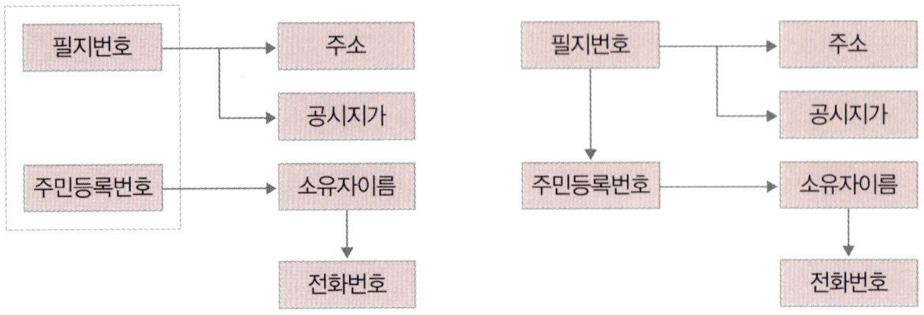

(a) 공동 소유 릴레이션 (b) 단독 소유 릴레이션

그림 7-29 두 사례에 대한 함수 종속성 다이어그램

각 사례에 대하여 이상현상이 없는지 검토해 보고, 있다면 정규화를 통해 해결해 보자.

■ 공동 소유

공동 소유 릴레이션은 이상현상이 발생한다. 기본키인 필지번호와 주민등록번호를 보면 각각 단독으로 다른 속성을 결정하는 결정자이다. 즉 부분 함수 종속성을 가져 제2정규형의 정의에 어긋난다. 제2정규형을 만족하려면 부분 함수 종속성을 없애야 하므로 부동산필지(필지번호, 주소, 공시지가)를 따로 분해하고, 소유자(주민등록번호, 소유자이름, 전화번호)도 따로 분해해야 한다. 결과적으로 공동 소유 릴레이션은 다음과 같이 분해된다.

부동산소유(필지번호, 주민등록번호)
부동산필지(필지번호, 주소, 공시지가)
소유자(주민등록번호, 소유자이름, 전화번호)

■ 단독 소유

단독 소유 릴레이션의 경우 기본키는 필지번호인데, 이상현상이 발생한다. 모든 속성이 기본키에 완전 함수 종속이므로 제2정규형은 만족하지만, 이행 종속이 남아 있어서 제3정규형은 만족하지 못하기 때문이다. 따라서 다음과 같이 분해하여 정규화한다.

부동산소유(필지번호, 주소, 공시지가, 주민등록번호)
소유자(주민등록번호, 소유자이름, 전화번호)

TIP 소유자 릴레이션은 제3정규형을 만족하지 못하므로 분해해야 한다. 하지만 소유자 이름이 변경되거나 소유자가 여러 개의 전화번호를 등록할 필요가 없으므로 데이터 조작에 따른 이상현상이 발생할 가능성은 거의 없다. 따라서 실무 응용에서는 그대로 둔다.

요약

01 이상현상

잘못 설계된 테이블로 삽입, 삭제, 수정 같은 작업을 했을 때 생기는 현상으로 데이터베이스의 일관성을 훼손하여 데이터의 무결성을 깨뜨린다.

- 삭제이상: 투플 삭제 시 하나의 정보를 삭제함으로써 같이 저장된 다른 정보가 연쇄적으로 삭제되는 현상이다.
- 삽입이상: 투플 삽입 시 제공되지 못하는 속성값을 NULL 값으로 입력해야 하는 현상이다.
- 수정이상: 투플 수정 시 중복된 데이터 일부만 수정되어 데이터의 불일치가 일어나는 현상이다.

02 함수 종속성

릴레이션 R과 R에 속하는 속성의 집합 X, Y가 있을 때, X 각각의 값이 Y의 값 한 개와 대응될 때 'X는 Y를 함수적으로 결정한다'라고 하고 X → Y로 표기한다.

03 정규화

릴레이션을 분해하여 이상현상을 제거하는 과정이다.

- 제1정규형(1NF): 어떤 릴레이션 R의 모든 속성값이 원자값을 가지면 제1정규형을 만족한다.
- 제2정규형(2NF): 어떤 릴레이션 R이 제1정규형이고 기본키가 아닌 속성이 기본키에 완전 함수 종속일 때 제2정규형이라고 한다.
- 제3정규형(3NF): 어떤 릴레이션 R이 제2정규형이고 기본키가 아닌 속성이 기본키에 비이행적(non-transitive)으로 종속할 때(직접 종속) 제3정규형이라고 한다.
- BCNF(Boyce Codd Normal Form): 함수 종속성 X → Y가 성립할 때 모든 결정자 X가 후보키이면 BNCF이다.

04 무손실 분해

릴레이션 R을 릴레이션 R1과 R2로 분해했을 때, R1 ⋈ R2 = R이면 무손실(lossless-join) 분해라고 한다. 무손실 분해를 위한 조건은 R1 ∩ R2 → R1이거나 R1 ∩ R2 → R2 중 하나를 만족하면 된다.

연습문제

01 정규화의 필요성으로 거리가 먼 것은?

① 데이터 구조의 안정성 최대화

② 중복 데이터의 활성화

③ 데이터 수정, 삭제 시 이상현상의 최소화

④ 테이블 불일치 위험의 최소화

02 관계 데이터베이스의 정규화에 대한 설명으로 옳지 않은 것은?

① 정규화를 거치지 않으면 여러 가지 다른 종류의 정보가 하나의 릴레이션에 표현되기 때문에 릴레이션을 조작할 때 이상현상이 발생할 수 있다.

② 정규화의 목적은 각 릴레이션에 분산된 종속성을 하나의 릴레이션에 통합하는 것이다.

③ 이상현상은 속성 간에 존재하는 함수 종속성이 원인이다.

④ 정규화가 잘못되면 데이터의 불필요한 중복을 야기하여 릴레이션을 조작할 때 문제가 된다.

03 정규화 과정에서 발생하는 이상현상에 관한 설명으로 옳지 않은 것은?

① 이상현상은 속성 간에 존재하는 여러 종류의 종속관계가 하나의 릴레이션에 표현되어 있을 때 발생한다.

② 속성 간의 종속관계를 분석하여 여러 개의 릴레이션을 하나로 결합하여 이상현상을 해결한다.

③ 삭제이상, 삽입이상, 수정이상이 있다.

④ 정규화는 이상현상을 제거하기 위해서 중복성 및 종속성을 배제시키는 방법을 사용한다.

04 데이터의 중복으로 인해 릴레이션 조작 시 발생하는 이상현상에 관한 설명 중 옳지 않은 것은?

① 투플 삭제 시 연쇄삭제 현상으로 인한 정보의 손실을 삭제이상이라고 한다.

② 어떤 데이터를 삽입할 때 불필요하고 원하지 않는 데이터도 함께 삽입해야 하거나 삽입이 되지 않는 경우를 삽입이상이라고 한다.

③ 데이터 수정 시 중복된 투플들 중에서 일부 투플이 잘못된 값으로 수정될 경우 정보의 모순성이 생기는데 이를 모순이상이라고 한다.

④ 관계 모델에서는 속성 간에 존재하는 여러 종속관계를 하나의 릴레이션에 표현하기 때문에 이상현상이 발생한다.

05 다음 릴레이션 R과 함수 종속성(FD)에 대하여 R의 후보키(candidate key)가 될 수 없는 것은?

> R(A, B, C, D, E)
> FD: AB → C, CD → E, C → A, C → D, D → B

① AB ② AD
③ BD ④ C

06 제1정규형에서 제2정규형이 되기 위한 조건은?

① 모든 도메인이 원자값이어야 한다.
② 키가 아닌 모든 속성이 기본키에 이행적으로 함수 종속되지 않아야 한다.
③ 다치종속이 제거되어야 한다.
④ 키가 아닌 모든 속성이 기본키에 완전 함수 종속되어야 한다.

07 제2정규형에서 제3정규형이 되기 위한 조건은?

① 이행적 함수 종속을 제거해야 한다.
② 부분 함수 종속을 제거해야 한다.
③ 다치종속을 제거해야 한다.
④ 결정자가 후보키가 아닌 함수적 종속을 제거해야 한다.

08 제3정규형에서 보이스코드 정규형(BCNF)이 되기 위한 조건은?

① 원자값이 아닌 도메인을 분해한다.
② 부분 함수 종속을 제거해야 한다.
③ 이행적 함수 종속을 제거해야 한다.
④ 결정자가 후보키가 아닌 함수적 종속을 제거해야 한다.

09 보이스코드 정규형(BCNF)에 대한 옳은 설명으로만 짝 지어진 것은?

> ㉠ BCNF에 속하는 릴레이션은 반드시 제3정규형에 속한다.
> ㉡ 제3정규형에 속하지만 BCNF에 속하지 않는 릴레이션이 있다.
> ㉢ 복합 속성을 허용하지 않는다.
> ㉣ 이행적 종속을 허용한다.

① ㉠,㉡　　② ㉡,㉢
③ ㉠,㉡,㉣　　④ ㉠,㉡,㉢,㉣

10 다음 중 보이스코드 정규형(BCNF)을 만족하기 위한 조건으로 옳게 짝 지어진 것은?

> ㉠ 결정자이면서 후보키가 아닌 것 제거
> ㉡ 이행적 함수 종속 제거
> ㉢ 부분 함수 종속 제거
> ㉣ 도메인이 원자값이어야 함

① ㉠　　② ㉠,㉡,㉢,㉣
③ ㉡,㉢,㉣　　④ ㉠,㉣

11 다음과 같이 어떤 릴레이션 R과 그 릴레이션에 존재하는 종속성이 주어졌을 때 릴레이션 R은 몇 정규형인가?

> 릴레이션: R(A, B, C)
> 기본키: (A, B)
> 함수 종속성: AB → C, C → B

① 제1정규형　　② 제2정규형
③ 제3정규형　　④ BCNF

12 릴레이션 스키마 R(A, B, C, D)는 다음 함수적 종속성 집합 FD를 만족한다. R을 BCNF 정규화하였을 때 분해된 두 릴레이션 스키마 R1과 R2로 옳은 것은?

FD = {A → BCD, B → ACD, D → C}

① R1(B, C, D), R2(A, B)
② R1(A, C, D), R2(B, C, D)
③ R1(A, B, D), R2(C, D)
④ R1(A, B, C), R2(C, D)

13 다음 릴레이션에서 함수 종속성과 키를 찾아보시오. 필요한 전제 사항을 포함하여 답하시오.

성적기록(학번, 강좌번호, 학기, 성적)

14 다음 릴레이션에서 AB는 후보키가 될 수 있는가? 아니라면 후보키를 찾아보시오.

릴레이션: R(A, B, C, D, E)
함수 종속성: AB → C, CD → E, DE → B

15 다음 릴레이션 R을 보고 오른쪽 함수 종속성 중에서 성립하는 것을 모두 고르시오.

R

A	B	C	D
1	1	1	1
2	2	2	2
2	1	3	1
4	3	4	3

A → B, A → C, A → D, B → A, B → C, B → D,
C → A, C → B, C → D, D → A, D → B, D → C

16 다음 릴레이션 R을 보고 아래 함수 종속성이 성립하는지 답하시오. 그 이유도 설명하시오.

R

A	B	C
b	c	h
e	i	f
g	i	f
e	b	a

(1) A → C

(2) A → B

(3) B → C

(4) (B, C) → A

(5) (A, B) → C

(6) (A, C) → B

17 아래의 릴레이션 R1(A, B, C)을 릴레이션 R2(A, B)와 R3(A, C)로 분해한 후, 속성 A를 사용하여 다시 조인하면 어떤 가짜 투플이 생기는지 확인해 보시오. 생긴다면 이유는 무엇인지 설명하시오.

R1

A	B	C
1	1	1
1	2	2
2	3	3

18 다음 릴레이션은 몇 정규형인지 말하고 보이스코드 정규형(BCNF)으로 정규화하시오.

릴레이션: 물품(물품번호, 행사번호, 제조사, 스타일, 가격)
함수 종속성: (물품번호, 행사번호) → 제조사, 스타일, 가격
물품번호 → 제조사, 스타일

19 다음 릴레이션 X에서 성립하는 정규형은 무엇인가?

(1)

릴레이션: X(H, I, J, K, L, M, N, O)
기본키: (H, I)
함수 종속성: (H, I) → J, K, L
J → M
K → N
L → O

(2)

릴레이션: X(D, O, N, T, C, R, Y)
함수 종속성: (D, O) → N, T, C, R, Y
(C, R) → D
D → N

20 다음은 배송(Shipping) 물품에 대한 릴레이션이다.

릴레이션: Shipping(shipname, shiptype, voyageID, cargo, port, date)
함수 종속성: shipname → shiptype
voyageID → shipname, cargo
shipname, date → voyageID, port

* Date는 물품의 도착일이다.

(1) 후보키를 찾으시오.
(2) 제2정규형으로 정규화하시오.
(3) 제3정규형으로 정규화하시오.
(4) BCNF로 정규화하시오.

21 릴레이션 Book(booktitle, authorname, booktype, listprice, authorgroup, publisher)에서 함수 종속성은 다음과 같다.

booktitle, authorname → publisher
booktitle → booktype
booktype → listprice
authorname → authorgroup

(1) Book 릴레이션은 몇 정규형인가? 그 이유를 설명하시오.
(2) 정규화를 수행하시오.

22 다음은 부품과 공급자에 대한 릴레이션 Part(partnumber, description, supplier, suppaddress, price)이다. 물음에 답하시오.

Part

partnumber	description	supplier	suppaddress	price
10	20 GB Disk	Seagate	CA	100000
10	20 GB Disk	IBM	NY	90000
20	256 MB RAM	Kensington	CA	22000
20	256 MB RAM	IBM	NY	29000
20	256 MB RAM	Samsung	Seoul	31000
40	LCD Monitor	IBM	NY	210000

(1) 함수 종속성을 찾아보시오.

(2) 릴레이션 Part는 몇 정규형인가?

(3) 다음과 같이 분해를 했을 때 각각의 릴레이션은 몇 정규형인가?

R1(partnumber, description, supplier, price)

R2(supplier, suppaddress)

(4) (3)의 릴레이션에서 분해가 더 필요한가? 필요하면 분해를 수행하시오.

23 **[병원 데이터베이스]** 다음은 마당병원의 환자 처방 폼의 일부이다.

마당병원 환자 처방 폼

환자번호: P10034
환자이름: MacDonald
병동이름: 정형외과병동
병동번호: 병동 11
병실번호: 84

약번호	약이름	처방	용량	복용법	1일복용단위	시작일	종료일
10223	Morphine	Pain Killer	10mg	약물	50	24/03/13	24/03/13
10334	Tetracyclene	Antibiotic	0.5mg	주사	10	24/03/13	24/03/13
10223	Morphine	Pain Killer	10mg	약물	10	25/04/09	25/04/09

(1) 처방 폼에 있는 속성을 보고 함수 종속성을 찾아내고 함수 종속성 다이어그램을 그리시오. 그리고 키를 정하시오. 필요한 경우 속성이나 데이터 값에 조건을 붙여도 좋다.

(2) 함수 종속성 다이어그램을 보고 정규화를 수행하시오. 최소 제3정규형이 되도록 만드시오.

(3) 정규화 후 분해된 테이블에 대하여 기본키와 외래키를 표시하시오.

24 **[주문 데이터베이스]** 다음은 어떤 상품의 주문서 양식이다.

주문서

주문번호: 1234
고객번호: 9876
고객이름: 홍길동
고객주소: 도봉구 101번지
국가도시: 서울, 대한민국
주문일자: 01/01/2014

제품번호	품목	수량	단가
A123	연필	100	1000
B123	지우개	200	500
C345	샤프	5	2000

(1) 주문서에 있는 속성을 보고 함수 종속성을 찾아내고 함수 종속성 다이어그램을 그리시오. 그리고 키를 정하시오. 필요한 경우 속성이나 데이터 값에 조건을 붙여도 좋다. 초기 테이블은 다음과 같다.

```
Order(주문번호, 고객번호, 고객이름, 고객주소, 주문일자, 제품번호, 품목, 수량, 단가)
```

(2) 함수 종속성 다이어그램을 보고 정규화를 수행하시오. 최소 제3정규형이 되도록 만드시오.

(3) 정규화 후 분해된 테이블에 대하여 기본키와 외래키를 표시하시오.

SQL과 NoSQL

SQL은 일반 프로그래밍 언어와는 매우 다른 특징이 있는 언어이다. 일반 프로그래밍 언어가 어떻게HOW 문제를 해결할 것인지 기술하는 데 반하여, SQL은 무엇WHAT을 필요로 하는지 기술하는 언어이다.

SQL은 1970년대 IBM에서 관계 데이터베이스 모델 창시자인 코드Codd 박사의 관계 데이터베이스 모델을 배운 도널드 챔버린Donald Chamberlin과 레이먼드 보이스Raymond Boyce에 의하여 개발된 언어로 처음 이름은 SEQUEL이다. 1970년대 후반 SQL 언어는 오라클사에 의하여 관계 데이터베이스 언어로 개발되었으며, 1979년 상업용 데이터베이스인 Oracle V2vesion 2에 포함되었고, 1986년 ANSI, ISO에서 공식적으로 표준을 채택하였다.

일반 언어에서 데이터베이스 언어인 SQL을 이용하려면 임베디드 SQL(또는 내장 SQL) 방법을 사용한다. 커서가 포함된 SQL에서 호스트 언어에서 결과 집합을 얻기 위해 더 편리한 방법으로 고안된 것이다.

NoSQL은 'Not only SQL'이라고 부르며 21세기 들어 빅데이터나 실시간 웹 응용에서 필요성에 의한 관계 데이터베이스의 테이블 구조와는 달리, 키값key-value, 그래프graph, 문서document와 같은 구조를 사용하는 방법이다. 많은 양의 데이터에 대하여 빠른 연산이 필요한 유연한 데이터 구조의 필요성에 의하여 생겼다. SQL 기반의 관계 데이터베이스에 비하여 데이터가 지켜야 하는 일관성 제약이 약하거나 없는 것이 특징이다.

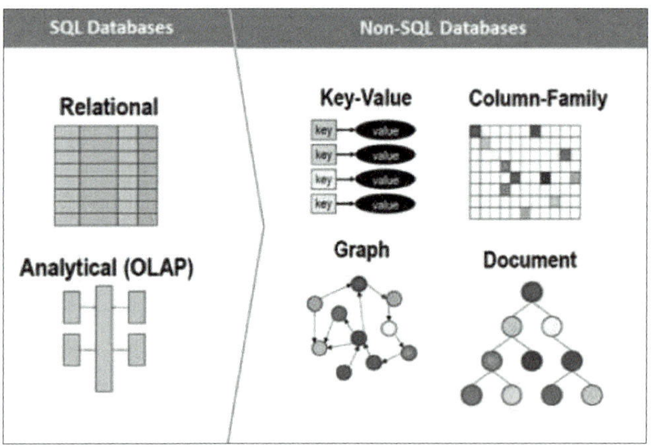

PART 04

데이터베이스 관리자

오케스트라의 지휘자는 모든 악기의 특성을 파악하고
저마다의 소리가 어우러져 하나의 화음을 낼 수 있도록 한다.
데이터베이스 관리자 역시 데이터베이스의 특성을 파악하고
일반 사용자, 개발자, 운영자가 데이터베이스 프로그램을 잘 활용할 수 있도록 한다.
데이터베이스 관리자는 보통 데이터베이스마다 한 명 정도 있으며
SQL, 데이터 모델링, 웹, 운영체제 등에 대한 지식을 갖추고 있다.
4부에서는 데이터베이스 관리자 관점에서 꼭 알아야 하는
트랜잭션 관리, 보안, 백업 등의 개념을 설명하고
이를 데이터베이스 시스템에 적용하는 방법을 알아본다.

PART 04 데이터베이스 관리자

CHAPTER 08

트랜잭션, 동시성 제어, 회복

학습목표

- 트랜잭션의 개념을 이해하고 데이터베이스에서 왜 중요한지 알아본다.
- 트랜잭션 실행 시 동시성 제어가 필요한 이유를 알아보고 락킹을 이용한 동시성 제어 기법에 대해 알아본다.
- 락킹보다 완화된 방법으로 트랜잭션의 동시성을 높이는 트랜잭션 고립 수준에 대해 알아본다.
- 데이터베이스 시스템에 문제가 생길 때의 복구 방법을 알아본다.

PREVIEW

일상생활에서 비즈니스는 거래를 중심으로 일어난다. 상품을 주문하고 입금을 하면 배송이 되고, 판매처에서 배송 확인을 마치면 거래가 완료된다. 그런데 만약 거래가 중간에 멈추어 입금했는데도 상품이 배송되지 않으면 문제가 된다. 즉 모든 거래는 배송 확인까지 마치든지 아니면 아예 없던 일이 되어야 한다. 데이터베이스에서도 이러한 거래를 취급한다. 데이터베이스에서 거래는 특별히 트랜잭션transaction이라고 한다. 트랜잭션은 데이터를 다루는 작업의 단위로, 거래가 일어나는 동안 데이터가 모두 변경되거나 없던 일이 되어야 한다. DBMS는 트랜잭션이 이러한 규칙을 지킬 수 있도록 지원한다.

이 장에서는 트랜잭션의 개념과 성질에 대해 알아보고, 트랜잭션이 동시에 실행될 때 오류 없이 실행되도록 제어하는 기법을 공부한다. 그리고 데이터베이스 시스템에 문제가 생길 때 복구하는 알고리즘도 알아본다.

01 트랜잭션

1 트랜잭션의 개념

트랜잭션transaction은 DBMS에서 데이터를 다루는 논리적인 작업의 단위이다. 보통 단일 SQL 문을 사용하여 다루기도 하지만 여러 개의 SQL 문을 순차적으로 수행하여 다루기도 한다. 트랜잭션은 데이터베이스의 무결성을 유지하기 위해 원자성, 일관성, 고립성, 지속성의 성질을 갖는다. DBMS는 트랜잭션이 이러한 성질을 유지할 수 있도록 지원한다.

데이터베이스에서 트랜잭션을 정의하는 이유는 다음과 같다.

- 데이터베이스에서 데이터를 다룰 때 장애가 일어나는 경우가 있다. 트랜잭션은 장애 시 데이터를 복구하는 작업의 단위가 된다.
- 데이터베이스에서 여러 작업이 동시에 같은 데이터를 다룰 때가 있다. 트랜잭션은 이 작업을 서로 분리하는 단위가 된다.

트랜잭션은 전체가 수행되거나 또는 전혀 수행되지 않아야 한다all or nothing. 예를 들어 은행 업무를 보는데 A계좌(박지성)에서 B계좌(김연아)로 10,000원을 이체할 경우 프로그램은 다음과 같다.

```
BEGIN
    ① A계좌(박지성)에서 10,000원을 인출하는 UPDATE 문
    ② B계좌(김연아)에 10,000원을 입금하는 UPDATE 문
END
```

위의 예에서 만약 ①번 SQL 문이 수행된 다음 시스템에 문제가 생기거나 다른 UPDATE 문이 끼어들어 A계좌에서 돈을 동시에 인출하면, A계좌와 B계좌의 잔액이 의도하지 않은 값이 될 수 있다. 따라서 ①번 SQL 문과 ②번 SQL 문은 모두 수행되거나 아예 수행되지 않아야 한다. 만약 ①번 SQL 문을 수행한 다음 문제가 생겨 ②번 SQL 문을 수행할 수 없는 경우라면 ①번 SQL 문의 수행을 취소해야 한다. DBMS에 ①번과 ②번의 SQL 문이 하나의 수

행 단위라는 것을 알리기 위해 사용하는 문법은 다음과 같다. START TRANSACTION 문과 COMMIT 문을 사용하여 트랜잭션의 시작과 끝을 표시한다.

```
START TRANSACTION
    ① A계좌(박지성)에서 10,000원을 인출하는 UPDATE 문
    ② B계좌(김연아)에 10,000원을 입금하는 UPDATE 문
COMMIT
```

위와 같이 작성하면 ①번과 ②번의 두 SQL 문은 하나의 논리적인 작업의 단위가 된다. DBMS는 이 두 문장이 모두 수행되거나 모두 수행되지 않도록 지원한다.

위 계좌이체 트랜잭션이 데이터베이스에서 실행될 때 일어나는 상황을 구체적으로 보면 [그림 8-1]과 같다. 여기서 중요한 점은 데이터베이스의 데이터는 하드디스크에 저장되어 있고, 처리를 위해서는 반드시 주기억장치 버퍼로 사본을 읽어 와야 한다는 점이다. 다시 설명으로 돌아가서, 관련 예제 테이블의 스키마 구조는 다음과 같다. 테이블 이름은 Customer이고 고객 이름name과 예금액balance을 저장한다.

테이블: Customer(name, balance)

```
START TRANSACTION
① /* 박지성 계좌를 읽어 온다 */
② /* 김연아 계좌를 읽어 온다 */
   /* 잔고 확인 */

③ /* 예금인출 박지성 */
UPDATE Customer
SET    balance=balance-10000
WHERE name='박지성';

④ /* 예금입금 김연아 */
UPDATE Customer
SET    balance=balance+10000
WHERE name='김연아';

COMMIT /* 부분완료 */
⑤ /* 박지성 계좌를 기록한다 */
⑥ /* 김연아 계좌를 기록한다 */
```

(a) 계좌이체 트랜잭션

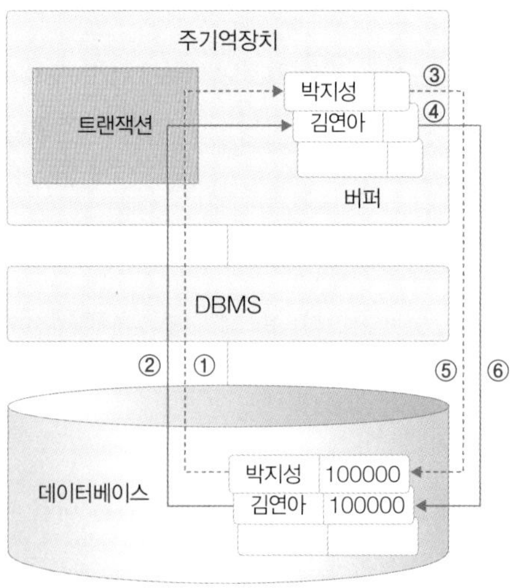

(b) 트랜잭션 수행 과정

그림 8-1 계좌이체 트랜잭션과 수행 과정

트랜잭션은 데이터베이스에 저장된 테이블을 읽어 와 주기억장치 버퍼에 저장하고, 버퍼에 저장된 데이터를 수정한 후 최종적으로 데이터베이스에 다시 저장한다. [그림 8-1] (a)의 사용자 프로그램에는 ③~④에 해당하는 문장밖에 없지만, 실제 처리 과정에는 DBMS가 데이터를 읽고 쓰는 ①, ②, ⑤, ⑥이 포함되어 있다. ①~⑥의 세부적인 과정은 다음과 같다.

① A계좌(박지성)의 값을 하드디스크(데이터베이스)에서 주기억장치 버퍼로 읽어 온다.

② B계좌(김연아)의 값을 하드디스크(데이터베이스)에서 주기억장치 버퍼로 읽어 온다.

③ A계좌(박지성)에서 10,000원을 인출한 값을 저장한다.

④ B계좌(김연아)에 10,000원을 입금한 값을 저장한다.

⑤ A계좌(박지성)의 값을 주기억장치 버퍼에서 하드디스크(데이터베이스)에 기록한다.

⑥ B계좌(김연아)의 값을 주기억장치 버퍼에서 하드디스크(데이터베이스)에 기록한다.

TIP 데이터베이스는 전원과 관계없이 값을 유지하기 위해 보조기억장치(SSD, HDD 등)에 저장된다.

COMMIT 문은 트랜잭션의 종료를 알리는 SQL 문이다. 앞의 트랜잭션을 보면 트랜잭션의 사실적인 종료는 ①~⑥이 완전히 끝난 후이지만, DBMS는 ①~④까지 수행하고 사용자에게 완료 사실을 알린다. 그리고 나머지 ⑤~⑥은 DBMS가 책임지고 수행한다. 아래의 [방법 1]과 같은 구조이다. 이렇게 하는 이유는 DBMS가 동시에 많은 트랜잭션을 수행할 때, 각각의 트랜잭션이 하드디스크에 개별 접근하는 것을 피하고 DBMS가 일괄적으로 하드디스크에 접근하여 처리함으로써 사용자에게 빠른 응답성을 보장하기 위해서이다. 학생들이 많이 경험하는 대학의 수강신청도 이러한 원리로 진행된다고 생각하면 이해하기 쉽다.

[방법 1] ①-②-③-④-COMMIT-⑤-⑥

만약 ⑤, ⑥을 수행한 다음 COMMIT을 수행하면 [방법 2]와 같은 구조가 된다.

[방법 2] ①-②-③-④-⑤-⑥-COMMIT

DBMS는 [방법 1]을 택한다. 그 이유는 수행 결과를 데이터베이스에 기록하는 ⑤~⑥ 과정은 시간이 많이 소요되고, 다른 트랜잭션이 또 Customer 테이블을 필요로 할 수 있기 때문이다. 즉 트랜잭션은 임시로 종료를 선언하고 실제 데이터베이스에 기록하는 것은 DBMS가 수행한다. [방법 1]을 풀어 쓰면 다음과 같다. 이는 트랜잭션의 실제 수행 과정과 같다.

[방법 1] ①-②-③-④-COMMIT(부분완료)-⑤-⑥-완료

트랜잭션의 수행 과정을 그림으로 정리하면 아래와 같다. 트랜잭션은 '시작-수행-부분완료-완료'의 과정을 거쳐 진행된다. 부분완료는 트랜잭션의 종료를 사용자나 다른 트랜잭션에게 알리는 단계이다. 부분완료된 트랜잭션은 DBMS가 다른 트랜잭션의 작업 처리 상황을 봐 가면서 변경 내용을 하드디스크에 기록한다. 기록이 끝나면 완료를 한다. 완료 후에는 다른 트랜잭션이 데이터를 자유롭게 사용할 수 있다.

그림 8-2 트랜잭션의 수행 과정

2 트랜잭션의 성질

트랜잭션은 일반 프로그램과 달리 데이터베이스에 저장된 데이터를 다루며 DBMS에 의해 처리된다. 트랜잭션과 프로그램의 차이점은 [표 8-1]과 같다.

표 8-1 트랜잭션과 프로그램의 차이점

구분	트랜잭션	프로그램

프로그램 구조	START TRANSACTION
	...
	COMMIT
		main( ){
		...
		}

다루는 데이터	데이터베이스에 저장된 데이터	파일에 저장된 데이터
번역기	DBMS	컴파일러
특성	원자성, 일관성, 고립성, 지속성	

컴퓨터 시스템 내에서 트랜잭션과 프로그램의 차이를 그림으로 보면 다음과 같다. 트랜잭션은 데이터베이스에 저장된 데이터를 다루며 DBMS에 의해 처리된다. 반면 프로그램은 파일에 저장된 데이터를 다루며 DBMS 없이 직접 데이터를 처리한다.

TIP 프로그램이 데이터베이스를 다루는 경우도 있는데, 프로그램 내부에 SQL 문을 삽입하여 트랜잭션을 호출하는 형태이다.

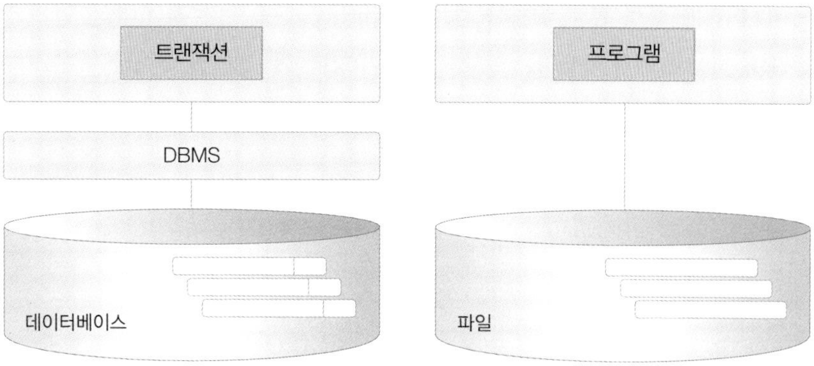

그림 8-3 컴퓨터 시스템 내의 트랜잭션과 프로그램

다음은 트랜잭션의 네 가지 성질을 정리한 것이다. 영문 앞글자를 따서 보통 ACID 성질이라고 부른다.

- **원자성**Atomicity: 트랜잭션에 포함된 작업은 전부 수행되거나 아니면 전부 수행되지 않아야 all or nothing 한다.
- **일관성**Consistency: 트랜잭션을 수행하기 전이나 수행한 후나 데이터베이스는 항상 일관된 상태를 유지해야 한다.
- **고립성**Isolation: 수행 중인 트랜잭션에 다른 트랜잭션이 끼어들어 변경 중인 데이터 값을 훼손하는 일이 없어야 한다.
- **지속성**Durability: 수행을 성공적으로 완료한 트랜잭션은 변경한 데이터를 영구히 저장해야 한다. 저장된 데이터베이스는 저장 직후 혹은 어느 때나 발생할 수 있는 정전, 장애, 오류에 영향을 받지 않아야 한다.

원자성

원자성atomicity이란 트랜잭션이 원자처럼 더는 쪼개지지 않는 하나의 프로그램 단위로 동작해야 한다는 의미이다. 즉 일부만 수행되는 일이 없도록 전부 수행하거나 아예 수행하지 않아야 all or nothing 한다.

SQL에서는 트랜잭션의 시작과 끝을 표시하기 위해 START TRANSACTION … COMMIT 문을 사용한다. 트랜잭션 중간에 작업이 잘못되면 회복recovery 알고리즘을 이용하여 변경한 내용을 취소한다(자의적으로 트랜잭션을 취소하는 명령어 ROLLBACK을 사용하기도 한다).

COMMIT과 ROLLBACK 명령어는 트랜잭션 제어 명령어Transaction Control Language, TCL라고 한다. 다음 표는 SQL Server에서 사용하는 트랜잭션 제어 명령어를 정리한 것이다.

표 8-2 트랜잭션 제어 명령어(TCL)

표준 명령어	문법	설명
BEGIN	BEGIN {TRAN | TRANSACTION}	트랜잭션의 시작을 표시
COMMIT	COMMIT {TRAN | TRANSACTION}	트랜잭션의 종료를 표시
ROLLBACK	ROLLBACK {TRAN | TRANSACTION} [〈savepoint〉]	트랜잭션을 전체 혹은 〈savepoint〉까지 무효화시킴
SAVE	SAVE {TRAN | TRANSACTION} {〈savepoint〉}	〈savepoint〉를 만듦

트랜잭션의 길이가 길면 트랜잭션의 중간 지점에 수정 내용을 반영하는 포인트를 만드는데, 이를 SAVEPOINT저장점라고 한다. 트랜잭션이 잘못되어 처음부터 다시 실행해야 할 때 트랜잭션의 처음이 아니라 savepoint까지 되돌아가면 트랜잭션 전체가 rollback되는 것을 막을 수 있다. SAVE는 트랜잭션 안에 여러 개 만들 수 있다. 다음은 T-SQL에서 트랜잭션을 선언하고 수행하는 예이다. 트랜잭션은 ROLLBACK 명령어를 이용하여 자의적으로 수행했던 명령문을 취소한다.

파일명: c8_code01.sql

```
BEGIN TRANSACTION;
USE madang
INSERT INTO Book VALUES(99, '데이터베이스', '한빛', 25000);
SELECT bookname "bookname1" FROM Book WHERE bookid=99;
/*결과: 데이터베이스 , SAVEPOINT: a */
SAVE TRANSACTION a;

UPDATE Book SET bookname='데이터베이스 개론' WHERE bookid=99;
SELECT bookname "bookname2" FROM Book WHERE bookid=99;
  /* 결과: 데이터베이스 개론 , SAVEPOINT: b */
SAVE TRANSACTION b;

UPDATE Book SET bookname='데이터베이스 개론 및 실습' WHERE bookid=99;
SELECT bookname "bookname3" FROM Book WHERE bookid=99;
/*결과: 데이터베이스 개론 및 실습 */
```

```
ROLLBACK TRANSACTION b;
SELECT bookname "bookname4" FROM Book WHERE bookid=99;
/*결과: 데이터베이스 개론 , SAVEPOINT: b 로 롤백 */

ROLLBACK TRANSACTION a;
SELECT bookname "bookname5" FROM Book WHERE bookid=99;
/*결과: 데이터베이스 , SAVEPOINT: a 로 롤백*/
COMMIT;

BEGIN TRANSACTION
UPDATE Book SET bookname='데이터베이스 개론 및 실습2' WHERE bookid=99;
SELECT bookname "bookname6" FROM Book WHERE bookid=99;
/*결과: 데이터베이스 개론 및 실습2 */

ROLLBACK TRANSACTION;
SELECT bookname "bookname5" FROM Book WHERE bookid=99;
/*결과: 데이터베이스 , 롤백 */
DELETE FROM  Book WHERE bookid=99;

COMMIT TRANSACTION; /* 오류.. 이미 ROLLBACK 되었음 */
```

일관성

트랜잭션은 데이터베이스의 일관성consistency을 유지해야 한다. 일관성은 테이블이 생성될 때 CREATE 문과 ALTER 문의 무결성 제약조건을 통해 명시된다. 트랜잭션은 이 조건에 따라 일관성을 유지한다. 다만 수행 중 일시적으로 일관성을 유지하지 못하는 상태가 있을 수 있다. 예를 들어 계좌이체 트랜잭션의 경우 일관성 조건은 'A계좌+B계좌=20만 원'이다. 그런데 A계좌에서 1만 원을 인출하여 B계좌에 입금하기 전에는 총액이 일시적으로 19만 원으로 줄어드는 '일관성 없는inconsistent' 상태가 된다. 트랜잭션이 종료된 후에는 'A계좌+B계좌=20만 원'이 된다.

TIP 무결성 제약조건이 명시되지 않은 데이터의 일관성을 유지하는 일은 프로그래머의 몫이다.

그림 8-4 데이터베이스 변경 중과 변경 후의 일관성

고립성

데이터베이스는 공유가 목적이므로 여러 트랜잭션이 동시에 수행되고 각 트랜잭션은 다른 트랜잭션의 방해를 받지 않고 독립적으로 수행된다. 여러 트랜잭션이 동시에 수행될 때 상호 간섭이나 데이터 충돌이 일어나지 않는 현상을 고립성isolation이라 한다. 고립성을 위해서는 변경 중인 임시 데이터를 다른 트랜잭션이 읽거나 쓰려고 할 때 제어하는 작업이 필요하다.

[그림 8-5]를 보자. 같은 시간대에 여러 트랜잭션이 같은 데이터를 다루고 있다. t1시간에 트랜잭션 2와 트랜잭션 3이 실행 중이며 테이블 B를 동시에 다루고 있다. 같은 데이터를 동시에 읽고 쓸 경우, 변경 중인 데이터를 다른 트랜잭션이 사용하면 데이터의 일관성이 훼손될 수 있어 충돌하지 않도록 제어하는 작업이 필요하다. 이 작업을 동시성 제어concurrency control라고 한다. 기본적인 동시성 제어의 개념과 기법에 대해서는 2절에서 자세히 배운다. 그리고 동시성 제어보다 완화된 방법으로, 트랜잭션 고립 수준isolation level에 따라 트랜잭션의 상호 간섭을 완화하는 방법도 있다. 이에 대해서는 3절에서 자세히 배운다.

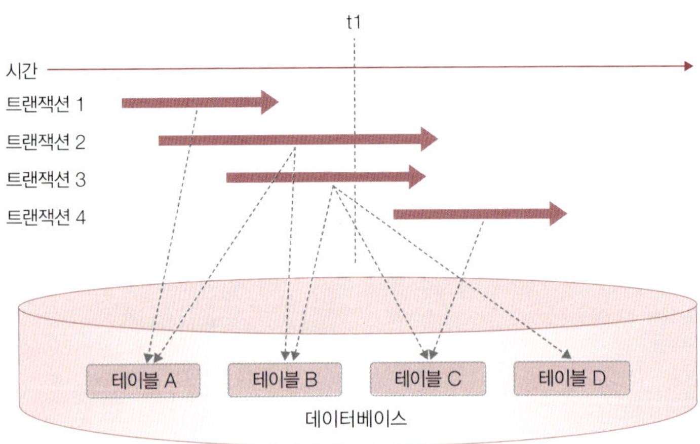

그림 8-5 트랜잭션의 동시 수행과 데이터 공유

지속성

트랜잭션이 정상적으로 완료 혹은 부분완료한 데이터는 반드시 데이터베이스에 기록되어야 한다. 이러한 성질을 트랜잭션의 지속성durability이라고 한다. DBMS 복구 시스템은 트랜잭션이 작업한 내용을 수시로 로그log 데이터베이스에 기록하였다가 문제가 발생하면 로그 파일을 이용하여 복구 작업을 수행한다. 즉 시스템이 멈추어도 트랜잭션 수행으로 변경된 내용은 디스크에 기록된다.

트랜잭션의 상태도는 [그림 8-6]과 같다. 트랜잭션은 수행을 완료하면 부분완료 혹은 실패 상태 중 하나가 된다. DBMS는 부분완료 상태에서는 작업한 내용을 데이터베이스에 반영하고, 실패 상태에서는 작업한 내용을 취소한다.

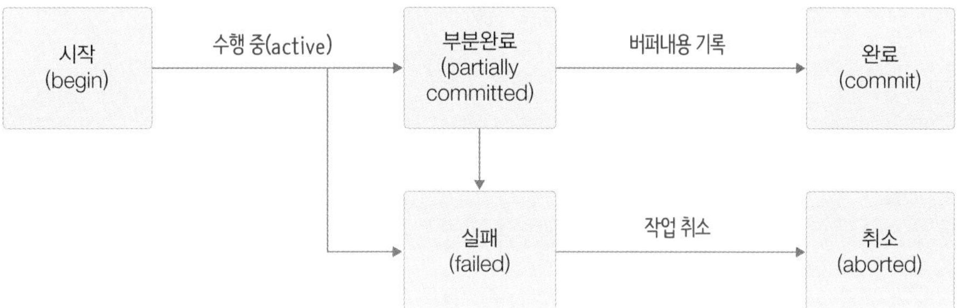

그림 8-6 트랜잭션의 상태도

- **부분완료**partially committed: 트랜잭션 수행은 완료되었지만, 변경 내용이 데이터베이스에 기록되었는지 확실하지 않은 상태이다. 이 상태에서는 DBMS가 최종적으로 변경 내용을 데이터베이스에 기록해야 완료committed 상태가 된다. 만약 시스템 내부의 문제 혹은 시스템 다운 등으로 DBMS가 변경 내용을 데이터베이스에 기록하지 못하면 실패failed 상태가 된다.
- **실패**fail: 트랜잭션을 중간에 중단하였거나 부분완료 상태에서 변경 내용을 데이터베이스에 저장하지 못한 상태를 말한다. 실패 상태에서 DBMS는 트랜잭션이 수행한 작업을 모두 원상 복구시킨다.

3 트랜잭션과 DBMS

DBMS는 트랜잭션이 원자성, 일관성, 고립성, 지속성을 유지할 수 있도록 지원한다. 먼저 원자성을 유지하기 위해 회복(복구) 관리자 프로그램을 작동시킨다. 회복 관리자 프로그램은 데이터베이스가 변경한 내용을 로그로 기록하고 있다가 트랜잭션에 문제가 생겼을 때 원래 상태로 되돌린다. 회복 관리자 프로그램은 4절에서 자세히 배운다.

DBMS는 일관성을 유지하기 위해 무결성 제약조건을 활용한다. 트랜잭션 수행 시 데이터에 변경이 가해지면 미리 정의해 둔 무결성 제약조건을 검사하여 일관성이 깨지는 것을 막는다. 그런데 두 개의 트랜잭션이 동시에 수행될 때 트랜잭션 간에 간섭으로 일관성이 깨지는 현상은 무결성 제약조건을 검사하는 것으로 해결할 수 없다. 동시에 같은 데이터에 접근하는 트랜잭션들이 질서 있게 접근하여 데이터베이스의 일관성을 유지하도록 하기 위해서는 동시성 제어 알고리즘을 작동시켜야 한다. 동시성 제어 알고리즘은 2절에서 자세히 배운다.

DBMS는 고립성을 유지하기 위해 일관성을 유지하는 것과 마찬가지로 동시성 제어 알고리즘을 작동시킨다. 두 개의 트랜잭션이 동시에 수행될 때 간섭 때문에 데이터 값이 손상되면 고립성이 깨진다. 이 경우 동시성 제어 알고리즘을 작동시켜 여러 트랜잭션이 동시에 같은 데이터에 접근할 때, 마치 한 트랜잭션씩 순서대로 접근하는 것처럼 제어한다.

DBMS는 지속성을 유지하기 위해 회복 관리자 프로그램을 이용한다. 회복 관리자 프로그램은 데이터베이스가 변경한 내용을 로그로 기록하고 있다가 트랜잭션에 문제가 있을 때 원래 상태로 되돌린다. 회복 관리자 알고리즘은 4절에서 자세히 배운다.

트랜잭션의 네 가지 성질과 각 성질을 유지하기 위한 DBMS의 기능을 그림으로 나타내면 다음과 같다.

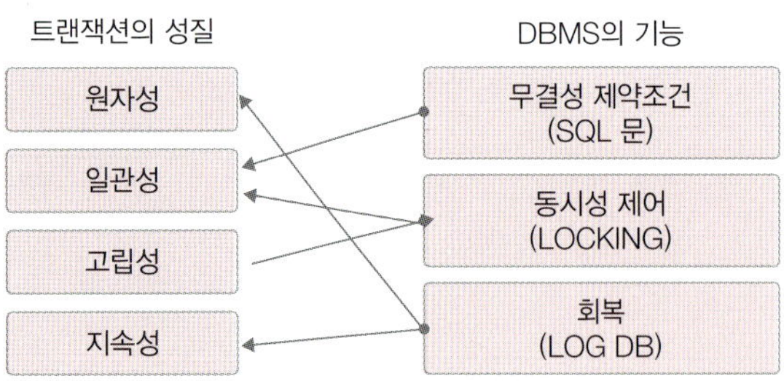

그림 8-7 트랜잭션의 성질과 DBMS의 기능

02 동시성 제어

1 동시성 제어 개념

자동차 전용도로에 시간차를 충분히 두고 차를 진입시키면 충돌 사고가 발생하지 않는다. 그러나 차를 제어하지 않고 임의로 진입시키면 충돌 사고가 발생할 수 있다. 트랜잭션도 마찬가지이다. 한 개의 트랜잭션이 끝나고 다음 트랜잭션을 수행하면 데이터베이스의 일관성에 문제가 없다. 그러나 데이터베이스는 공유를 목적으로 하므로 가능한 한 많은 트랜잭션을 동시에 수행시켜야 한다. 동시에 수행되는 트랜잭션은 다른 트랜잭션이 같은 데이터를 공유하고 있다는 사실을 모를 수 있으므로 일관성이 훼손될 수 있다. 트랜잭션이 동시에 수행될 때, 일관성을 해치지 않도록 트랜잭션의 데이터 접근을 제어하는 DBMS의 기능을 동시성 제어 concurrency control라고 한다.

[표 8-3]은 두 개의 트랜잭션이 한 개의 데이터에 동시 접근할 때 발생할 수 있는 상황을 정리한 것이다. 같은 데이터에 접근하는 두 트랜잭션의 작업(읽기, 쓰기)에 따라 세 가지 상황이 가능하다.

표 8-3 트랜잭션의 읽기/쓰기 시나리오

상황	트랜잭션 1	트랜잭션 2	발생 문제	동시 접근
상황 1	읽기	읽기	없음(읽기만 하면 아무 문제가 없음)	허용
상황 2	읽기	쓰기	오손 읽기, 반복불가능 읽기, 유령데이터 읽기	허용/불가 중 선택
상황 3	쓰기	쓰기	갱신손실(절대 허용하면 안 됨)	허용불가(LOCK을 이용)

[상황 1]은 두 트랜잭션이 각각 읽기만 하는 경우로 동시 진행에 아무 문제가 없다. [상황 2]는 두 트랜잭션 중 하나가 쓰기 작업을 하는 경우로 자세한 내용은 3절에서 살펴본다. [상황 3]은 두 트랜잭션이 모두 쓰기 작업을 하는 경우로 갱신손실 문제가 발생할 수 있다. 여기에서는 [상황 3]에서 일어날 수 있는 문제와 그 해결책에 대해 알아본다.

② 갱신손실 문제

갱신손실lost update 문제는 두 개의 트랜잭션이 한 개의 데이터를 동시에 갱신update할 때 발생한다. 갱신손실 문제는 데이터베이스에서 절대 발생하면 안 되는 현상이다.

■ **작업 설명: 하나의 데이터에 두 트랜잭션이 접근하여 갱신하는 작업**

트랜잭션 T1, T2가 있다. T1은 예금을 인출(UPDATE)하는 작업을 하고, T2는 입금(UPDATE)하는 작업을 한다. T1은 계좌 X에서 100을 빼고, T2는 계좌 X에 100을 더한다. 초기에 X의 값이 1,000이라면 T1→T2 혹은 T2→T1 어느 순서로 실행해도 결과는 X=1000이 되어야 한다. 이 경우 일관성 조건은 X계좌의 총합은 1,000이라는 것이다.

■ **시나리오: 두 개의 트랜잭션이 동시에 작업을 진행**

트랜잭션 T1과 T2를 다음과 같이 수행하였다. 먼저 알아야 할 점은 데이터베이스에 저장된 데이터 값은 일단 주기억장치의 버퍼로 가져와야 읽을 수 있다는 점이다. 트랜잭션은 버퍼에 저장된 데이터로 작업을 진행한다. 나중에 버퍼의 내용을 데이터베이스에 기록하는 작업은 DBMS의 임무이다.

트랜잭션 T1	트랜잭션 T2	버퍼의 데이터 값
A = read_item(X); ① A = A-100;		X = 1000
	B = read_item(X); ② B = B+100;	X = 1000
write_item(A → X); ③		X = 900
	write_item(B → X); ④	X = 1100

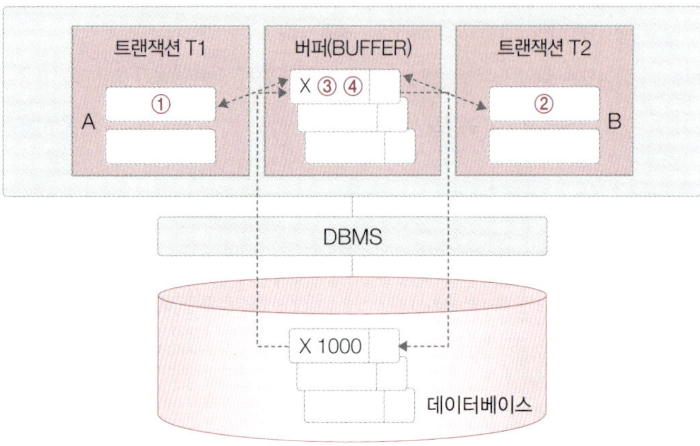

그림 8-8 갱신손실 문제 발생 시나리오

■ **문제 발생: 갱신손실**

두 트랜잭션이 종료된 후 X값을 보면 1,100으로 일관성이 깨진 것을 알 수 있다. 원인을 살펴보자. ②에서 X값을 읽어 온 T2는 T1이 갱신을 준비 중인 데이터를 읽어 와(중간에 끼어들어) 작업을 진행한다. 그리고 ③에서 T1이 기록한 데이터를 무시하고 다시 한 번 끼어들어 ④에서 X값을 갱신한다. 결론적으로는 T2는 잘못된 데이터로 작업하여 잘못된 결과를 만든 다음 T1의 갱신 작업을 무효화하고 덧쓰기를 수행하였다. T1의 갱신이 손실된 갱신손실lost update 문제가 발생한 것이다.

갱신손실 문제를 해결하려면 T1→T2 혹은 T2→T1 식으로 순서대로 실행하면 되지만, 데이터베이스의 공유와 빠른 응답 처리를 위하여 그럴 수는 없다. 갱신손실 문제를 해결하고 트랜잭션을 동시에 실행하는 방법을 알아보자.

3 락

갱신손실 문제를 해결하려면 상대방 트랜잭션이 데이터를 사용하는지를 알 수 있는 규칙이 필요하다. 즉 자신이 데이터를 수정 중이라는 사실을 알리면 된다. 알리는 방법으로 락lock이라는 잠금장치를 사용한다.

락의 개념

락lock은 트랜잭션이 데이터를 읽거나 수정할 때 데이터에 표시하는 잠금장치이다(자물쇠를 떠올리면 쉽다). 락을 이용하여 자신이 사용할 데이터를 잠그면 다른 트랜잭션은 잠금이 풀릴 때까지 기다려야 한다. [그림 8-8]의 예를 락을 사용하여 수정하면 다음과 같다. T1이 X에 락을 설정하였기 때문에 T2는 자신이 원하는 락을 얻지 못하고 대기wait한다. T2는 T1이 X의 락을 해지(언락, unlock)하면 진행할 수 있다. 락을 사용하면 데이터 X에 대한 갱신을 순차적으로 진행할 수 있으므로 갱신손실 문제를 해결할 수 있다.

TIP lock의 한글 표기는 로크, 록, 락 등이 사용되고 있는데, 외래어 한글 표기법으로는 '로크'가 맞는 표현이다. 그러나 실무에서는 '락'으로 많이 사용하고 있으므로 이 책에서도 '락'으로 표기한다. locking도 마찬가지 이유로 '락킹'으로 표기한다.

T1	T2	버퍼의 데이터 값
LOCK(X) A = read_item(X); ① A = A-100;		X = 1000
	LOCK(X) (wait... 대기)	X = 1000
write_item(A→X); ② UNLOCK(X);		X = 900
	B = read_item(X); ③ B = B+100; write_item(B→X); ④ UNLOCK(X)	X = 1000

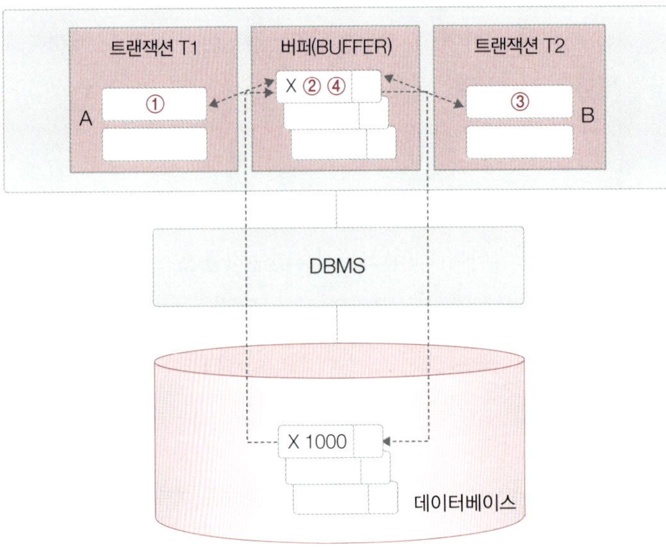

그림 8-9 락을 이용한 갱신손실 문제 해결

데이터베이스에서 실제로 SQL 문이 실행될 때 내부적으로 락이 어떤 기능을 하는지 다음 문제를 통해 살펴보자.

■ **작업 설명: 하나의 데이터에 두 트랜잭션이 접근하여 갱신하는 작업**

트랜잭션 T1, T2는 같은 데이터를 수정한다. T1은 1번 도서의 가격을 조회한 후 7,100원으로 수정하고, T2는 1번 도서의 가격을 조회한 후 가격을 100원 인상한다.

트랜잭션 T1	트랜잭션 T2
BEGIN TRANSACTION; USE madang; SELECT * FROM Book WHERE bookid = 1; UPDATE Book SET price = 7100 WHERE bookid = 1; SELECT * FROM Book WHERE bookid = 1; COMMIT;	BEGIN TRANSACTION; USE madang; SELECT * FROM Book WHERE bookid = 1; UPDATE Book SET price = price+100 WHERE bookid = 1; SELECT * FROM Book WHERE bookid = 1; COMMIT;

여기서 잠깐 **실습 시 주의사항**

■ **트랜잭션 실습 방법**

실습은 예제소스에서 제공하는 demo_madang_Init.sql 스크립트를 실행해 데이터를 초기화한 후 진행한다. 방법은 SQL Server Management Studio에서 두 개의 쿼리창을 만든 후 각각 T1, T2에 해당하는 SQL 문을 작성하고 번갈아 가면서 실행하면 된다. 이때 쿼리창을 만든 후 [창]–[새 세로 탭 그룹] 메뉴를 선택하면 여러 개의 쿼리창을 한 화면에서 볼 수 있어 효율적이다. 다음은 첫 번째 창에 demo_madang_Init.sql 스크립트, 두 번째 창에 T1, 세 번째 창에 T2를 실행한 화면이다.

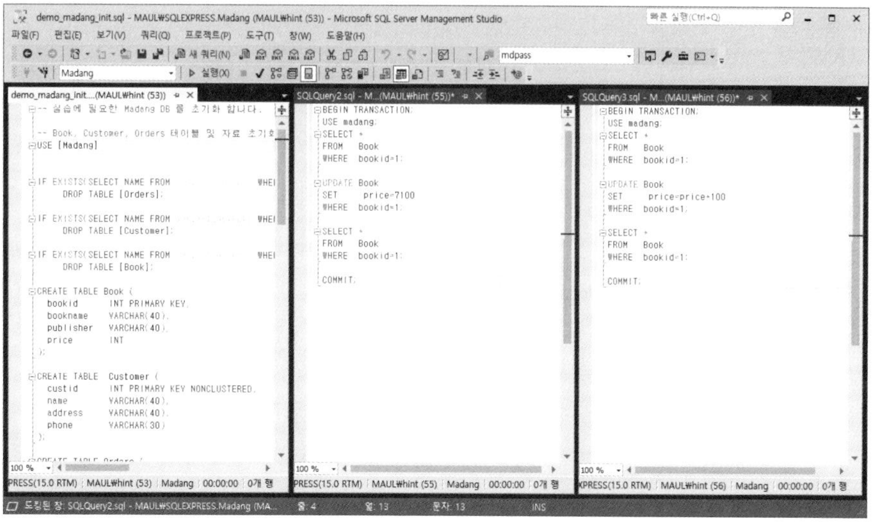

- 트랜잭션의 일부 실행

쿼리창에서 트랜잭션은 〈실행〉을 클릭하면 처음부터 끝까지 한 번에 실행된다. 그러나 위 실습은 쿼리창 두 개를 번갈아 가며 실행해야 하므로 원하는 부분의 블록을 잡고 〈실행〉을 클릭한다. 다음 그림은 트랜잭션 T1, T2를 동시에 실행한 화면으로, 트랜잭션 T1의 일부를 블록으로 잡은 모습이다.

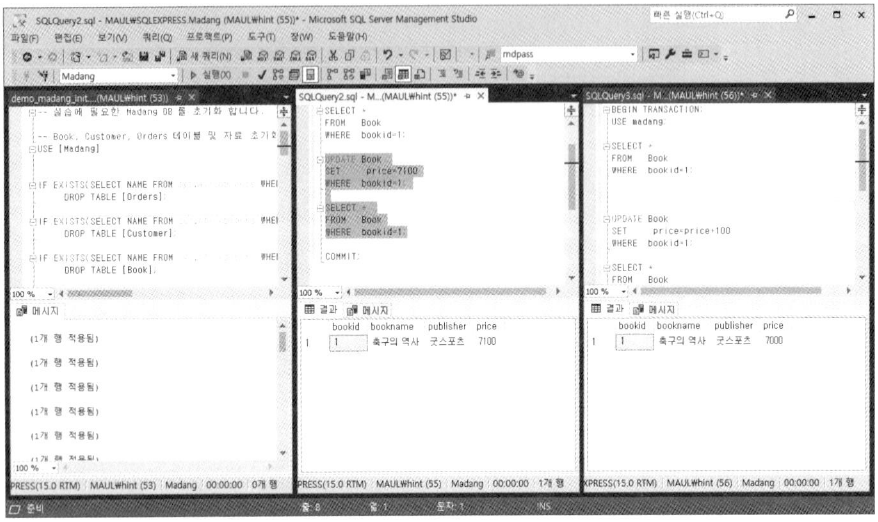

- 실습 데이터 초기화

Madang 데이터베이스 기본 테이블(Book, Cumstomer, Orders)을 대상으로 하는 실습은 실습 후 자료가 변할 수 있다. 따라서 실습이 끝나면 자료를 원상복구해야 한다. 방법은 수정된 데이터를 INSERT/DELETE/UPDATE 문을 이용하여 원래 값으로 복구하거나 demo_madang_init.sql 스크립트를 실행해서 전체를 초기화하면 된다.

시나리오: 두 트랜잭션을 동시에 실행

먼저 T1의 SELECT, UPDATE 문을 실행한 후 잠시 멈추었다가(DBMS는 다른 트랜잭션의 처리를 위하여 실행을 멈출 수 있다) T2를 실행한다. T2는 SELECT 문을 실행한 후 UPDATE 문을 실행하려는 순간 Book 데이터에 T1의 락이 걸려 있어서 실행을 멈추고 대기하게 된다. 이후 T1이 다시 SELECT, COMMIT 문을 실행하고 종료하면 락이 해제된다. T2는 대기 상태에서 해제되어 락을 얻은 다음 다시 실행을 시작하여 UPDATE 문을 진행하고 종료한다.

파일명: c8_s01_t1.sql, c8_s01_t2.sql

<table>
<tr><th>트랜잭션 T1</th><th>트랜잭션 T2</th></tr>
<tr><td>

```
BEGIN TRANSACTION;
USE madang;
SELECT *
FROM   Book
WHERE  bookid = 1;
```

bookid	bookname	publisher	price
1	축구의 역사	굿스포츠	7000

```
UPDATE Book
SET    price = 7100
WHERE  bookid = 1;
```

</td><td></td></tr>
<tr><td></td><td>

```
BEGIN TRANSACTION;
USE madang;

/*
SELECT *
FROM   Book
WHERE  bookid = 1;

UPDATE Book
SET    price = price+100
WHERE  bookid = 1;
```

</td></tr>
<tr><td>

```
SELECT *
FROM   Book
WHERE  bookid = 1;
```

bookid	bookname	publisher	price
1	축구의 역사	굿스포츠	7100

```
COMMIT;
```

</td><td>

```
...(대기 상태)...
/* Commit 과 동시에 결과 나타남 */
```

메시지

(1개 행 적용됨)

</td></tr>
<tr><td></td><td>

```
SELECT *
FROM   Book
WHERE  bookid = 1;
```

bookid	bookname	publisher	price
1	축구의 역사	굿스포츠	7200

```
COMMIT;
```

</td></tr>
</table>

락의 유형

락은 트랜잭션이 다루는 데이터를 다른 트랜잭션이 접근하지 못하도록 막아 대기 상태로 만든다. 다른 트랜잭션을 대기 상태로 만드는 일은 사용자의 응답시간에 영향을 주기 때문에 가능한 한 최소화해야 한다. 수강신청을 할 때 동시 접속자 수가 많으면 응답시간이 느려져 불편을 느끼는데, 같은 이유라고 보면 된다.

트랜잭션이 다루는 데이터는 읽기만 하는 데이터, 읽고 쓰는 데이터, 쓰기만 하는 데이터가 있다. 이 중에서 읽기만 하는 데이터를 다루는 트랜잭션은 어느 정도 허용을 해도 문제가 없다. 이 점을 고려하여 락의 유형을 두 가지로 나눈다. 데이터 읽기를 표시하는 락과 데이터 쓰기(수정)를 표시하는 락이다. 트랜잭션이 읽기를 할 때 사용하는 락을 공유락shared lock, LS이라고 하고, 읽고 쓰기를 할 때 사용하는 락을 배타락exclusive lock, LX이라고 한다. 데이터 X를 다루는 트랜잭션이 공유락과 배타락을 사용하는 규칙은 다음과 같다.

- 데이터에 락이 걸려 있지 않으면 트랜잭션은 데이터에 락을 걸 수 있다.
- 트랜잭션이 데이터 X를 읽기만 하면 LS(X)를 요청하고, 읽거나 쓰기를 하면 LX(X)를 요청한다.
- 다른 트랜잭션이 데이터에 LS(X)를 걸어 두면, LS(X)의 요청은 허용하고 LX(X)는 허용하지 않는다.
- 다른 트랜잭션이 데이터에 LX(X)를 걸어 두면, LS(X)와 LX(X) 모두 허용하지 않는다.
- 트랜잭션이 락을 허용받지 못하면 대기 상태가 된다.

[표 8-4]는 락의 허용 관계를 락 호환행렬compatibility matrix로 표시한 것이다. 트랜잭션의 공유락은 상호 허용이 되지만 배타락은 허용되지 않는 것이 락 호환행렬의 핵심이다.

표 8-4 락 호환행렬

상태 / 요청	LS 상태	LX 상태
LS 요청	허용	대기
LX 요청	대기	대기

2단계 락킹

락을 사용하면 갱신손실 문제를 해결할 수 있다. 하지만 락을 걸고 해제하는 시점에 제한을 두지 않으면 두 개의 트랜잭션이 동시에 실행될 때 데이터의 일관성이 깨질 수 있다. 즉 데이터에 락을 걸었다가 풀고 다시 거는 중간 과정에 락의 해지 상태가 생기면서 다른 트랜잭션에 중간 결과를 보일 수 있다는 것이다. 이것을 방지하기 위하여 2단계 락킹2 phase locking 기법을 사용한다. 이 기법은 트랜잭션이 락을 걸고 해제하는 시점을 다음과 같이 2단계로 나누어 진행한다.

- **확장단계**growing phase, expanding phase: 트랜잭션이 필요한 락을 획득하는 단계로, 이 단계에서는 이미 획득한 락을 해제하지 않는다.
- **수축단계**shrinking phase: 트랜잭션이 락을 해제하는 단계로, 이 단계에서는 새로운 락을 획득하지 않는다.

2단계 락킹 기법이 어떻게 운용되는지 다음 문제를 통해 살펴보자.

■ **작업 설명: 두 개의 데이터에 두 개의 트랜잭션이 접근하여 갱신하는 작업**

트랜잭션 T1, T2가 있다. T1은 예금이체 작업을 하고 T2는 이자계산 작업을 한다. 초기 A, B 두 데이터 값은 1000이다. 각 트랜잭션의 세부 작업을 보면 T1은 A계좌에서 100을 인출하여 B계좌에 입금하고, T2는 A, B 두 계좌의 잔고를 10%씩 증가시킨다. 작업 결과는 T1 → T2 혹은 T2 → T1 어느 순서로 실행해도 A+B=2200이 되어야 한다. 그러나 순서에 차이는 있을 수 있다. T1 → T2의 결과는 A=(1000−100)×1.1=990, B=(1000+100)×1.1=1210으로 A+B=2200이 된다. T2 → T1의 결과는 A=1000×1.1−100=1000, B=1000×1.1+100=1200으로 A+B=2200이 된다. 여기서 암시적인 데이터 일관성 제약조건은 두 개의 트랜잭션 수행 결과 'A+B=2200이 되어야 한다'는 것이다.

■ 문제 발생: 락을 사용하였지만 2단계 락킹 기법은 적용하지 않음

다음은 T1과 T2를 동시에 실행했을 때 락을 사용했는데도 이상한 결과가 나오는 예이다. 트랜잭션의 진행 과정을 보면 T1이 실행 중에 데이터에 대한 락을 해제하였고, 그 사이에 T2가 락을 걸고 데이터를 변경하였다. 두 트랜잭션은 종료 후 A=990, B=1200으로 A+B=2190이 된다. 이는 T1 → T2 혹은 T2 → T1 어느 순서로 실행해도 A+B=2200이 되어야 한다는 일관성 제약조건에 위배된다. 원인은 T1이 쓰기 작업 중인 중간 데이터를 가져와 T2가 작업하였기 때문이다. T1이 쓰기 작업 중일 때는 데이터의 일관성이 일시적으로 깨진 상태이므로, A의 중간 데이터 값을 T2가 가져오면 안 된다.

트랜잭션 T1	트랜잭션 T2	A, B 값

LX(A)
t1 = read_item(A);
t1 = t1-100;
A = write_item(t1);
UN(A)
		A = 900
		B = 1000

	LX(A)
	t2 = read_item(A);
	t2 = t2*1.1;
	A = write_item(t2);
	UN(A)
	LX(B)
	t2 = read_item(B);
	t2 = t2*1.1;
	B = write_item(t2);
	UN(B)
		A = 990
		B = 1100

LX(B)
t1 = read_item(B);
t1 = t1+100;
B = write_item(t1);
UN(B)
		A = 990
		B = 1200
		/* A+B = 2190이므로 일관성 제약조건에 위배됨 */

■ 문제 해결: 2단계 락킹 기법을 사용

앞의 예에서 문제가 발생한 원인은 T1이 A에 락을 걸고 작업을 하다가 중간에 락을 해제하여 T2가 A에 접근 가능했기 때문이다. 이 문제를 해결하려면 트랜잭션이 작업을 완료하기 전에는 락을 해제하지 않아야 한다. 즉 T1이 앞으로 B에 락을 걸 예정이므로 A에 걸었던 락을 미리 해제하면 안 된다. 2단계 락킹 기법을 사용하여 이 문제를 해결해 보자. 확장단계에서는 락을 걸기만 하고 수축단계에서는 락을 해지하기만 한다.

트랜잭션 T1	트랜잭션 T2	A, B 값

LX(A)
t1 = read_item(A);
t1 = t1-100;
A = write_item(t1);
		A = 900
		B = 1000

	LX(A) …(대기 상태)…	

LX(B)
t1 = read_item(B);
t1 = t1+100;
B = write_item(t1);
UN(A)
UN(B)
		A = 900
		B = 1100

	LX(A)
	t2 = read_item(A);
	t2 = t2*1.1;
	A = write_item(t2);
	LX(B)
	t2 = read_item(B);
	t2 = t2*1.1;
	B = write_item(t2);
	UN(A)
	UN(B)
		A = 990
		B = 1210
		/* A+B = 2200이므로 일관성 제약조건을 지킴 */

데드락

2단계 락킹 기법을 사용하면 데이터의 일관성을 유지할 수 있다. 그렇지만 두 개 이상의 트랜잭션이 각각 자신의 데이터에 대하여 락을 획득하고 상대방 데이터에 대하여 락을 요청하면 무한 대기 상태에 빠질 수 있다. 이러한 현상을 데드락deadlock 혹은 교착상태라고 한다.

■ **작업 설명: 두 개의 데이터에 두 개의 트랜잭션이 접근하여 갱신하는 작업**

마당서점 데이터에 접근하는 트랜잭션 T1, T2가 있다. T1은 도서번호가 1인 도서와 도서번호가 2인 도서의 가격을 100원 올리고, T2는 역순으로 도서번호가 2인 도서와 도서번호가 1인 도서의 가격을 10% 인상한다.

■ **문제 발생: 데드락 발생**

T1은 bookid가 1인 도서에 락을 걸고, T2는 bookid가 2인 도서에 락을 건다. 그리고 T1이 bookid가 2인 도서에 락을 요청하면 대기 상태가 된다. 이 순간 T2도 bookid가 1인 도서에 락을 요청하면 대기 상태가 된다. T1과 T2는 서로 상대방이 락을 해제하기를 기다리는 상태가 된다. SQL Server에서 T1, T2에 대하여 두 개의 쿼리창을 만든 후 번갈아 가면서 아래와 같이 실행해 보면 이 문제를 재현할 수 있다.

파일명: c8_s02_t1.sql, c8_s02_t2.sql

트랜잭션 T1	트랜잭션 T2
BEGIN TRANSACTION; USE madang; UPDATE Book SET price = price+100 WHERE bookid = 1;	
	BEGIN TRANSACTION; USE madang; UPDATE Book SET price = price*1.1 WHERE bookid = 2;
UPDATE Book SET price = price+100 WHERE bookid = 2; …(대기 상태)…	
	UPDATE Book SET price = price*1.1 WHERE bookid = 1; …(대기 상태)…
메시지 (1개 행 적용됨) COMMIT;	메시지 메시지 1205, 수준 13, 상태 51, 줄 9 트랜잭션(프로세스 ID 56)이 잠금 리소스에서 다른 프로세스와의 교착 상태가 발생하여 실행이 중지되었습니다. 트랜잭션을 다시 실행하십시오. COMMIT;

TIP 위 실습 결과 T2의 실행이 자동으로 중지된다. SQL Server에서 데드락이 발생하면 마지막에 실행된 트랜잭션을 강제로 중지시키기 때문이다. 실습과 달리 실제 운용 환경에서는 더 많은 트랜잭션이 수행되기 때문에 자동으로 강제 종료되지 않을 수 있다. 또한 데드락에 대한 처리는 DBMS별로 다르게 동작하므로 사용하는 DBMS가 지원하는 방법을 정확하게 파악해 두어야 한다.

■ 문제 해결: 데드락 해결

일반적으로 데드락이 발생하면 DBMS는 T1 혹은 T2의 작업 중 하나를 강제로 중지시킨다. 그 결과 나머지 트랜잭션은 정상적으로 실행된다. 이때 중지시키는 트랜잭션에서 변경한 데이터는 원래 상태로 되돌려놓는다. 앞의 예에서 T2를 중지시킨다면 T2가 변경한 도서번호 2의 가격은 원래 상태로 바꾸어 놓아야 한다.

데드락은 대기 그래프wait-for graph를 그려 보면 발생 여부를 판단할 수 있다. 대기 그래프는 트랜잭션을 노드로, 락 요청을 화살표로 표현한다. 트랜잭션 T1이 트랜잭션 T2가 락을 걸고 있는 데이터를 요청하면 T1에서 T2로 향하는 화살표를 그리면 된다. 위 작업을 대기 그래프로 그리면 아래와 같다. 대기 그래프에서 사이클이 존재하면 데드락이 발생한 것이다.

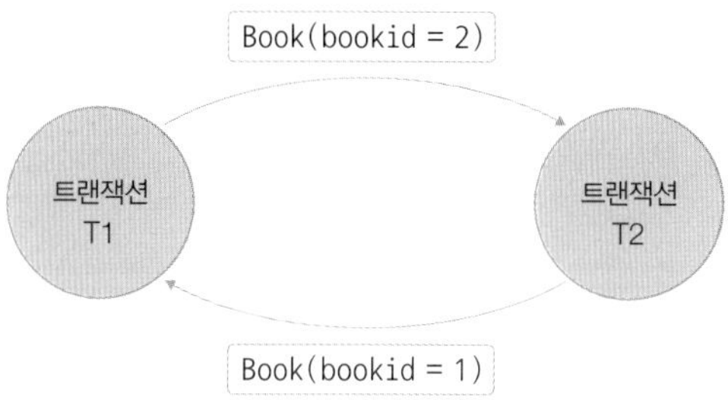

그림 8-10 대기 그래프

03 트랜잭션 고립 수준

지금까지 설명한 락은 두 트랜잭션이 (쓰기, 쓰기)인 상황을 해결하기 위한 것이다. 이는 [표 8-3]의 [상황 3] (쓰기, 쓰기)에 관한 내용이다.

[표 8-3]의 [상황 2] (읽기, 쓰기)를 생각해 보자. 두 개의 트랜잭션에서 트랜잭션 1은 읽기 작업을 하고 트랜잭션 2는 쓰기 작업을 한다. [상황 2]에서도 락을 사용하여 두 트랜잭션을 동시에 실행할 수 있다. 그러나 [상황 2]는 [상황 3]과 같이 처리하기에는 아쉬운 점이 있다. [상황 2]를 락으로 해결하면 두 트랜잭션의 동시 진행 정도를 과도하게 막기 때문이다. [상황 2]에서 트랜잭션의 동시성을 높이기 위해서 좀 더 완화된 방법을 사용할 필요가 있다.

1 트랜잭션 동시 실행 문제

[상황 2]의 트랜잭션 1은 읽기만 하므로 갱신손실 같은 심각한 문제가 발생하지 않는다. 그러나 트랜잭션 1에서 오손 읽기dirty read 문제, 반복불가능 읽기non-repeatable read 문제, 유령데이터 읽기phantom read 문제 등이 발생할 수 있다. 읽기만 하는 트랜잭션이 쓰기 트랜잭션에서 작업한 중간 데이터를 읽기 때문에 발생하는 문제들이다. 각각의 문제에 대하여 살펴보자.

TIP 오손 읽기는 uncommitted dependency, 반복불가능 읽기는 inconsistent analysis로 부르기도 한다.

오손 읽기

오손 읽기dirty read는 읽기 작업을 하는 트랜잭션 1이 쓰기 작업을 하는 트랜잭션 2가 작업한 중간 데이터를 읽기 때문에 생기는 문제이다. 작업 중인 트랜잭션 2가 어떤 이유로 작업을 철회ROLLBACK할 경우 트랜잭션 1은 무효가 된 데이터를 읽게 되고 잘못된 결과를 도출한다. 이 현상을 오손 읽기라고 한다.

오손 읽기 문제를 이해하기 위하여 다음과 같은 실습 테이블을 생성해 보자.

파일명: c8_code02.sql

```
/* 실습 테이블 생성 */
BEGIN TRANSACTION
USE madang;
Drop TABLE Users;
CREATE TABLE Users (
  idINTEGER,
  nameVARCHAR(20),
  ageINTEGER);

INSERT INTO Users VALUES (1, 'HONG GILDONG', 30);

SELECT *
FROM   Users;
```

id	name	age
1	HONG GILDONG	30

```
COMMIT;
```

■ **작업 설명: 두 트랜잭션을 동시에 실행**

트랜잭션 T1, T2가 동시에 실행된다. T1은 읽기만 하고 T2는 쓰기를 한다. T1은 T2가 변경한 데이터를 읽어 와 작업하는데, T2가 작업 중 철회ROLLBACK를 하게 되었다.

■ **문제 발생: 오손 읽기**

T2가 변경한 데이터를 T1이 읽은 후 어떤 원인으로 인하여 T2가 스스로 철회ROLLBACK를 하게 되었다. 철회하면 T2의 작업은 없던 일이 된다. T1은 T2가 정상적으로 종료하지 않은 상태에서 변경한 데이터를 보고 작업을 하게 된 것이다. 아래는 트랜잭션 T2가 홍길동의 나이를 30에서 21로 변경한 후 철회ROLLBACK하여 트랜잭션 T1에 오류를 발생시킨 예이다.

파일명: c8_s03_t1.sql, c8_s03_t2.sql

<table>
<tr><th>T1 (읽는 트랜잭션)
READ UNCOMMITTED 모드</th><th>T2 (쓰는 트랜잭션)
READ COMMITTED 모드</th></tr>
<tr><td>BEGIN TRANSACTION
USE madang;
SET TRANSACTION ISOLATION
LEVEL READ UNCOMMITTED;

SELECT *
FROM Users
WHERE id = 1;

<table><tr><th>id</th><th>name</th><th>age</th></tr><tr><td>1</td><td>HONG GILDONG</td><td>30</td></tr></table></td><td></td></tr>
<tr><td></td><td>BEGIN TRANSACTION
USE madang;
SET TRANSACTION ISOLATION
LEVEL READ COMMITTED;

UPDATE Users
SET age = 21
WHERE id = 1;

SELECT *
FROM Users
WHERE id = 1;

<table><tr><th>id</th><th>name</th><th>age</th></tr><tr><td>1</td><td>HONG GILDONG</td><td>21</td></tr></table></td></tr>
<tr><td>SELECT *
FROM Users
WHERE id = 1;

<table><tr><th>id</th><th>name</th><th>age</th></tr><tr><td>1</td><td>HONG GILDONG</td><td>21</td></tr></table></td><td></td></tr>
<tr><td></td><td>ROLLBACK;</td></tr>
<tr><td>SELECT *
FROM Users
WHERE id = 1;

COMMIT;

<table><tr><th>id</th><th>name</th><th>age</th></tr><tr><td>1</td><td>HONG GILDONG</td><td>30</td></tr></table></td><td></td></tr>
</table>

반복불가능 읽기

반복불가능 읽기non-repeatable read는 트랜잭션 1이 데이터를 읽고 트랜잭션 2가 데이터를 쓰고(갱신, UPDATE) 트랜잭션 1이 다시 한 번 데이터를 읽을 때 생기는 문제이다. 즉 트랜잭션 1이 읽기 작업을 다시 한 번 반복할 경우 이전의 결과가 반복되지 않는 현상을 반복불가능 읽기라고 한다.

■ **작업 설명: 두 트랜잭션을 동시에 실행**

트랜잭션 T1, T2가 동시에 실행된다. T1은 읽기만 하고 T2는 쓰기(갱신, UPDATE)를 한다. T1이 데이터를 읽고 작업을 한 후, T2가 변경한 데이터를 다시 한 번 읽어 와 작업한다.

■ **문제 발생: 반복불가능 읽기**

T1이 데이터를 읽고 작업하던 중 T2가 데이터를 변경하였다. T1은 변경한 데이터를 보고 다시 한 번 작업을 하였다. 오손 읽기와 달리 이번에는 T2가 정상적으로 종료하여 COMMIT을 했기 때문에 틀린 데이터는 아니다. 그런데 T1 입장에서는 같은 SQL 문이 다른 결과를 도출한다.

파일명: c8_s04_t1.sql, c8_s04_t2.sql

T1 (읽는 트랜잭션) READ COMMITTED 모드	T2 (쓰는 트랜잭션) READ COMMITTED 모드
BEGIN TRANSACTION USE madang; SET TRANSACTION ISOLATION LEVEL READ COMMITTED; SELECT * FROM Users WHERE id = 1; id | name | age 1 | HONG GILDONG | 30	

```
BEGIN TRANSACTION
USE madang;
SET TRANSACTION ISOLATION LEVEL
READ COMMITTED;

UPDATE Users
SET    age = 21
WHERE  id = 1;

COMMIT;

SELECT *
FROM   Users
WHERE  id = 1;
```

id	name	age
1	HONG GILDONG	21

```
SELECT *
FROM   Users
WHERE  id = 1;
```

id	name	age
1	HONG GILDONG	21

유령데이터 읽기

유령데이터 읽기phantom read는 트랜잭션 1이 데이터를 읽고 트랜잭션 2가 데이터를 쓰고(삽입, INSERT) 트랜잭션 1이 다시 한 번 데이터를 읽을 때 생기는 문제이다. 트랜잭션 1이 읽기 작업을 다시 한 번 반복할 경우 이전에 없던 데이터(유령데이터)가 나타나는 현상을 유령데이터 읽기라고 한다.

■ **작업 설명: 두 트랜잭션을 동시에 실행**

트랜잭션 T1은 읽기만 하고 T2는 쓰기(삽입, INSERT)를 한다. T1은 데이터를 읽고 작업을 한 후, 그 사이에 T2가 변경한 데이터를 다시 한 번 읽어 와 작업한다.

■ **문제 발생: 유령데이터 읽기**

이번에는 T1이 T2가 새로운 데이터를 삽입한 사실을 모르고 작업을 한다. T2가 COMMIT을 했기 때문에 틀린 데이터는 아니다. 그러나 T1 입장에서는 새로운 데이터가 반영되어 반복불가능 읽기와 마찬가지로 같은 SQL 문이 다른 결과를 도출한다. 유령데이터 읽기는 반복불가능 읽기와 비슷하지만 없던 데이터가 삽입되기 때문에 다르게 구분한다.

파일명: c8_s05_t1.sql, c8_s05_t2.sql

<table>
<tr><th>T1 (읽는 트랜잭션)
REPEATABLE READ 모드</th><th>T2 (쓰는 트랜잭션)
READ COMMITTED 모드</th></tr>
<tr><td>BEGIN TRANSACTION
USE madang;
SET TRANSACTION ISOLATION LEVEL
REPEATABLE READ;

SELECT *
FROM Users
WHERE age BETWEEN 10 AND 30;

id name age
1 HONG GILDONG 21</td><td></td></tr>
<tr><td></td><td>BEGIN TRANSACTION
USE madang;
SET TRANSACTION ISOLATION LEVEL
READ COMMITTED;

INSERT INTO Users VALUES (3, 'Bob', 27);

COMMIT;

SELECT *
FROM Users
WHERE age BETWEEN 10 AND 30;

id name age
1 HONG GILDONG 21
3 Bob 27</td></tr>
<tr><td>SELECT *
FROM Users
WHERE age BETWEEN 10 AND 30;

id name age
1 HONG GILDONG 21
3 Bob 27

COMMIT;</td><td></td></tr>
</table>

2 트랜잭션 고립 수준 명령어

앞의 세 가지 문제를 해결하려면 당연히 락을 사용해야 한다. 하지만 DBMS는 트랜잭션을 동시에 실행하면서 락보다 좀 더 완화된 방법으로 문제를 해결하는 명령어를 제공한다. 명령어는 [표 8-5]와 같으며, 트랜잭션 고립 수준 명령어transaction isolation level instruction라고 한다. 이를 사용하면 사용자가 어느 정도 선택하여 트랜잭션을 제어할 수 있다. 트랜잭션 고립 수준 명령어는 [상황 2]의 읽기/쓰기에 대한 트랜잭션 간의 고립 수준을 결정한다.

표 8-5 트랜잭션 고립 수준 명령어와 발생 현상

고립 수준 \ 문제	오손 읽기	반복불가능 읽기	유령데이터 읽기
READ UNCOMMITTED	가능	가능	가능
READ COMMITTED	불가능	가능	가능
REPEATABLE READ	불가능	불가능	가능
SERIALIZABLE	불가능	불가능	불가능

SQL 표준에서는 위와 같이 네 가지 고립 수준을 정의하고 있다. 본문은 SQL 표준에서 제시하는 고립 수준을 중심으로 각 명령어와 허용하는 문제를 설명한다.

TIP SQL Server의 고립 수준에 대한 자세한 설명은 다음 페이지를 참조하기 바란다.
https://docs.microsoft.com/en-us/sql/t-sql/statements/set-transaction-isolation-level-transact-sql?redirectedfrom=MSDN&view=sql-server-ver15

READ UNCOMMITTED(Level=0)

READ UNCOMMITTED는 고립 수준이 가장 낮은 명령어로, 자신의 데이터에 아무런 공유락을 걸지 않는다(배타락은 갱신손실 문제 때문에 걸어야 한다). 또한 다른 트랜잭션에 공유락과 배타락이 걸린 데이터를 대기하지 않고 읽는다. 심지어 다른 트랜잭션이 COMMIT하지 않은 데이터도 읽을 수 있다. 그 때문에 오손dirty 페이지의 데이터를 읽게 된다. 이 명령어는 SELECT 질의의 대상이 되는 테이블에 대해서 락을 설정하지 않은 것NO LOCK과 같다.

표 8-6 READ UNCOMMITTED 모드 요약

모드	READ UNCOMMITTED
LOCK	SELECT 문 – 공유락 걸지 않음 UPDATE 문 – 배타락 설정 다른 트랜잭션의 공유락과 배타락이 걸린 데이터를 읽음
SQL 문	SET TRANSACTION ISOLATION LEVEL READ UNCOMMITTED
문제점	오손 읽기, 반복불가능 읽기, 유령데이터 읽기

READ COMMITTED(Level=1)

READ COMMITTED는 오손dirty 페이지의 참조를 피하고자 자신의 데이터를 읽는 동안 공유락을 걸지만, 트랜잭션이 끝나기 전에라도 해지할 수 있다. 다른 트랜잭션 데이터는 락 호환성 규칙에 따라 진행한다. 이 옵션은 SQL Server의 기본 설정이다. 즉 아무런 설정을 하지 않으면 READ COMMITTED 방식으로 수행된다.

표 8-7 READ COMMITTED 모드 요약

모드	READ COMMITTED
LOCK	SELECT 문 – 공유락을 걸고 끝나면 바로 해지 UPDATE 문 – 배타락 설정 다른 트랜잭션이 설정한 공유락은 읽지만 배타락은 읽지 못함
SQL 문	SET TRANSACTION ISOLATION LEVEL READ COMMITTED
문제점	반복불가능 읽기, 유령데이터 읽기

REPEATABLE READ(Level=2)

자신의 데이터에 설정된 공유락과 배타락을 트랜잭션이 종료할 때까지 유지하여 다른 트랜잭션이 자신의 데이터를 갱신UPDATE할 수 없도록 한다. 다른 트랜잭션 데이터는 락 호환성 규칙에 따라 진행한다. 다른 고립화 수준과 비교하면 데이터의 동시성concurrency이 낮아 특별한 상황이 아니라면 사용하지 않는 것이 좋다.

표 8-8 REPEATABLE READ 모드 요약

모드	REPEATABLE READ
LOCK	SELECT 문 – 공유락을 걸고 트랜잭션 끝까지 유지 UPDATE 문 – 배타락 설정 다른 트랜잭션이 설정한 공유락은 읽지만 배타락은 읽지 못함
SQL 문	SET TRANSACTION ISOLATION LEVEL REPEATABLE READ
문제점	유령데이터 읽기

SERIALIZABLE(Level=3)

고립 수준이 가장 높은 명령어로, 실행 중인 트랜잭션은 다른 트랜잭션으로부터 완벽하게 분리된다. 데이터 집합에 범위를 지어 잠금을 설정할 수 있으므로 다른 사용자가 데이터를 변경하려고 할 때 트랜잭션을 완벽하게 분리할 수 있다. 이 명령어는 네 가지 고립화 수준 중 제한이 가장 심하고 데이터의 동시성도 낮다. 이 명령어는 SELECT 질의의 대상이 되는 테이블에 미리 배타락을 설정한 것과 같은 효과를 낸다.

표 8-9 SERIALIZABLE 모드 요약

모드	SERIALIZABLE
LOCK	SELECT 문 – 공유락을 걸고 트랜잭션 끝까지 유지 UPDATE 문 – 배타락 설정 다른 트랜잭션이 설정한 공유락은 읽지만 배타락은 읽지 못함 인덱스에 공유락을 설정하여 다른 트랜잭션의 INSERT 문이 금지됨
SQL 문	SET TRANSACTION ISOLATION LEVEL SERIALIZABLE
문제점	없음

3 트랜잭션 고립 수준 실습

SQL Server에서 트랜잭션 고립 수준이 실제로 어떻게 진행되는지 몇 가지 경우를 실습해 보기로 한다. SQL Developer에서 쿼리창을 만들고 트랜잭션 T1과 T2를 순서대로 입력하여 실행하면 된다.

반복불가능 읽기 문제와 방지를 위한 명령어

■ **문제 발생: 반복불가능 읽기**

SQL Server에서 트랜잭션 고립 수준 명령어를 설정하지 않으면 기본 모드는 READ COM MITTED이다. 두 개의 트랜잭션 T1과 T2에 대하여 기본 모드로 실행할 경우 반복불가능 읽기 문제가 나타나는 것을 실습해 보자.

트랜잭션 T1은 Book 테이블에 저장된 도서 가격의 총액을 계산한다. 그런데 다음 트랜잭션을 보면 T1에서 두 번 조회한 도서 가격의 총액이 서로 다른 것을 알 수 있다. 첫 번째는 144,500원이고 두 번째는 145,000원이다. 이렇게 총액이 다른 이유는 트랜잭션 T2가 중간에 Book 테이블의 price를 변경하고 변경된 결과를 T1이 다시 읽었기 때문이다.

TIP 예제소스 demo_madang_init.sql 스크립트를 실행해 데이터를 초기화한 후 실습한다.

파일명: c8_s06_t1.sql, c8_s06_t2.sql

트랜잭션 T1 READ COMMITTED 모드(기본 모드)	트랜잭션 T2 READ COMMITTED 모드(기본 모드)
BEGIN TRANSACTION USE madang; SET TRANSACTION ISOLATION LEVEL READ COMMITTED; SELECT SUM(price) 총액 FROM Book; 총액 144500	

```
BEGIN TRANSACTION
USE madang;
SET TRANSACTION ISOLATION LEVEL
READ COMMITTED;

SELECT SUM(price) 총액
FROM   Book;
```

총액
144500

```
UPDATE Book
SET    price = price+500
WHERE  bookid = 1;

SELECT SUM(price) 총액
FROM   Book;

COMMIT;
```

총액
145000

```
SELECT SUM(price) 총액
FROM   Book;
/* 앞의 결과와 다름 */
```

총액
145000

```
COMMIT;
```

■ 문제 방지: REPEATABLE READ 모드

반복불가능 읽기 문제를 방지하려면 트랜잭션 T1의 고립 수준을 REPEATABLE READ 모드로 상향시키면 된다. 상향 후 T1은 락을 해지하지 않기 때문에 T2가 데이터를 UPDATE 하는 것을 막을 수 있다. T2는 UPDATE 문을 실행하려는 순간 대기 상태가 된다.

TIP 예제소스 demo_madang_init.sql 스크립트를 실행해 데이터를 초기화한 후 실습한다.

파일명: c8_s07_t1.sql, c8_s07_t2.sql

트랜잭션 T1 REPEATABLE READ 모드	트랜잭션 T2 READ COMMITTED 모드(기본 모드)
BEGIN TRANSACTION USE madang; SET TRANSACTION ISOLATION LEVEL REPEATABLE READ; SELECT SUM(price) 총액 FROM Book; 총액 144500	
	BEGIN TRANSACTION USE madang; SET TRANSACTION ISOLATION LEVEL READ COMMITTED; UPDATE Book SET price = price+500 WHERE bookid = 1; (쿼리를 실행하는 중 ...) /* 대기 상태가 됨, T1이 COMMIT하면 실행됨 */
SELECT SUM(price) 총액 FROM Book; /* 앞의 결과와 같음 */ 총액 144500 COMMIT;	메시지 (1개 행 적용됨)
	SELECT SUM(price) 총액 FROM Book; 총액 145000 COMMIT;

TIP 만약 T1과 T2의 모드(ISOLATION LEVEL)를 서로 바꾸고 위 순서대로 실행하면 T2의 UPDATE 문은 정상적으로 진행되고 T1의 두 번째 SELECT 문이 대기 상태가 된다.

유령데이터 읽기 문제와 방지를 위한 명령어

■ **문제 발생: 유령데이터 읽기**

트랜잭션의 고립 수준을 REPEATABLE READ로 상향하면 반복불가능 읽기 문제는 해결할 수 있지만 새로운 데이터가 삽입되어 발생하는 유령데이터 읽기 문제는 해결할 수 없다. 트랜잭션 T1이 Book 테이블에 저장된 도서 가격의 총액을 조회하는 과정에서 T2가 중간에 삽입한 데이터 값의 영향을 받기 때문이다. 아래를 보면 트랜잭션 T1에서 두 번 조회한 도서 가격의 총액이 서로 다른 것을 알 수 있다.

TIP 예제소스 demo_madang_init.sql 스크립트를 실행해 데이터를 초기화한 후 실습한다.

파일명: c8_s08_t1.sql, c8_s08_t2.sql

<table>
<tr><th>트랜잭션 T1
REPEATABLE READ 모드</th><th>트랜잭션 T2
READ COMMITTED 모드(기본 모드)</th></tr>
<tr><td>BEGIN TRANSACTION
USE madang;
SET TRANSACTION ISOLATION LEVEL
REPEATABLE READ;

SELECT SUM(price) 총액
FROM Book;

총액
144500</td><td></td></tr>
<tr><td></td><td>BEGIN TRANSACTION
USE madang;
SET TRANSACTION ISOLATION LEVEL
READ COMMITTED;

SELECT SUM(price) 총액
FROM Book;

총액
144500

INSERT INTO Book VALUES (11, '테스트', '테스트출판사', 5500);

SELECT SUM(price) 총액
FROM Book;

총액
150000

COMMIT;</td></tr>
</table>

```SELECT SUM(price) 총액 FROM Book; /* 앞의 결과와 다름 */ 총액 150000 COMMIT;```	

■ 문제 방지: SERIALIZABLE 모드

유령데이터 읽기 문제를 방지하려면 트랜잭션 T1의 고립 수준을 SERIALIZABLE 모드로 상향시켜야 한다. 상향 후 T1은 T2가 데이터를 삽입하는 것에 상관없이 새로 삽입한 데이터를 제외하고 읽는다.

TIP 예제소스 demo_madang_init.sql 스크립트를 실행해 데이터를 초기화한 후 실습한다.

파일명: c8_s09_t1.sql, c8_s09_t2.sql

<table>
<tr><th>트랜잭션 T1
SERIALIZABLE 모드</th><th>트랜잭션 T2
READ COMMITTED(기본 모드)</th></tr>
<tr><td>BEGIN TRANSACTION
USE madang;
SET TRANSACTION ISOLATION LEVEL
SERIALIZABLE;

SELECT SUM(price) 총액
FROM   Book;

총액
144500</td><td></td></tr>
<tr><td></td><td>BEGIN TRANSACTION
USE madang;
SET TRANSACTION ISOLATION LEVEL
READ COMMITTED;

SELECT SUM(price) 총액
FROM   Book;

총액
144500

/* 여기까지 실행해 본 후 진행 */

INSERT INTO Book VALUES (12, '테스트', '테스트출판사', 5500);</td></tr>
<tr><td>SELECT SUM(price) 총액
FROM   Book;

/* 앞의 결과와 같음 */

총액
144500

COMMIT;</td><td></td></tr>
<tr><td></td><td>SELECT SUM(price) 총액
FROM   Book;

총액
150000

COMMIT;</td></tr>
</table>

04 회복

1 회복의 개념

회복recovery은 데이터베이스에 장애가 발생했을 때 데이터베이스를 일관성 있는 상태로 되돌리는 DBMS의 기능이다. 데이터베이스 시스템에서 발생할 수 있는 장애의 유형은 다음과 같다.

- **시스템 충돌:** 하드웨어 혹은 소프트웨어의 오류로 주기억장치가 손실되는 것을 말한다. 처리 중인 프로그램과 데이터의 일부 혹은 전부가 손실된다.
- **미디어 장애:** 헤드 충돌이나 읽기 장애로 보조기억장치가 손실되는 것을 말한다. 보조기억장치에 저장 중인 데이터의 일부 혹은 전부가 손실된다.
- **응용 소프트웨어 오류:** 데이터베이스에 접근하는 소프트웨어의 논리적인 오류로 트랜잭션의 수행이 실패하는 것을 말한다.
- **자연재해:** 화재, 홍수, 지진, 정전 등에 의해 컴퓨터 시스템이 손상되는 것을 말한다.
- **부주의 혹은 태업**sabotage**:** 운영자나 사용자의 부주의로 데이터가 손실되거나 의도적인 손상을 입는 것을 말한다.

위 유형 중 데이터베이스 시스템에서 회복에 중점을 두는 유형은 시스템 충돌, 미디어 장애, 응용 소프트웨어 오류이다. 이러한 장애는 장애의 내용이 무엇이든 상관없이 두 가지 결과를 도출한다. 하나는 변경 중인 데이터를 갖고 있는 주기억장치가 손실되는 것이고, 또 하나는 데이터베이스가 저장된 하드디스크가 손실되는 것이다. 두 가지 장애로부터 데이터를 복구하는 방법을 살펴보자.

TIP 자연재해나 부주의 같은 장애는 데이터 저장 장소의 이중화, 하드웨어나 기억 장치의 이중화 등을 통해 해결한다.

2 트랜잭션과 회복

트랜잭션은 데이터베이스 회복의 단위이다. 트랜잭션은 데이터의 변경 내용을 한순간에 모두 데이터베이스에 기록하지 않는다. 일단 변경한 내용(버퍼)을 로그(임시 디스크)에 기록한 후 데이터베이스에 반영한다. DBMS의 회복 관리자recovery manager는 트랜잭션의 ACID 성질 중 원자성atomicity과 지속성durability을 보장하여 장애로부터 데이터베이스를 보호한다. 장애가 발생하면 로그의 내용을 참조하여 트랜잭션의 변경 내용을 모두 반영하거나 아니면 아예 반영하지 않는 방법으로 원자성을 보장한다. 지속성도 마찬가지이다. 트랜잭션이 일단 COMMIT한 내용은 로그를 이용하여 반드시 데이터베이스에 기록한다.

1절에서 계좌이체를 예로 들어 트랜잭션의 수행 과정을 설명하였다. 아래 [그림 8-11]은 편의를 위하여 [그림 8-1]을 다시 인용한 것이다.

[트랜잭션 수행 과정] ①-②-③-④-COMMIT(부분완료)-⑤-⑥-완료(최종완료)

트랜잭션은 '시작-수행-부분완료-완료'의 과정을 거쳐 진행된다. COMMIT은 트랜잭션을 부분완료partially committed시키는 명령어로, 트랜잭션의 종료를 사용자나 다른 트랜잭션에게 알린다. 이 단계를 거치면 트랜잭션이 변경한 내용이 버퍼뿐만 아니라 재해에 대비하여 로그(임시 디스크)에도 저장된다. 이후 DBMS가 다른 작업의 상황을 보면서 버퍼의 내용을 하드디스크에 기록하고 기록이 끝나면 최종적으로 완료commit한다. COMMIT 후에는 다른 트랜잭션이 데이터를 자유롭게 사용할 수 있다. 만약 프로그램에 COMMIT 문이 생략되었다면, DBMS가 알아서 이 문장을 생성한다고 보면 된다.

```
START TRANSACTION
① /* 박지성 계좌를 읽어 온다 */
② /* 김연아 계좌를 읽어 온다 */
   /* 잔고 확인 */

③ /* 예금인출 박지성 */
UPDATE Customer
SET    balance = balance-10000
WHERE  name = '박지성';

④ /* 예금입금 김연아 */
UPDATE Customer
SET    balance = balance+10000
WHERE  name = '김연아';

COMMIT /* 부분완료 */
⑤ /* 박지성 계좌를 기록한다 */
⑥ /* 김연아 계좌를 기록한다 */
```

(a) 계좌이체 트랜잭션

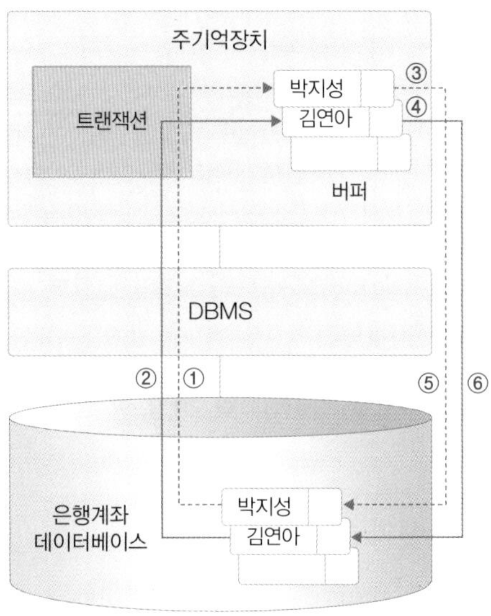

(b) 트랜잭션 수행 과정

그림 8-11 계좌이체 트랜잭션과 수행 과정

트랜잭션의 수행 과정을 상태도와 함께 나타내면 [그림 8-12]와 같다.

- 트랜잭션이 시작(A)하면 수행active 상태가 된다.
- 정상적으로 수행(B-1)되면 COMMIT 문을 만나 부분완료된다.
- 부분완료 후 버퍼의 내용을 데이터베이스에 기록하면(B-2) 트랜잭션이 최종완료된다.
- 만약 수행 중에 문제가 생겨(C-1) 완료 전에 실패하면 취소abort 과정을 거쳐(C-2) 이제까지 진행한 작업을 거꾸로 돌려놓는다. 변경된 데이터 중 혹시 데이터베이스에 이미 기록된 데이터가 있으면 로그를 이용하여 되돌린다.
- 부분완료를 했으나 실패가 일어난 경우라면(D) 취소 과정을 거쳐(C-2) 이제까지 진행한 작업을 거꾸로 돌려놓는다. 부분완료 후 실패하는 경우는 컴퓨터 시스템 장애, 트랜잭션 오류, 데드락 등 여러 원인이 있을 수 있다.

```
BEGIN TRANSACTION
① /* 박지성 계좌를 읽어 온다 */
② /* 김연아 계좌를 읽어 온다 */
   /* 잔고 확인 */

③ /* 예금인출 박지성 */
UPDATE Customer
SET    balance = balance-10000
WHERE  name = '박지성';

④ /* 예금입금 김연아 */
UPDATE Customer
SET    balance = balance+10000
WHERE  name = '김연아';

COMMIT /* 부분완료 */

⑤ /* 박지성 계좌를 기록한다 */
⑥ /* 김연아 계좌를 기록한다 */
```

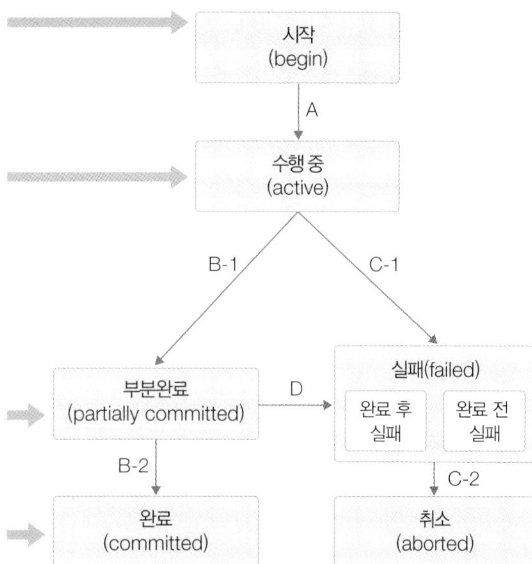

(a) 계좌이체 트랜잭션 (b) 트랜잭션 상태도

그림 8-12 트랜잭션 수행과 상태도

[그림 8-12]에서 D-2에 해당하는 과정, 즉 로그를 이용하여 회복하는 과정에 대해 살펴보자.

3 로그 파일

DBMS는 트랜잭션이 수행 중이거나 수행이 종료된 후 발생하는 데이터베이스 손실을 방지하기 위해 트랜잭션의 데이터베이스 기록을 추적하는 로그 파일log file을 사용한다. 로그 파일은 트랜잭션이 반영한 모든 데이터의 변경사항을 데이터베이스에 기록하기 전에 미리 기록해 두는 별도의 데이터베이스이다. 안전한 하드디스크에 저장되며 전원과 관계없이 기록이 남아 있다.

로그 파일에 저장된 로그의 구조는 다음과 같다.

〈트랜잭션번호, 로그 타입, 데이터 항목 이름, 수정 전 값, 수정 후 값〉

여기서 '로그 타입'은 트랜잭션의 연산 유형으로 START, INSERT, UPDATE, DELETE, ABORT, COMMIT 등이 있다. '수정 전 값'은 데이터의 변경 전 값을 나타내고 '수정 후 값'은 연산의 결과로 변경된 값을 나타낸다. 예를 들어 계좌이체 프로그램의 경우 로그 파일에 저장되는 내용은 다음과 같다.

```
<T1, START>
<T1, UPDATE, Customer (박지성).balance, 100000, 90000>
<T1, UPDATE, Customer (김연아).balance, 100000, 110000>
<T1, COMMIT>
```

트랜잭션은 '시작-수행-부분완료-완료' 상태를 거치는데, 수행 중에 변경된 데이터는 주기억장치의 버퍼에 기록된다. 그리고 데이터의 변경이 일어날 때마다 변경 내용은 로그 파일에 저장된다. 부분완료에 도달하면 변경된 데이터는 모두 로그 파일에 기록되어 있다. 버퍼의 변경된 데이터는 트랜잭션 시작 이후 종료까지 임의의 시점에 DBMS가 운영체제의 도움을 받아 데이터베이스에 기록한다. [그림 8-13]은 로그 파일을 포함한 트랜잭션의 수행 과정을 그림으로 나타낸 것이다. 만약 ⑤, ⑥과정에 시스템이 정지된다고 하여도 문제없다. 시스템을 다시 시작한 다음 로그 파일에 기록된 내용을 참조하여 데이터베이스에 반영할 수 있기 때문이다.

```
START TRANSACTION
① /* 박지성 계좌를 읽어 온다 */
② /* 김연아 계좌를 읽어 온다 */
   /* 잔고 확인 */

③ /* 예금인출 박지성 */
UPDATE Customer
SET    balance = balance-10000
WHERE  name = '박지성';

④ /* 예금입금 김연아 */
UPDATE Customer
SET    balance = balance+10000
WHERE  name = '김연아';

COMMIT /* 부분완료 */
⑤ /* 박지성 계좌를 기록한다 */
⑥ /* 김연아 계좌를 기록한다 */
```

(a) 계좌이체 트랜잭션

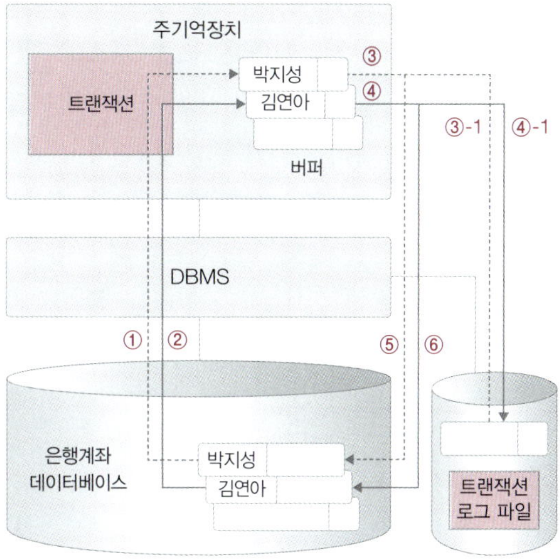

(b) 트랜잭션 수행 과정

그림 8-13 트랜잭션 수행과 로그 파일

4 로그 파일을 이용한 회복

데이터의 변경 기록을 저장해 둔 로그 파일을 이용하면 시스템 장애도 복구할 수 있다. 다음의 예를 통해 살펴보자.

아래 두 개의 트랜잭션이 실행된다고 하자. 편의상 트랜잭션의 연산 SELECT, UPDATE는 read_item(), write_item()으로 대체한다. 트랜잭션은 각각 데이터 A, B, C, D를 읽거나 쓰는 작업을 진행한다. 데이터(A, B, C, D)의 초깃값은 (100, 200, 300, 400)이다.

트랜잭션 T1	트랜잭션 T2

read_item(A);
A = A+10;
read_item(B);
B = B+10;
write_item(B);
read_item(C);
C = C+10;
write_item(C);
write_item(A);
	read_item(A);
	A = A+10;
	write_item(A);
	read_item(D);
	D = D+10;
	read_item(B)
	B = B+10;
	write_item(B);
	write_item(D);

트랜잭션이 T1 → T2 순으로 실행된다면 [그림 8-14]와 같은 로그 파일이 생성된다. 트랜잭션 T1의 경우 START, UPDATE, COMMIT 연산으로 구성된다. read_item( )은 데이터를 읽는 연산이기 때문에 데이터 값을 변경시키지 않아 로그에 기록되지 않는다. write_item( )은 데이터 값을 변경시키기 때문에 (변경 전 값, 변경 후 값)이 로그에 기록된다. write_item( )은 UPDATE, INSERT, DELETE 문에 해당된다.

로그 번호	로그 레코드
1	[T1, START]
2	[T1, UPDATE, B, 200, 210]
3	[T1, UPDATE, C, 300, 310]
4	[T1, UPDATE, A, 100, 110]
5	[T1, COMMIT]
6	[T2, START]
7	[T2, UPDATE, A, 110, 120]
8	[T2, UPDATE. B, 210, 220]
9	[T2, UPDATE, D, 400, 410]
10	[T2, COMMIT]

그림 8-14 트랜잭션 T1, T2의 로그 파일 예

로그를 이용한 회복 방법은 다음과 같다.

시스템 운영 중 장애가 발생하여 시스템이 다시 가동되었을 때 DBMS는 로그 파일을 먼저 살펴본다. DBMS는 트랜잭션이 종료되었는지 혹은 중단되었는지를 판단하여 종료된 트랜잭션은 종료를 확정하기 위하여 재실행REDO을 진행하고, 중단된 트랜잭션은 없던 일로 되돌리기 위해 취소UNDO를 진행한다. 이 두 작업은 트랜잭션이 로그 데이터베이스에 기록한 모든 값에 대하여 (변경 전 값, 변경 후 값) 중 어느 하나를 데이터베이스에 맞는 값으로 수정하는 작업이다.

■ 트랜잭션의 재실행(REDO)

장애가 발생한 후 시스템을 다시 가동했을 때, 로그 파일에 트랜잭션의 시작START이 있고 종료COMMIT가 있는 경우이다. COMMIT 연산이 로그에 있다는 것은 트랜잭션이 모두 완료되었다는 의미이다. 다만 변경 내용이 버퍼에서 데이터베이스에 기록되지 않았을 가능성이 있다. 따라서 로그를 보면서 트랜잭션이 변경한 내용을 데이터베이스에 다시 기록하는 과정이 필요하다. 이 과정을 재실행REDO이라고 한다.

■ 트랜잭션의 취소(UNDO)

장애가 발생한 후 시스템을 다시 가동했을 때, 로그 파일에 트랜잭션의 시작START만 있고 종료COMMIT가 없는 경우이다. COMMIT 연산이 로그에 보이지 않는다는 것은 트랜잭션이 완료되지 못했다는 의미로, 트랜잭션이 한 일을 모두 취소해야 한다. 이 경우 완료하지 못했지만, 버퍼의 변경 내용이 데이터베이스에 기록되어 있을 가능성이 있으므로 로그를 보면서 트랜잭션이 변경한 내용을 데이터베이스에서 원상 복구해야 한다. 이 과정을 취소UNDO라고 한다.

[그림 8-14]의 로그 번호 i를 따라 회복 작업이 어떻게 이루어지는지 살펴보면 [표 8-10]과 같다. 예를 들어 로그에 7번 작업까지 남아 있을 경우(i=7), T1은 START-COMMIT했으므로 최소한 부분완료까지 진행된 상태이다. 따라서 트랜잭션은 반드시 종료되어야 하고 로그에 나타난 데이터 변경 내용은 반드시 데이터베이스에 기록되어야 한다. 이때 트랜잭션은 재실행REDO 과정을 거친다. 반면 T2는 START 문만 보이므로 부분완료까지 진행되지 않았을 가능성이 있다. 따라서 트랜잭션은 취소되어야 하고 로그에 나타난 데이터 변경 내용은 데이터베이스에서 원상 복구해야 한다. 따라서 트랜잭션은 취소UNDO 과정을 거친다. 정리하면 REDO(T1), UNDO(T2)가 된다. 나머지 사례도 같은 알고리즘으로 처리된다.

표 8-10 트랜잭션 로그와 회복 방법(즉시갱신 방법)

로그 번호	작업	결과
i=0	아무 작업도 필요 없음	T1과 T2가 수행을 시작하지 않았음
1<=i<=4	UNDO(T1): T1을 취소 → T1이 i까지 생성한 로그 레코드를 이용하여 데이터베이스 항목을 되돌림	T1을 수행하지 않은 것과 같음
5<=i<=9	REDO(T1): T1을 재수행 → 1부터 4까지 T1이 생성한 로그 레코드를 이용하여 데이터베이스 항목 값을 기록함 UNDO(T2): T2를 취소 → T2가 5부터 i까지 생성한 로그 레코드를 이용하여 데이터베이스 항목을 되돌림	T1은 수행이 완료됨 T2는 수행하지 않은 것과 같음
10	REDO(T1): T1을 재수행 REDO(T2): T2를 재수행	T1, T2는 수행이 완료됨

지금까지 설명한 방법은 부분완료 전에라도 트랜잭션이 변경한 내용 일부가 데이터베이스에 기록될 수 있음을 가정한 것이다. 이와 달리 트랜잭션이 반드시 부분완료된 후 변경 내용을 데이터베이스에 기록하는 방법도 있다. 전자의 방법을 즉시갱신이라고 하고 후자의 방법을 지연갱신이라고 한다.

■ **즉시갱신**

즉시갱신immediate update은 '버퍼 → 로그 파일', '버퍼 → 데이터베이스' 작업이 부분완료 전에 동시에 진행될 수 있으며, 부분완료 전에 버퍼의 갱신 데이터는 로그에 기록이 진행된 상태이며 부분완료 전에 버퍼의 일부 내용이 실제 데이터베이스에 반영될 수 있다.

■ **지연갱신**

지연갱신deferred update은 '버퍼 → 로그 파일'이 모두 끝난 후 부분완료를 하고 이후 '버퍼→ 데이터베이스' 작업을 진행하는 방법이다. 부분완료 전에는 갱신 내용이 실제 데이터베이스에 반영되지 않은 상태이다.

지연갱신은 즉시갱신과 마찬가지로 부분완료가 되면 최소한 버퍼의 갱신 데이터는 로그에 모두 기록이 끝난 상태이지만, 데이터베이스에 반영은 되지 않은 상태이다. 지연갱신 방법을 사용하면 데이터베이스에 반영하는 작업은 지연되지만, 장애가 발생할 때 로그에 START만 나타나는 트랜잭션은 취소UNDO 작업을 할 필요가 없는 장점이 있다.

[그림 8-14]의 예를 지연갱신 방법을 사용하면 [표 8-11]과 같다. 예를 들어 로그에 7번 작업까지 남아 있을 경우(i=7), T1은 START-COMMIT을 했으므로 최소한 부분완료까지 진행된 상태이다. 따라서 트랜잭션은 반드시 종료되어야 하고 로그에 나타난 데이터의 변경 내용은 반드시 데이터베이스에 기록되어야 한다. 따라서 트랜잭션은 재실행REDO 과정을 거친다. 반면 T2는 START 문만 보이므로 부분완료까지 진행되지 않았을 가능성이 있다. 따라서 트랜잭션은 취소되어야 한다. 이는 지연갱신 방법에 따르면 데이터베이스에 실제 반영된 내용이 없으므로 아무 작업을 할 필요가 없다. 나머지 사례도 같은 알고리즘으로 처리된다.

표 8-11 트랜잭션 로그와 회복 방법(지연갱신 방법)

로그 번호	작업	결과
i=0	아무 작업도 필요 없음	T1과 T2가 수행을 시작하지 않았음
1<=i<=4	T1: 아무 작업도 필요 없음	T1을 수행하지 않은 것과 같음
5<=i<=9	REDO(T1): T1을 재수행 → 1부터 4까지 T1이 생성한 로그 레코드를 이용하여 데이터베이스 항목 값을 기록함 T2: 아무 작업도 필요 없음	T1은 수행이 완료됨 T2는 수행하지 않은 것과 같음
10	REDO(T1): T1을 재수행 REDO(T2): T2를 재수행	T1, T2는 수행이 완료됨

즉시갱신은 시스템 운영 시 데이터베이스에 입출력 연산이 증가하는 단점이 있고, 지연갱신은 시스템 복구 시 복구시간이 좀 더 걸리는 단점이 있다.

5 체크포인트

로그를 이용한 회복은 시스템에 장애가 일어났을 때 어느 시점까지 되돌아가야 하는지 알 수 없다. 트랜잭션이 많은 응용의 경우 하루 이상 되돌아가서 복구하는 것은 사실상 불가능하다. 회복 시 많은 양의 로그를 검색하고 갱신하는 시간을 줄이기 위하여 몇십 분 단위로 데이터베이스와 트랜잭션 로그 파일을 동기화한 후 동기화한 시점을 로그 파일에 기록해 두는 방법 혹은 그 시점을 체크포인트checkpoint, 혹은 검사점라고 한다.

체크포인트 시점에는 다음과 같은 작업을 진행한다.

- 주기억장치의 로그 레코드를 모두 하드디스크의 로그 파일에 저장한다.
- 버퍼에 있는 변경된 내용을 하드디스크의 데이터베이스에 저장한다(즉시갱신의 경우).
- 체크포인트를 로그 파일에 표시한다.

체크포인트가 있으면 로그를 이용한 회복 기법은 좀 더 간단해진다. 트랜잭션의 로그 기록에 따라 회복하는 방법은 다음과 같다.

■ 체크포인트 이전에 COMMIT 기록이 있는 트랜잭션의 경우

아무 작업이 필요 없다. 로그에 체크포인트가 나타나는 시점은 이미 변경 내용이 체크포인트에 의하여 데이터베이스에 모두 기록된 후이기 때문이다(즉시갱신, 지연갱신).

■ 체크포인트 이후에 COMMIT 기록이 있는 트랜잭션의 경우

REDO(T)를 진행한다. 체크포인트 이후에 변경 내용이 데이터베이스에 반영되지 않았을 가능성이 있으므로 REDO를 진행한다(즉시갱신, 지연갱신).

■ 체크포인트 이후에 COMMIT 기록이 없는 트랜잭션의 경우

즉시갱신 방법을 사용했다면 UNDO(T)를 진행한다. 버퍼의 내용이 반영됐을 수도 있기 때문에 원상 복구해야 한다. 반면 지연갱신 방법을 사용했다면 아무것도 할 필요가 없다. 지연갱신 방법은 COMMIT 이전에는 버퍼의 내용을 데이터베이스에 반영하지 않기 때문이다.

예를 들어 [그림 8-15]를 보자. 시스템 장애 시 즉시갱신 방법을 사용했다면 T2, T3는 아무 작업이 필요 없고, T4, T5는 REDO, T1, T6는 UNDO가 필요하다. 지연갱신 방법을 사용했다면 T2, T3는 아무 작업이 필요 없고, T4, T5는 REDO가 필요하다. T1, T6는 아무 작업이 필요 없다.

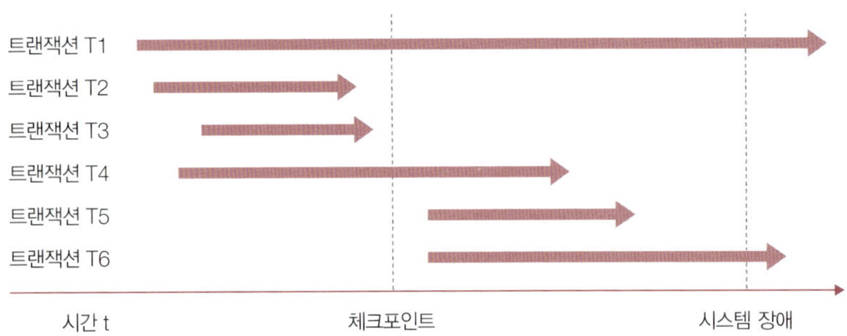

그림 8-15 트랜잭션 로그 기록과 체크포인트

로그 기록을 사용한 다른 예를 살펴보자. 트랜잭션 T1, T2, T3가 동시에 실행된 후 [그림 8-16]과 같이 로그 기록을 남겼다. 장애가 발생하고 로그 버퍼에 15번 문장까지 기록이 있으면 복구를 시작한다고 하자. 즉시갱신 기법을 사용하여 회복한다면 T1은 아무 작업이 필요 없고, REDO(T2), UNDO(T3)가 진행된다. 지연갱신 기법을 사용하여 회복한다면 T1은 아무 작업이 필요 없고 REDO(T2), T3는 아무 작업이 필요 없다.

로그 번호	로그 레코드
1	[T1, START]
2	[T1, UPDATE, B, 200, 120]
3	[T1, UPDATE, C, 300, 310]
4	[T2, START]
5	[T2, UPDATE, A, 110, 120]
6	[T1, UPDATE, A, 120, 110]
7	[T1, COMMIT]
8	[T2, UPDATE. B, 120, 220]
9	[CHECKPOINT]
10	[T3, START]
11	[T3, UPDATE, A, 110, 120]
12	[T2, UPDATE, D, 400, 410]
13	[T2, COMMIT]
14	[T3, UPDATE. B, 220, 230]
15	~~ 시스템 장애 ~~

그림 8-16 체크포인트가 포함된 로그 기록

요약

01 트랜잭션의 상태도

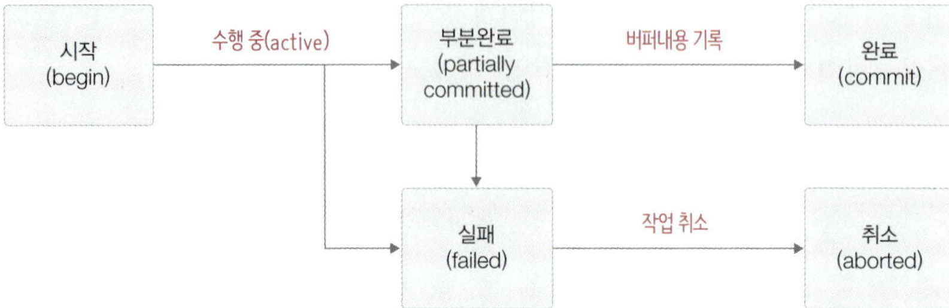

02 트랜잭션의 성질

① 원자성: 트랜잭션과 관련된 작업이 전부 수행되든지 아니면 전부 수행되지 않아야(all or nothing) 한다.

② 일관성: 트랜잭션을 수행하기 전이나 수행한 후나 데이터베이스는 항상 일관성 있는 상태를 유지해야 한다.

③ 고립성: 트랜잭션 수행 시 다른 트랜잭션의 연산 작업이 끼어들지 못하도록 보장해야 한다.

④ 지속성: 성공적으로 수행을 완료한 트랜잭션은 변경한 데이터를 데이터베이스에 영구히 저장해야 한다.

03 동시성 제어

트랜잭션이 동시에 실행될 때 데이터베이스의 일관성을 해치지 않도록 트랜잭션의 데이터 접근을 제어하는 DBMS의 기능이다.

04 갱신손실

동시성 제어를 하지 않는 트랜잭션들이 발생시키는 문제로, 한 트랜잭션의 갱신이 다른 트랜잭션에 의하여 분실되는 현상이다.

05 락

트랜잭션이 데이터를 읽거나 변경할 때 데이터에 표시하는 잠금 장치이다.

■ 락의 유형

- 공유락: 읽기를 할 때 사용하는 잠금 장치이다.
- 배타락: 쓰기를 할 때 사용하는 잠금 장치이다.

06 2단계 락킹

트랜잭션이 락을 걸고 해제하는 시점을 2단계로 나누어 시행하는 락킹 기법이다. 확장단계와 수축단계가 있다.

07 데드락

두 개 이상의 트랜잭션이 각각 자신의 데이터에 대하여 락을 획득하고 상대방 데이터에 대하여 락을 요청하여 무한 대기 상태에 빠지는 현상을 말한다.

08 트랜잭션 동시 실행 문제

- 오손 읽기: 다른 트랜잭션이 COMMIT하지 않는 데이터를 읽은 후 다른 트랜잭션이 철회(ROLLBACK)하면서 발생하는 현상이다.
- 반복불가능 읽기: 트랜잭션 중간에 다른 트랜잭션이 변경한 데이터를 읽으면서 발생하는 현상이다.
- 유령데이터 읽기: 트랜잭션 중간에 다른 트랜잭션이 삽입한 데이터를 읽으면서 발생하는 현상이다.

09 트랜잭션 고립 수준 명령어

트랜잭션의 읽기/쓰기에 대한 고립 수준을 결정하는 명령이다. READ UNCOMMITTED, READ COMMITTED, REPEATABLE READ, SERIALIZABLE이 있다.

10 로그 파일을 이용한 회복

- 재실행(REDO): 로그 파일에 기록된 로그를 이용하여 트랜잭션이 수행한 결과를 다시 반영하는 연산이다.
- 취소(UNDO): 로그 파일에 기록된 로그를 이용하여 트랜잭션이 수행한 결과를 취소하는 연산이다.

11 회복을 위한 로그 기록 방법

- 즉시갱신: 트랜잭션은 '갱신 데이터 → 로그', '버퍼 → 데이터베이스' 작업이 부분완료 전에 동시에 진행될 수 있으며 REDO, UNDO 연산을 이용하여 복구한다.
- 지연갱신: 트랜잭션은 '갱신 데이터 → 로그'가 끝난 후 부분완료를 하고 '버퍼 → 데이터베이스' 작업은 부분완료 후에 진행한다. REDO 연산을 이용하여 복구한다.

12 체크포인트

데이터베이스와 트랜잭션 로그 파일을 동기화한 후, 동기화한 시점을 로그 파일에 기록해 두는데 이를 체크포인트라고 한다.

연습문제

01 트랜잭션(Transaction)은 일련의 연산 집합이란 의미로, 하나의 논리적인 기능을 수행하는 작업의 단위이다. 트랜잭션이 가져야 할 성질과 거리가 먼 것은?

① 원자성(Atomicity)
② 고립성(Isolation)
③ 지속성(Durability)
④ 병행성(Concurrency)

02 트랜잭션에 대한 설명으로 옳지 않은 것은?

① 한꺼번에 모두 수행되어야 할 일련의 데이터베이스 연산 집합이다.
② 데이터베이스의 일관성을 유지하는 프로그램 단위이다.
③ 병행 제어 및 회복의 논리적인 작업 단위이다.
④ 트랜잭션 연산이 데이터베이스에 모두 반영되지 않고 일부만 반영되는 것을 원자성이라고 한다.

03 트랜잭션의 성질에 대한 설명으로 옳지 않은 것은?

① 트랜잭션의 연산은 데이터베이스에 모두 반영되든지, 아니면 모두 반영되지 않아야 한다.
② 트랜잭션 수행이 성공적으로 완료되면 데이터베이스는 언제나 일관성 있는 상태를 유지해야 한다.
③ 어느 하나의 트랜잭션 실행 중에 다른 트랜잭션이 동시에 실행될 수 없다.
④ 트랜잭션에 의해서 생성된 결과는 데이터베이스에 영구히 저장되어야 한다.

04 트랜잭션의 동시성에 관한 설명 중 옳지 않은 것은?

① 락(lock)을 사용하면 갱신손실(lost update) 문제를 해결할 수 있다.
② 데드락(deadlock)이 발생하려면 반드시 트랜잭션과 데이터 아이템이 두 개 이상 관여해야 한다.
③ 데이터에 공유락(LS)이 걸려 있다면 다른 트랜잭션의 공유락을 허용해도 된다.
④ 2단계 락킹을 사용하면 데드락 현상은 발생하지 않는다.

05 병행제어의 락킹(locking) 단위에 대한 설명으로 옳지 않은 것은?

① 락킹 단위가 작아지면 병행성 수준이 낮아진다.
② 데이터베이스, 파일, 레코드 등은 락킹 단위가 될 수 있다.
③ 락킹 단위가 작아지면 락킹 오버헤드가 증가한다.
④ 한꺼번에 락킹할 수 있는 데이터의 크기를 락킹 단위라고 한다.

06 병행제어에 영향을 주는 요소로 한 번에 락(lock)되어야 할 데이터의 크기를 락킹 단위(locking granularity)라고 한다. 이 단위가 클 경우에 대한 설명으로 옳지 않은 것은?

① 병행성 수준이 높아진다.

② 병행 제어가 간단하다.

③ 락의 수가 적어진다.

④ 극단적인 경우 순차처리를 하는 것과 같다.

07 2단계 락킹에 대한 설명으로 옳지 않은 것은?

① 직렬성을 보장한다.

② 확장단계와 축소단계의 두 단계가 있다.

③ 교착상태를 예방할 수 있다.

④ 각 트랜잭션의 락 요청과 해제 요청을 2단계로 실시한다.

08 다음과 같이 동시성 제어 없이 두 트랜잭션 T1과 T2가 수행되는 경우 X의 최종값은? (단, X의 초깃값은 100이다.)

T1	T2
Read_item(X)	
X = X + 30	
Write_item(X)	
	Read_item(X)
Rollback	
	X = X − 50
	Write_item(X)

시간 ↓

① 30 ② 50

③ 80 ④ 100

09 하나의 데이터베이스 시스템 내에서 적절한 제어 없이 트랜잭션들을 동시에 실행하였을 경우 여러 문제가 발생할 수 있다. 이를 해결하기 위한 동시성 제어가 올바르게 동작하지 않을 경우 발생할 수 있는 문제점으로 옳지 않은 것은?

① 갱신손실 문제 ② 부정확한 요약 문제
③ 반복할 수 없는 읽기 문제 ④ 지역적 오류 문제

10 SQL Server의 기본 고립 수준은 무엇인가?

① SERIALIZABLE ② READ COMMITTED
③ READ UNCOMMITTED ④ REPEATABLE READ

11 다음은 트랜잭션 고립 수준(isolation level) 설정을 위한 SQL 표준 형식이다. 이를 이용하여 설정할 수 있는 트랜잭션 고립 수준에 대한 설명으로 옳지 않은 것은?

```
SET TRANSACTION {READ ONLY | READ WRITE}
    ISOLATION LEVEL {READ UNCOMMITTED
                    | READ COMMITTED
                    | REPEATABLE READ
                    | SERIALIZABLE }
```

① READ UNCOMMITTED로 설정된 트랜잭션은 완료되지 않은 트랜잭션이 생성한 데이터 값을 읽어 가는 것을 허용하는 것이며, READ WRITE와 함께 설정될 수 없다.
② READ COMMITTED로 설정된 트랜잭션은 동일 조건의 데이터 집합을 반복하여 읽을 경우, 먼저 읽었던 데이터 집합에 있던 데이터 값과 새로이 읽은 데이터 집합에 있는 데이터 값이 달라져 있을 수 있다.
③ REPEATABLE READ로 설정된 트랜잭션은 동일 조건의 데이터 집합을 반복하여 읽을 경우, 읽히는 집합을 구성하는 로우의 수가 달라질 수 있다.
④ SERIALIZABLE로 설정된 트랜잭션은 격리성을 완전하게 유지함으로써 트랜잭션의 일관성을 보존하고 동시에 수행 중인 트랜잭션들의 처리율을 향상한다.

12 회복을 위한 로그 기록 방법 중 지연갱신(deferred update)에서 사용하는 방법은 무엇인가?

① UNDO/REDO
② UNDO/NO-REDO
③ NO-UNDO/REDO
④ NO-UNDO/NO-REDO

13 지연갱신을 통한 점진적 로깅(incremental logging with deferred updates) 기법을 사용하는 복구 시스템으로 옳은 것은?

① 갱신된 데이터 아이템의 갱신 전 원래 값만을 로그에 저장한다.
② 갱신된 데이터 아이템의 갱신 후 수정된 값만을 로그에 저장한다.
③ 갱신된 데이터 아이템의 갱신 전, 후 값을 모두 로그에 저장해야 한다.
④ Begin Transaction과 Commit Transaction 레코드만을 로그에 저장하면 된다.

14 트랜잭션이 다음과 같이 동시에 수행될 때 결과를 구하시오. read_item( )은 버퍼에 있는 데이터베이스를 읽는 함수이고, write_item( )은 버퍼에 데이터베이스를 기록하는 함수이다. A1, A2는 트랜잭션 T1의 지역변수이고, B1, B2는 트랜잭션 T2의 지역변수이다. 트랜잭션이 시작하기 전의 데이터베이스에서 X와 Y의 값은 각각 1000이다.

[스케줄 1]

트랜잭션 T1	트랜잭션 T2
A1=read_item(X); A1=A1+100; write_item(A1 → X); B1=read_item(Y); B1=B1−100; write_item(B1 → Y);	
	A2=read_item(X); temp=A2*0.1; A2=A2−temp; write_item(A2 → X); B2=read_item(Y); B2=B2+temp; write_item(B2 → Y);

[스케줄 2]

트랜잭션 T1	트랜잭션 T2
A1=read_item(X); A1=A1+100;	
	A2=read_item(X); temp=A2*0.1; A2=A2−temp; write_item(A2 → X); B2=read_item(Y);
write_item(A1 → X); B1=read_item(Y); B1=B1−100; write_item(B1 → Y);	
	B2=B2+temp; write_item(B2 → Y);

(1) [스케줄 1]과 같이 수행하였을 때, 수행 후 X와 Y의 값을 구하시오.

(2) [스케줄 2]와 같이 수행하였을 때, 수행 후 X와 Y의 값을 구하시오.

(3) [스케줄 2]와 같이 트랜잭션이 동시에 수행되면 문제가 있는지 없는지 판단하시오. 그리고 그 이유를 설명하시오.

(4) 이 문제를 해결하는 방법을 설명하시오. 이 경우 [스케줄 2]가 어떻게 진행되어야 하는지 설명하시오.

15 다음 트랜잭션 T1, T2가 동시에 실행될 때 공유락과 배타락을 사용한다. 트랜잭션 T1의 첫 번째 질의의 수행 결과는 20이고, 두 번째 질의의 수행 결과는 21이다.

트랜잭션 T1	트랜잭션 T2
SELECT age FROM Users WHERE id=1;	
	UPDATE Users SET age=21 WHERE id=1; COMMIT;
SELECT age FROM Users WHERE id=1;	

(1) 이러한 현상이 일어나는 이유와 현상의 이름을 설명하시오.

(2) (1)의 현상을 방지하는 방법을 설명하시오.

(3) (1)의 현상을 방지하기 위한 SQL 문을 작성하시오.

16 다음 트랜잭션 T1, T2가 동시에 실행될 때 결과에 대하여 다음 물음에 답하시오. 트랜잭션 수행의 기본 모드는 READ COMMITED라고 가정한다.

트랜잭션 T1	트랜잭션 T2
SET TRANSACTION NAME 'T1'; SELECT * FROM Book; SELECT SUM(price) FROM Book; --①	
	SET TRANSACTION NAME 'T2'; UPDATE Book SET price=price+100 WHERE bookid=1; COMMIT; --③
SELECT SUM(price) FROM Book; --② COMMIT;	
	--④

(1) 두 트랜잭션을 수행하기 전 ①번의 수행 결과가 10000이라면, 두 트랜잭션을 위의 순서대로 실행했을 때 ②번의 수행 결과는 무엇인가?

(2) ①번과 ②번의 결과가 T2 트랜잭션의 영향을 받지 않으려면 고립수준을 어떻게 바꾸어야 하는가?

(3) ③번의 COMMIT 문을 ④번으로 옮겨 실행한다면 ②번의 결과는 어떻게 되는가?

(4) (3)번과 같은 순서로 실행하면서 (1)번의 수행결과가 나오려면 고립수준을 어떻게 바꾸어야 하는가?

17 데드락은 대기 그래프(wait-for graph)를 그려 보면 발생 여부를 판단할 수 있다. 다음 표를 보고 대기 그래프를 그리고, 데드락의 발생 여부를 판단하시오.

트랜잭션	락을 갖고 있는 데이터	락을 기다리고 있는 데이터
T1	x2	x1, x3
T2	x3, x10	x7, x8
T3	x8	x4, x5
T4	x7	x1
T5	x1, x5	x3
T6	x4, x9	x6
T7	x6	x5

18 다음은 어느 트랜잭션 T1, T2, T3의 로그 기록이다. 지연갱신 방법을 사용한다고 가정하고 15번 로그에서 시스템 장애가 일어났을 때 각 트랜잭션 T1, T2, T3를 복구하는 방법에 대하여 설명하시오.

로그 번호	로그 레코드
1	[T1, START]
2	[T1, UPDATE, B, 200, 120]
3	[T1, UPDATE, C, 300, 310]
4	[T2, START]
5	[T2, UPDATE, D, 110, 120]
6	[T1, UPDATE, A, 120, 110]
7	[T1, COMMIT]
8	[T2, UPDATE, E, 120, 220]
9	[CHECKPOINT]
10	[T3, START]
11	[T3, UPDATE, G, 110, 120]
12	[T2, UPDATE, F, 400, 410]
13	[T2, COMMIT]
14	[T3, UPDATE, H, 220, 230]
15	~~ 시스템 장애 ~~

빅 데이터

빅 데이터big data는 데이터양이 많고 복잡하여 지금까지 배운 데이터베이스 시스템에 저장, 검색, 분석, 시각화하기 어려운 테라Tera급 이상의 비정형 데이터들을 말한다. 그 예로는 소프트웨어 로그, 센서 데이터, 유전공학, 기후 데이터, SNS 데이터 등이 있다. 빅 데이터는 기존 데이터베이스에서 사용되는 데이터의 일관성consistency, 가용성availability, 지속성durability의 세 가지 특징 중 일관성을 요구하지 않는 경우가 많기 때문에 트랜잭션 개념이 약하다.

빅 데이터 기술은 수집-저장-처리-분석-활용 단계를 거치며 유용한 정보를 찾아낸다. 보통 데이터를 분석하고 시각화하는 작업에 활용된다. 데이터 저장과 분산 처리에 아파치의 하둡Hadoop을 사용하고 MongoDB 같은 기존 데이터베이스와 다른 개념의 NoSQLNot Only SQL 데이터베이스를 사용한다.

빅 데이터 활용 사례를 보면 흥미롭다. 미국 국세청은 계좌, 주소, 전화번호, 납세자 간의 연관관계를 분석하여 탈세를 찾아냈고, 구글은 실시간 자동 번역 시스템을 통해 번역의 정확도를 향상했다. 국내의 SK 텔레콤은 T-map 내비게이션에서 정보를 수집하는 데 활용하여 실시간 최단거리 찾기 서비스에 이용하고 있다. 그 밖에도 카드 회사에서는 소비자의 카드 사용 패턴을 분석하여 연령별, 성별 선호 음식점 및 상품 등을 찾아내고 있다.

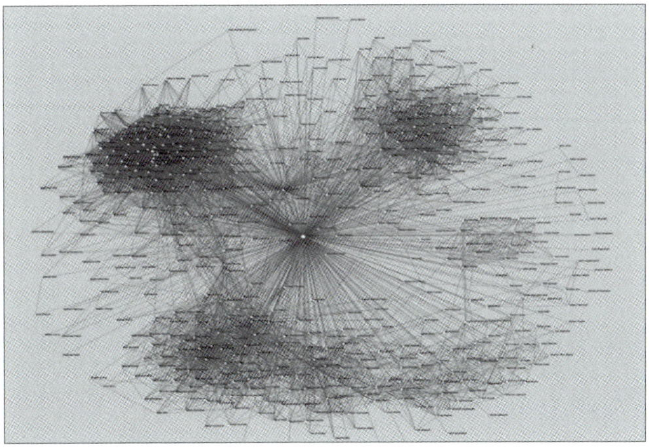

페이스북 친구관계 시각화
출처: owenmundy.com

CHAPTER 09

데이터베이스 보안과 관리

학습목표

- 데이터베이스 관리의 중요성과 관리를 위해 필요한 업무에는 무엇이 있는지 알아본다.
- 데이터베이스 사용자에게 권한을 부여하여 DBMS 자체 또는 특정 데이터에 접근을 차단하는 방법을 알아본다.
- 장애 시 백업 데이터를 이용하여 복원하는 방법을 알아본다.

PREVIEW

데이터베이스에서 가장 중요한 부분은 데이터베이스에 저장된 데이터이다. 데이터의 중요성은 아무리 강조해도 지나치지 않다. 지금까지는 마당서점을 예로 들어 데이터베이스를 만들고 필요한 데이터를 꺼내 사용하는 방법을 배웠다. 이 장에서는 만들어진 데이터베이스를 안전하게 관리하는 방법, 즉 데이터 유출을 방지하기 위한 보안, 장애에 대비하여 데이터를 백업하고 복원하는 방법 등에 대해 알아본다.

01 데이터베이스 관리의 개요

데이터베이스를 잘 활용하는 것만큼 안전하게 관리하는 것도 중요하다. 또 저장된 데이터에 문제가 생길 때를 대비하여 백업과 복원에도 항상 관심을 가져야 한다. 이 절에서는 데이터베이스 관리의 중요성을 짚어 보고, 데이터베이스 관리 업무에 무엇이 있는지 알아본다.

1 데이터베이스 관리의 중요성

우리는 매일 차를 타고 학교나 직장에 간다. 또 휴일에는 장거리 여행을 떠나기도 한다. 매일 사용하는 차를 안전하게 운행하기 위해서는 주기적으로 세차도 하고 엔진오일 같은 소모품도 갈아 주어야 한다. 또 검사소에 들러 진단도 받아야 한다. 이렇게 꾸준히 관리한 차는 오랫동안 고장 없이 사용할 수 있다. 그러나 그냥 기름만 넣고 아무 관리를 하지 않은 차는 얼마 지나지 않아 폐차장으로 가는 신세가 될 것이다.

차의 예와 마찬가지로 데이터베이스 역시 서버에 전력만 공급한다고 해서 안정적으로 운영되는 것은 아니다. 안정적으로 운영하기 위해서는 적절한 관리가 필요하며 시스템 전반에 대해 숙지하고 있는 인력도 필요하다. 그래야만 예상 가능한 다양한 부분에 대해 미리 점검하고 상황이 발생했을 때 조치를 취할 수 있다. 수많은 시간과 비용을 투자해 개발한 데이터베이스가 제대로 관리되지 않으면 기업 입장에서도 손실이 크다.

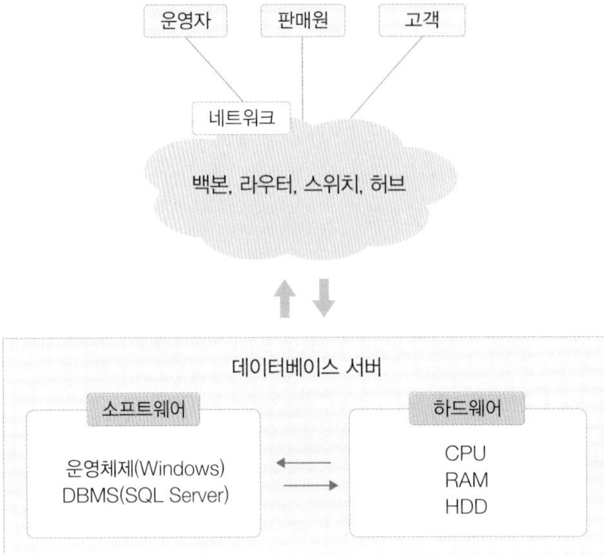

그림 9-1 데이터베이스 운영 환경

[그림 9-1]은 데이터베이스 운영 환경을 도식화한 것이다. 데이터베이스는 하드웨어(각종 장비), 소프트웨어(운영체제, DBMS 등), 네트워크(스위치, 라우터 등) 등이 복합적으로 연결되어 운영된다(실제 시스템은 이보다 훨씬 더 복잡하다). 만약 이 중에서 어느 하나라도 문제가 생기면 서비스는 중지되거나 차질을 빚는다. 예를 들어 데이터베이스 서버는 정상적으로 동작하는데 네트워크 장비에 문제가 생긴다면 최종 사용자인 고객이나 판매원이 데이터베이스에 접근하지 못해 서비스를 받을 수 없게 된다.

안정적인 서비스를 제공하기 위해서 각 기업은 네트워크, 하드웨어, DBMS 등 중요 부문에 엔지니어를 두어 시스템을 정기적으로 관리한다. 여러 엔지니어 중 데이터베이스를 관리하는 사람을 DBA(Database Administrator)라고 한다. DBA는 기본적으로 데이터베이스 구축부터 운영까지 데이터베이스 시스템의 이상 유무를 점검하고 유지보수를 하여 시스템에 문제가 발생했을 때 신속하게 대처한다.

2 데이터베이스 관리 업무

DBA는 운영하는 DBMS의 세부적인 사항까지 정확하게 알고 있어야 한다. 이 책에서는 DBMS의 세부적인 사항을 모두 다루지는 못하므로 데이터베이스 관리를 위해 필요한 일반적인 업무에 대해서만 간략하게 소개한다.

■ 서비스 관리

DBMS는 운영체제상에서 돌아가는 일종의 서비스를 제공하는 소프트웨어이다. DBMS는 동시에 여러 사용자가 접근하여 데이터를 읽고 쓸 수 있기 때문에 시스템이 다운되는 일이 없도록 많은 주의가 필요하다.

■ 점검 및 모니터링

업무의 특성에 따라 다르겠지만 일반적인 데이터베이스 시스템은 365일 24시간 운영되는 경우가 많다. 이러한 시스템의 특성상 지속적인 모니터링을 통해 시스템에 문제가 발생하기 전에 조치하는 것이 중요하다. 또한 경우에 따라서는 시스템을 중단하고 주기적으로 정밀 점검을 할 필요도 있다.

■ 장애 대처

시스템 운영 중에는 불가피하게 장애가 발생할 수 있다. 예를 들어 전력 문제로 서버가 강제로 종료되는 경우가 발생할 수도 있다. 또 DBMS에 접속하는 응용 소프트웨어에 문제가 생길 수도 있고, 드물지만 DBMS 프로그램 자체의 버그bug로 인해 장애가 발생할 수 있다. 이러한 장애가 발생하면 각 경우에 맞게 신속 · 정확하게 대처해야 한다.

■ 백업과 복원

데이터베이스를 운영하는 주목적은 기업이나 단체의 정보 관리에 있다. 데이터베이스에 저장된 정보가 시스템 장애나 사용자 부주의 등으로 유실되거나 삭제될 경우 그 피해는 엄청나다. 이에 대비하여 DBMS의 주요 데이터 파일은 주기적으로 백업을 받아 두어야 한다. 일상적으로 해야 하는 작업이기 때문에 꼭 알고 있어야 한다.

■ 사용자 관리 및 권한 관리

정보의 중요성에 따라 그 정보에 접근할 수 있는 사용자와 접근할 수 없는 사용자를 구분할 필요가 있다. DBMS는 사용자의 데이터 접근과 사용에 관한 권한을 지정할 수 있다. 로그인 사용자 관리와 권한 관리는 DBMS의 기본 기능이다.

■ 시스템 데이터베이스 관리

DBMS는 DBMS의 운영정보를 담고 있는 시스템 데이터베이스를 가지고 있다. 시스템 데이터베이스가 잘못 관리되면 DBMS가 오작동하는 등의 문제가 생길 수 있다.

■ 사용자 데이터베이스 관리

DBMS 시스템 기준으로 사용자 데이터베이스는 우리가 지금까지 살펴봤던 데이터베이스를 말한다(예를 들면 마당서점 데이터베이스가 있다). 사용자 데이터베이스는 경우에 따라 하나의 DBMS에 여러 개가 운영될 수 있다. 이와 관련하여 데이터베이스 생성 작업 및 관리가 필요하다.

■ 데이터베이스 저장 공간 관리

데이터베이스가 꾸준히 운영되면 당연히 데이터 증가에 비례하여 하드디스크 공간 역시 늘어나야 한다. 만약 하드디스크가 데이터 증가에 충분히 대처하지 못한다면 데이터베이스 시스템은 데이터를 저장하지 못하고 중단될 것이다.

■ 인덱스 관리

데이터베이스가 꾸준히 운영되면 저장된 테이블도 꾸준히 삭제되고 입력되고 수정된다. 이러한 작업은 테이블의 데이터를 지정하는 인덱스index 역시 수정하도록 만든다. 인덱스는 B-tree 형태로 저장되어 균형을 유지하려고 하는데, 새로운 데이터가 입력되면 새로운 노드를 만들고 분할한다. 이 과정에서 노드의 중간에 있는 데이터가 삭제될 경우 하드디스크의 저장 공간에 단편화가 발생하여 인덱스의 성능이 떨어진다. 따라서 일정한 기준을 넘어서는 인덱스의 경우 재구축 작업을 수행하여 문제를 해결해야 한다.

위에서 소개한 업무를 수행하기 위해서 DBA는 자신이 운영하는 DBMS에 대해 세부적인 사항까지 정확히 알고 있어야 한다. 또 관련된 운영체제나 네트워크 등 전방위적인 지식을 습득하여야 한다.

02 보안과 권한

데이터베이스는 여러 분야에서 다양하게 활용되고 있다. 특히 기업의 데이터베이스는 중요 자금 정보나 신제품 관련 정보를 담고 있어 외부로 유출되면 안 된다. 데이터베이스는 저장된 정보의 외부 유출을 막기 위해 여러 가지 안전장치를 마련해 둔다.

일반적으로 DBMS는 [그림 9-2]와 같이 ① 로그인 단계에서 DBMS 접근을 제한하는 로그인 사용자 관리와 ② 로그인한 사용자별로 특정 데이터로의 접근을 제한하는 권한 관리의 기능을 제공한다.

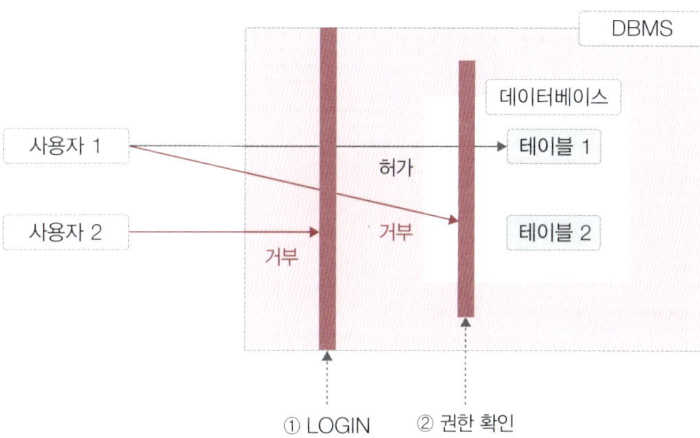

그림 9-2 데이터베이스 접근 권한

❶ 로그인 사용자 관리

DBMS를 통해 데이터베이스에 접근하는 각 사용자는 사용자 ID를 가지고 있으며, 비밀번호로 접근이 허용된다. [그림 9-2]에서 사용자 1은 로그인 단계를 통과하여 데이터베이스에 접근할 수 있지만, 사용자 2는 사용자 ID가 없거나 사용자 ID를 알고 있더라도 비밀번호가 틀려서 데이터베이스에 접근할 수 없다. 로그인은 외부로부터 DBMS로의 접근을 차단하는 일차적인 안전장치이다.

❷ 권한 관리

[그림 9-2]에서 사용자 1은 데이터베이스의 테이블 1에는 접근할 수 있지만 테이블 2에는 접근할 수 없다. 데이터베이스 내에는 여러 테이블이 존재하는데, 업무의 특성 및 중요도에 따라 특정 사용자가 보아서는 안 되는 데이터가 있을 수 있다. 따라서 DBMS는 사용자 1이 테이블 2에 접근하고자 할 때, 우선 테이블 2를 사용할 수 있는 권한이 있는지 확인한다. 확인 결과 권한이 없다면 접근을 거부하고 사용할 수 없다는 메시지를 출력한다.

SQL Server에서 로그인 사용자 관리와 권한 관리를 하는 방법을 알아보자.

1 로그인 사용자 관리

DBMS에 접속하기 위해서는 로그인을 해야 한다. SQL Server는 로그인 과정에서 [그림 9-3]과 같이 여러 가지 인증 모드를 제공한다. 여기에서는 그중 가장 많이 사용하는 Windows 인증과 SQL Server 인증에 대해서 살펴본다.

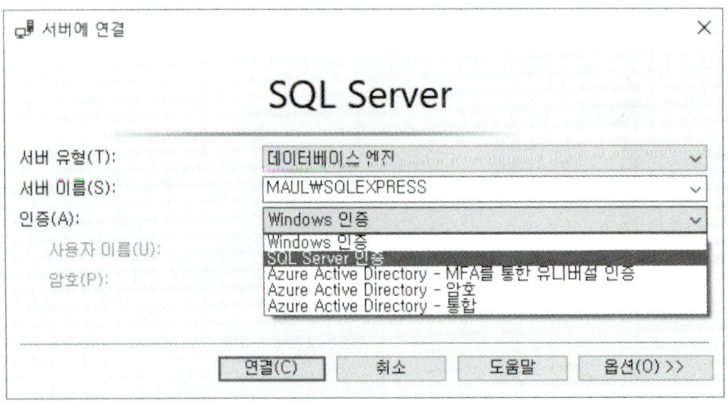

그림 9-3 SQL Server의 인증 모드

- **Windows 인증:** 윈도우 운영체제의 정보를 사용하여 계정 이름 및 암호가 유효한지 확인하는 방법이다.
- **SQL Server 인증:** SQL Server에서 별도로 로그인 사용자를 생성하여 관리하는 방법이다. 최초 설치 시에는 관리자인 ‘sa system administrator’ 계정이 생성된다. sa는 최고 관리자로 모든 개체에 대한 권한을 가지고 있다.

로그인을 통해 DBMS에 접근하면 로그인 아이디에 매핑된 사용자의 권한에 따라 데이터베이스를 사용할 수 있다.

위 인증 모드 중 'SQL Server 인증'으로 로그인하려면 별도의 로그인 사용자를 생성해야 한다. 로그인 사용자는 Windows 인증이나 sa로 로그인한 후 개체 탐색기의 메뉴를 이용하거나 T-SQL 문을 이용하여 생성한다.

실습을 위해 'mdguest'라는 이름의 사용자를 생성해 보자.

메뉴를 이용하여 신규 로그인 사용자 생성하기

❶ SQL Server Management Studio를 실행하여 'Windows 인증'으로 로그인한다. 새로운 로그인 아이디를 생성하기 위해 [개체 탐색기]-[보안]-[로그인]에서 마우스 오른쪽 버튼을 누른 후 [새 로그인]을 선택한다.

그림 9-4 [새 로그인] 선택

❷ [로그인-신규] 창에서 [일반]을 선택하고 아래 그림과 같이 로그인 정보를 입력한 후 '다음 로그인할 때 반드시 암호 변경'의 체크를 해제한다. 체크가 해제되지 않으면 첫 로그인 시 암호를 변경해야 하므로 주의한다. 기본 데이터베이스는 'Madang'을 선택한다.

로그인 이름: mdguest

암호(P): mdpass

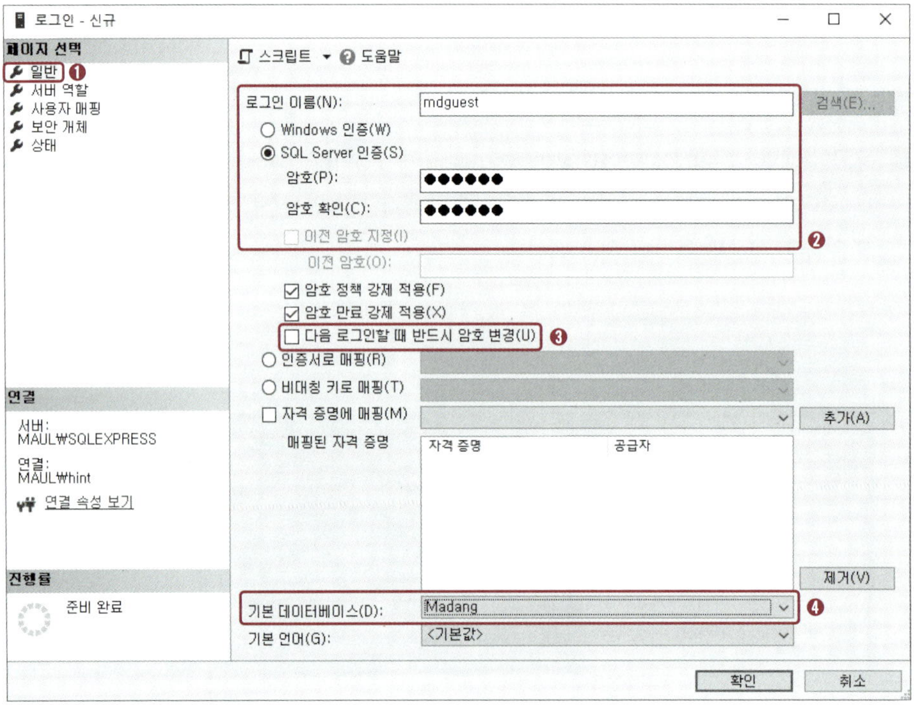

그림 9-5 로그인 이름, 암호 입력

❸ 사용자를 설정하기 위하여 [사용자 매핑]을 선택하고 다음과 같이 체크한다. mdguest로 로그인하면 Madang 데이터베이스를 사용하고 기본 스키마로 dbo를 사용하겠다는 의미이다. 사용자 이름은 로그인 이름(mdguest)을 그대로 사용하였다. 하지만 같지 않아도 된다.

TIP 스키마는 사용자와 별도로 테이블이 소속된 일종의 그룹을 말하며, dbo는 SQL Server에서 기본값으로 사용하는 스키마이다.

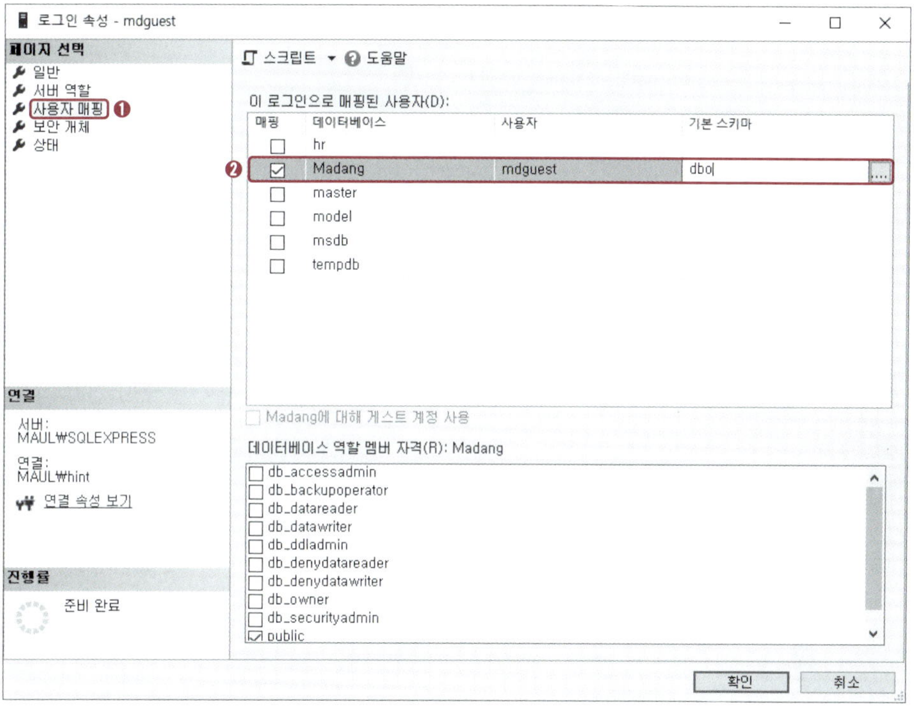

그림 9-6 데이터베이스 사용자 설정

❹ 마지막으로 [상태]를 선택하고 데이터베이스 엔진 연결 권한은 '허용', 로그인은 '사용'으로 선택되어 있는지 확인하고 〈확인〉을 클릭한다.

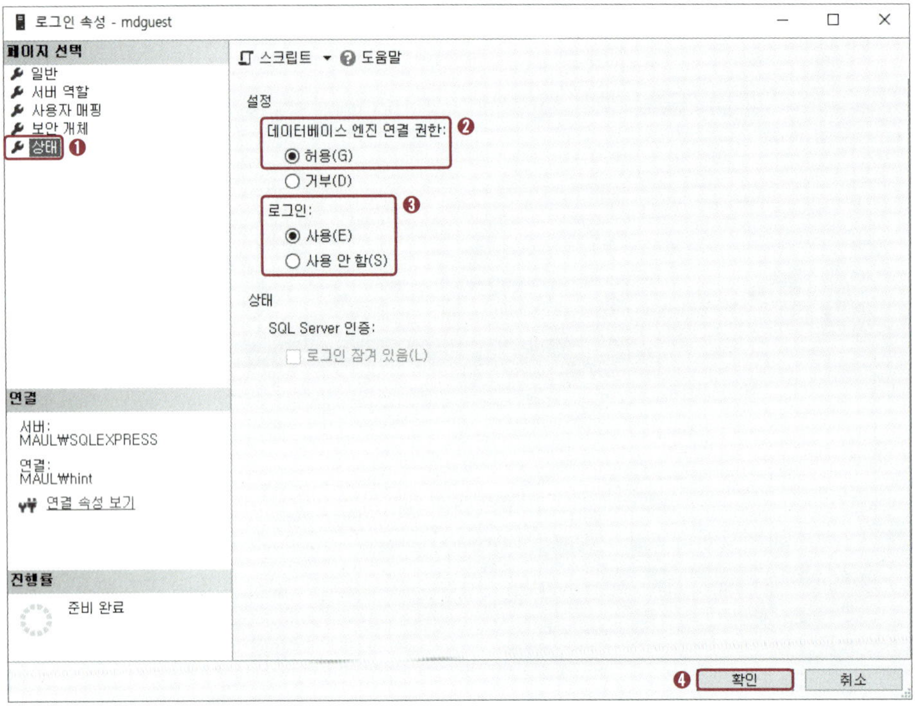

그림 9-7 데이터베이스 연결 권한 설정

❺ 설정을 완료한 후 [개체 탐색기]-[보안]-[로그인]을 클릭하면 기존의 madanguser와 함께 'mdguest'가 신규로 생성된 것을 확인할 수 있다.

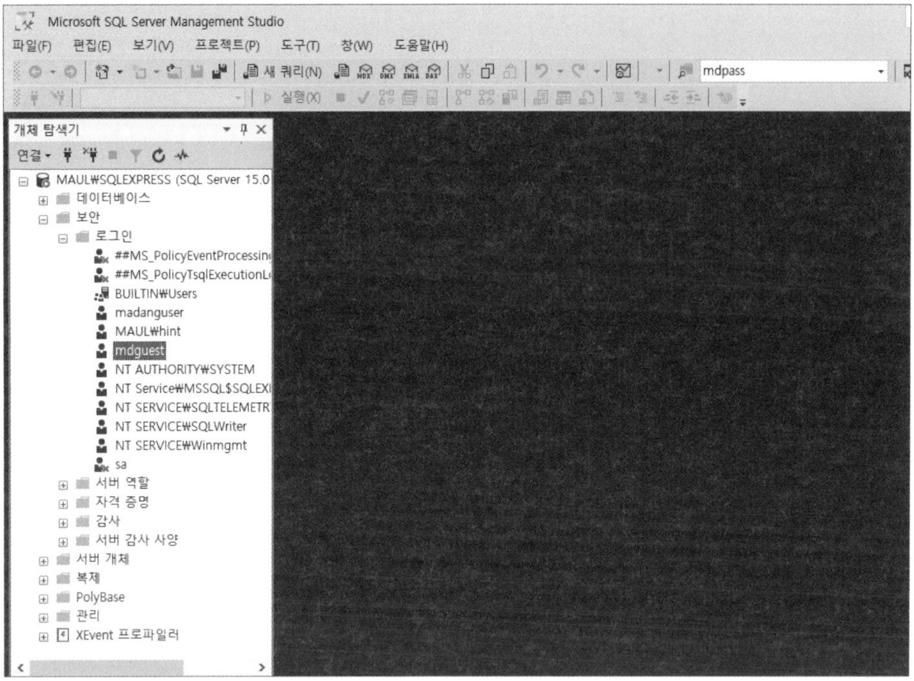

그림 9-8 로그인 생성 확인

❻ [개체 탐색기]-[데이터베이스]-[Madang]-[보안]-[사용자]를 클릭하면 Madang DB에 사용자 mdguest가 추가된 것을 확인할 수 있다.

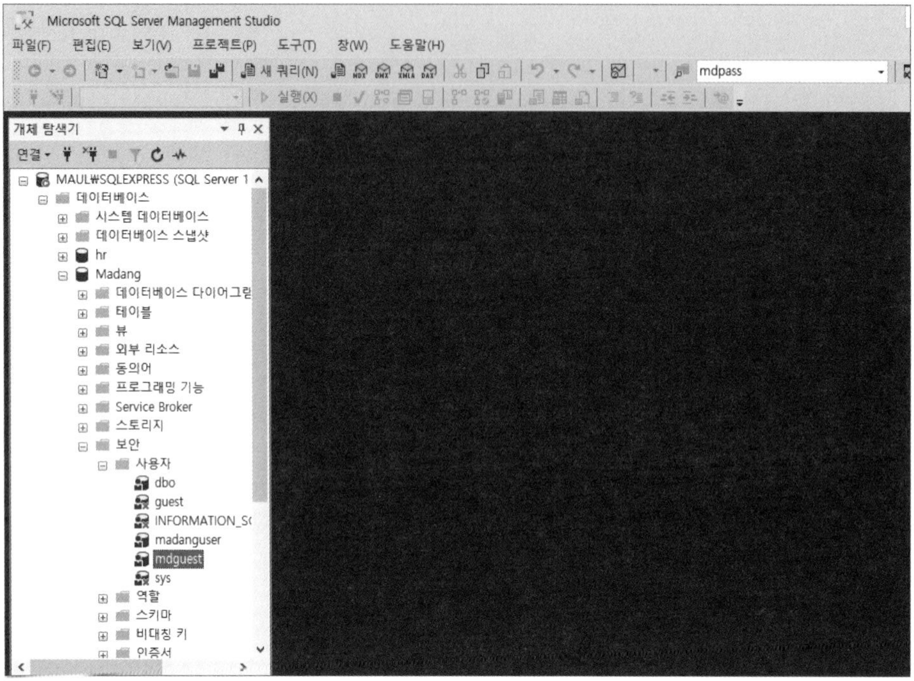

그림 9-9 사용자 생성 확인

T-SQL 문을 이용하여 신규 로그인 사용자 생성하기

신규 로그인 사용자 생성은 메뉴를 통해서도 할 수 있지만 SQL 명령으로도 처리할 수 있다. 관련 명령어는 CREATE LOGIN과 CREATE USER이다. SQL Server는 LOGIN과 USER 개념이 있다. LOGIN은 접속을 위한 계정이며 USER는 특정 데이터베이스의 사용 권한을 부여하는 계정이다. 보통 LOGIN 계정은 같은 이름의 USER 계정과 대응된다.

■ CREATE LOGIN

로그인 이름을 생성할 때 사용하는 명령이다.

```
CREATE LOGIN [로그인 이름] WITH PASSWORD = '[비밀번호]',
        default_database =[대상 데이터베이스]
```

■ CREATE USER

사용자를 설정할 때 사용하는 명령이다.

```
CREATE USER [사용자 이름] FOR LOGIN [대응되는 로그인 이름]
      WITH default_schema =[기본스키마, dbo]
```

로그인 이름이나 사용자를 삭제할 때는 일반적으로 테이블을 삭제할 때와 같이 DROP 문을 사용한다. 예를 들어 mdguest 사용자를 삭제한다면 'DROP USER mdguest'라고 하면 된다.

질의 9-1

(Windows 인증 또는 sa 로그인 창) 새로운 로그인 이름 mdguest2를 생성한 후 Madang 데이터베이스에 접근할 수 있도록 하시오.

풀이

```
USE master;
CREATE LOGIN mdguest2 WITH PASSWORD = 'mdpass',
      default_database=Madang;
GO

USE [Madang]
GO

CREATE USER mdguest2 FOR LOGIN mdguest2
      WITH default_schema=dbo;
GO
```

```
메시지
명령이 완료되었습니다.
```

2 권한 관리

실습을 위해 앞에서 생성한 SQL Server 인증으로 로그인(mdguest), 암호(mdpass)를 입력하여 로그인한 후 Book 테이블을 SELECT해 보자.

```
SELECT   *
FROM     Book;
```

TIP SQL Server Management Studio에서 기존 연결을 변경하려면 툴바 왼쪽의 [연결 변경]을 클릭한다.

메시지 창에는 [그림 9-10]과 같이 권한이 거부되었다는 에러가 나타나고 아무런 데이터도 검색되지 않는다.

```
메시지
  메시지 229, 수준 14, 상태 5, 줄 1
  개체 'Book', 데이터베이스 'Madang', 스키마 'dbo'에 대한 SELECT 권한이 거부되었습니다.
```

그림 9-10 테이블 접근 권한이 없는 경우

위와 같은 에러가 나는 이유는, 사용자를 생성하여 데이터베이스에 접근은 했지만 사용자에게 어떤 테이블에 어떤 작업을 허가할 것인지에 대한 '권한'을 설정하지 않았기 때문이다. 일반적으로 데이터베이스에서 개체를 생성하면 그 개체를 생성한 사용자는 개체에 대한 모든 권한을 갖게 된다. 예를 들어 madanguser가 Book 테이블을 생성하였다면 madanguser는 Book 테이블에 대해 입력, 수정, 삭제할 수 있는 권한을 가지게 된다. 또한 Book 테이블의 사용 권한을 다른 사용자에게 줄 수도 있고, 이미 부여한 권한을 회수할 수도 있다. 이와 같이 소유한 개체에 대한 사용 권한을 관리하기 위한 명령을 DCLData Control Language이라고 한다. 대표적인 DCL 문에는 권한을 허가하기 위한 GRANT 문과 권한을 취소하기 위한 REVOKE 문이 있다.

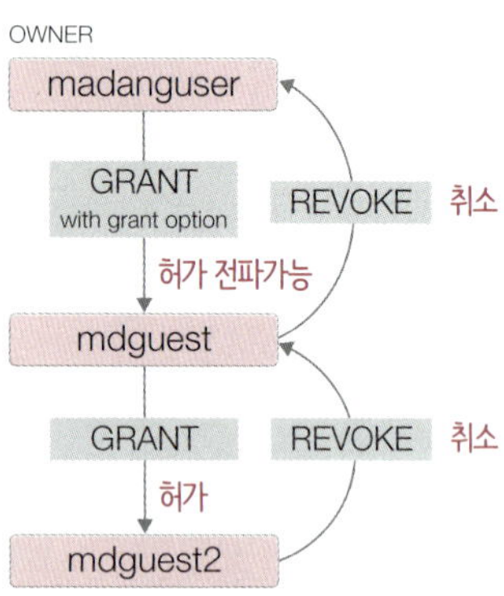

그림 9-11 GRANT 문과 REVOKE 문의 관계

권한 허가-GRANT

GRANT 문은 객체를 생성한 소유자가 대상 객체에 대한 권한을 다른 사용자에게 허가하는 명령이다.

```
GRANT 권한 [(컬럼[,...n])] [,...n]
    [ON 객체] TO {사용자 | 롤 | PUBLIC [,...n]}
    [WITH GRANT OPTION]
```

* [, ... n]: 반복 가능을 의미

- **권한**: 허가할 권한을 지정한다. 객체 타입별로 지정 가능한 권한은 [표 9-1]과 같다. DELETE, INSERT, SELECT, UPDATE, EXECUTE는 순서대로 삭제, 삽입, 조회, 수정, 실행을 할 수 있는 권한을 말한다. REFERENCES는 외래키 제약조건을 생성하기 위해 해당 테이블을 참조할 수 있도록 허가하는 권한이다. REFERENCES(컬럼이름)의 형태로 사용한다.
- **컬럼**: 사용 권한을 부여할 테이블의 열 이름을 지정한다. 꼭 괄호( ) 안에 표시해야 한다. 가능한 권한은 SELECT, UPDATE, REFERENCES이다. 컬럼을 지정하면 권한을 허가받은 사용자만 대상 테이블의 지정된 컬럼을 조회하거나 수정할 수 있다.
- **객체**: 사용 권한을 부여할 객체를 지정한다. 테이블이나 뷰 등의 이름이 올 수 있다.
- **TO 사용자**: 권한을 부여할 사용자를 지정한다. 또한 권한의 묶음인 롤ROLE에 권한을 추가할 수도 있다. PUBLIC은 모든 사용자가 사용 가능하도록 공개적으로 권한을 부여한다는 의미이다.
- **WITH GRANT OPTION**: 허가받은 권한을 다른 사용자에게 다시 부여할 수 있다. 이 옵션이 없으면 권한의 재부여는 허가하지 않는다.

표 9-1 객체 타입별로 지정 가능한 권한

객체 타입	권한
테이블	DELETE, INSERT, REFERENCES, SELECT, UPDATE
뷰	DELETE, INSERT, REFERENCES, SELECT, UPDATE
스칼라 함수	EXECUTE, REFERENCES
저장 프로시저	EXECUTE

다음 질의를 통해 실제 GRANT 문을 사용하여 권한을 부여하는 실습을 해 보자. 실습은 SQL Server Management Studio를 여러 개 실행하여 진행한다. 권한을 적용한 후 바로 확인해 보기 위해 madanguser로 로그인한 창과 mdguest로 로그인한 창을 준비한다.

TIP 실습은 앞에서 생성한 mdguest, mdguest2를 사용한다. 두 사용자의 비밀번호는 'mdpass'이며 madanguser의 비밀번호는 'madangpass' 이다.

여기서 잠깐 **현재 로그인된 사용자를 확인하는 방법**

현재 로그인된 사용자가 누구인지 확인하려면 아래 그림과 같이 ❶ 'select user_name( );'을 입력하면 된다. 또는 SQL Server Management Studio 창 아래쪽의 ❷ 상태바, ❸ SQL 쿼리 탭의 제목을 봐도 된다.

질의 9-2

(madanguser 로그인 창) mdguest에게 Book 테이블의 SELECT 권한을 부여하시오.

풀이

```
GRANT SELECT ON Book TO mdguest;
```

메시지
명령이 완료되었습니다.

만약 GRANT 문으로 권한을 부여하기 전에 mdguest로 접속한 후 Book 테이블을 SELECT 한다면 [그림 9-10]과 같이 명령이 거부될 것이다.

질의 9-3

(madanguser 로그인 창) mdguest에게 Customer 테이블의 SELECT, UPDATE 권한을 WITH GRANT OPTION과 함께 부여하시오.

풀이

```
GRANT SELECT, UPDATE ON Customer TO mdguest WITH GRANT OPTION;
```

```
메시지
명령이 완료되었습니다.
```

WITH GRANT OPTION을 사용하면 권한을 부여받은 사용자가 다른 사용자에 권한을 다시 줄 수 있다. 따라서 mdguest는 Customer 테이블의 SELECT, UPDATE 권한을 다른 사용자에게 부여할 수 있게 된다. 다음 질의를 보면서 이해해 보자.

질의 9-4

(mdguest 로그인 창) Book 테이블과 Customer 테이블의 SELECT 권한을 mdguest2에 부여하시오.

풀이

```
GRANT SELECT ON Book TO mdguest2;
```

```
메시지
메시지 15151, 수준 16, 상태 1, 줄 3
개체 'Book'이(가) 없거나 권한이 없어서 찾기할 수 없습니다.
```

```
GRANT SELECT ON Customer TO mdguest2;
```

```
메시지
명령이 완료되었습니다.
```

PUBLIC은 모든 사용자에게 권한을 부여하는 명령이다.

질의 9-5

(madanguser 로그인 창) Orders 테이블을 모든 사용자가 SELECT할 수 있도록 권한을 부여하시오.

풀이

```
GRANT SELECT ON Orders TO PUBLIC;
```

```
메시지
명령이 완료되었습니다.
```

권한 취소 - REVOKE

REVOKE 문은 GRANT 문으로 허가한 권한을 취소, 회수하는 명령이다.

```
REVOKE 권한 [(컬럼[,... n])] [,...n]
    [ON 객체] FROM { 사용자 | 롤 | PUBLIC [,...n]}
    [CASCADE]
```

권한을 부여한 사용자는 부여한 권한의 범위 내에서 권한을 취소할 수 있다. [질의 9-2]에서 madanguser가 mdguest에게 Book 테이블에 대한 SELECT 권한을 부여했다면 madanguser는 mdguest에게 부여한 권한을 REVOKE 명령으로 취소하여 mdguest가 더 이상 Book 테이블을 SELECT하지 못하게 할 수 있다.

명령문의 주요 인수는 GRANT 문과 같은데, 몇 가지 다른 점이 있다. GRANT 문이 권한 부여를 위해 'TO 사용자'를 표기하였다면, REVOKE 문은 권한 취소를 위해 'FROM 사용자'를 표기한다. 또한 권한을 재부여하는 WITH GRANT OPTION의 회수를 위해 'CASCADE' 옵션을 사용한다. CASCADE는 사용자가 다른 사용자에게 부여한 권한까지 연쇄적으로 취소하라는 의미로, 사전에 주의 깊게 확인하고 사용해야 한다.

질의 9-6

(madanguser 로그인 창) mdguest로부터 Book 테이블의 SELECT 권한을 취소하시오.

풀이

```
REVOKE SELECT ON Book FROM mdguest;
```

```
메시지
명령이 완료되었습니다.
```

질의 9-7

(madanguser 로그인 창) mdguest로부터 Customer 테이블의 SELECT 권한을 취소하시오. 단, 처음에는 CASCADE 옵션을 사용하지 않고 REVOKE 문을 실행해 보고, 다음으로 CASCADE 옵션을 추가하여 실행해 본다.

풀이

```
REVOKE SELECT ON Customer FROM mdguest;
```

```
메시지
메시지 4611, 수준 16, 상태 1, 줄 12
부여할 수 있는 권한을 취소하거나 거부하려면 CASCADE 옵션을 지정하십시오.
```

```
REVOKE SELECT ON Customer FROM mdguest CASCADE;
```

```
메시지
명령이 완료되었습니다.
```

[질의 9-3]에서 madanguser는 Customer 테이블에 대한 SELECT, UPDATE 권한을 WITH GRANT OPTION으로 mdguest에게 부여하였다. WITH GRANT OPTION은 권한의 재부여를 의미하므로 mdguest는 이미 다른 사용자에게 자신의 권한을 부여했을 수 있다. 따라서 mdguest에게 부여한 권한을 취소하려면 CASCADE 옵션을 사용해야 한다. CASCADE 옵션 없이 취소하면 첫 번째 실행 결과와 같이 에러가 나고 명령이 수행되지 않는다.

역할 - ROLE

롤ROLE은 데이터베이스 객체에 대한 권한을 모아 둔 집합이다. 보통 기업 및 학교 등에서 데이터베이스는 여러 사람에 의해 운영된다. DBA는 데이터베이스 시스템의 전반적인 운영관리를 하며, 프로그래머는 데이터베이스 응용 프로그램을 개발한다. DBA와 프로그래머는 각자 맡은 일이 다르고 데이터베이스 내에서 사용이 허용된 객체도 다르다.

지금까지는 [그림 9-12]와 같이 개별 사용자 단위로 객체에 권한을 부여하는 방법을 살펴보았다. 이는 DBA나 프로그래머가 단지 한 명뿐이며 담당 업무의 변동이 없을 때 큰 불편 없이 사용할 수 있는 방법이다. 만약 DBA가 여러 명이고 프로그래머 역시 여러 명이며 참여 인원의 입사와 퇴사, 직무 간 변경이 잦다면 인원 변동이 생길 때마다 일일이 권한을 설정해 주어야 한다. 상당히 긴 시간이 소요될 뿐만 아니라 업무 자체도 비효율적이다.

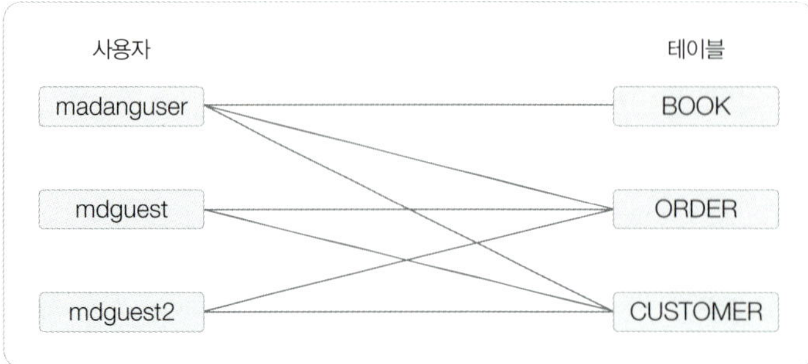

그림 9-12 마당서점의 사용자와 테이블 간의 권한 부여

이 경우 [그림 9-13]과 같이 DBA와 프로그래머라는 롤을 생성해 두고 각 객체에 대한 권한을 업무에 맞게 부여하면 문제를 해결할 수 있다. 롤을 이용하면 사용자의 업무가 변경되었을 때 업무에 맞는 롤을 다시 배정하면 되고, 롤이 맡은 업무가 변경되면 롤에 부여된 객체에 대한 권한만 수정하면 된다. 이와 같이 롤을 사용하면 권한에 대한 처리를 즉시 할 수 있다.

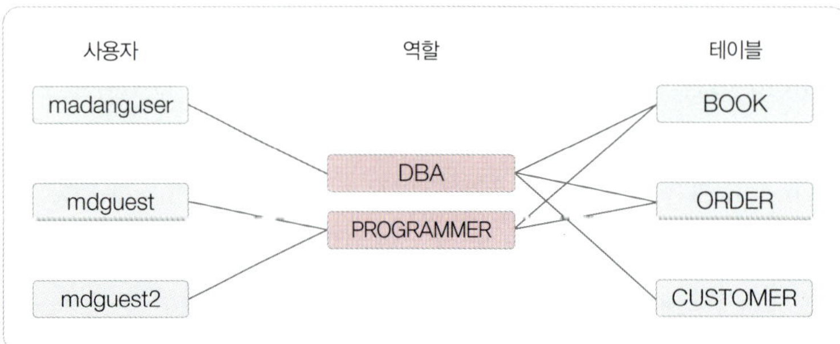

그림 9-13 마당서점의 사용자 롤과 권한 부여

롤을 생성하고 제거하는 명령은 다음과 같다.

■ **롤 생성**

```
CREATE ROLE 롤이름
```

■ **롤 제거**

```
DROP ROLE 롤이름
```

TIP 롤이름은 데이터베이스 업무의 구분에 따라 붙인다.

생성된 롤의 조회는 sys.database_principals 카탈로그 뷰를 통해 확인할 수 있다.

롤을 처음 생성하면 롤의 이름만 존재하고 아무런 권한이 없다. 롤을 생성한 후에는 필요한 권한을 GRANT 문으로 부여해야 한다. 반대로 롤에 부여된 권한을 취소하려면 REVOKE 문을 사용한다.

권한이 부여된 롤은 각각의 사용자에게 할당해야 한다. 롤에 사용자 추가 및 제거는 다음의 서버 프로시저를 통해 수행한다.

TIP SQL Server의 경우 서버 프로시저를 통해 수행하지만 다른 DBMS의 경우는 GRANT 문으로 수행하는 경우도 있다.

■ **롤에 사용자 추가**

```
EXEC sp_addrolemember 롤이름, 사용자이름;
```

■ **롤에 사용자 제거**

```
EXEC sp_droprolemember 롤이름, 사용자이름;
```

롤의 생성부터 사용자 추가까지의 단계를 정리하면 다음과 같다.

❶ CREATE ROLE–롤의 생성

❷ GRANT–만들어진 롤에 권한 부여

❸ sp_addrolemember–롤에 사용자 추가

롤을 제거할 경우 반대로 수행한다.

❶ sp_droprolemember–롤의 사용자 제거

❷ DROP ROLE–롤 삭제(롤에 사용자가 남아 있으면 삭제가 거부됨)

다음 질의를 통해 롤을 생성하고 권한을 부여해 보자. 실습을 위해 SQL Server를 sa로 로그인한다.

TIP 이후 실습은 [질의 9-7]까지 정상적으로 수행한 후 진행해야 한다.

TIP Madang DB의 주인인 madanguser로 로그인해도 실습을 진행할 수 있다.

질의 9-8

(Windows 인증 또는 sa 로그인 창) Madang DB에 programmer라는 롤을 생성하시오.

풀이

```
USE Madang;
GO
CREATE ROLE programmer;
```

질의 9-9

(Windows 인증 또는 sa 로그인 창) programmer 롤에 Book과 Orders 테이블에 대한 권한을 부여하시오. 이때 Book 테이블에는 SELECT와 UPDATE 권한을, Orders 테이블에는 SELECT와 INSERT 권한을 부여한다.

풀이

```
GRANT SELECT, UPDATE ON Book TO programmer;
GO
GRANT SELECT, INSERT ON Orders TO programmer;
GO
```

질의 9-10

(Windows 인증 또는 sa 로그인 창) programmer에 mdguest와 mdguest2 사용자를 추가하시오.

풀이

```
EXEC sp_addrolemember programmer, mdguest;
GO
EXEC sp_addrolemember programmer, mdguest2;
GO
```

롤에 부여된 권한을 확인하기 위해 SQL Server를 mdguest로 다시 로그인한다. programmer 롤에는 Book 테이블에 SELECT와 UPDATE 권한, Orders 테이블에 SELECT와 INSERT 권한이 부여되어 있다. Customer 테이블에 대해서는 아무런 권한이 없다.

질의 9-11

(mdguest 로그인 창) Book 테이블에서 도서번호 1번을 조회(SELECT)한 후 다음과 같이 데이터를 추가(INSERT)하시오.

풀이

```
SELECT *
FROM Book
WHERE bookid=1;
```

bookid	bookname	publisher	price
1	축구의 역사	굿스포츠	7000

```
INSERT INTO Book(bookid, bookname, publisher, price)
  VALUES (100, '좋은책', '좋은출판사', 100);
```

메시지

```
메시지 229, 수준 14, 상태 5, 줄 11
개체 'Book', 데이터베이스 'Madang', 스키마 'dbo'에 대한
INSERT 권한이 거부되었습니다.
```

수행 결과 Book 테이블에 SELECT는 가능하지만 권한이 없는 INSERT는 거부된다. Orders와 Customer 테이블에 대해서도 수행해 보기 바란다.

Programmer 롤을 삭제해 보자. 롤을 삭제하기 위해서는 삭제하고자 하는 롤의 사용자부터 제거해야 한다.

질의 9-12

(Windows 인증 또는 sa 로그인 창) Madang DB에 programmer 롤을 삭제하시오.

풀이

```
USE Madang;
GO
EXEC sp_droprolemember programmer, mdguest;
GO
EXEC sp_droprolemember programmer, mdguest2;
GO
DROP ROLE programmer;
```

```
메시지
명령이 완료되었습니다.
```

mdguest가 속해 있던 programmer 롤이 제거되어 롤에 부여된 권한 역시 없어진다.

질의 9-13

(mdguest 로그인 창) Book 테이블에서 도서번호 1번을 조회(SELECT)해 보시오.

풀이

```
SELECT *
FROM Book
WHERE bookid=1;
```

```
메시지
메시지 229, 수준 14, 상태 5, 줄 14
개체 'Book', 데이터베이스 'Madang', 스키마 'dbo'에 대한
SELECT 권한이 거부되었습니다.
```

03 백업과 복원

사전적으로 백업은 지원, 예비품 등을 의미한다. 데이터베이스에서도 역시 예상하지 못한 장애에 대비하여 데이터베이스를 복제하여 보관하는 작업을 백업backup이라고 한다. 복원recovery은 장애가 발생하여 운영 중인 데이터에 손상이 발생했을 때 기존에 복사해 둔 백업 파일을 사용하여 원래대로 되돌려놓는 작업을 말한다.

DBA는 데이터베이스 시스템이 문제없이 동작할 수 있도록 관리해야 하고 문제가 발생했을 때 신속하고 적절하게 대응해야 한다. 또한 장애가 일어났을 때 복구를 위해 데이터베이스 백업을 미리 해 두어야 한다. 백업 및 복구는 운영 중인 하드웨어 및 네트워크 환경에 따라 예상되는 장애를 고려하여 치밀하게 계획을 수립한 후 신속하게 진행해야 한다. 다음은 데이터베이스 시스템 운영 시 일어날 수 있는 장애이다.

■ **미디어 오류**

데이터베이스가 저장된 매체(일반적으로 하드디스크)의 고장이나 삭제 등으로 인해 데이터베이스 파일을 사용하지 못하게 되는 오류를 말한다.

■ **사용자 오류**

데이터베이스는 업무의 특성에 따라 여러 부문의 사용자가 접속하여 사용한다. 이 과정에서 사용자가 데이터를 삭제하거나 잘못된 데이터로 업데이트하는 등의 실수를 하여 데이터가 유실·변경될 수 있는데, 이를 사용자 오류라고 한다.

■ **하드웨어 장애**

데이터베이스 시스템은 일종의 소프트웨어로 볼 수 있으며 이러한 소프트웨어는 물리적인 하드웨어, 즉 서버에 의해 운영된다. 물리적인 하드웨어는 자연재해나 정전 등 여러 이유로 장애가 발생할 수 있으며, 이 경우 데이터베이스 역시 사용할 수 없게 된다.

이 절에서는 SQL Server에서 제공하는 백업 및 복구 기능에 대해 알아보고 직접 실습해 본다.

1 복구 모델

SQL Server의 주 백업 대상은 데이터베이스의 주요 정보가 저장되어 있는 시스템 데이터베이스, 사용자 데이터가 저장되어 있는 사용자 데이터베이스 파일, 작업의 트랜잭션이 기록되어 있는 로그 파일이다. 데이터베이스를 백업하기 위해서 SQL Server는 [그림 9-14]와 같이 세 가지 복구 모델을 제공한다. 각 모델별로 사용할 수 있는 백업 정책 역시 다르다.

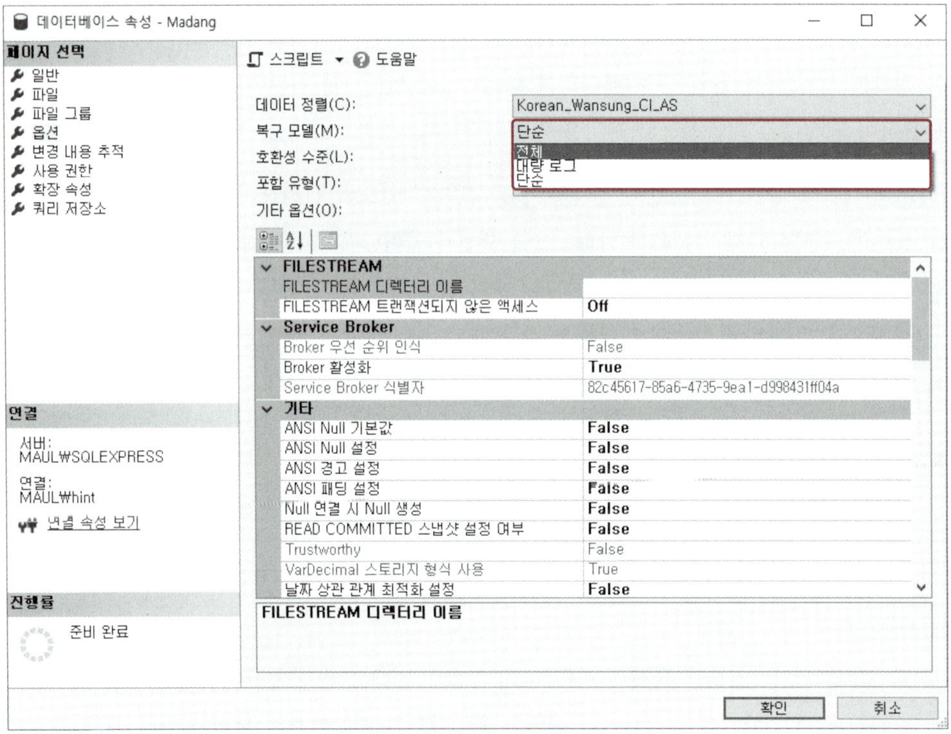

그림 9-14 SQL Server의 복구 모델

각 모델의 특징은 다음과 같다.

■ **전체 복구 모델(Full)**

데이터베이스에 장애가 발생할 경우 장애가 발생한 시점까지 복구한다. 이를 위해 모든 작업을 로그 파일에 기록한다.

■ 대량 로그 복구 모델(Bulk-logged)

전체 복구 모델과 비슷하지만 모든 작업에 대해 로그를 기록하지는 않는다. 로그 파일에는 INSERT, UPDATE 작업만 기록하며, SELECT INTO나 CREATE INDEX는 발생된 사실만 기록한다.

■ 단순 복구 모델(Simple)

전체 복구 모델과 대량 로그 복구 모델과 달리 로그 파일을 기록하지 않는다. 로그 파일을 기록하지 않으므로 마지막에 백업을 해 둔 데이터만 복구가 가능하다.

여기서 잠깐 **SELECT INTO 구문**

SELECT 문의 결과를 새로운 테이블을 생성하여 저장하는 명령이다. 예를 들어,

```
SELECT    bookid, bookname, publisher, price INTO Book_copy
FROM      Book;
```

을 수행하면 Book_copy라는 새로운 테이블이 생성된다.

2 백업의 종류

백업은 크게 전체 백업, 차등 백업, 트랜잭션 로그 백업으로 나눌 수 있다. 각 백업에 대해 설명하기 전에 [그림 9-15]를 보자.

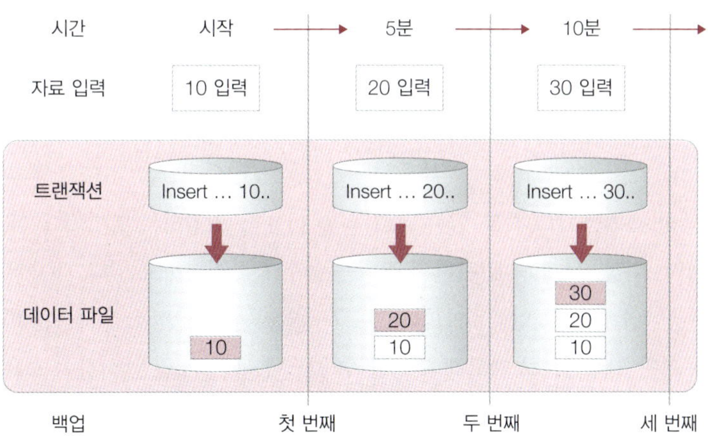

그림 9-15 데이터 파일의 입력 순서(시간순)

[그림 9-15]는 데이터베이스에 데이터를 입력하고 수정하는 과정을 시간순으로 표시한 것이다. 최초에는 10을 입력하고, 5분 후에는 20, 10분 후에는 30을 입력하였다.

[그림 9-15]의 작업 예를 통해 백업의 종류를 살펴보자.

■ **전체 백업**

데이터베이스 개체, 시스템 테이블, 데이터 등 데이터베이스 전체를 백업한다. 전체 복구, 대량 로그 복구, 단순 복구 모델에서 모두 사용 가능하다. 전체 백업은 최초에 데이터베이스를 생성하였을 때나 데이터베이스에 변경이 있을 때 수행하는 것이 좋다. 백업을 수행할 때마다 수행 시점의 모든 데이터를 백업하기 때문에 여러 번 하면 각 백업 파일에 데이터가 중복 저장된다. 또한 데이터의 양이 많을 경우 백업을 수행할 때마다 많은 시간이 소요된다.

예를 들어 [그림 9-15]에서 최초에 10을 입력한 후 첫 번째 백업 파일에는 10이 저장된다. 20을 입력한 후 두 번째 백업 역시 전체 백업을 수행하므로 10, 20이 저장된다. 첫 번째 백업 파일과 두 번째 백업 파일은 모두 10이라는 중복 값을 가지고 있다.

복원 시 전체 백업을 이용하면 전체 데이터를 복원한다.

■ **차등 백업**

차등 백업은 전체 백업을 수행한 이후 변경된 데이터만 저장한다. 예를 들어 [그림 9-15]에서 첫 번째 작업 시점에 전체 백업이 이루어지고, 두 번째와 세 번째 작업 시점에 차등 백업이 이루어지면 첫 번째 백업 파일에는 10이 저장되고, 두 번째 백업 파일에는 20이 저장되며, 세 번째 백업 파일에는 20과 30이 저장된다. 복원 시에는 첫 번째 백업 파일과 마지막 백업 파일을 사용하는데, 첫 번째 백업 파일로 10을 복구한 후 세 번째 백업 파일로 20과 30을 복구하게 된다. 두 번째 백업 파일은 전체 복구를 수행할 경우 필요가 없다.

■ **증분 백업(트랜잭션 로그 백업)**

데이터베이스에서 수행한 작업을 기록하고 있는 로그 파일 LDF을 저장하는 방법이다. 로그 파일은 데이터의 입력, 수정, 삭제 등에 관련된 질의를 순서대로 기록하고 있다. 백업은 최초에 전체 백업을 수행한 후 로그 백업을 수행한다. 로그 백업이 수행되면 로그 기록은 비워진다. 로그 백업은 로그만 저장하므로 빠르게 수행할 수 있으나 복구 시 많은 시간이 소요된다. 또한 많은 양의 데이터 작업이 발생한 경우에는 가급적 사용하지 않는 것이 좋다.

예를 들어 [그림 9-15]에서 첫 번째 작업 시점에 전체 백업이 이루어지고, 두 번째와 세 번째 작업 시점에 트랜잭션 로그 백업이 이루어지면 첫 번째 백업 파일에는 10이 저장되고, 두 번째에는 insert 20이라는 로그 기록이 저장되고 로그 기록을 비운다. 이후 세 번째 작업도 마찬가지로 insert 30이라는 로그 기록이 저장되고 로그 기록은 비운다.

복원 시에는 최초에 전체 백업한 파일과 두 번째, 세 번째 로그가 모두 필요하다.

3 백업과 복원 실습

지금까지 SQL Server의 복구 모델과 백업의 종류에 대해 살펴보았다. 단순 복구 모델로 운영 중인 마당서점 데이터베이스를 전체 백업한 후 복구하는 실습을 해 보자. 실습은 Windows 인증 모드로 로그인한 후 진행한다.

TIP SQL Server 2019에서 지원하는 각 복구 모델의 작업 손실 가능성 및 시점 복구 가능성 여부는 Microsoft의 SQL 문서(https://docs.microsoft.com/ko-kr/sql/relational-databases/backup-restore/recovery-models-sql-server?view=sql-server-ver15)를 참고한다.

백업 장치 설정

백업을 위한 미디어는 백업 테이프, 대용량 디스크 등 다양한 저장 장치를 사용할 수 있다. 여기서는 편의상 데이터베이스가 운영 중인 드라이브에 폴더를 생성한 후 백업을 진행한다. 실제 운용 중인 데이터베이스일 경우 반드시 다른 장치에서 진행해야 한다. 디스크에 백업 파일을 저장할 경우 백업 장치를 따로 설정할 필요가 없지만 실습을 위해 장치 설정부터 진행한다.

❶ 실습에서 백업 파일은 'C:₩SQLBACKUP'에 저장하기로 한다. 이를 위해 C 드라이브 아래에 SQLBACKUP이라는 폴더를 생성한다.

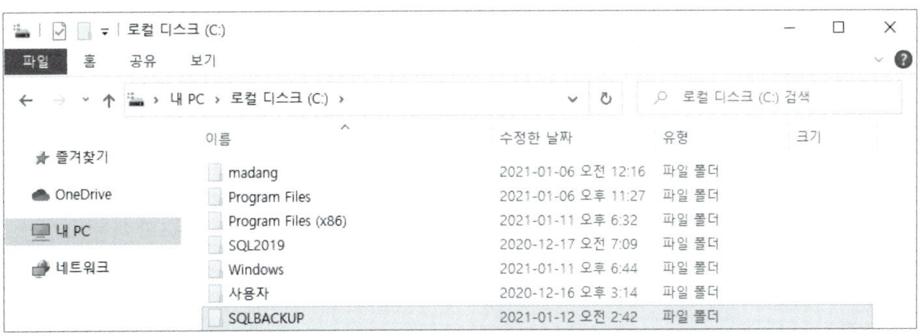

그림 9-16 백업 장치로 사용할 폴더 생성

❷ 백업 장치를 설정하기 위해 [개체 탐색기]–[서버 개체]–[백업 디바이스]에서 마우스 오른쪽 버튼을 누른 후 [새 백업 장치]를 선택한다.

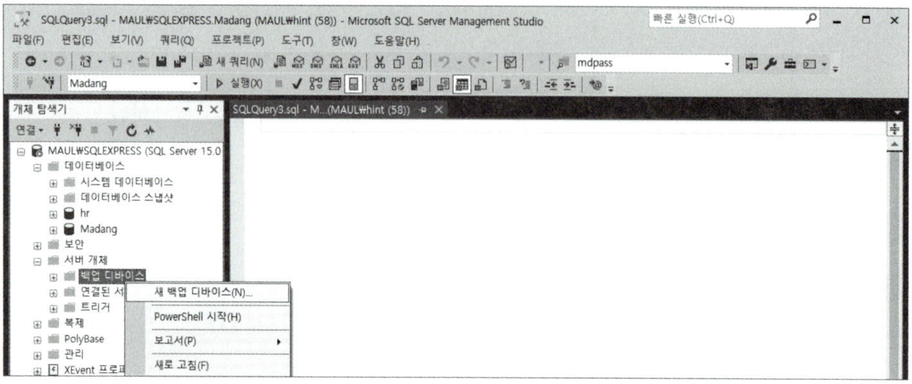

그림 9-17 백업 장치 설정

❸ 장치 이름에 'Backup'을 입력하고 대상 파일에 'C:₩SQLBACKUP₩Madang.bak'로 입력한 후 〈확인〉을 클릭한다.

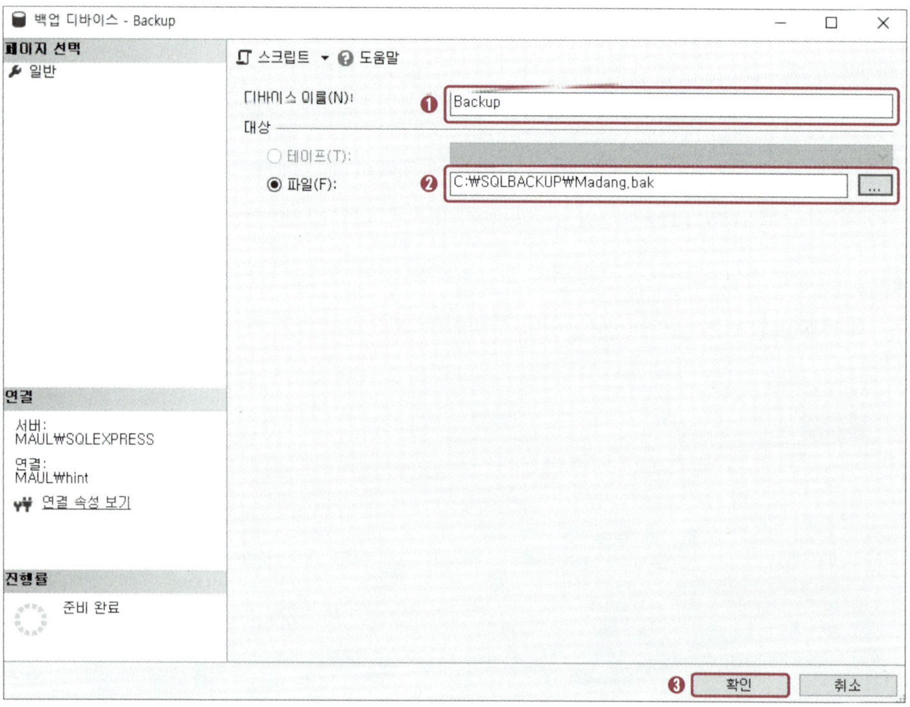

그림 9-18 백업 장치 생성

TIP [...]을 클릭하여 [데이터베이스 파일 찾기] 창에서 폴더를 선택한 후 파일 이름에 'Madang.bak'를 입력하고 〈확인〉을 클릭해도 된다.

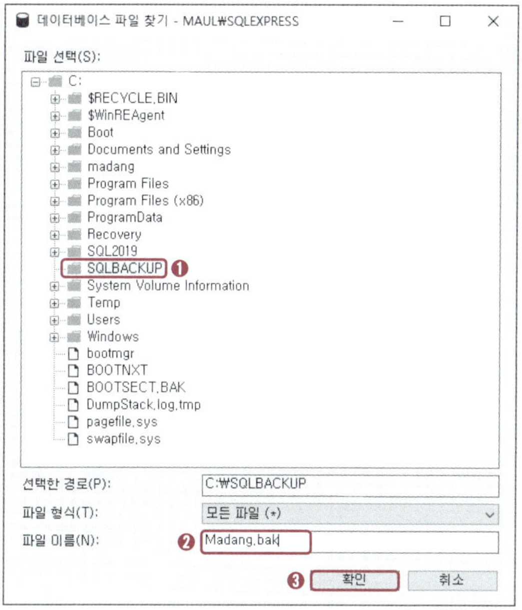

❹ [개체 탐색기]–[서버 개체]–[백업 디바이스]에서 생성된 백업 장치를 확인한다.

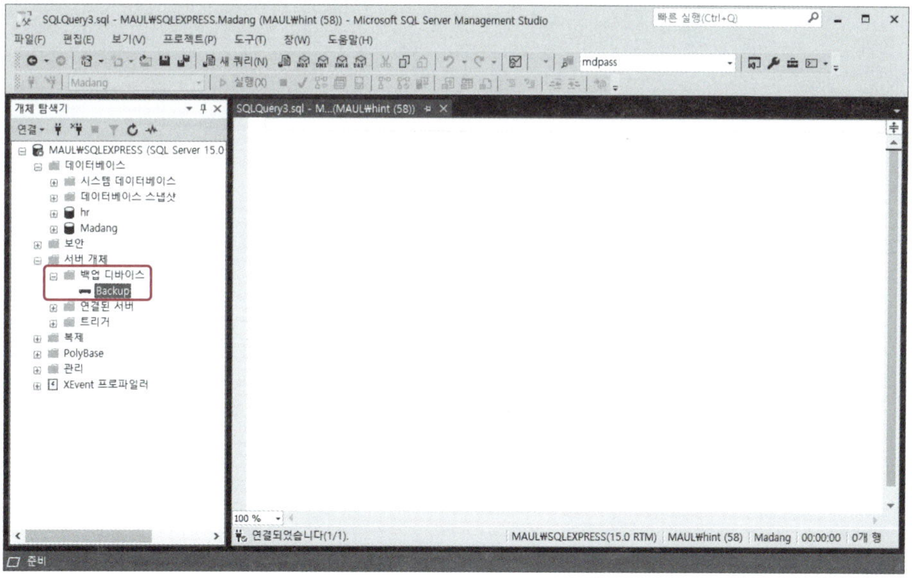

그림 9-19 백업 장치 확인

백업

❶ 마당서점 데이터베이스를 백업할 것이므로 [개체 탐색기]–[데이터베이스]–[Madang]에서 마우스 오른쪽 버튼을 누른 후 [태스크]–[백업]을 선택한다.

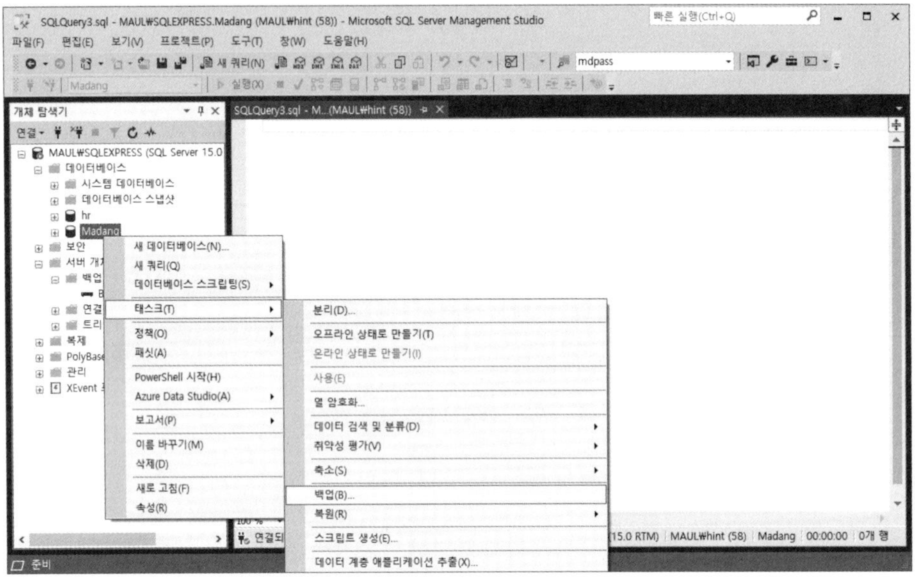

그림 9-20 백업 실행

❷ 백업 유형을 '전체'로 선택하고 대상에 〈추가〉를 클릭한다. [백업 대상 선택] 창이 나타나면 '백업 장치'를 선택하고 〈확인〉을 클릭한다. 다시 [데이터베이스 백업] 창으로 돌아와서 백업할 위치를 'Backup'으로 선택한다. 모든 설정이 완료되었으면 〈확인〉을 클릭한다.

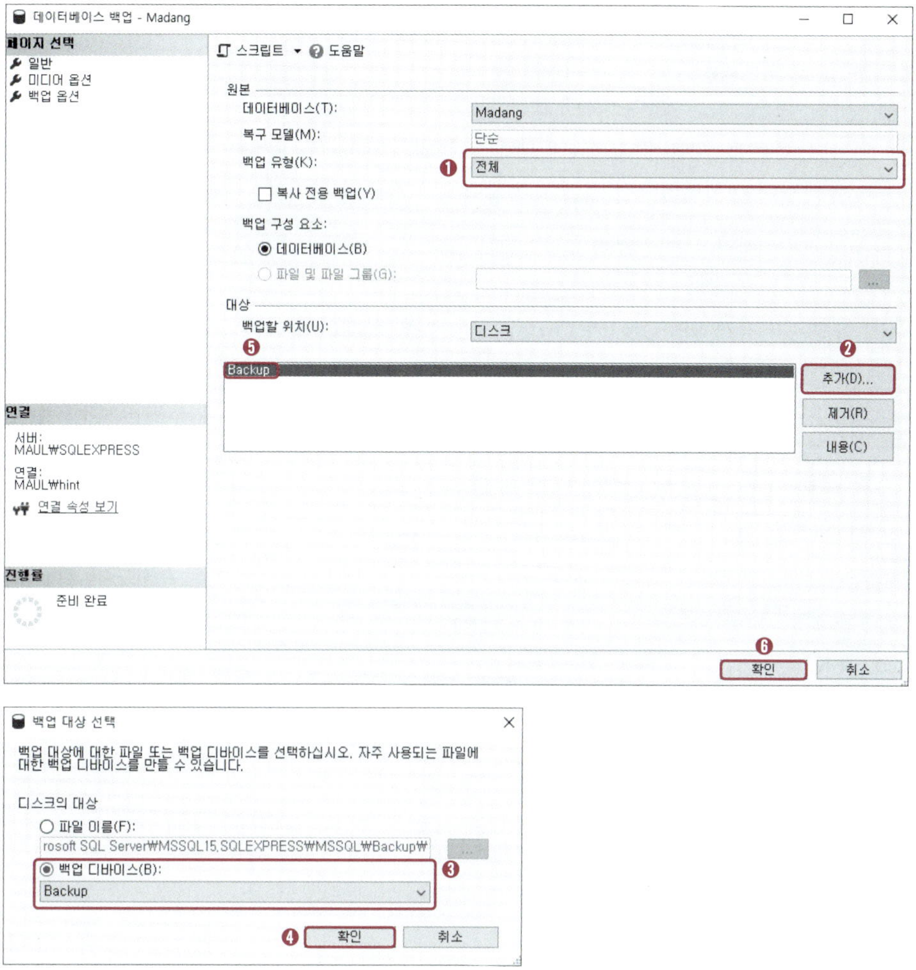

그림 9-21 전체 백업 수행

❸ 전체 백업이 완료되었다는 창이 나타나면 〈확인〉을 클릭한다.

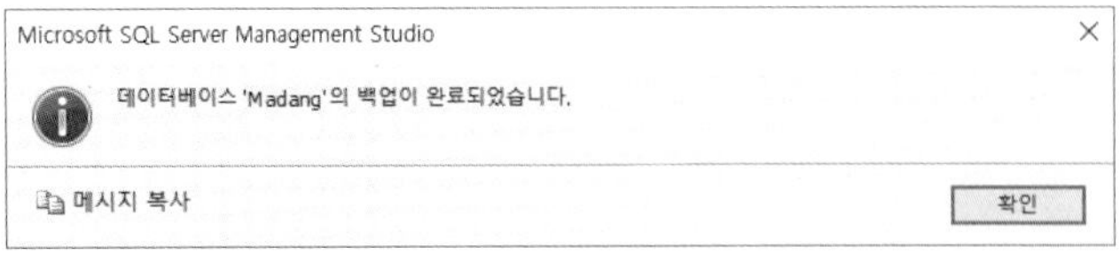

그림 9-22 백업 완료

❹ 백업이 완료된 것을 확인하기 위해 C:₩SQLBACKUP 폴더를 확인해 본다. Madang.bak 파일이 생성되었다면 백업이 정상적으로 완료된 것이다.

복원

복원 실습은 마당서점의 DBA가 Orders 테이블을 삭제하여 마지막으로 전체 백업한 파일을 이용하여 복구한다고 가정하고 진행한다.

❶ 실습을 위해 Orders 테이블을 삭제해 보자. [개체 탐색기]–[데이터베이스]–[Madang]–[테이블]–[dbo.Orders]에서 마우스 오른쪽 버튼을 눌러 [삭제]를 선택한다. [개체 삭제] 창이 나타나면 〈확인〉을 클릭하여 삭제를 진행한다.

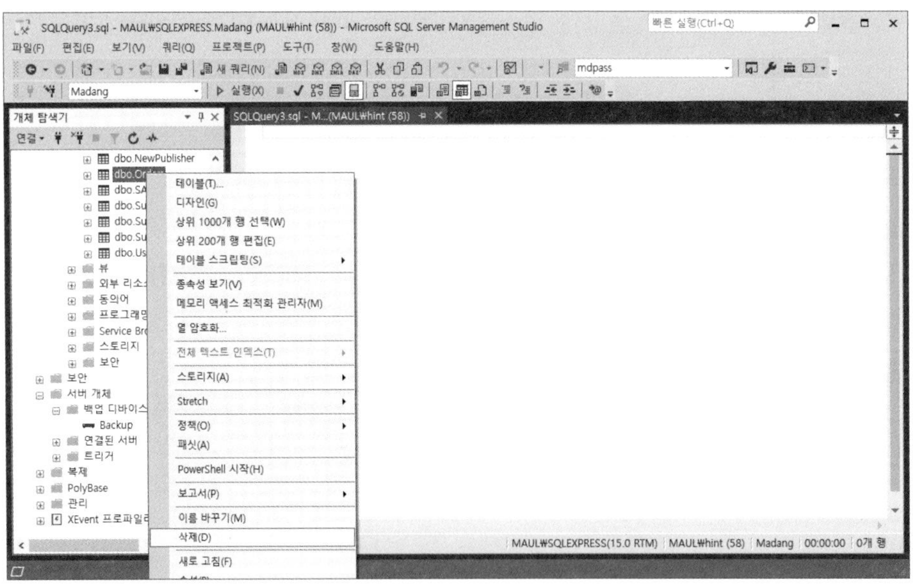

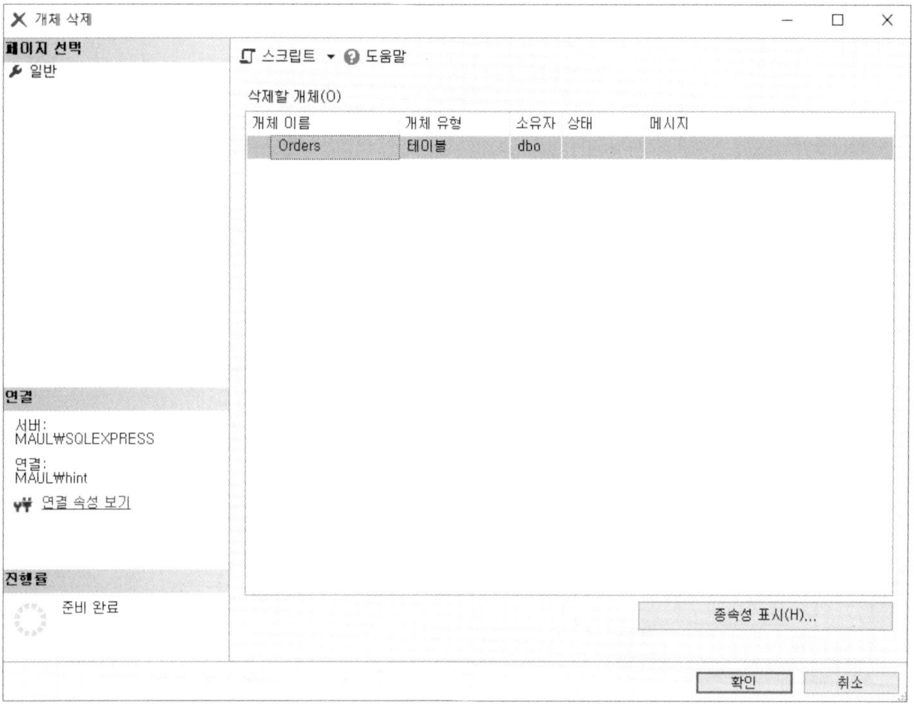

그림 9-23 Orders 테이블 삭제

삭제가 완료되었으면 사용 중인 데이터베이스는 전체 복구할 수 없으므로 열려 있는 SQL Server Management Studio를 모두 종료한 후 Windows 인증으로 재시작한다.

❷ 복원을 위해 [개체 탐색기]–[데이터베이스]–[Madang]에서 마우스 오른쪽 버튼을 눌러 [태스크]–[복원]–[데이터베이스]를 선택한다.

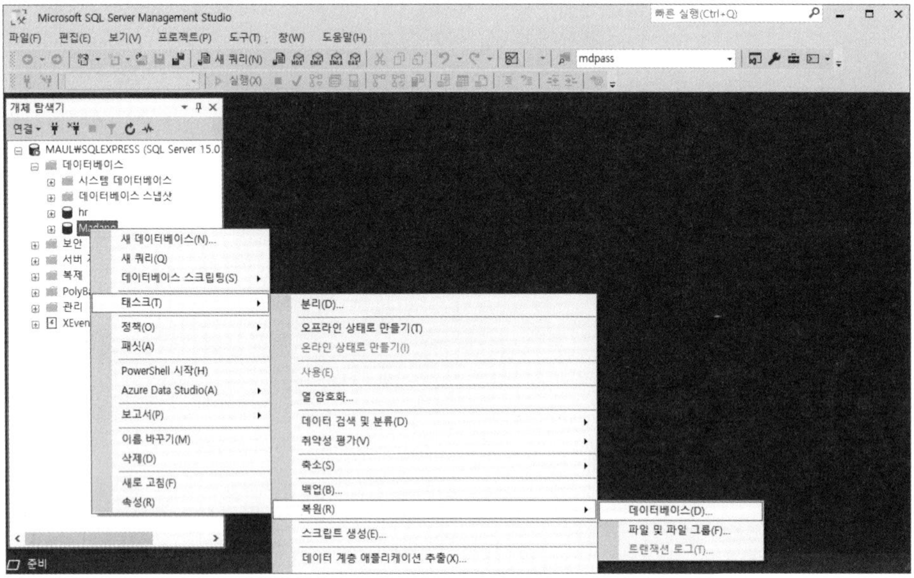

그림 9-24 복원 실행

❸ [데이터베이스 복원] 창의 하단을 보면 지금까지 백업한 백업 세트를 확인할 수 있다. 본 실습에서는 하나의 백업만 수행하였으므로 하나의 백업 세트만 존재한다. 백업 세트를 체크하고 〈확인〉을 클릭하면 복원 작업이 수행된다.

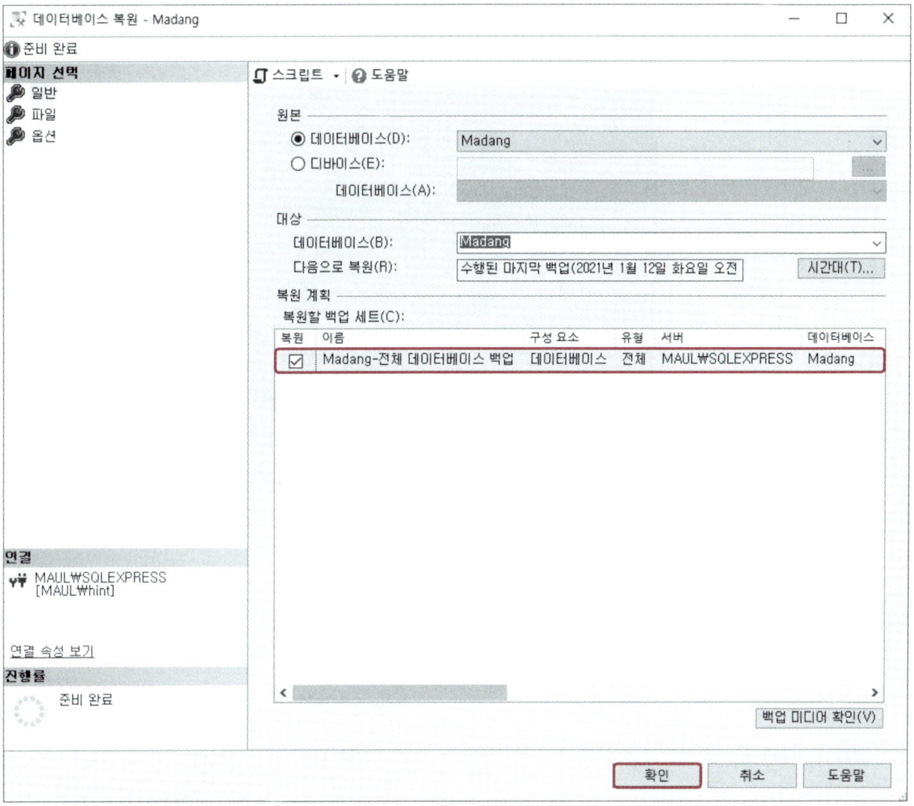

그림 9-25 전체 복원 수행

❹ 복원이 완료되었다는 메시지가 나오면 〈확인〉을 클릭한다.

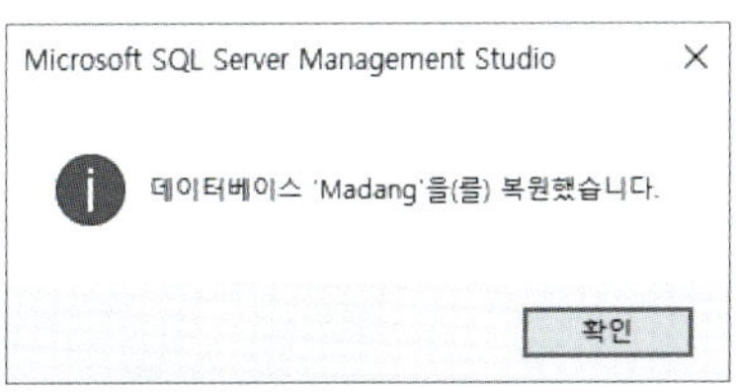

그림 9-26 복원 완료

❺ 정상적으로 복원되었는지 확인하기 위해 개체 탐색기의 [데이터베이스]-[Madang]-[테이블]을 선택한다. 삭제되었던 Orders 테이블이 복원된 것을 확인할 수 있다.

그림 9-27 Orders 테이블 복원 확인

TIP 여기에서는 간략하게 전체 백업 및 복원 실습을 진행하였다. 그러나 실제 업무에서는 좀 더 복잡한 상황이 많으므로 전체 백업 후 차등 백업이나 로그 백업을 수행하여 예상하지 못한 장애가 발생하더라도 데이터의 유실이 없도록 관리한다.

요약

01 DBA

여러 시스템 관리자 중 데이터베이스를 관리하는 엔지니어를 말한다. 서비스 관리, 백업과 복원, 사용자 관리, 성능 관리 등의 작업을 한다.

02 DCL

데이터 제어어라고 하며 소유한 개체에 대한 사용 권한을 관리하는 명령이다.

03 GRANT 문

객체를 생성한 소유자가 대상 객체에 대한 권한을 다른 사용자에게 허가하는 명령이다.

04 WITH GRANT OPTION

허가받은 권한을 다른 사용자에게 다시 부여할 때 사용하는 옵션이다.

05 REVOKE 문

GRANT 문으로 허가한 권한을 취소, 회수하는 명령이다.

06 롤(ROLE, 역할)

데이터베이스 객체(OBJECT)에 대한 권한을 모아 둔 집합이다.

07 백업

예상하지 못한 장애에 대비하여 데이터베이스를 복제하여 보관하는 작업이다.

08 복원

장애가 발생하여 운영 중인 데이터에 손상이 발생했을 때 기존에 복사해 둔 백업 파일을 사용하여 복구하는 작업이다.

09 백업의 종류

- 전체 백업: 데이터베이스 개체, 시스템 테이블, 데이터 등 데이터베이스 전체를 백업한다.
- 차등 백업: 마지막으로 수행한 전체 백업 이후에 변경된 데이터만 백업한다.
- 증분 백업: 데이터베이스에서 수행한 작업을 기록하고 있는 로그 파일을 이용하여 백업한다.

연습문제

01 SQL Server를 사용하기 위해 접속하는 것을 무엇이라고 하는가?

① 보안　　② 사용 권한

③ 통제　　④ 로그인

02 다음 중 데이터베이스 관리 업무가 아닌 것은?

① 점검 및 모니터링

② 백업과 복원

③ 사용자 권한 관리

④ 판매 자료 입력 및 관리

03 다음 중 GRANT 문에서 열 단위로 부여할 수 있는 권한은 무엇인가?

① DELETE, SELECT

② INSERT, UPDATE

③ SELECT, UPDATE

④ UPDATE, DELETE

04 데이터베이스 보안에 대한 설명 중 옳지 않은 것은?

① 각 사용자는 서로 다른 객체에 대하여 다른 접근 권한을 가진다.

② 보안을 위한 데이터의 단위는 전체 테이블로부터 특정 테이블의 특정 위치에 있는 데이터 값에 이르기까지 다양하다.

③ 보안을 위해 사용자에게 권한을 부여할 때는 관리자의 정책 결정보다 DBMS가 자체적으로 결정하여 제공한다.

④ SQL Server의 경우 보안규정에 포함된 독립적인 기능으로 뷰 기법(view mechanism)과 권한 인가 서브시스템(authorization subsystem)이 있다.

05 허가받은 권한을 다른 사용자에게 부여할 때 사용하는 명령은 무엇인가?

① WITH GRANT OPTION　　② REFERENCES

③ PUBLIC　　④ SELECT

06 사용자별로 권한을 관리하는 어려움을 해결하기 위해 서로 연관된 권한을 그룹으로 정의하는 개념은 무엇인가?

① GRANT ② PUBLIC

③ ROLE ④ REVOKE

07 다음은 어떤 데이터베이스에 대한 설명인가?

> 이 데이터베이스는 단순한 템플릿 데이터베이스이다. 사용자 데이터베이스를 생성할 때 기본 모델이 되며 새로운 데이터베이스를 생성하면 이 데이터베이스가 기본으로 생성된다.

① tempdb ② model

③ master ④ pubs

08 SQL Server에 접속하기 위해 별도의 사용자 ID와 비밀번호를 입력하지 않고 윈도우에 로그인된 사용자로 데이터베이스에 연결하는 인증 방식을 무엇이라 하는가?

① 사용자 권한 ② SQL Server 인증 모드

③ 혼합 모드 ④ Windows 인증 모드

09 데이터베이스 전체를 백업하는 것을 무엇이라고 하는가?

① 트랜잭션 로그 백업 ② 차등 백업

③ 전체 백업 ④ 스냅숏

10 다음 중 차등 백업의 특징이 아닌 것은?

① 복원할 때는 먼저 전체 복구 모델로 복원한 다음 가장 최근의 차등 백업을 사용하여 복원한다.

② 마지막으로 수행한 전체 백업 이후에 변경된 데이터만 백업 파일에 저장한다.

③ 데이터베이스 개체, 시스템 테이블, 데이터 등 데이터베이스 전체를 백업한다.

④ 전체 백업에 비해 짧은 시간에 백업할 수 있다.

11 GRANT와 REVOKE 명령어는 객체의 소유자가 권한을 부여하고, 다시 회수할 때 사용한다. 두 명령어의 기능을 상세하게 설명하시오.

12 다음 각 조건에 맞게 권한을 부여하는 정의문을 완성하시오.

(1) 사용자 madanguser가 WITH GRANT OPTION 없이 mdguest에게 Order 테이블의 INSERT 권한을 부여

(2) 사용자 madanguser가 WITH GRANT OPTION과 함께 mdguest2에게 Order 테이블의 SELECT, DELETE 권한을 부여

(3) 사용자 madanguser가 WITH GRANT OPTION 없이 mdguest에게 Book 테이블의 name에 대해 UPDATE 권한을 부여

(4) 사용자 madanguser가 자신이 소유한 Customer의 기본키인 custid에 대한 REFERENCES 권한을 사용자 mdguest2에게 부여

13 SQL Server의 시스템 데이터베이스 네 가지와 각각의 목적 및 기능을 설명하시오.

14 SQL Server의 sa 계정과 일반 사용자 계정의 차이점을 설명하시오.

15 SQL Server의 두 가지 인증 방식을 설명하시오.

16 전체 백업과 차등 백업의 차이점을 설명하시오.

워크북

실무 실습

A SQL Practice

B 데이터 모델링

C 병원 업무 관리 데이터베이스 프로젝트

PREVIEW

워크북은 1~9장까지 배운 내용을 실무 전문가가 추천하는 문제로 직접 실습해 볼 수 있도록 구성하였다. 각각 다루는 내용은 다음과 같다.

A. SQL Practice | 기초적인 SQL 문부터 주제별 질의문까지 작성하는 연습

1. 데이터 검색: SELECT
2. 데이터 제한 및 정렬: WHERE, ORDER BY
3. 단일행 함수 및 변환 함수
4. 집계된 데이터 보고: 집계 함수
5. 여러 테이블의 데이터 표시: JOIN
6. 부속질의
7. 집합 연산자
8. 조건부 논리 표현식 제어: CASE
9. 다차원 그룹 데이터 검색: ROLLUP, CUBE
10. 분석함수: RANK, ROW_NUMBER, FIRST_VALUE

B. 데이터 모델링 | 특정 응용별로 주어진 조건에 맞게 데이터 모델링 수행

1. 푸드코트 ERD
2. 병원 업무 관리 ERD
3. 학사 관리 ERD
4. 은행 업무 관리 ERD
5. 캠핑카 대여 관리 ERD
6. 정규화 수행 연습: 도서 주문

C. 병원 업무 관리 데이터베이스 프로젝트 | 워크북 B에서 만든 관계 데이터 모델을 실제 데이터베이스로 구축

A SQL Practice

0 개요

실습은 3장 연습문제에서 사용한 인사부서Human Resource 데이터베이스를 사용한다. 인사부서 데이터베이스는 오라클Oracle 데이터베이스에 사용하는 샘플 스키마로 DBMS에 관계없이 유용하므로 여기 Practice에서 사용하기로 한다.

실습 데이터베이스 스크립트는 출판사에서 제공하는 hr-schema-mssql.sql 파일을 다운받아 사용한다. 다운받은 후 SQL Server Management Studio에서 실행하면 데이터베이스가 설치된다. hr-schema-mssql.sql 스크립트는 hr 데이터베이스 생성 후 테이블과 데이터를 만들어 준다. hr 데이터베이스는 SQL Server Management Studio에서 hr 데이터베이스를 변경하거나 use hr 명령을 실행한 후 실습을 진행한다.

인사부서 데이터베이스 스키마를 ER 다이어그램ERD으로 나타내면 다음과 같다. 본격적인 실습에 앞서 각 테이블의 기본키와 외래키, 그리고 테이블 간의 관계를 파악해 보기 바란다.

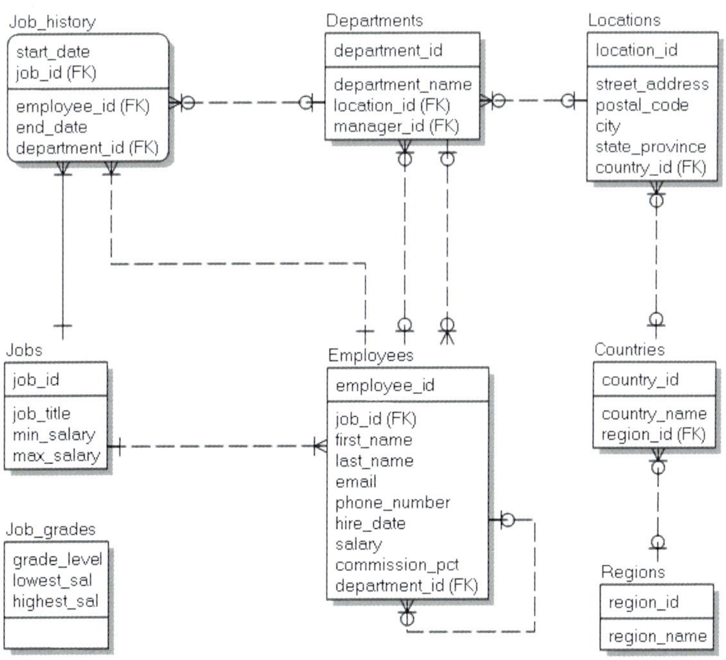

1 데이터 검색: SELECT

데이터베이스에서 테이블에 저장된 데이터를 추출하려면 SELECT 문을 이용한다. SELECT 문을 이용하면 표시하고자 하는 열만 선택하여 출력할 수 있다(선택범위 지정 가능). SELECT 문을 이용하여 원하는 데이터를 원하는 형식으로 출력하는 연습을 해 보자.

▶ **SELECT 문을 통해 출력되는 결과의 표현 방식**

- 테이블의 모든 행과 열을 출력할 수 있음
- 테이블의 특정 열만 출력할 수 있음
- 열에 표현식 및 수식을 사용할 경우 별칭(alias)을 붙여 알기 쉽게 출력할 수 있음

샘플문제

사원정보(Employees) 테이블에서 사원번호, 이름, 급여, 업무, 입사일, 상사의 사원번호를 출력하시오. 이때 이름은 성과 이름을 연결하여 Name이라는 별칭으로 출력하시오(107행).

풀이

```
SELECT employee_id, ISNULL(first_name, '') + ' ' +
       ISNULL(last_name, '') as "Name", salary, job_id, hire_date, manager_id
FROM   Employees;
```

	employee_id	Name	salary	job_id	hire_date	manager_id
1	198	Donald OConnell	2600	SH_CLERK	2007-06-21	124
2	199	Douglas Grant	2600	SH_CLERK	2008-01-13	124
3	200	Jennifer Whalen	4400	AD_ASST	2003-09-17	101
4	201	Michael Hartstein	13000	MK_MAN	2004-02-17	100
			...			
105	195	Vance Jones	2800	SH_CLERK	2007-03-17	123
106	196	Alana Walsh	3100	SH_CLERK	2006-04-24	124
107	197	Kevin Feeney	3000	SH_CLERK	2006-05-23	124

이제부터 문제와 결과 화면을 보고 SQL 문을 직접 실습해 보자.

문제 1

사원정보(Employees) 테이블에서 사원의 성과 이름은 Name, 업무는 Job, 급여(월급)는 Salary, 연봉에 $100 보너스를 추가하여 계산한 연봉은 Increased Ann_Salary, 급여(월급)에 $100 보너스를 추가하여 계산한 연봉은 Increased Salary라는 별칭으로 출력하시오(107행).

힌트 연산자는 우선순위를 갖는다.

풀이

	Name	Job	Salary	Increased Ann_salary	Increased Salary
1	DonaldOConnell	SH_CLERK	2600	31300	32400
2	DouglasGrant	SH_CLERK	2600	31300	32400
3	JenniferWhalen	AD_ASST	4400	52900	54000
4	MichaelHartstein	MK_MAN	13000	156100	157200
			…		
105	VanceJones	SH_CLERK	2800	33700	34800
106	AlanaWalsh	SH_CLERK	3100	37300	38400
107	KevinFeeney	SH_CLERK	3000	36100	37200

문제 2

사원정보(Employees) 테이블에서 모든 사원의 성(last_name)과 연봉을 "성: 1 Year Salary = $연봉" 형식으로 출력하고, "1 Year Salary"라는 별칭을 붙여 출력하시오(107행).

힌트 모든 문자, 열, 숫자, 특수기호 등은 연결할 수 있다.

풀이

	1 Year Salary
1	OConnell: 1 Year Salary = $31200
2	Grant: 1 Year Salary = $31200
3	Whalen: 1 Year Salary = $52800
4	Hartstein: 1 Year Salary = $156000
	…
105	Jones: 1 Year Salary = $33600
106	Walsh: 1 Year Salary = $37200
107	Feeney: 1 Year Salary = $36000

문제 3

부서별로 담당하는 업무를 한 번씩만 출력하시오(20행).

힌트 DISTINCT로 열의 중복된 값을 배제한다.

풀이

	department_id	job_id
1	NULL	SA_REP
2	10	AD_ASST
3	20	MK_MAN
4	20	MK_REP
	…	
18	100	FI_MGR
19	110	AC_ACC...
20	110	AC_MGR

2 데이터 제한 및 정렬: WHERE, ORDER BY

WHERE 절은 조건절 또는 제한절이라고 부르며, 데이터베이스의 수많은 정보 중에 원하는 정보만 필터링하여 얻고자 할 때 사용한다. WHERE 절을 사용하면 불필요한 정보의 출력을 막을 수 있기 때문에 입출력(I/O) 기능의 성능 향상을 기대할 수 있다.

▶ **WHERE 절의 표현**

- 쿼리에서 반환되는 행을 제한할 수 있음
- 반드시 FROM 절 뒤에 사용해야 하며 조건이 참인 경우 만족하는 행을 반환함
- 조건식은 컬럼 이름, 비교 연산자, 비교대상 등으로 구성됨
- 날짜와 문자는 작은따옴표(Single Quotation Mark)로 묶어서 표현
- WHERE 절은 생략 가능
- 별칭(alias)으로는 조건 검색을 할 수 없음

TIP 워크북에서는 '질의'라는 용어 대신 현업에서 많이 사용하는 '쿼리'를 사용하기로 한다.

샘플문제

HR 부서에서 예산 편성 문제로 급여 정보 보고서를 작성하려고 한다. 사원정보(Employees) 테이블에서 급여가 $7,000~$10,000 범위 이외인 사람의 성과 이름(Name으로 별칭) 및 급여를 급여가 작은 순서로 출력하시오(75행).

힌트 연산자의 범위 출력은 BETWEEN A AND B 연산자를 이용하고, 부정에 대한 표현은 NOT 연산자를 이용한다.

풀이

```
SELECT    isnull(first_name, '') + ' ' + isnull(last_name, '') as "Name", salary
FROM      Employees
WHERE     salary NOT BETWEEN 7000 AND 10000
ORDER BY salary ;
```

	Name	salary
1	TJ Olson	2100
2	Steven Markle	2200
3	Hazel Philtanker	2200
4	Ki Gee	2400
	…	
73	Neena Kochhar	17000
74	Lex De Haan	17000
75	Steven King	24000

문제 1

사원의 이름(last_name) 중에 'e' 및 'o' 글자가 포함된 사원을 출력하시오. 이때 머리글은 'e and o Name'라고 출력하시오(10행).

힌트 LIKE 연산자는 특정 패턴에 맞는 정보를 출력할 때 유용하다.

풀이

	e and o Name
1	OConnell
2	Lorentz
3	Colmenares
4	Rogers
5	Seo
6	Zlotkey
7	Olsen
8	Ozer
9	Geoni
10	Jones

문제 2

현재 날짜 타입을 날짜 함수를 통해 확인하고, 2006년 05월 20일부터 2007년 05월 20일 사이에 고용된 사원들의 성과 이름(Name으로 별칭), 사원번호, 고용일자를 출력하시오. 단, 입사일이 빠른 순으로 정렬하시오(18행).

힌트 현재 날짜는 GETDATE 함수를 이용하고, 날짜는 현재 날짜 형식에 맞게 조회한다.

풀이

	(열 이름 없음)
1	2021-01-17 12:49:13.800

	Name	employee_id	hire_date
1	Kevin Feeney	197	2006-05-23
2	Julia Dellinger	186	2006-06-24
3	Samuel McCain	194	2006-07-01
4	Peter Vargas	144	2006-07-09
5	Timothy Gates	190	2006-07-11
6	Michael Rogers	134	2006-08-26
7	Irene Mikkilineni	126	2006-09-28
8	Sarath Sewall	161	2006-11-03
9	Guy Himuro	118	2006-11-15
10	Nanette Cambrault	154	2006-12-09
11	James Landry	127	2007-01-14
12	Diana Lorentz	107	2007-02-07
13	Anthony Cabrio	187	2007-02-07
14	William Smith	171	2007-02-23
15	Vance Jones	195	2007-03-17
16	Danielle Greene	163	2007-03-19
17	Elizabeth Bates	172	2007-03-24
18	TJ Olson	132	2007-04-10

문제 3

HR 부서에서는 급여(salary)와 수당율(commission_pct)에 대한 지출 보고서를 작성하려고 한다. 수당을 받는 모든 사원의 성과 이름(Name으로 별칭), 급여, 업무, 수당률을 출력하시오. 이때 급여가 큰 순서대로 정렬하되, 급여가 같으면 수당률이 큰 순서대로 정렬하시오(35행).

힌트 테이블은 공백이 아닌 NULL 값을 포함하고 있으며, NULL 값은 조건으로 활용할 수 있다. 또한 다중 컬럼 정렬은 첫 번째 정렬 후 두 번째 정렬은 첫 번째 정렬의 결과 값 중 중복된 값에 대해서만 정렬을 수행한다.

풀이

	Name	salary	job_id	commission_pct
1	John Russell	14000	SA_MAN	0.40
2	Karen Partners	13500	SA_MAN	0.30
3	Alberto Errazuriz	12000	SA_MAN	0.30
4	Lisa Ozer	11500	SA_REP	0.25
		...		
33	Amit Banda	6200	SA_REP	0.10
34	Charles Johnson	6200	SA_REP	0.10
35	Sundita Kumar	6100	SA_REP	0.10

3 단일행 함수 및 변환 함수

SQL 구문에는 SQL Server 내부에서 제공하는 여러 가지 함수를 사용할 수 있다. 함수는 특정 값을 조작하여 의미 있는 결과 값을 출력한다. 복잡한 계산도 간단하게 처리할 수 있어 편리하다. 함수는 크게 행 단위로 처리되는 단일행 함수와 그룹 단위로 처리되는 집계 함수로 나눌 수 있다. 여기에서는 행 단위로 처리되는 단일행 함수에 대해 알아본다.

샘플문제

이번 분기에 60번 IT 부서에서는 신규 프로그램을 개발하고 보급하여 회사에 공헌하였다. 이에 해당 부서의 사원 급여를 12.3% 인상하기로 하였다. 60번 IT 부서 사원의 급여를 12.3% 인상하여 정수만(반올림) 표시하는 보고서를 작성하시오. 출력 형식은 사번, 이름과 성(Name으로 별칭), 급여, 인상된 급여(Increased Salary로 별칭) 순으로 출력한다(5행).

힌트 Round() 함수를 이용하여 반올림 처리한다.

풀이

```
SELECT    employee_id, ISNULL(last_name, '') + ' ' + ISNULL(first_name, '') as
          "Name", salary, ROUND(salary * 1.123, 0) "Increased Salary"
FROM      Employees
WHERE     department_id = 60;
```

	employee_id	Name	salary	Increased Salary
1	103	Hunold Alexander	9000	10107
2	104	Ernst Bruce	6000	6738
3	105	Austin David	4800	5390
4	106	Pataballa Valli	4800	5390
5	107	Lorentz Diana	4200	4717

문제 1

각 사원의 성(last_name)이 's'로 끝나는 사원의 이름과 업무를 아래의 예와 같이 출력하고자 한다. 출력 시 이름(first_name)과 성(last_name)은 첫 글자가 대문자, 업무는 모두 대문자로 출력하고 머리글은 "Employee JOBs."로 표시하시오(18행).

예 Michael Rogers is a ST_CLERK

힌트 UPPER, SUBSTRING 함수를 사용하며 첫 글자를 대문자로 출력하는 부분은 다음 코드를 이용한다.

```
LEFT(UPPER(first_name), 1) + SUBSTRING(LOWER(first_name), 2, LEN(first_
name))
```

풀이

	Employee JOBs.
1	Susan Mavris is a HR_REP
2	Shelley Higgins is a AC_MGR
3	Sigal Tobias is a PU_CLERK
4	Karen Colmenares is a PU_CLERK
5	Matthew Weiss is a ST_MAN
6	Kevin Mourgos is a ST_MAN
7	Michael Rogers is a ST_CLERK
8	Stephen Stiles is a ST_CLERK
9	Trenna Rajs is a ST_CLERK
10	Curtis Davies is a ST_CLERK
11	Randall Matos is a ST_CLERK
12	Peter Vargas is a ST_CLERK
13	Karen Partners is a SA_MAN
14	Mattea Marvins is a SA_REP
15	Elizabeth Bates is a SA_REP
16	Timothy Gates is a SH_CLERK
17	Randall Perkins is a SH_CLERK
18	Vance Jones is a SH_CLERK

문제 2

모든 사원의 연봉을 표시하는 보고서를 작성하려고 한다. 보고서에 사원의 성과 이름(Name으로 별칭), 급여, 수당 여부에 따른 연봉을 포함하여 출력하시오. 수당 여부는 수당이 있으면 "Salary + Commission", 수당이 없으면 "Salary only"라고 표시하고, 별칭은 적절히 붙인다. 또한 출력 시 연봉이 높은 순으로 정렬한다(107행).

힌트 CASE 문이나 ISNULL 함수를 사용한다.

풀이

	Name	salary	salary1	salary2
1	Olson TJ	2100	25200.00	Salary Only
2	Philtanker Hazel	2200	26400.00	Salary Only
3	Markle Steven	2200	26400.00	Salary Only
4	Landry James	2400	28800.00	Salary Only
		...		
105	Kochhar Neena	17000	20400...	Salary Only
106	De Haan Lex	17000	20400...	Salary Only
107	King Steven	24000	28800...	Salary Only

문제 3

모든 사원의 성과 이름(Name으로 별칭), 입사일 그리고 입사일이 어떤 요일이었는지 출력하시오. 이때 주(week)의 시작인 일요일부터 출력되도록 정렬하시오(107행).

힌트 DATENAME 함수를 사용하며 DATEPART(DW, hire_date)를 이용하여 정렬한다.

풀이

	Name	hire_date	Day of the week
1	Douglas Grant	2008-01-13	일요일
2	Valli Pataballa	2006-02-05	일요일
3	Alexander Khoo	2003-05-18	일요일
4	Sigal Tobias	2005-07-24	일요일
		...	
105	Samuel McCain	2006-07-01	토요일
106	Vance Jones	2007-03-17	토요일
107	Jennifer Dilly	2005-08-13	토요일

4 집계된 데이터 보고: 집계 함수

집계 함수(또는 그룹 함수)는 테이블의 행row에 대하여 여러 가지 집계(합, 평균, 최대, 최소, 개수 등)를 낼 때 사용한다. 더 나아가 테이블 집합을 더 작은 집합으로 그룹화하고 각 그룹 값에 대한 조건 처리를 수행할 때 사용하면 유용하다.

▶ **집계 함수와 GROUP BY 절**

- 집계 함수 종류: SUM(), AVG(), COUNT(), MAX(), MIN() 등
- GROUP BY 절: 테이블 집합을 더 작은 집합으로 그룹화함. 그룹을 나누는 기준으로는 열, 계산식, 함수 등을 사용할 수 있음
- HAVING 절: 집계 함수에 대한 조건을 지정할 수 있음

샘플문제

모든 사원은 직속 상사 및 직속 직원을 갖는다. 단, 최상위 또는 최하위 직원은 직속 상사 및 직원이 없다. 소속된 사원들 중 어떤 사원의 상사로 근무 중인 사원의 총수를 출력하시오(1행).

풀이

```
SELECT    COUNT(DISTINCT manager_id) "Count Managers"
FROM      Employees;
```

	Count Managers
1	18

문제 1

각 사원이 소속된 부서별로 급여 합계, 급여 평균, 급여 최댓값, 급여 최솟값을 집계하고자 한다. 계산된 출력 값은 부서번호로 오름차순 정렬하시오. 단, 부서에 소속되지 않은 사원에 대한 정보는 제외하고, 출력 시 머리글은 다음 그림처럼 별칭(alias) 처리하시오(11행).

힌트 GROUP BY 절은 특정 열을 기준으로 작은 그룹으로 나누는 역할을 한다.

출력 양식 정하는 방법: format(SUM(salary),'$#,###.#0')

풀이

	department_id	Sum Salary	Avg Salary	Max Salary	Min Salary
1	10	$4,400.00	$4,400.00	$4,400.00	$4,400.00
2	20	$19,000.00	$9,500.00	$13,000.00	$6,000.00
3	30	$24,900.00	$4,150.00	$11,000.00	$2,500.00
4	40	$6,500.00	$6,500.00	$6,500.00	$6,500.00
5	50	$156,400.00	$3,475.56	$8,200.00	$2,100.00
6	60	$28,800.00	$5,760.00	$9,000.00	$4,200.00
7	70	$10,000.00	$10,000.00	$10,000.00	$10,000.00
8	80	$304,500.00	$8,955.88	$14,000.00	$6,100.00
9	90	$58,000.00	$19,333.33	$24,000.00	$17,000.00
10	100	$51,608.00	$8,601.33	$12,008.00	$6,900.00
11	110	$20,308.00	$10,154.00	$12,008.00	$8,300.00

문제 2

사원들의 업무별 전체 급여 평균이 $10,000보다 큰 경우를 조회하여 업무, 급여 평균을 출력하시오. 단, 업무에 사원(CLERK)이 포함된 경우는 제외하고 전체 급여 평균이 높은 순서대로 출력하시오(7행).

힌트 GROUP BY, HAVING, ORDER BY 절 등을 사용한다.

풀이

	job_id	Avg Salary
1	AD_PRES	$24,000
2	AD_VP	$17,000
3	MK_MAN	$13,000
4	SA_MAN	$12,200
5	AC_MGR	$12,008
6	FI_MGR	$12,008
7	PU_MAN	$11,000

5 여러 테이블의 데이터 표시: JOIN

데이터를 다루다 보면 간혹 하나 이상one more의 테이블을 연결하여 데이터를 추출해야 하는 경우가 있다. 이 방법을 조인이라고 한다. 조인 수행 시 양쪽 테이블 간의 연결 조건을 정확히 지정하지 않으면 (N×M) 연산이 발생하여 아주 큰 양의 데이터를 출력하게 된다. 이는 성능 저하로 이어진다. 보통 N개의 테이블을 조인할 때는 N−1개의 조인 조건이 필요하다.

▶ **조인**

- 동등 조인: 양쪽 테이블의 공통 컬럼을 기준으로 같은 행을 연결
- 비동등 조인: 양쪽 테이블의 공통 컬럼을 기준으로 동등이 아닌 조건으로 연결
- SELF 조인: 하나의 테이블에 공통된 컬럼이 두 개 이상 있는 경우의 동등 조인
- OUTER 조인: 동등 조인에서 누락된 양쪽 테이블 정보를 출력하기 위한 조인으로 LEFT, RIGHT, FULL OUTER JOIN이 있음
- NATURAL 조인: 양쪽 테이블에서 DATA TYPE 및 컬럼명이 같은 값이 존재할 때 자동으로 동등 조인을 수행
- USING 절: 두 개 이상의 공통 컬럼이 존재할 경우 하나의 컬럼만 동등 조인하도록 지정해 주는 절

샘플문제

hr 데이터베이스에 존재하는 Employees, Departments, Locations 테이블의 구조를 파악한 후 Oxford에 근무하는 사원의 성과 이름(Name으로 별칭), 업무, 부서명, 도시명을 출력하시오. 이때 첫 번째 열은 회사명인 'Han-Bit'이라는 상숫값이 출력되도록 하시오(34행).

힌트 테이블의 각 구조를 파악하여 연결 가능한 컬럼을 찾아서 조인 연결 조건으로 지정하여 동등 조건을 수행한다.

풀이

```
sp_columns Employees ;
sp_columns Departments ;
sp_columns Locations ;

SELECT     'Han-Bit', ISNULL(e.first_name, '') + ' ' + ISNULL(e.last_name, '')
           as "Name", e.job_id, d.department_name, l.city
FROM       Employees e JOIN Departments d
           ON   (e.department_id = d.department_id)
           JOIN Locations l ON   (d.location_id = l.location_id)
           AND  l.city = 'Oxford';
```

	(열 이름 없음)	Name	job_id	department_name	city
1	Han-Bit	John Russell	SA_MAN	Sales	Oxford
2	Han-Bit	Karen Partners	SA_MAN	Sales	Oxford
3	Han-Bit	Alberto Errazuriz	SA_MAN	Sales	Oxford
4	Han-Bit	Gerald Cambrault	SA_MAN	Sales	Oxford
		...			
32	Han-Bit	Jonathon Taylor	SA_REP	Sales	Oxford
33	Han-Bit	Jack Livingston	SA_REP	Sales	Oxford
34	Han-Bit	Charles Johnson	SA_REP	Sales	Oxford

문제 1

hr 데이터베이스에 있는 Employees, Departments 테이블의 구조를 파악한 후 사원 수가 5명 이상인 부서의 부서명과 사원 수를 출력하시오. 이때 사원 수가 많은 순으로 정렬하시오(5행).

힌트 기본적으로 SQL의 각 절의 사용 방법을 이해해야 한다. 요구하는 컬럼이 서로 다른 테이블에 있고, 동등한 조건으로 데이터를 처리해야 적합한 데이터를 출력할 수 있다. 또한 어떤 컬럼을 기준으로 그룹화하고 집계 결과에 대한 조건 처리도 해야 한다.

풀이

	department_name	(열 이름 없음)
1	Shipping	45
2	Sales	34
3	Purchasing	6
4	Finance	6
5	IT	5

문제 2

각 사원의 급여에 따른 급여 등급을 보고하려고 한다. 급여 등급은 Job_Grades 테이블에 표시된다. 해당 테이블의 구조를 살펴본 후 사원의 성과 이름(Name으로 별칭), 업무, 부서명, 입사일, 급여, 급여 등급을 출력하시오(106행).

힌트 정보를 요구하는 컬럼이 어떤 테이블에 존재하는지 확인하고 적합한 조인 방법을 선택한다.

풀이

	Name	job_id	department_name	hire_date	salary	grade_level
1	Donald OConnell	SH_CLERK	Shipping	2007-06-21	2600	A
2	Douglas Grant	SH_CLERK	Shipping	2008-01-13	2600	A
3	Shelli Baida	PU_CLERK	Purchasing	2005-12-24	2900	A
4	Sigal Tobias	PU_CLERK	Purchasing	2005-07-24	2800	A
			...			
104	Steven King	AD_PRES	Executive	2003-06-17	24000	E
105	Neena Kochhar	AD_VP	Executive	2005-09-21	17000	E
106	Lex De Haan	AD_VP	Executive	2001-01-13	17000	E

문제 3

각 사원과 직속 상사와의 관계를 이용하여 다음과 같은 형식의 보고서를 작성하고자 한다.

예 홍길동은 허균에게 보고한다 → Eleni Zlotkey report to Steven King

어떤 사원이 어떤 사원에게 보고하는지 위 예를 참고하여 출력하시오. 단, 보고할 상사가 없는 사원이 있다면 그 정보도 포함하여 출력하고, 상사의 이름은 대문자로 출력하시오(107행).

힌트 OUTER JOIN은 동등 조인의 조건에서 누락된 정보를 포함하여 출력하고자 할 때 사용한다.

풀이

	Employee vs Manager
1	Donald OConnell report to KEVIN MOURGOS
2	Douglas Grant report to KEVIN MOURGOS
3	Jennifer Whalen report to NEENA KOCHHAR
4	Michael Hartstein report to STEVEN KING
	...
105	Vance Jones report to SHANTA VOLLMAN
106	Alana Walsh report to KEVIN MOURGOS
107	Kevin Feeney report to KEVIN MOURGOS

6 부속질의

특정 조건은 반드시 조회를 해서 그 값을 알고 처리해야 하는 경우가 있다. 이때 부속질의를 이용하면 알 수 없는 조건 값을 대체하여 손쉽게 처리할 수 있다. 부속질의는 SQL의 SELECT, FROM, WHERE, HAVING 절을 비롯하여 DML과 DDL 문에도 사용할 수 있고,

연산자와 위치에 따라 여러 가지 형태로 만들어 활용할 수 있다. 부속질의는 부속질의가 먼저 수행되고 그 결과를 주질의에 전달하여 조건절에 따라 처리된다.

▶ **부속질의의 종류**

- 단일행 부속질의: 부속질의의 결과 오직 하나의 행만 출력하여 전달
- 다중행 부속질의: 부속질의의 결과 하나 이상의 행을 출력하여 전달
- 다중열 부속질의: 부속질의로부터 두 개 이상의 컬럼을 비교 출력하여 전달
- 상관관계 부속질의: 바깥쪽 쿼리의 컬럼 중 하나가 안쪽 부속질의의 조건에 이용되는 처리방식
- FROM 절상의 부속질의: FROM 절상에 오는 부속질의로 뷰처럼 동작하여 인라인 뷰(Inline View)라고 불리기도 함. 하나의 테이블의 데이터가 많을 경우 FROM 절에 테이블 전체를 기술하면 효율이 떨어질 수 있음. 이 경우 필요한 행과 열만 선택하여 FROM 절에 기술하면 SQL Server가 최적화 단계에서 효율적인 검색을 할 수 있음
- 스칼라 부속질의: 하나의 행에서 하나의 열 값만 반환하는 서브 쿼리를 말함

샘플문제

HR 부서의 어떤 사원은 급여 정보를 조회하는 업무를 맡고 있다. Tucker(last_name) 사원보다 급여를 많이 받고 있는 사원의 성과 이름(Name으로 별칭), 업무, 급여를 출력하시오(15행).

힌트 Tucker의 급여를 알 수 없기 때문에 해당 조건 값 대신 부속질의를 활용하여 조건 처리를 한다.

풀이

```
SELECT isnull(first_name, '') + ' ' + isnull(last_name, '')
       as "Name", job_id, salary
FROM Employees
WHERE salary > (SELECT salary
                FROM Employees
                WHERE last_name = 'Tucker');
```

	Name	job_id	salary
1	Michael Hartstein	MK_MAN	13000
2	Shelley Higgins	AC_MGR	12008
3	Steven King	AD_PRES	24000
4	Neena Kochhar	AD_VP	17000
5	Lex De Haan	AD_VP	17000
6	Nancy Greenberg	FI_MGR	12008
7	Den Raphaely	PU_MAN	11000
8	John Russell	SA_MAN	14000
9	Karen Partners	SA_MAN	13500
10	Alberto Errazuriz	SA_MAN	12000
11	Gerald Cambrault	SA_MAN	11000
12	Eleni Zlotkey	SA_MAN	10500
13	Clara Vishney	SA_REP	10500
14	Lisa Ozer	SA_REP	11500
15	Ellen Abel	SA_REP	11000

문제 1

사원의 급여 정보 중 업무별 최소 급여를 받고 있는 사원의 성과 이름(Name으로 별칭), 업무, 급여, 입사일을 출력하시오(21행).

힌트 부속질의에는 그룹 데이터 처리가 가능하다.

풀이

	Name	job_id	salary	hire_date
1	William Gietz	AC_ACCOUNT	8300	2002-06-07
2	Shelley Higgins	AC_MGR	12008	2002-06-07
3	Jennifer Whalen	AD_ASST	4400	2003-09-17
4	Steven King	AD_PRES	24000	2003-06-17
		...		
19	Randall Perkins	SH_CLERK	2500	2007-12-19
20	TJ Olson	ST_CLERK	2100	2007-04-10
21	Kevin Mourgos	ST_MAN	5800	2007-11-16

문제 2

소속 부서의 평균 급여보다 많은 급여를 받는 사원의 성과 이름(Name으로 별칭), 급여, 부서번호, 업무를 출력하시오(38행).

힌트 상관관계 부속질의는 바깥쪽 쿼리의 컬럼이 안쪽 부속질의에 사용되는 경우로, 테이블에서 행을 먼저 읽어서 각 행의 값을 관련된 데이터와 비교하는 방법 중 하나이다.

풀이

	Name	salary	department_id	job_id
1	Michael Hartstein	13000	20	MK_MAN
2	Den Raphaely	11000	30	PU_MAN
3	Nandita Sarchand	4200	50	SH_CLERK
4	Alexis Bull	4100	50	SH_CLERK
		...		
36	Nancy Greenberg	12008	100	FI_MGR
37	Daniel Faviet	9000	100	FI_ACCO...
38	Shelley Higgins	12008	110	AC_MGR

문제 3

사원들의 지역별 근무 현황을 조회하고자 한다. 도시 이름이 영문 'O'로 시작하는 지역에 살고 있는 사원의 사번, 성과 이름(Name으로 별칭), 업무, 입사일을 출력하시오(34행).

힌트 요구사항에 나타나는 정보를 조인을 이용하지 않고 하나하나 연결하여 부속질의로 처리할 수 있다. 도시정보와 부서정보, 부서정보와 사원정보는 서로 연관이 가능한 구조이므로 부속질의로 처리 가능하다.

풀이

	employee_id	(열 이름 없음)	job_id	hire_date
1	145	John Russell	SA_MAN	2004-10-01
2	146	Karen Partners	SA_MAN	2005-01-05
3	147	Alberto Errazuriz	SA_MAN	2005-03-10
4	148	Gerald Cambrault	SA_MAN	2007-10-15
		...		
32	176	Jonathon Taylor	SA_REP	2006-03-24
33	177	Jack Livingston	SA_REP	2006-04-23
34	179	Charles Johnson	SA_REP	2008-01-04

문제 4

모든 사원의 소속부서 평균연봉을 계산하여 사원별로 성과 이름(Name으로 별칭), 업무, 급여, 부서번호, 부서 평균연봉(Department Avg Salary로 별칭)을 출력하시오(107행).

힌트 스칼라 서브쿼리는 부속질의의 SELECT 절에 포함되는 항목 값이며, 하나의 행에서 하나의 컬럼 값만 출력하는 부속질의이다.

풀이

	Name	job_id	salary	department_id	Department Avg Salary
1	Donald OConnell	SH_CLERK	2600	50	3475.560000
2	Douglas Grant	SH_CLERK	2600	50	3475.560000
3	Jennifer Whalen	AD_ASST	4400	10	4400.000000
4	Michael Hartstein	MK_MAN	13000	20	9500.000000
			...		
105	Vance Jones	SH_CLERK	2800	50	3475.560000
106	Alana Walsh	SH_CLERK	3100	50	3475.560000
107	Kevin Feeney	SH_CLERK	3000	50	3475.560000

7 집합 연산자

데이터베이스에서 테이블은 행과 열의 집합이다. 이는 테이블을 집합 개념으로도 처리 가능하다는 의미이다. 쿼리의 결과 값은 합집합, 교집합, 차집합을 이용하여 하나의 결과로 통합할 수 있다. 테이블에 집합 연산을 사용하려면 표현식의 개수와 데이터 타입이 서로 일치해야 한다. ORDER BY 절은 명령문 끝에만 사용할 수 있다.

▶ 집합 연산자의 종류

- UNION: 두 쿼리에서 중복된 행을 배제한 쿼리의 통합 결과를 출력
- UNION ALL: 두 쿼리에서 중복된 행을 포함한 쿼리의 통합 결과를 출력
- INTERSECT: 두 쿼리에 공통으로 선택된 값 중 중복된 값을 배제한 통합 결과를 출력
- MINUS: 첫 번째 비교 쿼리문에 선택되고, 두 번째 비교 쿼리문에서 선택되지 않는 중복된 값을 배제한 결과를 출력. 쿼리의 순서에 따라 결과는 달라짐

샘플문제

hr 데이터베이스에 있는 Job_History 테이블은 사원들의 업무 변경 이력을 나타내는 테이블이다. 이 정보를 이용하여 모든 사원의 현재 및 이전의 업무 이력 정보를 출력하고자 한다. 중복된 사원정보가 있을 경우 한 번만 표시하여 출력하시오(115행).

힌트 Employees, Job_History 테이블의 구조와 공통적으로 출력할 수 있는 컬럼을 확인한 후 중복된 사원정보를 배제하기 위해 UNION 연산자를 이용하여 처리한다.

풀이

```
SELECT   employee_id, job_id
FROM     Employees
UNION
SELECT   employee_id, job_id
FROM     job_history;
```

	employee_id	job_id
1	100	AD_PRES
2	101	AC_ACCOUNT
3	101	AC_MGR
4	101	AD_VP
	...	
113	204	PR_REP
114	205	AC_MGR
115	206	AC_ACCOUNT

문제 1

위 샘플문제에서 각 사원의 업무 이력 정보를 확인하였다. 하지만 모든 사원의 업무 이력 전체를 보지는 못했다. 여기에서는 모든 사원의 업무 이력 변경 정보 및 업무 변경에 따른 부서정보를 사번이 빠른 순서대로 출력하시오(117행).

힌트 UNION ALL 연산자는 중복된 정보를 포함한 합집합을 출력한다.

풀이

	employee_id	job_id	department_id
1	100	AD_PRES	90
2	101	AD_VP	90
3	101	AC_ACCOUNT	110
4	101	AC_MGR	110
		...	
115	204	PR_REP	70
116	205	AC_MGR	110
117	206	AC_ACCOUNT	110

문제 2

사원정보(Employees) 테이블에 job_id는 사원의 현재 업무를 뜻하고, Job_History에 job_id는 사원의 이전 업무를 뜻한다. 이 두 테이블을 비교해 보면 어떤 사원의 업무가 변경되었고 그대로 유지되고 있는지 확인할 수 있다. 두 테이블을 이용하여 업무 변경 없이 같은 업무를 보고 있는 사원의 사번과 업무를 출력하시오(2행).

힌트 INTERSECT 연산자는 양쪽 집합의 공통된 정보를 출력할 수 있다.

풀이

	employee_id	job_id
1	176	SA_REP
2	200	AD_ASST

위 결과를 이용하여 출력된 176번 사원의 업무 이력의 변경 날짜 이력을 조회하시오(2행).

힌트 집합 구현 시 양쪽 테이블의 컬럼 수 및 데이터 타입은 반드시 같아야 한다. 만일 공통된 컬럼이 없을 경우 NULL 처리를 하고 필요에 따라 데이터 타입을 변환하여 일치시킨다.

풀이

	employee_id	job_id	Start Date	End Date
1	176	SA_MAN	2007-01-01	2007-12-31
2	176	SA_REP	NULL	NULL
3	176	SA_REP	2006-03-24	2006-12-31

문제 3

우리 회사는 1년에 한 번 업무를 변경하여 전체적인 회사 업무를 사원들이 익히도록 하는 Role change 정책을 시행하고 있다. 이번 인사이동 때 아직 업무가 변경된 적이 없는 사원들을 적합한 업무로 이동시키려고 한다. HR 부서의 사원정보 테이블과 업무 이력정보 테이블을 이용하여 한 번도 업무가 변경되지 않은 사원의 사번을 출력하시오(100행).

힌트 EXCEPT 연산자를 이용한다.

풀이

	employee_id
1	100
2	103
3	104
4	105
	...
98	204
99	205
100	206

8 조건부 논리 표현식 제어: CASE

프로그램 작성에 큰 역할을 하는 구문 중에 IF-THEN-ELSE 조건 표현식이 있다. 하지만 SQL에서는 직접적인 작성이 불가능하기 때문에 CASE 문을 사용한다.

▶ SQL의 조건 표현식: CASE

IF-THEN-ELSE 조건 표현식을 SQL에서 구현하기 위해 CASE를 선택적으로 사용할 수 있다.

CASE 구문

단순 비교 처리뿐만 아니라, 검색 조건을 이용한 비교 처리를 수행할 수 있다.

```
CASE 대상값     WHEN 비교값1 THEN 처리1
                WHEN 비교값2 THEN 처리2
                ...
                [ELSE 디폴트 처리]
END
```

▲ 단순 비교(=) 처리 구문

```
CASE        WHEN 비교조건1 THEN 처리1
            WHEN 비교조건2 THEN 처리2
            ...
            [ELSE 디폴트 처리]
END
```

▲ 검색 조건을 이용한 비교 처리 구문

샘플문제

HR 부서에서는 신규 프로젝트를 성공으로 이끈 해당 업무자들의 급여를 인상하기로 결정하였다. 사원은 현재 107명이며 19개의 업무에 소속되어 근무 중이다. 급여 인상 대상자는 회사의 업무(Distinct job_id) 중 다음 5개 업무에서 일하는 사원에 해당된다. 나머지 업무에 대해서는 급여가 동결된다. 5개 업무의 급여 인상안은 다음과 같다(107행).

HR_REP(10%), MK_REP(12%), PR_REP(15%), SA_REP(18%), IT_PROG(20%)

힌트 CASE를 이용하여 위 조건을 만족하는 구문을 작성해 본다.

풀이

```
SELECT employee_id, isnull(last_name, '') + ' ' + isnull(first_name, '') as
       "Name", job_id, salary,
       CASE job_id WHEN 'HR_REP' THEN 1.10 * salary
                   WHEN 'MK_REP' THEN 1.12 * salary
                   WHEN 'PR_REP' THEN 1.15 * salary
                   WHEN 'SA_REP' THEN 1.18 * salary
                   WHEN 'IT_PROG' THEN 1.20 * salary
       ELSE        salary
       END         "New Salary"
FROM   Employees;
```

	employee_id	Name	job_id	salary	New Salary
1	198	OConnell Donald	SH_CLERK	2600	2600.00
2	199	Grant Douglas	SH_CLERK	2600	2600.00
3	200	Whalen Jennifer	AD_ASST	4400	4400.00
4	201	Hartstein Michael	MK_MAN	13000	13000.00
		…			
105	195	Jones Vance	SH_CLERK	2800	2800.00
106	196	Walsh Alana	SH_CLERK	3100	3100.00
107	197	Feeney Kevin	SH_CLERK	3000	3000.00

샘플문제

HR 부서에서는 최상위 입사일에 해당하는 2001년부터 2003년까지 입사자들의 급여를 각각 5%, 3%, 1% 인상하여 지분에 따른 배당금으로 지급하고자 한다. 전체 사원 중 해당 연도에 해당하는 사원들의 급여를 검색하여 적용하고, 입사일자에 따른 오름차순 정렬을 수행하시오(107행).

힌트 CASE 구문을 이용한 검색 조건 비교를 이용하여 해당 연도별 조건 처리를 수행한다.

풀이

```
SELECT   employee_id, ISNULL(last_name, '') + ' ' +
         ISNULL(first_name, '') as "Name", hire_date, salary,
         CASE
         WHEN hire_date < CONVERT(DATETIME, '2002-01-01') THEN salary * 1.05
         WHEN hire_date < CONVERT(DATETIME, '2003-01-01') THEN salary * 1.03
         WHEN hire_date < CONVERT(DATETIME, '2004-01-01') THEN salary * 1.01
         ELSE  salary
END      "New Salary"
FROM     Employees
ORDER BY hire_date;
```

	employee_id	Name	hire_date	salary	New Salary
1	102	De Haan Lex	2001-01-13	17000	17850.00
2	203	Mavris Susan	2002-06-07	6500	6695.00
3	204	Baer Hermann	2002-06-07	10000	10300.00
4	205	Higgins Shelley	2002-06-07	12008	12368.24
		...			
105	166	Ande Sundar	2008-03-24	6400	6400.00
106	167	Banda Amit	2008-04-21	6200	6200.00
107	173	Kumar Sundita	2008-04-21	6100	6100.00

문제 1

부서별 급여 합계를 구하고, 그 결과를 다음과 같이 표현하시오(12행).

Sum Salary 〉 100000이면, "Excellent"

Sum Salary 〉 50000이면, "Good"

Sum Salary 〉 10000이면, "Medium"

Sum Salary 〈= 10000이면, "Well"

힌트 인라인 뷰를 이용하여 우선 부서별 급여 합계를 구하고, 상위 쿼리에서 CASE 구문을 이용하여 위의 조건 비교를 통해 급여 합계에 따른 표현을 할 수도 있다.

풀이

	department_id	sum_sal	Department Grade Salary
1	NULL	7000	Well
2	10	4400	Well
3	20	19000	Medium
4	30	24900	Medium
5	40	6500	Well
6	50	156400	Excellent
7	60	28800	Medium
8	70	10000	Well
9	80	304500	Excellent
10	90	58000	Good
11	100	51608	Good
12	110	20308	Medium

문제 2

2005년 이전에 입사한 사원 중 업무에 "MGR"이 포함된 사원은 15% 급여를 인상하고, "MAN"이 포함된 사원은 20% 급여 인상한다. 또한 2005년부터 근무를 시작한 사원 중 "MGR"이 포함된 사원은 25% 급여 인상을 수행하는 쿼리를 작성하시오. 해당되는 사원들만 출력한다(7행).

힌트 IF-THEN-ELSE 표현식에는 다중 조건을 처리하는 다중 IF 구문이 있다. CASE도 마찬가지로 다중 조건에 대한 처리가 가능하다.

풀이

	employee_id	Name	job_id	hire_date	salary	Department Grade Salary
1	201	Hartstein Michael	MK_MAN	2004-02-17	13000	15600.00
2	205	Higgins Shelley	AC_MGR	2002-06-07	12008	13809.20
3	108	Greenberg Nancy	FI_MGR	2002-08-17	12008	13809.20
4	114	Raphaely Den	PU_MAN	2002-12-07	11000	13200.00
5	120	Weiss Matthew	ST_MAN	2004-07-18	8000	9600.00
6	122	Kaufling Payam	ST_MAN	2003-05-01	7900	9480.00
7	145	Russell John	SA_MAN	2004-10-01	14000	16800.00

문제 3

월별로 입사한 사원 수 출력

(방식 1) 월별로 입사한 사원 수가 아래와 같이 각 행별로 출력되도록 하시오(12행).

(방식 2) 첫 행에 모든 월별 입사 사원 수가 출력되도록 하시오(1행).

풀이 (방식 1)

	1 Month	2 Month	3 Month	4 Month	5 Month	6 Month	7 Month	8 Month	9 Month	10 Month	11 Month	12 Month
1	14	0	0	0	0	0	0	0	0	0	0	0
2	0	13	0	0	0	0	0	0	0	0	0	0
3	0	0	17	0	0	0	0	0	0	0	0	0
4	0	0	0	7	0	0	0	0	0	0	0	0
5	0	0	0	0	6	0	0	0	0	0	0	0
6	0	0	0	0	0	11	0	0	0	0	0	0
7	0	0	0	0	0	0	7	0	0	0	0	0
8	0	0	0	0	0	0	0	9	0	0	0	0
9	0	0	0	0	0	0	0	0	5	0	0	0
10	0	0	0	0	0	0	0	0	0	6	0	0
11	0	0	0	0	0	0	0	0	0	0	5	0
12	0	0	0	0	0	0	0	0	0	0	0	7

(방식 2)

	1 Month	2 Month	3 Month	4 Month	5 Month	6 Month	7 Month	8 Month	9 Month	10 Month	11 Month	12 Month
1	14	13	17	7	6	11	7	9	5	6	5	7

9 다차원 그룹 데이터 검색: ROLLUP, CUBE

ROLLUP과 CUBE는 본문에서는 배우지 않았지만 데이터 웨어하우스를 구축하는 데 많이 사용하는 쿼리 기법이다. GROUP BY 절에 ROLLUP을 지정하면 그룹화 대상의 소계와 합계를 N+1개 구해 주고, CUBE를 지정하면 가능한 모든 그룹의 조합을 만들어 소계, 합계를 2^N개 생성해 준다. 이 기능은 GROUP BY 절의 확장된 형태로 사용하기 쉬우며 다중 컬럼 지정이 가능하기 때문에 매우 효과적이고 계층적 분류를 포함하고 있는 데이터의 집계에 적합하다.

▶ 기능

- ROLLUP: 지정된 컬럼을 오른쪽→왼쪽 순서로 그룹을 만들어 각 그룹에 대한 집계를 수행
- CUBE: 지정된 모든 컬럼에 대해 가능한 모든 조합 그룹을 만들어 집계를 수행
- GROUPING: 지정된 컬럼이 GROUP BY 절에 사용되었는지 여부를 0(사용됨), 1(사용 안 됨)로 표시해 주는 함수

샘플문제

HR 부서에서는 부서와 업무별 급여 합계를 구하여 신년도 급여 수준 레벨을 지정하고자 한다. 부서번호와 업무를 기준으로 전체 행을 그룹별로 나누어 급여 합계와 인원수를 출력하시오(20행).

풀이

```
SELECT    department_id, job_id
          , CAST(SUM(salary) as CHAR(15)) as "Salary SUM"
          , COUNT(employee_id) as "COUNT EMPs"
FROM      Employees
GROUP BY  department_id, job_id
ORDER BY  department_id;
```

	department_id	job_id	Salary SUM	COUNT EMPs
1	NULL	SA_REP	7000	1
2	10	AD_ASST	4400	1
3	20	MK_MAN	13000	1
4	20	MK_REP	6000	1
5	30	PU_CLERK	13900	5
6	30	PU_MAN	11000	1
7	40	HR_REP	6500	1
8	50	SH_CLERK	64300	20
9	50	ST_CLERK	55700	20
10	50	ST_MAN	36400	5
11	60	IT_PROG	28800	5
12	70	PR_REP	10000	1
13	80	SA_MAN	61000	5
14	80	SA_REP	243500	29
15	90	AD_PRES	24000	1
16	90	AD_VP	34000	2
17	100	FI_ACCO...	39600	5
18	100	FI_MGR	12008	1
19	110	AC_ACC...	8300	1
20	110	AC_MGR	12008	1

위 결과에서 부서번호와 업무를 기준으로 전체 행을 그룹별로 나누어 급여 합계와 인원수를 출력하고, 부서번호와 업무 각각에 대하여 그룹화된 합계와 인원수를 출력하시오(33행).

힌트 ROLLUP은 지정된 컬럼 수(N)+1개의 결과 집합을 생성한다.

풀이

```
SELECT    department_id, job_id
          , CAST(SUM(salary) as CHAR(15)) as "Salary SUM"
          , COUNT(employee_id) as "COUNT EMPs"
FROM      Employees
GROUP BY  department_id, job_id WITH rollup
ORDER BY  department_id
```

	department_id	job_id	Salary SUM	COUNT EMPs
1	NULL	SA_REP	7000	1
2	NULL	NULL	7000	1
3	NULL	NULL	691416	107
4	10	AD_ASST	4400	1
5	10	NULL	4400	1
6	20	MK_MAN	13000	1
7	20	MK_REP	6000	1
8	20	NULL	19000	2
		…		
31	110	AC_ACC...	8300	1
32	110	AC_MGR	12008	1
33	110	NULL	20308	2

부서: null job:SA_REP의 group by 결과
부서: null의 group by 결과
모든 자료의 group by 결과
부서: 20 job:MK_REP의 group by 결과
부서: 20 job의 group by 결과

TIP 2번째 라인에 출력된 7,000은 아직 부서가 지정되지 않은 대기발령자에 대한 정보이다.

문제 1

위 샘플문제의 결과를 보면 job_id에 대한 집계는 나타나지 않았다. 업무에 대해서도 샘플과 같은 총집계가 이루어지도록 쿼리를 수정해 보시오(52행).

힌트 CUBE는 가능한 모든 차원의 결과 집합(2^N)을 만드는 상위 집계를 출력한다.

풀이

	department_id	job_id	Salary SUM	COUNT EMPs
1	NULL	AC_ACCOUNT	8300	1
2	NULL	AC_MGR	12008	1
3	NULL	AD_ASST	4400	1
4	NULL	AD_PRES	24000	1
		…		
50	110	NULL	20308	2
51	110	AC_ACCOUNT	8300	1
52	110	AC_MGR	12008	1

문제 2

GROUPING 함수를 이용하여 위에서 나온 결과들이 GROUP BY 절에 의한 결과인지, 아닌지를 식별하시오(52행).

힌트 GROUPING 함수는 그룹 결과 여부 0(그룹 결과임), 1(그룹 결과 아님)로 나타내는 함수이다.

풀이

	department_id	job_id	Salary SUM	COUNT EMPs	Dept#	Job ID
1	NULL	AC_ACCOUNT	8300	1	1	0
2	NULL	AC_MGR	12008	1	1	0
3	NULL	AD_ASST	4400	1	1	0
4	NULL	AD_PRES	24000	1	1	0
			…			
50	110	NULL	20308	2	0	1
51	110	AC_ACCOUNT	8300	1	0	0
52	110	AC_MGR	12008	1	0	0

▶ **ROLLUP과 CUBE의 차이**

Rollup은 N+1개의 부분집합을 생성하고, Cube는 2^N의 부분집합을 생성한다. (N은 그룹 기준 컬럼 수)

group by cube(a, b, c);

group by grouping sets((a, b, c), (a, b), (b, c), (a, c), (a), (b), (c), ());

group by rollup(a, b, c);

group by grouping sets((a, b, c), (a, b), (a), ());

문제 3

위 샘플문제의 결과를 근거로 부서에 대한 집계 결과가 아니면 (ALL-DEPTS)라고 출력하고, 업무에 대한 집계 결과가 아니면 (ALL-JOBS)라고 출력하며, 해당 집계에 대한 사원 수와 평균연봉을 구하시오(33행).

힌트 GROUPING 함수가 갖는 0과 1 기능을 이용하여 CASE 문을 이용한 조건부 처리를 수행한다.

풀이

	Dept#	Jobs	Count Emps	Avg Ann_sal
1	NULL	SA_REP	1	84000.000000
2	NULL	(All-JOBS)	1	84000.000000
3	10	AD_ASST	1	52800.000000
4	10	(All-JOBS)	1	52800.000000
		...		
31	110	AC_MGR	1	144096.000000
32	110	(All-JOBS)	2	121848.000000
33	(All-DEPTS)	(All-JOBS)	107	77541.981300

10 분석함수: RANK, ROW_NUMBER, FIRST_VALUE

기존 RDBMS에서는 컬럼과 컬럼 간의 연산, 비교, 연결은 쉽게 처리되는 반면 행과 행 간의 관계 정의나 비교, 연산 등은 난해한 문제였다. 이러한 부분은 분석함수Analytic Function 혹은 윈도우함수Window Function를 이용하면 하나의 SQL로 쉽게 처리할 수 있다. 분석 함수는 쿼리의 결과집합을 대상으로 전체를 대상으로 하는 집계 결과가 아닌 각 작은 그룹별(Window) 행에 대한 계산값을 생성해 준다. 일반적으로 누적 계산, 집계 및 보고용 결과를 출력할 때 유용하게 사용할 수 있으며 복잡한 쿼리를 보다 간편하고 빠르게 실행할 수 있게 도와준다.

```
SELECT
          분석함수(파라미터1, 파라미터2, ...)
          OVER([Partition By 컬럼] [Order By 절])
FROM      테이블명;
```

- **분석함수(파라미터)**: 분석함수에 값을 전달하여 처리하는 것을 파라미터라고 한다. 파라미터는 보통 0~3개가 사용될 수 있다.
- **Partition By**: 동일 그룹으로 묶어 줄 컬럼명을 지정한다.
- **Order By**: Partition By 절에 지정된 컬럼에 대한 정렬을 수행한다.

▶ 분석함수의 종류

분석함수는 그 역할과 용도에 따라 다음과 같은 종류가 있다.

- RANK(): 순위 값 중 동등 순위 번호는 같게 나오고 그다음 순위를 다음 번호를 뺀 그다음 값을 출력
- DENSE_RANK(): 위 값 중 동등 순위 번호는 같게 나오고 그다음 순위를 다음 번호로 출력
- ROW_NUMBER(): 동등 순위를 인식하지 않고 매번 증가되는 번호를 출력
- LEAD() / LAG(): 지정된 컬럼의 이전, 이후의 행 값을 출력
- NTILE(): PARTITION을 BUCKET이라 불리는 그룹으로 나누고 PARTITION 내의 각 행을 BUCKET에 배치하는 함수. 각 BUCKET에는 동일한 수의 행이 배치됨
- FIRST_VALUE() / LAST_VALUE(): 지정된 열에서 정렬된 값 세트의 처음, 마지막 값

샘플문제

분석함수 NTILE( )을 이용하여 부서별 급여 합계를 구하시오. 단, 급여 합계가 제일 큰 것이 1, 제일 작은 것이 4가 되도록 Bucket(등급)을 나누어 출력하고, Bucket(등급)을 기준으로 오름차순 정렬하시오(12행).

힌트 NTILE() 함수는 지정된 값을 Bucket(등급)으로 나누어 저장한다.

풀이

```
SELECT    department_id, SUM(salary) as "Sum Salary"
          , NTILE (4) over (order by SUM(salary) DESC) as "Bucket#"
FROM      Employees
GROUP BY department_id
ORDER BY 3;
```

	department_id	Sum Salary	Bucket#
1	80	304500	1
2	50	156400	1
3	90	58000	1
4	100	51608	2
5	60	28800	2
6	30	24900	2
7	110	20308	3
8	20	19000	3
9	70	10000	3
10	NULL	7000	4
11	40	6500	4
12	10	4400	4

문제 1

각 사원이 소속된 부서별로 급여를 기준으로 내림차순 정렬하시오. 이때 다음 세 가지 함수를 이용하여 순위를 다음과 같이 출력하시오(107행).

- RANK(): 동등 순위가 발생하면 다음 순위는 중복된 값만큼 증가시키고 매긴다.
- DENSE_RANK(): 동등 순위가 발생하면 다음 순위는 중복된 값을 무시하고 바로 다음 번호로 매긴다.
- ROW_NUMBER(): 동등 순위 자체를 인식하지 않고 매번 번호를 증가시켜 매긴다.

힌트 RANK(), DENSE_RANK(), ROW_NUMBER() 함수의 차이점을 이해하고 작성한다.

풀이

	employee_id	last_name	salary	department_id	Rank	Dense_Rank	Row_Number
1	178	Grant	7000	NULL	1	1	1
2	200	Whalen	4400	10	1	1	1
3	201	Hartstein	13000	20	1	1	1
4	202	Fay	6000	20	2	2	2
				…			
105	113	Popp	6900	100	6	6	6
106	205	Higgins	12008	110	1	1	1
107	206	Gietz	8300	110	2	2	2

문제 2

지정된 개수의 이전, 이후 행의 값을 가져오는 LAG( ), LEAD( ) 함수를 이용하여 50번 부서의 사원정보를 급여순으로 내림차순 정렬하고 이전, 다음 행의 급여를 함께 출력하시오(45행).

힌트 LAG( ) 함수를 통해 해당 행의 salary 컬럼의 값을 한 칸씩 밑에 할당하고, 반대로 LEAD( ) 함수를 통해 한 칸씩 위로 할당하면 된다.
LAG(salary,1,0) : 1(한 칸씩 아래 설정), 0(받을 값이 없을 경우 NULL 출력 대신 0 출력)

풀이

	employee_id	last_name	salary	Prev_Sal	Next_Sal
1	121	Fripp	8200	0	8000
2	120	Weiss	8000	8200	7900
3	122	Kaufling	7900	8000	6500
4	123	Vollman	6500	7900	5800
		…			
43	128	Markle	2200	2400	2200
44	136	Philtanker	2200	2200	2100
45	132	Olson	2100	2200	0

문제 3

FIRST_VALUE 함수를 이용하여 사원이름, 급여, 부서번호, 사원이 소속된 부서별 급여를 가장 적게 받는 사원의 이름을 출력하시오(107행).

힌트 FIRST_VALUE, PARTITION을 사용한다.

풀이

	last_name	salary	department_id	Max_Emp_name	Min_Emp_name
1	Grant	7000	NULL	Grant	Grant
2	Whalen	4400	10	Whalen	Whalen
3	Fay	6000	20	Hartstein	Fay
4	Hartstein	13000	20	Hartstein	Fay
5	Colmenares	2500	30	Raphaely	Colmenares
			...		
105	Greenberg	12008	100	Greenberg	Popp
106	Gietz	8300	110	Higgins	Gietz
107	Higgins	12008	110	Higgins	Gietz

B 데이터 모델링

0 개체(Entity), 관계(Relationship), 속성(Attribute)의 이해

ERDEntity Relationship Diagram란 개체Entity, 실체와 개체 간의 관계Relationship, 관계성를 알기 쉽게 나타낸 데이터 표현의 공통된 규칙으로, 사전에 정해진 약속된 도형으로 표현한다.

▶ 개체, 관계, 속성

개체(Entity)

- 현실 세계를 표현하는 개체로 관리해야 하는 대상을 식별 가능한 명사형으로 지정
- 개체 구별 방법: 현업사용서식, 장표, 정보 시스템 분석 등

관계(Relationship)

- 여러 개체 간의 상호 연관성을 의미함
- 개체와 관련된 업무 수행 규칙으로 정의, 예를 들어 아래의 ①, ② 관계를 ERD로 표현하면 다음과 같음

① 사원과 부서의 관계를 보면 사원은 반드시 하나 이상의 부서에 소속되어야 하고, ② 모든 부서는 1명 이상의 사원을 배정받거나 그렇지 않을 수도 있음

속성(Attribute)

- 개체를 설명하는 하위 집합의 쪼갤 수 없는 자료 표현 단위로, 개체의 상세한 내용을 기술함
- 사람의 경우 주민번호가 개개인을 식별하는 역할을 하므로 identifier(식별속성)이고 그 외 직업, 나이, 학위, 전화번호 등은 descriptor(기술속성)임

샘플문제

다음 단어를 보고 각각 개체인지 관계인지 속성인지 구별하시오.

입원일자, 환자, 주민번호, 입원하다, 처방받다, 의사, 진료하다, 간호사, 재직연수

풀이

- 의사, 환자, 간호사는 식별 가능한 대상으로 볼 수 있기 때문에 개체이고,
- 입원일자, 주민번호, 재직연수는 식별 가능 대상이기보다는 식별 대상의 설명 요소로 볼 수 있기 때문에 속성이다.
- 입원하다, 처방받다, 진료하다 등은 의사가 환자를 보고 판단하는 것이므로 관계로 볼 수 있다.

샘플문제

A 절에서 사용한 hr 데이터베이스의 인사구조에 해당하는 다음 내용을 읽고, 사원(Employee), 부서(Department), 업무(Job) 간의 ER 다이어그램을 작성하시오.

① 모든 사원은 하나의 부서에 속할 수도 속하지 않을 수도 있다.
② 모든 부서는 1명 이상의 사원으로 구성될 수도 있고, 그렇지 않을 수도 있다.
③ 모든 사원에게는 하나 이상의 업무가 부여된다.
④ 모든 업무는 1명 이상의 사원에 의해 처리된다.

풀이

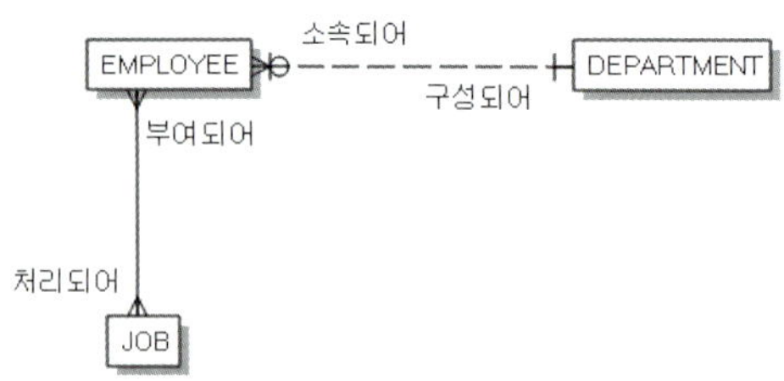

1 푸드코트 ERD

A마트 푸드코트에는 상하이, 한성면옥, 전주한식, 돈이돈가스 음식코너가 있다. 음식은 주문 전용기계를 통해 주문하고 쿠폰을 받아 교환하는 방식으로 받는다.

문제 1

다음 요구사항과 ER 다이어그램을 보고 관계에 대한 문장을 만드시오.

요구사항

> 나는 주말에 아이들과 A마트 푸드코트를 자주 이용한다. A마트 푸드코트에는 상하이, 한성면옥, 전주한식, 돈이돈가스 음식코너가 있고, 각각 5개 이상의 메뉴를 갖고 있다. 나와 아이들은 각자 원하는 음식을 주문기계로 주문한다. 큰 아이는 두 가지 음식을 시키기도 한다. 주문을 한 후 주문번호가 적힌 쿠폰을 가지고 기다리면 음식이 나온다. 음식은 쿠폰과 교환하여 받아 온다.

ER 다이어그램

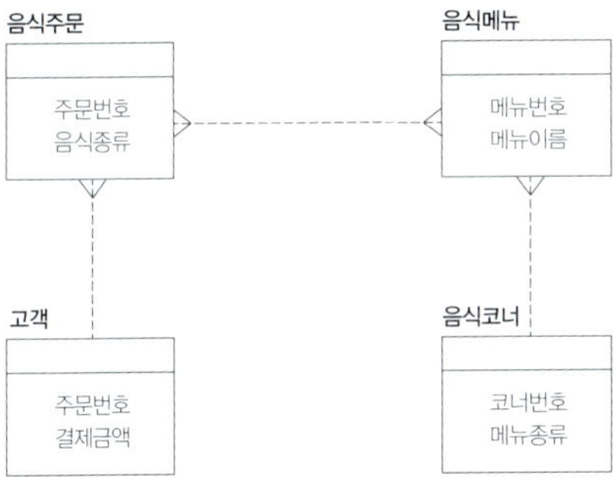

힌트 저장해야 할 데이터를 찾아본다. 음식메뉴, 음식코너, 고객이 있고 고객과 음식메뉴 사이에 음식주문의 관계가 성립한다. 그리고 각 개체 간의 카디널리티(Cardinality) 분석을 위하여 다음 테이블을 정리해 본다.

- 모든 음식주문은 (하나 이상의) 음식메뉴를 (반드시 포함하고 있다).
- 모든 음식메뉴는 (하나 이상의) 음식주문에 (포함될 수 있다).
- 모든 음식주문은 (단 한 명의) 고객에 (반드시 속해야 한다).
- 모든 고객은 (하나 이상의) 음식을 (주문할 수 있다).
- 모든 음식메뉴는 (단 하나의) 음식코너에 (반드시 지정되어 있다).
- 모든 음식코너는 (하나 이상의) 음식메뉴를 (보유하고 있다).

2 병원 업무 관리 ERD

마당병원은 여러 명의 의사와 간호사가 환자를 관리한다. 병원은 환자를 체계적으로 관리하기 위하여 데이터베이스를 구축하였다. 의사, 환자, 간호사는 원하는 정보를 쉽게 검색, 관리할 수 있다.

문제 1

다음 요구사항을 읽고 개체, 속성, 관계를 식별한 후 〈병원 업무 관리〉 ER 다이어그램을 작성하시오.

요구사항

① 의사 한 명은 여러 명의 환자를 맡고, 환자 한 명은 한 명의 의사에게 진료를 받는다. 또한 의사는 환자에 대한 모든 정보를 검색할 수 있다.

② 환자는 진료내용 등의 정보를 검색할 수 있으며 담당 의사에 대해서도 조회할 수 있다.

③ 간호사는 병원 진료 차트 정보를 검색할 수 있으며 의사와 더불어 환자를 관리한다. 간호사는 여러 환자의 진료접수, 환자관리, 차트관리 등의 업무를 수행한다.

④ 모든 의사는 의사ID를 부여하여 식별하며 담당진료과목, 성명, 성별, 연락처, 이메일, 직급을 가진다.

⑤ 모든 환자는 환자ID를 부여하여 식별하며 담당의사, 담당간호사, 환자성명, 주민번호, 성별, 주소, 연락처, 이메일, 직업을 가진다.

⑥ 모든 간호사는 간호사ID를 부여하여 식별하며 담당업무, 성명, 성별, 전화번호, 이메일, 직급을 가진다.

⑦ 진료ID는 날짜+진료순번으로 부여하고 진료한 의사ID, 환자ID, 진료내용, 진료날짜를 포함한다.

⑧ 진료를 받은 환자에 대한 내용은 차트에 기록하고, 차트는 차트번호를 부여하여 식별하며 담당 의사ID, 간호사ID와 환자ID와 진료ID 그리고, 의사 소견을 차트내용에 기록한다.

3 학사 관리 ERD

한빛 대학은 학사 관리 시스템을 구축하여 학사 정보를 체계적으로 관리한다.

문제 1

다음 요구사항을 읽고 개체, 속성, 관계를 식별한 후 〈학사 관리〉 ER 다이어그램을 작성하시오.

요구사항

① 학생은 담당교수와 소속학과가 있어야 하고, 수강신청을 하여 강좌를 수강해야 한다. 그리고 모든 학생은 학생번호를 부여하여 식별하며 학생이름, 학생주민번호, 학생주소, 학생전화번호, 학생이메일, 학생사진, 소속 학과번호 정보를 가진다.

② 교수는 소속학과가 있어야 하고, 학생을 담당할 수 있어야 하며, 강좌에 대한 강의를 해야 한다. 그리고 모든 교수는 교수번호를 부여하여 식별하며 교수이름, 교수주민번호, 교수주소, 교수전화번호, 교수이메일, 교수사진, 소속 학과번호 정보를 가진다. 교수와 학생은 학생번호와 교수번호를 이용한 관계를 갖고, 현재 학년/학기 정보를 포함한다.

③ 학과는 교수와 학생들로 이루어졌으며, 해당 학과에 대한 강좌가 있어야 한다. 그리고 학과 학과번호를 부여하여 식별하며 학과명, 학과전화번호 정보를 가진다.

④ 강좌는 강의하는 교수가 있어야 하지만, 간혹 강의가 진행되지 않는 강좌도 있을 수 있다. 그리고 학생이 수강을 해야 하고, 강좌를 진행할 학과가 있어야 한다. 또한 강좌는 강좌번호와 담당 교수번호를 부여하여 식별하며 강좌명, 취득학점, 강의시간, 강의실 정보를 가진다.

⑤ 수강(수강내역)은 학생번호, 강좌번호, 교수번호를 부여하여 식별하며 출석점수, 중간고사점수, 기말고사점수, 기타점수, 총점, 평점 정보를 가진다.

4 은행 업무 관리 ERD

한빛은행은 지점별로 기본적인 은행 업무를 수행한다. 고객은 통장을 가지고 입출금이나 카드 서비스 등을 이용하고, 직원은 고객 업무를 도와 은행 내부 업무를 수행한다. 한빛은행은 고객과 내부 직원의 원활한 업무를 위해 데이터베이스를 구축하고자 한다.

문제 1

다음 두 개체에 대한 설명을 읽고 주 식별자를 선정하시오. 그리고 두 개체 사이의 관계를 표시하시오.

① 예금계좌는 고객의 통장을 관리하기 위한 개체이다.

② 예금계좌거래내역은 각 예금계좌에 대한 입출금 내역을 관리하기 위한 개체이다.

③ 하나의 입금이나 출금 내역은 반드시 거래건별로 날짜와 함께 계좌에 남긴다.

풀이

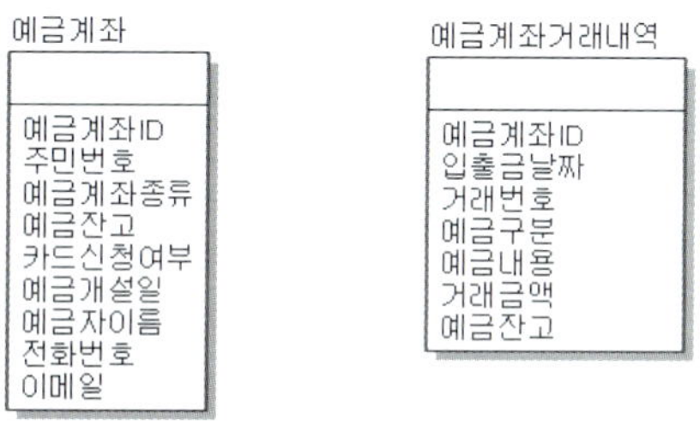

문제 2

다음 요구사항을 읽고 개체, 속성, 관계를 식별한 후 〈은행 업무 관리〉 ER 다이어그램을 작성하시오.

요구사항

① 한빛은행은 예금 및 카드 서비스를 고객에게 제공한다.

② 고객은 고객주민번호를 부여하여 식별하며 고객명, 고객주소, 고객생년월일, 고객이메일, 고객전화번호, 고객직업 등의 정보를 가진다.

③ 카드(업무)는 고유의 카드ID(번호)를 부여하여 식별하며 카드신청일자, 카드한도금액, 카드결제일자, 카드종류, 고객주민번호, 예금계좌ID 정보를 가진다.

④ 예금계좌는 예금계좌ID를 부여하여 식별하며 예금계좌종류, 예금잔고, 카드신청여부, 예금개설일자, 예금자이름, 전화번호, 이메일, 고객주민번호 정보를 포함한다.

⑤ 예금계좌거래내역은 예금계좌ID, 입출금날짜, 거래번호를 부여하여 식별하며 예금구분, 예금내용, 거래금액, 예금잔고 정보를 가진다.

5 캠핑카 대여 관리 ERD

마당 캠핑카 회사에서는 캠핑카 중계 사이트를 열어 여러 캠핑카 대여 회사가 캠핑카를 등록하고 고객이 대여할 수 있도록 할 계획이다. 캠핑카의 특수성을 고려하여 캠핑카 정비 업체와도 연계할 계획이다. 이 사이트에서 구축할 데이터베이스는 캠핑카 대여 회사, 캠핑카 정비 업소, 고객을 연결해 주는 역할을 할 것이다.

문제 1

〈마당 캠핑카 중계 사이트〉에 등록될 정보에 대한 설명을 읽고 개체, 속성, 관계를 식별한 후 〈캠핑카 대여 관리〉 ER 다이어그램을 작성하시오.

마당 캠핑카 중계 사이트에 등록될 정보

① 캠핑카 대여 회사는 캠핑카대여회사ID를 부여받고 회사명, 주소, 전화번호, 담당자이름, 담당자이메일 정보를 등록한다.
② 캠핑카는 캠핑카등록ID를 부여받고 캠핑카이름, 캠핑카차량번호, 캠핑카승차인원수, 캠핑카이미지, 캠핑카상세정보, 캠핑카대여비용 정보를 포함한다. 또한 어느 캠핑카 대여 회사의 소유인지 알기 위해 캠핑카대여회사ID와 캠핑카등록일자를 등록한다.
③ 고객은 고객이 보유한 운전면허증번호를 등록하고 고객명, 고객주소, 고객전화번호, 고객이메일, 이전에 캠핑카 사용 날짜 및 캠핑카 종류 정보를 등록한다.
④ 고객은 원하는 캠핑카를 대여할 수 있다. 캠핑카대여를 하게 되면 고유 대여번호를 부여받고 캠핑카등록ID, 운전면허증번호, 캠핑카대여회사ID, 대여시작일, 대여기간, 청구요금, 납입기한, 기타청구내역, 기타청구요금 정보를 등록한다.
⑤ 캠핑카 정비소는 캠핑카정비소ID를 부여받고 정비소명, 정비소주소, 정비소전화번호, 담당자 이름 및 이메일 정보를 등록한다.
⑥ 고객이 특정 캠핑카 정비소에 정비를 의뢰하면 정비정보를 남긴다. 정비정보는 고유 정비번호를 부여받고 캠핑카등록ID, 캠핑카정비소ID, 캠핑카대여회사ID, 고객운전면허증번호, 정비내역, 수리날짜, 수리비용, 납입기한, 기타정비내역 정보를 등록한다.

6 정규화 수행 연습: 도서 주문

정규화Normalization는 관계형 데이터베이스의 개념적 데이터 모델링의 한 요소이다. 단계별 규칙을 적용하여 각 개체가 갖는 속성의 위치를 적합하게 배정하는 작업을 말한다. 정규화 작업을 통해 잘 만들어진 ER 모델은 물리적 설계로 옮겨 관계형 데이터베이스로 구축할 수 있다.

▶ 정규화

정의

이상 발생 요인인 중복성을 최소화하기 위해 일종의 제약조건을 체계화하여 이를 바탕으로 릴레이션에 이상현상이 없어질 때까지 분해해 나가는 과정

목적

데이터 중복을 최소화하기 위해 수행함(중복은 데이터의 일관성 문제를 일으키고, 불필요한 트랜잭션을 유발할 수 있음)

종류

제1정규형: 원자 값이 아닌 속성 제거	• 모든 속성값이 더 이상 쪼갤 수 없는 원자 값을 가지는 상태 • 여전히 삽입, 삭제, 변경 작업에 이상현상이 발생할 가능성 높음
제2정규형: 부분 함수 종속 제거	• 제1정규화 이후 기본키가 아닌 속성이 기본키에 완전 함수 종속되는 경우 • 이행적 함수 종속에 따른 데이터 중복 문제는 여전히 남아 있음
제3정규형: 이행적 함수 종속 제거	• 제2정규화 이후 기본키 외에 속성 간에 종속성이 존재하지 않는 경우 • 대부분 데이터베이스 설계의 목표 단계임

효과

• 필요한 조인을 피하여 입출력(I/O) 성능이 개선됨
• 데이터 중복을 최소화하여 공간 소비량을 절감하는 효과를 얻을 수 있음

문제 1

아래 도서 주문 테이블을 보고 정규화를 수행하시오(제1정규형, 제2정규형, 제3정규형으로 단계적으로 수행하시오).

도서 주문

주문번호	주문날짜	회원 이름	회원 번호	회원 주소	전화번호	도서 SNO	도서명	수량	단가
2014021 3123	20140213	Lee	L-123	서울 강남구	010-3664-1234	97889123	NoSQL의 진수를 만나다	1	25000
2014050 9238	20140509	Park	P-234	서울 성동구	010-5301-3456	97889234 97889235	데이터베이스 개론과 실습 Java for Beginner	1 2	27000 18000
2014072 1376	20140721	Kim	K-345	경기도 용인	010-7341-2345	97889345	정보보안 개론과 실습	5	24000
2014072 9401	20140729	Nam	N-456	강원도 속초	010-9279-3456	97889234	데이터베이스 개론과 실습	1	27000
2014100 5456	20141005	Park	P-234	서울 성동구	010-5301-3456	97889567	오라클 프로그래밍	4	27000

C 병원 업무 관리 데이터베이스 프로젝트

여기에서는 B.2절에서 만든 〈병원 업무 관리〉 ER 다이어그램을 이용하여 병원 업무 관리 데이터베이스를 구축해 본다. ER 다이어그램을 이용하여 데이터베이스의 테이블을 생성한 후 레코드를 삽입, 갱신, 삭제하는 작업을 한다.

과제 1: ER 다이어그램 작성

본 과제에서는 B.2절에서 만든 〈병원 업무 관리〉 ERD를 이용하여 테이블 설계를 한다.

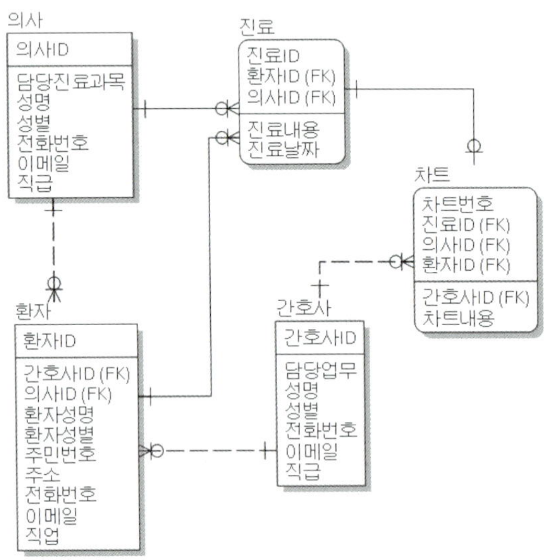

과제 2: 테이블 구축

과제 1에서 구성한 ERD를 근거로 각각의 테이블 구조 및 관계, 제약조건 등을 설정하면 다음과 같다.

❶ 테이블명: Doctors(의사)

개체	Doctors(의사)				
구분	Logical	Physical			
		Column	Data type	Size	Null / Unique
기본키	의사ID	doc_id	INT	10	Not Null / Unique
외래키					
속성	담당진료과목	major_treat	VARCHAR	25	Not Null
	성명	doc_name	VARCHAR	20	Not Null
	성별	doc_gen	CHAR	1	Not Null
	전화번호	doc_phone	VARCHAR	15	
	이메일	doc_email	VARCHAR	50	Unique
	직급	doc_position	VARCHAR	20	Not Null

테이블 생성 구문

```
CREATE TABLE Doctors
(
      doc_id          INT NOT NULL,
      major_treat     VARCHAR(25) NOT NULL,
      doc_name        VARCHAR(20) NOT NULL,
      doc_gen         CHAR(1) NOT NULL,
      doc_phone       VARCHAR(15) NULL,
      doc_email       VARCHAR(50) UNIQUE,
      doc_position    VARCHAR(20) NOT NULL
);

ALTER TABLE Doctors
      ADD CONSTRAINT doc_id_pk PRIMARY KEY (doc_id);
```

❷ 테이블명: Nurses(간호사)

개체	Nurses(간호사)				
구분	Logical	Physical			
		Column	Data type	Size	Null / Unique
기본키	간호사ID	nur_id	INT	10	Not Null / Unique
외래키					
속성	담당업무	major_job	VARCHAR	25	Not Null
	성명	nur_name	VARCHAR	20	Not Null
	성별	nur_gen	CHAR	1	Not Null
	전화번호	nur_phone	VARCHAR	15	
	이메일	nur_email	VARCHAR	50	Unique
	직급	nur_position	VARCHAR	20	Not Null

테이블 생성 구문

```
CREATE TABLE Nurses
(
      nur_id            INT NOT NULL,
      major_job         VARCHAR(25) NOT NULL,
      nur_name          VARCHAR(20) NOT NULL,
      nur_gen           CHAR(1) NOT NULL,
      nur_phone         VARCHAR(15) NULL,
      nur_email         VARCHAR(50) UNIQUE,
      nur_position      VARCHAR(20) NOT NULL
);

ALTER TABLE Nurses
      ADD CONSTRAINT nur_id_pk PRIMARY KEY (nur_id);
```

❸ 테이블명: Patients(환자)

개체	Patients(환자)				
구분	Logical	Physical			
		Column	Data type	Size	Null / Unique
기본키	환자ID	pat_id	INT	10	Not Null / Unique
외래키	간호사ID	nur_id	INT	10	Not Null
	의사ID	doc_id	INT	10	Not Null
속성	환자성명	pat_name	VARCHAR	20	Not Null
	환자성별	pat_gen	CHAR	1	Not Null
	주민번호	pat_jumin	VARCHAR	14	Not Null
	주소	pat_addr	VARCHAR	100	Not Null
	전화번호	pat_phone	VARCHAR	15	
	이메일	pat_email	VARCHAR	50	Unique
	직업	pat_job	VARCHAR	20	Not Null

테이블 생성 구문

```
CREATE TABLE Patients
(
      pat_id          INT NOT NULL,
      nur_id          INT NOT NULL,
      doc_id          INT NOT NULL,
      pat_name        VARCHAR(20) NOT NULL,
      pat_gen         CHAR(1) NOT NULL,
      pat_jumin       VARCHAR(14) NOT NULL,
      pat_addr        VARCHAR(100) NOT NULL,
      pat_phone       VARCHAR(15) NULL,
      pat_email       VARCHAR(50) UNIQUE,
      pat_job         VARCHAR(20) NOT NULL
);

ALTER TABLE Patients
ADD CONSTRAINT  pat_id_pk PRIMARY KEY (pat_id);

ALTER TABLE Patients
ADD CONSTRAINT R_2 FOREIGN KEY (doc_id) REFERENCES Doctors (doc_id);

ALTER TABLE Patients
ADD CONSTRAINT R_3 FOREIGN KEY (nur_id) REFERENCES Nurses (nur_id);
```

❹ 테이블명: Treatments(진료)

개체	Treatments(진료)				
구분	Logical	Physical			
		Column	Data type	Size	Null / Unique
기본키	진료ID	treat_id	INT	15	Not Null / Unique
	환자ID	pat_id	INT	10	Not Null / Unique
	의사ID	doc_id	INT	10	Not Null / Unique
외래키	환자ID	pat_id	INT	10	
	의사ID	doc_id	INT	10	
속성	진료내용	treat_contents	VARCHAR	1000	Not Null
	진료날짜	treat_date	DATE		Not Null

테이블 생성 구문

```
CREATE TABLE Treatments
(
      treat_id            INT NOT NULL,
      pat_id              INT NOT NULL,
      doc_id              INT NOT NULL,
      treat_contents      VARCHAR(1000) NOT NULL,
      treat_date          DATE NOT NULL
);

ALTER TABLE Treatments
ADD CONSTRAINT  treat_pat_doc_id_pk PRIMARY KEY (treat_id,pat_id,doc_id);

ALTER TABLE Treatments
      ADD CONSTRAINT R_5 FOREIGN KEY (pat_id) REFERENCES Patients (pat_id);

ALTER TABLE Treatments
      ADD CONSTRAINT R_6 FOREIGN KEY (doc_id) REFERENCES Doctors (doc_id);
```

⑤ 테이블명: Charts(차트)

개체	Charts(차트)				
구분	Logical	Physical			
		Column	Data type	Size	Null / Unique
기본키	차트번호	chart_id	VARCHAR	20	Not Null / Unique
	진료ID	treat_id	INT	15	Not Null / Unique
	의사ID	doc_id	INT	10	Not Null / Unique
	환자ID	pat_id	INT	10	Not Null / Unique
외래키	진료ID	treat_id	INT	15	
	의사ID	doc_id	INT	10	
	환자ID	pat_id	INT	10	
	간호사ID	nur_id	INT	10	Not Null
속성	차트내용	chart_contents	VARCHAR	1000	Not Null

테이블 생성 구문

```
CREATE TABLE Charts
(
      chart_id            ARCHAR(20) NOT NULL,
      treat_id            INT NOT NULL,
      doc_id              INT NOT NULL,
      pat_id              INT NOT NULL,
      nur_id              INT NOT NULL,
      chart_contents      VARCHAR(1000) NOT NULL
);

ALTER TABLE Charts
      ADD CONSTRAINT  chart_treat_doc_pat_id_pk PRIMARY KEY (chart_id,treat_
      id,doc_id,pat_id);

ALTER TABLE Charts
      ADD CONSTRAINT R_4 FOREIGN KEY (nur_id) REFERENCES Nurses (nur_id);

ALTER TABLE Charts
      ADD CONSTRAINT R_7 FOREIGN KEY (treat_id, pat_id, doc_id) REFERENCES
      Treatments (treat_id, pat_id, doc_id);
```

위 표를 확인하고 실제 데이터베이스에 접속하여 각각의 테이블을 해당 계정schema에 생성한다.

과제 3: 데이터 입력(INSERT)

생성된 다섯 개의 테이블에 다음과 같은 정보를 입력한다. 각 테이블 컬럼의 데이터 타입 및 사이즈를 확인한 후 정확히 입력하도록 한다.

예 의사 테이블에 데이터를 입력하는 경우

```
INSERT INTO Doctors
 VALUES (070576, '피부과', '홍길동', 'F', '016-333-7263', 'lja@hanbh.com', '전문의');

SELECT * FROM Doctors;
```

	doc_id	major_treat	doc_name	doc_gen	doc_phone	doc_email	doc_position
1	70576	피부과	홍길동	F	016-333-7263	lja@hanbh.com	전문의

	Doctors(의사)						
	doc_id	major_treat	doc_name	doc_gen	doc_phone	doc_email	doc_position
1	980312	소아과	이태정	M	010-333-1340	ltj@hanbh.com	과장
2	000601	내과	안성기	M	011-222-0987	ask@hanbh.com	과장
3	001208	외과	김민종	M	010-333-8743	kmj@han.com	과장
4	020403	피부과	이태서	M	019-777-3764	lts@hanbh.com	과장
5	050900	소아과	김연아	F	010-555-3746	kya@habhn.com	전문의
6	050101	내과	차태현	M	011-222-7643	cth@hanbh.com	전문의
7	062019	소아과	전지현	F	010-999-1265	jjh@hanbh.com	전문의
8	070576	피부과	홍길동	M	016-333-7263	hgd@hanbh.com	전문의
9	080543	방사선과	유재석	M	010-222-1263	yjs@hanbh.com	과장
10	091001	외과	김병만	M	010-555-3542	kbm@hanbh.com	전문의

	Nurses(간호사)						
	nur_id	major_job	nur_name	nur_gen	nur_phone	nur_email	nur_position
1	050302	소아과	김은영	F	010-555-8751	key@hanbh.com	수간호사
2	050021	내과	윤성애	F	016-333-8745	ysa@hanbh.com	수간호사
3	040089	피부과	신지원	M	010-666-7646	sjw@hanbh.com	주임
4	070605	방사선과	유정화	F	010-333-4588	yjh@hanbh.com	주임
5	070804	내과	라하나	F	010-222-1340	nhn@hanbh.com	주임
6	071018	소아과	김화경	F	019-888-4116	khk@hanbh.com	주임
7	100356	소아과	이선용	M	010-777-1234	lsy@hanbh.com	간호사
8	104145	외과	김현	M	010-999-8520	kh@hanbh.com	간호사
9	120309	피부과	박성완	M	010-777-4996	psw@hanbh.com	간호사
10	130211	외과	이서연	F	010-222-3214	lsy2@hanbh.com	간호사

	Patients(환자)									
	pat_id	nur_id	doc_id	pat_name	pat_gen	pat_jumin	pat_addr	pat_phone	pat_email	pat_job
1	2345	050302	980312	안상건	M	232345	서울	010-555-7845	ask@ab.com	회사원
2	3545	040089	020403	김성룡	M	543545	서울	010-333-7812	ksr@bb.com	자영업
3	3424	070605	080543	이종진	M	433424	부산	019-888-4859	ljj@ab.com	회사원
4	7675	100356	050900	최광석	M	677675	당진	010-222-4847	cks@cc.com	회사원
5	4533	070804	000601	정한경	M	744533	강릉	010-777-9630	jhk@ab.com	교수
6	5546	120309	070576	유원현	M	765546	대구	016-777-0214	ywh@cc.com	자영업
7	4543	070804	050101	최재정	M	454543	부산	010-555-4187	cjj@bb.com	회사원
8	9768	130211	091001	이진희	F	119768	서울	010-888-3675	ljh@ab.com	교수
9	4234	130211	091001	오나미	F	234234	속초	010-999-6541	onm@cc.com	학생
10	7643	071018	062019	송성묵	M	987643	서울	010-222-5874	ssm@bb.com	학생

	Treatments(진료)				
	treat_id	pat_id	doc_id	treat_contents	treat_date
1	130516023	2345	980312	감기, 몸살	2013-05-16
2	130628100	3545	020403	피부 트러블 치료	2013-06-28
3	131205056	3424	080543	목 디스크로 MRI 촬영	2013-12-05
4	131218024	7675	050900	중이염	2013-12-18
5	131224012	4533	000601	장염	2013-12-24
6	140103001	5546	070576	여드름 치료	2014-01-03
7	140109026	4543	050101	위염	2014-01-09
8	140226102	9768	091001	화상 치료	2014-02-26
9	140303003	4234	091001	교통사고 외상 치료	2014-03-03
10	140308087	7643	062019	장염	2014-03-08

	Charts(차트)					
	chart_id	treat_id	doc_id	pat_id	nur_id	chart_contents
1	p_130516023	130516023	980312	2345	050302	감기 주사 및 약 처방
2	d_130628100	130628100	020403	3545	040089	피부 감염 방지 주사
3	r_131205056	131205056	080543	3424	070605	주사 처방
4	p_131218024	131218024	050900	7675	100356	귓속 청소 및 약 처방
5	i_131224012	131224012	000601	4533	070804	장염 입원 치료
6	d_140103001	140103001	070576	5546	120309	여드름 치료약 처방
7	i_140109026	140109026	050101	4543	070804	위내시경
8	s_140226102	140226102	091001	9768	130211	화상 크림약 처방
9	s_140303003	140303003	091001	4234	130211	입원 치료
10	p_140308087	140308087	062019	7643	071018	장염 입원 치료

과제 4: 데이터 변경(UPDATE) 및 삭제(DELETE)

문제 1

홍길동 의사가 맡고 있던 담당진료과목이 피부과에서 소아과로 변경되어 내일부터 진료를 시작할 예정이다. 이 정보에 대한 테이블 정보를 변경하시오.

풀이

```
UPDATE    Doctors
SET       major_treat = '소아과'
WHERE     doc_name = '홍길동';

SELECT    *
FROM      Doctors;
```

	doc_id	major_treat	doc_name	doc_gen	doc_phone	doc_email	doc_position
1	70576	소아과	홍길동	F	016-333-7263	lja@hanbh.com	전문의

문제 2

김은영 간호사는 대학원 진학으로 오늘까지만 근무하고 퇴사하게 되었다. 이 정보에 대한 테이블 정보를 변경하시오.

풀이

```
DELETE
FROM      Nurses
WHERE     nur_name = '김은영';
```

과제 5: 데이터 검색(QUERY)

문제 1

담당진료과목이 '소아과'인 의사에 대한 정보를 출력하시오.

풀이

```
SELECT    *
FROM      Doctors
WHERE     major_treat = '소아과';
```

문제 2

홍길동 의사에게 진료를 받은 환자에 대한 모든 정보를 출력하시오.

풀이

```
SELECT    p.*, d.doc_name
FROM      Doctors d JOIN Patients p ON (d.doc_id = p.doc_id)
WHERE     d.doc_name = '홍길동';
```

문제 3

진료날짜가 2013년 12월인 환자에 대한 모든 정보를 오름차순 정렬하여 출력하시오.

풀이

```
SELECT    p.*, t.treat_date
FROM      Treatments t JOIN Patients p ON (t.pat_id = p.pat_id)
WHERE     t.treat_date between '2013-12-01' and '2013-12-31';
ORDER BY  t.treat_date ASC;
```

문제 4

간호사ID가 05로 시작하는 모든 간호사 정보를 출력하시오.

풀이

```
SELECT    *
FROM      Nurses
WHERE     nur_id like '05%';
```

연습문제

01 여기에서는 B.3절에서 만든 〈학사 관리〉 ER 다이어그램을 이용하여 학사 관리 데이터베이스를 구축해 본다. 구축 방법은 C.1과 동일하다.

- 과제 1: ER 다이어그램 작성
- 과제 2: 테이블 구축
- 과제 3: 데이터 입력
- 과제 4: 데이터 변경 및 삭제
- 과제 5: 데이터 검색

02 B.4절에서 만든 〈은행 업무 관리〉 ER 다이어그램을 이용하여 은행 업무 관리 데이터베이스를 구축해 본다. 구축 방법은 C.1과 동일하다.

- 과제 1: ER 다이어그램 작성
- 과제 2: 테이블 구축
- 과제 3: 데이터 입력
- 과제 4: 데이터 변경 및 삭제
- 과제 5: 데이터 검색

03 B.5절에서 만든 〈캠핑카 대여 관리〉 ER 다이어그램을 이용하여 캠핑카 대여 관리 데이터베이스를 구축해 본다. 구축 방법은 C.1과 동일하다.

- 과제 1: ER 다이어그램 작성
- 과제 2: 테이블 구축
- 과제 3: 데이터 입력
- 과제 4: 데이터 변경 및 삭제
- 과제 5: 데이터 검색

참고문헌

참고 도서(외국서적)

01 SQL: The Complete Reference(3/E), James R. Groff, McGraw Hill, 2009년.

02 Database Systems, 5th, Thomas Connolly, Pearson, 2010년.

03 Database Systems, 8th, Peter Rob, Course Technology, 2009년.

참고 도서(외국서적 번역서)

04 데이터베이스시스템 [6판], Abraham Silberschatz, Henry F. Korth, S. Sudarshan 지음, 김형주 옮김, McGraw-Hill, 2010년.

05 데이터베이스 시스템 [7판], Ramez Elmasri, Shamkant B. Navathe 지음, 황규영 옮김, 홍릉과학출판사, 2019년.

06 데이터베이스 시스템 [7판], C. J. Date 지음, 박석 옮김, 홍릉과학출판사, 2002년.

07 데이터베이스 시스템(3/E), Raghu Ramkrishanan 외 지음, 김수희 외 옮김, 한국맥그로힐, 2003년.

08 데이터베이스 처리론 [11판], David M. Kroenke, David J. Auer 지음, 나연묵 , 박우창, 이원영 옮김, Pearson Education Korea, 2010년.

참고 도서(국내서적)

09 SQL 전문가 가이드, 한국데이터베이스 진흥원, 2013년.

10 데이터베이스 백서, 한국 데이터베이스 진흥원, 2019년.

11 데이터베이스 배움터 : MS SQL Server 기반, 홍의경, 생능출판사 2012년.

12 개념을 콕콕 잡아주는 데이터베이스, 김경창 외, 이한출판사, 2011년.

13 수제비 정보처리기사, 정보처리기술사연구회, 건기원, 2020년.

14 데이터베이스 설계와 구축(개정판), 이춘식, 한빛미디어, 2005년.

15 데이터베이스론(개정판), 이석호, 정익사, 2014년.

참고 사이트(마이크로소프트사의 SQL Server 웹사이트)

01 SQL Server 기술설명서
https://docs.microsoft.com/ko-kr/sql/sql-server/?view=sql-server-ver15

02 Transact-SQL 참조
https://docs.microsoft.com/ko-kr/sql/t-sql/language-reference?view=sql-server-ver15

참고 사이트(인터넷 자료)

03 SQL 서버 샘플
http://sqlserversamples.codeplex.com/

04 용어 정의
http://www.webopedia.com/TERM/D/database.html
http://www.wikipedia.org

찾아보기